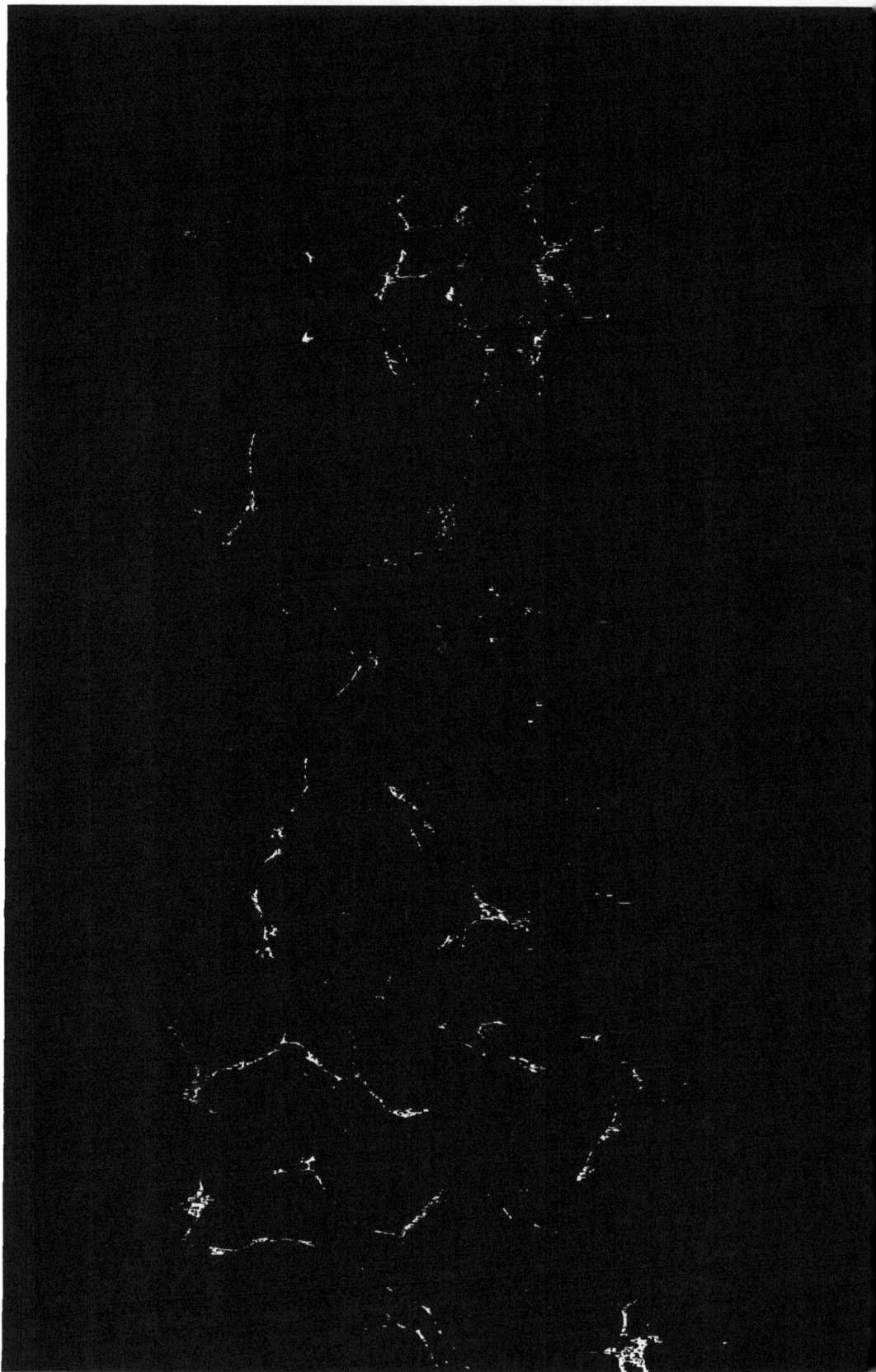

DE

LA TRANSCRIPTION

EN MATIÈRE HYPOTHÉCAIRE.

IMPRIMERIE DE COSSE ET J. DUMAINE, RUE CHRISTINE, 2.

DE LA

TRANSCRIPTION

EN

MATIÈRE HYPOTHÉCAIRE,

OU

Explication de la loi du 23 mars 1855

ET DES DISPOSITIONS DU CODE NAPOLÉON RELATIVES A LA TRANSCRIPTION
DES DONATIONS ET DES SUBSTITUTIONS,

Par M. FLANDIN,

Conseiller à la Cour impériale de Paris.

TOME PREMIER.

PARIS,

IMPRIMERIE ET LIBRAIRIE GÉNÉRALE DE JURISPRUDENCE.

COSSE et MARCHAL, Imprimeurs-Éditeurs,

LIBRAIRES DE LA COUR DE CASSATION,

Place Dauphine, 27.

1861

AVANT-PROPOS.

J'ai détaché ces deux volumes sur la transcription d'un Traité sur les priviléges et les hypothèques, que je me propose de publier prochainement, si ce premier essai reçoit du public un favorable accueil. J'avais pensé à renfermer la matière en un seul volume; mais mon sujet s'est étendu avec l'étude plus approfondie que j'en ai faite; et ceux qui savent par combien de points la transcription se rattache aux autres matières du droit, s'étonneront moins que j'aie dépassé les limites que je m'étais d'abord tracées.

La loi du **23 mars 1855**, sur la transcription hypothécaire, a déjà été l'objet de nombreuses publications. Mais, si l'on en excepte le *Commentaire* de M. Troplong, les *Questions théoriques et pratiques* de MM. Rivière et Huguet, et une série d'articles insérés par M. Mourlon dans la *Revue pratique*, ces publications ne contiennent guère qu'une paraphrase de la loi, où l'on irait vainement chercher une solution motivée des nombreuses difficultés que peut faire naître son application. Je parle des publications spéciales, faites en vue de la loi du

I.   *a*

23 mars 1855, non de l'ouvrage de M. Pont, le digne
continuateur de Marcadé, sur la matière des priviléges
et des hypothèques, ouvrage dans lequel il n'est traité
de la transcription que d'une façon accessoire, et qui ne
comportait pas les développements qu'on regrette de ne
pas trouver dans les publications auxquelles je fais allusion.

L'auteur d'une de ces publications, M. Bressolles,
professeur à la Faculté de droit de Toulouse, s'excuse,
ou plutôt se justifie, en disant « qu'il peut y avoir danger scientifique et pratique à produire trop tôt, sur une
loi nouvelle, des commentaires ou traités de longue
haleine ; que l'interprétation de la loi se fait beaucoup
par son application, et que la droiture des magistrats est
d'un puissant secours pour parer aux imprévus du législateur. La doctrine, selon lui, doit attendre ;... elle
doit être sobre et ne pas chercher les difficultés à venir
avec trop de sollicitude ; car la chicane n'attend que des
armes, et elle s'empare, au plus vite, des opinions en-
fantées dans le cabinet, mais que l'audience, qui est le
champ clos du droit, n'eût jamais entendues se produire » (1).

Je ne suis pas de cet avis. Les méditations du jurisconsulte doivent, au contraire, préparer les décisions
de la Justice ; et son rôle s'amoindrit, son esprit perd
de son indépendance et de sa force, si, abdiquant le
périlleux honneur de servir de guide à la Jurisprudence,
il attend que celle-ci lui ait frayé le chemin, pour marcher timidement à sa suite. Je tiens pour une maxime

_____

(1) Exposé des règles de droit civil sur la transcription, n° 4.

judicieuse cette règle que je trouve dans un auteur anglais, et que j'ai scrupuleusement observée dans mon travail : « c'est qu'il est toujours mieux de réfléchir par soi-même sur un sujet, avant de recourir à ce qu'ont pensé les autres. On arrive, ainsi, à découvrir des vérités qui nous auraient échappé, si nous avions, d'abord, emprunté à autrui une manière particulière d'envisager notre sujet... La force d'esprit de ceux même qui nous sont supérieurs doit aider notre faiblesse, et non nous empêcher d'exercer nos facultés... » (1).

Le magistrat, d'ailleurs, n'a-t-il pas besoin qu'on éclaire sa route ? Et sa conscience ne se sentira-t-elle pas plus rassurée, lorsque la question, soumise à son jugement, aura été, de la part d'un autre, l'objet d'une étude approfondie et désintéressée ? Je n'entends pas dire que le jurisconsulte, à l'exemple de ces sophistes, qui se plaisaient à embarrasser l'esprit dans des questions captieuses et puériles, *difficiles nugas,* doive s'ingénier à inventer des difficultés, à créer des hypothèses impossibles : ce ne serait pas là faire une étude sérieuse de la loi. Mais le jurisconsulte, jaloux de mériter ce nom, l'auteur, qui écrit pour le public, doit employer toutes les forces de son esprit à saisir et à mettre en lumière le sens et la portée de la loi qu'il commente, à en développer les principes, et à faire une juste application de ces principes aux divers cas qui sont de nature à se présenter. Ce n'est pas là donner des armes à la chicane; c'est, au contraire, fournir des armes contre elle.

On étudie peu le droit aujourd'hui, ou on ne l'étudie

_____

(1) Lecture et Réflexion, par Channing.

a.

guère que dans les Recueils de jurisprudence. Sur chaque
question qui se présente, on se borne à rechercher les
précédents ; et, comme il y en a toujours, ou presque
toujours, dans l'un et l'autre sens, on se décide, le plus
souvent, par le nombre, plus encore que par l'autorité
relative qu'on accorde à chacun d'eux. Il faudrait presque retourner la maxime : *non numeranda, sed ponde-
randa.*

Je ne suis pourtant pas opposé, tant s'en faut, à l'é-
tude de la jurisprudence, et je suis convaincu que la
pratique des affaires est un correctif nécessaire à ce que
la théorie offre souvent de trop absolu dans ses doctrines.
Mais il faut qu'à cette étude on apporte de la critique,
et que, sans afficher de trop orgueilleuses prétentions,
on ne se laisse pas non plus trop facilement subjuguer
par l'autorité des précédents.

Une autre erreur, c'est de croire que l'application du
droit aux affaires si variées qui se produisent, chaque
jour, devant les tribunaux, ne demande que du bon sens
et une certaine rectitude de jugement ; qu'en tout procès,
la question de fait domine, et que le juge, par conséquent, a seulement à suivre les inspirations de sa conscience et à écouter la voix de l'équité naturelle. Cette
opinion a fait tant de chemin qu'on ne plaide plus guère
aujourd'hui que le fait, au Palais, et qu'on y laisse tomber en désuétude une excellente pratique, celle de la
Consultation. Faut-il donc rappeler ici ce que pensait
d'Argentré de cette fausse équité du juge ? *Stulta videtur sapientia quæ lege vult sapientior videri. Cur de lege ju-
dicas qui sedes ut secundùm legem judices ? Plus sibi sapere
visi insultant legibus, et sibi conscientias architectantur contrà
publicas leges. Aut igitur sedere desinant, aut secundùm leges*

judicent (1). Il y a longtemps qu'on a dit : *Dieu nous garde de l'équité du Parlement !*

Mais, heureusement, il se trouve encore bon nombre d'esprits pour protester contre cet injuste dédain des études juridiques, et nos plus illustres magistrats sont là pour nous avertir, par leur exemple, que la droiture et le bon sens pratique du juge ont quelque chose à gagner à s'éclairer des lumières du jurisconsulte. Il ne faut pas oublier, en effet, que la jurisprudence, suivant la belle définition d'Ulpien, n'est pas seulement la science du juste et de l'injuste, mais que, dans son expression la plus haute, elle embrasse l'ensemble des connaissances humaines : *Jurisprudentia est divinarum atque humanarum rerum notitia, justi atque injusti scientia* (2). Ces expressions, sans doute, ne doivent pas être prises à la lettre; et Ulpien a seulement voulu dire que le domaine du droit, comme celui de la philosophie, ne connaît pas de limites.

Le droit, qu'est-ce autre chose, d'ailleurs, au sentiment du même jurisconsulte, que la philosophie elle-même? Car il ne faut pas décorer du beau nom de philosophie cette métaphysique obscure qui se perd dans les abstractions, et dont un puissant esprit a dit, avec vérité, « qu'elle contient deux choses : la première, tout ce que savent les hommes de bon sens; la seconde, ce qu'ils ne sauront jamais » (3). Le droit, c'est la mise en pratique de l'hon-

---

(1) Dupin, Manuel des Étudiants; Aphor. de Bacon; Aphor. 38, à la note.

Les Institutes disent également : *In primis, illud observare debet judex ne aliter judicet quàm legibus, aut Constitutionibus, aut moribus, proditum est (lib. 4, tit. 17, princip.).*

(2) L. 10, § 2, D., *De justitiâ et jure.*

(3) Voltaire, Corresp., t. 3, p. 75, éd. Baudouin.

‹ Il y a trente ans, disait aussi Montesquieu, cité par d'Alembert,

nête et du juste, la recherche du vrai et du bon, non-
seulement dans leur rapport avec les lois positives, mais,
ainsi que l'entendait Pothier, ce parfait modèle du jurisconsulte, dans leur conformité avec les principes du
for intérieur, avec les règles éternelles de la morale, qui
sont les mêmes partout et qui ont leur fondement dans
la conscience humaine. Voilà, au dire des grands jurisconsultes de Rome, la véritable philosophie, celle dont
nous sommes, magistrats, légistes, les prêtres constitués,
sacerdotes, pour en répandre les dogmes et y accoutumer
si bien les esprits qu'elle fasse, un jour, si Dieu le permet, disparaître de la terre le règne de la force, pour
y substituer celui de la raison et du droit. *Jus est ars boni
et æqui : cujus meritò quis nos sacerdotes appellet ; justitiam
namque colimus, et boni et æqui notitiam profitemur : æquum
ab iniquo separantes ; licitum ab illicito discernentes ; bonos,
non solùm metu pœnarum, verùm etiam præmiorum quoque
exhortatione, efficere cupientes;* VERAM (*nisi fallor*) PHILO-
SOPHIAM, NON SIMULATAM, AFFECTANTES (1). Quel sujet
plus grand et plus digne de nos études !

Je ne vois nul besoin d'expliquer pourquoi j'ai préféré la forme du traité à celle du commentaire. La forme
d'un livre importe peu au lecteur, si le fond le satis-

---

que je travaille à un livre de douze pages, qui doit contenir tout ce
que nous savons sur la métaphysique, la politique et la morale, et tout
ce que de très-grands auteurs ont oublié dans les volumes qu'ils ont
donnés sur ces sciences-là » (Éloge de Montesquieu par d'Alembert,
p. 52 ; imprimé en tête de l'Esprit des lois, éd. Didot, 1820.)

(1) Ulpien, L. 1, §1, D., *De justitiâ et jure.*

fait. Pour ajouter, cependant, les avantages du commentaire à ceux du traité, je joindrai à la table alphabétique des matières une table des articles ou textes de loi le plus fréquemment cités dans l'ouvrage, avec renvoi aux numéros où ces articles sont commentés. Ces deux tables seront placées à la fin du second volume.

Toutes les fois que j'ai eu à citer un auteur, soit pour le combattre, soit pour lui emprunter une bonne raison, je me suis fait un devoir de le citer textuellement, en renfermant le passage entre guillemets : cela allonge bien un peu ; mais on évite ainsi le reproche, soit de dénaturer l'opinion qu'on veut combattre, soit de moissonner dans le champ d'autrui.

Je tiens encore à dire au lecteur que je n'ai pas cité un auteur, ni un arrêt, que je n'aie scrupuleusement vérifié la citation. Ou, si le contraire est arrivé quelquefois, c'est que je n'avais pas l'ouvrage à ma disposition. J'ai eu trop souvent à constater, dans mes lectures, combien de citations, faites de confiance et pour se donner un vernis d'érudition, sont fausses ou erronées, combien d'arrêts sont interprétés à contre-sens, pour ne pas chercher à éviter un semblable écueil.

Je donnerai, à la fin du second volume, avec la liste des auteurs le plus habituellement cités dans l'ouvrage, l'indication des éditions auxquelles je renvoie.

Pour les arrêts, je me suis contenté de renvoyer aux Recueils de MM. Dalloz, soit à la nouvelle édition de la *Jurisprudence générale*, en cours de publication, soit au *Recueil périodique*, qui la continue. Mais, avec la date de l'arrêt et le nom d'une des parties que j'y ai constamment joint, il sera facile de trouver l'arrêt cité dans les autres Recueils de jurisprudence.

RÉSUMÉ HISTORIQUE

SUR LA TRANSCRIPTION.

C'est dans le droit féodal, on ne s'en douterait guère, qu'il faut aller chercher l'origine de la transcription. On sait, en effet, que, dans les Coutumes, appelées *Coutumes de nantissement*, la transmission de la propriété immobilière n'était parfaite qu'après l'accomplissement de certaines formalités, appelées de divers noms, suivant les Coutumes, tels que *vest* et *devest*, *saisine* et *dessaisine*, *adhéritance* et *déshéritance*, *devoirs de loi*, *mise de fait*, *main-assise*, etc. (1).

« Personne, dit l'art. 1er du chap. 94 des Chartes générales du Hainaut, ne pourra vendre, changer, donner, charger, bailler à rente, ni, en autre manière, aliéner ses fiefs, que par déshéritance, par devant les seigneurs ou baillis et hommes de fief dont ils seront tenus. »

Suivant la doctrine des feudistes, les seigneurs étaient, dans l'origine, propriétaires de tous les héritages situés dans l'étendue de leur souveraineté ; d'où la maxime : *Nulle terre sans seigneur*. Dans la suite, ils en avaient inféodé ou accensé une partie à leurs vassaux, mais en retenant le domaine direct ; en sorte que ceux-ci, ne pouvant se dire propriétaires absolus, mais n'étant, en quelque

---

(1) V. ces divers mots dans le Répertoire de jurisprudence.

sorte, que de simples bénéficiers, étaient obligés, à chaque mutation du fief, de faire intervenir le seigneur suzerain, pour qu'il donnât l'investiture au nouveau propriétaire (1).

De là l'origine du Nantissement.

Si l'on remonte plus haut que le droit féodal, on voit que, d'après le droit romain, le simple pacte, *pactum nudum*, ne suffisait pas pour transférer la propriété, s'il n'était accompagné de la tradition : *Traditionibus... dominia rerum, non nudis pactis, transferuntur* (L. **20**, C., *De Pactis*). D'abord, on exigea la mise en possession réelle et effective ; plus tard, on se contenta de la tradition feinte ou symbolique. On alla même jusqu'à remplacer la tradition symbolique par la clause dite de *constitut* ou de *précaire*, clause qui devint bientôt de style dans les actes (2).

---

(1) V. Ducange, v° *Investitura;* Loysel, Institutes Coutumières, liv. 5, tit. 4, règle 8 ; Beaumanoir, Cout. du Beauvoisis, t. 1, ch. 6, n° 4, éd. Beugnot : Coutumes notoires, art. 72, imprimées au t. 2 du Comment. de Brodeau sur la Cout. de Paris ; le Grand Coutumier de Charles VI, liv. 2, chap. *Des cas de nouvelleté; De saisine en censive*, et *De saisine en fief*, feuillets XXXIII v°, XLI r°, et XLIII v° ; Rép., v^is *Nantissement, princip.*, et *Devoirs de loi*, § 1 ; Troplong, Rev. de lég., t. 10, p. 153; Des Donat., préf., p. CVII; De la Transcr., n° 5.

(2) V. les fragments d'Ulpien, tit. 19, § 7 ; les Pandectes de Pothier, au titre *De acquir. rer. domin.*, t. 3, *lib.* 44, *tit.* 1 ; Pothier, De la Vente, n°s 313 et suiv.; Troplong, *ibid.*, n°s 36 et suiv., 267 et suiv.; Jur. gén., v° *Vente*, n° 157.

Indépendamment de la clause de constitut ou précaire, dans laquelle le vendeur déclarait posséder la chose, non plus pour lui-même, mais pour l'acheteur, il y avait celle de *dessaisine-saisine*, par laquelle le vendeur se dessaisissait de la chose entre les mains du notaire, qui en saisissait l'acheteur. L'usage avait fait prévaloir ces clauses, malgré l'opposition de Dumoulin, dans les Coutumes, qui, comme celle de Paris notamment, avaient secoué le joug de la formalité de l'ensaisinement, pour s'en tenir à la tradition du droit romain, et où était admise la règle : *ne prend saisine qui ne veut* (V. Loysel, Instit. Cout.,

La tradition, dans toutes les législations primitives, est un fait inséparable de la transmission de la propriété. On vient de la voir former un principe fondamental dans le droit romain : on la retrouve, dans l'ancien droit germanique, entourée, dit un célèbre jurisconsulte, éminent écrivain non moins que savant juriste, entourée « du cortége des solennités sacramentelles et du matérialisme de la forme propre aux civilisations naissantes.... Les formules du temps nous ont conservé la pantomime du gazon livré à l'acheteur de la terre, celle de la branche d'arbre, du bâton, du couteau, du glaive remis entre ses mains, en présence des Rachimbourgs, ou *boni homines*, témoins du passage de la possession d'une tête sur une autre, et constatant cette substitution effective d'un maître à un autre maître réellement ensaisiné. Le gazon était le symbole de la terre; la branche d'arbre le signe des produits qui ornent sa superficie ; le bâton, le couteau, le glaive, l'indice de la maîtrise et de l'autorité du propriétaire qui a le droit de commander et même de détruire » (1).

liv. 5, tit. 4, règle 5; Coquille, Instit. au droit français, ch. des fiefs ; Brodeau, sur l'art. 82 de la Cout. de Paris ; Troplong, Rev. de lég., t. 10, p. 282 et suiv.). *Ex quibus patet*, dit Dumoulin, *quid dicendum de vulgari formuld notariorum, putà :* Titius vendidit, cessit, *transtulit, vendit, cedit et transfert, tale prædium feudale, vel censuale, Caio, et se dessaisinat in manus notariorum, ad commodum Caii, saisiens eum et consentiens eum ex nunc gaudere et uti, et in fidem domini recipi, vel investiri, transferendo omne jus, dominium et possessionem, etc. : quoniam ista non est neque verà, neque ficta traditio, nec operatur dominii nec possessionis translationem, sed solùm licentiam ingrediendi et accipiendi possessionem proprid authoritate.....* » (Cout. de Paris, tit. 1, § 20, gl. 5, n° 16).

(1) Troplong, De la Transc., n° 4, et Rev. de lég., t. 10, p. 154 ; Rép., v^is *Devoirs de loi* et *Nantissement*, § 1. V. aussi Ducange, v^is *Ad-*

Ces formes symboliques et toutes matérielles de la
tradition disparurent peu à peu, avec une civilisation plus
avancée, et on leur substitua une simple reconnaissance
du contrat, faite par les parties devant les officiers de
justice compétents, soit les officiers du seigneur dont les
biens étaient mouvants, soit les juges royaux dans le
ressort desquels ces biens étaient situés. « Les deux contractants, porte l'art. 264 de la Coutume de Péronne,
doivent comparaître devant le bailli ou lieutenant du lieu,
et illec déclarer, en présence du greffier et des deux
témoins, le contrat qui aura été fait, dont sera fait acte,
qui vaudra dessaisine et saisine, *sans autre solennité* » (1).

C'est à cette dernière forme de l'investiture ou du
nantissement que fait allusion Dumoulin, dans le passage
suivant de ses observations sur la Coutume de Paris :
*Et solebant olim hujusmodi investituræ publicæ fieri, vel apud
acta in prætorio judicis, si dominus (ut plurimi) habebat juris-
dictionem contentiosam ; vel in loco dominanti, ubi, præsen-
tibus ministris et testibus, in libro vel cartophylacio ad hoc
destinato, conscribebantur investituræ ; et sic inerat quædam
solemnis publicatio.... (2).*

L'ensaisinement avait cet effet, dans les Coutumes où
il était admis, que seul il pouvait dessaisir l'ancien propriétaire au profit du nouveau. « En vente de héritage,
dit Jean Des Mares, il fault et vest et devest, combien
que lettres en soient faites; car au vendeur demeure tous-

---

ramire, *Andelangus, Festuca, Investitura, Ramus,* etc.; Pardessus,
Loi salique, Dissertation 11ᵉ, p. 615 et suiv.; les Formules de Marculfe,
Append., *formulæ veteres,* form. 19 et 20 ; celles de Lindenbrog,
form. 151 et suiv.; celles de Baluze, form. 30.

(1) Rép., vᵒ *Devoirs de loi,* § 1.
(2) Cout. de Paris, tit. 1, § 1, glos. 1, nᵒ 30.

jours la vraye saisine et possession, jusques à tant que il
en soit dessaisi en la main du seigneur foncier ; et ne s'en
puet dire l'achateur saisi jusques à ce qu'il en soit saisi, de
fet, par le seigneur foncier du lieu, se ainsi n'est qu'il
en ait joy et usé par tel temps que il en ait acquis saisine et bonne possession et juste » (1).

Toutes les Coutumes de nantissement, au témoignage
de Merlin, n'avaient qu'une voix sur ce point (2).

Ainsi, l'on ne se contentait pas, dans ces Coutumes,
comme dans celles qui s'étaient attachées purement et
simplement au droit romain, de la tradition réelle
ou feinte ; on y exigeait, comme condition *sine quâ
non* de la transmission de propriété, une tradition solennelle, celle résultant du vest et du devest ou de l'ensaisinement (3).

Toutefois, fait observer M. Troplong, le contrat, avant
sa *réalisation*, n'était pas absolument nul entre les parties,
et l'acheteur avait une action personnelle, pour se faire
investir, contre le vendeur qui ne l'ensaisinait pas. «Celuy,
dit Bouteiller, qui vend sa tenure, mais il en retient
encore la saisine par devers luy, ne n'en faict vest au
vendeur (à l'acheteur), sachez qu'il est encore sire de la
chose ; mais, toutesfois, il peut estre contraint à faire le
vuerp et adhéritement de la chose, si ce est tenure... » (4).

---

(1) Décisions de Jean Des Mares, imprimées au 2ᵉ vol. du Comment. de Brodeau sur la Cout. de Paris, n° 189 ; Coutumes notoires,
ibid., n° 124.

(2) Rép., vᵒ *Nantissement*, § 1, n° 1. V. aussi, dans la Revue de
lég., t. 25, p. 153, un article de M. Troplong sur les Coutumes
du Bailliage d'Amiens.

(3) Klimrath, Étude historique sur la Saisine, Rev. de lég., t. 2,
p. 383 ; Troplong, *ibid.*, t. 10, p. 282 et suiv., et De la Transc., n° 6.

(4) Somme rurale, liv. 1, ch. 67, p. 397. Conf. Rép., vᵒ *Nantisse-*

Ce n'était pas là, sans doute, ajoute M. Troplong, quelque chose que l'on puisse comparer aux effets que le Code Napoléon attache au contrat de vente, lequel transfère, *ipso jure*, la propriété à l'acheteur, sans le concours de la tradition ; c'était, tout simplement, une action pour obtenir, par la voie de la Justice, cette tradition solennelle que, contrairement à son engagement, le vendeur n'effectuait pas (1).

Bien plus, ainsi que le dit Merlin, c'était seulement par rapport aux tiers que les formalités du nantissement étaient nécessaires pour transmettre à l'acquéreur, qui s'était mis en possession, la propriété de l'immeuble. Voici ses paroles : « Quoique l'acquéreur, qui n'a ni pris saisine, ni possédé pendant le temps requis pour y suppléer, ne soit pas réputé propriétaire du bien qu'il possède de fait, il ne laisse pas de jouir, à certains égards, des effets d'une propriété véritable, et l'on peut dire, en général, que ses droits sont les mêmes, dans tous les cas où il n'y a pas de tiers intéressés, que s'il avait rempli les formalités du nantissement. C'est ce qui résulte de la note de Dumoulin sur l'art. 119 de la Coutume de Vermandois.... » (2).

Tels sont encore aujourd'hui les principes, en matière de transcription.

Que ces formalités du vest et du devest n'aient pas eu pour objet direct et primordial l'intérêt des tiers ; qu'elles

---

ment, § 1, nos 1 et 7 ; Arrêt du Parlement de Paris du 13 août 1743, rapp. par Rousseaud de La Combe, Rec. de jur. civ., vo *Nantissement*, no 4.

(1) De la Transc., no 7.
(2) Rép., *loc. cit.*, no 4.

n'aient été, à l'origine, comme le pense M. Troplong (1),
qu'une conséquence du régime féodal, ou bien une
simple réminiscence, une image affaiblie de formes plus
matérielles, inventées pour rendre tangible, en quelque
sorte, le passage de la propriété d'une personne à une
autre, il est certain qu'on en vint, par suite, à les faire
tourner à l'avantage du public. « Ce qui prouve, dit encore M. Troplong, l'importance de ce nouveau point de
vue, c'est que l'ensaisinement par un officier public fut
même étendu aux alleux : tant il est vrai qu'en dehors
du caractère féodal de l'institution, on était non moins
frappé de l'utilité d'entourer de formes protectrices la
transmission de la propriété même et de son crédit » (2) !
— En effet, un placard de Charles-Quint, du 10 février 1538, et un autre de Philippe II, du 6 décembre
1586, en établissant l'impossibilité « d'aliéner ou de
charger aucun héritage, sans le secours du nantissement, » déclaraient que c'était en vue « de prévenir les
fraudes et les stellionats » (3).

C'est pourquoi il ne suffisait pas, pour la validité des
Devoirs de loi, qu'ils fussent passés avec toutes les solennités requises, il fallait, de plus, qu'ils fussent enregistrés au greffe des juges qui les avaient reçus, afin
qu'on pût y recourir au besoin. C'est ce que prescrivaient,
en termes formels, les art. 119 et 120 de la Coutume de
Vermandois, 177 de celle de Reims, et 145 de la Coutume d'Amiens. La disposition de ces Coutumes avait été

---

(1) De la Transc., nos 3 et 5.

(2) *Loc. cit.*, n° 8. V. cependant le Rép., v° *Devoirs de loi*, § 1,
n° 6.

(3) Rép., v° *Devoirs de loi, loc. cit.*

confirmée par plusieurs règlements émanés des tribunaux. Un arrêt du Parlement de Paris, notamment, du
29 nov. 1599, rendu pour la Coutume de Vermandois,
enjoignait aux juges et aux greffiers de faire un registre
pour y inscrire les nantissements par ordre, et leur dé-
fendait de laisser les actes en feuilles, à peine de répondre,
en leur nom, des dommages-intérêts des parties (1).

Ce registre était public, et donné en communication
à tous ceux qui pouvaient avoir intérêt à le consulter.
« Les ensaisinements, dit le Dictionnaire de Brillon,
doivent être écrits dans un registre en bonne forme : le
registre doit être communiqué indifféremment à tout le
monde » (2).

Du reste, ce n'était pas seulement pour les actes d'aliénation, ou de constitution d'hypothèque, qu'étaient
exigées les formalités du nantissement, mais pour tous
les actes, en général, d'où résultaient un droit réel sur
le fonds, ou une charge pouvant en diminuer la valeur :
tels qu'une inféodation, un accensement, un bail emphytéotique ou l'établissement d'une servitude. « Détacher
du gros d'un fief quelque fonds ou droit réel, et le concéder, à titre d'inféodation ou d'acensement, ce n'est
point, à la vérité, dit le Répertoire, s'en dépouiller tota-
lement, mais c'est au moins en abandonner le domaine
utile, et se priver des plus précieux avantages de la propriété. D'après cela, il est clair que, si l'on s'attache rigoureusement aux principes du nantissement, il faudrait,
pour donner à une opération de cette espèce un effet
assuré contre des tiers, en passer les Devoirs de loi devant

---

(1) Rép., v° *Devoirs de loi*, § 3, n° 5.
(2) Dict. des arrêts, v° *Ensaisinement*.

les officiers du seigneur dominant. On sent, en effet, qu'il en doit être de la partie comme du tout, et que, si l'on ne peut pas aliéner le gros d'un fief, sans dessaisine et saisine, on doit être obligé aux mêmes formalités, lorsqu'on veut en aliéner quelques portions (1). »

L'auteur s'exprime de même pour le bail emphytéotique et la servitude (2). — Toutefois, les dispositions des Coutumes n'étaient pas uniformes sur tous ces points.

J'ai déjà dit qu'il n'y avait qu'un certain nombre de Coutumes, celles des pays situés au nord de la France, dans lesquelles on fît dépendre la transmission de la propriété de certaines formes solennelles destinées à couvrir l'intérêt des tiers.

Dans la Bretagne, le même système de protection pour les tiers était admis, mais sous un autre nom et avec d'autres formes. Ce qui, dans les pays de nantissement, s'appelait *ensaisinement*, recevait, en Bretagne, le nom d'*appropriance* ou d'*appropriement* (3). — Quant aux formes, elles consistaient dans trois publications ou bannies que devait faire le nouveau possesseur, tant de son contrat que de sa prise de possession, par trois dimanches consécutifs, après l'issue de la grand'messe, en la paroisse où étaient situés les biens acquis (4). Ces publications ou bannies étaient une mise en demeure, pour quiconque avait ou prétendait avoir un droit réel dans ces biens, de former une opposition devant le juge qui devait faire l'acte d'appropriement.

---

(1) Rép., v° *Nantissement*, § 2 art. 1ᵉʳ.
(2) *Loc. cit.*, art. 2 et 3.
(3) V. le Rép., v° *Appropriance*.
(4) Art. 269 de la Coutume.

Un Édit du mois d'août 1626 ajouta à ces formalités celle de l'insinuation du contrat au greffe de la juridiction compétente.

L'appropriance purgeait les hypothèques, comme le décret volontaire ; mais elle avait, de plus, pour effet, d'éteindre tous les autres droits réels que des tiers, qui n'avaient pas formé opposition, pouvaient prétendre dans la chose, à titre de propriété (1).

« On voit, dit M. Troplong, que l'appropriance différait du nantissement, en ce que le vest et le devest étaient un élément essentiel de la vente, tandis que l'appropriance était une procédure postérieure à la vente ; mais elle s'en rapprochait, en ce qu'elle avait en vue la consolidation de la propriété entre les mains du possesseur, de même que le nantissement. Seulement, elle produisait des effets plus complets, puisqu'elle avait force de prescription contre les droits réels qui ne s'étaient pas montrés (2). »

Colbert, dans le préambule de l'Édit de 1673, avait manifesté l'intention « de perfectionner, par une disposition universelle, ce que quelques Coutumes avaient essayé de faire par la voie des saisines et des nantissements. » Mais il ne réalisa pas cette pensée, qu'avait déjà exprimée, avant l'Édit de 1673, celui de Henri III, du mois de juin 1581, qui établit le contrôle des actes. « Ordonnons, portait l'art. 1er de cet Édit, que, par quelque contrat que ce soit, de vendition, eschange, mariage, donation,…et généralement toute autre disposition,

---

(1) Hévin, sur l'art. 287 de la Coutume de Bretagne, n° 3 ; Poullain du Parc, t. 4, p. 309, cité par M. Troplong ; Rép., *loc. cit.*, § 9.

(2) De la Transc., n° 9.

soit entre-vifs ou de dernière volonté, ne pourra estre acquise aucune seigneurie, propriété, ni droict d'hypothèque et réalité, encore que les acquéreurs ou autres, au profit desquels lesdicts contracts auront été passez, ayent prins possession naturelle ou par constitution de précaire, rétention d'usufruit, ou autre voye de droict, s'ils ne sont enregistrez dedans deux mois du jour et date d'iceux....., tellement que toutes venditions, cessions, transports, permutations...., et tous autres contracts perpétuels et portans hypothèque....., qui auront été enregistrez en la forme susdite, seront préférez, pour les dicts droicts de propriété, seigneurie, hypothèque et réalité, à tous autres qui ne l'auront esté, combien qu'ils soyent en date précédente, et que les contractants eussent prins et fussent en possession des choses à eux cédées et transportées (1). »

Mais ce n'était là, comme le fait observer M. Dalloz, qu'un prétexte pour créer de nouvelles charges et de plus abondantes ressources pour le Trésor (2).

L'Édit du mois de juin 1771, qui substitua, pour la purge des hypothèques, les lettres de ratification aux décrets volontaires, avait abrogé, par son art. 35, « l'usage des saisines et nantissements pour acquérir hypothèque et préférence, dérogeant, à cet effet, à toutes les Coutumes et usages à ce contraires. » Mais, d'une part, cet Édit n'avait pas été reçu partout : il n'avait pas été enregistré, notamment, au Parlement de Flandre; en sorte que les formalités du nantissement étaient restées en vigueur dans les provinces belges et dans toute l'étendue

---

(1) V. cet édit dans la Jur. gén., v° *Enreg.*, p. 4, noté 1.
(2) *Loc. cit.*, n° 2. Conf. Troplong, De la Transc., n° 16.

du ressort dudit Parlement. D'autre part, l'Édit ne concernait que les hypothèques, et laissait, par conséquent, subsister le nantissement pour les actes d'aliénation. C'est ce qui résulte des termes de l'art. 35 précité, et, plus explicitement encore, de la Déclaration du roi, du 23 juin 1772, rendue pour l'interprétation de cet article.

C'était là un point de doctrine universellement admis. « Ainsi, dit Le Camus d'Houlouve, sur la Coutume de Boulonnais, le nouvel Édit (de 1771) ne change rien aux dispositions de la Coutume, relativement à un acquéreur, qui ne peut posséder réellement et irrévocablement l'immeuble par lui acquis qu'il n'en ait été saisi par la voie de la saisine et mise de fait. Par cette raison, depuis l'Édit, tous les nouveaux acquéreurs d'immeubles, situés dans cette province, n'obtiennent des lettres de ratification, pour purger tous les droits, privilèges et hypothèques sur les biens par eux acquis, qu'après s'être fait nantir et réaliser sur leurs acquisitions, conformément aux dispositions de la Coutume à ce sujet, que l'Édit a laissées dans toute leur intégrité (1). »

La suppression des justices seigneuriales, en 1789 (2), entraînait, par voie de conséquence, l'abolition des formalités du nantissement. Mais, en attendant qu'une loi générale eût réglé la manière de consolider les aliénations et de rendre les hypothèques publiques, il fallait, pour les pays de nantissement, une loi provisoire qui leur donnât le moyen de suppléer à des formalités qu'on ne pouvait plus y remplir. Ce fut l'objet du décret du

---

(1) Rép., vº *Nantissement*, § 1, nº 2.
(2) Décret du 4 août.

19 septembre 1790, dont l'art. 3 était ainsi conçu : « A compter du jour où les tribunaux de district seront installés, dans les pays de nantissement, les formalités de saisine, dessaisine, déshéritance, adhéritance, vest, devest, reconnaissance échevinale, mise de fait, mainassise, plainte à loi, et généralement toutes celles qui tiennent au nantissement féodal ou censuel, seront et demeureront abolies; et, jusqu'à ce qu'il en ait été autrement ordonné, la transcription des grosses des contrats d'aliénation ou d'hypothèque en tiendra lieu, et suffira, en conséquence, pour consommer les aliénations et les constitutions d'hypothèques; sans préjudice, quant à la manière d'hypothéquer les biens, de l'exécution de l'art. 35 de l'Édit du mois de juin 1771 et de la Déclaration du 27 juin 1772, dans ceux des pays de nantissement où ces lois ont été publiées. »

« Lesdites transcriptions, ajoute l'art. 4, seront faites par les greffiers des tribunaux de district de la situation des biens, selon l'ordre dans lequel les grosses des contrats leur auront été présentées, et qui sera constaté par un registre particulier, dûment coté et paraphé par le président de chacun desdits tribunaux. Les registres, destinés à ces transcriptions, seront pareillement cotés et paraphés, et les greffiers seront tenus de les communiquer, sans frais, à tous requérants. »

C'est cette disposition qui a servi de type à l'art. 2200, C. Nap.

Un intervalle s'était écoulé entre le décret du 4 août 1789, prononçant l'abolition des justices seigneuriales, et celui du 16 août 1790, portant création des tribunaux de district; intervalle pendant lequel les formalités du nantissement avaient été remplies par des officiers qui

n'avaient aucun caractère légal pour leur accomplissement. Cette situation fut régularisée par le décret du
13 avril 1791.

La loi du 9 mess. an III (1), et, après elle, celle du 11
brum. an VII, ont mis fin aux dispositions transitoires
des art. 3 et 4 du décret précité du 19 sept. 1790, en
établissant un régime hypothécaire nouveau, applicable à
toute la France. La loi de brumaire adopta, pour la publicité des hypothèques et pour la consolidation de la
propriété immobilière dans les mains du nouveau possesseur, le système des pays de nantissement. L'art. 26
de cette loi portait : « Les actes translatifs de biens et
droits susceptibles d'hypothèque doivent être transcrits
sur les registres du bureau de la Conservation des
hypothèques, dans l'arrondissement duquel les biens
sont situés. — Jusque-là, ils ne peuvent être opposés aux tiers qui auraient contracté avec le vendeur,
et qui se seraient conformés aux dispositions de la présente. »

Ainsi, dans le système de cette loi, comme sous la législation propre aux pays de nantissement, entre deux
acquéreurs ou donataires du même immeuble, celui-là
devait être préféré qui avait fait transcrire le premier
son contrat, quoique ce contrat fût postérieur, en date,
à celui de l'autre acquéreur ou donataire.—De même, le
vendeur ou donateur étant toujours réputé propriétaire,
tant que l'acquéreur ou le donataire n'avait pas fait
transcrire, les hypothèques constituées par ce vendeur ou
donateur sur l'immeuble, depuis la donation ou la vente,

---

(1) V. les art. 92, 93, 99, 105 et suiv., et 276 de cette loi.

étaient valables, si elles étaient inscrites avant la transcription (1).

Au contraire, les rédacteurs du Code Napoléon, tout
en maintenant le principe de la publicité de l'hypothèque, firent prévaloir, pour la vente, la règle que le
contrat se forme et se lie par le seul consentement des
parties. Et, malgré l'ambiguité de la rédaction de
l'art. 1583, où avait été comme déposé le germe du
principe consacré par la loi de l'an VII, la jurisprudence
déclara la règle applicable aux tiers comme au vendeur
lui-même. Là transcription, néanmoins, fut conservée,
mais seulement comme formalité préalable à la purge du
privilége ou de l'hypothèque (2).

Il en fut autrement pour les donations et les substitutions portant sur des biens susceptibles d'hypothèque :
la transcription resta comme une formalité essentielle à
leur validité, non point entre les parties, mais à l'égard
des tiers (C. Nap., 939 et suiv., 1069 et suiv.).

Le Code de procédure, sans revenir au principe
absolu de la loi de brumaire, modifia, quant à l'inscription du privilége ou de l'hypothèque, la règle établie
par le Code Napoléon pour les aliénations à titre onéreux. L'art. 834 accorda aux créanciers, qui, ayant privilége ou hypothèque sur un immeuble, ne les auraient
pas fait inscrire antérieurement à l'aliénation de cet immeuble, la faculté de prendre inscription postérieurement à l'acte translatif de propriété, mais, au plus tard,
dans la quinzaine de la transcription de cet acte.

---

(1) Rép., v° *Nantissement*, § 1, n° 2; Troplong, de la Transc., n° 8.
(2) Mon traité des Priv. et hyp. inédit. V. aussi Jur. gén., v° *Priv.
et hyp.*, n°s 1702 et suiv.

— L'exercice de cette faculté fut, néanmoins, soumis à une double condition : la première, qu'il s'agît d'aliénation volontaire, non d'expropriation forcée ; la seconde, que la vente fût postérieure au Code de procédure, afin de ne pas donner un effet rétroactif à la loi (1).

Les choses ont ainsi subsisté jusqu'à la loi du 23 mars 1855. On désirait, depuis longtemps, le retour à la loi de brumaire, et même une application plus large, dans l'intérêt du crédit foncier, du principe de publicité établi par cette loi, et limité, par elle, aux *actes translatifs de biens et droits susceptibles d'hypothèque*. En 1841, le Gouvernement s'occupa de la réalisation de ce vœu. Un projet général de réforme hypothécaire fut conçu ; mais, avant de le formuler, le Garde des sceaux voulut prendre l'avis de toutes les Cours et de toutes les Facultés de droit du royaume. Les résultats de cette vaste enquête ont été recueillis et publiés, par les soins du ministre, sous le titre de : *Documents relatifs au régime hypothécaire, etc.* (2). Toutes les opinions, à quelques exceptions près, ont demandé le rétablissement, avec plus ou moins d'étendue, du principe consacré par la loi de brumaire. Les Cours de Bordeaux et de Toulouse, et la moitié des membres de la Cour de Besançon, ont seuls été d'avis de s'en tenir au Code Napoléon (3). La Commission nommée par le ministre pour la rédaction du projet de loi, par l'organe de M. Persil, son rapporteur (4); le Conseil

---

(1) Mon Traité des Priv. et hyp. inédit. V. aussi la Jur. gén., v° *Priv. et hyp.*, n⁰ˢ 1708 et 1710.

(2) Impr. royale, Paris, 1844.

(3) Documents relatifs au rég. hyp., Introd., p. 65 et suiv.

(4) Rapport du 15 juin 1849, p. 12 et suiv.

d'État, par l'organe de M. Bethmont (1), se sont également prononcés en faveur du même principe; et de tous ces travaux préparatoires est sorti le projet de loi qui fut discuté dans le sein de l'Assemblée nationale, en 1850 et 1851 (2). Ce projet fut conduit jusqu'à la troisième lecture, et il aurait été infailliblement converti en loi, sans les graves événements qui survinrent, et qui mirent fin à l'existence politique de cette Assemblée.

On a extrait de ce projet, pour en faire, sous certaines modifications que j'aurai soin d'indiquer, l'objet de la loi précitée du 23 mars 1855, les dispositions relatives à la transcription, et quelques autres qui ne s'y rattachent pas directement, mais qui ont paru des réformes urgentes à réaliser.

Dois-je, pour compléter ce résumé historique sur la transcription, me livrer à l'examen des différents systèmes pratiqués, à l'étranger, sur le même sujet ? Cela m'entraînerait trop loin. Je me bornerai à l'analyse du système allemand, qui jouit d'une grande faveur auprès des économistes; système que des esprits, trop exclusivement préoccupés des intérêts du crédit foncier, auraient voulu substituer au mécanisme plus simple de notre loi de brumaire, lequel, tout en offrant aux tiers de sérieuses garanties, ménage davantage les droits de la propriété.

La plupart des législations, qui admettent la publicité de l'hypothèque, ont adopté le même principe pour la transmission des biens ou des droits réels immobiliers.

En Autriche, en Prusse et, en général, dans les pays allemands, excepté dans les Cercles du Rhin, où la

_____

(1) Rapport du 9 juillet 1850, p. 13 et suiv.
(2) V. le Rapport de M. de Vatimesnil, p. 118 et suiv.

législation française a pénétré, le système suivi est celui de l'*intabulation*, c'est-à-dire de l'inscription du propriétaire sur un registre public ou livre terrier (*grund-buch*), où chaque fonds a un compte ouvert, auquel sont portés tous les droits réels, actifs ou passifs, qui peuvent en augmenter ou en diminuer la valeur.

Cette intabulation est opérée, après une procédure contradictoire entre les parties intéressées, et une appréciation du droit des requérants, par des magistrats responsables de la vérité des énonciations portées au registre.

Ces magistrats, cependant, n'exercent qu'une juridiction gracieuse, et, en cas de contestation, ils renvoient les parties devant les tribunaux ordinaires.

Mais, afin de parer au dommage, souvent irréparable, qui pourrait résulter du retard de l'inscription sur le registre, lorsque le droit est contesté, on a imaginé le système de l'inscription provisoire ou de la *prénotation*; inscription qui donne rang, du jour de sa date, au droit contesté, s'il vient, plus tard, à être reconnu, et qui empêche qu'aucun acte ne puisse être fait, au préjudice de ce droit, dans l'intervalle. Ainsi, la prénotation, faite par un acquéreur avant l'inscription de son titre, empêche qu'aucune hypothèque ne puisse être inscrite sur l'immeuble, sans qu'il soit exprimé que son effet est subordonné à l'issue de la contestation dont la propriété est l'objet.

Ce système de prénotation est commun à tous les pays allemands.

En Bavière et en Prusse, les registres hypothécaires ou fonciers sont tenus par les tribunaux : dans le Wurtemberg, et dans plusieurs autres pays, ils sont tenus par les Conseils de la Commune.

De cette courte analyse il résulte qu'en Allemagne, l'inscription sur les registres constitue légalement le droit de propriété; qu'elle forme, en faveur de la personne inscrite, une présomption *juris et de jure*, qui ne peut être détruite que par la substitution d'un autre nom à celui du propriétaire inscrit. D'où la conséquence que toute aliénation consentie, tout droit réel conféré par un possesseur indûment inscrit, parcequ'il ne serait pas le véritable propriétaire, n'en seraient pas moins des actes valables, au regard des tiers de bonne foi (1).

Cette attribution de juridiction aux autorités hypothécaires, en vertu de laquelle elles ont le droit et le devoir de s'assurer, à chaque inscription requise sur le registre, du droit de propriété de celui qui requiert cette inscription, constitue une différence caractéristique entre le système allemand et le système français, qui ne fait du Conservateur des hypothèques qu'un simple préposé de l'Administration, lequel ne peut refuser son ministère, ni se permettre de juger le droit des parties, et dont les fonctions se bornent à copier, sans examen, sur les registres les actes de mutation qui lui sont présentés (V. *infrà*, n° 790). Chez nous, en effet, la transcription ne confère aucun droit de propriété, et nous avons main-

_____

(1) V. Odier, du Syst. hyp., p. 21 et suiv.; Royer, Des Instit. de crédit foncier, en Allemagne et en Belgique; Josseau, Des Instit. de crédit foncier et agricole dans les divers États de l'Europe; Anthoine de Saint-Joseph, Concord. entre les lois hyp. étrangères et françaises, Introd. ; Doc. rel. au rég. hyp., t. 1, p. 173 et suiv., Observ. de la Cour de Besançon ; Rev. de lég. et de jur., *passim;* Rev. crit., t. 6, année 1855, p. 75 et p. 169; t. 11, année 1857, p. 541 ; t. 12, année 1858, p. 163 ; Rev. de droit français et étranger, t. 2, 2ᵉ série, p. 61, année 1845, article de M. Valette.

tenu le principe, que « le vendeur ne transmet à l'acquéreur que la propriété et les droits qu'il avait lui-même
sur la chose vendue » (C. Nap., 2182 ; V. *infrà*, n° 26).
C'est la maxime romaine : *Nemo plus juris ad alium trans-*
ferre potest quàm ipse haberet (L. 54, D., *De Reg. jur.*).

Le système allemand a, sur le nôtre, l'avantage de désigner, avec pleine certitude pour les tiers, le propriétaire
de tout immeuble porté sur les registres. Mais ce système,
bon peut-être pour l'Allemagne, pays de grands domaines
et de substitutions, serait difficilement praticable en
France, à raison du morcellement excessif de la propriété foncière et de la fréquence des mutations. Je ne
puis mieux faire, à cet égard, que de transcrire ici les
excellentes réflexions contenues dans la réponse de l'Administration de l'Enregistrement à la seizième question
posée par M. le Garde des sceaux, dans sa lettre au
ministre des finances du 13 déc. 1842.

« Pour transporter ce régime en France (le régime
allemand), il faudrait donc, non-seulement réformer ou
plutôt recommencer les opérations cadastrales, afin
qu'elles puissent servir de point de départ à la constitution légale de la propriété ; non-seulement changer radicalement le système hypothécaire ; il faudrait, en outre,
introduire, dans les lois civiles et de procédure, d'importantes modifications, particulièrement en matière de
possession et de prescription. Il serait nécessaire, enfin,
d'instituer une magistrature hypothécaire ; car les Conservateurs actuels sont de simples préposés dont les fonctions se bornent, quand il s'agit d'inscription ou de transcription, à copier les bordereaux de créances ou les
actes de mutation. — Sous un point de vue plus général encore, on peut ajouter que les principes qui régis-

sent la propriété, en Allemagne, et qui dérivent, soit de
traditions de jurisprudence, soit peut-être des institutions
politiques, font des transmissions d'immeubles une
affaire de communauté civile, qui préside, pour les consacrer, à tous les actes des propriétaires, tandis qu'en
France, ces transmissions sont laissées dans le domaine
de la liberté individuelle, et l'autorité publique n'intervient que pour assurer les effets des conventions
privées.

« D'un autre côté, tout système d'immatricule des
propriétés foncières, quels qu'en soient les effets légaux,
comme base du régime hypothécaire, ne peut guère
s'adapter qu'à un pays où le sol est peu divisé, où les
lois civiles ont spécialement pour but d'empêcher la circulation et surtout la division de la propriété, et de conserver les biens dans les familles. Mais, en France, deux
faits dominent la situation de la propriété foncière : d'une
part, le morcellement, peut-être excessif, du territoire ;
d'autre part, la facilité et la fréquence des mutations.
L'immatricule hypothécaire, appliquée à une telle situation, soulèverait certainement, dans la pratique, d'inex-
tricables difficultés (1). »

M. Troplong est du même sentiment.

« La Prusse, dit-il, malgré son désir d'établir l'unité
de législation dans les différentes parties de son territoire,
n'a pas étendu aux provinces rhénanes un système repoussé
par l'état de la propriété, qui y est divisée et libre,
comme en France. On a reconnu que l'établissement de
ce système entraînerait d'immenses dépôts de registres et

_____

(1) Docum. rel. au rég. hyp., t. 3, p. 555.

d'actes et une énorme dépense. On ne peut, en effet, se faire une idée du travail excessif exigé par la bonne tenue des registres, dans les contrées où la propriété est morcelée et livrée à un rapide mouvement de circulation. Les employés sont, sans cesse, exposés à confondre les immeubles les uns avec les autres. Ils se perdent dans les montagnes de papier accumulées aux archives. Des erreurs inévitables nuisent aux intérêts privés, et la dépense des écritures devient intolérable. Les petites propriétés sont, en conséquence, grevées de frais, qui ne sont pas compensés par les avantages du système ; et chaque division de parcelles comprises dans un même article fait naître de très-sérieuses difficultés, surtout dans les partages de succession. — Tout ceci est si frappant d'évidence que, même dans la vieille Prusse, où le système se justifie par la grandeur et la fixité des domaines, on a renoncé à soumettre forcément tous les domaines au régime de la publicité absolue. Le législateur a déclaré facultative l'inscription des propriétés sur les registres des biens-fonds. Il a voulu, par là, permettre aux petites propriétés de se soustraire à des formalités ruineuses (1). »

Il est, cependant, une amélioration universellement désirée, mais qu'il ne paraît malheureusement pas possible d'introduire dans notre système français : ce serait de rattacher au cadastre nos registres de transcription et d'inscription hypothécaire.

---

(1) De la Transc., nᵒˢ 31 et 32. V. Alban d'Hauthuille, Révision du rég. hyp., p. 41 et suiv., cité par M. Troplong; Rev. crit. de lég., t. 6, p. 178, nᵒ 7, année 1855, article de M. Bergson.

La question, en 1842, fut ainsi posée par le Garde des sceaux à l'Administration de l'Enregistrement :

« Une Faculté de droit demande formellement que, désormais, les inscriptions soient prises et les certificats délivrés au moyen du cadastre, non sur la personne, mais sur l'immeuble... Les conditions, essentiellement administratives, du cadastre peuvent-elles convenir à la constitution légale de la propriété immobilière ? »

Voici la réponse de la Régie :

« Le cadastre n'a été entrepris que pour assurer l'égalité proportionnelle dans la répartition de l'impôt foncier. Depuis la loi du 31 juillet 1821, il n'a même plus pour objet que la répartition individuelle entre les propriétaires d'une même commune. Conformément à cette destination spéciale, les agents du cadastre n'ont dû lever les propriétés que d'après les jouissances existantes au moment de l'opération. Ils ont reçu pour mission, non de reconnaître et constater les droits des propriétaires, mais seulement de déterminer, d'après le fait apparent de la possession, ceux qui devaient être inscrits au rôle du percepteur, comme débiteurs de la contribution directe. Quant aux mutations, qui sont suivies sur les matrices cadastrales, et non sur les plans, le mode de les opérer a plusieurs fois changé ; elles ont été faites, tantôt sur la simple déclaration du nouveau ou de l'ancien possesseur, tantôt sur la production des titres ou à l'aide de relevés, fournis par les Receveurs de l'Enregistrement, des actes translatifs de propriété; tantôt même d'office par les contrôleurs des contributions directes, d'après la notoriété publique. M. le Directeur général des contributions directes pourra dire que, nonobstant les moyens mis successivement en œuvre pour assurer le service des

mutations, il serait téméraire d'en garantir la parfaite
exactitude. Il ne serait pas étonnant, d'ailleurs, que, dans
un travail, qui porte, annuellement, sur environ six millions de parcelles, il ne se glissât des erreurs....

« Mais, en supposant même qu'un système d'immatricule fût praticable, ce ne serait indubitablement pas
celui que propose la Faculté de droit dont parle M. le
Garde des sceaux. Il y a, en effet, deux modes d'immatricule : ou par le nom des propriétaires, ou par celui des
immeubles : tous deux sont usités dans divers États de
l'Allemagne. Le premier est celui des matrices cadastrales, où les propriétés sont inscrites sous le nom de
chaque contribuable. Mais, pour que l'inscription hypothécaire fût prise et les certificats délivrés, non sur la
personne, mais sur l'immeuble, ce serait le second mode,
c'est-à-dire l'immatricule par le nom des immeubles,
qui devrait être adopté. Or, ce système ne peut, évidemment, être mis en usage que dans un pays où les propriétés ont des limites fixes et invariables, où toute propriété, formant un article du registre hypothécaire,
constitue un assemblage compacte et porte un nom distinct. Vouloir appliquer ce régime à la France, ce serait
se tromper de siècle et de pays; ce serait traiter le sol
français, au XIXe siècle, comme on aurait pu le faire au
XVIe, et le soumettre, avec ses cinq millions de propriétaires, à un système terrier dont s'accommoderait, à
peine, l'Angleterre, qui n'en compte que six cent mille.
Les rôles fonciers contiennent actuellement 11,511,841
cotes, qui se divisent et se subdivisent en un nombre
infini de parcelles. L'immatricule de chaque immeuble,
avec son cortége d'inscriptions hypothécaires, serait, dans

cet état de la propriété, un travail au-dessus des forces humaines.... » (1).

Une Commission, instituée, en 1837, par le ministre des finances, pour rechercher les moyens de conservation du cadastre, et composée de membres pris dans les deux chambres, dans le Conseil d'État et dans l'Administration des contributions directes, s'était déjà exprimée dans le même sens.

« La Commission n'a point pensé, disait son Rapporteur, que le cadastre pût remplacer les titres de propriété, et devenir, ainsi, la base d'un nouveau système hypothécaire. Le cadastre ne décrit que les faits existants ; il constate la possession, mais il ne constitue pas le droit. Un tel pouvoir, en cas de contestation, n'appartient qu'aux tribunaux, qui ne l'exercent qu'après un examen très-scrupuleux. On ne saurait songer à en investir de simples agents administratifs tout à fait étrangers à la science judiciaire. Pour que le cadastre pût suppléer les titres de propriété, il faudrait procéder à un abornement général : or, cet abornement ferait naître une infinité de procès et deviendrait interminable. L'idée de rendre le bornage obligatoire a paru tout à fait inadmissible à la Commission, et elle a pensé qu'il n'y avait pas lieu de modifier les dispositions en vigueur, qui prescrivent de lever les plans d'après les jouissances, au moment de l'opération cadastrale » (2).

Mais il ne s'agirait pas, comme l'entendait la Commis-

---

(1) Docum. rel. au rég. hyp., t. 3, p. 552 et suiv.
(2) Macarel et Boulatignier, De la fortune publique, en France, et de son administration, t. 3, p. 95.

I.   c

sion, de faire de l'inscription au cadastre, comme dans le système allemand, la constitution légale de la propriété; nos idées françaises y répugneraient, et nous avons trop de respect pour le droit de propriété pour l'abandonner, ainsi, aux hasards d'une appréciation toute préventive, qui ne saurait avoir l'autorité d'un débat contradictoire, s'engageant, à son heure, et avec la partie véritablement intéressée. Ce que l'on demanderait, du moins je le comprends ainsi, ce serait seulement qu'on établît, pour l'inscription des droits réels et des charges hypothécaires, comme un système d'écritures en partie double ; qu'il y eût des tables ou répertoirespar noms de propriétaires et par désignation d'immeubles, se servant l'une à l'autre de contrôle; pouvant faciliter les recherches du Conservateur, et permettre aux intéressés de demander l'état des charges grevant tel ou tel immeuble, sans être obligés d'indiquer la série des propriétaires auxquels cet immeuble a successivement appartenu. Mais resterait toujours en dehors des indications des registres la question de propriété de l'immeuble, qui, je suis, à cet égard, de l'avis de la Commission, est du ressort exclusif des tribunaux. L'Administration de l'Enregistrement ne juge pas cela praticable en France, à raison du morcellement excessif de la propriété : je m'en rapporte, là-dessus, à son expérience et à ses lumières.

Je reviens à la loi du 23 mars 1855.

Cette loi, dans l'application qu'elle a faite du régime de publicité aux actes de mutation, a été plus loin que la loi du 11 brum. an VII. Elle ne se contente pas de soumettre, comme celle-ci, à la formalité de la transcription, les actes entre-vifs translatifs de propriété immobilière ou de droits réels susceptibles d'hypothèque, ou les jugements en tenant lieu ; elle y soumet tous actes ou jugements constitutifs ou déclaratifs de droits d'antichrèse, de servitude, d'usage et d'habitation. Elle y soumet, pareillement, tous actes emportant renonciation à des droits de même nature ; les baux d'une durée de plus de dix-huit années, et tout acte ou jugement constatant, même pour un bail de moindre durée, quittance ou cession d'une somme équivalente à trois années de loyers ou fermages non échus (art. 1 et 2 de la loi précitée).

L'art. 3 ajoute, comme sanction de ces dispositions, que, « jusqu'à la transcription, les droits résultant des actes et jugements énoncés aux articles précédents, ne peuvent être opposés aux tiers qui ont des droits sur l'immeuble, et qui les ont conservés, en se conformant aux lois.... »

C'est la disposition, presque textuelle, du deuxième alinéa de l'art. 26 de la loi du 11 brum. an VII (1).

Diverses critiques ont été adressées à la loi du 23 mars 1855. Les uns lui ont reproché son origine féodale, et la grave innovation qu'elle apportait au principe spiritualiste du Code Napoléon, lequel fait dépendre la validité des contrats du seul consentement des parties (2). D'autres l'ont combattue, au point de vue des frais

_____

(1) La Belgique, qui, même depuis sa séparation, a conservé les Codes français, nous a devancés dans la réforme hypothécaire. Cette réforme a été réalisée, chez elle, par une loi du 16 déc. 1851, dont le titre préliminaire, relatif à la *transmission des droits réels*, présente des dispositions analogues à celles de notre loi du 23 mars 1855. J'indiquerai, dans le cours du présent Traité, les parties sur lesquelles la loi belge, au point de vue spécial de la transcription, diffère de la nôtre.

(2) Discours de M. Lequien au Corps législatif, séance du 13 janv.

c.

énormes dont elle allait grever la petite propriété (1).
— Dans un sens contraire, on a fait à la loi un grief de
n'être pas assez radicale, et de n'avoir pas donné au
principe de publicité tous les développements, toutes les
applications dont il était susceptible (2).

Ce n'est pas le moment d'examiner si ces critiques,
contradictoires d'ailleurs, sont fondées. Un pareil examen
pouvait être utile avant la loi : à présent, il manquerait
d'opportunité. A mes yeux, du reste, comme à ceux de
la presque unanimité des jurisconsultes, la loi du 23 mars
1855 est un progrès ; mais, pour juger de ses effets sur
le crédit immobilier, en vue duquel surtout elle a été
sollicitée, il faut attendre ce que révélera une plus longue
expérience (3). Jusqu'ici, il ne paraît pas qu'elle ait encore
pénétré bien avant dans les habitudes ; car le nombre des
transcriptions, si l'on a égard aux actes sous seing privé,
n'a pas très-considérablement augmenté (4).

1855 (*Monit.* du 15). — « ..... A qui persuaderez-vous, disait
M. Dupin, dans la discussion du projet de loi sur la réforme hypothécaire, à qui persuaderez-vous, quand les parties ont fait leur acte
en règle, que cet acte n'est pas achevé, que l'une d'elles n'a pas cessé
d'être propriétaire, et que l'autre n'a pas acheté? » (*Moniteur* du
16 février 1851, p. 498).

(1) Discours de M. André à la séance du 17 janv. 1855 (*Monit.*
du 19).

(2) Notamment en ce qui concerne les testaments : V. le discours
de M. Millet à la séance du 15 janvier 1855 (*Monit.* du 17). V. aussi
Mourlon, Rev. prat., t. 1, p. 8, n° 3.

(3) « Elle est peut-être un progrès, dit M. Duvergier ; mais elle
n'atteint pas le but. » (Collection des lois, etc. année 1855, p. 55,
note 2).

(4) Je dois à une obligeante communication de M. le Directeur général de l'Enregistrement le tableau suivant des actes, emportant
transmission d'immeubles, qui ont été présentés à l'enregistrement, en

Il y en a, selon moi, une raison capitale : c'est, moins encore la surcharge ajoutée aux charges, déjà si lourdes, de la propriété par la partie fiscale de la loi, et dont M. André, dans la discussion, se faisait une arme contre le projet, que l'élévation des droits proportionnels d'enregistrement et de transcription. Un acte, en effet, ne peut pas être présenté à la transcription, sans avoir été

1859, et de ceux qui ont été soumis à la transcription, dans le cours de la même année.

ANNÉE 1859.	VENTES ET AUTRES ACTES PORTANT TRANSMISSION D'IMMEUBLES.							
	De 100 fr. et au-dessous.		De 101 francs à 600 fr.		De 601 francs à 1200 fr.		De 1201 fr. et au-dessus.	
	Actes enregistrés.	Actes transcrits.	Actes enregistrés.	Actes transcrits.	Actes enregistrés.	Actes transcrits.	Actes enregistrés.	Actes transcrits.
	Nombre.	Nombre.	Nombre.	Nombre.	Nombre.	Nombre.	Nombre.	Nombre.
Actes civils publics.	175,715	84,245	394,529	331,812	164,313	149,922	208,134	200.436
Actes sous seings privés.	73,380	5.224	56,474	9.590	8,963	2,681	6,777	2,831
Actes judiciaires. .	843	619	3,330	2,480	6.358	2,240	8,490	7,941
Totaux. . . .	249,938	90,088	454,330	343,882	179,634	154,813	223,404	211,208

Total général { des actes enregistrés . . . . 1,107,303.
                des actes transcrits. . . . . 799,991.

En décomposant ce tableau, il en résulte que, sur 1,107,303 actes de mutation de toute nature, présentés à l'enregistrement, en 1859,

enregistré (Voy. *infrà*, n° 792); et la loi du 28 avril 1816, pour forcer les parties à transcrire, a confondu, dans un même droit, le droit proportionnel d'enregistrement et celui de transcription (art. 52 et 54). Je prends, de tous les actes de mutation d'immeubles, le plus fréquent, la vente. Elle est soumise à un droit pro-

---

799,991, c'est-à-dire 72.24 p. 100, ou un peu plus des deux tiers, ont été transcrits. La moyenne, en 1841, des ventes transcrites (231,777), sur les ventes enregistrées (1,059,441), était de 21.87 p. 100 (Docum. rel. au rég. hyp., t. 3, p. 528).

Si l'on prend les actes publics, le nombre des actes enregistrés étant de 961,712, et celui des actes transcrits de 779,665, la proportion s'élève à 81.07 p. 100. Mais, pour les actes sous seing privé, la proportion est bien moindre; elle n'est que de 13.96 p. 100, en moyenne, sur 165,917 actes présentés à l'enregistrement.

Si l'on considère les actes, en raison de leur importance, le nombre des transcriptions s'accroît, comme il est naturel, proportionnellement à cette importance. Ainsi, pour les actes publics, la proportion des actes transcrits, sur les actes enregistrés, est de 48.06 p. 100, pour les actes de 100 francs et au-dessous ; de 84.02 p. 100, pour ceux de 101 à 600 francs ; de 88.10 p. 100, pour ceux de 601 à 1200 francs, et de 96.19 p. 100, pour les actes de 1201 francs et au-dessus.

Mais, pour les actes sous seing privé, cette proportion n'est plus que de 7.11 p. 100, pour les actes de 100 francs et au-dessous; de 16.98 p. 100, pour ceux de 101 à 600 francs ; de 29.91 p. 100 pour ceux de 601 à 1200 francs, et de 41.77 p. 100, pour les actes de 1201 francs et au-dessus.

Dans les relevés fournis à M. le Garde des sceaux, pour l'année 1841, et dans lesquels n'était point faite la distinction des actes publics et des actes sous seing privé, la proportion des ventes transcrites, sur les ventes enregistrées, était de 12.25 p. 100, pour les ventes de 600 francs et au-dessous; de 29.72 p. 100, pour celles de 601 à 1200 francs, et de 49.78 p. 100, pour les ventes au-dessus de 1200 francs. (Doc. rel. au rég. hyp., *loc. cit.*)

Si, pour les actes publics, le nombre des transcriptions s'est notablement élevé, il est encore bien faible pour les actes sous seing privé.

portionnel de 4 p. 100 (1), et la transcription à un autre
droit proportionnel de 1 1/2 p. 100 (2). Avec le dé-
cime (3), cela fait un droit de 6 fr. 05 c. p. 100.

Les renseignements fournis à M. le Garde des sceaux,
en 1843, par l'Administration de l'Enregistrement, portent à 12 francs environ, par contrat, les autres frais de
transcription (4). Pour une vente de 200 fr., c'est donc
24 francs 10 centimes à payer au fisc, pour droits d'enregistrement et de transcription, indépendamment des
frais de timbre de l'acte et des honoraires du notaire (5).
N'est-ce pas exorbitant? Qu'on s'étonne, après cela,
qu'il ne soit présenté à la transcription qu'un peu
plus du huitième (13.96 p. 100) des actes sous seing
privé (Voy. la note 4 de la page XL)! Et que d'actes de
cette espèce soustraits à l'enregistrement, précisément à
raison de l'élévation des droits! Cependant la transcription, aujourd'hui, n'est plus une formalité qu'on
puisse négliger, sans les plus graves périls, puisqu'elle
est indispensable pour transférer la propriété, au respect
des tiers.

On a beau dire que la transcription n'est pas plus
obligatoire aujourd'hui qu'elle ne l'était avant la loi du
23 mars 1855, et que, pour les ventes d'un prix mi-

---

(1) L. du 22 frim. an VII, art. 69, § 7, n° 1.
(2) L. du 21 vent. an VII, art. 25.
(3) L. du 6 prair. an VII.
(4) Docum. rel. au rég. hyp., t. 3, p. 530.
(5) Ce n'est pas seulement à 24 fr. 10 que M. de Casabianca, dans
son rapport, fait au nom de la Commission du Sénat, évalue les frais
de transcription, pour une vente de 200 fr.; c'est à 27 fr. 10 cent.: somme
égale, dit-il, au revenu net de l'immeuble pendant quatre ans et demi ›
(Rapport, p. 23; Impressions du Sénat, n° 27, session de 1855).

nime, on peut se dispenser de faire transcrire, parce
qu'on a pour sauvegarde la bonne foi de son vendeur (1).
On n'aura pas à craindre, je le veux bien, que le vendeur, pour une somme de 100 francs ou de 200 francs,
soit tenté d'aliéner une seconde fois l'immeuble qu'il a
déjà vendu ; et « il ne faut pas faire à la France l'injure
de croire qu'elle n'est qu'un peuple de stellionataires » (2).
Mais votre vendeur est solvable aujourd'hui ; demain il
ne le sera plus. Et, quelles que soient ses bonnes intentions, il ne peut se soustraire à un privilége de copartageant, à l'effet d'une hypothèque légale ou judiciaire.
Ce qui est obligatoire, d'ailleurs, c'est l'enregistrement ;
c'est ce droit de 6 fr. 05 p. 100 qui est véritablement
excessif pour la petite propriété, et je puis dire aussi
pour la grande. Qu'arrive-t-il ? C'est que, pour se soustraire à des droits aussi élevés, ou l'on dissimule une
partie du prix dans les actes, ou l'on ne fait pas enregistrer du tout, au risque de payer, plus tard, le double
droit.

C'est, l'esprit frappé des dangers que fait courir aux
intérêts privés cette exagération du droit fiscal, que j'é-
crivais déjà, en 1827, avec l'adhésion de M. Dalloz, ce
qui suit :

« Bien que le désir ou la nécessité d'accroître les ressources du Trésor ait été le principal motif de l'établissement du contrôle, et, plus tard, des droits d'enregistrement, on ne peut se dissimuler, cependant, qu'il n'ait été
une idée singulièrement heureuse pour diminuer le nombre des procès, en assurant la date des actes, et en leur

_____

(1) Troplong, De la Transc., n° 377.
(2) *Ibid.*, n° 376.

donnant de la publicité. Mais ce but, proclamé, avec une sorte de forfanterie, dans l'édit de 1693, répété dans la loi de 1790, ne fut qu'une déception, et il a été entièrement perverti par l'élévation progressive du droit fiscal, qui fût resté une institution éminemment utile, s'il n'eût été que le salaire, en quelque sorte, des officiers préposés à l'enregistrement des actes intéressant les citoyens. Loin donc que la formalité de l'enregistrement ait tourné à l'avantage de la loi civile, elle a multiplié les procès, en augmentant le nombre des actes sous seing privé, ou en forçant, dans les actes publics, à s'envelopper de précautions et d'obscurités, qui deviennent une source intarissable de contestations, et qui ne font que donner plus de prise à la loi fiscale, dont les réseaux viennent se croiser en tous sens, pour ne laisser aucune stipulation hors de ses atteintes.

« C'était peu que les droits d'enregistrement; on a créé le timbre, auquel viennent s'ajouter encore les droits de greffe : comme si ce n'était pas assez de la complication des procédures et des frais de postulation pour consommer la ruine du malheureux plaideur ! Espérons que le législateur sentira, un jour, le besoin de diminuer un impôt qui, s'étendant à tous les actes de la vie civile, frappe sur le pauvre comme sur le riche, hors de toute mesure, et souvent sans cette gradation proportionnelle qui suit l'échelle des fortunes, et doit toujours se trouver dans un impôt également réparti. Quand l'enregistrement ne sera plus, conformément à la loi de son origine, qu'une précaution sage pour prévenir les antidates, ajouter à la confiance que méritent les officiers instrumentaires, et donner une utile publicité aux mutations de propriété d'immeubles, il aura les résultats les plus avantageux, et sera un véritable bienfait de la législation. Mais comment se flatter de voir disparaître du budget une des branches les plus importantes du revenu public, qui ne produit pas moins que 184,400,000 fr. (1)? Quelle autre contribution serait mise à la place de celle-là? Le peuple s'y est habitué ; il la paie, sans murmure : *quæ, quanquàm gravia, tamen consuetudine pro nihilo habentur.*

« Nous ne disons point, assurément, que les droits d'enregistrement doivent être entièrement supprimés ; car nous savons qu'il faut des impôts pour satisfaire aux charges de l'État. Mais est-ce le fait d'un mauvais citoyen que d'émettre le vœu de voir opérer un dégrèvement devenu nécessaire, et qui aurait les plus heureux effets pour la chose publique? Si les droits étaient moins chers, le nombre des actes sous seing privé diminuerait, ou, du moins, chacun s'empresserait de leur donner une fixité de date qui les garantît de toute attaque. Le Trésor retrouverait, ainsi, dans un plus grand nombre d'actes soumis à la formalité, la compensation de ce qu'il perdrait par le dégrèvement. Mais l'exorbitante élévation du tarif constitue, pour ainsi dire, le contribuable en guerre avec le fisc, devenu tellement odieux, que les hommes même les plus consciencieux ne se font point scrupule de se soustraire à son action. Ces fraudes journalières mettent le Trésor en souffrance et corrompent la morale. Ne vaudrait-il pas mieux faire de l'impôt une loi de justice, que chacun ne cherchât point à éluder, au lieu d'aigrir les esprits par des surtaxes qui rendent, ensuite, nécessaires ces Ordonnances de répit, dans les-

---

(1) Le produit a presque doublé, depuis 1827. Il est, aujourd'hui, de 357,488,000 francs (*Moniteur* du 15 janv. 1861).

quelles on ne fait remise des amendes et doubles droits que pour forcer au paiement du droit simple sur les actes dont la connaissance a été soustraite à la Régie....? » (1)

J'adoucirais aujourd'hui les expressions ; mais je ne trouve rien à changer au fond des idées.

Ce que je demanderais donc au législateur, ce n'est pas de réduire le droit de mutation, de le ramener à ce qu'il était, à l'origine, au taux de 1 p. 100 ; ce qui lui avait fait donner le nom de *centième denier :* le vœu que j'exprime est plus modeste ; ce serait de supprimer entièrement le droit proportionnel de transcription, de le convertir en un simple droit fixe, de manière à ôter tout prétexte de ne pas faire transcrire.

Dans la discussion de la loi du 23 mars 1855, M. Rouher, alors vice-président du Conseil d'État, a presque promis, au nom du Gouvernement, qu'il serait fait un nouveau tarif des droits de transcription, et on a pris acte de ses paroles. Voici de quelle manière nous les retrace le procès-verbal de la séance, inséré au *Moniteur :*

« Pour tous les actes qui, originairement, n'étaient pas soumis à la transcription, la loi nouvelle établit, par l'art. 12, au lieu du droit proportionnel, un droit fixe, le plus minime qui existe dans nos lois fiscales, en matière d'enregistrement, le droit fixe d'un franc.

« Le droit de transcription est régi par des règlements particuliers. Ce sont ces tarifs qu'il s'agira d'examiner et de rectifier, s'il y a lieu. M. le commissaire du Gouvernement n'hésite pas à dire que, si la loi nouvelle, en aug-

---

(1) Jur. gén., 1ʳᵉ édit., vᵒ *Enregistrement*, ch. 1, nᵒ 3.

mentant le nombre des transcriptions, élevait considé-
rablement le chiffre des recettes, il y aurait, sans doute,
lieu d'entrer dans un système *qui réduirait le droit proportionnel de* 1816; et cela surtout dans l'intérêt de la petite propriété. Mais ces modifications de tarif ne peuvent
s'improviser; il faut attendre qu'on ait fait l'expérience
de la loi, qu'on ait recueilli les explications des Directeurs
de l'Enregistrement et des Conservateurs des hypothèques.
Si c'est un vœu que l'honorable membre (M. André) a
voulu exprimer, M. le vice-président du Conseil d'État
s'empresse de s'y associer. La question sera soumise à un
examen approfondi.... » (1).

Ce n'est pas seulement la réduction du droit fixe de
transcription qui a été promise; réduction de faible importance pour les ventes un peu considérables; c'est la
réduction *du droit proportionnel de* 1816, c'est-à-dire des
droits proportionnels d'enregistrement et de transcription, aujourd'hui fondus en un seul droit.

L'Administration de l'Enregistrement elle-même s'est
montrée favorable à cette réduction de tarif.

« Le principal obstacle à la transcription des ventes de
cette catégorie (celles au-dessous de 600 francs), est-il
dit dans la réponse de cette Administration aux questions
de M. le Garde des sceaux, est, sans doute, l'élévation
des frais de la formalité, proportionnellement au prix des
ventes. On a vu ci-dessus, en effet, que ces frais s'élèvent,
à peu près, au montant des droits d'enregistrement, pour
les ventes de 200 francs. Si l'on déclarait la transcription obligatoire, sans diminuer les frais auxquels elle

---

(1) Séance du 17 janv. 1855 (*Moniteur* du 19).

donne actuellement lieu, il pourrait arriver, ou que, nonobstant la disposition impérative de la loi, les ventes ne seraient point transcrites, et alors la disposition nouvelle, loin de détruire le danger des stellionats, leur aurait ouvert une voie plus large et plus facile; ou qu'on atténuerait le prix stipulé dans le contrat, afin de gagner, sur les droits d'enregistrement, une partie des frais de transcription. — Mais il y aurait plusieurs moyens de diminuer ces frais. La transcription est aujourd'hui la copie littérale du titre : on pourrait, en ordonnant la publicité hypothécaire de toutes les transmissions d'immeubles, accorder la faculté de remplir cette formalité, au moyen d'un extrait analytique du contrat de vente, semblable aux borderaux qu'on remet aujourd'hui pour l'inscription des créances. On épargnerait, par là, les frais d'une expédition entière, les droits de timbre de cette expédition et du registre du Conservateur.... (1). Un autre moyen serait de réduire les salaires que le tarif actuel alloue aux Conservateurs des hypothèques pour la transcription des actes de mutation » (2).

Ce nouveau tarif, annoncé par M. Rouher, n'a point encore été fait, quoiqu'il se soit déjà écoulé cinq ans

---

(1) Cette idée avait été adoptée dans le projet de loi sur la transcription hypothécaire; mais elle fut repoussée par le Corps législatif (V. *infrà*, n° 774). Peut-être l'expérience fera-t-elle regretter, comme le dit le président de la chambre des notaires de Lyon, M. Ducruét, que le projet de loi ait été modifié sur ce point (Études sur la Transc., n° 13. V. aussi Pont, Priv. et hyp., t. 1, n° 269, et Rev. crit. de lég., t. 4, p. 173; et, dans le même recueil, t. 6, p. 178, n° 7, un article de M. Bergson, avocat. V. encore le rapport de M. de Vatimesnil sur le projet de réforme hypothécaire de 1850, p. 83, art. 2092 du projet de loi, et art. 2153 du projet de la Commission).

(2) Docum. relat. au rég. hyp., t. 3, p. 561.

depuis la mise en vigueur de la loi du 23 mars 1855.
Faut-il se résigner à ne le voir jamais ?

Le Gouvernement de l'Empereur a montré, par un
exemple récent, qu'il ne reculait point devant les idées
hardies. La crainte d'affaiblir, momentanément, les ressources du budget ne l'a point empêché d'accomplir la
réforme douanière, dans le sens le plus conforme aux
idées de progrès, certain de retrouver bientôt, dans
le développement du travail national, la compensation
des pertes du Trésor. N'est-ce pas déjà ce qui est arrivé
pour la réforme postale ? Sans doute, il ne faut toucher
que d'une main prudente aux impôts établis. J'estime
aussi que, plus les taxes sont variées, plus aisément on
les supporte (1). Mais sont-elles toutes l'arche sainte ?
Et n'y en a-t-il aucune qui, dans l'intérêt bien entendu
des contribuables et du Trésor, ne puisse être, ou consi-
dérablement réduite, ou judicieusement transformée ?
Je sais bien que c'est une vieille maxime, chez nous, que
l'impôt, une fois mis en France, ne se retranche jamais. Mais
c'est là un propos satirique que tiennent à démentir les
Gouvernements de progrès.

---

(1) Ce n'était pas l'avis de Vauban, qui voulait remplacer tous les
impôts par la dîme royale, *prise proportionnellement sur tout ce qui
porte revenu* (Projet de dixme royale, préface, p. 10, éd. in-12, 1707),
ni celui de Mably, qui dit, dans son Traité de législation, que l'impôt
doit être direct et frapper seulement sur les terres, parce qu'il ne faut
pas que, par l'impôt indirect, l'État reprenne à l'ouvrier une partie du
salaire qu'il a reçu pour cultiver ou pour défendre des terres où il ne
possède rien (De la législation, ou Principes des lois, p. 135, éd.
in-12, 1776).

Le motif, donné par Mably, n'aurait plus aujourd'hui la même valeur qu'avant la première Révolution, la terre n'étant plus le partage,
alors à peu près exclusif, des classes privilégiées.

Je suis heureux de pouvoir placer les réflexions qui précèdent sous l'autorité de la Commission du Sénat, s'exprimant ainsi par l'organe de son rapporteur : « Nous exprimons également le vœu qu'on enlève au projet tout caractère de fiscalité.... On prépare un nouveau tarif : qu'on le combine de manière à ce qu'il n'en résulte aucune aggravation d'impôt! Qu'on ne surcharge pas la propriété, en cherchant à l'améliorer.... » (1).

---

(1) Rapport de M. de Casabianca, p. 26.

DE LA

TRANSCRIPTION

EN MATIÈRE HYPOTHÉCAIRE.

INTRODUCTION.

1. J'ai parlé, dans mon *Traité des Priviléges et Hypothèques,* dont la publication doit suivre celle du présent Traité, de la transcription hypothécaire, considérée à un double point de vue : soit comme acte préliminaire de la purge ; soit comme mise en demeure des créanciers hypothécaires ou privilégiés, non encore inscrits, de réaliser leurs priviléges et hypothèques, par la voie de l'inscription,

I.

1

dans un délai de quinzaine, à peine de déchéance, conformément aux art. 834 et 835 du Code de procédure civile,
dont les dispositions, quoique abrogées par l'art. 6 de la loi
du 23 mars 1855, ont, néanmoins, conservé tout leur effet
pour le passé.

Je n'ai donc à m'occuper ici que de la transcription considérée comme moyen de consolider, à l'égard des tiers, la propriété immobilière dans les mains du nouveau possesseur,
et de rendre publiques, dans l'intérêt du crédit foncier, toutes les charges et droits réels dont cette propriété peut être
affectée. C'est, en un mot, un commentaire de la loi du 23
mars 1855 qui va faire l'objet du présent Traité.

2. J'ai donné à ce Traité le titre même de la loi dont il
est le commentaire, bien que ces mots : *transcription en matière hypothécaire*, ne traduisent que fort imparfaitement, à
mon avis, l'objet direct et fondamental de cette loi, tel que
je viens de l'indiquer, et qu'ils semblent s'adapter mieux à
la transcription, considérée comme acte préliminaire de la
purge. Mais cette locution est passée, désormais, dans la
langue juridique, et nul ne saurait plus se méprendre aujourd'hui sur son véritable sens.

3. La loi du 23 mars 1855 n'a pas eu à s'occuper des
actes translatifs à *titre gratuit* : la matière se trouvait réglée
par le Code Napoléon (art. 939 à 942, 1069 à 1074), et
l'art. 11 de la loi précitée s'est contenté de renvoyer aux
dispositions du Code sur ce point. Mais, pour ne rien omettre
de ce qui concerne la transcription, considérée comme moyen
de consolidation de la propriété, je présenterai également
le commentaire de ces dispositions.

4. Enfin, la loi précitée, du 23 mars 1855, contient plusieurs dispositions (les art. 8 et 9) étrangères à la transcription, et qui appartiennent au régime hypothécaire. Le commentaire de ces articles a sa place naturelle dans mon
Traité des Privilèges et Hypothèques; et c'est là qu'on trouvera tous les développements nécessaires. Afin, néanmoins,

de présenter une exégèse complète de la loi du 23 mars, je donnerai une courte analyse des principales difficultés que fait naître la difficile matière des subrogations à l'hypothèque légale des femmes mariées.

5. Il eût été rationnel de faire précéder mon Exposé théorique sur la transcription d'une table indicative des matières qui vont y être traitées, et de l'ordre dans lequel elles seront exposées, afin que le lecteur embrassât, d'un coup d'œil, la route à parcourir, et qu'il eût, en même temps, un guide pour ses recherches. Mais cette table sera mieux placée à la fin de chaque volume, et je me contente d'y renvoyer, pour ne pas faire double emploi.

CHAPITRE Ier.

Des actes et jugements qui doivent être transcrits.

SOMMAIRE.

6. Définition de la transcription dans l'exposé des motifs de la loi.
7. Elle est incomplète ; mais elle suffit.
8. Division en trois classes des actes de nature à être transcrits. — Division particulière du chapitre.

6. J'ai fait connaître, dans le *Résumé historique*, quelle était l'origine de la transcription et son objet. M. Suin, conseiller d'État, dans l'exposé des motifs de la loi du 23 mars 1855, la définit ainsi : « C'est, dit-il, l'accomplissement d'une formalité destinée à procurer aux tiers, créanciers ou acquéreurs, la publicité matérielle, durable et facile à chercher, des mutations de la propriété immobilière et des

démembrements ou charges qui peuvent en altérer la valeur » **(1)**.

7. Mais cette définition, qui s'applique très-bien aux actes
mentionnés dans les art. 1 et 2 de la loi, n'est pas complète;
car elle n'embrasse pas, dans sa formule, d'autres actes, tels
que les baux à longues années et les anticipations de loyers
ou fermages, qui sont également sujets à la formalité. Elle
suffit, néanmoins, pour donner une idée exacte du but et de
la portée de la transcription.

8. Les actes qui sont de nature à être transcrits se divisent en trois classes : les actes à titre onéreux, les jugements
et les actes à titre gratuit. Les deux premières sont régies
par la loi du 23 mars 1855; la troisième par le Code Napoléon.

Je ne parlerai, dans ce chapitre, que des actes à titre
onéreux et des jugements. Je consacrerai un chapitre particulier, qui sera le chapitre 2, à la transcription des donations
et des substitutions.

Tous les actes ou jugements, auxquels s'applique la loi
du 23 mars 1855, sont compris dans les sept catégories qui
suivent. Ce sont : 1° les actes entre-vifs, à titre onéreux,
translatifs de propriété immobilière ; — 2° les actes de même
nature, translatifs de droits réels susceptibles d'hypothèque;
— 3° les actes de même espèce, constitutifs ou translatifs
d'antichrèse, de servitude, d'usage et d'habitation; — 4° les
actes entre-vifs, portant renonciation à des droits de la
nature ci-dessus exprimée; — 5° les baux d'une durée de
plus de dix-huit années; — 6° les quittances ou cessions de
loyers ou fermages non échus; 7° les jugements ayant le
caractère translatif, ou déclarant l'existence d'une convention
verbale de même nature.

Je traiterai de ces divers objets dans autant de sections
séparées.

---

(1) D.p.55.4.27, n° 4.

SECTION Ire. — *De la transcription des actes entre-vifs, à titre onéreux, translatifs de propriété immobilière.*

27. Les *immeubles* seuls peuvent faire la matière de la transcription.
—Excepté dans le cas de substitution;—Ou lorsqu'il s'agit de loyers ou fermages non échus.

28. Une vente de droits successifs, lorsque la succession ne comprend que des valeurs mobilières, ne donne pas lieu à transcription.

29. De même, le transport d'actions ou intérêts dans les compagnies de finance ;

30. ...La vente de coupes de bois ou de récoltes sur pied;

31. ...La vente d'une maison pour être démolie.

32. Les constructions, faites par un locataire dans les lieux loués, sont immeubles : la vente qui en est faite par le locataire, pendant sa jouissance, est soumise à la transcription. — Opinion contraire de MM. Mourlon et Ducruet.

33. Il en est de même des constructions faites par l'usufruitier.

34. Lorsque le propriétaire du sol retient les constructions, l'acte, qui fixe l'indemnité à payer au locataire, n'est pas sujet à transcription.

35. La formalité du *nantissement* ne s'appliquait pas aux immeubles *fictifs*, mais seulement aux immeubles corporels.

36. Mais la transcription s'applique aux uns comme aux autres.

37. Elle s'applique, ainsi, à la transmission d'actions de la Banque de France ou des canaux, immobilisées.

38. Lorsque l'immobilisation des actions de la Banque vient à cesser, la déclaration qu'en fait le propriétaire à la Banque doit être transcrite.—Mais cette transcription n'est pas celle exigée par la loi du 23 mars 1855 ; c'est la transcription prescrite par l'art. 2181, C. Nap.

39. La loi n'a autorisé l'immobilisation des rentes sur l'Etat que dans deux cas. — Examen de l'ordonnance du 29 avril 1831, d'où l'on veut faire résulter d'autres cas d'immobilisation.— Opinion de Merlin sur la question.

40. Le Gouvernement avait eu la pensée d'étendre la faculté d'immobilisation des rentes sur l'État.—Une disposition, à cet égard, avait été insérée dans la loi de finances du 14 juin 1859.— Mais la disposition fut retirée.

41. Le Trésor peut, néanmoins, soumettre à des formes et à des conditions spéciales l'immatriculation des rentes sur l'État appartenant à des incapables, dans le cas d'emploi ordonné par justice. — Le transfert de ces rentes, en cas d'aliénation, ne donne pas lieu à transcription.

42. Les mines concédées sont immeubles : leur transmission est donc sujette à transcription.

43. *Secùs* de la vente des matières extraites, qui sont meubles;

44. ...Et du transport des actions ou intérêts dans les sociétés ou entreprises relatives à l'exploitation des mines.

45. La vente, faite séparément et sans fraude, des animaux ou ustensiles affectés à l'exploitation de la mine, n'est pas sujette à
transcription.

46. Il en est de même de la redevance payée au propriétaire de la
surface, lorsqu'elle est aliénée séparément de la propriété superficiaire.

47. Les minières et carrières ne forment pas, comme les mines, une
propriété particulière, indépendante de la surface. — Opinion de
MM. Troplong et Mourlon qui paraît contraire.

48. Distinction. — Si le propriétaire vend le tréfonds avec le droit
d'exploiter, il y a vente immobilière.

49. Sauf ce cas, la vente du droit d'exploiter une carrière, même jusqu'à épuisement, ne constitue qu'une vente mobilière.

50. Dissentiment avec M. Troplong, qui assimile le droit d'exploiter
une carrière, pour un temps indéfini, au droit d'emphytéose, de superficie ou d'usufruit.

51. Au moins est-il certain que la cession, moyennant un prix unique,
du droit d'exploiter une carrière, lorsque ce droit est limité, ne
forme qu'une vente mobilière, non sujette à transcription.

52. Le droit d'exploiter une mine, une carrière, peut–il faire l'objet
d'un bail ? — Renvoi.

53. La concession, à titre perpétuel, du droit d'exploiter une carrière,
faite pour l'avantage d'un autre fonds, constitue une servitude, et
rend l'acte passible de transcription.

54. La vente d'objets mobiliers, réputés immeubles par destination,
faite isolément du fonds, ne constitue qu'une vente mobilière, non
sujette à transcription.

55. Les actes entre-vifs, passés à l'étranger, sont, comme les actes
passés en France, soumis à la transcription.

56. La transcription peut être requise avant qu'ils soient revêtus de
la formule d'*exequatur*.

57. Transition.

9. D'après l'art. 1er de la loi du 23 mars 1855, on doit
transcrire : « tout acte entre - vifs, translatif de propriété
immobilière... »

Une première remarque à faire sur cette disposition, et qui
doit s'appliquer, je le dirai de suite, aux autres alinéas du
même article, ainsi qu'aux dispositions contenues dans l'art. 2,
c'est qu'il n'est mention, dans cet article, que des actes *entre-*
vifs. On doit en conclure que les mutations par décès, non
plus que les testaments, à l'exception du cas où ils contien-

nent une substitution fidéicommissaire, ne sont pas assujetties à la formalité.

10. Il en était ainsi déjà dans la plupart des Coutumes de Nantissement.

« Il ne faut pas de nantissement , dit l'ancien Répertoire de Guyot, réédité par Merlin, pour transférer les biens d'un défunt à son héritier légitime, parce que la loi l'en saisit de plein droit. Les Coutumes de Valenciennes et de Mons sont peut-être les seules qui en disposent autrement à l'égard des successions collatérales » (1).

L'auteur ajoute plus loin (n° vi-8°) : « On a vu, à l'article *Légataire*, § 5, que, suivant les lois romaines et notre droit commun, tout légataire, quoique tenu de demander la délivrance de son legs, quant à la *possession*, ne laisse pas d'être saisi, au moment de la mort du défunt, de la propriété de ce qui lui a été légué. Cette saisine a-t-elle lieu de plein droit, dans les pays de Nantissement ? L'affirmative ne me paraît pas susceptible de la moindre difficulté. Qu'ont fait les Coutumes, en introduisant les formalités du vest et du dévest ? Elles ont substitué une tradition symbolique à la tradition réelle, ou de fait, qui était en usage dans le droit romain. Or, dans le droit romain, la propriété des choses léguées passait directement de la tête du défunt sur celle du légataire, sans le secours de la tradition réelle et de fait : donc, dans les pays de Nantissement, elle doit pareillement se transférer, sans le secours de la tradition symbolique... Il y a, cependant, quelques Coutumes qui ont adopté une jurisprudence différente... »

11. On a vu, dans le *Résumé historique*, qu'un décret du 19 sept. 1790, en attendant une loi générale sur la matière, avait substitué à la formalité du nantissement celle de la transcription des grosses des contrats d'aliénation ou d'hy-

---

(1) Rép. de jur., v° *Nantissement*, § 1, n° vi-6°.

pothèque au greffe du tribunal de district de la situation des biens, et que cette disposition transitoire fît place à celle de l'art. 26 de la loi du 11 brum. an VII, dont il faut rappeler les termes : « Les actes translatifs de biens et droits susceptibles d'hypothèque, portait cet article, doivent être transcrits sur les registres du bureau de la Conservation des hypothèques dans l'arrondissement duquel les biens sont situés...»

« Les *actes* translatifs de biens et droits susceptibles d'hypothèque : » L'article ne distinguait pas entre les actes entre-vifs et ceux à cause de mort, et on en avait conclu que les testaments étaient compris dans cette expression générique, et qu'ils n'étaient pas exempts de la transcription. La Cour de Nîmes l'avait ainsi implicitement décidé, en déclarant, dans un arrêt, que la transcription du testament, par un légataire particulier, sous l'empire de la loi du 11 brum. an VII, purge l'immeuble légué de toutes hypothèques non encore inscrites à l'époque de la transcription (1).

12. La Commission instituée par M. le Garde des sceaux, en 1849, pour préparer un projet de loi sur la réforme hypothécaire, guidée par le même esprit, appliquait aux testaments, comme aux actes entre-vifs, la formalité de la transcription. Le rapporteur de la Commission, M. Persil, s'exprimait ainsi dans son rapport : « Les testaments et les donations sont placés sur la même ligne que la vente et les échanges » (2).

13. La même mesure ne pouvant s'appliquer aux successions *ab intestat*, la Commission, jalouse d'étendre à toutes les mutations immobilières le principe salutaire de la publicité, y pourvoyait d'une autre manière.

« La conviction, disait M. le rapporteur, que, sans la publicité de toutes les mutations, de tous les établissements

---

(1) Nîmes, 11 fév. 1807, aff. Antonioz ; S.-V. *Coll. nouv.*, à sa date.
(2) Rapport à M. le Garde des sceaux, p. 17 ; Imprimerie nationale, 1850.

de propriétés immobilières, de quelque source qu'ils vinssent, il n'y avait pas à compter sur le complet développement du crédit, nous aurait amenés à étendre l'obligation de la transcription jusqu'aux successions *ab intestat*, si cela avait été possible ; mais le premier élément de cette formalité nous manquait. Nous n'avions pas d'acte à soumettre à la transcription, comme pour les successions testamentaires. La nature des choses s'est montrée ici plus forte que la logique, et nous avons été obligés de renoncer à en poursuivre jusque-là les conséquences. Mais nous avons voulu commencer à ouvrir la voie d'une universelle publicité, en imposant aux Receveurs de l'enregistrement, à qui les déclarations *ab intestat* doivent être faites, dans les six mois du décès, l'obligation de donner immédiatement connaissance aux Conservateurs, dans le ressort desquels étaient situés les immeubles dépendants de la succession, de la mutation qui venait de s'opérer, afin qu'il en pût être fait mention sur les registres des transcriptions. Ce ne sera, sans doute, qu'un renseignement auquel ne pourront pas s'attacher, à l'égard des tiers, les effets légaux de la transcription ; mais ce renseignement pourra leur être utile, et cela suffit pour que nous vous proposions d'en exiger la mention, tant sur les registres des Conservateurs que sur les états qui seront demandés à ces derniers » (1).

14. Dans le projet de loi rédigé en conséquence de ce rapport, et soumis, en 1850, à l'examen du Conseil d'Etat d'alors, se lisaient, en effet, deux articles destinés à réaliser la pensée de la Commission, et qui devaient prendre la place des art. 2092 et 2095 du Code Napoléon. Le premier de ces articles, l'art. 2092, était ainsi conçu : « Tous actes à titre gratuit et onéreux, translatifs ou déclaratifs de propriété immobilière, etc., seront transcrits en entier sur les

_____

(1) Rapport, p. 18.

registres du bureau de la Conservation des hypothèques dans l'arrondissement duquel les biens sont situés. — Jusque-là, ils ne peuvent être opposés aux tiers qui auraient contracté, sans fraude, avec le vendeur. »

Tous actes à titre gratuit ou onéreux : on ne distinguait pas entre les actes entre-vifs et les testaments.

Ces dispositions furent maintenues par le Conseil d'Etat, avec ce paragraphe additionnel à l'art. 2092 : « Les actes authentiques de partage seront transcrits, sur extrait contenant la copie textuelle des parties de ces actes relatives aux qualités des copartageants, à la désignation des immeubles, à la composition des lots, à leur abandonnement, et aux conditions de l'abandonnement. »

15. Cette modification ne semblait pas toucher au principe énoncé par M. Persil, dans son rapport, que « les testaments et les donations étaient (relativement à la transcription) placés sur la même ligne que la vente et les échanges. » Le rapporteur du Conseil d'Etat, M. Bethmont, indiqua cependant que, dans la pensée du Conseil, les testaments n'étaient pas soumis à la transcription. « Confidents d'une pensée suprême, ces actes, disait-il, délibérés en face de la mort, sont souvent dépositaires des secrets les plus intimes de la famille : on ne les publierait qu'en les profanant » (1).

16. Cette déclaration faisait naître du doute sur la portée de l'art. 2092, et il importait de dégager nettement la pensée du législateur. C'est ce que fit la Commission de l'Assemblée nationale législative, lorsqu'elle fut saisie du projet de loi. « L'art. 2092 du projet du Gouvernement, disait M. de Vatimesnil, dans son rapport, ne s'applique évidemment qu'aux *actes entre-vifs*, à titre onéreux ou à

_____

(1) Rapport sur le projet de loi relatif à la réforme du régime hypothécaire, p. 18 ; Impressions de l'Assemblée nationale législative, annexe du n° 915.

titre gratuit ; mais la Commission a pensé qu'il convenait de l'exprimer formellement. » Et, en conséquence, l'art. 2152 du projet de la Commission , correspondant à l'art. 2092 du projet du Gouvernement, fut rédigé ainsi : « La transmission *entre-vifs*, à titre onéreux ou gratuit, des immeubles et des droits immobiliers susceptibles d'hypothèque, aux termes de l'art. 2110, ne s'opère, à l'égard des tiers, que par la transcription du titre d'acquisition ou du jugement qui aura reconnu et déclaré l'existence d'une aliénation verbale..... » (1).

On sait que le projet de loi sur la réforme hypothécaire n'a pas abouti. Il était arrivé à sa troisième lecture, lorsque fut dissoute l'Assemblée nationale.

17. La question de savoir si l'on devait assujettir les testaments à la transcription s'est reproduite dans la discussion de la loi du 23 mars 1855; mais elle a été tranchée par la négative. Voici de quelle manière sont résumés, dans le rapport de M. de Belleyme, les arguments pour et contre :

« Les deux systèmes , dit-il, ont été soutenus dans le sein de la Commission. Une partie de ses membres a pensé que, si l'héritier *ab intestat* devait être dispensé de la transcription, parce que l'héritier continue la personne du défunt, et parce que son droit s'établit publiquement, en vertu de la loi et des actes de l'état civil, il n'en était pas de même de l'héritier testamentaire. — Si les testaments restent occultes, et si rien ne révèle au public le droit du légataire, les tiers peuvent être trompés par une vente que leur consent l'héritier légitime, propriétaire apparent, que la loi institue publiquement, et que le testament déshérite en secret. La revendication du légataire vient, alors, dépouiller

---

(1) Rapport fait à la séance du 25 avril 1850, p. 82 ; Impressions de l'Assemblée nationale législative, n° 979.

les acquéreurs de bonne foi. Tout immeuble dépendant d'une succession se trouve, dès lors, soumis à l'incertitude du droit de l'héritier ou du droit du légataire; et, comme tous les immeubles passent, à leur tour, par la filière des successions, on voit que la non-transcription des testaments laisse subsister un trouble et une obscurité considérables dans l'établissement de la propriété, et une véritable lacune dans la loi.—L'objection, tirée de ce que le mort saisit le vif, et que la propriété ne peut pas, jusqu'à la transcription, rester incertaine, est résolue par l'effet rétroactif qui serait attribué à la transcription, comme il l'est au partage.—Enfin, les difficultés pratiques disparaîtraient, en fixant, à partir du décès, un délai dans lequel la transcription devrait avoir lieu, passé lequel, elle perdrait ses effets rétroactifs, et ne vaudrait, contre les tiers, que du jour où elle aurait été faite.

« Cependant la majorité de la Commission, d'accord avec le projet de loi, continue M. de Belleyme, a adopté l'opinion contraire par les motifs suivants : — Le légataire n'est pas partie au testament, comme l'acquéreur à la vente ; la plupart du temps, il ne le connaît pas, et il peut dépendre de l'héritier de laisser son ignorance se prolonger. Il s'écoulera donc nécessairement, à partir du décès, un temps plus ou moins long, pendant lequel le légataire sera dans l'impossibilité absolue d'opérer la transcription. Laissera-t-on, pendant ce temps, le légataire à la merci de l'héritier, et autorisera-t-on celui-ci à aliéner valablement les immeubles de la succession et à dépouiller le légataire? Cela n'est pas possible. — Le droit du légataire est sacré, puisqu'il résulte de la volonté d'un mourant; on ne peut admettre qu'il dépende de l'héritier de l'anéantir. — S'il était possible de donner au légataire le moyen d'assurer son droit, on pourrait l'assujettir à le faire; mais lui imposer la formalité de la transcription, c'est lui imposer une condition qu'il ne dépend pas de lui de remplir. — A côté de l'intérêt du légataire, se présente celui des testateurs : faire dépendre la validité des testaments de leur transcription, c'est altérer la faculté de tester : la validité d'un testament ne dépendra plus du fait seul du testateur ; il aura beau avoir observé toutes les prescriptions de la loi, il en restera une qu'il ne peut remplir, qui ne peut être exécutée qu'après son décès et par une main étrangère, et c'est cette formalité dont l'accomplissement ou l'inaccomplissement fera ou défera le testament. La possibilité, pour les testateurs, de faire des testaments authentiques, de déposer leur testament olographe chez un notaire ou chez un ami, peut, sans doute, faire disparaître, en fait, la gravité de l'objection ; mais, en droit, il resterait toujours ceci, que la faculté de faire un testament valable n'existerait plus complétement, et que la volonté des testateurs resterait subordonnée à un fait qui ne peut être que postérieur à leur décès. »

Cette dernière raison ne me paraît pas bonne ; car en quoi le défaut de transcription, qui serait le fait du légataire seul, pourrait-il *altérer la faculté de tester ?* Le légataire ne peut-il pas répudier le legs, sans porter, pour cela, la moindre atteinte à la liberté du testateur ? En négligeant de transcrire, il ferait moins que répudier le legs ; car le défaut de transcription ne rendrait pas le testament nul, mais le rendrait seulement inefficace à l'égard des tiers (*infrà*, n° 24).

« Enfin, poursuit M. le rapporteur, la mise en pratique de la transcription des testaments soulèverait de sérieuses difficultés par la nécessité d'accorder au légataire un délai pour transcrire. Quelle durée fixera-t-on à ce délai ? Le fera-t-on courir du jour du décès, ou de la connaissance acquise du testament ? Voilà des questions qui se présenteraient, et dont les solutions ne seraient pas nettes et satisfaisantes » (1).

Je n'ai point à rechercher si le législateur a eu tort ou

_____

(1) D.p.55.4.29, n° 29.

raison d'excepter les testaments de la formalité de la transcription : le législateur a prononcé, et tout examen nouveau de la question serait absolument sans objet.

18. Le législateur de 1855 a eu une autre question à résoudre. Devait-on asssujettir les partages d'immeubles à la transcription ?

Voici encore comment, dans l'ancien droit, on décidait cette question, par rapport aux Coutumes de Nantisse-ment.

« Le nantissement, dit l'auteur du Répertoire, est inutile pour les partages entre cohéritiers; c'est ce que décide la Coutume de Cambresis, tit. 14, art. 1 : « Partage et division se peut faire entre cohéritiers des héritages, terres et rentes à eux échus par succession, soit par-devant notaire et témoins, ou autrement dûment, *sans qu'il soit requis le réaliser par œuvres de loi, par-devant les justices des lieux où lesdits héritages, terres et rentes sont situés;* et est, par tel partage, chacun saisi des biens et héritages à lui pour sa part assi-gnés. »—Cette disposition, poursuit l'auteur, se retrouve encore dans la Coutume de la Châtellenie de Lille, tit. 2, art. 591, et elle est fondée sur une raison qui doit la faire admettre partout. Le partage n'est pas attributif, mais seu-lement déclaratif des droits de chacun des copartageants; il ne leur donne rien de nouveau, il ne fait que déclarer les por-tions dont ils sont respectivement saisis par la loi ; en sorte que chaque héritier est réputé avoir eu, dès le moment du décès, ce qui est tombé dans son lot, et n'avoir jamais été saisi de ce qui ne lui a pas été assigné » (1).

La Coutume du chef-lieu de Valenciennes dérogeait ce-pendant, en ce point, au droit commun (2).

19. La loi du 11 brum. an vii avait respecté le principe;

----

(1) Rép., vº *Nantissement*, § 1, nº vi-7º.
(2) Rép., *loc. cit.*

et, sans excepter nommément les partages du régime de publicité qu'elle établissait, elle les en exceptait virtuellement, du moment qu'elle n'y assujettissait que *les actes translatifs de biens et droits susceptibles d'hypothèque* (art. 26).

C'est ce que prouve encore le rapprochement des art. 68 et 69 de la loi du 22 frim. an VII sur l'enregistrement. Tandis que l'art. 69 soumet au droit proportionnel toutes les mutations d'immeubles, soit à titre onéreux, soit à titre gratuit, l'art. 68, § 3, n° 2, ne soumet qu'au droit fixe *les partages de biens immeubles entre copropriétaires, à quelque titre que ce soit.* « Cette disposition, dit Merlin, est assurément le commentaire le moins équivoque et le plus lumineux que l'on puisse désirer, pour la détermination précise du sens de l'art. 26 de la loi du 11 brumaire précédent » (1).

20. Dans l'enquête ouverte en 1841, par M. le Garde des sceaux, pour la réforme hypothécaire, trois Cours royales, les Cours de Metz, de Montpellier et de Riom, proposèrent d'assimiler, sous le rapport de la publicité, les partages aux actes translatifs de propriété (2). La Faculté de droit de Poitiers émit un semblable avis, mais seulement pour les licitations et les partages, avec soulte, ou dans lesquels on compense une part plus faible dans les immeubles par une part plus forte dans le mobilier, ou dans l'argent comptant (3).

La Commission extra-parlementaire de 1849 se prononça également pour la transcription.

« La Commission, disait son rapporteur, M. Persil, a cru devoir placer les *actes déclaratifs de propriété immobilière,* tels que les partages entre héritiers et autres copartageants,

_____

(1) Quest. de droit, v° *Partage*, § 7.
(2) *Documents relatifs au régime hypothécaire*, t. 1, p. 257, 262, 288 et 391.
(3) *Documents relatifs au régime hypothécaire*, t. 1, p. 454.

et les déclarations ou reconnaissances de propriété émanées de la justice, sur le même rang que les actes translatifs. C'est une innovation, sans doute, au texte de la loi actuelle; mais, éclairée par une longue pratique, la Commission n'a pas hésité à l'admettre. Sans la transcription des actes de partage, de licitation et des jugements qui statuent sur la propriété immobilière, ou sur les droits réels qui la concernent, la publicité serait incomplète et laisserait subsister des nuages qui paralyseraient encore les transactions (1). »

Le projet de loi, soumis à l'Assemblée nationale législative, avait, en conséquence, inséré dans son article 2092 ces mots : « Tous actes, à titre gratuit ou onéreux, *translatifs* ou *déclaratifs* de propriété immobilière,..... seront transcrits, etc. »

21. Mais la Commission nommée pour l'examen du projet de loi ne fut pas du même avis : elle pensa que les actes de partage et les adjudications sur licitation ne devaient pas être transcrits.

« On ne doit soumettre à la nécessité de la transcription, disait son rapporteur, M. de Vatimesnil, que les actes qui opèrent une transmission de propriété. Or, le partage n'opère pas de transmission, il n'est que déclaratif; le cohéritier, auquel un immeuble échoit, est censé le tenir directement du défunt. — Il en est de même de la licitation, lorsque c'est un des cohéritiers qui se rend adjudicataire (C. civ., 883). Il n'y a de mutation de propriété que celle qui s'opère au moment de l'ouverture de la succession : les biens passent du défunt aux héritiers, qui en sont immédiatement saisis (C. civ., 724). Mais cette mutation n'exige pas de transcription : elle n'en exige pas plus dans le cas où la succession échoit à plusieurs héritiers que dans le cas où

---

(1) Rapport, p. 17.

I.   2

elle est recueillie par un héritier unique... Pour que le partage, qui intervient ultérieurement, rendît la transcription
nécessaire, il faudrait que ce partage opérât une seconde
mutation. Or, c'est ce qui n'a pas lieu..... A quoi, d'ailleurs, servirait la transcription du partage? A rien absolument.

« Dans le système du projet de la Commission, comme
dans le système du projet du Gouvernement, l'un des objets
de la transcription est d'avertir les tiers que la propriété a
changé de mains, et qu'ils ne peuvent plus contracter avec
l'ancien propriétaire. Mais ceux qui contractent avec un cohéritier, avant le partage, savent parfaitement que les droits
qu'ils tiennent de lui sont conditionnels et dépendent de
l'événement du partage ; et ceux qui contractent, après le
partage, ont soin de se faire représenter cet acte.

« La transcription, poursuit M. le rapporteur, sert, en
outre, à mettre un terme à la faculté de prendre inscription
sur le précédent propriétaire ; mais la transcription du partage ne saurait avoir un tel but. Elle ne peut empêcher que
les créanciers du défunt, qui ont des titres hypothécaires,
ne prennent inscription ; et, quant aux hypothèques que les
héritiers, autres que celui auquel échoit l'immeuble, auraient
pu, antérieurement au partage, constituer sur leur part indivise, elles s'évanouissent par cela seul que cet immeuble ne
tombe pas dans leur lot » (1).

La Commission en conclut que la transcription du partage
est inutile, et qu'elle entraînerait des frais en pure perte.

22. Cette opinion a été partagée par le législateur de
1855 ; et le projet de loi, qui avait consacré, par son art. 1er,
la pensée de la Commission de 1849, a été amendé, dans ce
sens, avec le consentement du conseil d'État. Le mot *déclaratif* a, en conséquence, été retranché du projet.

---

(1) Rapport, p. 18.

Aux motifs déjà déduits par M. de Vatimesnil, le rapporteur de la loi de 1855 ajoutait, pour justifier la suppression, que cette transcription n'avait aucune utilité, à l'égard des créanciers de la succession, qui peuvent conserver leurs droits, nonobstant tout partage; que l'intérêt ne pouvait exister qu'à l'égard du créancier de l'un des cohéritiers, et dans le cas où ce créancier aurait pris inscription avant que le partage eût été transcrit; mais que ce créancier avait dans les mains un droit équivalent à celui qu'il puiserait dans la nécessité de la transcription; que ce droit consistait dans la faculté de former opposition au partage (C. Nap., 882); que cette opposition suffisait pour que le partage ne pût avoir lieu hors de la présence et en fraude de ce créancier, et que lui donner le pouvoir de faire considérer comme nul tout partage non transcrit antérieurement à l'inscription par lui prise, alors qu'il aurait négligé de former opposition et de veiller à ses droits, ce serait lui concéder une faculté qui ferait double emploi avec le droit d'opposition (1).

25. On a vivement débattu, dans la Commission du Corps législatif, la question de savoir si l'on admettrait à la transcription les actes sous seing privé. On peut se reporter, à cet égard, au rapport de M. A. de Belleyme, où les raisons, alléguées de part et d'autre, sont reproduites avec étendue (2).

La discussion ne pouvait manquer de se renouveler au sein même du Corps législatif, et deux honorables membres, MM. Duclos et Delapalme, se sont montrés les adversaires ardents, au point de vue de la transcription, de l'acte sous seing privé (3). La question avait déjà été agitée sous la loi de brumaire an VII et sous le Code Napoléon, et résolue, par

---

(1) D.P.55.4.29, n° 30.

M. Mourlon critique amèrement, dans la Revue pratique, t. 8, p. 113 et suiv., le système auquel s'est arrêté le législateur de 1855.

(2) D.P.55.4.29, n° 32.

(3) Monit. des 15, 17 et 18 janv. 1855.

2.

un Avis du Conseil d'État du 3 flor. an 13, en faveur de l'acte sous seing privé (1). Cette doctrine, si conforme à la liberté des transactions, que la loi de l'an vii, que le Code Napoléon avaient implicitement consacrée, en ne distinguant pas entre l'acte authentique et l'acte sous seing privé, a de nouveau prévalu dans la loi du 23 mars 1855.

24. La transcription, est-il besoin de le dire? est une formalité extrinsèque du contrat, mais qui ne tient nullement à son essence. Le défaut de transcription ne rend donc pas nulle la convention, qui doit s'exécuter, entre les parties, de la même manière que si la formalité avait été remplie. Les tiers seuls sont admis à exciper de l'absence de transcription. C'est déjà ce qu'avaient déclaré, pour les donations et les substitutions, les art. 938, 941 et 1071 du Code Napoléon. C'est ce que répétait le Conseil d'État, par l'organe de M. Bethmont, son rapporteur. « La transcription, disait-il, reprend sa place dans le Code civil. Elle est nécessaire à l'établissement parfait de la propriété; elle n'est pas obligatoire dans un sens absolu. Pour lui donner ce caractère, il faudrait prononcer la nullité de l'acte, à défaut de transcription. Une sanction si rigoureuse dépasserait le but, serait contraire aux principes essentiels du droit qui fondent la validité des contrats sur la convention des parties. Ce serait une atteinte aux art. 711 et 1583, à toutes les règles sur la matière des contrats..... La Cour suprême l'a dit, avec une haute raison : rendre indispensable, pour le transport de la propriété, un instrument officiel et une formalité, ce serait subordonner le consentement des parties, cette substance immatérielle du contrat, au fait matériel de sa rédaction et de sa transcription; ce serait une mesure rétrograde favorable à la mauvaise foi, et qui nous ramènerait aux *formules* et aux *symboles*. Enfin, l'obligation de

---

(1) Dalloz, Jur. gén., v° *Priv. et hyp.*, n° 1732.

transcrire, onéreuse pour toutes les classes de la société, serait intolérable pour les classes pauvres ; elle leur impo- serait des frais hors de toute proportion avec la valeur ordi- naire de leurs contrats » (1).

25. Le nantissement, dans l'ancien droit, n'était pas re- gardé non plus comme une formalité substantielle de l'acte. « Le nantissement, disait-on, n'est que l'image et le sym- bole de la tradition réelle et de fait ; il ne peut donc être né- cessaire à la validité des actes qu'autant que, par le droit commun, la tradition réelle et de fait y est essentiellement requise. Or, suivant les lois romaines, cette tradition n'est requise dans aucun acte, pas même dans les donations ; elle en forme, à la vérité, l'accomplissement et l'exécution ; mais son défaut n'est jamais une nullité, et n'empêche pas que l'acte ne produise une action personnelle contre celui qui l'a signé et ses héritiers. Il en doit donc être de même du nantissement » (2).

D'après nos lois, l'action ne serait pas simplement *per- sonnelle*, mais réelle, parce que, du vendeur à l'acheteur, comme du donateur au donataire, la propriété est transfé- rée, de plein droit, par le contrat de vente et par l'acte de donation (C. Nap., 938 et 1583) ; en sorte que ce ne serait pas seulement à une action en dommages-intérêts, comme dans l'ancien droit, que donnerait lieu l'inexécution du contrat, de la part du vendeur ou du donateur, mais à une action en revendication de l'immeuble vendu ou donné.

26. La transcription, d'un autre côté, est sans influence sur la validité de l'acte transcrit, soit qu'il s'agisse d'un vice intrinsèque de cet acte, tel que le défaut de consente- ment, l'incapacité de l'une ou de l'autre des parties contrac- tantes, la lésion et les autres causes de nullité des contrats ; soit qu'il s'agisse d'un vice extrinsèque, comme l'incompé-

---

(1) Rapport, p. 15.
(2) Rép., vᵒ *Nantissement*, § 1, nᵒ 7.

tence du notaire, l'absence ou le défaut d'idonéité des témoins, le défaut de mention, dans chaque original, lorsque
l'acte est sous seing privé, qu'il a été fait double, triple, etc.,
et les autres vices qui tiennent à la forme extérieure des
actes. C'est là un principe qui n'a pas besoin d'être appuyé
sur un texte et qu'indique le simple bon sens (1).

27. Les *immeubles* seuls peuvent faire la matière de la
transcription, comme ils sont exclusivement la matière de
l'hypothèque : excepté dans deux cas, celui où il s'agit de
valeurs mobilières comprises dans une substitution fidéicommissaire (C. Nap., 1069), et celui où il s'agit de quittance
ou de cession d'une somme équivalente à trois années de
loyers ou fermages non échus (L. du 23 mars 1855, art. 2,
n° 5). Cela ressort très-explicitement des art. 1 et 2 de la loi
précitée, dans lesquels il n'est fait mention que des actes
translatifs de *propriété immobilière*, ou de *droits réels* susceptibles d'hypothèque, et de quelques autres actes de nature évidemment immobilière.

28. Ainsi, une vente de droits successifs, faite à titre
universel, s'il n'y avait que des valeurs mobilières dans la
succession, ne serait pas assujettie à la transcription.

29. Il en serait de même du transport d'actions ou intérêts dans les compagnies de finance, de commerce ou d'industrie, encore que des immeubles dépendissent de ces entreprises (C. Nap., 529);

30. ...De même encore de la vente de coupes de bois, futaies ou taillis, ou de récoltes sur pied, parce que ces bois,
ces récoltes, ne sont vendus que pour être coupés, et que la
vente qui en est faite ne constitue, pour lors, qu'une vente
mobilière (2).

---

(1) V., sous la sect. 1re du chap. 4, des applications de ce principe.
(2) V. Jur. gén., 2e édit., v° *Biens*, n°s 38 et suiv., et v° *Priv. et
hyp.*, n° 792. — Conf. Troplong, de la Transcription, n° 83; Demolombe, t. 9, n°s 156 et suiv.; Mourlon, Revue prat., t. 1, p. 14, n° 9.

31. Il faut dire la même chose de la vente d'une maison pour être démolie. Cette vente, faite abstractivement du sol, n'est, en réalité, qu'une vente de matériaux, objets mobiliers (1).

32. J'ai établi, dans mon *Traité des privilèges et hypothèques*, inédit, dans une dissertation que M. Dalloz a reproduite (2), que les constructions faites par le locataire dans les lieux loués, quoique ne conférant à celui-ci, d'après l'art. 555, C. Nap., que le droit de les enlever, à la fin du bail, ou d'obtenir du propriétaire qui veut les conserver une indemnité pécuniaire, n'en sont pas moins, comme immeubles, susceptibles d'être données en hypothèque par ce locataire, pendant la durée du bail. — Il suit de là que l'aliénation qui serait faite, par le locataire, de ces mêmes constructions, pendant sa jouissance, serait un acte de nature à être transcrit.

M. Mourlon n'admet cette solution que pour le cas où les constructions ont été faites du consentement du propriétaire, et sous la condition que le locataire ou le fermier en sera propriétaire, tant qu'elles dureront. « Dans cette hypothèse, dit-il, le constructeur acquiert une propriété superficiaire, susceptible d'hypothèque. La cession qu'il en fera ne produira donc son effet, à l'égard des tiers, qu'à compter du jour où elle sera transcrite (3). » — Cela est de toute évidence; mais cette restriction implique la négation de la doctrine par moi émise.

33. Une raison *à fortiori* doit porter à décider de même pour les constructions faites par l'usufruitier sur le fonds dont il a la jouissance. Ces constructions appartiendront, sans doute, au propriétaire, à la cessation de l'usufruit, en vertu

---

(1) Jur. gén., vᵒ *Biens*, nᵒ 53; vᵒ *Priv. et hyp.*, nᵒ 794; Mourlon, *loc. cit.*

(2) V. Jur. gén., vᵒ *Priv. et hyp.*, nᵒ 789.

(3) Revue prat., t. 1, p. 22, nᵒ 13. — Conf. Ducruet, Études sur la loi de la transcription, nᵒ vi.

de la règle : *Quod solo inædificatum est solo cedit*; et elles lui appartiendront sans indemnité (599). Mais l'usufruitier en a la libre disposition pendant sa jouissance. « Si donc il les aliène, dit M. Mourlon, *loc. cit.*, dans la limite de son droit d'usufruit, soit séparément, soit avec le fonds même (d'usufruit, dont elles sont un accessoire), cette cession devra, dans l'un et l'autre cas, être transcrite pour être opposable aux tiers.»

34. Si le propriétaire du sol, sur lequel a édifié le locataire, use du droit que lui confère l'art. 555, de retenir les constructions, moyennant le remboursement de la valeur des matériaux et du prix de la main-d'œuvre, l'acte qui fixera la somme à rembourser, de ce chef, au locataire devra-t-il, demande M. Ducruet, *loc. cit.*, être considéré comme translatif de propriété immobilière, et partant sujet à transcription?

« Cela, répond-il, ne paraît pas naturel. La construction est une accession qui appartient, de plein droit, au propriétaire du sol; elle ne constitue, avec le sol, qu'une seule et même propriété. Quand le propriétaire manifeste sa volonté de conserver les constructions, il ne les acquiert pas, il n'y a pas vente, par la raison que le consentement du constructeur n'est pas nécessaire. Dès lors, l'acte qui fixe la valeur à rembourser au constructeur présente le même caractère que le marché par lequel un entrepreneur s'oblige à construire, pour le compte et sur le sol du propriétaire, moyennant un prix déterminé. Ce marché n'est pas, évidemment, translatif de la propriété des constructions. Il doit en être de même du cas où le traité intervient après le fait des constructions. L'accession augmente, il est vrai, la valeur de la propriété, mais elle ne transfère pas une propriété nouvelle. »

Il ne me paraît pas qu'il y ait rien à ajouter à ces excellentes raisons.

35. On tenait, dans l'ancien droit, que la formalité du nantissement ne concernait que les immeubles qui sont tels par leur nature, mais qu'elle ne s'appliquait pas aux immeubles fictifs.

« Il ne faut pas non plus de nantissement, nous dit le Répertoire, pour aliéner des immeubles fictifs, tels qu'une rente constituée, un office. Cette manière de tradition, dit Cogniaux (*Pratique du retrait*, p. 12), n'est introduite que pour les immeubles réels et effectifs, et nullement pour les fictifs. — On en exceptait cependant, du moins en Hainaut, les rentes *foncières*, qui ne pouvaient être aliénées sans déshéritance et adhéritance... Mais, en Hainaut, comme ailleurs, lorsque les rentes ne sont immeubles que par fiction, c'est-à-dire lorsqu'elles ne sont pas hypothéquées sur des héritages, il ne faut ni déshéritance pour s'en dépouiller, ni adhéritance pour les acquérir. C'est ce qui a été jugé par quatre arrêts du Conseil souverain de Mons, etc. » (1).

36. Il n'est pas douteux qu'aujourd'hui la formalité de la transcription ne s'applique aux immeubles fictifs comme aux immeubles réels, puisque les uns sont, comme les autres, susceptibles d'hypothèque.

37. On devrait donc faire transcrire tout acte entre-vifs, emportant transmission d'actions de la Banque de France, du canal du Midi, des canaux d'Orléans et de Loing, dont des décrets spéciaux ont permis l'immobilisation, lorsque ces actions ont été immobilisées (2).

38. Aux termes d'une loi du 17 mai 1834, les propriétaires d'actions de la Banque de France immobilisées, qui veulent rendre à ces actions leur qualité première d'effets mobiliers, sont tenus d'en faire la déclaration à la Banque. — « Cette déclaration, qui devra contenir l'établissement de la propriété des actions en la personne du réclamant, sera transcrite, porte l'art. 5 de cette loi, au bureau des hypothèques de Paris, et soumise, s'il y a lieu, aux formalités de

---

(1) Rép., v° *Nantissement*, § 1, n° vi-2°.
(2) Décr. du 16 janv. 1808, art. 7 ; des 10 et 16 mars 1810, art. 13. — Conf. Troplong, de la Transcription, n° 90 ; Rivière et Huguet, Quest., n° 135 ; Mourlon, Revue prat., t. 1, p. 109, n°23.

purge légale auxquelles les contrats de vente immobilière sont assujettis. »

Ce n'est là qu'une application de l'art. 2181 du Code Napoléon, et la transcription dont il s'agit n'a aucun des caractères de la transcription telle qu'elle est réglée par la loi du 23 mars 1855. Les actions, pendant leur immobilisation, ont pu être frappées d'hypothèques légales ou autres, et il est nécessaire, avant qu'elles reprennent leur nature mobilière, qui va les rendre susceptibles de transmission par un simple acte de transfert sur les registres de la Banque, qu'elles soient purgées de ces hypothèques. C'est ce qu'exprime une autre disposition de ce même article 5, portant que « le transfert de ces actions ne pourra être opéré qu'après avoir justifié à la Banque de l'accomplissement des formalités voulues par la loi, pour purger les hypothèques *de toute nature*, et d'un certificat de non-inscription. » La transcription exigée n'est donc ici qu'un acte préliminaire de la purge; elle ne peut avoir d'autre objet, puisque la transmission de ces actions ne constituera désormais qu'une vente mobilière.

39. La loi, jusqu'ici, n'a autorisé l'immobilisation des rentes sur l'Etat que dans deux cas : lorsqu'elles sont employées à la constitution d'un majorat (1), et lorsqu'elles sont acquises par la Caisse d'amortissement, au moyen des sommes affectées à sa dotation et des arrérages desdites sommes (2). Mais, dans l'un comme dans l'autre cas, elles sont frappées d'inaliénabilité.

Une ordonnance du 29 avril 1831, en disant, art. 9, que

---

(1) Décret du 1er mars 1808, art. 2.

La loi du 12 mai 1835 a aboli les majorats pour l'avenir. Une autre loi, du 7 mai 1849, a supprimé les majorats de biens particuliers, arrivés au deuxième degré de transmission, et n'a laissé subsister des autres que ceux à l'égard desquels les appelés étaient déjà nés ou conçus au moment de la promulgation de la loi.

(2) Loi du 28 avril 1816, sur les finances, art. 109.

« la conversion de rentes nominatives en rentes au porteur ne sera pas admise par le Trésor public, pour toutes les inscriptions qui représenteront les fonds des cautionnements, des majorats constitués, ceux des Établissements publics ou religieux, des Caisses de retraite, ceux qui auront été produits par la vente de biens, avec charge de remploi, qui proviendront de constitution dotale, qui appartiendront à des mineurs ou à des propriétaires absents, enfin *pour toutes les rentes frappées d'une cause légale quelconque d'immobilisation momentanée*, à l'égard desquelles les règlements en vigueur continueront à être exécutés. » Cette ordonnance paraît admettre qu'il y aurait, pour les rentes sur l'État, d'autres cas d'immobilisation que ceux qui viennent d'être spécifiés ; qu'il en serait ainsi, par exemple, des rentes achetées avec le produit de biens dotaux, dont l'aliénation n'est permise, par les art. 1558 et 1559, C. Nap., qu'à charge d'emploi. Et plusieurs arrêts ont, en effet, décidé que le remploi des biens dotaux aliénés pouvait être fait en rentes sur l'État *immobilisées* (1). Mais c'est là une extension abusive de dispositions spéciales, concernant uniquement les majorats et la Caisse d'amortissement ; et il ne peut appartenir qu'à la loi de déterminer les cas où les rentes sur l'État, déclarées *meubles* par l'art. 529, pourront revêtir, exceptionnellement, le caractère d'immeubles. Telle est également la doctrine de Merlin. « C'est de la nature ou de la loi, dit-il, que nos biens tiennent leur qualité de meubles ou d'immeu-

---

(1) Caen, 13 nov. 1847, aff. Gardin ; D.ᴘ.49.2.240 ; Riom, 10 janv. 1856, aff. Chevalard ; D.ᴘ.57.2.79. — Conf. Troplong, Contr. de mar., nᵒ 3422 ; Marcadé, sur l'art. 1557, nᵒ 3 ; Rolland de Villargues, Rép. du not., vᵒ *Rentes sur l'État*, nᵒ 12. — Mais d'autres arrêts ont jugé en sens contraire : Toulouse, 19 mai 1824, aff. Boyer-Fonfrède ; Caen, 8 mai 1838, aff. Thorel ; Jur. gén., vᵒ *Contr. de mar.*, nᵒˢ 3992 et 1456 ; Rouen, 7 mai 1853, aff. Dardenne ; D.ᴘ.53.2.215. — Conf. Pont et Bertin, Journal le Droit, 1ᵉʳ fév. et 17 sept. 1856.

bles; et la volonté de l'homme ne peut s'élever, ni au-dessus des règles immuables de la nature, ni au-dessus de
l'empire de la loi. Il ne dépend donc pas d'un propriétaire
d'inscriptions de les immobiliser : *meubles par la détermination de la loi*, elles restent telles, quelque disposition que fasse, au contraire, celui à qui elles appartiennent » **(1)**.

40. Le Gouvernement avait proposé d'insérer, dans la loi
de finances des 11-17 juin 1859, réglant le budget de 1860,
une disposition additionnelle, qui devait former l'art. **21** de
cette loi, et qui était ainsi conçue : « Les sommes, dont le
placement ou le remploi en immeubles est prescrit ou autorisé par la loi, par un jugement, par un contrat ou par une
disposition à titre gratuit, entre-vifs ou testamentaire,
peuvent être employées en rentes sur l'Etat. — Dans ce cas,
et sur la réquisition des parties, l'immatricule de ces rentes
au Grand-livre de la dette publique en indique l'affectation
spéciale. » Cette disposition, qui avait pour objet de faire
cesser les incertitudes de la jurisprudence sur la possibilité
légale du placement en rentes sur l'État, à titre d'emploi,
des fonds des incapables, était ainsi expliquée dans l'exposé des motifs présenté au Corps législatif, au nom du Gouvernement, par M. Vuitry, président de la section des finances au Conseil d'Etat :

« Aux termes de l'art. 4 de la loi du 8 niv. an VI, et de
l'art. 7 de la loi du 22 flor. an VII, disait l'exposé des motifs, les rentes sur l'Etat sont insaisissables, et le mode de
transmission de cette valeur mobilière est régi par des règles
spéciales. Chaque créancier de l'Etat est inscrit sur le Grand-
livre de la dette publique pour la somme de rentes dont il
est titulaire; un extrait de ce Grand-livre lui est délivré et

_____

(1) Rép., v° *Inscr. sur le Grand-livre*, § 3, n° 2. Conf. Duranton,
t. 14, n° 123.

lui sert de titre de propriété ; cette propriété se transmet par le transfert opéré sur le Grand-livre par les soins et sous la responsabilité d'officiers ministériels spéciaux, les agents de change. Il en résulte que la propriété des rentes sur l'État, comme celle des immeubles, peut être affectée, quant à sa disponibilité, par des conditions spéciales, et qu'elle présente, pour l'emploi des fonds appartenant à des incapables, des garanties particulières. — Ainsi, quand une Commune ou un Établissement public, un mineur ou un interdit, sont propriétaires de rentes sur l'État, l'immatriculation de ces rentes mentionnant l'incapacité des titulaires, elles ne peuvent être transférées sans que les conditions prescrites par la loi, pour la protection des droits des incapables, aient été préalablement accomplies. — Une rente sur l'État peut être grevée d'usufruit, et l'indication de cette circonstance dans son immatricule garantit les droits du nu propriétaire et ceux de l'usufruitier. — S'il s'agit de femmes mariées, soit sous le régime dotal, soit sous celui de la communauté, les rentes sur l'État, par les énonciations de leur immatricule, peuvent aussi se prêter à toutes les circonstances d'inaliénabilité ou d'aliénabilité conditionnelles qui résultent des stipulations de la loi, ou de celles des contrats de mariage... Si les rentes, ainsi affectées, peuvent être aliénées, le transfert qui en est opéré, après l'accomplissement des formalités que la loi exige, les fait réinscrire au Grand-livre, libres et disponibles, au nom des nouveaux propriétaires. —Quelquefois aussi, sans que la propriété change, ces rentes cessent d'appartenir à un incapable : si, par exemple, le mineur devient majeur, si la femme mariée devient veuve; dans les deux cas, l'immatricule de la rente est modifiée, sur la réquisition des parties et sur la production de certificats constatant leur changement d'état. — Ces règles, simples et précises, qui, depuis soixante ans, s'appliquent aux rentes sur l'État, ont pour elles la sanction de l'expérience et ont obtenu la confiance du public..... »

L'exposé des motifs nous apprend qu'en 1826, la Cour de Caen, ayant à se prononcer sur un remploi en rentes sur l'Etat de sommes dotales, ordonna, par un arrêt préparatoire, que le ministre des finances serait consulté, par le procureur général, sur la question de savoir si le remploi dotal en rentes sur l'État serait inaliénable, comme la dot elle-même ; et que, le 26 sept. 1826, le ministre répondit : « Toutes les fois qu'un placement en inscriptions s'effectue en vertu d'un jugement des tribunaux, ces inscriptions sont libellées suivant les clauses et conditions exprimées audit jugement, dont une expédition doit être produite à l'appui du transfert. Ainsi, la rente acquise pour remploi des biens dotaux, pourra être inscrite dans les termes ci-après... (*le nom de la femme*) : *la présente inscription est inaliénable, comme provenant d'un remploi de dot, aux termes du jugement du..... »* — Sur ce renseignement, la Cour de Caen, par un arrêt du 20 nov. 1826, ordonna le remploi en rentes.

« D'autres arrêts, continuait M. le rapporteur du Conseil d'État, ont également autorisé le remploi en rentes de sommes dont le placement ou le remploi en immeubles était autorisé ou prescrit, soit par des contrats, soit par la loi elle-même, comme dans les cas prévus par les art. 1067 et 1558 du Code Napoléon. — Mais, quelquefois aussi, les Cours et les tribunaux se sont prononcés en sens contraire, et, s'attachant rigoureusement à ce que les rentes sont meubles, ils ont jugé que l'achat des rentes sur l'État ne pouvait équivaloir au placement en immeubles. C'est ce qui a été jugé, notamment, par un arrêt de la Cour de Rouen, du 17 mai 1853 (1). Cette divergence dans la jurisprudence est fâcheuse. Elle peut mettre obstacle à des achats de rentes qui auraient l'avantage de faciliter le classement de ces valeurs en France comme en Angleterre. Elle a des inconvé-

---

(1) V. *suprà*, n° 39, à la note. L'arrêt est du 7, non du 17 mai.

nients plus réels pour les intérêts privés eux-mêmes. Le remploi en rentes du prix d'un immeuble dotal peut être critiqué par l'acquéreur, alors que les vendeurs seront d'accord à cet égard. En pareille matière, il est bon que le droit de chacun soit nettement déterminé. Les rentes ont l'avantage de se prêter plus facilement que les immeubles au placement à faire immédiatement, et souvent pour un temps indéterminé, de sommes quelquefois minimes. C'est pour faire cesser les doutes qui résultent de la divergence de la jurisprudence que nous vous proposons d'insérer, dans la loi de finances, un article portant... (*suivaient les termes de cet article*). — Cette disposition, reprenait M. le rapporteur, n'a rien d'impératif, et n'a pas pour objet de rendre le placement en rentes obligatoire pour les parties, mais seulement de leur en donner la faculté, quand elles sont maîtresses de leurs droits, ou de donner la même faculté aux tribunaux, quand ils sont appelés à prononcer. Ainsi entendue, la disposition proposée ne nous paraît susceptible d'aucune objection fondée..... » (1)

On ne pouvait, assurément, mieux motiver une disposition éminemment utile, et il est facile de reconnaître, dans cet Exposé, l'esprit si net et si pratique de l'honorable rapporteur du Conseil d'État. — Mais la Commission du Corps législatif, si je suis bien renseigné, fit valoir qu'il y avait de graves questions de droit civil engagées dans cette disposition ; que l'immobilisation des rentes sur l'État impliquait le droit de les hypothéquer, de les saisir immobilièrement ; que c'était toute une procédure à organiser, procédure peu compatible avec la nature de ces valeurs, auxquelles, dans l'intérêt du crédit de l'État, il importe de maintenir leur caractère d'insaisissabilité. — Le Gouvernement se rendit à ces raisons, et la disposition fut retirée.

(1) Impressions du Corps législatif, annexe, n° 79, du procès-verbal de la séance du 18 mars 1859.

41. La conséquence de ce retrait, c'est que, si le Trésor conserve la faculté, comme par le passé, lorsqu'un placement en rentes sur l'État est ordonné par justice au profit d'un incapable, de soumettre l'immatriculation de ces rentes à des formes et à des conditions spéciales, ayant pour but de garantir les intérêts de l'incapable, cette mesure n'a pas pour effet de changer la nature de ces rentes, en les immobilisant, mais uniquement de les frapper d'une indisponibilité momentanée; ce qui est bien différent. — Il suit de là que le transfert de ces rentes, lorsqu'il s'effectue dans les conditions prescrites par la loi du 24 mars 1806 et l'Avis du Conseil d'État du 11 janvier 1808, ne constitue toujours qu'une vente de valeurs mobilières, non sujette, par conséquent, à transcription.

42. Les mines concédées, même au propriétaire de la surface, forment une propriété particulière et distincte de celle de la surface, propriété que la loi du 21 avril 1810 déclare être de nature immobilière, et susceptible, à ce titre, de recevoir hypothèque (art. 8, 19 et 21). L'acte, contenant transmission de cet immeuble fictif, est donc sujet à transcription.

43. Il en serait autrement de la vente des matières extraites, qui sont *meubles*, déclare l'art. 9 de la loi précitée, de même que les approvisionnements et autres objets mobiliers. Ce qui est immeuble, en effet, c'est le droit d'exploitation, non les matières extraites de la mine; comme, dans l'usufruit des immeubles, le droit de percevoir les fruits est distinct des fruits eux-mêmes : ceux-ci sont meubles, tandis que l'usufruit, droit incorporel, est qualifié, par l'art. 526, d'immeuble par l'objet auquel il s'applique.

44. « Les actions ou intérêts dans une société ou entreprise pour l'exploitation des mines sont réputées meubles, conformément à l'art. 529 du Code civil. » Telle est la disposition de l'art. 8 de la loi du 21 avril 1810. Le transport de ces actions ou intérêts n'est donc pas soumis à la formalité de la transcription (1).

45. Au contraire, sont déclarés immeubles par destination, par ce même art. 8, « les chevaux, agrès, outils et ustensiles servant à l'exploitation. » Confondus avec la mine dans une même aliénation, ils conservent leur nature immobilière ; mais, s'ils en étaient détachés, sans fraude, pour être vendus séparément, ils reprendraient leur caractère mobilier, et l'acte ne serait pas soumis à la transcription.

46. Le même principe doit servir de règle pour la redevance que le concessionnaire de la mine est obligé, par l'acte de concession, de payer au propriétaire de la surface. Il est dit, dans les art. 18 et 19 de la loi précitée, que cette redevance demeurera réunie à la valeur de la surface, et sera affectée, avec elle, aux hypothèques prises par les créanciers du propriétaire. Cette redevance n'est qu'un accessoire de la propriété superficiaire, et j'en ai tiré la conséquence, dans mon *Traité des Priviléges et Hypothèques*, qu'elle ne pourrait être hypothéquée isolément de la superficie, puisque cette redevance consiste en une somme d'argent, ou en une partie aliquote des produits de la mine, objets essentiellement mobiliers. Mais de là il résulte aussi que le transport de cette redevance, non accompagné de l'aliénation de la superficie, ne donnerait pas lieu à transcription.

47. La loi du 21 avril 1810, comme je l'ai établi dans l'ouvrage cité, n'a pas fait des minières et carrières, comme elle l'a fait pour les mines, une propriété distincte et indépendante de la propriété de la surface. Mais « rien n'empêche, dit M. Troplong, que le *dessous* ne soit séparé du *dessus* par convention. Le droit de propriété se trouve, alors, scindé en deux droits secondaires, mais néanmoins *immobiliers*; car le droit de *dessous* n'est pas moins immobilier que

---

(1) V. Cass. 6 fév. 1860, aff. Dardenne ; D.p.60.1.88.

I.   5

les droits qui, tels qu'emphytéose, superficie, usufruit, etc., affectent le *dessus*. Si donc un individu possède un droit à une carrière, à une minière, quoique le droit à la surface soit possédé par un autre, il aura un droit immobilier susceptible d'hypothèque..... » (1).

M. Mourlon pense, comme M. Troplong, que, « si un propriétaire a vendu, pour un prix unique, le droit d'exploiter une carrière ou toute autre minière, jusqu'à épuisement, la vente, alors, a pour objet, non point les matières extraites et considérées à l'état d'objets mobiliers, mais la minière elle-même, c'est-à-dire, ajoute-t-il, *la propriété du dessous*; et il en conclut qu'à défaut de transcription, cette vente resterait sans effet à l'égard des tiers » (2).

48. Il y a, dans l'opinion de M. Mourlon, comme dans celle de M. Troplong, une équivoque qui a besoin d'être éclaircie.

Ce que disent ces auteurs serait vrai, si le propriétaire du fonds qui renferme une carrière n'avait pas seulement vendu le droit d'exploiter cette carrière, mais, avec le droit d'exploitation, avait vendu le tréfonds, de sorte que, la carrière épuisée, ce tréfonds demeurât à l'acheteur, et que le propriétaire de la superficie n'eût plus rien à y prétendre. Dans ce cas, en effet, le droit d'exploiter, n'étant pas séparé de la propriété du tréfonds, se confondrait avec lui, et il y aurait deux propriétés distinctes, celle du dessous et celle du dessus, immobilières toutes les deux. Si c'est ainsi que l'entendent les auteurs cités, je suis d'accord avec eux.

49. Mais ce n'est pas de cette manière que les choses se passent ordinairement. Celui qui achète le droit d'exploiter une carrière, même jusqu'à épuisement, ne songe nullement à se réserver la propriété du tréfonds ; il n'a en vue que les pierres à extraire ; et, dans ces termes, il en doit être de la

_____

(1) Des Priv. et Hyp., t. 2, n° 404 *bis*, 5ᵉ édit.
(2) Revue pratique, t. 1, p. 22, n° 12.

vente dont il s'agit comme d'une vente de bois pour être abattus, de fruits pour être coupés, laquelle, comme je l'ai dit plus haut (n° 30), ne constitue qu'une vente mobilière.

C'est, en effet, ce que la Cour de cassation a plusieurs fois jugé, notamment par un arrêt du 19 mars 1816, critiqué, à tort, selon moi, par M. Troplong (1).

50. M. Troplong compare ce droit d'exploitation, concédé pour un temps indéfini, à un droit d'emphytéose, de superficie, d'usufruit. Mais, pour que l'assimilation fût exacte, il faudrait que le droit d'exploitation d'une minière, d'une carrière, même pour un temps illimité, constituât, comme la concession d'une mine, une propriété particulière et distincte, ce qui n'est pas, de l'aveu même de l'auteur; à moins que la concession ne comprenne, comme il vient d'être dit, en même temps que le droit d'exploiter, l'aliénation du tréfonds.

51. Mais, pour tout le monde, il est bien certain que la cession, moyennant un prix unique, du droit d'exploiter une carrière, limité à l'extraction d'une certaine quantité de matériaux, ne constituerait qu'une vente mobilière, et, par conséquent, ne serait point sujette à transcription (2).

52. J'ai dit : *moyennant un prix unique*, pour réserver la question de savoir si le droit d'exploiter une mine, une carrière, peut faire l'objet d'un bail, question qui sera examinée *infrà* (3).

53. M. Mourlon fait remarquer que, si le droit d'exploiter une carrière, ou d'extraire d'un fonds des matières minérales, a été acquis, à titre de concession perpétuelle, en faveur et pour l'avantage d'un autre fonds, l'effet de cette acquisition sera de constituer une servitude réelle ; ce qui

---

(1) Req. 19 mars 1816, aff. Merlin ; Rej. 12 août 1833, aff. Mazard; Id. 11 janv. 1843, aff. Boggio ; Jur. gén., v° *Enreg.*, n°s 2874 et 1789.
(2) Conf. Troplong et Mourlon, *loc. cit.*
(3) V. sous la sect. 5 du présent chapitre.

3.

rendra la transcription de l'acte nécessaire (1). — Cette observation est juste, et j'y adhère complétement.

54. L'hypothèque, aux termes de l'art. 2118, C. Nap., peut être établie, non-seulement sur les immeubles qui sont tels par leur nature, mais encore sur leurs *accessoires réputés immeubles*, c'est-à-dire, d'après les art. 522 et suivants, sur les objets mobiliers que le propriétaire d'un fonds y a placés pour le service et l'exploitation de ce fonds, ou qu'il y a attachés à perpétuelle demeure, et qui, par ce motif, sont appelés immeubles par destination. Mais, de même que ces accessoires ne peuvent être hypothéqués séparément, parce que, isolés du fonds, ils reprendraient leur nature de meubles, ainsi, la vente, faite isolément, de ces accessoires par le propriétaire, toujours maître de les détacher du fonds, ne constituerait qu'une vente mobilière ; et l'acte, par conséquent, ne serait pas sujet à transcription.

C'est l'observation que j'ai déjà faite *suprà*, n° 45.

55. Les actes entre-vifs, passés en pays étranger, lorsqu'ils sont de nature à être transcrits, parce qu'ils ont trait à des immeubles situés en France, et, à ce titre, régis par la loi française (C. Nap., 3), sont, comme les actes passés en France, soumis à la transcription.

56. Ils peuvent être présentés à la formalité, avant d'avoir été revêtus de la formule d'*exequatur* par un tribunal français, parce que la transcription n'est pas un acte d'*exécution*, pas plus que l'enregistrement auquel sont soumis, par les art. 22 et 23 de la loi du 22 frim. an VII, les actes de mutation ou autres, passés en pays étranger.

57. Entrons, maintenant, dans le détail des actes qui, considérés, non plus par rapport à l'objet auquel ils s'appliquent, mais par rapport à leur nature, sont soumis à la formalité de la transcription.

_____

(1) Rev. prat., *loc. cit.*

§ Iᵉʳ. — *De la Vente.*

76. *Vente verbale.* — La vente, faite sans écrit, est tout aussi valable que celle faite par écrit.—L'écriture n'est exigée que pour la preuve.

77. Selon M. Mourlon, l'acheteur, par vente verbale, ou dont le titre est adiré, peut suppléer à l'absence du titre par une déclaration faite au Conservateur. — En cas de refus de ce dernier de la recevoir, il pourrait y être contraint par le juge.

78. Réfutation de cette opinion.—La loi a prévu le cas : elle ne soumet à la transcription que le *jugement* qui déclare l'existence d'une *convention verbale.*

79. Objection.—Réponse.

80. *Vente par correspondance.*—La vente, conclue par lettres missives, est valable.

81. Réfutation d'un arrêt contraire.

82. L'art. 1325, invoqué comme objection, n'est pas applicable aux lettres missives.

83. Il importe peu, d'ailleurs, pour la transcription, que l'acte soit valable ou non.—Le Conservateur, auquel il est présenté, ne peut refuser de le transcrire.

84. *Vente conditionnelle.* — La vente, sous condition résolutoire, doit être transcrite : elle est translative de propriété.—Exemple : la vente à réméré.

85. Lorsque le réméré sera exercé, il n'y aura pas lieu à nouvelle transcription.

86. Si le réméré était exercé hors du délai, il y aurait rétrocession, et nécessité de transcrire.

87. Si la vente est faite sous condition suspensive, la transcription immédiate n'est pas moins nécessaire.

88. Il n'importe que le droit proportionnel d'enregistrement ne soit exigible que lors de l'événement de la condition.

89. *Vente à terme.* — Elle emporte transmission immédiate : la transcription est donc nécessaire.

90. *Vente à l'arbitrage d'un tiers.*— Elle est une vente sous condition suspensive : on doit donc lui appliquer les mêmes règles.

91. Si le tiers, pris pour arbitre du prix, n'a pas été désigné dans l'acte, la vente est-elle valable? — Divergence des auteurs sur ce point.

92. La loi romaine n'a pas prévu ce cas. — Pothier admet la validité de la vente.

93. Vinnius est d'un autre sentiment ; mais il convient que l'opinion commune est pour la validité, surtout en matière de commerce.

94. La plupart des auteurs modernes ont suivi l'opinion de Vinnius. —Mais ils exceptent, comme lui, le cas où, dans l'acte de vente, on aurait dit qu'au refus de l'une des parties de nommer les arbitres, ils seraient désignés par la Justice.

95. M. Duvergier rejette cette distinction.

96. Opinion intermédiaire de M. Dalloz.

97. L'art. 1592, comme la loi romaine, suppose que l'arbitre a été désigné dans l'acte de vente.

98. Mais il n'exclut pas le cas contraire.

99. Lorsque les parties ont omis de déclarer, dans l'acte, que, faute de s'entendre sur le choix de l'arbitre, il serait nommé par le juge, cette clause doit être suppléée.

100. L'art. 1006, C. proc., n'est pas applicable à ce cas.

101. Si l'arbitre, désigné dans l'acte pour fixer le prix de la vente, ne veut ou ne peut faire l'estimation, il n'y a pas lieu de recourir au juge pour en faire nommer un autre.

102. Le prix de vente peut être laissé à l'arbitrage de plusieurs, aussi bien que d'un seul.—Erreur de Grenier à cet égard.

103. Quoique l'arbitre n'ait pas été désigné dans l'acte, la fixation du prix fait rétroagir la vente au jour même de l'acte.

104. L'acheteur doit donc transcrire immédiatement.—La transcription de l'acte de vente suffit; celle de l'acte contenant la nomination de l'arbitre n'est pas nécessaire.

105. *Vente alternative.* — Quoique la chose à livrer soit incertaine, la transcription n'en doit pas moins être immédiate.

106. Il n'importe que le choix appartienne au vendeur ou à l'acheteur.

107. La transcription, faite immédiatement, rendra l'acheteur préférable aux tiers qui auraient acquis des droits sur l'immeuble, avant l'option.

108. Différence entre la vente alternative et celle faite sous condition suspensive.—Dans celle-ci, si la condition vient à défaillir, la vente s'évanouit.—Dans l'autre, la vente subsiste et l'acheteur doit le prix, quoique les deux immeubles aient péri, par cas fortuit, avant l'option.

109. C'est l'application de la règle *res perit domino.*— Cela n'est pas contraire à l'équité.—Antinomie des lois romaines sur ce point.

110. M. Mourlon voit, dans la vente alternative, deux ventes conditionnelles.—La transcription immédiate, dans ce système, ne serait pas moins nécessaire.

111. Elle l'est encore, lorsque l'alternative porte sur un immeuble et sur une chose mobilière.

112. Si le vendeur, avant l'option, avait conféré à des tiers des droits réels sur l'immeuble, ceux-ci pourraient le contraindre à délivrer la chose mobilière;

113. ...Ou, si l'alternative portait sur deux immeubles, et qu'il eût hypothéqué l'un d'eux, celui qui ne serait pas hypothéqué.

114. *Vente nulle ou sujette à rescision.* — La vente, quoique nulle, soit d'une nullité absolue, soit d'une nullité relative, est, en soi,

translative de propriété : elle doit donc être transcrite. — Exemple tiré de l'acte sous seing privé non fait double.—Autre exemple tiré d'une vente faite par un incapable. — On peut renoncer à invoquer la nullité, ou ratifier l'acte.

115. La ratification ne pouvant préjudicier aux droits acquis *medio tempore*, l'acquéreur a intérêt à transcrire immédiatement.

116. L'acquéreur, qui a fait transcrire l'acte de vente, est dispensé de faire transcrire ultérieurement l'acte de ratification.

117. S'il en est ainsi, quand la nullité est *relative*, en est-il de même, quand la nullité est absolue ? — Renvoi.

118. La mention de l'acte de ratification en marge de la transcription de l'acte ratifié serait néanmoins une chose utile.—Le Conservateur ne pourrait pas se refuser à faire cette mention.

119. *Vente par mandataire.* — La transcription de l'acte de vente suffit ; celle de la procuration est inutile.

120. Opinion contraire de M. Martou. —Réfutation.

121. Le système de M. Martou l'entraîne à exiger la transcription d'une foule d'actes accessoires, qui surchargeraient les registres et augmenteraient les frais.

122. *Vente sans mandat.*—La vente, faite par un *negotiorum gestor*, est valable, si le propriétaire la ratifie. — L'art. 1599 n'est pas applicable à ce cas.—La ratification rétroagit au jour de l'acte.

123. Mais elle ne préjudicie pas aux droits que le propriétaire a conférés à des tiers, dans l'intervalle.—Pourvu qu'ils aient fait transcrire avant celui qui a acheté du *negotiorum gestor.*

124. Le principe est le même, si le *negotiorum gestor* a agi pour le compte de l'acheteur.

125. Doit-on transcrire immédiatement, lorsque la vente a eu lieu sans mandat ? — Distinction.

126. Si le *negotiorum gestor* a agi pour le compte de l'acquéreur, la transcription doit être immédiate.

127. Et, dans ce cas, la transcription ultérieure de l'acte de ratification ne sera pas nécessaire.

128. S'il a agi pour le compte du vendeur, M. Troplong pense que l'acquéreur éventuel peut et doit transcrire immédiatement.

129. Opinion contraire de M. Mourlon. — La vente, selon lui, n'a pas le caractère conditionnel. — Elle ne se forme qu'au moment de la ratification, et celle-ci ne rétroagit pas.

130. Erreur de M. Mourlon, quant au caractère conditionnel de la vente.

131. Mais là n'est pas la question.—Au fond, je partage le sentiment de M. Mourlon.—Raisons pour lesquelles l'acheteur éventuel ne peut transcrire immédiatement.

132. Dans ce cas, on doit transcrire, avec l'acte de vente, l'acte de ratification.

133. Arrêts dans le même sens, en matière d'inscription hypothécaire.

134. La transcription de l'acte de ratification, sans l'acte de vente, suffirait, s'il contenait toutes les indications utiles aux tiers.

135. M. Troplong pense aussi que, dans le cas spécifié, la transcription de l'acte de ratification est nécessaire.—Cela paraît peu compatible avec sa doctrine, que l'acquéreur doit transcrire immédiatement. — Incertitude sur la véritable pensée de l'auteur.

136. *Vente avec déclaration de command.* — Elle a beaucoup de rapport avec la vente faite sans mandat.

137. On n'était pas d'accord, dans l'ancien droit, sur la question de savoir si l'acquéreur cessait d'être obligé envers le vendeur par la déclaration de command. — Opinions divergentes du président Favre et de Voët.—Influence de la question par rapport aux créanciers hypothécaires de l'acquéreur.

138. La question, sur ce dernier point, est tranchée par le décret du 16 oct. 1791.

139. Quoique ce décret s'applique plus spécialement aux adjudications de biens nationaux, il renferme un principe général.

140. La déclaration de command, faite et acceptée, fait réputer le command acquéreur direct et sans intermédiaire.

141. L'acquéreur, sous faculté d'élire un command, doit faire transcrire immédiatement l'acte de vente.

142. Différence entre le cas d'acquisition faite par un *negotiorum gestor,* au nom d'un tiers désigné à l'avance, et le cas d'acquisition faite avec faculté d'élire un command.

143. La déclaration de command ne résoudrait pas les hypothèques ou autres droits réels, constitués par l'acquéreur sur l'immeuble, avant la déclaration.

144. Il en serait autrement des hypothèques judiciaires ou légales, acquises sans le fait de cet acquéreur.

145. Explication d'une opinion de Toullier, en apparence contraire.

146. Objection réfutée.

147. Le command, dès qu'il est élu, doit faire transcrire la déclaration de command, pour se mettre à couvert des actes ultérieurs de l'acquéreur.

148. M. Mourlon avait, d'abord, pensé que la transcription seule ne suffisait pas, sans l'acceptation du command'; mais il a rétracté cette opinion.

149. La transcription, faite par le command, n'implique pas, de sa part, acceptation.

150. L'acte d'acceptation, lorsqu'il intervient, ne doit pas être transcrit.

151. *Quid,* lorsque l'acquéreur, sous faculté d'élire un command, avait reçu mandat d'un tiers d'acheter pour lui? — Distinction.—Si l'acquéreur n'a pas déclaré, en achetant, qu'il achetait d'ordre et pour le compte d'un tiers, il est réputé acquéreur pour son compte. — *Secùs,* dans le cas contraire.

152. Mais si, sans attendre la déclaration de command, le mandant fait transcrire la procuration, l'acquéreur ne pourra disposer de l'immeuble à son préjudice.

153. Conditions que doit remplir la déclaration de command, à peine d'être considérée comme une seconde mutation, soumise elle-même à la transcription.

154. Tempérament admis, dans l'ancien droit, à la règle que la faculté d'élire un command doit être réservée par l'acte de vente.

155. Arrêt qui juge qu'une déclaration de command, faite sans réserve préalable, mais dans le délai légal, ne donne pas ouverture au droit de mutation.—Mais cet arrêt est antérieur à la loi du 22 frim. an VII.—On ne jugerait plus de même aujourd'hui.

156. *Quid,* si une procuration du command était produite, ayant date certaine antérieure à la vente? — Opinion de MM. Championnière et Rigaud et de M. Dalloz. — Doutes émis sur cette opinion.—La question, au reste, n'intéresse que le fisc. — Pour les tiers, le véritable propriétaire, c'est l'acquéreur, tant que la procuration n'a pas été transcrite.

157. Opinions divergentes, dans l'ancien droit, sur le délai dans lequel devait avoir lieu la déclaration de command, à peine de passer pour revente.

158. Le décret du 16 oct. 1791 fixait le délai à six mois. — La loi du 22 frim. an VII l'a fixé à vingt-quatre heures.

159. Mais cette loi n'a statué qu'en vue des intérêts du fisc.—Au point de vue des intérêts particuliers, les parties peuvent régler le délai à leur convenance, sauf le cas de fraude.

160. *Contre-lettres.* — L'art. 40 de la loi du 22 frim. an VII les annule.

161. Il n'est pas de mon sujet d'examiner si cet article a été implicitement abrogé par l'art. 1321, C. Nap.

162. En tout cas, les contre-lettres sont valables, entre les parties contractantes, lorsqu'elles n'ont pas pour objet une fraude envers le fisc.

163. Elles sont seulement sans effet à l'égard des tiers.

164. Il n'y a aucune distinction à faire entre les contre-lettres rédigées dans la forme authentique et celles faites sous seing privé.

165. Arrêt qui applique l'art. 1321 au cas où la contre-lettre a acquis date certaine avant la revente, quand le sous-acquéreur est de bonne foi.

166. En principe, la bonne foi des tiers est nécessaire pour l'application de l'art. 1321.

167. Il suffit, dès lors, que la contre-lettre ait été transcrite pour les constituer en mauvaise foi.

168. *Ventes amiables, en matière d'expropriation pour cause d'utilité publique.* — La loi du 23 mars 1855 est-elle applicable aux cessions amiables d'immeubles consenties par les propriétaires expropriés ? — Renvoi.

58. Le principal et le plus usité des contrats, celui surtout en vue duquel a été établie la transcription, comme moyen de consolidation de la propriété immobilière dans la main du nouveau possesseur, c'est la *vente.*

59. *Promesse de vente.* — Il faut se demander, d'abord, si l'acte contenant promesse de vente doit être transcrit ?

Pour résoudre la question, il convient de distinguer la simple pollicitation et la promesse de vente unilatérale, de l'engagement synallagmatique. « La promesse de vente, dit très-bien M. Dalloz, est susceptible de trois modalités bien distinctes. On peut supposer, premièrement, une promesse, faite par une personne à une autre, de lui vendre telle chose, moyennant tel prix, promesse qui n'est ni acceptée ni refusée. — On peut supposer, en second lieu, que la promesse est acceptée par celui à qui elle est faite, sans que, toutefois, ce dernier promette lui-même d'acheter. — On peut supposer, enfin, que les promesses ont été réciproques, c'est-à-dire qu'il y a eu, d'une part, promesse de vendre, et, de l'autre, promesse d'acheter. — Dans le premier cas, la promesse n'est qu'une simple *pollicitation*, une simple proposition ; dans le second cas, il y a promesse *unilatérale*, et, dans le troisième, promesse *synallagmatique* » (1).

60. Dans le cas de simple pollicitation, comme il n'y a pas de *vinculum juris*, et que celui qui a fait la promesse peut la rétracter, tant qu'elle n'a pas été acceptée, il est clair qu'il ne peut y avoir lieu à transcription.

61. Il doit encore en être ainsi, dans le cas où la promesse, soit de vendre, soit d'acheter, n'est pas réciproque, mais

---

(1) Jur. gén., v° *Vente*, n° 285.

unilatérale. Comme la convention ne donne à celui en faveur de qui elle est faite, et qui l'a acceptée sans s'engager de son côté, que le droit de contraindre l'autre à réaliser le contrat, qu'il n'y a pas encore translation de propriété, il n'y a pas non plus matière à transcription ; c'est seulement l'acte qui réalisera la vente, ou le jugement en tenant lieu, qui devra être transcrit (1).

62. De là il suit que, si, avant cette réalisation, celui qui a fait la promesse de vente aliénait l'immeuble à un tiers de bonne foi, la vente serait valable, et que le futur acquéreur n'aurait plus contre le vendeur qu'une action en dommages-intérêts.

63. Tel n'est pas l'avis de M. Duranton.

« Une question plus grave, dit-il, est celle de savoir si, sous le Code, celui à qui la promesse de vendre un immeuble a été faite, sans réciprocité et sans arrhes, a action contre le tiers auquel celui qui lui a fait la promesse aurait ensuite vendu et livré ce même immeuble ? » Et il résout la question affirmativement, parce que, « s'il est vrai que la promesse de vendre, sans réciprocité, quoique faite sans arrhes, ne confère pas immédiatement la propriété de la chose qu'on a promis de vendre, parce qu'une telle promesse est nécessairement conditionnelle, le propre de la condition accomplie est de rétroagir, dans ses effets, au jour de la convention (art. 1179), et que c'est principalement à l'égard des tiers que cette rétroactivité peut être utile au créancier conditionnel..... » (2).

M. Mourlon voit également, dans la promesse de vente unilatérale, une vente subordonnée, à la vérité, au consen-

(1) Conf. Rivière et Huguet, Questions sur la transcription, n° 53 ; Troplong, de la Transcr., n° 52 ; Gauthier, Résumé de doctrine et de jurisp. sur la transcr. hyp., n° 19.
(2) Cours de droit français, t 16, n° 53, édit. 1833.

tement de l'acheteur éventuel, mais qui rétroagit, lorsque ce consentement intervient, au jour où la promesse a été faite. La transcription immédiate serait donc nécessaire, selon lui, pour mettre la propriété conditionnelle, dont l'acheteur éventuel est investi, à l'abri des actes ultérieurs du vendeur (1).

64. Je crois cette doctrine erronée. Dans une vente conditionnelle, le concours des volontés, le contrat synallagmatique existe à l'origine, et la condition n'est qu'un fait extrinsèque qui suspend l'effet du contrat, mais qui ne l'empêche pas d'exister. — Dans la promesse de vente unilatérale, le contrat ne se forme qu'au moment où l'acheteur éventuel fait connaître sa volonté d'acheter. Les deux cas ne sont donc pas assimilables; et la transcription, faite avant la déclaration de l'acheteur, serait inopérante, puisque la vente ne peut exister, et la propriété, par conséquent, être transmise, qu'à partir du jour où il y a eu, d'une part, volonté de vendre, et, de l'autre, volonté d'acquérir.

65. Le fait de cette transcription ne pourrait, à lui seul, et indépendamment de toute circonstance particulière, être considéré comme une déclaration tacite, de la part de l'acheteur éventuel qui aurait requis la transcription, de sa volonté d'acquérir. Il a pu assimiler, en effet, par une erreur de droit, la promesse unilatérale de vente à une vente conditionnelle, et regarder ainsi la transcription comme une précaution utile à prendre contre les tiers (V. *infrà*, n° 87), sans renoncer, pour cela, à la faculté qui lui appartient d'agréer ou de ne pas agréer la vente.

66. Mais, lorsqu'il y a promesse de vente synallagmatique, c'est-à-dire promesse réciproque de vendre et d'acheter, il semble, à ne consulter que les termes de l'art. 1589, C. Nap., qui déclare que « la promesse de vente vaut vente,

---

(1) Revue pratique, t. 2, p. 193, n° 39.

lorsqu'il y a consentement réciproque des deux parties sur la chose et sur le prix ; » il semble, dis-je, que le contrat n'ait plus rien à désirer pour sa perfection, et que la propriété se trouve, dès ce moment, transférée de la personne du vendeur à la personne de l'acheteur.

67. Mais on n'est pas d'accord sur le sens et la portée de l'art. 1589. — D'après Toullier, cette disposition n'a eu pour objet que de mettre fin au débat qui s'était élevé, dans l'ancien droit, sur le point de savoir si la promesse de vente (quand elle était réciproque) obligeait le promettant à passer contrat et à livrer la chose, ou si elle ne donnait lieu contre lui, comme toute obligation de faire, en cas d'inexécution de la promesse, qu'à une action en dommages-intérêts? C'est la première opinion, formulée par Ferrière en des termes identiques à ceux de l'art. 1589 (1), que les rédacteurs du Code Napoléon, dit Toullier, ont adoptée.

Mais on ne s'est pas aperçu, continue l'auteur, que la maxime : *Promesse de vente vaut vente*, manquait absolument d'exactitude, sous l'empire des nouveaux principes, qui veulent que la propriété s'acquière et se transfère, notamment en matière de vente, par l'effet de la convention, sans tradition (C. Nap., 938, 1138, 1583), contrairement à la règle du droit romain : *Traditionibus dominia rerum, non nudis pactis transferuntur* (L. 20, *C. de Pactis*).

De là Toullier conclut « que la vente postérieure à la promesse de vendre, même authentique, est valide, parce que, la propriété ayant, nonobstant cette promesse, continué de résider sur la tête du vendeur, il continuait aussi d'avoir le pouvoir de la transférer à un acquéreur de bonne foi, sauf à celui en faveur de qui la promesse avait été faite de

---

(1) « Promesse de vente vaut vente, dit Ferrière, lorsque les trois conditions, nécessaires pour former le contrat, s'y rencontrent, *nimirum res, pretium et consensus* » (Dict. de droit, vo *Promesse de vendre*).

former une action en dommages-intérêts contre le vendeur..... » (1).

68. Suivant M. Duranton, au contraire, « celui à qui la promesse de vendre a été faite est devenu, par cela même, propriétaire de la chose, dès la promesse ; car il avait une action pour avoir la chose, et, par conséquent, il est censé avoir eu la chose elle-même : *is qui actionem ad rem habet rem ipsam habere videtur.* — Vainement, dirait-on, continue le judicieux professeur, que celui qui a promis de vendre ne vend pas encore ; que son obligation est seulement une obligation de faire, de passer une vente, et non une obligation de donner (2) : nous répondrions que le Code, en disant que la promesse de vente *vaut vente*, lorsqu'il y a consentement sur la chose et sur le prix, décide, par cela même, que cette promesse produit tous les effets de la vente, puisqu'il n'en excepte aucun. Or, les effets de la vente pure et simple, lorsque la chose vendue consiste en un corps certain, sont de mettre la chose aux risques de l'acheteur et de lui en transférer la propriété » (3).

Cette dernière doctrine me semble plus juridique que la première.

69. Je suis loin, pourtant, de repousser la distinction que propose M. Dalloz, d'après Dumoulin et Henrys. Ou bien les parties, dit-il, en se mettant d'accord sur la chose et sur le prix, ont entendu reporter l'existence de la vente à une époque *future* ; ou bien, leur intention étant de faire une vente *actuelle*, elles sont convenues seulement d'en passer ultérieurement acte authentique. Dans le premier cas, le

---

(1) T. 9, n° 92.—Conf. Troplong, de la Vente, t. 1, n°s 125 et suiv.; Marcadé, sur l'art. 1589, n°s 5 et 6 ; Malleville, t. 3, p. 359.

(2) C'était l'argumentation de Pothier, du Contrat de Vente, n° 478.

(3) T. 16, n° 51. — Conf. Merlin, Rép., v° *Vente*, § 7 ; Favard de Langlade, Nouv. Rép., v° *Vente*, sect. 1re, § 4, n° 3 ; Zachariæ, t. 4, p. 265, édit. Vergé et Massé, 1858 ; Mourlon, Rev. prat., t. 1, p. 518, n° 38.

contrat n'est qu'une promesse de vente ; mais, dans le second, ce serait inexactement qu'on lui donnerait ce nom : le contrat est une vente véritable (1).

Je dirai seulement, avec M. Duvergier, que, lorsque deux personnes se sont fait mutuellement la promesse, l'une de vendre et l'autre d'acheter, la présomption doit être qu'elles ont entendu faire une vente immédiate, une vente pure et simple ; qu'ainsi, la promesse doit avoir tous les effets de la vente, en vertu de l'art. 1589. Mais j'ajoute, en même temps, avec lui, que, « si les parties ont manifesté l'intention de rejeter dans l'avenir les effets de leur convention, il sera impossible de résister à la force d'une volonté nettement exprimée, et de faire prévaloir sur cette volonté la maxime, que *la promesse de vente vaut vente* » (2).

70. Cette nuance, à bien dire, fait toute la divergence des opinions ; car, si M. Troplong enseigne, dans son Commentaire de la loi du 23 mars 1855, au n° 52, que « la promesse unilatérale de vendre ou d'acheter, et la promesse synallagmatique de vendre et d'acheter, quand ce sont de véritables promesses, des promesses simples, ne sont pas plus l'une que l'autre translatives de propriété ; que le transport de la propriété dépend de la réalisation de la vente en la forme convenue... », il ajoute, au n° suivant, que, « dans l'usage, on donne assez souvent le nom impropre de promesses à des actes sous seing privé, qui contiennent de véritables contrats parfaitement stables et définitifs, sauf à en passer un acte authentique devant notaire. En pareil cas, dit-il, la promesse porte, non pas sur la convention, qui est actuelle, mais sur la transformation de l'acte sous seing privé en acte public ; on ne fait que s'engager à ajouter à une vente, déjà consommée, une forme plus solennelle... »

---

(1) Jur. gén., v° *Vente*, n° 320.
(2) De la Vente, t. 1, n°ˢ 124 et 125.

71. Ce sera donc, dans tous les cas, un acte de prudence, de la part de celui qui se considère comme propriétaire incommutable de l'immeuble qu'on a promis de lui vendre, de se hâter de faire transcrire l'acte qui contient cette promesse, pour empêcher son vendeur de grever l'immeuble de droits réels, ou même de le vendre à un autre, dans l'intervalle qui séparerait la date de cet acte de sa transcription.

72. Des arrhes peuvent accompagner la promesse de vente synallagmatique, quoiqu'elles ne soient guère d'usage en matière de vente immobilière ; et le contrat s'en trouve alors modifié. Loin que ces arrhes, en effet, soient la preuve de la consommation actuelle du contrat de vente, de la translation immédiate de la propriété sur la tête de l'acheteur, elles sont l'indice du contraire, puisque, aux termes de l'art. 1590, « chacun des contractants est maître de se départir de la convention : celui qui a donné les arrhes, en les perdant, et celui qui les a reçues, en restituant le double. » La transcription ne deviendra donc utile qu'au moment où la vente sera réalisée.

73. Je dois, pourtant, faire observer qu'en m'exprimant ainsi, je n'entends point parler des arrhes qui sont données, après une vente consommée, non comme un moyen de se dégager de la convention, mais comme un signe de la perfection du contrat, *in argumentum emptionis et venditionis contractæ*, comme disent les Instituts (*Lib. 5, tit. 24, princ.*). Cette distinction, fort juste, est faite par Pothier. « Il y a, dit-il, deux espèces d'arrhes : les unes qui se donnent lors d'un contrat seulement projeté ; les autres qui se donnent après le contrat de vente conclu et arrêté (1). »

74. Pothier ajoute plus loin : « Lorsqu'il est incertain si le contrat par lequel on a donné des arrhes est un contrat conclu et arrêté, ou s'il est seulement projeté, que doit-on

---

(1) Du Contrat de vente, n° 496.

présumer ? Je réponds : quoique les arrhes se donnent en preuve du marché conclu et arrêté, *in argumentum venditionis contractæ*, néanmoins, comme elles se donnent aussi souvent pour des contrats seulement projetés, elles ne peuvent pas seules, s'il n'y a d'autres preuves qui concourent d'ailleurs, former une preuve suffisante de la conclusion du marché ; cela doit, néanmoins, dépendre des circonstances... (1). »

C'est donc une question laissée à l'arbitrage du juge.

75. L'auteur fournit un exemple à l'appui de sa distinction : « Lorsque ce qui a été donné pour arrhes, dit-il, est quelque chose de nulle considération, on ne peut guère regarder cette espèce d'arrhes comme des arrhes d'un marché seulement projeté ; on doit, au contraire, les regarder comme des arrhes de la seconde espèce, qui ont été données pour servir de preuve et de témoignage d'un marché conclu et arrêté. C'est pourquoi, lorsque, dans nos campagnes, les paysans donnent pour arrhes de leur marché un sol marqué, quelquefois même un liard seulement, ce qu'ils appellent le *denier d'adieu*, ces arrhes doivent passer pour des arrhes de la seconde espèce (2). »

Les arrhes, dans ce dernier cas, n'ayant pas le caractère d'un dédit, la transcription immédiate est nécessaire, puisque la propriété de la chose passe, *hic et nunc*, à l'acheteur.

76. *Vente verbale.* — Il n'est pas douteux que la vente, faite sans écrit, ne soit tout aussi valable que celle qui a été consignée dans un acte soit authentique, soit sous seing privé. L'art. 1582, C. Nap., en disant que la vente « peut être faite par acte authentique ou sous seing privé, » n'a rien d'exclusif. « Dans la vente et dans les autres contrats ordinaires, disait Portalis, dans l'exposé des motifs du titre de la Vente, l'écriture n'est exigée que comme preuve, *tantum*

---

(1) Du Contrat de vente, n° 509.
(2) *Ibid.*

ad probationem. Ainsi, une vente ne sera pas nulle, par cela seul qu'elle n'aura pas été rédigée par écrit : elle aura tous ses effets, s'il conste, d'ailleurs, de son existence. Il sera seulement vrai de dire, comme à l'égard des autres conventions, que la preuve par témoins n'en doit point être admise, s'il n'y a des commencements de preuve par écrit » (1). Ce principe est de tous les temps : *fiunt enim de his scripturæ,* porte la loi 4, D., *de Fide inst., ut quod actum est per eas facilius probari possit; et sine his autem valet quod actum est, si habeat probationem...* (V. également les Institutes, *lib.* 3, *tit.* 24. *princ.*).

77. M. Mourlon a proposé, lorsque la vente a été faite verbalement, ou que le titre en est adiré, de suppléer à la transcription du titre « par la mention, sur le registre des transcriptions, de la déclaration faite par l'acheteur, et affirmée par lui, de l'existence de la vente, joints tous les détails que les tiers peuvent avoir intérêt à connaître, tels que les nom et prénoms du vendeur, la désignation de l'immeuble vendu et enfin l'indication du prix de la vente. » — En cas de refus par le Conservateur, dit-il, d'opérer cette mention, à la demande de l'acheteur, une ordonnance du juge, rendue sur requête, comme dans le cas de l'art. 558 du Code de procédure, l'y contraindrait. — Il est, au reste, bien entendu, ajoute l'auteur, que la vente, ainsi constatée sur le registre des transcriptions, ne serait opposable aux tiers qu'autant que l'acheteur en aurait fait, ensuite, reconnaître en justice, avec tous les intéressés, l'existence et la validité (2).

78. Ce que propose là M. Mourlon, dit très-bien M. Gauthier, n'est autre chose qu'un emprunt fait au système des *prénotations,* usité dans d'autres pays, mais que le

---

(1) Jur. gén., v° *Vente,* p. 39, note 2, n° 4.
(2) Rev. prat., t. 1, p. 165, n° 26.

4.

législateur français n'a point adopté (1). M. Mourlon a bien
senti lui-même qu'il émettait là une idée hardie ; car il convient que « sa proposition a un côté paradoxal qui peut-être,
dit-il, tiendra la pratique en défiance. » Sans entrer ici dans
l'examen des inductions, des raisons d'analogie, sur lesquelles l'auteur cherche à appuyer son idée, il doit suffire
de lui opposer le texte même des art. 1 et 2 de la loi du
23 mars 1855, qui soumettent à la transcription « tout jugement qui déclare l'existence d'une *convention verbale* de la
nature ci-dessus exprimée, » c'est-à-dire translative de propriété immobilière ou de droits réels susceptibles d'hypothèque, ou constitutive d'antichrèse, de servitude, d'usage et
d'habitation. Puisque la loi n'indique, comme devant être
transcrit, que le *jugement* qui déclare l'existence de la convention verbale, il paraît impossible d'y substituer une déclaration affirmative de la partie qui aurait intérêt à la
transcription. Quel est le Conservateur qui voudrait prendre sous sa responsabilité la transcription d'une pareille
déclaration ? Quel est le juge qui, au refus du Conservateur,
se croirait autorisé à l'y contraindre ? Je n'ai pas à opposer
à la thèse de M. Mourlon de plus forte objection que celle
qu'il s'adresse à lui-même. Voici, en effet, ses paroles :

« Mais, dira-t-on peut-être, ce mode de procéder est dangereux. Le premier venu pourra, en effet, faire transcrire
une vente qui n'aura jamais existé, et, par cette transcription mensongère, entraver et paralyser, pendant un certain
temps, dans la personne du propriétaire, l'exercice du droit
de disposer de son bien. A la vérité, une action en dommages-intérêts lui sera ouverte contre l'auteur du préjudice
qu'il aura éprouvé ; mais, si ce dernier est insolvable, le
dommage qu'il aura causé sera et restera irréparable. —

---

(1) Résumé, etc., nº 40. V. aussi le *Résumé historique*, placé en
tête de ce volume.

Tout cela est vrai, répond M. Mourlon; mais je ferai remarquer, tout d'abord, que le même danger existe, en matière de saisies-arrêts pratiquées par des créanciers qui n'ont
point de titre; ce qui n'a pas empêché la loi de les autoriser.
J'ajoute que personne n'hésite à reconnaître la validité d'une
inscription privilégiée, effectuée sur la réquisition d'un créancier dont le droit est né d'un contrat verbal, bien que pourtant rien ne prouve que la créance qu'il porte à la connaissance des tiers soit réelle. Le danger qu'on nous oppose est-
il, d'ailleurs, bien sérieusement à craindre ? Si un tiers, *inconnu dans la localité, ou mal famé*, vient requérir la transcription d'une vente verbale, le Conservateur ne l'écoutera
certainement pas. Le juge, auquel il devra alors s'adresser,
l'écoutera-t-il mieux ? On ne saurait le penser. Les ventes
verbales ne seront donc, en général, admises à transcription
que dans les cas où ceux qui se présenteront comme acheteurs
*réuniront en eux des garanties morales propres à écarter tout
soupçon de fraude...* » Je ne veux rien de plus qu'un argument aussi peu juridique pour faire condamner, sans appel,
l'idée *paradoxale*, comme il la qualifie lui-même, de l'auteur.

79. Je conçois la pensée qui a inspiré la théorie de
M. Mourlon : c'est la sollicitude qu'il éprouve pour les intérêts d'un acquéreur, qui, avant qu'il ait eu le temps de faire
reconnaître, en justice, l'existence de la vente qu'il a conclue
verbalement, pourra se trouver victime de la mauvaise foi
de son vendeur, si ce dernier a vendu, par *acte*, la même
chose à un autre, lequel, en faisant transcrire, obtiendra sur
lui la préférence. Mais de quoi peut se plaindre le premier
acquéreur, si ce n'est de son imprudence à se fier à la parole
de son vendeur ? C'est tant pis pour lui, s'il n'a pas mieux
pris ses précautions ! *Jura vigilantibus subveniunt.*

80. *Vente par correspondance.* — Si la vente a été conclue par correspondance, l'acquéreur pourra-t-il présenter à
la transcription la lettre du vendeur, qui constate l'acceptation de la proposition d'achat et les conditions de la vente ?

Pourquoi non, s'il est certain qu'une vente, contractée de
cette manière, est valable? Or, c'est ce que déclare la loi romaine, en termes exprès : *Est autem emptio juris gentium,
et ideo consensu peragitur : et inter absentes contrahi potest, et per nuncium et per* LITTERAS (L. 1, § 2, D., *De contr.
empt.*). C'est aussi ce que reconnaît implicitement l'art. 1583,
C. Nap., lorsqu'il dit que « la vente est parfaite entre les
parties, dès qu'on est convenu de la chose et du prix. »

81. Les auteurs sont d'accord sur le principe (1). Mais
on objecte l'art. 1325, aux termes duquel les actes sous
seing privé, qui contiennent des conventions synallagmatiques, ne sont valables qu'autant qu'ils ont été faits *doubles* (2). Or, dit un arrêt du tribunal d'appel de Poitiers, « le
contrat de vente contient des obligations respectives et corrélatives du vendeur et de l'acheteur : il est de l'essence de
ce contrat que chacune des parties puisse contraindre l'autre
à exécuter ses engagements ; par cette raison, chacun des
contractants doit avoir par-devers lui, ou trouver dans un
dépôt public, la preuve des engagements respectifs; et cette
preuve ne peut résulter des lettres missives, que l'une ou l'autre des parties peut supprimer…… » (3).

L'arrêt confond ici deux choses : la convention et la preuve
de la convention. La convention n'est pas nulle, parce que
l'acte qui la constate n'a pas été fait double, ou qu'il n'é-
nonce pas qu'il ait été fait double, puisque l'article dit lui-
même que « le défaut de mention que les originaux ont été

---

(1) Pothier, du Contrat de vente, n° 32 ; Domat, Lois civiles, liv. 1,
tit. 1, sect. 1, n°ˢ 10 et 16 ; Merlin, Rép., vᵒ *Vente*, § 1, art. 3, n° 11 ;
Toullier, t. 6, n° 28 ; Delvincourt, t. 3, p. 133, note 2, édit. 1834 ;
Troplong, de la Vente, t. 1, n° 21 ; Duvergier, *ib.*, n° 468 ; Dalloz, Jur.
gén., vᵒ *Vente*, n°ˢ 84 et suiv.

(2) Toullier, t. 8, n° 325 ; Duranton, t. 16, n° 44 ; Delvincourt, *loc.
cit.*—Toullier, depuis, a changé d'opinion.

(3) Poitiers, 11 vent. an x, aff. Musset ; Jur. gén., vᵒ *Vente*, n° 84,
note 1.

faits doubles, triples, etc., ne peut être opposé par celui qui a exécuté, de sa part, la convention portée dans l'acte. » Il est, d'ailleurs, généralement reçu que l'acte, non fait double, peut servir de commencement de preuve par écrit, autorisant la preuve testimoniale et l'admission de présomptions graves, précises et concordantes (C. Nap., 1347 et 1353), pour suppléer à l'insuffisance de cet acte (1). En tout cas, le serment pourrait être déféré sur la convention, et les parties pourraient se faire interroger sur faits et articles (2).

82. Il y a plus : Merlin fait observer, avec raison, que l'art. 1325 ne s'applique pas aux lettres missives. « En effet, dit-il, son texte littéral ne porte que sur *les actes qui contiennent des conventions synallagmatiques*, et par conséquent sur les actes qui sont de nature à être signés, non par une seule des parties contractantes, mais par toutes... Mais l'appliquer à une lettre missive, qui, par sa nature, ne doit et ne peut être signée que de la personne qui l'écrit, ce serait l'étendre hors de ses termes, et c'est ce qu'on ne peut jamais faire, même sous prétexte d'identité de raison, quand il s'agit d'une disposition *hétéroclite. Quod contra rationem juris introductum est non est producendum ad consequentias*, dit la loi 14, D., *de Leg.* » (3).

83. Mais, une observation qui domine toute cette discussion, c'est qu'il importe peu, pour l'admissibilité de la transcription, que l'acte transcrit soit valable ou non. Un acte est présenté à la formalité : il suffit, pour le Conservateur,

---

(1) Rép., v° *Double écrit*, n° VIII-3° ; Toullier, t. 8, n° 322, et t. 9, n° 84 ; Delvincourt, t. 2, p. 615, note 3 ; Troplong, de la Vente, t. 1, n° 33.

(2) Duranton, t. 16, n° 44.

(3) Rép., *loc. cit.*, n° XI. — Toullier ne se montre pas moins sévère pour la disposition de l'art. 1325, empruntée à la jurisprudence du Parlement de Paris : « Ne craignons donc pas d'affirmer, dit-il au n° 314, que cette doctrine nouvelle est aussi contraire aux principes du droit qu'à la morale, et qu'elle est fausse, même *in apicibus juris.* »

que cet acte soit de nature à être transcrit; il n'est pas juge du plus ou moins de régularité de cet acte. C'est une question qui se débattra, plus tard, entre les intéressés (1).

84. *Vente conditionnelle.* — La vente, au lieu d'être pure et simple, peut être conditionnelle. Dans ce dernier cas, doit-elle être transcrite, comme lorsqu'elle est pure et simple ?

La chose ne saurait être douteuse, lorsque la condition est simplement résolutoire, puisque cette condition n'empêche pas l'acquéreur d'être propriétaire, du jour du contrat (C. Nap., 1183). On peut donner pour exemple la vente à réméré. Quoique l'effet du réméré ou rachat, lorsqu'il a lieu dans le délai convenu, soit de faire rentrer l'héritage dans les mains du vendeur, exempt de toutes les charges et hypothèques dont l'acquéreur l'aurait grevé (1673), la propriété n'en est pas moins transférée à ce dernier, et les tiers, par conséquent, doivent être avertis, par la transcription, de la mutation effectuée.

85. Mais, lorsque l'immeuble retournera au vendeur, en vertu de la clause de rachat, celui-ci n'aura point de nouvelle transcription à opérer, quand même sa reprise de possession serait constatée par un acte (2) ; à moins qu'il n'ait été obligé de recourir aux tribunaux pour la faire prononcer. On appliquerait, dans ce dernier cas, la disposition de l'art. 4 de la loi du 23 mars 1855 (3).

86. Si le réméré était exercé hors du délai porté au contrat, et qui ne peut, dit l'art. 1661, être prorogé par le juge, il y aurait une rétrocession, une nouvelle mutation de propriété ; et l'acte de rétrocession devrait, par conséquent, être

---

(1) Conf. Mourlon, Rev. prat., t. 1, p. 212, n° 27. V. *infrà*, n° 114.
(2) V. *infrà*, § 7, n° 218.—Conf. Rivière et Huguet, n° 42.
(3) Conf. Mourlon, Rev. prat., t. 3, p. 191, n° 67.—*Contrà*, Rivière et Huguet, n° 43. — V. *infrà*, sous la sect. 7, § 2.

transcrit (1).—L'art. 69, § 7, n° 6, assujettit, en effet, dans ce cas, le retrait de réméré au droit proportionnel.

87. Il semblerait, à première vue, qu'il en dût être autrement, par la raison contraire, lorsque la condition est suspensive, puisque, d'après l'art. 1182, la chose, jusqu'à l'accomplissement de la condition, demeure aux risques du débiteur; preuve qu'il en est toujours propriétaire. Or, la transcription n'est exigée que pour les actes translatifs de propriété.

Mais il ne faut pas s'arrêter à cette apparence. Il faut voir si la transcription immédiate ne sera pas utile à l'acquéreur, propriétaire éventuel, quoique l'événement de la condition doive seul le rendre propriétaire incommutable. — L'art. 1179 ne laisse aucun doute à cet égard. Il porte que « la condition accomplie a un effet rétroactif au jour auquel l'engagement a été contracté. » Dans les principes du Code Napoléon, cet effet, attaché à l'accomplissement de la condition, qui efface le trait de temps, qui fait réputer l'acquéreur propriétaire *ab initio*, aurait pour résultat de faire résoudre toutes les aliénations, toutes les hypothèques, que le vendeur aurait pu consentir sur la chose vendue, dans l'intervalle (2125) : *Resoluto jure dantis, resolvitur jus accipientis* (2).

Mais il ne peut plus en être ainsi, sous la loi du 23 mars 1855, si l'acquéreur, sous condition suspensive, ne fait pas immédiatement transcrire son contrat; car les tiers de bonne foi (3) traiteront valablement avec le vendeur ; et, quand arrivera la condition, l'acquéreur, qui n'aura transcrit qu'après eux, ne pourra se prévaloir, à leur égard, de l'effet rétroactif attaché à l'accomplissement de cette condition, dont

---

(1) Conf. Rivière et Huguet, n° 44.

(2) Duranton, t. 16, n° 61 ; Troplong, de la Vente, t. 1, n° 54; Dalloz, Jur. gén., v° *Vente*, n° 197.

(3) Sur le sens de cette expression, V. *infrà*, au chap. 4.

on leur aura laissé ignorer l'existence. L'acquéreur ici serait d'autant plus inexcusable que l'art. 1180 l'autorise à exercer, avant que la condition soit accomplie, tous les actes conservatoires de son droit (1).

88. Il n'importe que, dans le cas de vente faite sous condition suspensive, le droit proportionnel d'enregistrement et, par suite, celui de transcription ne soient exigibles que lors de l'événement de la condition, parce que c'est à cette époque seulement que la transmission de propriété s'opère d'une manière irrévocable (2). Ce n'est pas toujours, comme on le verra plus tard (3), dans le même ordre d'idées qu'il faut se placer pour l'application du droit fiscal et la solution des difficultés qui se rattachent à l'exécution de la loi du 23 mars 1855.

89. *Vente à terme*. — Lorsque la vente est faite à terme, elle ne diffère pas, quant à l'époque de transmission de la propriété, d'une vente pure et simple (C. Nap. 1185); elle est donc, comme celle-ci, sujette à transcription.

90. *Vente à l'arbitrage d'un tiers*. — La vente, dont le prix est laissé à l'arbitrage d'un tiers, dans les termes de l'art. 1592, C. Nap., est une vente sous condition suspensive : de nul effet et comme non avenue, si le tiers désigné ne veut ou ne peut (par exemple, parce qu'il serait décédé depuis la vente) remplir sa mission ; valable, au contraire, et dont l'effet rétroagit au jour de la vente, lorsque l'estimation a eu lieu (4). Il faut donc appliquer à ce cas, relative-

_____

(1) Conf. Rivière et Huguet, n° 106; Mourlon, Rev. prat., t. 1, p. 67, n° 14 ; Troplong, de la Transcr., n° 54 ; Gauthier, Rés., etc., n° 25 ; Bressolles, Explic. des règles sur la transcr., n° 28.

(2) Jur. gén., v° *Enreg.*, n°ˢ 276 et suiv., 2365 et suiv.

(3) V, *infrà*, sous le chap. 6.

(4) L. *ult.*, C., *de Contrah. empt.*; Inst., lib. 3, tit. 24, § 1 ; Duranton, t. 16, n° 110 ; Dalloz, Jur. gén., v° *Vente*, n° 376.

ment à la transcription, ce que je viens de dire de la vente faite sous condition suspensive (*suprà*, n° 87) (1).

91. Il y a divergence entre les auteurs sur le point de savoir si l'on doit considérer comme valable, et pouvant produire effet, la vente dont le prix est laissé à l'arbitrage d'un tiers non désigné dans l'acte, mais que les parties se sont réservé de nommer ultérieurement.

La disposition de l'art. 1592 est un emprunt fait à la législation romaine ; elle est tirée de la loi dernière, au Code, *de Contrah. empt.* Justinien nous apprend, dans cette loi, que les anciens jurisconsultes étaient partagés sur la question de savoir si la détermination du prix, dans un acte de vente, pouvait être laissée à l'arbitrage d'une tierce personne, non pas d'une personne quelconque, *arbitratu boni viri*, mais d'une personne désignée dans l'acte, *quanti Titius æstimaverit.* Le doute venait de ce que, des trois éléments essentiels au contrat de vente, une *chose*, un *prix* et l'*accord* des parties sur la chose et sur le prix, un, si ce n'est deux, de ces éléments manquait, dans le cas proposé, à savoir la détermination du prix, *quasi nullo pretio statuto.* Mais ce n'était là qu'une subtilité ; car le prix se trouvait implicitement déterminé, dès que les parties s'en remettaient, pour le fixer, à l'arbitrage d'une personne désignée. Et telle est la décision de Justinien.

92. Mais l'attention de l'Empereur ne s'était portée que sur un cas, celui où l'arbitre, choisi par les parties pour régler le prix, était désigné dans l'acte même, *quanti Titius æstimaverit.* La loi devait-elle être censée exclure par là le cas où les parties se seraient réservé d'élire l'arbitre ultérieurement?

Pothier ne le pensait pas, ou du moins il croyait que le principe admis dans la loi de Justinien devait, dans l'es-

---

(1) Conf. Mourlon, Rev. prat., t. 1, p. 511, n° 35.

prit de notre Jurisprudence, moins formaliste que celle des Romains, s'appliquer à l'un comme à l'autre cas. Voici ses paroles :

« On peut vendre aussi, dit-il, une chose pour le prix qu'elle sera estimée par experts dont les parties conviendront. Si, en ce cas, le prix n'est pas certain lors du contrat, il suffit qu'il doive le devenir par l'estimation qui en sera faite. — Quelques interprètes prétendent que ce contrat est un contrat *innomé*, qui donne lieu à l'action *præscriptis verbis*, et qui imite seulement le contrat de vente, plutôt qu'un vrai contrat de vente ; mais ces subtiles distinctions de contrats ne sont pas admises dans notre Droit Français, et ne sont d'aucun usage dans la pratique » (1).

93. Vinnius est d'un autre sentiment que Pothier. S'attachant à la lettre de la constitution de Justinien, il décide qu'il n'y a pas vente valable, dans le cas où les parties sont convenues qu'elles éliront ultérieurement, chacune un arbitre, pour fixer le prix de la vente. *Quid verò, si emptio facta proponatur eo pretio quantum constituent duo periti eligendi : alter ab emptore, alter à venditore ? — Consequens est superioribus ut dicamus emptionem non valere, quoniam ne hîc quidem certa persona designatur, adeòque eadem hîc incertitudo est quam habet designatio justi pretii, vel pretii in arbitrium boni viri collatio.....*

Vinnius convient, pourtant, que ce n'était pas là l'opinion commune : *Ità pro Pinello*, dit-il, *contrà Fachinæum et sententiam communem disputat Tuldenus. Communis tamen sententia in foro obtinet, ac, consuetudine hujus seculi, potissimùm inter mercatores viget* (2).

94. La plupart des auteurs modernes ont suivi l'opinion de Vinnius. Ils enseignent, comme lui, que la vente serait

---

(1) De la Vente, n° 25.
(2) *Comment. in Instit.*, lib. 3, tit. 24, § 1, n° 4.

nulle, s'il était exprimé que le prix en sera fixé par des arbitres dont les parties conviendront ultérieurement; à moins, disent-ils, qu'il ne soit ajouté qu'à défaut de nomination par les parties, les arbitres. seront désignés par la Justice (1). La même réserve est faite par Vinnius : *non facta relatione ad judicem, vel certam personam.* — Une telle vente, dit M. Troplong, est faite sous une condition potestative de part et d'autre, puisqu'il dépend de chacune des parties de rendre l'estimation impossible, en refusant de désigner les arbitres.

95. M. Duvergier pense, au contraire, que la vente est valable, sans cette condition, et que les arbitres, au refus de l'une des parties de les désigner, pourront être nommés par la Justice (2).

96. M. Dalloz se place entre les deux opinions. Il ne croit pas que la vente soit nulle de plein droit. « Si les parties, dit-il, nomment les arbitres, comme elles s'y sont engagées, et que ces arbitres fixent le prix, qu'est-ce qui s'oppose à la validité de la vente?

« Mais nous ne pouvons admettre, ajoute-t-il, qu'en cas de refus par l'une des parties, la désignation puisse être faite par la Justice ; car il faudrait que ce mode de désignation eût été autorisé par la convention primitive, et nous supposons qu'il ne l'a pas été. Nous sommes donc d'avis que, dans ce cas, la vente ne pourra pas recevoir sa perfection..... » (3).

97. L'art. 1592, il faut le reconnaître, est un calque assez exact de la constitution de Justinien. Comme elle, il suppose, quoiqu'il ne le dise pas en termes exprès, que le

---

(1) Delvincourt, t. 3, p. 125, note 7 ; Duranton, t. 16, n°s 113 et 114 ; Troplong, de la Vente, t. 1, n° 157 ; Marcadé, sur les art. 1591 et 1592, n° 2 ; Aubry et Rau sur Zachariæ, t. 2, p. 488, note 19, éd. 1844.

(2) De la Vente, t. 1, n° 153.—Conf. Mourlon, *loc. cit.*, n° 36.

(3) Jur. gén., v° *Vente*, n° 380.

tiers, à l'arbitrage duquel a été abandonnée la fixation du prix, a été désigné dans le contrat, puisqu'il déclare que, « si le tiers ne *veut* ou ne *peut* faire l'estimation, il n'y a point de vente ; » ce qu'on ne pourrait pas dire assurément d'arbitres nommés, au défaut des parties, par la Justice, puisqu'en cas d'empêchement ou de refus de ces arbitres, il serait facile d'en nommer d'autres.

98. Mais, de ce que l'article a statué pour le cas le plus ordinaire, il ne s'ensuit pas que la disposition ne puisse s'étendre à un autre cas que celui qu'il a prévu. M. Duranton en convient (au n° 113), et l'on vient de voir que, dans notre ancienne Jurisprudence, la constitution de Justinien, plus explicite que l'art. 1592, n'était pas prise dans un sens exclusif. Il en doit être, à plus forte raison, de même de notre article. C'est le cas d'appliquer la règle : *Ex his quæ plerumque fiunt jura constituuntur.*

99. On ne nie pas, d'ailleurs, que la disposition de cet article ne soit susceptible d'extension, puisqu'on accorde que, si les parties, en remettant à un ou plusieurs arbitres, dont elles conviendraient ultérieurement, le soin de déterminer le prix de la vente, ont déclaré qu'à défaut, par elles, de s'entendre sur le choix de ces arbitres, ils seront nommés par le juge, la convention serait obligatoire.

Là n'est donc pas la difficulté.

Mais on dit que, si les parties se sont bornées à déclarer, dans l'acte de vente, qu'elles nommeraient ultérieurement des arbitres pour fixer le prix de la vente, sans ajouter que le tribunal serait appelé à les nommer, à leur défaut, il n'y a pas de vente (M. Duranton), ou, ce qui revient au même, que la vente est nulle (M. Troplong), parce que, dit le premier, les parties sont plutôt censées avoir voulu faire un projet de vente qu'une vente parfaite, par la faculté qu'elles auraient l'une et l'autre, en ne faisant pas choix d'un arbitre pour fixer le prix, d'empêcher l'existence d'une chose essentielle au contrat ; parce que, dit le second, une telle vente est faite sous une condition potestative qui la rend nulle (C. Nap., 1174).

Je me range, quant à moi, à l'opinion de MM. Duvergier et Mourlon, et je me sens fort de l'autorité de Pothier, dont la doctrine, dans l'ancien droit, était conforme, ainsi que l'atteste Vinnius, à l'opinion commune. J'emprunte mon principal argument à cette règle du droit romain, qui n'est qu'une règle de bon sens, et que confirme l'art. 1157 du C. Nap., que, dans le doute, on doit interpréter un acte, *magis ut valeat quàm ut pereat.* Est-il raisonnable de supposer que des parties, dont l'une a voulu vendre et l'autre acheter, et qui, ne pouvant se mettre d'accord sur le prix de la chose, ont mutuellement déclaré s'en rapporter à l'appréciation de l'arbitre dont elles conviendraient plus tard, aient voulu faire un acte inutile et sans valeur ? Et n'est-ce pas entrer dans leur intention que de dire qu'elles ont virtuellement entendu déférer à la Justice le choix des arbitres, si elles n'en pouvaient convenir entre elles, ou s'il arrivait que l'une d'elles, par mauvaise foi, se refusât à la loyale exécution du contrat ?

100. Je ne m'arrête point à l'objection que tire un auteur, M. Gauthier (1), de l'art. 1006 du Code de procédure, d'après lequel le compromis doit contenir les noms des arbitres, *à peine de nullité.* L'arbitrage dont il est question dans l'art. 1006 se réfère au cas où il y a litige, cas tout différent de celui de l'art. 1592 ; et il serait contre toute raison d'appliquer à l'un les règles qui gouvernent l'autre.

101. Le cas que j'examine est aussi bien différent de celui où les parties ont désigné, dans l'acte même, l'arbitre ou les arbitres à qui elles s'en remettaient pour la fixation du prix. La loi n'admet pas, dans ce dernier cas, et avec raison, qu'on puisse faire intervenir la Justice pour

(1) Rés. de doct. et de jur., n° 34.

substituer d'autres arbitres à ceux que les parties avaient elles-mêmes choisis, parce que ce choix peut avoir été déterminé par la confiance que la personne des arbitres leur inspirait mutuellement, et que ce serait changer les conditions du contrat que de substituer d'autres personnes aux personnes nommément désignées.

102. Je parle des *arbitres* au pluriel, quoique l'art. 1592 ne s'exprime qu'au singulier, et que, s'il fallait en croire Grenier, c'est dans ce sens restrictif que l'article devrait être interprété. Voici, en effet, ce que disait Grenier, comme membre du Tribunat, au Corps législatif : « ..... Les conditions nécessaires pour que, dans ce cas (celui où le prix est laissé à l'arbitrage d'un tiers), la vente existe, sont qu'il n'y ait qu'*un tiers* qui soit chargé de la fixation du prix ; qu'il soit expressément désigné par les parties ; que ce tiers veuille et puisse lui-même faire cette fixation, et qu'il la fasse en effet. »

Mais on a rejeté unanimement cette interprétation. On est d'accord que l'article n'a employé le singulier que *ad exemplum*. Quelle raison pourrait-il y avoir d'empêcher les parties de se confier, pour la fixation du prix, à deux experts, au lieu d'un seul ? — Les experts pourront ne pas s'accorder ! — Si cela arrive, il n'y aura pas de vente, comme le fait observer M. Duranton ; il en sera de ce cas comme de celui où il n'y a qu'un seul arbitre, qui ne veut ou ne peut faire l'estimation.

103. Dans le système de M. Duranton, comme dans celui de M. Troplong, si l'arbitre ou les arbitres que s'étaient réservé de désigner les parties, ont, en effet, été nommés par elles, et qu'ils se soient entendus sur la fixation du prix, comme, antérieurement, il n'y avait qu'une vente en projet ou une vente nulle, la mutation ne s'effectuera réellement qu'après que le prix aura été fixé, avec effet rétroactif au jour de la nomination des arbitres, conformément à l'art. 1592. Par conséquent, tous les droits réels que le vendeur aura

constitués, ou qui auront été acquis, de son chef, sur l'immeuble, avant cette nomination, s'ils ont été publiés, ainsi que
le veut la loi nouvelle, seront maintenus, nonobstant toute
transcription antérieure que l'acquéreur aurait pu faire. La
transcription ne deviendra efficace, pour ce dernier, que du
jour de la nomination des arbitres, et dès lors il devra faire
transcrire, comme le fait observer M. Mourlon : 1° l'acte qui
constate la convention primitive, 2° l'acte contenant la désignation des arbitres ; « à moins pourtant, ajoute l'auteur,
que l'acte de nomination ne contienne lui-même toutes les
énonciations descriptives de la vente, auquel cas sa transcription suffira. »

Dans mon opinion, au contraire, et dans celle de M. Mourlon, il y a réellement vente, dans le cas donné, mais vente
conditionnelle ; en sorte, dirai-je avec ce dernier, « qu'aussitôt qu'un arbitre aura été nommé, soit à l'amiable, par
les parties elles-mêmes, soit par la Justice, dans le cas où
elles n'auront pas pu se mettre d'accord, et que le prix aura
été fixé par l'arbitre désigné, la vente, se trouvant complétée,
alors, par l'accomplissement de la condition à laquelle sa
perfection était subordonnée, rétroagira jusqu'au jour de la
convention qui en avait fixé les bases. Si donc elle a été
transcrite dès ce jour même, tous les actes consentis par le
vendeur *medio tempore,* au préjudice de l'acheteur, seront
nuls et de nul effet à l'égard de ce dernier. »

104. On voit donc combien il est important, pour l'acquéreur, de faire transcrire *hìc et nunc.* Et la transcription de
l'acte de vente suffira, sans qu'il soit nécessaire de faire
transcrire ultérieurement l'acte contenant nomination de
l'arbitre ou des arbitres chargés de déterminer le prix ; car
ce second acte n'est qu'une conséquence du premier, et se
confond, en quelque sorte, avec lui (1).

---

(1) V. *infrà*, n°ˢ 116, 119 et 121, d'autres applications du même
principe.

105. *Vente alternative.* — Dans les ventes alternatives, quoique la chose à livrer reste incertaine jusqu'à ce que le vendeur ou l'acheteur ait fait son choix, suivant que ce choix appartient à l'un ou à l'autre (C. Nap., 1584 et 1190), la vente n'en est pas moins une vente ferme, sujette à transcription, par conséquent. Et la transcription doit être immédiate ; car, le choix une fois fait, la propriété de l'acheteur remonte au jour même du contrat.

106. Supposé, en effet, que la vente alternative porte sur deux immeubles, dont le choix, de convention expresse, appartienne à l'acquéreur, celui-ci, en faisant transcrire immédiatement, empêchera que le vendeur ne puisse, avec efficacité, constituer des hypothèques sur celui de ces immeubles pour lequel il lui plaira d'opter. En ne faisant pas transcrire, au contraire, les tiers lui opposeraient leurs droits antérieurement acquis.

La solution serait la même, alors que l'option appartiendrait au vendeur : l'acquéreur ne serait pas dispensé de transcrire jusqu'à ce que le vendeur eût fait connaître son choix ; car il a un droit éventuel qu'il est tenu de conserver (C. Nap., 1180).

107. Si l'acquéreur a fait transcrire, les tiers, qui auraient obtenu des droits réels sur l'un des immeubles postérieurement à la vente, mais avant l'option, ne pourront pas arguer de ce que la faculté d'option tenait en suspens la propriété de l'acquéreur, et prétendre que c'est seulement du jour de cette option, postérieurement, dès lors, aux droits acquis par eux sur l'immeuble, que la mutation s'est opérée.

108. Dans la vente alternative, il n'en est pas tout à fait comme dans la vente faite sous condition suspensive : dans celle-ci, il n'y a pas de vente, si la condition vient à défaillir (C. Nap., 1168 et 1182). Dans l'autre, au contraire, il y a toujours une vente ; et, lors même que les deux immeubles viendraient à périr, par cas fortuit, avant l'option, l'acquéreur n'en devrait pas moins le prix, quoiqu'il fût devenu impossible de lui livrer la chose. C'est ce que décide textuellement la loi romaine : *Si emptio ita facta fuerit :* Est mihi emptus Stichus , aut Pamphilus : *in potestate est venditoris quem velit dare, sicut in stipulationibus. Sed, uno mortuo, qui superest dandus est; ideo prioris periculum ad venditorem, posterioris ad emptorem respicit.* Sed , et si pariter decesserunt, pretium debebitur : unus enim utique periculo emptoris vixit. — *Idem dicendum est, etiam si emptoris fuit arbitrium quem vellet habere, si modo hoc solum arbitrio ejus commissum sit ut quem voluisset emptum haberet, non et illud, an emptum haberet* (L. 34, § 6, D., *De contrah. empt.*).

Les mêmes principes sont adoptés par le Code : « Si les deux choses sont péries, sans la faute du débiteur, et avant qu'il soit en demeure, porte l'art. 1195, l'obligation est éteinte, conformément à l'art. 1302. » L'obligation est éteinte, de son côté, mais non du côté de l'autre partie, « qui n'en doit pas moins le prix, dit M. Duranton, si la convention est à titre onéreux; par exemple, si c'est une vente... » (1).

109. Ce principe a paru à plusieurs auteurs qui ont écrit sur le droit naturel, à Puffendorf, à Barbeyrac, contraire à l'équité. L'acheteur, dit-on, ne doit payer le prix qu'à la condition qu'on lui livrera la chose. C'est ce que déclare, en termes exprès, le jurisconsulte Africanus, dans la loi 33, D., *Locati cond. : ...Nam, et si vendideris mihi fundum, ipse, priùs quàm vacuus traderetur, publicatus fuerit, tenearis ex empto : quod hactenùs verum erit ut pretium restituas, non ut etiam id præstes, si quid pluris meâ intersit eum vacuum mihi tradi.....* La conciliation de cette loi avec la loi 34 précitée, et avec d'autres textes du droit romain, tels que les lois 7 et 8, D., *De peric. et comm. rei vend.*, les lois 1 et 2, C., *eod. tit.*, et le § 5 du titre 24 des Institutes, a embarrassé

---

(1) T. 11, n° 150. V. aussi t. 16, n°s 80 et suiv.— Conf. Pothier, de la Vente, n° 312. V. aussi Toullier, t. 6, n° 173.

Cujas, qui a donné la préférence à la décision d'Africanus, sous prétexte que, dans la loi 33, on a considéré seulement l'équité, et, dans les autres textes, le droit strict (1). Mais il me semble que la question est tranchée par la règle : *res perit domino*, et que l'équité n'est nullement blessée, lorsque le vendeur prouve que, s'il est dans l'impuissance de livrer la chose, c'est par un fait indépendant de sa volonté. Ce fait ne peut délier l'acheteur de son obligation : autrement, ce serait, contre l'équité même, faire retomber la perte sur celui qui n'est plus propriétaire.

A l'égard de l'antinomie des lois romaines, je ne me charge pas de la lever, après Cujas ; mais cela ne pouvait avoir d'importance que lorsque la loi romaine était la loi régnante. Aujourd'hui qu'elle n'est plus que la *raison écrite*, il ne faut pas trop s'étonner que, dans une compilation semblable à celle qui forme le *Corpus juris,* il y ait des textes qui se heurtent ; ce serait merveille qu'il en fût autrement ; et il faut dire, avec Pothier, que, si la loi 33 ne peut se concilier avec la loi 34 et avec les autres textes que j'ai cités, « le sentiment d'Africain, qui se trouve rapporté, dans le Digeste, incidemment à une autre question, doit céder aux décisions formelles des autres jurisconsultes... » (2).

110. M. Mourlon voit, dans la vente de deux choses, sous une alternative, deux ventes conditionnelles, ayant chacune pour objet l'une de ces deux choses. « De ces deux ventes, dit-il, l'une seulement vaudra ; car l'accomplissement de la condition, qui parfera l'une des deux, fera forcément défaillir la condition à laquelle l'autre est subordonnée » (3).

Mais ce point de vue ne change rien à la solution, quant à la question de transcription ; car l'auteur ajoute que « cette

---

(1) V. les notes de Godefroy sur cette loi 33.
(2) *Loc. cit.*, n° 307.
(3) Rev. prat., t. 1, p. 517, n° 37.—Conf. Gauthier, n° 32.

condition devant, conformément au droit commun, rétroagir au jour même du contrat, la propriété de la chose sur laquelle le choix sera fixé passera, dans le domaine de l'acheteur, franche et quitte de tous les droits que le vendeur aura pu consentir *medio tempore.* » On rentre, alors, dans le cas établi *suprà,* n° 87.

111. Si, au lieu de porter sur deux immeubles, l'alternative comprenait un immeuble et une chose mobilière, la transcription n'en serait pas moins nécessaire pour sauvegarder les droits éventuels de l'acquéreur, puisque, jusqu'à l'option, le caractère mobilier ou immobilier de la vente reste suspendu. La transcription seulement se trouvera avoir été faite inutilement, si le vendeur (dans le cas où l'option lui appartiendrait) opte pour la chose mobilière.

112. Il pourrait même être contraint à délivrer la chose mobilière par ceux de ses créanciers auxquels il aurait conféré sur l'immeuble, depuis la transcription, des droits réels que cette transcription ferait évanouir. En agissant autrement, il agirait en fraude de leurs droits, et donnerait ainsi lieu à l'application de l'art. 1167, C. Nap.

113. Par la même raison, si l'alternative portait sur deux immeubles, et qu'il eût hypothéqué l'un des deux, depuis la transcription, les créanciers inscrits sur cet immeuble pourraient exiger qu'il délivrât, de préférence, l'immeuble non hypothéqué.

114. *Vente nulle ou sujette à rescision.* — La vente, pour être infectée d'un vice de forme, ou autre, opérant une nullité absolue ou simplement relative, n'en est pas moins, malgré ce vice, translative de propriété, sujette, par conséquent, à transcription. Jusqu'à ce que la nullité ait été reconnue et déclarée par le Juge, le contrat conserve son caractère apparent. Il est possible, en effet, que les parties ne veuillent pas se prévaloir de la nullité, ou qu'elles laissent écouler, sans agir, le temps nécessaire pour la déchéance de l'action (C. Nap., 1304).

« Observez, dit également Pothier, que, tant que le contrat n'est pas déclaré nul par un jugement rendu entre les parties contractantes, l'acheteur, à qui le Seigneur demande le profit, n'est pas recevable à opposer la nullité du contrat, et il doit payer le profit demandé (1). Mais, ajoute l'auteur, lorsque le contrat aura été déclaré nul, il en aura la répétition » (2).

Supposons, par exemple, que l'acte de vente sous seing privé n'ait pas été fait double : il est nul, aux termes de l'art. 1325, C. Nap., d'une nullité absolue, c'est-à-dire d'une nullité que chacune des parties peut invoquer. Mais, tant que la nullité n'est pas opposée, l'acte demeure avec ses effets, et, par conséquent, doit être transcrit.

Il en doit être, à plus forte raison, de même lorsque l'acte n'est entaché que d'une nullité relative ; lorsqu'un incapable, par exemple, a vendu un de ses immeubles hors des conditions voulues par la loi : la femme, sans l'autorisation de son mari ou de la Justice (C. Nap., 217, 1449, 1535, 1538, 1554 et suiv., 1576) ; le tuteur, ou le mineur émancipé, sans l'autorisation du Conseil de famille (457, 484 et 509) ; le faible d'esprit ou le prodigue, sans l'assistance de son curateur (499 et 515). On sait que, dans tous ces cas, la nullité n'existe que par rapport à l'incapable (C. Nap., 225 et 1125). Le contrat est boiteux, *contractus claudicat;* mais l'incapable peut avoir intérêt à en revendiquer les effets ; il peut le ratifier (1338), ou s'abstenir de l'attaquer, pendant le temps fixé (1304). Dans l'un comme dans l'autre cas, la mutation de propriété est certaine, et remonte au jour même de l'acte (3).

115. Il faut voir, en effet, ce qui arriverait, si l'acquéreur, qui a acheté d'un incapable, sans toutes les conditions

---

(1) Cout. d'Orl., t. 1, Introd. au titre des Fiefs, n° 124.

(2) Sur ce dernier point, V. *infrà*, chap. 6.

(3) Conf. Pothier, Cout. d'Orl., Introd. gén., n° 79 ; Troplong, De la Transcr., n° 131 ; Gauthier, n° 33.

ou formalités requises, ne faisait pas transcrire immédiatement, et qu'il attendît, pour cela, la ratification, par l'incapable, en temps opportun, de l'acte sujet à rescision ou à nullité.

Aux termes de l'art. 1338, « la confirmation, ratification ou exécution volontaire (laquelle équivaut à ratification), dans les formes et à l'époque déterminées par la loi, emporte la renonciation aux moyens et exceptions que l'on pouvait opposer contre cet acte, *sans préjudice, néanmoins, du droit des tiers.* » L'effet de l'acte de ratification rétroagit, par conséquent, à l'acte ratifié : *Si, nesciente domino, res ejus hypothecæ data sit, deinde posteà dominus ratam habuerit, dicendum est, hoc ipso quod ratum habet,* VOLUISSE EUM RETRÒ RECURRERE RATIHABITIONEM AD ILLUD TEMPUS QUO CONVENIT (L. 16, § 1, D., *De pign. et hyp.*).

La loi romaine, comme je l'ai dit ailleurs (1), ne faisait pas de distinction ; elle n'exceptait pas le droit des tiers ; mais ce sage tempérament à une règle trop inflexible était universellement admis dans l'ancien droit, avant que notre Code l'eût consacré en termes formels : *Actus medius interveniens,* avait dit Barthole (sur la loi 16, § 1, D., *Rem ratam haberi*), *impedit ratihabitionem trahi retrò, in præjudicium tertii cui jus, intermedio tempore, quæsitum fuit.* De même Mörhac (sur cette même loi 16) : *Distinctio tamen, et in scholâ et in foro, perpetua hæc est, ut nimirùm, si agatur de præjudicio tertii, retrò trahatur nunquam ratihabitio; secùs, si de solo ratificantis damno.*

De ces expressions de l'art. 1338 : *sans préjudice, néanmoins, du droit des tiers*, il résulte donc bien que, si l'incapable, après que la cause d'incapacité a cessé, avait aliéné l'immeuble à un autre, ou lui avait constitué des hypothèques

---

(1) Dans mon Traité des Priviléges et Hypothèques, inédit. V. également Jur. gén., v° *Priv. et Hyp.*, n° 1232.

sur cet immeuble, avant la ratification, cette ratification ne pourrait nuire à ce dernier. Le premier acquéreur n'a, par conséquent, qu'un moyen de se mettre à l'abri de ce danger, c'est de faire transcrire immédiatement, parce que la transcription avertit les tiers du péril qu'il y aurait pour eux à traiter avec l'incapable, devenu maître de ses droits, sous l'éventualité d'une ratification dont l'effet rétroactif ne serait plus neutralisé par des droits prétendus acquis sur l'immeuble, au mépris d'une formalité qui les constituerait en mauvaise foi.

C'est pareillement ce qu'enseigne M. Troplong : « Il est évident, dit-il, que, si le vendeur peut aliéner l'objet qu'il a déjà vendu, tant que la première vente n'est pas transcrite, il peut, de même, ratifier une aliénation antérieure. Le premier acquéreur est un tiers ; et, quand il a transcrit, il peut, en sa qualité de tiers, opposer à un nouvel acquéreur le défaut de transcription » (1).

116. Je pense, du reste, avec M. Troplong, que celui qui a acquis d'un incapable, et qui fait transcrire immédiatement son titre, sans attendre la ratification, n'a nul besoin de faire transcrire ultérieurement l'acte de ratification. M. Troplong en donne une raison qui me semble péremptoire, c'est qu'un pareil acte, qui n'est que la renonciation à l'exercice de l'action en nullité, n'est pas translatif de propriété : *Confirmatio nihil novi juris addit* (2). C'est pour cela qu'il n'est assujetti, par la loi de l'enregistrement, qu'à un simple droit fixe (L. 22 frim. an VII, art. 68, § 1, n° 38).

Par la transcription qui a été faite antérieurement, les tiers ont connu l'aliénation : c'est tout ce que la loi exige ; cela suffit à leur sécurité ; et il n'est pas permis d'ajouter, en cette matière, aux exigences de la loi. L'incapable, au lieu

---

(1) De la Transc., n° 174.—Conf. Rivière et Huguet, n° 214.

(2) *Loc. cit.* — Conf. Rivière et Huguet, n°s 63 et 215 ; Mourlon, Rev. prat., t. 6, p. 390, n° 125.

de ratifier, pouvait garder le silence pendant le temps prescrit pour la consolidation de la propriété entre les mains du premier acquéreur; c'eût été une ratification tacite; aucune transcription n'eût alors été nécessaire. Pourquoi en serait-il autrement de la ratification expresse?

117. MM. Rivière et Huguet, qui sont du même avis, lorsqu'il s'agit de la ratification d'un acte souscrit par un incapable, admettent une solution différente, lorsqu'il est question, disent-ils, d'un de ces actes qui sont nuls, par défaut de convention, et faussement qualifiés contrats. L'acte de ratification, dans ce cas, ne serait, prétendent-ils, confirmatif que de nom, et devrait être considéré comme un nouveau titre, que la transcription du premier acte ne dispenserait pas de la formalité, puisque ce ne serait pas, suivant eux, ce premier acte, mais le second, qui serait véritablement translatif de propriété.

Je renvoie l'examen de cette question, sur laquelle, je le dis à l'avance, je ne partage pas le sentiment de MM. Rivière et Huguet, à la Section 4, quand je traiterai des *Renonciations*.

118. Au reste, quoique, dans mon opinion, la transcription de l'acte de ratification ne soit obligatoire, ni dans l'un, ni dans l'autre cas, il sera toujours bien, néanmoins, de faire mentionner cet acte en marge de la transcription de l'acte primitif. Les tiers verront, par cette mention, qu'ils peuvent, désormais, traiter avec l'acheteur en pleine sécurité, et le crédit de ce dernier s'en augmentera.

Je ne pense pas que le Conservateur pût se refuser à faire cette mention, sous prétexte qu'elle ne rentre, ni dans la disposition de l'art. 4, ni dans celle de l'art. 9 de la loi du 23 mars 1855. Il s'agit d'une mesure utile, qui est dans l'esprit de la loi, puisqu'elle ajoute à la publicité; et cet officier public aurait mauvaise grâce à se retrancher derrière l'absence d'un texte, dès qu'on lui offrirait le salaire de la formalité.

Le Conservateur pourra dire, il est vrai, qu'il ne se refuse pas à *transcrire* l'acte de ratification; mais pourquoi imposerait-il aux parties les frais d'une transcription qui n'est pas obligatoire?

119. *Vente par mandataire.* — Lorsque la vente a eu lieu par mandataire, la transcription de l'acte de vente suffit, et il n'y a nul besoin de faire transcrire la procuration. Sur ce point, on est assez généralement d'accord. « Ce n'est pas, dit M. Troplong, la procuration qui transfère la propriété, c'est la vente consentie en vertu de cette procuration. Il suffit que le mandat soit énoncé dans l'acte de mutation, pour que les tiers soient avertis de ce qui les intéresse. Ils pourront se faire représenter la procuration, s'ils le jugent à propos... » (1).

La question, néanmoins, fut soulevée sous la loi du 11 brum. an VII, et elle fut résolue dans ce sens, sur les conclusions conformes de Merlin. « La loi, disait le procureur général, n'exige que la transcription du contrat; la transcription du contrat suffit donc pour remplir son vœu, pourvu que, d'ailleurs, l'existence de la procuration soit certaine... » (2).

120. Telle n'est pas, cependant, l'opinion de M. Martou, auteur d'un Commentaire de la loi belge, du 16 décembre 1851, sur les priviléges et hypothèques. « La procuration, dit-il, élément essentiel et préalable nécessaire de l'acte auquel elle se rattache, ne fait qu'un avec lui. Réunis, ils forment le titre de la mutation; c'est pourquoi le notaire est tenu, aux termes de l'art. 13 de la loi du 25 vent. an XI, d'annexer les procurations des contractants à la minute des actes qui sont faits en conséquence; c'est pourquoi encore il ne peut délivrer d'expédition de l'acte, sans expédier, en même temps, la procuration. L'expédition, présentée à la

---

(1) De la Transcr., n° 126. — Conf. Rivière et François, Explic. de la loi du 23 mars 1855, n° 32 ; Rivière et Huguet, n° 60 ; Mourlon, Rev. prat., t. 1, p. 215, n° 28.

(2) Rej., 27 niv. an 12, aff. Guymon ; Quest. de dr., v° *Transcr.*, § 3, n° 2 ; Furgole, sur l'art. 20 de l'Ordonn. de 1731, cité par Merlin.

transcription, comprenant la procuration et le contrat auquel elle a donné naissance, et avec lequel elle forme, et matériellement et intellectuellement, un titre unique, n'est-il pas évident qu'en transcrivant le contrat, sans la procuration, on viole notre article (l'art. 1er de la loi belge), qui exige la transcription, en entier, du titre? » (1).

Ces raisons ne sont pas sans force; mais il suffit d'un mot pour y répondre, c'est que la loi, comme le dit Merlin, n'exige que la transcription du contrat de vente. Or, il n'est pas permis d'ajouter à la loi, dans une matière où le défaut d'accomplissement de la formalité entraînerait une déchéance.

121. Jusqu'où, d'ailleurs, dans le système de M. Martou, la logique ne le conduit-elle pas? Après avoir dit que les procurations doivent être transcrites avec l'acte qu'elles complètent, il ajoute : « On comprend qu'il doit en être de même de toutes les pièces qui, autres qu'une procuration, sont, comme celle-ci, le complément du contrat et doivent y être annexées. Tels sont l'autorisation maritale, les jugements en vertu desquels il est procédé à la vente de biens de mineurs, etc.». Où s'arrêtera-t-on? Les registres des Conservateurs, déjà surchargés par la transcription, *en entier*, des actes translatifs de propriété, deviendront un véritable chaos, s'il faut joindre à ces actes toutes leurs annexes. Et dans quels frais ne jetterait pas les parties une telle extension donnée à la formalité de la transcription? Merlin avait déjà repoussé, par anticipation, l'opinion de M. Martou, en disant « que, dans la transcription d'un acte par lequel un tuteur aliène les biens de son pupille, par lequel un héritier dispose des biens du défunt auquel il a succédé, il n'est pas nécessaire de comprendre (pour le premier) le jugement qui l'a nommé tuteur (et pour le second), soit le testament qui lui a conféré la qualité d'héri-

---

(1) Des Priv. et Hyp., t. 1, n° 54.

tier,, soit les actes qui constatent sa qualité de successeur légitime, soit l'extrait mortuaire du défunt même » (1).

122. *Vente sans mandat.* — La vente faite par un *negotiorum gestor*, qui agit pour une tierce personne, en se portant fort pour elle et promettant sa ratification, est valable et translative de propriété, lorsque la personne, au nom de qui la vente a été faite, la ratifie (C. Nap., 1120).

Il n'y a pas lieu d'appliquer à ce cas l'art 1599, qui déclare nulle la vente de la chose d'autrui. La disposition de ce dernier article doit être restreinte au cas où celui qui vend la chose d'autrui la vend comme sienne, soit qu'il sache qu'elle est à autrui, soit qu'il l'ignore (2).

Mais, lorsque la chose est vendue, comme chose d'autrui, en promettant la ratification du propriétaire, cette vente a un caractère conditionnel et suspensif, tant que la ratification n'est pas intervenue; et la ratification, une fois donnée, elle rétroagit, comme je l'ai dit *suprà*, nᵒˢ 114 et suiv., au jour de l'acte fait par le *negotiorum gestor;* en sorte que la mutation de propriété est réputée accomplie dès ce jour (3).

123. Cette rétroactivité, sans doute, comme je l'ai dit encore, ne peut pas préjudicier aux droits que le propriétaire aurait conférés sur l'immeuble, avant la ratification, mais à une condition : c'est que les tiers, qui auront acquis ces droits, les auront rendus notoires par la transcription. S'ils ont négligé cette précaution, ils seront primés par l'acquéreur qui a traité avec le *negotiorum gestor*, et qui aura transcrit avant eux.

124. Si c'est, non plus pour le compte du vendeur, mais pour le compte de l'acquéreur, qu'a agi le *negotiorum gestor*,

---

(1) Quest. de dr.. *loc. cit.*—Conf. Troplong, De la Transcr., nᵒ 127; Mourlon, Rev. prat., t. 1, p. 508, nᵒ 34.

(2) Duranton, t. 16, nᵒ 180 ; Delvincourt, t. 3, p. 130, note 2 ; Troplong, De la Vente, t. 1, nᵒ 234 ; Duvergier, *ib..* t. 1. nᵒ 222.

(3) Conf. Pothier, Cout. d'Orl., Introd. gén., nᵒ 77.

le principe reste le même, quoique la thèse soit renversée. Ici, c'est le vendeur qui est obligé envers l'acquéreur éventuel par le consentement qu'il a donné à la vente ; et, la ratification de ce dernier intervenant, la règle, que la condition accomplie a un effet rétroactif au jour de l'engagement (C. Nap., 1179), reçoit de même son application. »

On dirait en vain que, l'acquéreur éventuel, au nom duquel a traité le *negotiorum gestor*, étant resté complétement étranger au contrat, il n'en peut déduire aucun droit à son profit, pas même un droit conditionnel. Ce serait là une erreur, condamnée par l'art. 1120 et par la maxime : *ratihabitio mandato comparatur* (L. 12, § 4 ; D., *De Solut.*).

125. J'ai dit, au n° 115, que celui qui a acheté d'un incapable doit faire transcrire immédiatement, et sans attendre la ratification de l'incapable, devenu maître de ses droits, pour se mettre à l'abri des hypothèques, ou d'autres droits réels, que ce dernier pourrait conférer sur l'immeuble, ou de l'aliénation qu'il pourrait en faire, *medio tempore*. — En peut-il être de même, dans le cas de vente faite par l'entremise d'un *negotiorum gestor?*

Je crois, avec M. Mourlon (1), qu'il faut distinguer entre le cas où le *negotiorum gestor* s'est fait le mandataire officieux du vendeur, et celui où il a stipulé pour le compte de l'acquéreur.

126. Si c'est au nom de l'acquéreur qu'a agi le *negotiorum gestor*, j'admets, comme M. Mourlon, que l'acquéreur éventuel, ou plutôt son *negotiorum gestor*, pourra et devra même faire transcrire immédiatement le contrat, pour garantir cet acquéreur éventuel contre les droits que le vendeur pourrait constituer à des tiers sur l'immeuble, ou que ceux-ci pourraient y acquérir, du chef de ce dernier, avant la ratification. Le vendeur a contracté une obligation condition-

---

(1) Rev. prat., t. 1, p. 215, n° 28, et p. 502, n° 32.

nelle dont il ne peut se délier que si la condition vient à défaillir; il s'est dessaisi conditionnellement de la propriété de son immeuble au profit de l'acquéreur éventuel, qui, de son côté, s'en trouve conditionnellement investi. Cette obligation conditionnelle du vendeur, cette transmission éventuelle de la propriété est un titre suffisant, comme je l'ai établi *suprà*, n° 87, pour servir de base à une transcription immédiate, dont l'effet sera de mettre à néant, à quelque époque qu'intervienne la ratification, tous les actes que le vendeur aura pu faire, dans l'intervalle, au mépris de son engagement. (1).

127. Comme je l'ai dit encore au n° 116, pour un cas analogue, on sera dispensé de faire transcrire, lorsque la ratification interviendra, l'acte de ratification, parce que la ratification n'est pas le fait générateur de la transmission de propriété, mais l'accomplissement de la condition qui fait remonter cette transmission à l'acte primitif dont l'acte de ratification n'est que le complément, et parce que les tiers, avertis, par la transcription qui a été faite, des droits de l'acquéreur éventuel, ont su qu'ils ne pouvaient plus traiter avec le vendeur, avec sécurité (2).

128. Si c'est au nom du vendeur qu'a agi le *negotiorum gestor*, l'acquéreur pourra-t-il également faire transcrire, sans attendre la ratification de la vente par le propriétaire de l'immeuble?

Pourquoi pas, dira-t-on? Puisque l'art. 1120 déclare «qu'on peut se porter fort pour un tiers, en promettant le fait de celui-ci,» c'est donc que la stipulation sera valable, si le tiers la ratifie. La validité de cette convention est soumise, à la vérité, à une condition casuelle, la ratification du proprié-

---

(1) Conf. Gauthier, n° 36.
(2) Conf. Mourlon, Rev. prat., *loc. cit.*, n° 28. — *Contrà*, Rivière et Huguet, nᵒˢ 56 et suiv.

taire; mais le propre de la condition, lorsqu'elle s'accomplit, est, comme le dit l'art. 1179, de rétroagir au jour où l'engagement a été formé. L'art. 1180 ajoute que « le créancier peut, avant que la condition soit accomplie, exercer tous les actes conservatoires de son droit. » L'acquéreur peut donc, il devra même, dans son intérêt et pour prendre date, transcrire immédiatement, puisqu'il a un droit éventuel à conserver. — Telle est, en effet, la doctrine émise par M. Troplong (1).

129. M. Mourlon est d'un autre sentiment. Selon lui, la ratification du propriétaire étant purement facultative de sa part, aucun lien n'existe de son côté. La propriété de l'immeuble reste donc, tant qu'il ne ratifie point, complète et entière en sa personne. S'il ratifie, une aliénation s'opère, mais sans aucune rétroactivité dans le passé, puisque, auparavant, elle n'existait même pas à l'état d'aliénation conditionnelle. D'où cette double conséquence, dit-il : 1° que l'acquéreur sera tenu de subir toutes les hypothèques acquises du chef du mandant (le propriétaire), dans l'entre-temps de la vente à la ratification, quand même il aurait eu le soin de faire transcrire l'acte de vente, le jour même de cet acte; 2° que, si le mandant a vendu l'immeuble à un tiers, l'eût-il vendu depuis la transcription de la première vente, fût-ce même après l'avoir ratifiée, le second acquéreur devra être préféré, si la transcription de son titre est d'une date antérieure à la transcription de la ratification (2).

130. Je crois que M. Mourlon se trompe, lorsqu'il dénie à la vente dont il s'agit le caractère conditionnel, pour écarter l'effet rétroactif attaché à la ratification. Je rappelle, à cet égard, les termes de la loi romaine que j'ai déjà citée (*suprà*, n° 115) : *Si, nesciente domino, res ejus hypothecæ data sit,*

---

(1) De la Transcr., n°ˢ 53 et 128.
(2) Rev. prat., *loc. cit.*—Conf. Rivière et Huguet, n° 56 ; Gauthier, n° 36.

deinde posteà dominus ratam habuerit, dicendum est, hoc ipso quòd ratum habet, voluisse eum retrò recurrere ratihabitionem ad illud tempus quo convenit (L. 16, § 1., D., *De pign. et hyp.*). Mais cette rétroactivité, comme je l'ai dit au même numéro, ne peut s'opérer aujourd'hui que sauf le *droit des tiers.*

131. Ce point, au reste, est indifférent, parce que là n'est pas la question. La seule chose à examiner est de savoir si l'acquéreur peut trouver, dans l'acte de vente qui lui a été consenti par le *negotiorum gestor*, un titre qui l'autorise à faire transcrire cet acte avant que la ratification du propriétaire soit intervenue ?

Sur ce point, je partage l'avis de M. Mourlon. Ne peut-on pas, en effet, dire à l'acquéreur que le *negotiorum gestor*, n'ayant aucun droit sur l'immeuble qu'il lui a vendu, n'a pu lui transmettre, sur cet immeuble, plus de droits qu'il n'en avait lui-même : *Nemo plus juris ad alium transferre potest quàm ipse haberet* (L. 54, D., *De div. reg. jur.*)? Que, jusqu'à la ratification du propriétaire, il n'a qu'une expectative qu'il ne peut convertir, dès à présent, en un titre translatif de propriété, lequel peut seul servir de base à la transcription? Que la transcription, par conséquent, effectuée avant la ratification, serait inopérante, parce qu'elle serait sans cause ?

On va m'objecter, sans doute, ce que j'ai dit, au n° 87, de la vente faite par le propriétaire, sous une condition suspensive. — Mais ce cas est tout différent de celui que j'examine. Lorsque c'est le propriétaire lui-même qui vend, quoique la vente reste subordonnée à un événement futur, qui se réalisera ou ne se réalisera pas, s'il n'y a pas encore de mutation consommée, il y a le germe d'une mutation ; il y a, comme je l'ai établi dans la question précédente (n° 126), une transmission conditionnelle de la propriété, de la personne du vendeur en celle de l'acquéreur ; et c'est là un titre apparent qui doit suffire pour la transcription. De quoi se

plaindra le vendeur, si l'acquéreur éventuel fait immédiatement transcrire ? Est-ce qu'il lui est permis, désormais, de
constituer des hypothèques sur l'immeuble, ou de le vendre
à un autre ? Est-ce que ces aliénations, ces hypothèques,
ne se résoudraient pas par l'accomplissement de la condition ? Au contraire, dans l'hypothèse où ce n'est ni
le propriétaire, ni son mandataire, mais un simple
negotiorum gestor qui a vendu, si l'on admettait l'acquéreur
à transcrire, avant que le propriétaire ait ratifié la vente, on
paralyserait, dans les mains de ce dernier, le droit de disposer de sa chose ; car qui voudrait acheter, qui voudrait accepter de lui une hypothèque, en présence d'une transcription
qui, la ratification intervenant, et par le seul effet de la rétroactivité attachée à cette ratification, rendrait l'acquéreur,
qui a fait transcrire prématurément, préférable aux tiers qui
ont contracté directement avec le propriétaire, *rebus integris ?*
C'est là, selon moi, la raison vraiment déterminante de la
solution qui m'a semblé, après quelques hésitations, devoir
être préférée.

132. La conséquence de ce que je viens de dire, c'est que
l'acte contenant la ratification du propriétaire, lorsque celle-
ci interviendra, devra être transcrit en même temps que
l'acte de vente passé avec le *negotiorum gestor*, à la différence de ce qui est établi aux n°s 116 et 127. C'est, en effet,
l'acte de ratification qui opère la mutation de propriété,
puisqu'il n'y a pas d'autre acte émanant du propriétaire
vendeur. Cet acte se rattache donc, d'une manière indivisible, à l'acte de vente originaire ; et quoique, par la force
du principe écrit dans l'art. 1179, la ratification fasse remonter la transmission de propriété jusqu'à ce dernier acte, l'acte
de ratification n'en est pas moins ici l'acte essentiel, puisque, jusqu'à la ratification, aucune transcription n'a pu être
utilement faite.

133. C'est dans le même sens qu'il a été jugé que l'hypothèque, constituée sur le bien d'autrui, n'a pu devenir va-

lable que par la ratification du propriétaire ; que cette ratification forme le vrai titre de l'hypothèque, et que mention
doit en être faite dans l'inscription prise ; à défaut de quoi,
cette inscription est nulle et sans effet vis-à-vis des tiers (1).

134. On doit, avec l'acte de ratification, transcrire l'acte
de vente, parce que c'est ce dernier acte qui fait connaître les
conditions de la vente. Il faut, cependant, décider, avec
M. Mourlon, que la transcription de l'acte de ratification
suffirait seule, si cet acte reproduisait toutes les indications
contenues dans le contrat de vente, et qui sont nécessaires
pour donner aux tiers une pleine connaissance de ce contrat (2).

135. M. Troplong exprime aussi l'opinion que l'acte de
ratification, dans le cas spécifié, doit être transcrit. « Il n'est
pas la vente, dit-il, mais il la complète ; il n'est pas, à lui
seul, translatif de propriété, mais, sans lui, la translation de
propriété ne s'opérerait pas ; il ne forme pas le point de départ d'un nouvel état dans la propriété, puisque la mutation
remonte à la vente consentie par le gérant, mais *il arrête
la série des droits que le vendeur pouvait encore constituer sur
l'immeuble, tant qu'il n'avait pas ratifié* » (3).

N'y a-t-il pas là quelque chose de peu compatible avec
ce qu'a dit l'éminent auteur, au n° 128, «que la vente, quoique faite sans mandat, doit être *transcrite immédiatement*,
pour préparer la rétroactivité que produira la ratification ;
pour poser une base sur laquelle reposeront les droits constitués par l'acheteur ? » A quoi bon transcrire immédiatement,
si cette transcription doit rester sans effet jusqu'à ce que la
ratification intervienne ? Ou, si la transcription immédiate

---

(1) Bruxelles, 26 déc. 1816 ; Jur. gén., v° *Priv. et Hyp.*, n° 1556.
—Conf. Paris, 11 août 1808, aff. Lucy ; *Ib.*, Grenier, Des Hyp., t. 1,
n° 46 ; Dalloz, *loc. cit.*, n° 1555.
(2) Rev. prat., *loc. cit.*
(3) De la Transcr., n° 129.

doit avoir pour résultat, la ratification intervenant, de faire remonter les droits de l'acquéreur à la date de l'acte ratifié, et de le rendre, ainsi, préférable aux tiers qui tiendraient leurs droits du propriétaire, mais qui n'auraient pas transcrit avant lui, de quelle nécessité peut être la transcription de l'acte de ratification ?

Je ne démêle pas bien la pensée de M. Troplong. Dois-je croire qu'il attribue à la transcription, opérée par l'acheteur avant la ratification du propriétaire, l'effet d'annihiler, par rapport à cet acheteur, qui a transcrit le premier, tous les actes accomplis par le propriétaire sur l'immeuble avant cette ratification? Ou, au contraire, qu'il n'accorde d'effet à cette transcription qu'à partir de l'acte de ratification, et sous la condition, imposée à l'acheteur, de faire transcrire également ce dernier acte ?

Au n° 55, l'auteur semble se prononcer dans le premier sens : « On voit, par là, dit-il, que, dans l'intervalle de la vente à la ratification, une double série de droits, et notamment d'hypothèques, peuvent être établis sur l'immeuble : les uns, du chef du propriétaire qui n'a pas encore ratifié ; les autres, du chef de l'acheteur qui a l'espérance d'être propriétaire par l'effet de la ratification. Les droits constitués par le propriétaire sont préférables, d'après le Code Napoléon, aux droits de l'acheteur. Mais, depuis la loi du 25 mars 1855, *il n'en est plus tout à fait de même.* Les droits ne dépendant plus, à l'égard des tiers, de la volonté des contractants, mais bien de la réalisation de ces droits par ceux qui s'en sont fait investir, il s'ensuit que, si les tiers, ayants droit du propriétaire avant sa ratification, *ne font pas transcrire leurs acquisitions ou inscrire leurs hypothèques,* ils seront primés par ceux qui, tenant leurs droits du gérant officieux, se seront mis en règle par la publicité. »

Mais, au n° 129, indépendamment du passage que j'ai cité, on lit cette phrase, qui semble conduire à l'induction contraire : « L'acte de ratification sera donc transcrit, et l'accomplissement de cette formalité *mettra fin à la transcription et à l'inscription des démembrements de propriété antérieurement consentis par celui qui ratifie.* » Ainsi, jusqu'à la transcription de l'acte de ratification, les tiers qui ont traité avec le propriétaire, avant la ratification, peuvent encore utilement transcrire, ou prendre inscription, nonobstant toute transcription antérieurement faite par celui qui ne tient ses droits que d'un *negotiorum gestor*.

On comprend, par la grande et juste autorité dont jouit M. Troplong, toute l'importance que j'attache à connaître sa véritable pensée.

136. *Vente, avec déclaration de command.* — On désigne, par ces mots, la faculté que se réserve l'acquéreur d'indiquer, dans un certain délai, une tierce personne, son *command*, ou son *ami* (1), qu'il ne fait pas connaître, et qui prendra le marché pour son compte. — On voit, de suite, le rapport qui existe entre la vente, faite avec déclaration de command, et la vente, faite sans mandat, ou par un *negotiorum gestor*, dont je viens de parler.

137. On n'était pas d'accord, dans l'ancien droit, sur le point de savoir si l'on devait considérer l'acquéreur comme délié, par la déclaration de command, de ses engagements envers le vendeur. — D'un côté se trouvait le président Favre pour la négative, par la raison que le vendeur, en traitant avec l'acquéreur, qu'il connaissait, n'avait pu traiter avec l'ami élu, qu'il ne connaissait pas : *cùm fieri potuerit,*

---

(1) Ce mot de *command* est synonyme de commettant : *qui mandavit alicui ut emeret* (Ferrière, Dict. de dr. et de prat., vᵒ *Command*). « Il désigne, dit Toullier (t. 8, nᵒ 170), la personne inconnue qui a *commandé*, ou qui est censée avoir commandé d'acquérir pour elle. » La véritable origine du mot n'est pas dans l'expression française *commander*, mais dans le verbe latin *commendare*, dont le radical, *mandare*, signifie proprement *charger quelqu'un de...* : d'où nos mots de *mandant* et de *mandataire*.

dit-il, *ut qui eligenti vendidit, non item electo fuerit venditu-rus* (1). Et il ajoute, en note : *præsertim cum electi persona semper sit incerta, aut saltem incognita venditori, qui proindè non protest videri ejus fidem secutus.* — De l'autre côté était Voët pour l'opinion contraire : *cum is, qui se, alieno aut incerto nomine, emere ab initio professus est, se utique no-luerit ut emptorem obligare* (2). — Et les auteurs, dit Mer-lin (3), qui refusaient à la déclaration de command l'effet de libérer l'acquéreur envers le vendeur, lui refusaient, en même temps, celui d'effacer, au profit du command, les hypothèques des créanciers personnels de l'acquéreur (4). Réciproquement, ceux qui tenaient l'acquéreur pour libéré envers le vendeur, par la déclaration de command, tenaient aussi le command pour affranchi de toute hypothèque, du chef du commandataire (5).

138. La question, sur ce dernier point, ne peut plus être douteuse, et le législateur l'a tranchée par le décret des 13 sept.-16 oct. 1791. Ce décret, après avoir fixé à six mois le délai pour faire la déclaration de command, ou élec-tion d'ami, ajoute : « En conséquence, toute personne, au profit de laquelle aura été faite, et qui aura accepté, dans les six mois d'une adjudication de biens nationaux, en vertu des réserves et aux mêmes conditions qui y sont stipulées, une déclaration de command, ou élection d'ami, portant sur les biens compris dans ladite adjudication, sera, de plein droit, subrogée à l'acquéreur qui aura fait cette déclaration ou élection d'ami, et ne pourra, en payant à la Nation le prix desdits biens, être recherchée ni poursuivie, soit *hypo-*

---

(1) Favre, sur le titre du Code : *Si quis alteri, vel sibi*, etc., lib. 4, tit. 34, def. 1.
(2) Voët, *Ad Pand.*, au titre : *Si ager vectigalis vindicetur*, n° 34.
(3) Rép., v° *Vente*, § 3, n° IV.
(4) Dufresne, sur l'art. 259 de la Coutume d'Amiens.
(5) Denisart, v° *Command.*

thécairement, soit autrement, par qui que ce soit, du chef
dudit acquéreur. »

139. Quoique ce décret s'applique plus spécialement aux
adjudications de biens nationaux, il est certain que son
principe est général, et qu'il régit, ainsi que le fait observer
Merlin, les propriétés particulières comme les biens nationaux. C'est, d'ailleurs, ce qui résulte très-nettement de ces
expressions par lesquelles commence le décret: « Le délai
pour faire et accepter les déclarations de command, ou
élections d'ami, demeure fixé, dans tout le royaume, *pour
toute espèce de biens* et pour tous effets, à six mois, à compter, etc. »

140. « De là que s'ensuit-il, continue Merlin? Une chose
fort simple : c'est qu'au moyen de la déclaration de command, faite et acceptée dans le délai de la loi, l'acquéreur
est réputé n'avoir jamais acquis ; car, si sa qualité d'acquéreur n'était pas entièrement effacée par la déclaration de
command, il faudrait, de toute nécessité, reconnaître que
la propriété qu'il a acquise a reposé sur sa tête, pendant tout
le temps qui s'est écoulé entre le contrat et la déclaration ;
et, par conséquent, il faudrait, de toute nécessité, laisser à
ses créanciers personnels l'hypothèque qui, par là, aurait
frappé, à leur profit, le bien que le vendeur a transmis, par son
intermédiaire, au command. Or, la loi décide, et, encore une
fois, elle décide, non par droit nouveau, mais par disposition
explicative des anciennes règles, que le command ne peut
pas être poursuivi hypothécairement par les créanciers personnels de l'acquéreur. Donc elle décide que l'acquéreur doit
être considéré comme n'ayant jamais acquis ; donc elle
décide qu'il est censé n'avoir jamais traité avec le vendeur ;
donc elle décide que le vendeur ne conserve contre lui
aucune action » (1).

_____

(1) V. encore aux Quest. de dr., vᵒ *Stipulation pour autrui,* § 1ᵉʳ.

Ce principe, que l'effet de la déclaration de command, faite et acceptée dans le terme légal, est de faire considérer le command comme acquéreur direct et sans intermédiaire de l'immeuble, ce principe est reconnu par le président Favre lui-même : *Ità ut*, dit-il, *licèt non in continenti, sed distinctis temporibus contractuque separato, ea fiat electio, unus tamen contractus, una emptio esse intelligatur, emptorisque jure non tàm qui elegit, quàm qui electus est, censeatur ; quoniam,* porte la note, *unica tantum dominii translatio est quœ fit à venditore in electum, tanquàm verum emptorem* (1).

141. Ce point établi, il n'y a plus qu'à en tirer les conséquences, par rapport à la transcription. Ces conséquences seront les mêmes que celles que j'ai indiquées aux n°s 126 et 127, pour le cas d'acquisition faite, au nom d'un tiers, par un *negotiorum gestor*. L'acquéreur, avec faculté d'élire un command, devra faire transcrire immédiatement, pour se mettre à l'abri, lui ou son command, des actes ultérieurs de son vendeur, qui n'est réputé dessaisi, à l'égard des tiers, que du jour de la transcription.

142. Il y a, cependant, une différence à signaler entre le cas où l'acquisition est faite par un *negotiorum gestor*, au nom d'un tiers désigné à l'avance, et celui où elle est faite seulement sous la faculté d'élire un command. Dans le premier cas, le tiers, indiqué comme le futur bénéficiaire de l'acte, a un droit acquis à la chose, droit subordonné, sans doute, à son acceptation, mais auquel ne pourraient porter atteinte les actes ultérieurs du *negotiorum gestor*, en supposant ce dernier personnellement engagé, envers le vendeur, à prendre l'immeuble, dans le cas où celui au nom duquel il a stipulé ne le prendrait pas (2).

---

(1) *Loc. cit.*—Conf. Toullier, t. 8, n°s 170 et suiv.; Duvergier, De la Vente, t. 1, n°s 110 et 114 ; Troplong, *ib.*, t. 1, n°s 64 et suiv.; Dalloz, Jur. gén., v° *Vente*, n° 215.

(2) V. *infrà*, § 9, ce que je dis sur la question de remploi.

Mais il en est autrement, dans le cas de vente faite sous faculté d'élire un command. Tant que la déclaration de command n'a pas eu lieu, l'acheteur reste propriétaire, et peut faire, par conséquent, tous les actes qui dérivent du droit de propriété. Jusque-là, en effet, il demeure incertain si l'acquéreur usera ou n'usera pas de la faculté, qu'il s'est réservée, de se substituer un autre acquéreur : il ne peut donc y avoir encore de droit acquis à ce dernier ; son droit n'existe que du moment où il a été désigné pour prendre la place du premier acquéreur.

143. Il suit de là que, si, avant d'élire un command, l'acquéreur constitue des hypothèques, ou autres droits réels, sur l'immeuble, ou s'il revend cet immeuble, la vente ou ces hypothèques tiendront, nonobstant toute déclaration qu'il voudrait faire ultérieurement d'un prétendu command. Par ces actes de disposition, l'acquéreur a implicitement renoncé à la faculté qu'il s'était réservée ; et, cette faculté, il ne peut plus la ressaisir, au préjudice des tiers auxquels il a concédé des droits sur l'immeuble. De ce moment, la mutation est effectuée en sa personne, et le nouvel acquéreur qu'il prétend se substituer, tenant ses droits de lui directement, et non du vendeur originaire, est obligé de respecter les actes qu'il a faits.

144. C'est avec cette restriction qu'il faut entendre, et la disposition du décret de 1791, et le passage de Merlin que j'ai transcrits plus haut (nᵒˢ 138 et 140) ; disposition d'après laquelle le command, après qu'il a accepté, ne peut être poursuivi *hypothécairement* par les créanciers personnels de l'acquéreur, c'est-à-dire par les créanciers auxquels des hypothèques auraient été conférées par l'acquéreur, depuis la déclaration de command, ou qui les auraient acquises antérieurement, mais en vertu d'un jugement ou d'une disposition de la loi, et sans le fait de cet acquéreur.

145. Toullier dit cependant que, si l'acquéreur a fait, avant sa déclaration, des actes de propriétaire ; s'il a payé

une portion du prix ; *s'il a hypothéqué les biens acquis*, ou
les siens propres, à des emprunts destinés à payer une portion
du prix, tous ces actes et autres semblables n'empêcheront
point que la déclaration de command ne produise tous ses
effets *contre le vendeur*, qui ne peut s'en plaindre, puisqu'il
n'a imposé à l'acquéreur d'autre condition que celle de
nommer le command dans le délai convenu (1). Mais il ne
s'exprime ainsi, qu'on le remarque, que par rapport au
vendeur, et au point de vue de la question de savoir si l'acquéreur est dégagé, pour l'avenir, de toutes les obligations
qui resteraient à remplir pour la complète exécution de la
vente, en mettant à sa place le command, qui resterait seul
obligé envers le vendeur.

Si la déclaration de command, suivie de l'acceptation de
la personne élue, devait avoir pour effet de résoudre tous les
droits conférés antérieurement par l'acquéreur sur l'immeuble, il serait trop facile à celui-ci de se jouer des engagements
qu'il aurait pris, au moyen d'une déclaration de command
qui viendrait, après coup, anéantir ces engagements.

146. Mais les tiers, peut-on dire, auraient mauvaise grâce
à se plaindre ; car ils étaient avertis, par la transcription de
l'acte de vente, qui mentionne la faculté que s'était réservée
l'acquéreur d'élire un command, qu'ils ne pouvaient traiter
sûrement avec cet acquéreur. Ou, si la transcription n'a pas
été opérée, ils n'ont rien à redouter de la substitution d'un
nouvel acquéreur au premier, qui est, pour eux, le véritable propriétaire, tant que la transcription n'a pas été faite
(V. *suprà*, n° 87).

Il en est ainsi, en effet, dans le cas dont j'ai parlé au
n° 142, lorsque l'acquisition est faite par un *negotiorum gestor*, pour le compte d'un tiers désigné dans le contrat même.
La transcription, en pareil cas, sauvegarde les droits éven-

_____

(1) T. 8, n° 173.

tuels de ce dernier, droits auxquels, jusqu'à son acceptation, et, à plus forte raison, après cette acceptation, il ne peut être préjudicié, ni par le vendeur, ni par le *negotiorum gestor*. — Mais quels droits peut avoir le command à élire, tant qu'il n'est pas élu, dès que l'acquéreur reste le maître d'user ou de ne pas user de la faculté de déclarer un command ? Cette faculté, qu'il s'est réservée, de mettre un autre à sa place, tournerait contre lui, si, avant qu'elle fût exercée, elle le rendait incapable de faire acte de propriétaire.

Enfin, les tiers qui ont traité avec cet acquéreur, avant la déclaration de command, et que le command, élu postérieurement, prétendrait dépouiller, en vertu de la rétroactivité attachée à son acceptation, auraient toujours la faculté, en invoquant l'art. 1167, C. Nap., de faire annuler la déclaration de command comme faite en fraude de leurs droits.

C'est également la remarque que fait Toullier. « Par exemple, dit-il, dans le cas ci-dessus proposé, où l'acquéreur aurait fait des actes annonçant qu'il se regardait comme propriétaire en son nom propre, la déclaration de command qu'il ferait, dans la suite, pourrait être considérée comme frauduleuse, surtout si elle était faite depuis que les créanciers ont fait des poursuites. Il serait bien plus difficile de la faire considérer comme frauduleuse, si elle était faite auparavant : tout dépend des circonstances » (1). — Toullier, en parlant ainsi, n'a en vue que les créanciers nantis d'une hypothèque légale ou judiciaire, ou les simples chirographaires ; car, pour ceux à qui l'acquéreur aurait lui-même donné en hypothèque l'immeuble acquis, ils n'auraient qu'à exciper de leur contrat pour faire tomber, *ipso facto*, la déclaration de command faite postérieurement à la dation d'hypothèque (2).

147. En résumé donc, l'acquéreur, qui s'est réservé la

---

(1) T. 8, nº 177.
(2) Conf. Mourlon, Rev. prat., t. 1, p. 223, nº 31.

faculté de déclarer un command, devra faire transcrire immédiatement, comme je l'ai dit *supra*, n° 141, l'acte de
vente, pour se mettre à couvert, lui et son command, des
actes ultérieurs de son vendeur. Mais le command, dès qu'il
aura été élu, devra faire transcrire, à son tour, la déclaration de command, pour se mettre en règle vis-à-vis des tiers
à qui l'acquéreur viendrait à transmettre des droits sur l'immeuble, postérieurement à cette déclaration. Cette déclaration est son titre ; elle est, pour lui, vis-à-vis de cet acquéreur, l'acte véritablement translatif de propriété, devant se
rattacher, il est vrai, par l'effet rétroactif de son acceptation,
à l'acte de vente, mais ne formant qu'un avec cet acte dont
elle est, par rapport à lui, le complément nécessaire.

148. M. Mourlon avait, d'abord, pensé que la transcription de l'acte contenant la déclaration de command ne suffisait pas pour sauvegarder les droits éventuels du command ;
que l'acquéreur, nonobstant cette transcription, conservait
la faculté de disposer de l'immeuble, tant que le command
n'avait pas fait connaître son acceptation. Il regardait l'élection que l'acquéreur a faite d'un command comme une *offre*
adressée à la personne élue ; et, tant que cette élection, disait-il, reste à l'état d'offre, c'est-à-dire aussi longtemps
qu'elle n'est point acceptée, aucun lien n'ayant pu se former
entre l'acquéreur et le command, l'acquéreur demeure libre
de la retirer. Et c'est précisément, ajoutait-il, ce qu'il est
censé avoir voulu faire, en disposant de l'immeuble (1).

Mais, cette opinion, l'auteur l'a rétractée (2), à propos
d'une autre question que j'examinerai plus bas, celle du remploi fait au profit de la femme (*infrà*, § 9). Cette opinion,
en effet, n'était pas seulement contraire au principe de
rétroactivité qui régit les obligations conditionnelles (C. N.,

---

(1) Rev. prat., *loc. cit.*, n° 31 *ter*.
(2) Rev. prat., t. 3, p. 74, note 1.

1179), obligations qu'il ne faut pas confondre avec la stipulation pour autrui, dont il est fait mention dans l'art. 1121; elle
était condamnée, dans le cas particulier, par la disposition
du décret précité du 16 oct. 1791, qui, en subrogeant le
command à l'acquéreur, et en déclarant que le command ne
pourrait être recherché ni poursuivi *hypothécairement,* du
chef de cet acquéreur, décidait virtuellement que son acceptation avait un effet rétroactif au jour de la vente (1).

149. Du reste, la transcription à laquelle, suivant le conseil que j'en ai donné au nº 147, doit faire procéder immédiatement le command, n'est qu'une précaution utile à prendre dans son intérêt, un acte purement conservatoire, et qui
n'impliquera pas, de sa part, acceptation (V. *suprà,* nº 65).
Il restera, par conséquent, toujours le maître de refuser de
prendre le marché, à moins qu'il n'ait donné le mandat d'a-
cheter pour lui (V. *infrà,* nˢ 151 et 152).

150. J'ajoute que, s'il accepte, il n'aura pas à faire transcrire, plus tard, l'acte d'acceptation. J'ai déjà expliqué que
cette acceptation, qui remonte au jour de la vente, n'était
pas l'acte translatif, mais le fait qui réalisait la condition
sous laquelle la vente a été passée. Par la transcription de
la déclaration de command, les tiers ont été avertis des droits
éventuels du command ; et cela suffit.

151. J'ai raisonné, jusqu'à présent, dans l'hypothèse où
l'acquéreur, qui s'est réservé la faculté d'élire un command,
ne l'a fait que pour son avantage particulier, et sans avoir
reçu, à l'avance, de la personne qu'il élit pour son command,
aucun mandat d'acquérir pour elle. — Mais que décider,
dans le cas contraire ? Ne pourra-t-on pas dire, demande
M. Mourlon, que l'acquéreur n'est pas le maître de se soustraire, par un effet de sa volonté, aux obligations nées du
mandat dont il s'est chargé ? Qu'il importe peu que son

_____

(1) Conf. Labbé, Rev. prat., t. 4, p. 51.

mandant soit resté inconnu du public, cette circonstance ne pouvant pas faire qu'il ait contracté pour lui-même, alors qu'il est constant qu'il a contracté pour un autre ?

« Je me rangerais volontiers à cet avis, dit l'auteur, si l'acheteur avait, en achetant, déclaré qu'il traitait par ordre et pour le compte d'un tiers qu'il ferait connaître plus tard. Dans ce cas, en effet, personne n'ignore qu'il a acheté, non pour lui, mais pour une tierce personne dont il est le représentant, et qu'ainsi, juridiquement parlant, ce n'est pas lui, mais la personne qu'il fera connaître plus tard, qui a été partie au contrat... Mais cette hypothèse, ajoute-t-il, n'a rien de commun avec celle que nous étudions... L'acheteur a stipulé la faculté d'élire; mais il n'a point déclaré qu'il agissait par ordre et pour le compte d'un tiers ; c'est *en son nom* qu'il a acheté, et c'est lui, par conséquent, qui, provisoirement au moins, devient propriétaire de la chose vendue...(1). »

Évidemment, en effet, les tiers n'ont pu deviner le mandat dont rien, dans le contrat de vente, ne leur révélait l'existence, et ils ont dû croire, comme le dit très-bien M. Mourlon, que, puisque l'acquéreur disposait, en son nom, du bien par lui acheté, il renonçait, par là même, au droit d'élire un command, et qu'ainsi ils pouvaient traiter avec lui, en toute sécurité.

152. Mais, continue M. Mourlon, si, l'acte de vente ayant été transcrit, le mandant n'attend point que l'acquéreur le fasse connaître; s'il se révèle lui-même, en faisant transcrire la procuration qu'il a donnée, ou, si le mandat est verbal, en suppléant à l'absence d'une procuration écrite par une déclaration, de lui affirmée, et transcrite par le Conservateur (2),

---

(1) Rev. prat., *loc. cit.*

(2) V. ce que j'ai dit, *suprà*, n°⁵ 77 et suiv., de ces *déclarations* auxquelles M. Mourlon conseille de recourir pour la transcription d'une vente dont il n'existe pas de titre, ou dont le titre est adiré : j'y repousse l'idée de M. Mourlon.

la revente consentie par l'acquéreur, ou les hypothèques par lui constituées, depuis cette transcription, sont-elles opposables au mandant ? — M. Mourlon ne le pense pas.

De quel prétexte, en effet, pourraient se targuer les tiers pour couvrir l'imprudence qu'ils ont commise, alors qu'avertis, par la transcription de la procuration, des droits ou, tout au moins, des prétentions du mandant, ils ont, cependant, consenti à traiter avec le mandataire, acquéreur apparent, au mépris de cette transcription ?

153. Il n'est pas besoin, d'ailleurs, d'avertir qu'en déterminant, comme je viens de le faire, les effets attachés à la déclaration de command, je n'entends les appliquer qu'à une déclaration de command ayant le caractère et remplissant les conditions légales d'une stipulation de cette nature. Ces conditions sont les suivantes : Il faut : 1° que la faculté d'élire un command ait été réservée, par l'acquéreur, dans l'acte de vente lui-même ; 2° que l'élection soit faite dans le délai fixé par le même acte, et qu'elle soit gratuite ; 3° que la personne élue accepte dans le même délai ; 4° qu'elle prenne le marché aux conditions stipulées, et sans y rien changer (1). — Ces conditions sont rappelées dans le décret de 1791 précité.

A défaut de l'une d'elles, la vente cesse d'être conditionnelle et demeure une vente pure et simple ; en sorte que la substitution d'un second acquéreur au premier n'a plus pour effet de faire disparaître celui-ci, et de faire passer la propriété, *rectà viâ*, de la personne du vendeur à celle de l'acquéreur substitué, mais donne lieu à deux mutations successives, qui doivent être transcrites toutes les deux.

154. On admettait, cependant, dans l'ancien droit, un

---

(1) Pothier, Cout. d'Orl.; Introd. au titre des Fiefs, n° 145 ; Toullier, t. 8, n°⁵ 170 et suiv.; Troplong, Duvergier; *loc. cit.*; Jur. gén., v° *Vente*, n°ˢ 213 et suiv.

tempérament à la règle, que la faculté d'élire un command
doit avoir été l'objet d'une réserve, insérée dans l'acte de
vente même.

« Quoique l'acheteur, dit Pothier, n'ait pas fait mention, par le contrat, qu'il achetait pour un autre, néanmoins, on doit ajouter foi à la déclaration qu'il fait depuis
le contrat, s'il l'a fait *incontinenti*, ou même lorsqu'il l'a
fait *ex intervallo*, pourvu qu'en ce cas, il rapporte une procuration qui ait une date certaine antérieure au contrat
d'acquisition, ou du même jour » (1).

155. Un arrêt de la chambre des Requêtes, rendu contrairement aux conclusions de Merlin, a jugé, dans le même
sens, qu'une déclaration de command, faite sans réserve
préalable, mais dans le délai imparti par la loi fiscale, ne
donnait pas ouverture au droit proportionnel d'enregistrement (2). Mais cet arrêt a été rendu par application de la
loi du 14 therm. an iv, qui ne s'exprimait pas avec la même
précision que l'a fait, depuis, la loi du 22 frim. an vii (art.
68, § 1, n° 24). On ne jugerait certainement pas de même
aujourd'hui (3).

156. Il y aurait plus de difficulté, si l'acheteur produisait une procuration authentique ou ayant date certaine,
antérieure à la vente.

MM. Championnière et Rigaud admettent, sans restriction, la doctrine des anciens auteurs (4). M. Dalloz veut
au moins que la procuration soit *spéciale*, et qu'elle soit
produite (5).

(1) *Loc. cit.*—Conf. Dumoulin, Cout. de Paris, § 33, gl. 2, n°s 24 et s.;
Poquet de Livonnière, p. 171 et s.; Tiraqueau, Du Retrait conv.,
n° 115; d'Argentré; *De Laudim.*, § 21.
(2) Req. 22 brum. an ix, aff. Duverger; Jur. gén., v° *Enrég.*,
n° 2558; Quest. de dr., v° *Déclar. de command*, § 1er.
(3) Rép., v° *Command*, n°s 4 et 9.
(4) Droits d'enregist., t. 3, n°s 1938 et suiv.
(5) Jur. gén., v° *Enreg.*, n°s 2561 et suiv.

Je ne nie pas que cette opinion ne soit équitable. Mais la Régie ne pourra-t-elle pas opposer les termes, si formels, de la loi fiscale? Ne pourra-t-elle pas dire à l'acquéreur que, dès qu'il a acheté *en son nom*, sans faire connaître le mandat, sans se réserver, au moins, la faculté d'élire un command, c'est qu'il voulait acheter pour lui-même, et sans tenir aucun compte de la procuration; que c'est le cas d'appliquer la règle: *Plus valet quod actum est quàm protestatio?*

Mais la question, à bien dire, n'intéresse que le fisc (1). Pour les tiers, le véritable propriétaire, c'est l'acquéreur, tant que la transcription de la procuration ne leur aura pas fait connaître que l'acquisition a été faite pour le compte d'un autre, et pour le compte de qui elle a été faite (*suprà*, nᵒˢ 151 et 152).

157. Dans quel délai doit avoir lieu la déclaration de command, sous peine de passer pour une revente? Il y avait là-dessus, dans l'ancien droit, une grande variété d'opinions (2). Dumoulin, sur la Coutume de Paris (3), exigeait que la déclaration se fît *incontinent*, ou à très-peu d'intervalle : *incontinenti seu ex modico intervallo.* D'Argentré emploie le mot *celeriter : celeriter post emptionem declaraverit* (4). Pothier voulait également que la déclaration fût faite dans *un temps court :* « autrement, dit-il, on faciliterait les fraudes de ceux qui, acquérant pour leur compte, et ayant, néanmoins, l'intention de revendre, si, par la suite, ils trouvaient une occasion favorable, feraient cette déclaration pour frauder le Seigneur du profit qui lui serait dû pour la revente. Livonnière, ajoute Pothier, fixe ce temps à *un an ;* Chopin à *deux mois ;* Guyot pense qu'il ne doit pas excéder

---

(1) Je reviendrai sur cette matière au chap. 6.
(2) V. le Rép., vⁱˢ *Command, Déclaration au profit d'un tiers, Élection d'ami.*
(³) § 33, gl. 2, nᵒ 21.
(4) *De Laudimiis,* § 21.

quarante jours. Je pense que cela doit être laissé à l'arbitrage du juge, qui doit avoir égard aux circonstances » (1).

158. Le décret du 16 oct. 1791 accordait, comme on l'a vu, *six mois*, après la vente ou l'adjudication, pour faire la déclaration de command. — Les lois sur l'Enregistrement fixent ce délai à *vingt-quatre heures* (L. 22 frim. an VII, art. 68, § 1, n° 24, et art. 69, § 5, n° 4, et § 7, n° 3 ; L. 28 avril 1816, art. 44, n° 3).

159. Mais les lois et les auteurs que je viens de citer ne parlent qu'au point de vue des intérêts du fisc. A l'égard des intérêts particuliers, les parties restent maîtresses de régler le délai, à leur convenance.

C'est ce qu'enseigne Toullier : « Quant au délai dans lequel la déclaration doit être faite, dit-il, le vendeur, *en ce qui concerne son intérêt particulier*, peut l'accorder plus ou moins long, même d'un ou deux ans, etc.; » sauf, ajoute-t-il, « le cas de fraude, qui peut être prouvé par de simples présomptions, pourvu qu'elles soient graves, précises et concordantes » (2).

160. *Contre-lettres.* — Les contre-lettres ont, le plus souvent, pour objet une fraude envers le fisc, par exemple, en matière de vente, la dissimulation d'une partie du prix ; et, dans ce cas, l'art. 40 de la loi du 22 frim. an VII ne se contentait pas de les frapper d'un triple droit, lorsque l'existence en était révélée, elle les déclarait nulles.

161. Il n'entre pas dans mon sujet d'examiner si l'art. 40 de la loi du 22 frim. an VII a été implicitement abrogé par l'art. 1321 du Code Napoléon : la question est controversée (3).

---

(1) Cout. d'Orl., Introd. au titre des Fiefs, n° 145.

(2) T. 8, n° 174. —Conf. Troplong, De la Vente, t. 1, n° 69 ; Dalloz, Jur. gén., v° *Vente*, n° 219.

(3) Toullier, le premier, s'est prononcé pour l'abrogation (t. 8, n°s 185 et suiv.), et Merlin a pris à tâche de le réfuter (Quest. de dr.,

162. Mais il n'est pas douteux, au moins, que les contre-lettres ne soient valables, entre les parties contractantes, lorsqu'elles n'ont pas pour objet une dissimulation de droits : « Les contre-lettres, porte l'art. 1321 précité, ne peuvent avoir leur effet qu'entre les parties contractantes : elles n'ont point d'effet contre les tiers. »

163. La contre-lettre, dont le but est d'expliquer, d'étendre ou de restreindre les conventions contenues dans un autre acte ostensible auquel elle se réfère (1), ou même d'annihiler cet acte, est, de sa nature, un écrit destiné à être tenu secret : voilà pourquoi la loi déclare qu'elle n'a point d'effet contre les tiers.

164. Autrefois, ainsi que l'atteste le Nouveau Denizart, les contre-lettres, qui étaient passées devant notaire, ou reconnues en justice, et dont il y avait minute, étaient opposables aux tiers (2). Mais il n'en serait pas de même aujourd'hui. Il n'importe, en effet, dans quelle forme la contre-lettre ait été rédigée ; l'art. 1321 ne distingue pas ; il s'applique donc aux contre-lettres authentiques, et dont il a été gardé minute, aussi bien qu'à celles qui sont faites sous seing privé (3).

165. Et il a été jugé, par un arrêt, qu'on ne peut opposer à un sous-acquéreur de bonne foi la simulation du titre en vertu duquel possédait son vendeur, quoique la contre-lettre, établissant cette simulation, eût acquis date certaine avant la revente (4).

---

vo *Contre-lettre*, § 3). V. pour l'indication des auteurs et des arrêts, dans un sens et dans l'autre, les Codes annotés de Gilbert, sur l'art. 1321, nos 3 et s., et la Jur. gén., vo *Enreg.*, no 5060. La première opinion est la plus accréditée.

(1) Rép., vo *Contre-lettre*.

(2) Vo *Contre-lettre*, no 3.

(3) Conf. Toullier, t. 8, no 182 ; Merlin, *loc. cit.*, § 5.

(4) Req. 18 déc. 1810, aff. Fontenelle ; Jur. gén., vo *Vente*, no 150; Quest. de dr., *loc. cit.*

On invoquait, contre le sous-acquéreur, les art. 1599 et 2182, portant : l'un, que « la vente de la chose d'autrui est nulle; » l'autre, que « le vendeur ne transmet à l'acquéreur que la propriété et les droits qu'il avait lui-même sur la chose vendue. »

Mais la grande raison, dit Merlin, pour maintenir l'acquisition, a été « qu'elle avait été faite, sur la foi de l'acte public qui investissait ostensiblement Blanlot (le premier acquéreur) de la qualité de propriétaire, et dans l'ignorance de la contre-lettre qui l'en dépouillait. Et Fontenelle (le sous-acquéreur), quoique successeur, à titre singulier, de Blanlot, quoique son représentant, relativement au contrat de vente passé entre lui et Lerebours père,.... n'en a pas moins été considéré, vis-à-vis de lui, comme un *tiers*, relativement à la contre-lettre, parce que la contre-lettre n'était entrée pour rien dans le contrat de revente que lui avait passé Blanlot ; parce que ce contrat ne s'était pas référé à la contre-lettre, mais seulement à l'acte public que la contre-lettre démentait. »

166. Dès que les contre-lettres n'ont point d'effet contre les tiers, il semble qu'il devienne inutile de s'en occuper, au point de vue de la transcription. Une remarque cependant est à faire : c'est que les tiers, auxquels est opposée une contre-lettre, ne peuvent la faire écarter qu'à raison de leur bonne foi; c'est le motif sur lequel se fondent tous les arrêts (1). Il en résulte que, s'il était établi qu'au moment où ils ont contracté, les tiers avaient connaissance de l'existence de la contre-lettre, l'art. 1321 cesserait d'être applicable.

167. Il y a une conséquence à tirer de là pour la transcription : c'est que celui qui a intérêt à invoquer la contre-lettre n'a qu'à la faire transcrire pour constituer aussitôt les tiers en mauvaise foi.

_____

(1) V. dans la Jur. gén., *loc. cit.*

7.

Primus, je suppose, vend à Secundus, par acte authentique, un immeuble; mais, en même temps, il se fait donner par Secundus une contre-lettre, dans laquelle celui-ci déclare que la vente n'a rien de sérieux, et que Primus n'a pas cessé d'être propriétaire. Plus tard, Primus, croyant avoir juste sujet de craindre que Secundus n'abuse, dans son intérêt propre, de la vente qu'il lui a consentie, fait transcrire la contre-lettre. — De ce moment, les tiers sont avertis que Secundus n'a aucun droit dans l'immeuble, et qu'il n'y a plus, par conséquent, aucune sécurité à traiter avec lui.

Vainement ils allégueraient, lorsqu'on leur opposera cette transcription, n'avoir pas eu connaissance de la contre-lettre, parce qu'ils auraient négligé de consulter les registres du Conservateur : on leur répondrait qu'aujourd'hui, avec le système de publicité établi par la loi, pour garantir les tiers de toute surprise, celui qui achète un immeuble ou qui accepte une hypothèque sur cet immeuble, sans consulter ces registres, pour s'assurer si celui avec lequel il traite est le véritable propriétaire, commet une grave imprudence dont il doit porter la peine.

Vainement prétendraient-ils encore que, la contre-lettre, dans l'espèce, n'étant point un acte transcriptible, de sa nature, puisqu'elle n'est pas translative de propriété, rien ne les obligeait à recourir aux registres pour se renseigner sur un fait dont ils ne pouvaient soupçonner l'existence.

La réponse à cette objection est, tout à la fois, de droit et de fait.

En fait, il me paraît qu'il suffit qu'un acte, modifiant les conditions de propriété d'un immeuble, soit transcrit, pour que les tiers qui ont acquis des droits sur cet immeuble, depuis la transcription, soient légalement présumés l'avoir connue; sans cela, où serait la sanction des dispositions de la loi du 23 mars 1855 ? Lorsqu'il n'y a à vérifier qu'une question de bonne foi, il ne s'agit pas de savoir si l'acte était ou n'était pas de nature à être transcrit; il était transcrit, il donnait une indication utile aux tiers, il n'y a pas à en demander davantage.

En droit, est-il bien vrai que la contre-lettre, qui a pour objet d'anéantir un acte translatif de propriété, d'en paralyser les effets, ne soit pas un acte de nature à être transcrit? — L'Administration de l'Enregistrement n'en juge pas ainsi, car elle considère comme une rétrocession déguisée, sujette, par conséquent, au droit de mutation et de transcription, toute contre-lettre qui déclare la vente d'un immeuble simulée. Et c'est, en effet, ce qui a été jugé par la Cour de cassation (1). A la vérité, ce n'est que par rapport à la Régie (et l'arrêt le déclare implicitement) que la contre-lettre peut être considérée comme une revente : entre les parties contractantes, elle n'a pas même le caractère de résolution, puisqu'elle s'applique à un acte qui n'a jamais existé comme vente, et qui n'en a que l'apparence. Mais, pour les tiers, cet acte est une véritable vente; il en produira tous les effets, s'il n'est pas anéanti. La contre-lettre alors, qu'est-ce autre chose, de la part de l'acquéreur, qu'une renonciation au droit de propriété apparent que cet acte lui confère, ou, si l'on aime mieux, une résolution, par consentement mutuel, de ce contrat de vente ostensible; deux actes qui rentrent, l'un et l'autre, dans les termes de la loi du 23 mars 1855? (2)

Pour dernière considération enfin, ne faut-il pas que ce vendeur, qui est lié par un acte apparent, et dont les intérêts se trouvent compromis par l'existence de cet acte, ait un moyen de dénoncer aux tiers que la vente n'est pas réelle, et qu'il est toujours propriétaire? Et à quel moyen plus efficace peut-il avoir recours qu'à la transcription?

168. *Ventes amiables, en matière d'expropriation pour cause d'utilité publique.* — La loi du 23 mars 1855 est-elle

---

(1) Cass. 11 juillet 1814, aff. Dubo ; Jur. gén., v° *Enreg.*, n° 2512.
(2) V. *infrà*, § 7, n° 219, et sous la sect. 4.

applicable aux cessions amiables consenties par les propriétaires, dans les termes de l'art. 13 de la loi du 3 mai 1841, en matière d'expropriation pour cause d'utilité publique? V. *infrà*, sous la section 7.

§ 2. — De la Cession de biens.

SOMMAIRE.

169. La cession de biens *judiciaire* n'est pas sujette à transcription.
170. M. Mourlon reproche, à tort, à MM. Rivière et Huguet de n'avoir pas aperçu toutes les difficultés de la question.
171. Distinction quant à la cession de biens *volontaire*.— Si elle emporte transmission de propriété au profit des créanciers, il y a lieu à transcription.
172. *Secùs*, si elle ne leur donne qu'un mandat de faire vendre les biens abandonnés, pour se payer sur le prix.
173. La question de savoir si, dans ce dernier cas, la cession peut être opposée aux créanciers qui n'ont point été parties dans l'acte, ou si, pour être opposable aux tiers, elle doit être publiée, conformément à l'art. 903, C. proc., est étrangère à mon sujet.
174. La supposition que fait M. Mourlon, que la cession de biens volontaire puisse constituer une *antichrèse*, est une hypothèse à peu près irréalisable. — On ne peut voir un contrat de cette nature dans le droit qu'ont les créanciers, à qui le débiteur a fait, en justice, la cession de ses biens, d'en percevoir les revenus jusqu'à la vente.

169. La cession de biens est de deux sortes : volontaire ou judiciaire (C. Nap., 1266).

La cession judiciaire ne conférant point la propriété aux créanciers, mais leur donnant seulement le droit de faire vendre les biens à leur profit, et d'en percevoir les revenus jusqu'à la vente (1269), il n'y a pas lieu à transcription, puisqu'il n'y a pas transmission de propriété.

170. C'est dans des termes identiques que se sont exprimés MM. Rivière et Huguet (1) ; et M. Mourlon, prenant prétexte de ce laconisme, leur reproche *de n'avoir pas aperçu*

_____

(1) Quest., n° 39.

les difficultés de solution que ce point soulève (1). Au risque
de m'attirer le même reproche, je ne juge pas utile de suivre l'auteur dans les développements qu'il donne à la question, autour de laquelle il n'accumule les difficultés que pour
les résoudre dans le sens indiqué par MM. Rivière et
Huguet, et qui n'est contredit, que je sache, par personne.
Ainsi, M. Mourlon, après avoir cherché des points d'assimilation entre le dessaisissement qu'opère la cession de biens
judiciaire et celui qui est le résultat de *l'antichrèse,* de la
saisie immobilière, du *jugement déclaratif de faillite,* aboutit
à cette conclusion, que la cession de biens ayant, dans les
prescriptions de l'art. 903 du Code de procédure, sa publicité
propre, n'a rien à emprunter de celle organisée par la loi
du 23 mars 1855.

171. A l'égard de la cession volontaire, comme elle n'a
d'effet, porté l'art. 1267, que celui résultant des stipulations mêmes du contrat passé entre les créanciers et le débiteur, la nécessité de transcrire, ou non, dépendra de ces
stipulations. Ainsi, la cession de biens doit être transcrite,
si l'abandon que fait le débiteur de ses immeubles à ses
créanciers a pour effet de le libérer envers eux par une véritable *dation en paiement* (2) ; soit que cet abandon le libère intégralement, lorsqu'il est le résultat d'un forfait entre
les parties ; soit qu'il ne le libère que partiellement et jusqu'à
concurrence seulement de l'estimation donnée aux immeubles abandonnés (3).

172. Mais, si la cession de biens volontaire n'avait, à
l'instar de la cession judiciaire, que le caractère d'un mandat général donné aux créanciers de faire vendre, soit par la
voie judiciaire, soit à l'amiable, à leur gré, les immeubles

---

(1) Rev. prat., t. 3, p. 192, n° 70.
(2) V. le § suivant.
(3) Conf. Rivière et Huguet, n° 40 ; Mourlon, *loc. cit.*, n° 71 ; Gauthier, n° 52.

abandonnés, pour se payer sur le prix, sauf à remettre l'excédant, si excédant il y a, au débiteur, il est manifeste que, dans ce cas, l'acte de cession ne serait pas soumis à la transcription, aucune transmission de propriété n'ayant lieu au profit des créanciers (1).

173. Je n'examine point si, dans ce cas, l'acte de cession pourrait être opposé aux créanciers qui n'y auraient point figuré? Ou s'il ne serait opposable aux tiers, comme le prétend M. Mourlon (2), qu'autant qu'il aurait été rendu public, dans la forme voulue par l'art. 903, C. proc.? Ces questions ne sont pas de mon sujet.

174. Il est difficile de supposer qu'un abandon de biens, fait par un débiteur à ses créanciers, puisse prendre la forme et produire les effets d'une antichrèse. On comprend qu'un créancier, individuellement, stipule de son débiteur que celui-ci lui abandonnera, pendant un certain temps, la jouissance d'un ou de plusieurs de ses immeubles, dont ce créancier percevra les fruits pour les imputer annuellement, d'abord sur les intérêts, s'il lui en est dû, et ensuite sur le capital de sa créance (C. Nap., 2085). Mais une pareille convention entre un débiteur et la généralité de ses créanciers est, sinon tout à fait impossible, au moins un contrat fort insolite. Il faudrait, de la part des créanciers, constituer un syndicat, qui administrerait les biens donnés en antichrèse pendant *le temps convenu*, pourvoirait à leur entretien, ferait les réparations utiles et nécessaires, prélèverait sur les revenus les frais de culture et autres charges, et ferait annuellement la répartition de ce qui resterait, au prorata de la créance de chacun. Cette administration collective créerait des embarras et des frais auxquels il est peu présumable que des créanciers veuillent se soumettre. La cession de biens est plus

---

(1) Pothier, Cout. d'Orl., Introd. au titre des Fiefs, n° 148.
(2) *Loc. cit.*

qu'un indice, c'est la certitude de l'insolvabilité du débiteur; et, en pareil cas, ce que les créanciers ont de mieux à faire, c'est de réaliser le gage au plus vite, en en faisant opérer la vente, pour s'en partager le prix. L'art. 1269 dit bien que les créanciers, auxquels le débiteur a fait la cession judiciaire de ses biens, *en percevront les revenus jusqu'à la vente* ; mais c'est la nécessité des choses, en dehors de toute convention, qui le veut ainsi ; et, quoiqu'une telle situation ait quelque chose d'analogue avec le contrat d'antichrèse, il n'est pas plus possible d'y reconnaître l'existence de ce contrat que dans l'union qui se forme entre les créanciers, après une déclaration de faillite. Il faut donc reléguer dans le champ des hypothèses, à peu près irréalisables, la supposition que fait M. Mourlon, que la cession de biens volontaire puisse revêtir le caractère d'une antichrèse, qui la rendrait susceptible de transcription, aux termes de l'art. 2 de la loi du 23 mars 1855.

§ 3. — De la Dation en paiement.

SOMMAIRE.

175. La *dation en paiement* est un contrat équipollent à vente.
176. On doit transcrire, par conséquent, l'acte par lequel un des époux cède à l'autre des immeubles en paiement de ses reprises ou autres droits.
177. Dans l'ancien droit, on ne regardait pas comme une dation en paiement, sujette au profit de vente, l'abandon, fait par le mari à la femme renonçante, ou à ses héritiers, d'un conquêt de communauté, pour le remboursement de ses reprises.
178. Il en est autrement aujourd'hui. — La femme renonçante n'a aucun droit dans les immeubles de la Communauté.— Renvoi de la question pour les développements.
179. L'art. 26 de la Coutume de Paris ne considérait pas, non plus, comme dation en paiement, l'abandon, fait par un père à son fils, d'un héritage, pour lui tenir lieu de la dot constituée en argent. — On avait étendu cette disposition au cas où le fils, qui avait reçu en dot un immeuble, le restituait à son père, en recevant des espèces à la place.—Cette rétrocession était regardée comme un rapport anticipé.—Ces décisions ne peuvent plus être suivies, et la transcription est exigée dans les deux cas.

175. La dation en paiement est, comme la vente, translative de propriété. C'est même, au fond, et abstraction faite des termes, une véritable vente : *Dare in solutum est vendere.*

Pothier relève, néanmoins, plusieurs différences entre la dation en paiement et la vente, mais qui ne touchent pas au caractère essentiel et prédominant de ce contrat, le seul que j'aie à considérer ici, son caractère *translatif.* Pothier lui-même le constate : « Nonobstant, dit-il, la différence que nous venons de rapporter, il faut convenir que la dation en paiement a beaucoup de ressemblance avec le contrat de vente..... C'est aussi, ajoute l'auteur, en conséquence de la ressemblance qu'a la dation en paiement avec le contrat de vente, qu'elle donne lieu au profit de vente et au Retrait » (1).

Les lois romaines accordent, en effet, au créancier évincé de la chose qui lui a été donnée en paiement, la même garantie qu'au vendeur. *Si prædium tibi pro soluto datum est, quod aliis creditoribus fuerat obligatum, causa pignoris mutata non est. Igitur, si hoc jure fuerit evictum, utilis tibi actio contrà debitorem competit. Nam hujusmodi contractus vicem venditionis obtinet* (L. 4, C., *De Evict.*). Cette action était appelée *utilis ex empto.*

176. Si donc, en conformité de l'art. 1595, C. Nap., le mari cède à sa femme, séparée ou non, de ses immeubles en restitution de sa dot (1565), en paiement de ses reprises (1478 et 1493), ou en remploi de ses propres aliénés (1433 et 1435), — ou si la femme cède des immeubles à son mari en paiement de la dot qu'elle lui avait promise, lorsqu'il y a exclusion de communauté entre eux ; dans ces cas et autres semblables, qu'il serait impossible d'énumérer

---

(1) De la Vente, nᵒˢ 604 et 606.

tous, il y a transmission de propriété immobilière, et lieu, par conséquent, à transcription (1).

177. Pothier enseigne que « l'acte par lequel le mari ou ses héritiers cèdent à la femme, qui a renoncé à la communauté, ou à ses héritiers, un conquêt pour la payer de ses reprises, ne passe pas pour une dation en paiement équipollente à vente, et ne donne lieu à aucun profit. C'est une jurisprudence, dit-il, reçue depuis longtemps... En renonçant à la communauté, la femme ne renonce qu'à ce qui pourrait rester, après le prélèvement de ses reprises, qui sont à exercer sur les biens de la communauté ; elle ne renonce pas à ce qu'elle a droit d'en prélever pour ses reprises. C'est pourquoi, lorsqu'on lui donne, pour ses reprises, un conquêt de la communauté, ce n'est pas tant une acquisition qu'elle fait, que son droit *habituel* dans les biens de la communauté qui se réalise et se détermine à ce conquêt. » (2).

178. Notre Code dit également (art. 1495) que la femme renonçante exerce ses reprises, « tant sur les biens de la communauté, que sur les biens personnels du mari. » Mais il est aujourd'hui de jurisprudence certaine que la femme qui a renoncé à la communauté, lorsqu'elle exerce ses reprises sur les conquêts, les exerce, non à titre de *propriétaire*, mais à titre de *créancière*. Et M. le procureur général Dupin, dans le solennel débat ouvert sur cette grande question devant les Chambres réunies, disait, à propos de la doctrine énoncée plus haut : « Pothier, dans un autre Traité posthume, celui des Fiefs, rapporte des arrêts qui, en matière de droits fiscaux, ont décidé que la femme, pour ses reprises mobilières, ne devait pas les droits de quint et de requint

---

(1) Conf. Rivière et Huguet, n° 27 ; Troplong, De la Transcr., n° 61 ; Mourlon, Rev. prat., t. 2, p. 354 ; Gauthier, n° 70.

(2) Cout. d'Orl., Introd. au titre des Fiefs, n° 153. V. aussi le Tr. des Fiefs, t. 1, part. 1, ch. 5, sect. 1, art. 2, § 3. — Conf. Poquet de Livonnière, p. 191.

sur les objets, même immeubles, qui lui étaient abandonnés
en paiement. Mais tous les auteurs ont toujours professé que
les arrêts fiscaux, fondés le plus souvent sur la faveur des personnes et l'aversion contre les droits féodaux, étaient sans influence sur l'application des règles de droit commun... » (1).

Je reviendrai sur la question (2).

179. On ne suivrait pas davantage, aujourd'hui, la décision de l'art. 26 de la Coutume de Paris, qui ne voyait pas
une dation en paiement, sujette au profit de vente, dans
l'acte par lequel un père, qui avait constitué en dot une certaine somme à son fils, lui donnait, par la suite, un héritage à la place de la somme promise ; disposition qu'on avait
étendue, par voie d'analogie, au cas où l'enfant doté rendait
à son père l'héritage qu'il avait reçu en dot, moyennant une
somme d'argent qu'il recevait en retour.

« La raison est, dit Pothier, sur le premier cas, que, la
donation de la somme promise en dot n'ayant pas encore été
exécutée, les parties ont pu, *rebus integris*, s'en désister, et
sont censées, en effet, s'en être désistées, pour faire, à la
place, donation de l'héritage » (3).

On retrouvera plus bas, nᵒ 188, une doctrine semblable
exprimée par l'auteur, à propos de l'échange que feraient
des copartageants de leurs lots, après le partage consommé,
mais avant qu'ils fussent entrés en *possession réelle* de ces
lots : doctrine que je combats, parce qu'elle est fondée sur
des principes qui ne sont plus les nôtres.

Ici, de même, il importe peu que la constitution dotale,
faite par le père à son fils, n'eût pas été suivie du paiement
immédiat de la somme promise : le contrat n'en existait pas
moins, quoique non exécuté. Le fils se trouvait, par consé-

---

(1) V. l'arrêt du 16 janv. 1858, aff. Moinet ; D.P.58.1.5.
(2) V. *infrà*, § 9.
(3) Cout. d'Orl., Introd. au titre des Fiefs, nᵒ 154 ; Brodeau, sur
l'art. 26 de la Cout. de Paris.

quent, créancier de son père d'une somme d'argent ; et il n'a pu recevoir un immeuble, à la place de cette somme, sans que ce fait donnât naissance au contrat appelé *datio in solutum.*

Pothier dit, sur le second point, « que, ces donations (les constitutions dotales) étant censées faites en avancement de succession, et à la charge du rapport à la succession, l'acte, par lequel l'enfant rétrocède cet héritage au donateur, est une anticipation du rapport qu'il doit » (1).

Les rapports, sans doute, ainsi que je le dirai dans la suite (2), ne donnent pas lieu à transcription. Mais il faut que ce soient de véritables rapports, faits après que la succession est ouverte ; tandis que, dans l'hypothèse présentée plus haut, c'est une vraie vente qui s'opère du fils au père ; c'est le père qui rachète de son fils, moyennant espèces, l'héritage qu'il lui avait constitué en dot.

§ 4. — De la Donation, déguisée sous la forme d'un contrat à titre onéreux.

SOMMAIRE.

180. Avant la loi du 23 mars 1855, on pouvait discuter sur le point de savoir si la donation, déguisée sous la forme d'un contrat à titre onéreux, devait, ou non, être transcrite.—La question, aujourd'hui, n'a plus d'intérêt.

181. Il y a des contrats à deux faces, qui sont à titre gratuit, par rapport à celui qui aliène, à titre onéreux, par rapport à celui qui acquiert ; et réciproquement.

182. Au point de vue de la transcription, il est indifférent que l'acte soit qualifié *vente* ou *donation.*—Le caractère de ces actes, d'après Dumoulin, doit s'apprécier plutôt par rapport à celui qui aliène que par rapport à celui qui acquiert. — Cette règle est juste et doit être suivie.

180. On pouvait agiter, avant la loi du 23 mars 1855, la

---

(1) *Loc. cit.*, n° 155.
(2) V. le § 7, n° 228.

question de savoir si une donation, déguisée sous la forme d'un contrat à titre onéreux, d'une vente, par exemple, était, ou non, sujette à transcription. L'affirmative était enseignée par M. Coin-Delisle (1), la négative par M. Troplong (2). Aujourd'hui, la question n'a plus d'intérêt, puisque la vente, comme la donation, est soumise à la transcription.

181. Il y a, fait observer Pothier, des contrats d'aliénation qui sont à deux faces : à titre gratuit, par rapport à celui qui aliène ; à titre onéreux, par rapport à celui qui acquiert ; et réciproquement.

« Par exemple, dit-il, si je donne un fief à Pierre, créancier de Jacques d'une somme de 10,000 livres, à la charge qu'il quittera Jacques de cette somme, contre qui je n'entends avoir aucune répétition. Ce contrat est gratuit vis-à-vis de moi, qui ne reçois rien pour le fief que j'aliène ; et il est acquisition, à prix d'argent, vis-à-vis de Pierre, acquéreur, à qui il en coûte les 10,000 livres qui lui étaient dues par Jacques » (3).

182. Au point de vue de la transcription, il est indifférent, comme je viens de le dire, que l'acte dont il s'agit soit qualifié *vente* ou *donation*; mais cela importe, au point de vue de sa validité, puisque la donation est soumise à des formes solennelles et irritantes.

« Touchant ces contrats à deux faces, reprend Pothier, Dumoulin établit cette règle : qu'on doit estimer leur nature, plutôt par rapport à celui qui aliène, que par rapport à l'acquéreur..... Il en donne cette raison, que *tradens est primitiva, originalis et efficacissima causa mutationis manûs ; accipiens autem est tantùm causa concurrens et concomitans.....* »

---

(1) Sur l'art. 939, n° **17**.
(2) Des Donat. et Test., t. 3, n° 1172.
(3) Cout. d'Orl., *loc. cit.*, n° 157.

Cette décision de l'oracle de notre droit coutumier avait l'assentiment de Guyot et de Pothier, quoique, du temps de Dumoulin, dit ce dernier, le droit de quint, ou profit de vente, fût à la charge du vendeur, tandis que, depuis la réformation des Coutumes, il est (comme aujourd'hui le droit de transcription) à la charge de l'acquéreur ; « car, fait observer judicieusement Pothier, c'est pour le contrat de vente que le profit est dû; il n'importe laquelle des deux parties en soit chargée..... »

Je ne puis être d'un autre avis que de si savants Docteurs.

§ 5. — De l'Échange.

SOMMAIRE.

183. L'Échange est un contrat de même nature que la vente. — Si les immeubles échangés sont situés dans des arrondissements différents, l'acte doit être transcrit, en entier, dans chaque bureau de la situation.

184. La clause, par laquelle un des échangistes se réserverait la faculté de racheter de son coéchangiste l'immeuble qu'il lui a donné en échange, ne peut être assimilée à une clause de réméré.—Le rachat, s'il s'opère, sera un acte de rétrocession, qui devra être transcrit.

185. D'après MM. Rivière et Huguet, l'acte par lequel des copartageants conviennent, avant le partage, d'échanger *les lots qui pourront leur échoir*, ne serait point sujet à transcription. — *Secùs*, si la convention n'intervenait qu'après le partage consommé.

186. Distinction de M. Mourlon sur la question.

187. Selon moi, que la convention soit antérieure, ou non, au partage consommé, son effet se reportant nécessairement à une époque postérieure au partage, il y a échange, et matière à transcription.

188. D'après Pothier, l'échange de leurs lots, fait par des copartageants, après le partage, mais avant d'en avoir pris *possession réelle*, est un nouveau partage, ne donnant pas lieu au profit de vente.

189. Pothier parlait suivant les principes du droit romain.—Aujourd'hui, la *tradition réelle* n'est pas nécessaire pour la perfection du contrat, et l'acte serait sujet à transcription.

190. Il n'importe, pour l'application de l'art. 888, C. Nap., qui assimile au partage tout acte faisant cesser l'indivision entre les cohéritiers, que l'échange ait été fait avec ou sans soulte.

191. La loi sur l'Enregistrement, qui soumet au droit proportionnel de mutation *les retours d'échange*, ne statue ainsi qu'au point de

vue du fisc : cette disposition est sans influence sur les matières de droit civil.

192. L'acte d'échange, qui met fin à l'indivision, ne cesserait pas d'avoir les caractères d'un partage, par cela que la valeur donnée en contre-échange ne serait pas une valeur de la succession, mais un immeuble propre au copartageant. — Opinion de d'Argentré sur ce point.

193. L'acte, toutefois, n'a le caractère de partage que par rapport aux biens héréditaires. — Il est translatif, par rapport à l'immeuble étranger, et devient, à cet égard, susceptible de transcription.

183. L'Échange est un contrat de même espèce que la vente : *Permutationem..... vicem emptionis obtinere non est juris incogniti* (L. 2, C., *De rerum permut.*). *Permutatio vicina est emptioni* (L. 2, D., *eod.*). Il est soumis, à peu près, aux mêmes règles (C. Nap., 1703). Il emporte, comme la vente, transmission de propriété, et il doit, par conséquent, être transcrit, lorsqu'il a des immeubles pour objet. Dans l'échange, chacun des copermutants est, tour à tour, vendeur et acheteur : il y a, ainsi, deux mutations, au lieu d'une ; et, par suite, si les immeubles échangés sont situés dans des bureaux différents, la transcription de l'acte *entier* doit avoir lieu dans chacun des bureaux de la situation (1).

184. Pothier pose cette hypothèse :

J'ai échangé avec vous, dit-il, le fief A contre le fief B, avec clause que, lorsqu'il me plairait, vous me vendriez, pour un certain prix, le fief A que je vous ai donné en échange. — Question de savoir si, lorsque vous me vendrez le fief A, en vertu de cette clause, il y aura ouverture au profit de vente ? — Pothier répond affirmativement.

« Cette clause, dit l'auteur, est bien différente de celle de réméré, apposée dans un contrat de vente : celle-ci, remettant les parties au même état qu'elles étaient avant le contrat de vente, est une résolution de ce contrat, faite en vertu

---

(1) V. *infrà*, sous la sect. 1ʳᵉ du chap. 3.

d'une clause qui en fait partie, plutôt qu'une nouvelle vente, et ne doit pas, par conséquent, donner lieu à un nouveau profit. On ne peut pas dire la même chose de la clause apposée à ce contrat d'échange » (1).

Le même principe doit être appliqué, en matière de transcription. J'ai dit *suprà*, n° 85, que l'exercice du réméré, dans le délai fixé par le contrat, ne donne point lieu à transcription, parce que, dans ce cas, comme le fait observer Pothier, ce n'est pas une nouvelle mutation qui s'opère, mais la résolution de l'ancienne. Au contraire, dans l'exemple précité, l'échange subsiste, il n'est pas résolu. Tout en acquérant l'immeuble A, je ne me dessaisis pas de l'immeuble B. Il y a rétrocession de cet immeuble A à mon profit ; rétrocession convenue d'avance, soit ; mais rétrocession qui n'a pas d'effet rétroactif, qui ne fait pas disparaître le droit de propriété qui a existé sur la tête du rétrocédant et ne résoudrait pas les hypothèques qu'il aurait conférées sur l'immeuble. Il y a donc lieu à transcription (2).

185. On a vu *suprà*, n°s 18 et suiv., que les partages ne sont point soumis à la transcription (3).

MM. Rivière et Huguet en concluent « qu'on ne doit point considérer comme une disposition translative, sujette à transcription, la convention par laquelle les parties échangent, avant le partage consommé, les immeubles qui peuvent leur échoir» (4).—Leur opinion se fonde sur l'art. 888, C. Nap., qui regarde, comme équivalant à partage, tout acte qui fait cesser l'indivision entre cohéritiers, qu'il soit qualifié de vente, d'*échange*, de transaction, ou de toute autre manière.

---

(1) Cout. d'Orl., t. 1, Introd. au titre des Fiefs, n° 146.
(2) Conf. Rivière et Huguet, n° 43.
(3) V. encore, sous le § qui suit, des développements du même principe.
(4) Quest., n° 96.

Mais ils ajoutent « qu'il en serait autrement si, le partage étant consommé, les parties échangeaient leurs lots. Ce serait (dans ce cas), disent-ils, une véritable aliénation, puisque les copartageants ont cessé d'être copropriétaires, et n'ont fait qu'un échange de ce qui leur appartenait désormais exclusivement..... » (1).

186. M. Mourlon distingue sur la question. Si la convention, dit-il, a été insérée dans l'acte de partage, elle en fait naturellement partie ; et, comme elle n'est autre chose que la substitution de l'attribution, par la voie du choix, à l'attribution par la voie du sort, on ne peut y voir qu'un règlement particulier de parts, lequel ne sera pas soumis à la transcription.

Mais, si la convention n'est pas mentionnée dans l'acte de partage, elle reste un pacte occulte entre les personnes qui l'ont souscrite, et l'auteur n'y voit plus qu'une sorte de contre-lettre, qui n'aura pas, sans doute, dit-il, le caractère translatif, mais qui, tant qu'elle ne sera pas manifestée aux yeux des tiers, ne pourra avoir d'effet qu'entre les parties et leurs successeurs universels (C. Nap., 1321) (2).

187. Je laisse de côté la distinction de M. Mourlon, pour ne m'occuper que de la question en elle-même, et telle que la posent MM. Rivière et Huguet. A mes yeux, que la convention soit antérieure ou postérieure au partage consommé, cela importe peu, et je ne fais aucune différence entre les deux cas.

Dans quelles conditions faut-il se placer pour que l'hypothèse, présentée par MM. Rivière et Huguet, soit réalisable? — Il faut, évidemment, supposer plus de deux copartageants ; car, s'ils n'étaient que deux, ils partageraient, à leur convenance, et n'auraient pas besoin de stipuler un échange.

----

(1) Quest., n° 97.
(2) Rev. prat., t. 8, p. 235, n° 199-8°.

Je suppose donc trois héritiers, Primus, Secundus et Tertius, et trois immeubles, A, B, C, à partager. Le premier lot est formé de l'immeuble A, le second de l'immeuble B, et le troisième de l'immeuble C. Le premier lot conviendrait à Primus, et Secundus s'accommoderait volontiers du second. Mais le sort est capricieux : le premier lot peut échoir à Secundus, et le second à Primus. Dans cette prévision, Primus et Secundus conviennent, à l'avance, d'échanger leurs lots.

Que font-ils autre chose, par cette convention, que reporter, par la pensée, comme dans une vente de récoltes sur pied (V. *suprà*, n° 30), la réalisation de l'échange au moment où le sort aura prononcé, et où, par conséquent, le partage sera consommé ? Tant qu'il demeure incertain auquel des deux écherra l'immeuble A, auquel l'immeuble B, aucun échange entre eux n'est possible ; la matière manque au contrat. Que l'un des deux immeubles, en effet, échoie à Tertius, ou bien que l'immeuble A tombe à Primus et l'immeuble B à Secundus, voilà la convention annihilée.

Jusqu'au partage donc, il n'y a encore, et il ne peut y avoir qu'une promesse d'échange. Et c'est le cas d'appliquer ici la distinction proposée par M. Dalloz pour la promesse de vente synallagmatique, laquelle, dit-il, ne peut avoir le caractère d'une vente *actuelle,* ni en produire les effets, lorsqu'il a été dans l'intention des parties de reporter l'existence de la vente à une époque *future* (*suprà,* n° 69).

Dira-t-on que la convention, intervenue entre Primus et Secundus a tous les caractères d'un échange conditionnel, et que le propre de la condition, lorsqu'elle s'accomplit, est de rétroagir au jour où le contrat a été formé (C. Nap., 1179)?

On n'en sera pas plus avancé. S'il faut, en effet, l'échange ne pouvant se réaliser qu'après le partage consommé, le faire remonter, par une fiction légale, à une époque antérieure au partage, qu'en résultera-t-il ? C'est que cet échange, à l'époque fictive où il est réputé s'être accompli,

8.

n'avait pas fait cesser entièrement l'indivision, puisque Tertius n'avait point encore reçu sa part. Or, on verra plus bas (nᵒˢ 199 et suiv.) que la jurisprudence refuse le caractère de partage aux actes qui ne font cesser l'indivision qu'en partie et la laissent subsister entre plusieurs des cohéritiers ou copropriétaires.

Mais alors, demandera-t-on, dans quelles circonstances s'appliquera donc l'art. 888, qui prévoit, pourtant, le cas où un acte d'échange peut être qualifié de partage ?

Dans des circonstances fort rares assurément. La loi, cependant, a dû prévoir le cas où, pour se soustraire à l'action en rescision pour lésion de plus du quart, admise en matière de partage (C. Nap., 887), les parties auraient masqué un acte de cette nature sous la forme et la dénomination d'un contrat de vente, ou d'un contrat d'échange. Mais telle n'est pas l'hypothèse prévue par MM. Rivière et Huguet, puisqu'ils parlent d'une convention par laquelle « les parties échangent, avant le partage consommé, les immeubles *qui peuvent leur échoir,* » c'est-à-dire ceux que le sort aura assignés à chacune d'elles.

188. Suivant Pothier, « si, après le partage, les copartageants changeaient leurs lots, *avant qu'ils en eussent pris possession réelle,* cet acte passerait pour un nouveau partage qu'ils auraient fait entre eux, à la place du premier qui, n'ayant pas encore été exécuté, et ne consistant que dans le seul consentement des parties, a pu être anéanti par un consentement contraire, suivant les principes établis au tit. 1ᵉʳ, nᵒˢ 129 et 130 (en matière de vente non suivie de tradition réelle) ; et, par conséquent, il ne doit y avoir lieu, en ce cas, à aucun profit..... » (1).

189. Pothier parle d'après les principes du droit romain,

---

(1) Cout. d'Orl., titre des Fiefs, Observ. sur l'art. 113. V. aussi Introd. gén., nᵒ 102.

suivant lequel le simple pacte, non suivi de tradition, n'opérait pas transmission de propriété : *Traditionibus et usucapionibus dominia rerum, non nudis pactis, transferuntur* (L. 20, C., *De Pactis*). Il cite, en effet, la loi 5, § 1, D., *De rescind. vend.*, qui porte : *Emptio nudâ conventione dissolvitur*, SI RES SECUTA NON FUERIT. Mais il en est autrement, dans notre droit, où le consentement suffit pour faire produire au contrat tous ses effets ; dans la vente, notamment, dont notre article 1583 dit « qu'elle est parfaite entre les parties, et que la *propriété est acquise, de droit, à l'acheteur*, à l'égard du vendeur, dès qu'on est convenu de la chose et du prix, *quoique la chose n'ait pas encore été livrée*, ni le prix payé. »

L'acte dont parle Pothier ne serait donc pas un nouveau partage, mais un acte d'échange, et devrait, conséquemment, être transcrit (1).

190. Notre article 888, en assimilant au partage tout acte qui a pour objet de faire cesser l'indivision entre cohéritiers, quelle que soit la qualification que les parties lui aient donnée, a posé un principe fécond en conséquences, qui seront développées ultérieurement (2).

Il n'importe, pour l'application du principe, en ce qui concerne notamment l'acte qualifié acte d'échange, que cet acte soit fait avec soulte, ou sans soulte : c'est Pothier lui-même qui le dit. Après avoir établi la règle, consacrée depuis par l'art. 883, que, lorsque des cohéritiers, des colégataires, ou des copropriétaires, à tout autre titre, partagent ensemble des biens qu'ils ont recueillis ou achetés en commun, chacun est censé avoir été seul héritier, seul légataire, ou seul

---

(1) Conf. Mourlon, *loc. cit.*, n° 201. — MM. Rivière et Huguet, aux n°8 96 et 97, n'ont point dit le contraire, comme le pense, à tort, M. Mourlon.

(2) V. sous le § suivant.

acheteur de ce qui est tombé dans son lot, et n'avoir été héritier, légataire, ni acheteur de rien de ce qui est tombé dans les autres lots, il ajoute :

« Cela a lieu, quoique le partage ait été fait, avec retour en deniers ou en rente. Celui à qui est tombé le lot le plus fort est censé avoir été héritier, ou légataire, ou acheteur du total de ce qui y est contenu, à la charge du retour ; et celui à qui est tombé le plus faible lot, est censé n'avoir été héritier, ou légataire, ou acheteur que des choses qui y sont tombées , au moyen du retour que lui font ses copartageants » (1).

191. Il est vrai que la loi sur l'Enregistrement, qui tarife au simple droit fixe « les partages de biens meubles et immeubles entre copropriétaires, à quelque titre que ce soit... » (LL. 22 frim. an VII, art. 68, § 3, n° 2 ; 28 avril 1816, art. 45, n° 3), soumet au droit proportionnel « les retours d'échanges et de partages des biens immeubles » (LL. 22 frim. an VII, art. 69, § 7, n° 5 ; 16 juin 1824, art. 2 ; 24 mai 1834, art. 16). Mais cette disposition n'a été établie qu'en vue des intérêts du fisc ; elle ne modifie en rien les règles du droit civil applicables en matière de partage (2).

192. Ce que je viens de dire est manifeste, lorsque la soulte est stipulée en valeurs de la succession.

Mais quel serait le caractère de l'acte par lequel, une succession étant à partager entre deux héritiers, l'un d'eux recevrait la totalité des biens héréditaires, moyennant l'abandon qu'il ferait à son cohéritier d'un immeuble à lui propre ?

Voici la réponse de d'Argentré à cette question : *Nec, si res immobilis pro immobili, permutatio putanda, etiamsi de proprio compensantis fiat, non de corporibus hæreditariis ;*

---

(1) Du Contrat de vente, n° 630. V. encore Cout. d'Orl., Introd. au titre 1ᵉʳ, n° 132, et le renvoi. — Conf. Rivière et Huguet, n° 99 ; Mourlon, Rev. prat., t. 8, p. 235, n° 199-1°.

(2) V. *infrà*, sous le chap. 6.

quia id non agitur ut permutetur, sed potiùs ut divisio fiat (1).

Je crois, avec d'Argentré, et aussi avec l'art. 888 du Code, que cet acte, puisqu'il fait cesser l'indivision, a le caractère d'un partage, et non d'un échange. La conséquence sera que l'héritier, qui reçoit la totalité des biens héréditaires, les recevra libres de toute hypothèque dont son cohéritier aurait pu les grever, pendant l'indivision, et qu'il en sera saisi, à l'égard de *toute personne*, sans transcription (2).

193. Il faut, toutefois, prendre garde que l'acte en question n'a le caractère de partage que relativement aux biens héréditaires ; mais que, par rapport à l'immeuble étranger que le cohéritier a reçu comme équivalent de sa part dans ces mêmes biens, l'acte a un caractère translatif qui le soumet à la transcription. C'est là un de ces contrats à deux faces dont parle Pothier (V. *suprà*, n° 181). Le nouveau propriétaire prendra donc cet immeuble avec les hypothèques, ou autres charges réelles, dont il peut être grevé ; et il devra s'empresser de faire transcrire, s'il veut se mettre à l'abri des droits que les tiers pourraient acquérir ultérieurement sur le même immeuble, du chef des anciens propriétaires (L. 23 mars 1855, art. 3) (3).

---

(1) Cité par MM. Rivière et Huguet.

(2) Conf. Rivière et Huguet, n° 98 ; Mourlon, Rev. prat., t. 8, p. 235, n° 199-2°.

(3) Rivière et Huguet et Mourlon, *loc. cit.*—Je parlerai, au chap. 6, où je traite des droits fiscaux relatifs à la transcription, d'un arrêt de la Cour de cassation du 17 juin 1850, aff. Thiry (D.P.50.1.5), qui, dans un cas semblable, ne paraît tenir aucun compte de la nature mixte de l'acte, et le juge translatif dans toutes ses parties. Mais on verra que cet arrêt, rendu dans des circonstances particulières, n'a rien de contraire à l'opinion que je viens d'émettre.

§ 6. — Des Partages et Licitations (1).

SOMMAIRE.

194. Le partage, en droit romain , était regardé comme une espèce d'échange, et on lui appliquait les principes de la vente.

195. Dans notre droit, au contraire, le partage est considéré, non comme un acte translatif, mais comme un acte simplement *déclaratif* de propriété.

196. Lorsqu'il n'y a que deux copartageants, l'acte, par lequel l'un d'eux vend à l'autre sa portion dans la chose commune, équivaut à partage, et n'est pas sujet à transcription.

197. Si la cession était à titre gratuit, l'acte serait une donation, et devrait, par conséquent, être transcrit.

198. Pour équivaloir à partage, l'acte de vente, lors même qu'il fait cesser l'indivision, ne doit pas avoir un caractère frauduleux. — Exemple cité.

199. Lorsqu'il y a plus de deux héritiers, la vente que fait l'un d'eux à un autre de ses droits héréditaires n'équivaut pas à partage, si elle laisse subsister l'indivision entre le cohéritier cessionnaire et les autres héritiers.—Telle est du moins la jurisprudence.

200. Objections qu'on peut faire à cette jurisprudence. — L'opinion contraire était admise dans l'ancien droit, ainsi que l'atteste Pothier, et rien n'indique que les auteurs du Code aient voulu déroger à cette doctrine.

201. L'art. 883, d'où l'on veut faire résulter cette dérogation, a été presque littéralement extrait de Pothier.—Il statue, d'ailleurs, pour le cas le plus ordinaire.

202. L'art. 889 fournit une induction dans le sens contraire à la jurisprudence.

203. C'est principalement en vue du fisc que cette jurisprudence s'est établie.

204. Mais elle n'est ni bien ferme, ni bien homogène. —·Exemples cités.

205. Cette jurisprudence a, néanmoins, pour elle la logique, l'idée de partage emportant celle de la cessation absolue de l'indivision. — Pour cette raison, et aussi parce qu'elle est favorable à la publicité des actes qui peuvent intéresser les tiers, je m'y rallie.

---

(1) Ces deux expressions sont toujours associées ; mais ce qui concerne la licitation appartient à la sect. 7, qui traite de la transcription par rapport aux jugements.

206. La question, au moins, ne peut faire doute, lorsque la vente a lieu au profit d'un tiers. — Une transcription immédiate est nécessaire, dans l'intérêt même du cessionnaire.

207. Lorsqu'un cohéritier, ou copartageant, déjà cessionnaire d'une des parts héréditaires ou indivises, acquiert les autres parts, l'acte, faisant cesser complétement l'indivision, a le caractère de partage.

208. *Quid*, si cet acquéreur-cessionnaire est un étranger? — La Cour de cassation, avant 1857, jugeait, en matière de licitation, que l'acte avait le caractère de vente, et était passible du droit de mutation et de transcription.—Son motif était que les colicitants n'avaient pas un *titre commun*.

209. Mais ce motif était peu juridique, et la chambre civile l'a abandonné, au moins dans les matières de droit commun.—Arrêt cité.

210. Toutefois la chambre des requêtes paraît vouloir persister dans l'ancienne jurisprudence.—Arrêt cité.

211. Critique d'un motif de cet arrêt.

212. Mais l'antinomie entre la jurisprudence de la chambre civile et celle de la chambre des requêtes peut n'être qu'apparente, en ce que la décision de l'une est en matière de droit commun, et la décision de l'autre en matière d'enregistrement.—Renvoi de l'examen de cette question.

213. L'usufruitier et le nu propriétaire ne sont pas en état d'indivision proprement dit.—La vente que l'un d'eux ferait de ses droits à l'autre serait donc sujette à transcription.

214. Il en serait différemment, si l'usufruit n'affectait qu'une partie de l'immeuble, comme la moitié, le tiers, etc. — Par suite, la vente que ferait l'usufruitier de son droit d'usufruit au nu propriétaire, équivaudrait à partage et ne devrait pas être transcrit.

215. Arrêt dans le même sens, sur une question analogue.

194. Selon les principes du droit romain, dit Pothier, le partage entre cohéritiers, ou entre tous autres copropriétaires, était regardé comme une espèce de contrat d'échange, par lequel un des copropriétaires était censé échanger la portion indivise qu'il avait dans les choses échues à ses copartageants contre celle appartenant à ces derniers dans les choses qui lui étaient échues à lui-même : *Divisionem præ-diorum vicem emptionis obtinere placuit* (L. 1, C., *Communia utriusque judic., etc.*).

195. Selon nos principes, au contraire, continue l'auteur, les partages n'ont aucun rapport avec le contrat d'échange,

ni avec le contrat de vente. Ce ne sont pas des actes par lesquels les copartageants acquièrent, ou soient censés acquérir quoi que ce soit les uns des autres. Un partage, suivant notre droit, n'est autre chose qu'un acte qui détermine aux seuls effets qui tombent dans son lot la part indéterminée qu'avait, avant le partage, chaque cohéritier ou copropriétaire dans la masse ou dans la chose qui était à partager (**1**).

C'est à raison de leur caractère *déclaratif* que les partages, ainsi qu'on l'a vu *suprà*, nᵒˢ 18 et suiv., ne sont point soumis à la transcription.

196. J'ai déjà fait remarquer que, d'après l'art. 888, C. Nap., on doit regarder comme acte équipollent à partage « tout acte qui a pour objet de faire cesser l'indivision entre cohéritiers, encore qu'il fût qualifié de vente, d'échange et de transaction, ou de toute autre manière. »

Il suit de là qu'on n'est pas obligé de transcrire, lorsqu'il n'y a que deux héritiers ou deux copartageants, l'acte par lequel l'un d'eux vend à l'autre sa part dans la succession ou dans la chose commune (2).—L'art. 1ᵉʳ de la loi du 23 mars 1855 fournit un argument dans ce sens : le nᵒ 4 dudit article excepte, en effet, de la nécessité de la transcription le jugement d'adjudication rendu, sur licitation, au profit d'un cohéritier ou d'un copartageant.

197. Je parle d'un acte de cession à titre onéreux ; car, si la cession s'opérait à titre gratuit, ce serait une donation, laquelle tomberait sous l'application de l'art. 939, C. Nap., qui soumet à la transcription les donations de *biens suscepti-*

---

(1) Du Contrat de vente, nᵒ 630. V. aussi le Traité des Successions, ch. 4, art. 5, § 1.—Conf. Lebrun, Des Success., liv. 4, ch. 1ᵉʳ, nᵒ 21 ; Denizart, vᵒ *Partage*, nᵒ 35.

(2) Conf. Rivière et Huguet, nᵒ 95 ; Troplong, De la Transcr., nᵒ 50 ; Gauthier, nᵒ 51. — M. Mourlon, qui avait, d'abord, enseigné le contraire (Rev. prat., t. 6, p. 495, nᵒ 132), est revenu à cette opinion (*Ib.*, t. 8, p. 171, en note, et p. 211, nᵒ 178).

bles d'hypothèques. Et tel serait, évidemment, le caractère des droits cédés, si la succession comprenait des immeubles.

On dirait en vain que, la cession ne portant que sur un *nomen juris*, on ignore quelle est la nature des biens transmis, s'ils sont mobiliers ou immobiliers.

Il est vrai que c'est le partage seul, avec son effet rétroactif, qui déterminera la nature mobilière ou immobilière des droits cédés. Mais, en attendant, ces droits n'en sont pas moins susceptibles d'hypothèque, puisqu'ils ont éventuellement des immeubles pour objet. « Attendu, dit la Cour de de cassation, dans un arrêt, que, d'après l'art. 2118, C. civ., les biens immobiliers qui sont dans le commerce sont seuls susceptibles d'hypothèque : d'où il résulte que l'héritier qui, par une vente, a pu disposer de sa part d'héritage, peut, à plus forte raison, grever d'hypothèque les immeubles qui la composent ; et que, si cette part est encore incertaine, puisqu'elle n'est pas déterminée par un partage accompli, l'hypothèque est, dans ce cas, selon l'art. 2125, C. civ., soumise aux mêmes conditions que l'immeuble, et subordonnée à l'événement du partage..... » (1).

Pothier a dit, dans le même sens : « La vente des droits successifs donne lieu au profit de quint pour les fiefs qui se trouvent dans cette succession ; car, quoique l'hérédité, *juris intellectu*, soit quelque chose de distinct des corps héréditaires qui la composent, néanmoins, on ne peut nier que la vente des droits successifs ne renferme celle de tous les corps héréditaires, et que les fiefs qui la composent passent, à titre de vente, à l'acheteur des droits successifs, qui ne peut, par conséquent, éviter d'en payer le quint... Si le cédant, ajoute Pothier, n'était héritier qu'en partie, la vente qu'il ferait

---

(1) Cass. 21 janv. 1839, aff. Chatain ; Jur. gén., v° *Priv. et hyp.*, n° 1740.—Conf. Troplong, Des Donat., t. 3, n° 1166.

de ses droits successifs, avant partage, ne donnera lieu au profit que pour raison des fiefs qui tomberont au lot du cessionnaire » (1).

J'ajoute, sur la question spéciale, que la donation que fait un cohéritier à son cohéritier de son droit héréditaire, ne peut pas, comme la vente, équivaloir à partage, parce que le partage est, de sa nature, un acte commutatif, dans lequel chaque copartageant doit recevoir l'équivalent de ce qu'il abandonne. C'est pourquoi la loi admet, en cette matière, l'action en garantie et l'action en rescision pour lésion de plus du quart (C. Nap., 884 et 887). Aussi l'art 888 précité ne parle-t-il pas de donation (2).

198. Il ne faudrait, pourtant, pas que la vente, dans le cas spécifié au n° 196, devînt une occasion de fraude contre le fisc, ou contre les droits des tiers.

Primus, je suppose, a l'intention d'acquérir la maison de Secundus, qui vaut 100,000 fr. Pour ménager les droits d'enregistrement, il imagine la combinaison suivante. Il commence par acheter une portion indivise de cette maison, la moitié, par exemple, et acquitte le droit de mutation. Puis, par un acte subséquent, il achète de Secundus, avec lequel il était en indivision, l'autre moitié, et prétend n'acquitter, pour cette seconde opération, que le droit fixe de partage. Ou bien, pour me renfermer plus étroitement dans mon sujet, il invoque, contre les créanciers hypothécaires de Secundus, postérieurs au premier acte de vente, le principe admis en matière de partage, principe d'après lequel sont résolues toutes les hypothèques constituées, durant l'indivision, sur la chose commune, par tout autre que celui

---

(1) Cout. d'Orl., Introd. au titre des Fiefs, n° 163.
(2) Cass. 5 mai 1841, aff. Louet de Terrouenne ; Jur. gén., v° *Enreg.*, n° 5975. — Conf. Pothier, Cout. d'Orl., Introd. gén., n° 80 ; Dalloz, Jur. gén., v° *Success.*, n° 2118 ; Rivière et Huguet, n° 92, à la note ; Mourlon, Rev. prat., t. 8, p. 232, n° 197, *in fine.*

des copropriétaires auquel sont échus les immeubles affectés (1).

Une pareille prétention ne devra pas être accueillie, parce
qu'il est manifeste que, dans de semblables circonstances,
le second acte ne peut avoir le caractère *déclaratif*; qu'il est,
comme le premier, un acte *translatif*, et doit en produire les
effets (2).

Pothier fait la même remarque.

« Observez, dit-il, que, lorsque quelqu'un vend, d'abord,
le bois de haute futaie pour l'abattre, et ensuite, peu de
jours après, le fonds au même acheteur ; ou, lorsqu'il vend
d'abord l'usufruit, et, peu de jours après, la propriété; ces
deux contrats sont présumés n'avoir été faits séparément
qu'en fraude du Seigneur : c'est pourquoi, ils sont réputés
n'en faire qu'un, qui donnera ouverture au quint des prix
payés par les deux contrats..... » (3).

Mais, si un long intervalle séparait les deux actes ; qu'une
possession indivise sérieuse eût réellement existé; qu'en un
mot, les circonstances du fait, dont l'appréciation souve-
raine appartient aux tribunaux, fussent exclusives de toute
supposition de fraude, on ne devrait voir, dans le second
acte de vente, qu'un acte équipollent à partage (4).

La même réserve est faite par Pothier, *loc. cit.*

199. Lorsqu'il y a plus de deux héritiers, la vente que ferait un d'eux de sa part héréditaire à un autre héritier n'aurait pas le caractère de partage, puisqu'elle laisserait subsister l'indivision entre le cohéritier acquéreur et les autres
héritiers.

---

(1) Pothier, Des Success., ch. 4, art. 5, § 1 ; Dalloz, Jur. gén.,
v° *Success.*, n° 2079, et les auteurs par lui cités.
(2) Conf. Rivière et Huguet, n° 105.
(3) Cout. d'Orl., Introd. au titre des Fiefs, n° 161.
(4) Conf. Rivière et Huguet, *loc. cit.*; Mourlon, Rev. prat., t. 8,
p. 235, n° 199-7°.

C'est au moins l'opinion qui prévaut aujourd'hui, quoiqu'elle soit contestée, entre autres par M. Mourlon, qui consacre à la question de longs développements (1).

200. L'argument qui me touche le plus, parmi ceux que
fait valoir M. Mourlon contre cette doctrine, c'est qu'elle est
nouvelle et contraire à la pratique de notre ancien droit,
comme l'atteste Pothier, le plus sûr de ses interprètes, et
l'auteur que les rédacteurs du Code ont pris pour guide.

Voici, en effet, de quelle manière s'exprime Pothier, en
son Traité des Fiefs.

Après avoir dit que « cela a passé en maxime, que tout
acte entre cohéritiers ou copropriétaires, dont l'objet est de
dissoudre la communauté qui est entre eux, tient lieu de partage, sous quelque dénomination qu'il soit conçu (c'est notre
art. 888), et est exempt de profit, » il ajoute : « Pour qu'une
vente, que l'un de plusieurs des cohéritiers fait de sa portion
à un cohéritier, soit exempte de profit, il est indifférent qu'il
n'ait encore été fait aucun partage, ou qu'il en ait été fait un
par lequel le fief fût échu, en commun, à quelques-uns
d'eux ; car, dès qu'ils étaient restés en communauté entre
eux, pour raison de ce fief, il en restait un partage à faire
entre eux, et la vente que l'un fait de sa portion à l'autre
est l'acte qui en tient lieu. »

---

(1) Conf. Belost-Jolimont sur Chabot, art. 883, Obs. 1er ; Marcadé,
même article, n° 2; Duranton, t. 7, n° 522 *bis;* Massé et Vergé sur Zachariæ, t. 2, p. 364, note 8 ; Aubry et Rau, sur le même, t. 4, p, 399,
note 8 ; Dutruc, Partage de success., n° 38; Demolombe, Des Success.,
t. 3, n° 618 ; Demante, Cours analyt., t. 3, n° 225 *bis;* Dalloz, Jur.
gén., v° *Success.,* n° 2120, et un grand nombre d'arrêts dont je cite
seulement le dernier : Req. 18 mai 1858, aff. Huet et Legros-Saint-
Germain (D.p.58.1.400).

Contrà, Rolland de Villargues, Rép. du Not., v° *Licit.,* n°s 9 et s.:
Vazeille, sur l'art. 883, n° 1 ; Duvergier, De la Vente, t. 2, n° 147;
Championnière et Rigaud, Droits d'Enreg., t. 3, n°s 2735 et suiv. ;
Mourlon, Rev. prat., t. 8, p. 213, n°s 179 et suiv. V. aussi Jur. gén.,
v° *Enreg.,* n° 2655.

« Il n'est pas aussi (non plus) nécessaire, continue Pothier, que la vente, que fait l'un de plusieurs cohéritiers
à l'autre de sa portion dans un fief, *dissolve toute communauté, par rapport à ce fief; il suffit qu'il la dissolve entre
eux deux.* Par exemple, si l'un de quatre cohéritiers vend
à un autre sa portion, quoique celui qui l'acquiert demeure en communauté avec les deux autres, cet acte n'en
tiendra pas moins lieu de partage, et n'en sera pas moins
exempt de profit ; car il suffit qu'il dissolve la communauté
avec celui qui a vendu sa portion..... » (1).

On ne peut rien trouver de plus formel ; et il n'y a rien,
dans les procès-verbaux du Conseil d'État, qui indique que
la pensée des auteurs du Code ait été de déroger, sur ce point,
à l'ancien droit.

201. On a cru voir, cependant, cette dérogation dans le
texte même de l'art. 883. Cet article, a-t-on dit, renferme
deux dispositions corrélatives, qui ne peuvent convenir à un
partage partiel, mais qui supposent, au contraire, un partage complet et ayant fait cesser l'indivision entre tous les
communistes. Il serait impossible, autrement, d'appliquer à
ceux qui sont restés dans l'indivision la première disposition de l'article, suivant laquelle « chaque cohéritier est
censé avoir succédé seul et immédiatement à tous les effets
compris dans son lot; » comme il serait également impossible d'appliquer au cohéritier sorti d'indivision, ou plutôt à
son cessionnaire, qui le représentera dans le partage futur,
la seconde disposition d'après laquelle chaque cohéritier est
censé « n'avoir jamais eu la propriété des autres effets de la
succession. »

---

(1) Part. 1re, ch. 5, sect. 1re, art. 2, § 3. V. aussi Cout. d'Orl.,
Introd. gén., n° 80, et Introd. au titre 1er, n° 152, et les renvois. —
Conf. Guyot, Traité des Fiefs, t. 1, *Licit.*, ch. 3, sect. 3, § 4, n° 3 ;
Pocquet de Livonière, Cout. d'Anjou, art. 282, Observ. 1 ; Fonmaur,
n° 303 ; arrêts des 5 août 1619 et 20 mars 1730.

Le raisonnement est spécieux ; mais on peut répondre que l'art. 883 a statué pour le cas le plus ordinaire, et qu'il faut ici, comme dans beaucoup d'autres dispositions du Code, appliquer la règle : *ex his quœ plerumque fiunt jura constituuntur..... Nam ad ea potiùs*, dit la loi 5, D., *De legib., debet aptari jus quœ et frequenter, et facilè, quàm quœ perrarò eveniunt.*

Cet argument, d'ailleurs, emprunté à l'art. 883, perd beaucoup de sa valeur, lorsqu'on voit que l'article n'est que la reproduction, presque littérale, du texte de Pothier, qui, cependant, ne faisait pas la distinction passée aujourd'hui en jurisprudence.

202. Ne peut-on pas aussi tirer une induction, dans le sens contraire à cette jurisprudence, de la disposition de l'art. 889, portant que « l'action (en rescision) n'est pas admise contre une vente de droit successif faite, sans fraude, à l'un des cohéritiers, à ses risques et périls, par ses autres cohéritiers, ou *par l'un d'eux ?* » La pensée de la loi, dans cet article, a été de faire, pour le cas qu'il prévoit, c'est-à-dire pour une vente qui a nécessairement, en soi, quelque chose d'aléatoire, une exception au principe de l'art. 888 : c'est ainsi que l'expliquent tous les auteurs (1). Or, on voit, par les termes dont le législateur se sert dans l'art. 889, qu'il ne fait aucune différence entre le cas où la vente fait cesser entièrement l'indivision et celui où elle ne la fait cesser qu'en partie (2).

203. Il est permis de croire que c'est principalement en vue de l'intérêt fiscal que s'est établie la jurisprudence actuelle ; car un grand nombre des arrêts ont été rendus avec la Régie de l'Enregistrement, et je lis, dans le dernier de tous, ce considérant : « Attendu que cette adjudication laisse

_____

(1) Toullier, t. 4, nᵒˢ 578 et 579 ; Duranton, t. 7, nᵒˢ 567 et suiv.
(2) V. la Jur. gén., vᵒ *Success.*, nᵒ 2289.

subsister l'indivision entre plusieurs copropriétaires; qu'ainsi, il n'y a pas lieu, *surtout en matière d'enregistrement*, à l'application du principe de l'art. 883, C. Nap., d'après lequel celui des copropriétaires, auquel échoit, sur licitation, l'immeuble indivis, est censé en avoir eu seul la propriété » (1).

204. Cette jurisprudence n'est même ni bien ferme, ni bien homogène ; car elle admet, d'une part, que la règle de l'art. 883 doit produire tous ses effets, *quoique l'indivision n'ait pas entièrement cessé entre les copartageants*, dans le cas où il y a eu un partage auquel tous les héritiers ont concouru, et qui a attribué à l'un d'eux, après avoir liquidé et déterminé les droits de tous, sa part dans la succession, mais en laissant les autres dans l'indivision (2); — et, d'autre part, que tout acte, ayant pour objet de faire cesser l'indivision entre cohéritiers, et notamment un transport de droits successifs, *est soumis à l'action en rescision, établie en matière de partage par l'art. 887, C. Nap.*, bien que l'indivision n'ait cessé qu'entre le cédant et son cessionnaire, et *qu'elle se soit continuée entre le cessionnaire et les autres héritiers* (3).

205. On ne peut méconnaître, cependant, que la logique ne soit en faveur de l'interprétation restrictive donnée à l'art. 883 ; car l'idée de partage emporte naturellement celle de la cessation absolue de l'indivision; et l'idée contraire n'a pu prévaloir, dans l'ancien droit, que par une extension, peut-être excessive, de la règle qui attachait au partage un effet *purement déclaratif.*

Je me rallie donc, par ce motif, à la jurisprudence. Je m'y rallie par une autre considération, toute puissante au point

---

(1) Arrêt précité du 18 mai 1858, aff. Huet ; D.P.58.1.400. V. aussi Rej. 27 janv. 1857, aff. Mesplès ; D.P.57.1.5.

(2) Motif d'un arrêt de la chambre des requêtes du 2 avril 1851, aff. Billiard ; D.P.51.1.97.—Conf. Massé et Vergé sur Zachariæ, *loc. cit.*

(3) Cass. 28 juin 1859, aff. Jullian ; D.P.59.1.299.

I.   9

de vue spécial dont je m'occupe, c'est que la doctrine qu'elle consacre fait rentrer, dans le système de publicité de la loi du 23 mars 1855, des actes qui resteraient clandestins, si on les considérait comme participant de la nature du partage. Aujourd'hui, tout ce qui peut contribuer à la sécurité des tiers est favorable ; et, dans le doute, c'est de ce côté qu'il faut pencher : *favores ampliandi.*

Ainsi la vente, faite par un cohéritier à un autre cohéritier, de sa part héréditaire, ou, par un copartageant à un autre copartageant, de sa portion indivise dans la chose commune, devra être transcrite, si la succession ou la communauté comprend des immeubles, et si cette vente ne fait pas cesser l'indivision entre tous les héritiers ou copartageants (1).

206. La question, au moins, ne pourrait faire doute, si la vente ou cession, par un cohéritier ou par un copartageant, de leurs droits indivis, avait eu lieu au profit d'un étranger.

Il n'y a, certainement, aucune contradiction à élever, en principe.

Mais on peut objecter que le partage seul décidera si le cessionnaire aura, ou non, des immeubles dans son lot ; que le caractère, mobilier ou immobilier, de la cession ne pourra donc être déterminé qu'à cette époque ; qu'ainsi, il ne peut y avoir lieu à transcription immédiate.

Mais je répète ici ce que j'ai déjà dit ailleurs (*suprà*, nᵒ 87), qu'il suffit qu'il y ait une transmission éventuelle de propriété immobilière pour rendre la transcription nécessaire, dans l'intérêt même du cessionnaire. Il arrivera, en effet, de deux choses l'une, dit M. Troplong : ou le cessionnaire n'aura, dans son lot, que des meubles ; et la formalité aura été inu-

_____

(1) Conf. Rivière et François, nᵒ 12 ; Rivière et Huguet, nᵒ 92 ; Gauthier, nᵒ 51.—*Contrà*, Mourlon, *loc. cit.*, nᵒ 199-4ᵒ.

tile; ou son lot se composera d'immeubles; et, par l'effet rétroactif du partage, le cohéritier vendeur étant considéré comme propriétaire de ces immeubles, depuis l'ouverture de la succession, l'acheteur, son ayant droit, en sera réputé propriétaire, du jour de la cession des droits successifs (1).

Mais, peut-on dire encore, puisque, par l'effet rétroactif du partage, ce cessionnaire, pour les immeubles tombés dans son lot, n'aura rien à redouter des hypothèques, ou autres droits réels, établis sur ces immeubles, du chef de ses coïndivisaires, pendant l'indivision (*suprà*, n° 198), à quoi bon transcrire?

Le partage, en effet, résoudra, à son profit, comme il résoudrait au profit de son cédant, toutes les charges qui ne proviendraient pas de l'auteur commun; mais la transcription ne lui sera pas moins nécessaire pour empêcher que son cédant ne dispose de nouveau, en faveur d'un tiers, des choses qu'il lui a transmises, ou pour arrêter le cours des inscriptions que des créanciers du cédant auraient négligé de prendre sur leur débiteur, pour des hypothèques à eux antérieurement concédées (L. 23 mars 1855, art. 5 et 6) (2).

207. J'ai dit plus haut (n° 199) que, lorsqu'il y a plus de deux héritiers, la vente, faite par l'un d'eux à un autre cohéritier, de sa part héréditaire n'a pas le caractère de partage, et est soumise à la transcription.

Il en serait autrement de l'acte par lequel un héritier ou un copartageant, déjà acquéreur de l'une des parts héréditaires ou indivises, se rendrait cessionnaire des autres parts. Cet acte, faisant cesser complétement l'indivision entre tous les héritiers ou copartageants, aurait indubitablement le caractère et les effets d'un partage (3).

---

(1) De la Transcr., n° 58.—Conf. Mourlon, Rev. prat., t. 2, p. 197, n° 41; Gauthier n° 50; Rivière et Huguet, n°s 136 et 137.

(2) V. au chap. 4, sect. 1 et 3.

(3) Req. 29 mars 1854, aff. Chabrier-Delasalle; D.p.54.1.331.

9.

208. La question semble plus difficile, lorsque c'est un étranger qui, après avoir acquis la part d'un des cohéritiers ou copartageants, se rend cessionnaire des parts des autres.

Cette question s'est fréquemment présentée dans le cas de licitation, matière régie par les principes applicables au partage (1). Jusqu'en 1857, la Cour de cassation, sauf de rares exceptions (2), avait constamment jugé que l'adjudication, sur licitation, d'immeubles indivis, prononcée au profit d'un tiers, cessionnaire, par acte antérieur, de la portion indivise de l'un des héritiers dans ces immeubles, avait le caractère de vente, et était passible, à ce titre, du droit proportionnel de mutation et de transcription (3).

Son motif, pour le décider ainsi, était que, si cet adjudicataire se trouvait, au moment de l'adjudication, copropriétaire des immeubles indivis, il ne l'était pas *au même titre* que les autres colicitants, ceux-ci étant propriétaires *à titre successif*, et celui-là *à titre de vente.*

209. Mais ce motif était peu juridique, et la chambre civile l'a répudié dans un arrêt où il ne s'agissait pas, à la vérité, de transcription, mais où le principe, qui sert de règle en cette matière, est solidement posé :

« Attendu, dit la Cour, qu'il est de principe général, en matière de partage, que chaque copartageant est censé avoir succédé seul et immédiatement à tous les effets compris dans son lot, *ou à lui échus sur licitation,* et n'avoir jamais eu la propriété des autres effets (C. Nap., 883, 1476 et 1872); qu'aucune disposition de la loi n'exige, pour l'application de ce principe, que les cohéritiers ou associés le soient devenus *au même titre*; que, s'il résulte des lois spéciales sur

---

(1) V. *infrà.* sect. 7, § 1.

(2) V., par exemple, un arrêt de rejet du 6 nov. 1827, aff. Imbault; D.ᴘ.28.1.10.

(3) V. les arrêts cités par Dalloz en note de l'arrêt du 27 janv. 1857, dont je vais parler. V. aussi Jur. gén., vᵒ *Enreg.*, nᵒ 6027.

l'Enregistrement que les dispositions de l'art. 883 ne sont pas applicables dans les matières que ces lois régissent, elles reprennent tout leur empire dans les matières de droit commun (1). »

Qu'importe, en effet, que la propriété des coïndivisaires ne procède pas d'un titre commun ? De quelque manière que l'indivision se soit établie, ne faut-il pas, pour la faire cesser, procéder à une licitation ou à un partage ? Est-il même bien exact de dire que le cessionnaire étranger de la portion indivise d'un cohéritier dans les immeubles à liciter, ne soit pas propriétaire au *même titre* que ses colicitants ? A son égard, il y a deux époques à considérer : celle où, n'étant pas encore propriétaire, il le devient par un acte emportant transmission de propriété à son profit, acte, par conséquent, soumis à la transcription ; et celle où, devenu propriétaire en vertu de cet acte, il a, du chef de son auteur, dont il prend la place, les mêmes droits dans les immeubles indivis qu'y avait son auteur lui-même.

De ce moment, en effet, le *titre successif,* qui résidait en la personne de ce dernier, passe de la tête du cédant sur la tête du cessionnaire ; et, dès lors, il n'est plus vrai de dire que ce cessionnaire et ses coïndivisaires ne soient pas propriétaires au même titre.

C'est ce que l'arrêt précité établit disertement dans les considérants qui suivent :

« Attendu que la vente qu'un cohéritier fait de ses droits successifs à un tiers emporte, lorsque le retrait n'a pas été exercé, subrogation pleine et entière de l'acquéreur dans les droits de son vendeur ; que l'acquéreur peut, comme le vendeur l'aurait pu lui-même, demander le partage des biens communs ; que, si le partage s'opère en nature, l'acquéreur est censé avoir, du chef de son vendeur, succédé seul et

---

(1) Rej. 27 janv. 1857, aff. veuve Mesplès ; D.P.57.1.5.

immédiatement à tous les effets compris dans son lot ; qu'il serait impossible d'admettre, sans violer le principe d'égalité qui doit régner dans les partages, que les immeubles, compris dans le lot du cessionnaire, fussent grevés des hypothèques créées par les copartageants, durant l'indivision, pendant que les immeubles, échus à ces derniers, seraient libres de toutes hypothèques de même nature ; qu'il n'en peut être autrement lorsqu'il y a licitation, puisque la licitation est assimilée au partage ; qu'il suit de là que la licitation, qui s'opère entre l'acquéreur des droits d'un copartageant et les autres copropriétaires, doit produire le même effet que celle qui aurait eu lieu entre tous les cohéritiers, avant la vente... » (1).

210. Je dois dire, pourtant, que la chambre des requêtes paraît vouloir persister dans l'ancienne jurisprudence. Elle a jugé, en effet, depuis l'arrêt rendu par la chambre civile, que l'adjudication, sur licitation, d'un immeuble indivis (une mine de houille) n'est affranchie de la transcription que lorsqu'elle est prononcée au profit de l'un des colicitants, propriétaire *au même titre* que ses coïndivisaires ; qu'elle est, au contraire, soumise au droit de transcription, lorsqu'elle a lieu en faveur du cessionnaire étranger de la portion indivise de l'un des copropriétaires, même depuis la loi du 23 mars 1855, qui ne dispense de la transcription que les jugements d'adjudication prononcés au profit de *cohéritiers* ou de *copartageants.*

L'arrêt considère que, « si l'héritier ou le propriétaire, par indivis, d'un immeuble, qui se rend adjudicataire de cet immeuble, est dispensé de la transcription, cette exemption résulte, pour lui, de ce principe de droit que, propriétaire

_____

(1) V., dans le même sens, l'arrêt précité du 6 nov. 1827, ce dernier arrêt rendu en matière d'enregistrement ; Bourges, 31 août 1814, aff. Bosredon ; S.-V. à sa date. — Conf. Rivière et Huguet, n° 104 ; Mourlon, Rev. prat., t. 8, p. 235, n° 199-5° et 8°.

d'une partie en vertu du titre commun, il ne cesse pas d'être propriétaire par l'adjudication prononcée à son profit; qué telle n'est pas la position d'un étranger qui, acquéreur d'une portion de l'immeuble en vertu d'un titre particulier, ne cesse pas d'être acquéreur, en se rendant adjudicataire des autres parts restées en commun entre les copropriétaires originaires; que l'adjudication, prononcée à son profit, conserve tous les caractères d'une vente, et, à ce titre, reste soumise à la transcription... » (1).

J'ai discuté, à l'avance, ce motif de l'arrêt, et je n'ai point à y revenir.

211. Mais l'arrêt en contient un autre, d'autant plus propre à faire impression qu'il est fondé, en apparence, sur le texte même de la loi du 23 mars 1855. Il faut donc en examiner la valeur.

« Attendu, reprend l'arrêt, que, pour dispenser un tel acquéreur de transcrire, et pour lui conférer un bénéfice qu'il ne trouve pas dans son titre, il faudrait qu'une nouvelle loi, changeant les dispositions de la loi ancienne, eût dispensé, indistinctement, de l'obligation de la transcription tous les jugements d'adjudication prononcés en matière de licitation; que, loin de là, l'art. 1er de la loi du 23 mars 1855 ne dispense de la transcription que les jugements d'adjudication prononcés au profit de cohéritier ou de copartageant. »

On ne m'accusera pas, j'espère, de manquer à la déférence si justement due aux décisions émanées d'une chambre qui a aujourd'hui à sa tête un des magistrats les plus éminents, un jurisconsulte du plus profond savoir, et qui est de mes amis particuliers, si je dis que ce motif de l'arrêt contient un paralogisme.

L'arrêt regarde, en effet, comme étant hors de contesta-

---

(1) Req. 24 juillet 1858, aff. Massif; D.P.58.1.456.

tion, sous la législation antérieure à la loi du 23 mars 1855, un point de droit aujourd'hui abandonné par la chambre civile. C'est donc poser en principe ce qui est précisément en question.

Le reproche, au reste, doit remonter au jugement attaqué, qui, le premier, avait dit « qu'il était de jurisprudence constante, avant la loi de 1855 sur la transcription, que le cessionnaire du droit d'un cohéritier ou d'un copropriétaire, quand il se rend adjudicataire de la totalité de l'immeuble, est passible du droit de transcription ;... que la loi du 23 mars 1855 n'a pas changé les principes du Code Napoléon, en matière de partage et de vente, et que la nécessité de la transcription, pour l'adjudication passée au profit d'un cessionnaire, découlait de ces principes... » (1).

Pour ce qui est des principes du Code Napoléon, je renvoie à l'arrêt du 27 janvier 1857. Il faut que cet arrêt ait échappé à l'attention du tribunal de Rouen, puisqu'il n'est pas visé dans son jugement.

Le jugement, d'ailleurs, repoussait, à bon droit, l'argument qu'on prétendait tirer, contre la nécessité de la transcription du jugement d'adjudication, dans l'espèce, des termes de l'art. 1ᵉʳ de la loi du 23 mars 1855.

La jurisprudence, disait-on, n'exemptait de la transcription, avant cette loi, que l'adjudication prononcée au profit des héritiers eux-mêmes ; elle y soumettait les simples copartageants, c'est-à-dire les *cessionnaires des héritiers*. La loi sur la transcription a voulu faire cesser cet état de choses, en dispensant de la formalité l'adjudication prononcée au profit des copartageants, aussi bien que celle prononcée au profit des cohéritiers eux-mêmes. C'est ce qui résulte du n° 4 de l'article précité, qui porte : « Sont transcrits...4° tout

---

(1) Jugement du tribunal civil de Rouen, du 22 déc. 1857, rapporté avec l'arrêt de la chambre des requêtes.

jugement d'adjudication autre que celui rendu, sur licitation, au profit d'un cohéritier ou d'un *copartageant.* »

Le tribunal de Rouen a raison de dire que cet argument ne repose que sur une équivoque. « Ni la jurisprudence, ni la loi, fait-il observer, n'ont jamais établi d'opposition entre les cohéritiers et les copartageants, et jamais ce mot de *copartageant* n'a désigné les cessionnaires des cohéritiers. Si la loi de 1855 parle des *copartageants* aussi bien que des *cohéritiers,* c'est que la fiction, que le partage n'est que déclaratif de propriété, s'applique aux communistes aussi bien qu'aux cohéritiers ; et, dans la loi, le mot de *copartageants* indique les personnes dont parlent les art. 1476 et 1872, C. Nap., comme le mot de *cohéritiers* s'applique à celles dont parle le titre des Successions...»

Mais je ne suis plus d'accord avec le jugement, lorsqu'il ajoute que « l'art. 1er de la loi 1855, sainement entendu, condamne, dans son texte comme dans son esprit, la prétention de Massif (le copropriétaire étranger), loin de pouvoir lui servir d'appui ; car, si la loi nouvelle avait voulu dispenser de la transcription l'adjudication faite à un simple cessionnaire d'un cohéritier ou d'un copartageant, il eût suffi de dire : « Sera transcrit tout jugement d'adjudication autre que celui rendu sur licitation, » puisque, désormais, tout adjudicataire sur licitation, quel qu'il fût, eût été dispensé de faire transcrire... »

Le tribunal de Rouen se trompe : la doctrine de l'arrêt du 27 janv. 1857 ne conduit pas au résultat qu'il indique ; car l'adjudicataire étranger, qui n'est pas cessionnaire de l'un des copropriétaires, ou qui, même étant cessionnaire de l'un d'eux, n'est pas seul adjudicataire, mais partage avec d'autres de ses colicitants le bénéfice du jugement d'adjudication, n'est pas affranchi de la transcription (1).

---

(1) V. *suprà,* n° 206, et aussi sous la sect. 7, § 1.

Il n'y a donc aucune induction à tirer, dans un sens ni dans l'autre, des termes de la disposition précitée, qui n'est qu'un corollaire du principe établi dans les alinéa précédents, à savoir qu'il n'y a de soumis à la transcription que les actes *translatifs* de propriété, et que les actes purement *déclaratifs* en sont exempts. Ce principe posé, le législateur a laissé à la jurisprudence le soin d'en déduire les conséquences.

212. On aura remarqué que, dans l'arrêt du 27 janv. 1857, se trouve ce considérant : « que, s'il résulte des lois spéciales sur l'Enregistrement que les dispositions de l'art. 883 ne sont pas applicables dans les matières que ces lois régissent, elles reprennent tout leur empire dans les matières de droit commun. »

J'examinerai, au chap. 6, dans quelles limites les lois sur l'Enregistrement font exception aux principes du droit civil, en ce qui concerne spécialement le droit de transcription, puisque cela rentre dans mon sujet. Et ce sera pour moi une occasion de revenir sur les arrêts des 27 janv. 1857 et 21 juill. 1858, pour en essayer, à ce point de vue, la conciliation, si elle est reconnue possible ; car le dernier de ces arrêts a été rendu en matière d'enregistrement, et l'autre en matière de droit commun.

Si ces décisions ne sont pas absolument contraires, comme l'a pensé M. Dalloz (1), et si l'une et l'autre peuvent également se justifier, eu égard aux questions différentes qui étaient à résoudre (ce que je me réserve d'examiner), ce ne peut être, en tout cas, par le motif qui sert de base à l'arrêt de la chambre des requêtes, et qui est tiré de l'absence d'un *titre commun*.

213. L'usufruit est, en soi, une propriété particulière et distincte de la nue propriété. L'usufruitier et le nu propriétaire ne peuvent donc pas être considérés comme étant en

---

(1) V. les notes placées sous ces arrêts.

état d'indivision proprement dit ; en sorte que la cession de l'usufruit au nu propriétaire, ou, réciproquement, la cession de la nue propriété à l'usufruitier, puisse être qualifiée d'acte équivalant à partage, conformément à l'art. 888, et, à ce titre, dispensée de la transcription (*suprà*, n° 196). *Sed, si fortè alius proprietatem fundi habeat, alius usumfructum, magis est ut cesset hæc pars orationis quæ de divisione loquitur : nulla enim communio est* (L. 6, D., *De reb. eor. qui sub tut.*) (1). Un pareil acte ne peut avoir que le caractère de vente, et, par conséquent, doit être transcrit (2).

214. Mais si l'usufruit, au lieu de porter sur la totalité d'un immeuble, n'en affectait qu'une partie, comme la moitié, le tiers, le quart, etc., il y aurait véritablement indivision entre l'usufruitier et le propriétaire. Et l'acte qui interviendrait entre eux pour assigner à la jouissance de l'usufruitier telle portion de l'immeuble, exclusivement au reste, serait un véritable partage. On devrait appliquer à ce cas la disposition de la loi 13, § 3, D., *De usufr. et quemad., etc.* : *Sed, si inter duos fructuarios sit controversia,* dit le jurisconsulte Sabinus dans cette loi, *Julianus, lib. 58 Digest., scribit æquissimum esse quasi communi dividundo judicium dari ; vel stipulatione inter se eos cavere qualiter fruantur... Quam sententiam Celsus quoque, lib. 20 Digest., probat, et ego puto veram* (3).

Par suite, si, au lieu d'un partage, c'était un acte de vente qui intervînt entre l'usufruitier et le propriétaire, le premier cédant, moyennant un prix, son droit d'usufruit à l'au-

---

(1) Req. 3 août 1829, aff. Dusaillant ; Jur. gén., v° *Success.*, n° 2137 (on a donné, par une erreur matérielle, à cet arrêt la date de 1822, au lieu de 1829).—Conf. Proudhon, De l'Usufruit, t. 1, n° 7.

(2) Conf. Rivière et Huguet, n° 100 ; Mourlon, Rev. prat., t. 8, p. 235, n° 199-7°.

(3) Conf. Proudhon, De l'Usufr., t. 3, n° 1245 ; Dalloz, Jur. gén., v° *Success.*, n° 1572.

tre, on serait dans le cas de l'art. 888, et l'acte ne serait pas assujetti à la transcription (1).

215. C'est par application du même principe qu'il a été jugé que, lorsque, par une transaction intervenue entre un héritier et un légataire en usufruit de la quotité disponible, époux du prédécédé, pour fixer leurs droits respectifs dans la succession et dans la communauté, la nue propriété de tous les biens, sans distinction des biens propres et des biens communs, est abandonnée à l'un et l'usufruit à l'autre, cette transaction, qui tranche toute difficulté de liquidation et fait cesser l'indivision entre copropriétaires, doit être considérée comme un acte de partage, soumis, à ce titre, à un simple droit fixe (2).

§ 7. — Des Résolutions de contrats.

SOMMAIRE.

216. On connaît, en droit, deux sortes de résolutions : celles provenant d'une cause inhérente au contrat, *ex causâ primœvâ et necessariâ*, et celles provenant d'une cause extrinsèque, *ex causâ novâ et voluntariâ.*—Effets différents des unes et des autres.

217. Dans l'ancien droit, le mutuel dissentiment des parties, lorsqu'il intervenait *rebus integris*, c'est-à-dire, en matière de vente, avant la *tradition réelle*, résolvait le contrat de plein droit, et le faisait considérer comme non avenu. — Cette doctrine ne peut plus être admise.

218. Même pour les résolutions qui font considérer le contrat comme non avenu, rien n'empêche les parties de se mettre d'accord sur la résolution, sans la faire prononcer par la Justice.

219. Passage de Toullier qui n'a rien de contraire à cette doctrine.

220. Loin de là, Toullier critique la jurisprudence, d'après laquelle la résolution amiable d'un contrat, quoique procédant d'une *cause ancienne et nécessaire*, est réputée, au point de vue du droit d'enregistrement, une mutation nouvelle.

---

(1) Cass. 8 août 1836, aff. veuve Loislot; Jur. gén., v° *Enreg.*, n° 2625.—Conf. Rivière et Huguet, n°s 101 et 102.

(2) Rej. 16 juin 1824, aff. Hémin; Jur. gén., v° *Enreg.*, n° 830.

221. Les résolutions *amiables* sont-elles soumises à la transcription ? —Distinction. — Si la résolution procède d'une cause extrinsèque, *ex causâ novâ et voluntariâ*, elle est une mutation nouvelle, sujette, par conséquent, à transcription.

222. M. Troplong semble, dans ce cas, ne faire une nécessité de la transcription qu'autant que l'acte primitif a été transcrit. — Opinion contraire de M. Mourlon, à laquelle je me rallie.

223. Si la résolution procède d'une cause inhérente au contrat, elle n'est point une mutation nouvelle, et ne donne pas lieu, dès lors, à transcription.

224. La loi, dans le cas spécifié, n'a pas exigé, comme lorsque la résolution est prononcée par jugement, que l'acte de résolution fût mentionné en marge de la transcription de l'acte résolu. — Cette mention eût pu être utile ; mais la loi ne pouvait l'imposer aux parties, l'acte n'étant pas translatif de propriété.

225. L'obligation de cette mention, imposée à l'avoué, lorsqu'il s'agit de jugement, a un tout autre caractère. — Le défaut de mention n'entraîne, contre l'avoué, que la peine d'amende, et le jugement de résolution n'en conserve pas moins ses effets contre les tiers.

226. Le législateur ne pouvait imposer aux notaires, quant à la mention de l'acte de résolution, la même obligation qu'aux avoués, l'acte pouvant être fait sous seing privé.

227. La résolution amiable d'un acte translatif, qui procède d'une *cause nécessaire*, ne doit pas être confondue avec la renonciation que ferait un individu aux droits qu'il tient de cet acte, renonciation sujette à transcription.

228. Le rapport d'un don immobilier, fait en avancement d'hoirie, n'est pas soumis à la transcription.

216. On connaît, en droit, deux sortes de résolutions : celles qui procèdent d'une cause inhérente au contrat, *ex causâ primœvâ et necessariâ*, comme disent les Docteurs ; par exemple, en matière de vente, le défaut de paiement du prix ; et celles qui procèdent d'une cause extrinsèque à l'acte, *ex causâ novâ et voluntariâ*, comme est, en matière de donation, l'ingratitude du donataire. Les premières font considérer la vente ou la donation comme non avenue, et résolvent les hypothèques constituées par l'acquéreur ou le donataire sur l'immeuble, dans l'intervalle (C. Nap., 954, 1184, 1658). — Les autres laissent

subsister le passé et n'anéantissent le contrat que pour l'avenir (958).

217. Dans l'ancien droit, le mutuel dissentiment des parties, lorsqu'il intervenait *rebus integris,* c'est-à-dire, en matière de vente, lorsqu'il n'y avait pas encore eu *tradition réelle* de la chose vendue, opérait, *ipso facto,* la résolution du contrat, et le réduisait, suivant l'énergique expression de la latinité de ce temps, *ad non esse :* « de telle sorte, dit M. Duranton, que même la femme de l'acheteur était censée n'avoir jamais eu son hypothèque légale sur les biens d'abord vendus ; tout était anéanti » (1).

C'est ce que Pothier répète en vingt endroits.

« Quoique le contrat de vente, dit-il, ait été, d'abord, valablement contracté par un vendeur,... si, par la suite, *avant la tradition réelle,* la chose étant entière, les parties se désistent du contrat, le contrat est censé, par ce désistement, anéanti et réduit *ad non actum;* et le profit, auquel il avait donné ouverture, cesse d'être dû. — La raison est que, le contrat ne consistant encore que dans le consentement des parties, ce consentement peut facilement être détruit par un consentement contraire (LL. 35 et 100, D., *De Reg. Jur.*).

« Cette maxime a lieu, quand même il serait intervenu une tradition feinte, telle que celles qui se font par la rétention d'usufruit, les clauses de constitut, de dessaisine, etc..... » (2).

J'ai donné *suprà,* n° 189, les raisons pour lesquelles une pareille doctrine ne peut plus être admise aujourd'hui (3).

218. Parmi les résolutions qui procèdent d'une cause ancienne et inhérente au contrat, il y en a qui ont lieu de plein

---

(1) T. 16, n° 387.

(2) Cout. d'Orl., Introd. gén., n° 72 ; Introd. au titre des Fiefs, n°s 129 et suiv. — Conf. Dumoulin, Cout. de Paris, § 78, gl. 1, n°s 32 et suiv.

(3) Conf. Duranton, *loc. cit.*

droit, comme dans le cas de l'art. 960, C. Nap. ; il y en a d'autres qu'il faut demander en justice (956, 1184). Mais, pour celles-ci même, rien n'empêche que les parties ne se mettent d'accord sur la résolution, et qu'il ne soit passé un acte de leurs conventions à cet égard. Un pareil acte, à la vérité, sera souvent suspecté de n'être, sous forme de résolution du contrat primitif, qu'une véritable rétrocession, une revente, qui ne ferait point tomber les hypothèques ou autres droits réels antérieurement conférés sur l'immeuble. Mais, toute réserve faite pour le cas de fraude, le droit des parties de convenir elles-mêmes de la résolution, au lieu de la demander à la Justice, ne me semble pas, sauf en matière d'enregistrement, pouvoir être mis en doute (1).

Vainement dirait-on qu'on ne trouve, dans le Code, aucune disposition relative à la résolution *volontaire*, et que l'art. 1184, au contraire, porte textuellement que « la résolution doit être demandée en justice. » La loi, dans cet article, comme dans les art. 1655 et 1656, qui sont conçus dans le même esprit, ne fait intervenir la Justice que parce qu'elle suppose que les parties ne sont pas d'accord ; et, ce qui le prouve, c'est que les articles invoqués déclarent qu'il pourra être accordé à l'acquéreur, en retard de payer, un délai, suivant les circonstances.

219. Le passage suivant de Toullier n'a rien de contraire à cette doctrine : « La résolution, dit cet illustre professeur, peut encore se faire par le consentement mutuel des parties ; mais alors, comme elle n'a point de *cause nécessaire*, c'est moins une résolution proprement dite qu'une convention

_____

(1) Conf. Troplong, De la Vente, t. 2, n° 691 ; Mourlon, Rev. prat., t. 2, p. 199, n° 44 ; Dalloz, Jur. gén., v° *Priv. et hyp.*, n° 1743, et v° *Vente*, n° 1368 ; Req. 30 août 1827, aff. Coens ; Jur. gén., v° *Louage emphyt.*, n° 31 ; Req. 12 mars 1829, aff. Guenedey ; *ib.*, v° *Vente*, n° 1300 ; Req. 10 mars 1836, aff. Roussan ; *ib.*, v° *Priv. et hyp.*, n° 1743 ; Bourges, 12 fév. 1853, aff. Demay ; D.P.53.2.175.

nouvelle, qui ne peut porter préjudice aux droits acquis à des tiers, et qui opère une véritable mutation, dans le cas surtout où la chose vendue revient à l'ancien propriétaire ou vendeur, par l'effet de la revente ou rétrocession » (1).

Il est sensible que, dans l'hypothèse où se place l'auteur, celle où la résolution n'a point de *cause nécessaire*, il y a rétrocession, vente nouvelle, plutôt que résolution proprement dite ; ou que, du moins, la résolution ne procède pas *ex causâ antiquâ et necessariâ*, mais, au contraire, *ex causâ novâ et voluntariâ*.

220. Bien loin, d'ailleurs, que Toullier soit contraire à l'opinion, que la résolution amiable du contrat, lorsque la résolution procède d'une cause ancienne et nécessaire, a les mêmes effets que la résolution prononcée en justice, on le voit soutenir, avec conviction, cette doctrine, même en matière d'enregistrement, et combattre, à cet égard, les théories de Merlin, trop facilement acceptées, selon lui, par la Cour de cassation, dans un arrêt du 5 germ. an XIII (2), sur l'autorité du savant procureur général (3). Cet arrêt pose, en principe, que, pour que la résolution d'un contrat ne donne lieu qu'à la perception d'un droit fixe d'enregistrement ; pour qu'elle ne soit pas considérée comme une nouvelle mutation, il faut, non-seulement qu'elle ait pour cause une nullité radicale, mais, de plus, qu'elle soit prononcée par un jugement.

La Cour de cassation s'est maintenue dans cette jurisprudence (4), dont je n'ai point à examiner la valeur juri-

---

(1) T. 7, n° 551.

(2) Cass. 5 germ. an XIII, aff. Michaud ; Jur. gén., v° *Enreg.*, n° 2462. Les conclusions de Merlin sont au Répertoire, v° *Enreg.*, § 2.

(3) Toullier, t. 7, nᵒˢ 537 et suiv.—Conf. Championnière et Rigaud, Droits d'Enreg., t. 1, n° 356 et suiv. ; Dalloz, *loc. cit.*, n° 2464.

(4) V. les arrêts cités dans la Jur. gén., v° *Enreg.*, nᵒˢ 2459 et suiv. —Il est permis de croire que la Cour de cassation ne résisterait pas

dique, dans une question de droit commun, puisque cette Cour, dans un arrêt récent et que j'ai déjà cité (V. *supra*, n° 209), a posé elle-même la règle : que, si les dispositions du droit civil (et notamment de l'art. 883, C. Nap.) ne sont pas applicables dans les matières que régissent les lois spéciales de l'enregistrement, elles reprennent tout leur empire dans les matières de droit commun.

221. Lorsque la résolution s'opère à l'amiable, l'acte qui la constate doit-il être transcrit ?

L'affirmative ne saurait être douteuse, en ce qui regarde les résolutions qui procèdent d'une cause extrinsèque, *ex causâ novâ et voluntariâ*. Puisque les choses ne sont pas remises dans leur premier état ; puisque les aliénations faites, les hypothèques concédées, dans le temps intermédiaire, sont maintenues, c'est une nouvelle transmission de propriété qui s'opère, et il y a lieu, par conséquent, à l'application de l'art. 1er de la loi du 23 mars 1855 (1).

222. M. Troplong, au cas spécifié, semble ne faire une nécessité de la transcription de l'acte de résolution qu'autant que la première vente a été transcrite.

Voici, en effet, comment il s'exprime : « Si un acheteur et un vendeur, dit-il, se désistent, à l'amiable, d'un contrat de vente, sans qu'il y ait aucune des causes pour lesquelles la résolution ou la rescision serait prononcée par les tribunaux, cet acte n'est, en réalité, qu'une revente, une rétrocession ; et, *dans le cas où la première vente a été transcrite*, une nouvelle transcription est nécessaire. »

---

aux solides raisons présentées par M. Dalloz contre cette jurisprudence, si elle ne se croyait enchaînée par le texte de la loi, ou ne redoutait, en consacrant la doctrine contraire, d'ouvrir une porte trop large aux fraudes qui pourraient être concertées contre les intérêts du fisc.

(1) Conf. Troplong, De la Transcr., n° 244 ; Rivière et François, n° 9 ; Rivière et Huguet, nos 6 et suiv. ; Mourlon, Rev. prat., *loc. cit.*; Gauthier, n° 48.

Mais je me rallie, de préférence, à l'opinion de M. Mourlon, qui pense que le vendeur, redevenu propriétaire, a intérêt à transcrire, dans tous les cas, pour prévenir l'effet de la
transcription que l'acquéreur, ou des tiers tenant leurs droits
de lui, pourraient faire ultérieurement de la vente dont la
résolution n'aurait pas été rendue publique.

223. Lorsque la résolution procède d'une cause inhérente
au contrat, d'une cause *ancienne et nécessaire*, elle efface le
contrat primitif ; elle fait rentrer les biens dans les mains du
vendeur, non par l'effet d'une acquisition nouvelle, mais
par l'anéantissement de la première aliénation. La transcription, dès lors, n'est plus exigée, parce que l'acte n'est
pas translatif de propriété (1).

« Après la tradition réelle, disait aussi Pothier, le contrat ne peut plus être anéanti, si ce n'est *ex causâ necessariâ
et inexistenti contractu*, pour raison de quelque vice du contrat ; et il n'est pas dû de profit pour ce contrat rescindé et
anéanti..... » (2).

224. On verra plus bas, cependant, que, lorsque la résolution, dans le cas spécifié, est prononcée par jugement,
l'art. 4 de la loi du 23 mars 1855 exige de l'avoué qui a
obtenu ce jugement, qu'il le fasse mentionner en marge de
la transcription de l'acte résolu ; et ce, à peine de 100 fr.
d'amende (3).

Ne peut-on pas, ne doit-on pas conclure de cette disposition qu'il est également dans la pensée du législateur que
l'acte de résolution soit, non pas transcrit, mais relaté en
marge de la transcription de l'acte primitif, afin que les
tiers soient avertis de cette résolution ?

---

(1) Conf. Troplong et les auteurs précités ; Bressolles, n° 28.
(2) Cout. d'Orl., Introd. au titre des Fiefs, n° 138.—Conf. Dumoulin, Cout. de Paris, § 78, gl. 1, n° 13.
(3) V. sous la sect. 7, § 2.

Il n'est pas douteux qu'une pareille mention ne fût fort utile; car la transcription ne peut pas, comme dans le cas d'une vente à réméré, par exemple, révéler aux tiers les causes multiples de résolution qui peuvent, un jour, faire évanouir les droits de l'acquéreur, ni les mettre, par conséquent, en garde contre le danger de traiter avec ce dernier, que, nonobstant la résolution, ils croiront toujours propriétaire. Mais, si utile que fût la mesure, la loi ne pouvait l'imposer, sans faire violence à son principe, qui est de ne soumettre à la transcription que les actes translatifs de propriété.

225. Elle l'a fait, dira-t-on, pour les jugements qui prononcent une résolution! — En aucune façon: l'unique sanction de la disposition, qui enjoint à l'avoué de faire opérer la mention du jugement de résolution en marge de la transcription de l'acte résolu, est, comme je le dirai en son lieu, cette peine d'amende qu'elle prononce contre lui (1). Mais le défaut de mention n'entraîne nullement, ainsi que le font remarquer tous les commentateurs, l'inefficacité du jugement, à l'égard des tiers qui tiennent des droits réels de celui dont la propriété est annulée ou résolue (2).

226. Le législateur ne pouvait même pas prescrire, comme simple mesure de précaution en faveur des tiers, ainsi qu'il l'a fait pour les jugements, la mention, en marge de l'acte transcrit, de l'acte de résolution, en imposant au notaire, rédacteur de l'acte, la même obligation qu'à l'avoué, puisque cet acte peut être fait sous signatures privées. Il en résulte une anomalie dans la loi; mais cette anomalie était dans la nécessité des choses.

---

(1) Je fais réserve de la question des dommages-intérêts, que je traiterai au même endroit.

(2) Troplong, De la Transcr., n° 232; Rivière et Huguet, loc. cit.; Mourlon, Examen critique du Commentaire de M. Troplong sur les Priviléges, Append., n° 362. V. infrà, sous la sect. 7, § 2.

227. Il ne faut pas confondre, au reste, la résolution d'un acte translatif, qui s'opère de gré à gré, mais en vertu d'une *cause nécessaire*, avec la renonciation que ferait un individu aux droits qu'il tient de cet acte ; renonciation que les art. 1 et 2 de la loi du 23 mars 1855 assujettissent à la transcription.

Ainsi que l'expriment MM. Rivière et Huguet, « on ne peut évidemment pas dire que l'acheteur, qui rend l'immeuble, parce qu'il est dans l'impossibilité de payer, *renonce* à son droit. Il ne fait pas plus, dans l'espèce, une renonciation que lorsqu'il est contraint par un jugement qui prononce la résolution. Il est permis de dire qu'une personne renonce à son droit, lorsqu'elle en fait une abdication libre, volontaire, spontanée ; mais ici l'acheteur ne convient de résoudre la vente que pour éviter les frais d'un jugement qui le contraindra à déguerpir. Si on décidait que l'acte de résolution doit être transcrit, il en résulterait que, tandis que le bénéficiaire d'un jugement n'aurait aucun risque à courir, le vendeur, qui ferait une convention de résolution, de gré à gré, serait, au contraire, exposé, faute de transcription, à se voir évincer par les tiers. Or, où serait la raison de différence ? La position du vendeur n'est-elle pas la même dans les deux hypothèses.....? » (1).

228. Lorsqu'un immeuble, qui a été donné en avancement d'hoirie, est rapporté à la succession, en exécution de l'art. 843, C. Nap., ce rapport ne peut, à aucun point de vue, donner lieu à transcription.

Le considérera-t-on comme un acte de résolution ? Cette résolution procède d'une cause inhérente au contrat, puisque, dans toute donation faite en avancement d'hoirie, la condition du rapport est sous-entendue pour l'héritier qui accepte la succession, et que ce rapport, aux termes de

---

(1) Quest.. n° 18.—Conf. Troplong, De la Transcr., n° 98.

l'art. 863, fait rentrer l'immeuble dans la masse, *franc et quitte de toutes charges créées par le donataire.*

Le partage fait-il tomber cet immeuble dans le lot du donataire qui l'a rapporté ? Il n'y a plus de résolution.—L'immeuble échoit-il à un autre cohéritier ? Il y a lieu d'appliquer l'art. 883, d'après lequel, « chaque cohéritier est censé avoir succédé seul, et immédiatement, à tous les effets compris dans son lot ; » ce qui exclut toute idée de mutation.

§ 8. — Des Retraits.

SOMMAIRE.

229. Notre Code ne reconnaît plus que trois sortes de Retraits : le Retrait *successoral*, le Retrait d'*indivision* et le Retrait *litigieux.* —Dans l'ancien droit, on en comptait jusqu'à vingt-cinq. — On y donnait aussi, mais improprement, la dénomination de *Retrait conventionnel* à la faculté de rachat.

230. Ce que c'était que le retrait conventionnel. — Il a été aboli, comme les autres.

231. Le droit de retrait, d'après Pothier, n'est autre chose que le droit de prendre le marché d'un autre, et de se rendre acheteur à sa place.

232. Le Code, en parlant des retraits, n'en a pas déterminé les effets. —Il faut, à cet égard, se reporter à l'ancien droit.—Un de ces effets, le seul à considérer par rapport à la transcription, est la résolution des hypothèques, ou autres droits réels, constitués sur l'immeuble par l'acheteur.—Ce qui s'étend aux sous-aliénations.

233. Mais la résolution ne s'appliquerait pas au privilége du créancier qui aurait fourni les deniers nécessaires pour acquitter le prix de la vente, et qui se trouverait subrogé au privilége du vendeur.

234. Il en serait autrement, selon M. Labbé, si la subrogation au privilége du vendeur était le fait de l'emprunteur seul.

235. C'est à tort que M. Labbé prête à Pothier une opinion contraire. —La subrogation ne peut être le fait de l'emprunteur ; elle ne peut être l'œuvre que du vendeur lui-même ou de la loi.

236. Transition.

237. *Retrait successoral.*—Le retrait n'opère pas une nouvelle vente; il ne doit donc pas être transcrit.—Opinion contraire de M. Troplong.

238. Ses raisons pour exiger la transcription, dans le cas du retrait, pourraient de même s'appliquer au cas de résolution.— M. Troplong admet, cependant, que la transcription n'est pas exigée, lorsque la résolution procède d'une *cause ancienne et nécessaire.*

239. L'auteur fait observer lui-même que les registres de la trans-

cription ne contiennent pas tous les renseignements qui sont de
nature à intéresser les tiers.—Il en est ainsi, par exemple, des procurations, ou autorisations, lorsqu'il s'agit d'actes faits par un
mandataire, ou au nom d'un incapable. — Nécessité de s'en tenir au
principe de la loi du 23 mars 1855.

240. Les tiers, qui traitent avec un acquéreur de droits successifs,
sont avertis, par la loi elle-même, de l'éventualité du retrait. —
La transcription, d'ailleurs, n'aurait d'utilité que pour les actes
postérieurs au retrait.

241. M. Troplong, du reste, excepte de la transcription le cas où le
retrayant serait l'unique cohéritier du vendeur. — Le retrait, dans
ce cas, équivaudrait à partage.

242. Pour que le retrayant soit dispensé de faire transcrire, il faut
que l'acheteur, dont il prend la place, ait lui-même fait transcrire
son acte d'acquisition.

243. *Quid*, si le prêteur de deniers, subrogé au privilége du vendeur,
n'a pas fait transcrire, ou pris inscription, pour la conservation de
son privilége, avant la transcription opérée par le retrayant? —
Renvoi.

244. *Retrait d'indivision.*—Il est pareillement affranchi de la transcription.

245. L'art. 1408, C. Nap., qui établit le retrait d'indivision, contient
deux dispositions qu'il ne faut pas confondre.—La première, commune aux deux époux, n'est que l'application de la règle qui donne
effet rétroactif au partage, ou à l'acte qui en tient lieu. — Ainsi,
l'acquisition, pendant le mariage, de portion d'un immeuble dont
l'un des époux est propriétaire par indivis, ne donnerait pas lieu à

246. Il en serait autrement, si l'acquisition ne faisait pas cesser entièrement l'indivision.

247. La seconde disposition établit le droit de retrait au profit de la
femme.—Cette disposition est empruntée au droit romain. — Mais,
dans le droit romain, le retrait était forcé, tandis que, sous le Code,
il est facultatif pour la femme. — Ce tempérament avait déjà été
admis par notre ancien droit.

248. Le retrait d'indivision peut être exercé par la femme dotale,
aussi bien que par la femme commune, au moins pour ses biens
dotaux.

249. Le retrait, exercé par la femme, opère la résolution des hypothèques, ou autres droits réels, constitués par le mari, ou acquis sur
l'immeuble, de son chef, avant le retrait.

250. Il peut, de même, en cas de revente du mari, être exercé contre
l'acquéreur, à moins que la femme n'ait été partie au contrat.

251. Il en était autrement, dans l'ancien droit, pour le retrait de mi-

denier, qui avait beaucoup de rapport avec notre retrait d'indivision.

252. L'immeuble acheté, pendant la communauté, par les conjoints, restait conquêt de communauté, et la femme lignagère, ou ses héritiers, en exerçant le retrait, lors du partage, prenaient l'immeuble avec les hypothèques, ou autres droits réels, qu'y avait constitués le mari, comme chef de la communauté.

253. Mais lorsque la femme retrayante, ou ses héritiers, renonçaient à la communauté, le retrait de mi-denier avait, dans ce cas, les mêmes effets que le retrait lignager ordinaire.

254. Duplessis ne faisait pas cette distinction, et il en est repris par Pothier ; mais son opinion, au fond, est la même.

255. L'art. 1408, au contraire, déclarant que l'immeuble indivis avec l'un des époux, acheté pendant la communauté, n'est pas un conquêt, la conséquence doit être que le retrait, exercé par la femme sur cet immeuble, en fait un propre de celle-ci, non sujet aux hypothèques ou aliénations du mari.

256. On tient, généralement, que la femme ne peut exercer le retrait, ou y renoncer, avant la dissolution de la communauté. — Inconvénients qui peuvent en résulter pour le mari ou pour les tiers. — L'art. 1408 n'a pas, selon moi, le sens absolu qu'on lui donne.—Il contient une disposition de même genre que celle de l'art. 1435, relative au remploi fait dans l'intérêt de la femme. — Il n'y a pas plus à craindre, dans un cas que dans l'autre, l'influence maritale, si la femme exerce son option pendant la communauté.

257. Raison pour laquelle il en était autrement dans le cas du retrait de mi-denier.

258. Il y a contradiction à dire que la femme ne peut déclarer son option, pendant la communauté, et à lui permettre d'intervenir à l'acte d'aliénation que fait le mari, durant cette même communauté, de l'immeuble sujet au retrait, pour se rendre garante de la vente.

259. Arrêt de la Cour de Lyon, dans le sens de mon opinion. — Cet arrêt est approuvé par M. Troplong.

260. Dans mon opinion, non-seulement la femme peut déclarer son option, pendant l'existence de la communauté, mais le mari peut la contraindre à le faire.

261. Quoique l'acquisition faite par le mari, dans le cas où la femme opterait, plus tard, pour le retrait, n'ait pas besoin d'être transcrite, si elle a fait cesser complétement l'indivision entre celle-ci et ses communistes, le mari a, néanmoins, intérêt à faire transcrire, sans attendre l'option de sa femme, à raison de l'incertitude du parti qu'elle prendra.

262. *Retrait litigieux.*— Il est, comme le retrait successoral, affranchi de la transcription. — Il y a une raison spéciale pour qu'il en soit ainsi.—Opinion contraire de M. Troplong.

229. Nous ne connaissons plus que trois espèces de Retraits : le Retrait *successoral* (C. Nap., 841); le Retrait *d'indivision* (1408), et le Retrait *litigieux* (1699). — On en comptait, dans l'ancien droit, jusqu'à vingt-cinq (1).

On y donnait aussi, quelquefois, le nom de *Retrait conventionnel* à la Faculté de rachat; mais c'était improprement (2).

230. Le Retrait conventionnel, d'après Pothier, était « le droit qui naît d'une convention apposée lors de l'aliénation qui a été faite de l'héritage, par laquelle celui qui l'a aliéné a stipulé que lui et ses successeurs auraient le droit, toutes les fois que l'héritage serait vendu, soit par l'acquéreur, soit par ses successeurs, d'avoir la préférence sur les acheteurs, et de prendre leur marché » (3).

Ce retrait a été aboli, comme tous les autres, par un décret de l'Assemblée constituante du 15 mai 1792.

231. Envisagé d'une manière générale, « le droit de retrait, dit Pothier, n'est autre chose que le droit de prendre le marché d'un autre et de se rendre acheteur à sa place. Il ne tend pas à rescinder et détruire le contrat, mais à subroger, en tous les droits résultants du contrat, la personne du retrayant à celle de l'acheteur sur qui le retrait est exercé » (4). Le retrayant, en un mot, est réputé avoir acquis directement du vendeur, comme si l'acheteur, dont il prend la place, n'avait jamais existé : *Perindè est,* dit Dumoulin, *ac si emisset ab ipso venditore, et primus emptor non est ampliùs in consideratione, et perindè habetur ac si non*

---

(1) Merlin, Rép., v° *Retrait.*
(2) Merlin lui a conservé cette qualification, sous le droit actuel. V. au Rép., v° *Retrait conventionnel.*
(3) Des Retraits, n° 531. V. aussi Cout. d'Orl., Introd. au tit. 1er, n° 144.
(4) Des Retraits, n° 1 ; Cout. d'Orl., *loc. cit.*

emisset (1). Tiraqueau dit également : *Ob retractum fingitur emptor retrò non acquisivisse* (2).

232. Le Code, dans les trois articles où il parle des retraits, n'a pas pris le soin d'en déterminer les effets. Il nous renvoie donc, à cet égard , à l'ancien droit. Or, un des principaux effets du retrait , le seul dont j'aie à m'occuper, au point de vue de la loi du 23 mars 1855, est la résolution des hypothèques ou autres droits réels , constitués par l'acheteur ou existant, de son chef, sur l'immeuble avant le retrait. Cette résolution est une conséquence du principe qui substitue la personne du retrayant à celle de l'acheteur, sans nouvelle mutation, *perindè ac si non emisset*. Sans ce droit de résolution, l'exercice du retrait eût été trop facilement paralysé par l'acheteur. — Cette doctrine n'a jamais été contestée (3).

Cela s'applique, par identité de raison, aux sous-aliénations que cet acheteur aurait pu faire (4).

233. Mais il faut observer, dit Pothier, « qu'il n'y a que les hypothèques imposées sur l'héritage par l'acquéreur, qui soient éteintes par le retrait ; mais que, si un créancier de l'acquéreur, qui a prêté de l'argent à l'acquéreur pour payer le prix dû au vendeur , était subrogé à l'hypothèque du vendeur, le retrait ne lui ferait pas perdre cette hypothèque qui, n'ayant pas été imposée par l'acheteur, mais retenue par le vendeur dans l'aliénation de l'héritage, subsiste, nonobstant le retrait (arrêt cité par Duplessis) » (5).

Cette décision devrait encore être suivie. L'art. 2103, n° 2, C. Nap., accorde, de plein droit, et sans qu'il soit be-

---

(1) Sur la Cout. de Paris, tit. 1ᵉʳ, § 15, gl. 1, nᵒˢ 5 et 6.
(2) Du Retrait lignager, § 29, gl. 2, n° 2.
(3) Pothier, Des Retraits, n° 431.
(4) Pothier, *ib.*, n° 189.
(5) Des Retraits, n° 432.

soin d'une subrogation expresse (1), le privilége de vendeur,
à ceux qui ont fourni les deniers pour l'acquisition d'un immeuble, « pourvu, ajoute l'article, qu'il soit authentiquement
constaté, par l'acte d'emprunt, que la somme était destinée
à cet emploi, et, par la quittance du vendeur, que ce paiement a été fait des deniers empruntés. » C'est l'application
à un cas particulier de la disposition déjà consacrée, en termes généraux, par l'art. 1250, n° 2, du même Code. Le retrayant, en succédant aux droits de l'acquéreur sur la chose,
succède aussi à ses obligations envers le vendeur ou ceux
qui sont aux droits de ce dernier.

M. Labbé, dans une dissertation sur les Retraits, exprime
le même avis. « Il y a, toutefois, dit-il, un créancier de
l'acheteur qui conserve son droit de préférence : c'est celui
qui, après avoir payé le prix au vendeur, a été subrogé, par
celui-ci, au privilége sur la chose vendue. La vente subsiste :
la personne de l'acheteur est seule changée. Le vendeur conserve, par conséquent, son privilége, et les subrogations
consenties par lui, ou opérées par la loi, sont parfaitement
valables. Le retrayant devra désintéresser ce créancier subrogé, s'il ne veut être inquiété » (2).

234. Mais, ajoute M. Labbé, « nous n'osons pas dire, avec
Pothier, n° 432, qu'un créancier, qui aurait prêté à l'acheteur les fonds employés au paiement du prix, et qui aurait
été, par l'emprunteur, subrogé au privilége du vendeur,
conserverait le bénéfice de cette subrogation. L'acheteur,
étant évincé du contrat et réputé n'y avoir pas été partie,
a-t-il pu subroger aux droits du vendeur? Une personne
étrangère au contrat l'aurait-elle pu? La négative est, à

---

(1) Mon Traité des Priv. et Hyp., inédit. — Conf. Troplong, Des
Priv. et Hyp., t. 1, n°s 230 et suiv.; Dalloz, Jur. gén., v° *Priv. et hyp.*,
n° 487, et les auteurs qu'il cite.
(2) Étude sur les Retraits, Rev. crit. de lég., t. 6, année 1855, p. 142,
n° 23.

notre avis, une conclusion nécessaire. La faculté du retrait étant écrite dans la loi, et les conséquences du retrait étant faciles à prévoir, ce créancier ne devait pas se contenter de cette garantie » (1).

235. Je n'entends pas, de la même manière que M. Labbé, le passage de Pothier qui est l'objet de sa critique. M. Labbé suppose que la subrogation d'hypothèque dont parle Pothier est une subrogation que le prêteur de deniers s'est fait consentir *par l'emprunteur*, et à laquelle le vendeur est resté étranger. Pothier ne dit rien de pareil ; et il ne pouvait émettre une semblable idée, puisqu'il n'y a que le vendeur lui-même, ou la loi pour lui, qui puisse subroger le prêteur dans le privilége du vendeur impayé (V. l'art. 1250, n° 2, C. Nap.).

256. Ces principes posés, je vais parler, successivement, des trois espèces de retraits mentionnés au n° 229.

237. *Retrait successoral.* — Puisque le retrait n'est pas une nouvelle vente ; puisqu'il ne fait que subroger la personne du retrayant à celle de l'acheteur, la conséquence juridique est que l'acte de retrait ne doit pas être transcrit (2).

Tel n'est pas, cependant, le sentiment de M. Troplong. « Sans doute, dit-il, le retrait laisse subsister, à l'égard de l'héritier qui l'exerce, la vente qui avait été consentie à un étranger ; le contrat primitif n'est pas résolu, en ce qui concerne le retrayant. Mais, cependant, il surgit une circonstance grave qui modifie le contrat primitif : une personne prend la place d'une autre comme acheteur, et la vente n'est plus faite au profit des parties originaires. Or, n'est-il pas clair que l'acte translatif n'est pas complet, si, au lieu de

---

(1) *Ibid.*, n° 24.
(2) Conf. Rivière et Huguet, n° 49 ; Mourlon, Rev. prat., t. 3, p. 186, n° 65 ; Gauthier, n° 78.

l'acheteur définitif, on ne désigne au public que l'acheteur éliminé ? Dès lors, ne faut-il pas que le registre des transcriptions reproduise les deux opérations successives ? Nous disons donc que, puisque le retrait est devenu un véritable complément de la vente, il doit être tanscrit avec elle.» (1).

238. Ces raisons, me semble-t-il, pourraient s'appliquer tout aussi bien au cas de résolution dont j'ai parlé *suprà*, n° 223. Les tiers, qui ne sont pas avertis de la résolution par la transcription de l'acte qui l'a consommée, sont exposés à traiter avec l'acquéreur, comme s'il était encore propriétaire, de la même manière qu'ils sont exposés à traiter avec un cessionnaire de droits successifs, comme s'il était encore aux droits de l'héritier , lorsqu'on leur a laissé ignorer l'exercice du retrait.

M. Troplong ne méconnaît pas l'assimilation ; car il dit, au n° 246 : « Toutefois, et bien que la vente subsiste et produise ses effets à l'égard du retrayant, l'acheteur primitif est écarté par l'effet du retrait ; son acquisition est anéantie par rapport à lui ; tous les droits qu'il a pu conférer disparaissent. En un mot, relativement à cet acheteur et à ses ayants cause, *le résultat est le même que si la vente était résolue.* » Cependant, M. Troplong, on l'a vu, admet que la transcription de l'acte de résolution n'est pas exigée, lorsque la résolution procède d'une *cause ancienne et nécessaire.*

239. L'éminent magistrat dit, quelque part, que les registres de la transcription ne contiennent pas toujours tout ce qu'il pourrait être utile aux tiers de connaître, et que c'est à ces derniers, lorsque toutes les prescriptions de la loi ont été remplies, à se procurer, par une autre voie, les renseignements qui leur manquent.

C'est ainsi qu'il décide, à l'égard des actes faits par un mandataire ou au nom d'un incapable (et je suis de cet

_____

(1) De la Transcr., n° 247.

avis), qu'il n'est pas nécessaire de faire transcrire les procurations ou autorisations qui se rattachent à ces actes (*suprà*, nᵒˢ 119 et 121).

La loi du 23 mars 1855 a posé, comme règle, que les actes *translatifs* seuls sont soumis à la transcription : il faut s'en tenir là. Si l'on devait entrer dans les considérations diverses qui peuvent être invoquées pour faire modifier le principe, dans tel ou tel cas, les exceptions auraient bientôt étouffé la règle. Il ne faut pas oublier, j'en ai déjà fait l'observation, qu'une déchéance est attachée au défaut de transcription, et qu'ainsi la matière est de celles qu'on appelle *stricti juris*.

240. Les tiers, au reste, qui traitent avec un acquéreur de droits successifs avant partage, sont avertis, par la loi même, de l'éventualité du retrait, et ils manquent de prudence, s'ils ne prennent pas leurs précautions pour être garantis contre cette éventualité.

Il y a, d'ailleurs, à la doctrine de M. Troplong, une objection qui me paraît capitale, c'est que le défaut de transcription de l'acte de retrait ne pourrait, dans tous les cas, être opposé au retrayant que pour les aliénations ou les hypothèques consenties par l'acheteur *depuis le retrait ;* car, pour celles consenties antérieurement au retrait, comme il est impossible de transcrire un acte qui n'existe pas encore, il est manifeste que les tiers ne peuvent se prévaloir du défaut de transcription. Or, il y aurait cela de bizarre, d'anormal tout au moins, si la doctrine de M. Troplong devait être suivie, que l'acheteur aurait, sur la chose, depuis qu'il a cessé d'en être propriétaire, des droits plus étendus que ceux qu'il y avait avant d'en avoir perdu la propriété.

241. M. Troplong, quoi qu'il en soit, admet une exception pour le cas où le retrayant est l'unique cohéritier du vendeur. Dans ce cas, dit-il, n° 248, « le retrait réunit sur une seule tête tous les droits aux biens de la succession ; il fait cesser l'indivision ; il équivaut à un partage ; et l'on

sait que le partage n'a pas besoin d'être transcrit » (V. *suprà*, nᵒˢ 18 et suiv.).

242. En disant que le retrayant est dispensé de faire transcrire l'acte de retrait, j'ai supposé, bien entendu, que l'acheteur, dont il prend la place, avait fait lui-même transcrire son acte d'acquisition : sans cela, il est bien évident que le retrayant, qui devient, par l'exercice du retrait, le véritable acheteur, demeure soumis, comme tout nouveau possesseur, à l'obligation de faire transcrire son titre.

243. On a vu *suprà*, nᵒ 233, que le prêteur, qui a fourni à l'acheteur les deniers pour acquitter le prix de la vente, et qui, par suite, se trouve subrogé au privilége du vendeur, conserve ce privilége, nonobstant l'exercice du retrait.

Qu'arriverait-il, si ce créancier subrogé avait négligé, au défaut de l'acquéreur, de faire transcrire l'acte de vente, ou de prendre inscription, pour la conservation de son privilége, conformément à l'art. 2108, C. Nap.; ou que son inscription n'eût été prise que postérieurement à la transcription opérée à la diligence du retrayant, et hors du délai de quarante-cinq jours prescrit par l'art. 9 de la loi du 23 mars 1855 ?

L'examen de cette question serait, en ce moment, prématuré : il sera mieux placé au chap. 4, lorsque je m'occuperai des effets de la transcription.

244. *Retrait d'indivision.* — Il faut également déclarer affranchi de la transcription le retrait d'indivision autorisé, au profit de la femme, par l'art. 1408, C. Nap. « L'acquisition, faite pendant le mariage, porte cet article, à titre de licitation ou autrement, de portion d'un immeuble dont l'un des époux est propriétaire, par indivis, ne forme point un conquêt ; sauf à indemniser la communauté de la somme qu'elle a fournie pour cette acquisition. — Dans le cas où le mari deviendrait seul, et en son nom personnel, acquéreur ou adjudicataire de la portion ou de la totalité d'un immeuble appartenant, par indivis, à la femme, celle-ci, lors

de la dissolution de la communauté, a le choix, ou d'abandonner l'effet à la communauté, laquelle devient alors dé-
bitrice, envers la femme, de la portion appartenant à celle-ci
dans le prix, *ou de retirer l'immeuble, en remboursant à la
communauté le prix de l'acquisition.* »

245. Il y a, dans cet article, deux dispositions distinctes,
et qu'il ne faut pas confondre. La première, qui est commune aux deux époux, n'est que l'application du principe
posé dans l'art. 883, C. Nap., d'après lequel chacun des
communistes est réputé propriétaire, *ab initio,* de l'immeuble que le partage, ou tout autre acte équivalant à partage
(888), fait arriver, pour la totalité, dans ses mains. L'acquisition, dans ce cas, ne donne pas lieu à transcription,
et l'on applique les règles relatives au partage (*suprà,* n°ˢ 18
et suiv.).

246. Mais, pour que l'acte d'acquisition ait le caractère
de partage, il faut qu'il fasse cesser complétement l'indivision (1). L'acquisition, autrement, formerait un conquêt (2),
et l'acte serait sujet à transcription.

247. La seconde disposition de l'art. 1408 est celle qui
établit le droit de retrait au profit de la femme. Ce droit a
son origine dans la loi 78, § 4, D., *De jure dot.* — *Si fundus communis,* porte cette loi, *in dotem datus erit, et socius
egerit cum marito communi dividundo, adjudicatusque fundus socio fuerit, in dote erit quantitas quâ socius marito
damnatus fuerit ; aut si, omissâ licitatione, extraneo addictus
is fundus fuerit, pretii portio quæ distracta est..... Quod si
marito fundus fuerit adjudicatus, pars utique data in dotem
dotalis manebit :* DIVORTIO AUTEM FACTO, SEQUETUR RESTITUTIO-

---

(1) V. *suprà,* n°ˢ199 et suiv. V. aussi, sous le chap. 6, des développements de ce principe.

(2) Paris, 3 déc. 1836, aff. Ragois ; Jur. gén., v° *Contr. de mar.,*
n° 623. V. *cod. verb.,* n°ˢ821 et 825, d'autres applications de la même
règle.

NEM PROPTER QUAM AD MARITUM PERVENIT, ETIAM ALTERA PORTIO, *scilicet ut recipiat tantum, pretii nomine, à muliere quantum dedit, ex condemnatione, socio...* C'est, comme on le voit, la disposition même de l'art. 1408. Seulement la loi romaine ajoute : *Nec audiri debebit alteruter eam æquitatem recusans, aut mulier in suscipiendâ parte alterâ quoque, aut vir in restituendâ.....* La femme devenait ainsi, dans le droit romain, à son insu et même contre son gré, propriétaire de la portion acquise par son mari dans l'immeuble indivis qu'elle avait apporté en dot.

Au contraire, d'après le Code Napoléon, ce n'est point une obligation pour elle, mais une simple faculté. Notre ancienne jurisprudence admettait déjà ce tempérament à l'inflexibilité de la loi romaine (1), tempérament tout à fait dans l'esprit des dispositions qui règlent les droits de la femme dans l'association conjugale, de la disposition, notamment, qui lui permet d'accepter ou de répudier la communauté, à son choix.

248. Il est de jurisprudence que la disposition de l'art. 1408 n'est pas spéciale au régime de la communauté, et que le retrait d'indivision peut également être exercé par la femme mariée sous le régime dotal, au moins pour ses biens dotaux (2).

249. L'effet du retrait étant, comme je l'ai dit *suprà,* n° 232, de subroger la personne du retrayant à celle de l'acheteur, il en résulte que l'immeuble indivis, acquis par le mari, passe dans les mains de la femme, affranchi des hypothèques ou autres droits réels que le mari aurait consti-

---

(1) Req. 8 mars 1837, aff. Falèze ; Jur. gén., v° *Contr. de mar.,* n° 847.

(2) V. les auteurs et les arrêts cités par Dalloz, Jur. gén., v° *Contr. de mar.,* n°s 832 et 833, et les Codes annotés de Gilbert sur l'art. 1408, n°s 10 et 11.

tués sur cet immeuble, ou qui y auraient été acquis, de son chef, avant l'exercice du retrait (1).

250. Si l'immeuble avait été revendu par le mari, le retrait pourrait, de même, s'exercer contre l'acquéreur, à moins que la femme n'eût été partie au contrat ; cas auquel elle serait garante de la vente (2).

251. Il en était différemment, dans l'ancien droit, pour le retrait appelé *Retrait de mi-denier*, lequel, comme on va le voir, avait une grande analogie avec le retrait d'indivision établi par l'art. 1408, C. Nap.

Voici, d'après Pothier, ce que c'était que le retrait de mi-denier : « Lorsque deux conjoints par mariage et communs en biens, dit-il, dont l'un était lignager du vendeur, l'autre étranger, ont acheté, durant la communauté, un héritage propre du vendeur, la Coutume de Paris, art. 155, et celle d'Orléans, art. 381, accordent, après la dissolution du mariage, au conjoint lignager ou à ses héritiers lignagers, et, à leur refus, aux autres lignagers, le retrait de la moitié du conjoint étranger, ou de ses héritiers étrangers, à la charge de rembourser la moitié tant du prix que des loyaux coûts et mises » (3).

252. Au n° 519, l'auteur, traitant de l'effet du retrait de mi-denier, ajoute : « Lorsque ce retrait s'exerce par le conjoint lignager, ou par ses héritiers, au partage des biens de la communauté, le conjoint lignager, lorsqu'il est le survivant, possède cet héritage comme une chose à laquelle, avec les autres choses qui sont tombées dans son lot, s'est déter-

---

(1) Toullier, t. 12, n° 170 ; Duranton, t. 14, n° 209 ; Delvincourt, t. 3, p. 12, note 5; Troplong, Contr. de mar., n° 652 ; Pont et Rodière, *ib.*, n° 496 ; Dalloz, Jur. gén., v° *Contr. de mar.*, n° 858 ; Labbé, Étude sur les Retraits, *loc. cit.*, n° 27. V. aussi les Codes annotés de Gilbert, sur l'art. 1408, n°s 7 et 8.

(2) Duranton, *loc. cit.*; Labbé, *loc. cit.*, n° 28.

(3) Des Retraits, n° 488.

I.   11

minée sa part dans les biens de la communauté qui a été
entre lui et l'autre conjoint, et, par conséquent, comme un
conquêt de cette communauté.... De là il suit : 1° que les
hypothèques, dont cet héritage a été chargé par le mari
étranger, ne sont aucunement éteintes, en ce cas, par le
retrait; car la femme lignagère ou ses héritiers, tenant cet
héritage en entier comme une chose dont leur part en la
communauté est composée, et, par conséquent, comme un
conquêt de cette communauté, ils ne peuvent le tenir qu'à
la charge des hypothèques dont le mari, comme chef de la
communauté, a eu le droit de charger, pour le total, les
conquêts de la communauté, et, par conséquent, même pour
la part qui tombe dans le lot de sa femme ou de ses héritiers. Il en est de même des autres droits réels imposés par
le mari......»

Mais pourquoi en était-il ainsi ? Pothier a soin de nous le
dire : c'est parce que l'immeuble acheté, pendant la communauté, par les conjoints était un *conquêt de communauté*, et
que le retrait exercé par le conjoint lignager, par la
femme, je suppose, au moment du partage, sur la moitié
appartenant au mari *non lignager*, n'avait pas le pouvoir
d'effacer les droits de propriété qui avaient appartenu au
mari sur ce conquêt, comme chef de la communauté.

253. Et une preuve que c'était bien là la seule et vraie raison de la différence qu'on établissait entre le retrait de mi-
denier et le retrait ordinaire, c'est que la différence s'effaçait,
suivant la remarque de Pothier, en cas de renonciation, par
la femme ou ses héritiers, à la communauté.

« Enfin, dit l'auteur, au n° 521, lorsqu'en cas de renonciation à la communauté, la femme, ou ses héritiers, exercent
le retrait, les hypothèques et autres droits réels, imposés
par le mari sur l'héritage retiré, s'éteignent, de même que,
dans le retrait ordinaire, toutes les charges imposées par
l'acheteur sur qui le retrait est exercé s'éteignent; car la
femme, ou ses héritiers, qui en ont exercé le retrait, ne

tiennent pas cet héritage comme un effet de la communauté à laquelle ils ont renoncé ; l'achat que les conjoints en ont fait en commun, durant leur mariage, s'éteint en la personne du mari étranger par le retrait qui est exercé sur lui, et passe en la personne de la femme ou de ses héritiers, ou autres retrayants, qui sont censés, de même que dans le retrait ordinaire, avoir acheté directement du vendeur. »

254. Duplessis, à la vérité, ne faisait pas cette distinction, et Pothier l'en reprend, à juste titre ; mais on va voir que les raisons données par Duplessis ne sont pas autres, au fond, que celles données par Pothier. « Le retrait ordinaire, dit Duplessis, se fait sur le contrat de vente, et résout tout le droit de l'acquéreur. Au contraire, le retrait de mi-denier ne se fait point sur la première vente, mais sur la mutation qui arrive par la dissolution du mariage ; de sorte qu'*interim*, le mari a été véritable propriétaire ; et c'est tout de même que quand un lignager a acquis un héritage, et que, depuis, il vient à le revendre ; auquel cas le retrait se peut faire, non pas sur la première vente, mais sur la seconde » (1).

255. L'art. 1408, au contraire, déclare que « l'acquisition faite, pendant le mariage, à titre de licitation ou autrement, de portion d'un immeuble dont l'un des époux était propriétaire par indivis, *ne forme point un conquêt...* » : avec les raisons données par Pothier et par Duplessis, disparaît donc l'effet qu'ils y attachent. Puisque l'immeuble indivis, acquis par le mari, ne devient pas conquêt de communauté, c'est donc qu'il reste éventuellement, et pour le cas où la femme voudra exercer le retrait, un propre de celle-ci ; que le mari, dans ce cas, est réputé n'avoir été que le *negotiorum gestor* de sa femme ; d'où la conséquence qu'il n'a pu,

---

(1) Des Retraits, ch. 10, 12° Observ.

dans l'intervalle, l'aliéner ou le grever d'hypothèques au préjudice de cette dernière.

256. La femme, d'après l'art. 1408, a jusqu'à *la dissolution de la communauté* pour faire son option. On a même conclu de ces expressions qu'elle ne pouvait anticiper l'époque marquée pour cette option, et exercer le retrait, ou y renoncer, durant l'existence de la communauté, parce que, tant que la communauté subsiste, elle n'a pas le plein exercice de ses droits, et demeure soumise à l'influence maritale. C'est même, il faut le dire, une opinion qui paraît être admise généralement (1).

Il peut résulter de là d'assez graves inconvénients : soit pour le mari, qui, pendant tout le temps que la propriété de l'immeuble restera ainsi en suspens, ne pourra utilement en disposer ; soit pour les tiers qui, malgré l'éventualité du retrait, n'auront pas craint de traiter avec le mari. Aussi ne pensé-je pas, pour mon compte, que l'art. 1408 doive être interprété dans le sens rigoureux qu'on lui donne. En disant que la femme aura, *lors de la dissolution de la communauté,* le choix, ou d'abandonner l'effet à la communauté, ou de retirer l'immeuble, la loi entend bien dire que la femme pourra différer jusque-là son option, mais non pas qu'elle ne pourra point l'exercer auparavant. C'est là une disposition du genre de celle que prévoit l'art. 1435, et qui est relative à l'acquisition faite par le mari pour tenir lieu de remploi à sa femme : remploi sur l'acceptation duquel elle peut se prononcer immédiatement, ou remettre à se prononcer jusqu'à la dissolution de la communauté (2). Il n'y a pas plus à redouter, dans un cas que dans l'autre, l'influence maritale qui pourrait peser, dit-on, sur le choix

---

(1) Duranton, t. 14, n° 209 ; Pont et Rodière, Contr. de mar., t. 1, n° 495 ; Dalloz, Jur. gén., *ib.*, n° 850 ; Req. 25 juillet 1844, aff. de Monviol, *ib.*, n° 837.

(2) V. *infrà*, n°s 299 et suiv.

de la femme, parce qu'on doit supposer que l'acquisition aura été faite, moins dans l'intérêt propre du mari, que dans l'intérêt de sa femme.

257. S'il en était autrement, dans le cas du retrait de mi-denier; si ce retrait ne pouvait s'exercer qu'à la dissolution de la communauté, Pothier nous en donne la raison : « Le retrait de mi-denier, dit-il, étant un vrai retrait lignager (et c'est en cela qu'il diffère du retrait d'indivision établi par l'art. 1408, C. Nap.), les mêmes contrats qui donnent ouverture au retrait lignager ordinaire donnent pareillement ouverture à celui-ci..... La seule différence qu'il y a, à cet égard, entre le retrait lignager ordinaire et le retrait de mi-denier est que les contrats, susceptibles de retrait, donnent ouverture au retrait lignager ordinaire, aussitôt qu'ils sont parfaits, et exécutés par la tradition, réelle ou feinte, de l'héritage faite à un étranger ; au lieu qu'ils ne donnent ouverture au retrait de mi-denier qu'après la dissolution du mariage. La raison est que, tant que le mariage et la communauté de biens durent, l'héritage n'est pas censé sorti de la famille, par les raisons rapportées *suprà*, n° 196. »

Ces raisons sont « que l'union du mariage, jointe à la communauté de biens qui est entre le mari et la femme, les fait regarder comme n'étant, par rapport aux biens de la communauté, qu'une seule personne ;.... d'où il suit que le mari, quoiqu'il soit, de son chef, étranger à la famille, est, du chef de sa femme lignagère, réputé, en quelque façon, de la famille du vendeur, tant que dure cette communauté... » (1). Ces raisons, ou plutôt cette raison, donnée par Pothier, n'est point applicable à notre retrait d'indivision, fondé, non sur des convenances de famille, mais sur les convenances personnelles de la femme.

258. Il y a, du reste, ainsi que le relève M. Mourlon (2),

---

(1) Des Retraits, n°s 489 et 490.
(2) Rev. prat., t. 3, p. 186, à la note.

quelque contradiction à dire que la femme ne peut déclarer
son option, durant l'existence de la communauté, parce
qu'on la suppose inhabile à faire un choix libre et conforme
à son intérêt, et à lui permettre, comme le fait M. Duranton,
d'intervenir à l'acte d'aliénation que fait le mari de l'immeuble sujet au retrait, pour être garante de la vente envers
l'acquéreur (1). C'est, en effet, là une renonciation indirecte
à son droit d'option, puisque, lorsqu'elle voudra exercer le
retrait, à la dissolution de la communauté, elle sera repoussée par la maxime : *Quem de evictione tenet actio, eumdem
agentem repellit exceptio.*

259. Il faut donc dire, avec la Cour de Lyon, « qu'en
fixant la dissolution de la communauté pour époque à l'option
de la femme, c'est l'intérêt de celle-ci qui a préoccupé le
législateur;... que cette disposition, toute favorable à la
femme, n'est pas absolue; qu'elle n'est qu'indicative, et n'a
pas eu pour objet de contraindre la femme à retarder, dans
tous les cas, son option jusqu'à cette dissolution; que c'eût
été compromettre ses intérêts au lieu de les protéger » (2).
Et M. Troplong approuve cette décision, rendue dans une
espèce où il s'agissait, pour la femme mariée sous le régime
dotal, de repousser, en exerçant le retrait, des poursuites
en expropriation dirigées par des créanciers de son mari
contre l'immeuble sujet au retrait (3).

260. De là je conclus, non-seulement que la femme peut
déclarer son option avant la dissolution de la communauté,
mais encore que le mari pourrait la mettre en demeure de se
prononcer, sans attendre l'époque de cette dissolution, ainsi
que cela peut avoir lieu pour le cas de remploi (4). Il est

(1) *Suprà*, nº 250.
(2) Lyon, 20 juill. 1843, aff. Coméat ; Jur. gén., vº *Contr. de mar.*,
nº 832.
(3) Contr. de mar., t. 1, nº 679.
(4) V. *infrà*, nº 315.

bien vrai qu'il y a, entre la rédaction de l'art. 1408 et celle de l'art. 1455, une différence ; qu'il est admis, par le premier de ces articles, que la femme peut encore faire son option après la dissolution de la communauté, ce que n'admet pas le second. Mais le principe des deux dispositions est le même ; et, si l'on convient, avec moi, que l'état de dépendance de la femme, pendant le mariage, n'est pas un motif à invoquer pour lui interdire de faire son option pendant l'existence de la communauté, je n'aperçois plus de raison qui puisse l'autoriser, sans intérêt pour elle-même , à différer de se prononcer, lorsqu'une mise en demeure de son mari et l'intérêt sérieux des tiers lui en font un devoir : *Malitiis non est indulgendum*. On ne peut contraindre ces derniers à rester indéfiniment sous le coup d'une éventualité qui paralyserait entre leurs mains le plus important et le plus précieux des droits, le droit de propriété.

261. J'ai dit *suprà*, n° 244, que le retrait d'indivision , comme le retrait successoral, est affranchi de la formalité de la transcription.

Il faut dire plus : c'est que l'acquisition faite par le mari, dans le cas où la femme opterait, plus tard, pour le retrait, n'aurait pas besoin elle-même d'être transcrite, si cette acquisition, que la femme se rend propre, en exerçant le retrait , avait fait cesser l'indivision entre elle et ses communistes, puisqu'elle équivaudrait à un acte de partage, et placerait la femme sous la fiction légale de l'art. 883 (*suprà*, n° 245 et 246).

Toutefois, la prudence conseille au mari de faire transcrire, sans attendre l'option de sa femme, parce qu'il peut arriver que celle-ci préfère abandonner l'immeuble à la communauté ; que, dans ce cas, l'acquisition qu'il aura faite aura un caractère translatif, et que la transcription seule peut le mettre à l'abri des droits réels que le vendeur ou le colicitant pourrait conférer sur l'immeuble à des tiers qui feraient transcrire avant lui.

262. *Retrait litigieux.* — M. Troplong étend au retrait litigieux la solution qu'il a donnée pour le retrait successoral.

« Je revendique, dit-il, un immeuble que vous possédez. Durant le procès, vous vendez cet immeuble à un tiers. Je m'interpose, j'indemnise le tiers acheteur, et je m'approprie le bénéfice de la vente. Si un procès en résulte, et si le tribunal décide que le droit de ce tiers est bien et dûment résolu, l'avoué devra, par les motifs déjà déduits, faire mentionner le jugement en marge de la vente. — Mais devrais-je aller plus loin, et faire opérer une transcription? Nous le conseillons. Par le retrait, je prends la place d'un acheteur; je me porte acheteur moi-même. Sans doute, il y a déjà eu un acte transcrit; mais cet acte ne contient pas le véritable acquéreur, depuis que je me suis substitué à autrui; il faut donc compléter la publicité par la transcription de l'acte de retrait... (1). »

Indépendamment des raisons que j'ai fait valoir pour l'opinion contraire, dans le cas du retrait successoral (*suprà*, n°s 238 et suiv.), raisons qui s'appliquent également au retrait litigieux, il y en a une spéciale pour ce dernier cas, c'est que si, après avoir exercé le retrait, j'obtiens du possesseur de l'immeuble revendiqué le délaissement volontaire de cet immeuble, ce délaissement, reconnaissance implicite de mon droit de propriété, véritable transaction sur procès, dont l'effet est purement déclaratif, comme je l'établirai plus bas (2), doit faire considérer comme non avenue, faute de droit en la personne du vendeur, l'aliénation qui a été faite par celui-ci, de même que le retrait qui en a été la suite. La transcription, exigée par M. Troplong, manquerait donc entièrement de base (3).

---

(1) De la Transcr., n° 249.
(2) V. *infrà*, sous le § 10.
(3) Conf. Rivière et Huguet, n° 50 ; Gauthier, n° 79.

§ 9. — **Des Sociétés, et particulièrement de l'Association conjugale, ou de la Communauté entre époux.**

ART. 1er. — *Des Sociétés.*

SOMMAIRE.

263. En droit, on distingue la société, être moral, des associés pris individuellement.—Le principe est admis pour les sociétés commerciales ; mais la question, en ce qui touche les sociétés civiles, est controversée.

264. Toullier repousse le principe pour les unes et pour les autres ; mais son opinion est isolée.—Il s'est, d'ailleurs, contredit lui-même. — La distinction que font quelques auteurs entre les sociétés de commerce et les sociétés civiles est rejetée par le plus grand nombre.

265. La question, en ce qui concerne les sociétés civiles, a été reprise, dans la Revue critique de législation, par un professeur de l'Université de Liége.—Elle y est savamment traitée. — L'auteur s'y prononce contre la personnalité des sociétés civiles.

266. Cette théorie, du reste, est sans importance, au point de vue de la transcription. — Dès que l'immeuble, apporté en société, cesse d'être la propriété individuelle de l'associé, pour devenir la propriété exclusive de la société, ou des associés considérés *ut universi,* il y a mutation de propriété, nécessité, par conséquent, de transcrire.

267. Il n'importe que l'apport d'un immeuble en société ne donne pas lieu au droit proportionnel de mutation. — Les questions d'enregistrement et de transcription ne se résolvent pas toujours par les mêmes règles. — Renvoi de l'examen de la question en ce qui concerne le droit fiscal.

268. Réfutation d'un auteur, qui s'est fondé sur la disposition relative au droit d'enregistrement, pour prétendre que les apports d'immeubles en société ne donnent pas lieu à transcription.—Mauvaise raison tirée de la publication que reçoivent les actes de société. — Cette raison, en tout cas, ne serait pas applicable aux sociétés civiles.

269. Nécessité de transcrire, alors même que l'immeuble n'est apporté, dans la société, que pour la *jouissance.* — Ce droit de jouissance, constitué au profit de la société, est un véritable usufruit.

270. Les actions ou intérêts dans les sociétés de finance, de commerce ou d'industrie, ou dans les entreprises relatives à l'exploitation des mines, étant réputées meubles, tant que dure la société, alors même que des immeubles dépendent de cette société, il en résulte que l'acquisition successive, par le même individu, de toutes les actions, moins une, ne donnerait pas lieu à transcription.

271. Il faudrait encore le décider ainsi, quand même il se rendrait cessionnaire de la dernière action.—Ce transport, quoique opérant, de fait, la dissolution de la société, n'aurait toujours que le caractère mobilier.

272. Il en serait autrement, si toutes les actions étaient achetées en bloc et par un seul et même acte. — La vente simultanée de toutes ces actions ne serait autre chose que la vente du fonds social, vente immobilière, pour partie du moins, s'il y a des immeubles dépendant de la société.

263. En droit, on distingue communément la société, être moral, des associés pris individuellement. Et je parle pour les sociétés civiles comme pour les sociétés commerciales.

La question, cependant, en ce qui touche les sociétés civiles, est controversée.

M. Troplong, qui l'a approfondie, cite plusieurs textes du droit romain, d'après lesquels il établit que la société y était regardée comme formant une personne civile. De ces textes, je n'en rapporterai qu'un seul, parce qu'il me paraît le plus concluant de tous, c'est la loi 22, D., *De fidej. et mand. Mortuo reo promittendi*, porte cette loi, *et ante aditam hereditatem fidejussor accipi potest, quia hereditas* PERSONÆ VICE FUNGITUR, *sicut municipium, et decuria, et* SOCIETAS. Et Godefroi dit sur cette loi : *Municipium, decuria, societas, licet pluribus personis constent, unius tamen personæ vicem sustinent.*

Que ce mot *societas* doive être pris dans le sens général, comme le pense M. Troplong, ou qu'il doive être pris dans le sens particulier, et comme se référant à ce genre d'associations dont il est parlé dans la loi 1ʳᵉ, D., *Quod cujuscumque Universitatis*, etc., ainsi que l'indique Pothier, dans ses Pandectes (1), peu m'importe : ce que j'en retiens, c'est que

---

(1) *Societas, id est*, dit-il en note, *Sodalitium, Collegium, Universitas*, expressions équivalentes à notre mot *Corporations*.

la loi romaine ne faisait aucune difficulté de considérer l'hérédité, avant le partage, comme un être collectif, comme une
personne juridique, en qui se concentraient tous les droits et
toutes les obligations des héritiers : *hereditas personæ vice fun-*
gitur. Et quelles raisons, dès lors, pourrait-il y avoir de ne
pas envisager de la même manière la société, de ne pas
voir en elle, comme dans l'hérédité, et à meilleur droit encore, la personnification des intérêts collectifs dont elle se
compose ?

Nos Codes, il est vrai, ne contiennent aucune disposition
qui qualifie la société, soit commerciale, soit civile, *d'être*
collectif, de personne morale; de même qu'il n'existe aucun
texte pour attribuer la même qualification à la communauté
conjugale. Mais il n'y a pas à s'en étonner, parce qu'il s'agit
là d'un principe abstrait, d'un point de doctrine, qui est du
domaine exclusif de la science, et dont le législateur n'a
pas à s'occuper. Toutefois, le titre des Sociétés, dans le
Code Napoléon, renferme un grand nombre d'articles qui supposent que la société y est considérée comme ayant une existence individuelle et tout à fait distincte de celle des associés (1).

264. Parmi les auteurs les plus accrédités du droit moderne, il n'y a guère que Toullier qui, à propos de la
communauté conjugale, ait contesté, d'une façon absolue,
à la société, quelle qu'elle soit, cette personnalité distincte,
qui empêche qu'on ne la confonde avec la simple communauté
d'intérêts. « Une pareille doctrine, dit-il, confond toutes les
idées (2). » Mais Toullier, lorsqu'il s'exprimait ainsi, ou-
bliait ce qu'il avait écrit dans un volume précédent, «qu'une

---

(1) V. notamment les art. 1845, 1846, 1849, 1851, 1852, 1859,
1860, 1867. V. aussi, pour les sociétés commerciales, l'art. 69, n° 6,
C. proc.

(2) T. 12, n° 82.

société est *une personne morale*, différente de la personne naturelle de chaque associé individuellement. » D'où il tirait la conséquence « que les créances de la société ne peuvent être compensées avec les dettes de chaque associé, lorsque ces dettes n'ont point été contractées pour le compte de la société, mais pour son compte particulier, *et vice versâ* » (1).

Les quelques auteurs, qui refusent aux sociétés civiles cette existence individuelle, la reconnaissent du moins aux sociétés commerciales (2). Mais cette distinction est rejetée par le plus grand nombre (3).

265. La question, en ce qui concerne les sociétés civiles, a été reprise dans une dissertation très-étudiée et fort savante d'un professeur à l'Université de Liége, M. Thiry, insérée dans la Revue critique de législation et de jurisprudence (4). L'auteur, qui se met courageusement du parti de la minorité, y passe en revue les textes de droit romain cités par M. Troplong, et les explique, en entendant le mot *societas* dans ce sens restreint que lui donne Pothier, dans sa note sur la loi 22, D., *De fidej. et mand.* (*suprà, n° 263*). A ces textes il en oppose d'autres qui lui paraissent tout à fait exclusifs de l'idée que les sociétés, sauf dans quelques

---

(1) T. 7, n° 378.

(2) Vincens, Lég. comm., t. 1, p. 297, et Des Sociétés par actions, p. 6 et 7 ; Frémery, Études de droit comm., ch. 4, p. 30 ; Zachariæ, § 381 *bis*, éd. Aubry et Rau, 1844.

(3) Duranton, t. 17, n° 334 ; Proudhon, De l'Usufr., t. 4, n°s 2064 et 2065 ; Pardessus, t. 4, n°s 975, 1089 et 1207 ; Consultation du même, avec adhésion de Merlin, S.-V.31.2.202 ; Delangle, Des Sociétés, n°s 14 et suiv.; Troplong, *ib.*, n°s 58 et suiv.; Duvergier, *ib.*, n° 381 et suiv.; Championnière et Rigaud, Des Droits d'Enreg., t. 3, n° 2743 ; Dalloz, Jur. gén., v° *Priv. et hyp.*, n°s 773 et 774, et v° *Société*, n° 182, etc. Req., 8 nov. 1836, aff. Héroult, [Jur. gén., v° *Exploit*, n° 99 ; C. cass. Belg., 3 avril 1853, *Pasicrisie*, 1853, t. 1, p. 288 (arrêt cité par M. Thiry ; v. le numéro suivant).

(4) T. 5, année 1854, p. 412.

cas fort rares que mentionne la loi 1re, D., *Quod cujuscum-que Univers.*, etc., fussent considérées, par les jurisconsultes romains, comme ayant une personnalité distincte de celle des associés.

Cette existence, cette personnalité distincte, suivant M. Thiry, n'était pas davantage admise, dans notre ancien droit français, si ce n'est pour les sociétés de commerce; et « le Traité du contrat de société de Pothier, dit-il, n'est, d'un bout à l'autre, qu'un démenti donné à l'idée que nos antagonistes se sont formée du caractère des associations civiles dans la législation antérieure. »

Il est vrai que Pothier ne dit, nulle part, que la société forme un être moral, distinct de la personne des associés; mais il ne dit pas non plus le contraire.

A l'égard de l'argument qu'on tire des nombreuses dispositions du Code Napoléon, où la société est présentée comme pouvant exercer des droits, comme étant soumise à des obligations, comme ayant un patrimoine, une capacité, qui ne peuvent appartenir qu'à une personne, soit naturelle, soit fictive, voici de quelle manière y répond M. Thiry : « Qui ne voit, dit-il, que le mot *société* est employé, dans ces articles, par abréviation, pour éviter une circonlocution, en un mot, pour désigner l'ensemble des associés... ? »

266. Quoi qu'il en soit, au reste, de cette théorie de *l'être moral, de l'être collectif*, qui n'est, comme le fait très-bien observer M. Dalloz, qu'une pure abstraction, « dont l'objet est de rendre plus sensibles les relations que le contrat de société crée, soit entre les associés eux-mêmes, soit entre les associés et les tiers (1), » je n'ai, au point de vue spécial de la transcription, pas plus d'intérêt à la repousser qu'à l'admettre, parce que, qu'elle soit vraie ou qu'elle ne le soit pas, il est du moins certain que l'immeuble, apporté dans la so-

_____

(1) Jur. gén., v° *Société*, n° 184.

ciété par l'un des associés, cesse, du moment de cet apport,
d'être la propriété individuelle de cet associé, et devient,
pendant tout le temps que dure la société, la propriété exclusive de celle-ci, ou, si l'on aime mieux, la propriété commune des associés, considérés *ut universi*. C'est ce que
déclare, en termes exprès, l'art. 1845, C. Nap. : « Chaque
associé, porte cet article, est débiteur, envers la société, de
tout ce qu'il a promis d'y apporter. — Lorsque cet apport
consiste en un corps certain, et que la société en est évincée, l'associé est garant envers la société, de la même manière qu'un vendeur l'est envers son acheteur. » Puisque les
rapports de l'associé débiteur, à l'égard de la société, sont
ceux d'un vendeur à l'égard de l'acheteur, c'est donc que
la société est propriétaire. Elle est, en effet, si bien propriétaire qu'elle peut hypothéquer l'immeuble ou l'aliéner. Or,
dès qu'il y a mutation de propriété, il y a lieu à transcription. Cette transcription, en effet, peut seule empêcher le
propriétaire originaire de l'immeuble d'en disposer, comme
s'il en était encore le maître, et de tromper les tiers, en leur
dissimulant la cession qu'il en a faite à la société (1).

267. Prétendra-t-on qu'il n'y a pas mutation, parce que
l'apport d'un immeuble en société ne donne pas ouverture
au droit proportionnel d'enregistrement? L'art. 68, § 3, n° 4,
de la loi du 22 frim. an VII ne soumet, en effet, qu'au simple droit fixe « les actes de société qui ne portent ni obligation, ni libération, ni transmission de biens meubles ou immeubles *entre les associés* ou autres personnes. » Mais c'est
là un autre aspect de la question : je ne la considère, en ce
moment, qu'au point de vue de la loi du 23 mars 1855, qui
fait de la transcription une condition essentielle de toute

---

(1) Conf. Troplong, De la Transcr., n° 63 ; Gauthier, n° 61 ; Mourlon, Rev. prat., t. 2, p. 379, n° 52.—*Contrà*, Sellier, Commentaire de
la loi du 23 mars 1855, n° 123.

transmission de propriété immobilière, à l'égard des tiers. J'ai déjà fait observer (*suprà*, n° 88) que les questions de transcription et d'enregistrement ne se résolvent pas toujours par les mêmes règles. J'examinerai, plus tard, la difficulté, au point de vue du droit fiscal, et ce sera le lieu de constater l'état de la jurisprudence, sous ce rapport (1).

Dès à présent, je fais remarquer que le principe, consacré par les arrêts, « qu'il n'y aurait mutation (au point de vue du droit fiscal) qu'autant que, lors de la dissolution de la société, l'immeuble, par suite du partage, serait attribué à un autre associé, tandis que, si ledit propriétaire le reprend en vertu de ce partage, la propriété sera censée n'avoir pas cessé de résider en sa personne, aux termes des art. 883 et 1872, C. civ. » (2) ; que ce principe, dis-je, ne peut être un motif de différer jusque-là la transcription, par la raison que j'en ai déjà donnée pour un cas analogue (*suprà*, n° 206).

268. Un des commentateurs de la loi du 23 mars 1855, M. Sellier, s'est, néanmoins, fondé sur la disposition relative au droit d'enregistrement pour prétendre que « les actes de société, contenant des apports en immeubles, alors même qu'il y a société universelle de biens présents, n'ont pas besoin d'être transcrits » (3).

Il en donne cette première raison : « que, s'il en était autrement, ce serait admettre qu'on peut se vendre à soi-même, puisque la société est un être moral qui représente chaque associé. » C'est précisément sur ce motif, que la société est un être moral, distinct des associés pris *ut singuli*, que je me suis fondé pour établir qu'il y a mutation et nécessité, par conséquent, de faire transcrire. En admettant, d'ailleurs, le raisonnement de M. Sellier, il y aurait au

---

(1) V. *infrà*, sous le chap. 6.
(2) Cass. 23 mars 1846, aff. Aubry et Guillemin ; D.P.46.1.145.
(3) Comment., n° 123.

moins mutation pour tout ce qui excède la part, dans la société, de l'associé qui fait l'apport, et la transcription, à ce point de vue, serait encore nécessaire.

La seconde raison que donne M. Sellier, c'est que les tiers sont suffisamment avertis par la publication de l'acte de société.

Cette raison, en tout cas, ne serait pas bonne pour les sociétés civiles, qui ne sont pas publiées. Mais, même pour les sociétés commerciales, la publication, prescrite par l'art. 42 du Code de commerce, ne suppléerait pas au défaut de transcription. Pour les actes emportant transmission de propriété immobilière, la loi ne reconnaît pas d'autre mode de publicité que la transcription ; et on verra plus bas (1) que la connaissance que les tiers peuvent avoir eue, par une autre voie, de l'existence de l'acte non transcrit, ne les empêche pas de se prévaloir de l'absence de la formalité.

269. Si l'apport social, au lieu d'avoir pour objet la propriété de l'immeuble, n'est relatif qu'à la *jouissance* (C.Nap., 1851), la transcription est de même nécessaire ; car ce droit de jouissance est un véritable usufruit constitué au profit de la société, ou du moins quelque chose d'équivalent à un droit d'usufruit.

C'est également ce qu'enseigne M. Duranton : « La société, dit-il, quant aux choses dont la jouissance seulement lui a été apportée, doit être assimilée à un usufruitier... » (2). L'auteur la compare au mari, à qui appartient, soit sous le régime exclusif de la communauté, soit sous le régime dotal, la jouissance des biens de sa femme, et qui est tenu, à raison de cette jouissance, de toutes les obligations de l'usufruitier (1533 et 1562), quoiqu'il ne soit pas, ajoute-t-il, un usufruitier proprement dit.

---

(1) Sous le chap. 4.
(2) T. 17, n° 407.

On peut assimiler, plus exactement encore, la société à la communauté conjugale, être moral comme la société, tenue, aux termes de l'art. 1409, n° 4, des réparations *usufructuaires* des immeubles propres des époux dont l'art. 1401, n° 2, lui accorde la jouissance.

Il y a seulement cette différence entre les deux cas, que la jouissance usufructuaire de la communauté conjugale étant une conséquence légale de l'association des époux, ne donne lieu à aucune transcription, comme je le dirai plus bas (1).

270. On a vu plus haut (n°ˢ 29 et 44) que le transport d'actions ou intérêts dans les compagnies de finance, de commerce ou d'industrie, ou dans une société ou entreprise formée pour l'exploitation des mines, ne donne pas lieu à transcription, parce que ces actions ou intérêts, aux termes de l'art. 529, C. Nap., sont réputés meubles à l'égard de chaque associé, tant que dure la société, « encore, porte cet article, que des immeubles, dépendants de ces entreprises, appartiennent aux compagnies. »

Il suit de là que, si un tiers achetait, successivement, toutes les actions d'une de ces entreprises, jusqu'à la dernière exclusivement, il ne pourrait y avoir prétexte à transcription, puisque, tant qu'il resterait une action entre les mains d'un autre, la société ne serait pas dissoute (2).

271. La difficulté commencerait au moment où, en se rendant cessionnaire de la dernière action, il opérerait, de fait, la dissolution de la société, en concentrant dans ses mains le fonds social.

Je pense, néanmoins, avec les auteurs précités, que la transcription ne sera pas plus nécessaire, dans ce cas, que dans le précédent (3).

---

(1) V. sous la sect. 2 du présent chapitre.
(2) Conf. Rivière et Huguet, n° 132.
(3) *Ibid.*, n° 133.

Il faut appliquer ici le principe de Dumoulin , principe d'après lequel, pour apprécier la nature d'un contrat, on doit le considérer, par rapport à celui qui donne, plutôt que par rapport à celui qui reçoit (*supra*, n° 182). Or, relativement au cédant, le caractère du transport est, bien évidemment, mobilier, et il n'y a pas à s'inquiéter, dès lors, des conséquences qu'il produit, par rapport au cessionnaire.

272. Mais, ajoutent MM. Rivière et Huguet, «si, au lieu d'acheter les actions successivement, le tiers en faisait l'acquisition simultanément, par un seul et même contrat, » l'acte ne devrait-il pas être transcrit? Et ils répondent affirmativement (1).

Ils ne s'arrêtent pas, et ils ont raison, à l'objection qu'on peut tirer du principe même que je viens de poser, que, par rapport aux cédants, les actions transmises ont un caractère purement mobilier, et que leur immobilisation, dans les mains du cessionnaire, n'est qu'une conséquence , qu'un effet de la transmission. Le principe ne cesse pas d'être applicable. Seulement, il faut voir, dans l'acte, non ce qu'il peut paraître, mais ce qu'il est réellement. Or, dans cette vente simultanée de toutes les actions au même individu, qu'y a-t-il autre chose, de la part des aliénateurs eux-mêmes, qu'une vente du fonds social, vente immobilière, pour partie du moins, dès qu'on suppose qu'il y a des immeubles dépendants de l'entreprise ?

Art. 2. — *De la Communauté entre époux.*

SOMMAIRE.

273. *Clause d'ameublissement : ameublissement déterminé, sans limitation de somme.* — La communauté entre époux est, comme la société, un être moral, distinct de la personne des conjoints. — La clause d'*ameublissement*, opérant mutation au profit de la communauté, donne lieu à transcription.

---

(1) Quest. , n° 134.

274. Opinion contraire de M. Troplong. — La communauté, suivant l'auteur, a intérêt à ne pas transcrire.

275. M. Mourlon combat cette opinion, et je me range à son avis. — Il n'est pas exact de dire que la transcription nuirait à la communauté.

276. La communauté a certainement intérêt à transcrire, lorsqu'il y a séparation de dettes entre les époux.

277. Ou lorsque la femme, devenue veuve, ou ses héritiers, aliènent l'immeuble ameubli, après la dissolution de la communauté, et sans attendre la liquidation.

278. Le même raisonnement est applicable à l'ameublissement fait par le mari.—Opinion contraire de MM. Rivière et Huguet.

279. Si le mari aliénait, à titre gratuit, pendant la communauté, l'immeuble qu'il avait ameubli, le donataire pourrait opposer à la femme, dans le lot de laquelle tomberait cet immeuble par l'effet du partage, le défaut de transcription.

280. *Ameublissement indéterminé.* — Les principes ci-dessus s'appliquent particulièrement à l'ameublissement déterminé, sans limitation de somme. — *Quid* de l'ameublissement *indéterminé?* — La transcription, suivant M. Troplong, n'est pas applicable, parce qu'il n'est pas translatif de propriété.

281. Je suis d'une autre opinion. — La communauté a sur les immeubles un droit éventuel de propriété qui l'oblige à transcrire.

282. S'il en résulte une gêne pour l'époux débiteur, celui-ci peut abandonner à la communauté certains de ces immeubles afin de libérer les autres, ou vendre de ces immeubles jusqu'à concurrence de la somme promise, pour en verser le prix dans la communauté.

283. Objection tirée d'un passage de Pothier, qui qualifie l'ameublissement indéterminé de simple *droit de créance.* — Ces expressions n'ont pas, dans la pensée de l'auteur, le sens qu'on leur donne. — Ce droit de créance est qualifié, par Pothier lui-même, de *créance immobilière.*

284. Pothier tirait même de là la conséquence que le mari pouvait aliéner tels des immeubles ameublis par sa femme qu'il jugeait à propos de vendre, jusqu'à concurrence de la somme promise.—Le Code n'a pas suivi cette opinion ; il n'a donné au mari que la faculté d'hypothéquer ces immeubles jusqu'à concurrence de la portion ameublie.

285. *Ameublissement déterminé, avec limitation de somme.* — Ce qui précède est, à plus forte raison, applicable à l'ameublissement qui porte sur un ou plusieurs immeubles *déterminés*, mais *avec limitation de somme.*

286. Dans ce dernier cas, la question de savoir si l'immeuble devient la propriété de la communauté, jusqu'à concurrence de la somme promise, est controversée, — Mais cela est indifférent, au point de

vue de la transcription, à cause du droit éventuel de propriété que possède la communauté sur cet immeuble.

287. Lorsque l'ameublissement, avec limitation de somme, porte sur un ou sur des immeubles déterminés, M. Troplong accorde à la communauté un droit de *copropriété* dans ces immeubles.

288. Il semble que, dans l'opinion de l'auteur, la conséquence eût dû être que, pour ce cas au moins, la transcription fût obligatoire, en principe, pour la communauté.

289. Suivant M. Mourlon, dans les deux cas d'ameublissement indéterminé ou d'ameublissement déterminé, mais limité à une certaine somme, la transcription serait nécessaire, mais seulement au moment du partage, et pour le cas où le partage ferait tomber, dans le lot de l'autre conjoint, un ou plusieurs des immeubles confondus dans la masse, en vertu de la clause d'ameublissement.

290. La stipulation, dans le contrat de mariage, de la faculté pour la femme, dans le cas où elle renoncerait à la communauté, de reprendre son apport franc et quitte, ne modifie aucun des principes ci-dessus.

291. *Communauté universelle entre époux.* — La stipulation d'une communauté universelle entre les conjoints, quoique peu usitée, équivaut à un ameublissement de leurs immeubles; elle donnerait donc lieu à transcription.

292. *Prélèvements.* — A quel titre s'opèrent les prélèvements des époux sur les biens de la communauté, pour le montant de leurs reprises ? — Il est aujourd'hui de jurisprudence que la femme, en concours avec les autres créanciers de la communauté, exerce ses prélèvements, non à titre de propriété, mais à titre de *créance purement mobilière*.

293. C'est à un autre point de vue qu'il faut se placer, en ce qui concerne la transcription. — Suivant M. Troplong, il y a lieu à transcription dans tous les cas, qu'il s'agisse du mari ou de la femme, que la femme accepte ou répudie la communauté.—Je distingue.

294. Si la femme accepte la communauté, on ne doit voir, dans le prélèvement qu'elle exerce, qu'un acte équivalant à partage, non sujet, par conséquent, à transcription.

295. La question a été ainsi jugée, en matière d'enregistrement, par la Cour de cassation.

296. Si la femme renonce à la communauté, les reprises qu'elle exerce sur les biens de la communauté constituent une véritable dation en paiement, qui rend la transcription nécessaire. — Arrêts conformes de la même Cour.

297. Les prélèvements du mari ne peuvent, dans aucun cas, donner lieu à transcription.

298. Lorsque les reprises de la femme s'exercent sur les immeubles

propres du mari, il y a transmission de propriété à son profit, nécessité, dès lors, pour elle de transcrire.

299. *Remploi.* — La déclaration faite par le mari, dans l'acte d'acquisition d'un immeuble, que *l'acquisition est faite des deniers provenant de l'immeuble vendu par sa femme, et pour lui servir de remploi,* ne suffit pas, si le remploi n'est accepté par celle-ci.

300. Si l'acceptation n'a pas eu lieu dans l'acte même, elle peut être donnée par un acte ultérieur.

301. Dans le premier cas, c'est, à vrai dire, la femme qui acquiert directement : on doit donc appliquer les principes de la vente pure et simple.

302. Dans le second cas, il n'y a, par rapport à la femme, qu'une vente conditionnelle, dont il reste à déterminer les effets.

303. Si le mari a déclaré, dans l'acte, acquérir *au nom et pour le compte de sa femme,* sans entendre acquérir pour lui-même, dans le cas où la femme n'accepterait pas le remploi, et sans se porter fort pour elle, il n'y a pas de contrat, si la femme n'accepte pas.

304. Si elle accepte, la femme, tenant ses droits, non de son mari, mais du vendeur directement, n'a pas besoin de la transcription pour faire tomber les aliénations ou les hypothèques consenties par son mari, *medio tempore.*—Ces aliénations ou hypothèques sont nulles comme portant sur la chose d'autrui.

305. Mais la transcription lui est nécessaire, au regard du vendeur. — Le mari doit donc faire transcrire immédiatement, dans l'intérêt de sa femme, et sans attendre son acceptation.

306. La transcription de l'acte de vente suffit ; la transcription de l'acte d'acceptation n'est pas obligatoire.

307. L'immeuble acquis par le mari en son nom, mais pour tenir lieu de remploi à sa femme, demeure la propriété du mari, ou plutôt de la communauté, si la femme n'accepte pas le remploi.

308. La question de savoir si l'acceptation de la femme a un effet rétroactif au jour de la vente, et si elle résout les aliénations ou les hypothèques consenties par le mari, *medio tempore,* est controversée. — La plupart des auteurs modernes ne regardent la déclaration d'emploi, faite par le mari, que comme une *offre* qu'il peut retirer, tant qu'elle n'a pas été acceptée par la femme.

309. Dans ce système, il y aurait deux actes à transcrire : l'acte de vente et l'acte d'acceptation.

310. Pothier, au contraire, attribuait à l'acceptation de la femme, à quelque époque qu'elle intervînt, un effet rétroactif qui faisait considérer la femme comme propriétaire, *ab initio,* de l'immeuble acheté en remploi de son propre aliéné. — Opinion conforme de d'Aguesseau.

311. Le Code ne paraît pas avoir dérogé à ces principes.

312. Objection tirée des Procès-verbaux du Conseil d'Etat.

313. Le passage cité n'a trait qu'à un amendement proposé par M. Jollivet, pour permettre à la femme d'accepter le remploi; même après la dissolution de la communauté. — Explication, en ce sens, des paroles de Tronchet.

314. Les paroles de Tronchet sont au moins obscures, et, dans le doute, on ne doit pas présumer que les auteurs du Code aient voulu déroger à la pratique ancienne, attestée par Pothier et d'Aguesseau.

315. Il n'y avait aucune raison d'y déroger. — L'objection tirée de ce que la propriété resterait en suspens jusqu'à l'acceptation de la femme, ce qui serait une atteinte au crédit, pourrait être adressée à toutes les ventes conditionnelles. — Le mari, d'ailleurs, a la faculté de mettre sa femme en demeure de faire son option.

316. La disposition de l'art. 1435, interprétée comme elle l'est communément, est presque un non-sens.

317. Cette interprétation est contraire au principe qui règle l'effet des dispositions conditionnelles, et tel est le caractère de la déclaration de remploi.

318. M. Mourlon prend, dans la question, une opinion intermédiaire. — Suivant lui, la déclaration de remploi est une *offre* qui n'a d'effet que par l'acceptation de la femme, et n'empêche pas le mari de disposer de l'immeuble jusqu'à l'acceptation. — Mais si l'acceptation intervient avant qu'il en ait disposé, cette acceptation aura un effet rétroactif au jour de la vente.—Elle résoudrait ainsi les hypothèques légales ou judiciaires acquises sur l'immeuble, du chef du mari.

319. Cette opinion est inconciliable avec les principes. — Le caractère de la vente ne peut dépendre des actes du mari. — Du vendeur au mari, la vente, sans doute, sera une vente pure et simple, si la femme n'accepte pas le remploi; mais, par rapport à la femme, elle est une vente conditionnelle. — La vente, pour cela, ne cesse pas d'être une, l'obligation du mari n'étant qu'éventuelle et subsidiaire à celle de la femme.

320. Au contraire, dans le système où la déclaration de remploi ne constitue qu'une offre, qui laisse le mari maître de disposer de l'immeuble jusqu'à l'acceptation, il y a deux ventes successives : l'une pure et simple, entre le vendeur et le mari, l'autre éventuelle, entre le mari et sa femme.

321. Au point de vue de la transcription, la thèse de M. Mourlon aboutit néanmoins au même résultat.— Dans mon opinion, la transcription de l'acte de vente, immédiatement opérée par les soins du mari ou de la femme, suffit pour sauvegarder les intérêts de celle-ci. Il n'est pas besoin de faire transcrire ultérieurement l'acte d'acceptation du remploi. — C'est également l'avis de M. Mourlon.

322. Lorsque l'obligation du remploi a été imposée par le contrat de

mariage, le remploi a-t-il lieu de plein droit, sur la seule déclaration du mari, et sans que l'acceptation de la femme soit nécessaire ? — Distinction.

323. Si le contrat de mariage se borne à une formule générale, prescrivant le remploi, mais sans indiquer comment et sur quels biens il sera fait, le remploi devra être accepté par la femme.

324. Mais si le contrat de mariage porte que le remploi sera fait, par exemple, sur le *premier conquêt*, cette clause vaudra procuration au mari, et l'acceptation de la femme ne sera plus nécessaire. — La question, cependant, est controversée.

325. Cette question, du reste, est une question d'interprétation du contrat de mariage, abandonnée au pouvoir discrétionnaire des tribunaux.

326. Dans le cas qui précède, si l'acte d'acquisition rappelle la clause du contrat de mariage, et contient la mention que l'acquisition est *la première*, depuis l'aliénation du propre de la femme, la transcription de cet acte suffit.

327. Mais si l'acte d'acquisition est muet sur ces deux points, la transcription de cet acte serait insuffisante. — Opinion contraire de M. Mourlon. C'est aux tiers, dit-il, à se faire représenter le contrat de mariage. — Réfutation de cette opinion.

328. C'est à celui qui fait transcrire à aviser aux moyens de rendre la transcription efficace à l'égard des tiers. — Rien n'empêche qu'en faisant transcrire l'acte d'acquisition, on ne complète la transcription, en faisant mentionner en marge, ou à la suite de l'acte transcrit, que l'acquisition a été faite pour tenir lieu de remploi à la femme.—Si la loi ne prescrit pas ces annotations, elle ne les défend pas non plus.

275. *Clause d'ameublissement : Ameublissement déterminé, sans limitation de somme.*—Il en est de la communauté entre époux comme de la société : la communauté est considérée, en droit, comme une personne morale, ayant une existence propre, distincte de celle des conjoints (*suprà*, n° 263).

Il en résulte que, lorsque les époux, ou l'un d'eux, font entrer en communauté, conformément à l'art. 1505, C. Nap., tout ou partie de leurs immeubles, présents ou futurs, par une clause dite d'*ameublissement*, la propriété de ces immeubles passe immédiatement à la communauté.

« Il n'est pas douteux qu'en soi, dit M. Troplong, la clause d'ameublissement ne renferme une mutation. Pothier dit très-bien qu'elle est *une espèce d'aliénation* (1). L'immeuble périt pour la communauté, et non plus pour l'époux ; l'époux est garant de l'éviction, comme s'il y eût eu vente véritable. D'un autre côté, la communauté est une personne morale, qui se distingue des époux et devient propriétaire des choses apportées en commun. Donc la propriété change de mains ; elle se déplace, et la transcription est aussi bien nécessaire que dans le cas d'une société civile ou commerciale » (2).

274. M. Troplong, cependant, conclut dans un sens opposé à ces prémisses. En effet, après avoir dit que la théorie est la même, soit que l'ameublissement provienne de la femme, soit qu'il provienne du mari, parce que, dans ce dernier cas, quels que soient les droits du mari comme maître de la communauté, il ne les exerce plus au même titre qu'avant l'ameublissement, l'auteur ajoute : « Ceci posé, il semble que la conclusion naturelle de ces idées est que la transcription doit avoir lieu. Mais, si on y regarde avec attention, on verra que la communauté, en vue de qui elle existe, a, au contraire, intérêt à ce qu'elle ne soit pas réalisée. » Et M. Troplong pose deux exemples dans lesquels il essaie de faire ressortir cet intérêt.

Je prends le second de ces exemples :

La femme, dit M. Troplong, ameublit, par son contrat de mariage, un immeuble qu'elle avait vendu auparavant, mais qu'elle n'avait pas livré. Si le mari transcrit, l'acquéreur (qui n'aura pas transcrit), privé de son droit réel, aura, contre la femme, une action en dommages-intérêts ; mais cette action, remontant à une époque antérieure au mariage, retombera sur la communauté, qui est chargée des dettes mobilières des époux existant au jour du mariage (C. Nap.,

_____

(1) Cout. d'Orl., Introd. au tit. 10, nᵒ 51.
(2) De la Transcr., nᵒ 64.

1409); de sorte que, si la communauté échappe à la revendication de l'immeuble, elle reste sous le coup de l'action en dommages-intérêts, et ne profite pas, en réalité, de la transcription. — Si, au contraire, la transcription n'a pas lieu, la communauté, sans doute, est évincée de l'immeuble par l'effet de l'action réelle de l'acquéreur ; mais elle en est pleinement indemnisée par l'action en garantie qui lui appartient contre la femme. — La communauté, poursuit M. Troplong, *gagne donc à ne pas transcrire ;* car le défaut de transcription la préservera de toute perte, au lieu qu'elle en supportera une, si elle fait transcrire (1).

275. M. Mourlon relève ces derniers mots. « M. Troplong se trompe évidemment, dit-il ; la transcription de l'ameublissement ne peut point *nuire à la communauté.* Nous admettons qu'au cas où elle conservera l'immeuble ameubli, le paiement des dommages-intérêts dus à l'acquéreur évincé pourra être poursuivi contre elle ; mais est-il également vrai (comme le prétend M. Troplong) qu'ils resteront, *sans récompense,* à sa charge ? C'est ce qu'il nous est impossible d'admettre » (2).

Il me semble, en effet, comme à M. Mourlon, que, sans contester le principe général posé par M. Troplong, que les dettes des époux, ayant une cause antérieure au mariage, tombent, de plein droit, à la charge de la communauté, sans récompense (3), il y a exception pour le cas particulier, où l'époux, auteur de l'ameublissement, est tenu, comme l'établit M. Troplong lui-même, de la garantie envers la communauté, en cas d'éviction (4). « Cette obligation, dit, avec raison, M. Mourlon, implique, pour l'époux qui a fait l'ameublissement, l'obligation de prendre, *à sa charge exclu-*

(1) De la Transcr., n°s 65 et 66.
(2) Rev. prat., t. 2, p. 373, n° 49.
(3) Du Contr. de mar., t. 2, n°s 704 et suiv.
(4) *Ibid.*, t. 3, n° 1998 ; Pothier, De la Communauté, n° 311.

sive, les dommages et intérêts qu'elle (la communauté) pourra être contrainte de payer pour la conservation de l'immeuble. Autrement, où serait l'utilité de l'ameublissement?.... » On rentre ici dans le cas de l'art. 1437, aux termes duquel, toutes les fois que l'un des deux époux a tiré un profit personnel des biens de la communauté, il en doit la récompense.

276. Quoi qu'il en soit de ce point, on conviendra du moins que, dans le cas où le contrat de mariage, dérogeant à la communauté légale, contiendrait la clause de séparation de dettes, la communauté n'étant pas tenue des dettes de la femme antérieures au mariage, aurait tout à gagner à la transcription ; car, en conservant l'immeuble, elle ferait retomber sur celle-ci les dommages-intérêts de l'acquéreur évincé (C. Nap., 1510 et 1630).

277. On peut supposer encore que la femme, après avoir ameubli un de ses immeubles, l'aliène, avec l'autorisation de la Justice, à qui elle aura dissimulé son contrat de mariage ; ou bien (hypothèse plus admissible) que la femme, devenue veuve, ou ses héritiers, aliènent cet immeuble, sans attendre la liquidation de la communauté : dans ces cas et autres semblables, si le mari n'a pas fait transcrire, et que l'acquéreur, au contraire, ait pris cette précaution, la communauté perdra l'immeuble, et pourra n'avoir qu'un vain recours contre la femme ou ses héritiers.

On dirait en vain que, si l'immeuble, par l'événement du partage, vient à tomber dans le lot du mari ou de ses héritiers, l'effet purement déclaratif de ce partage, faisant remonter la propriété de ces derniers au jour du contrat de mariage, qui a mis l'immeuble dans la communauté (C. Nap., 883) (1), aura, en même temps, pour résultat de

_____

(1) Pothier, Cout. d'Orl., Introd. au titre des Fiefs, nᵒˢ 213 et 214 ; le même, De la Communauté, t. 2, nᵒ 712. — *Contrà*, Bugnet sur Pothier, t. 7, p. 360, note 1.

résoudre l'aliénation consentie, pendant l'indivision, par la veuve ou par ses héritiers (*suprà,* n° 198).

En admettant le principe, il faut le combiner avec la règle, qu'aujourd'hui la transmission de la propriété immobilière n'a d'effet, à l'égard des tiers, que par la transcription. Or, il est bien vrai que le mari, ou ses héritiers, dans le lot desquels on suppose qu'est tombé l'immeuble ameubli de la femme, n'auront pas eu besoin de faire transcrire l'acte de partage, puisque les partages ne sont pas assujettis à la formalité (*suprà,* n°s 18 et suiv.). Mais est-ce le partage qui fonde leur droit à la propriété de cet immeuble? Nullement, puisque cet acte, comme le fait remarquer M. Mourlon, n'est que déclaratif d'un droit *antérieurement acquis.* Ce droit antérieurement acquis, d'où vient-il, si ce n'est de la clause d'ameublissement? C'est cet ameublissement qui a dessaisi la femme au profit de la communauté. Mais, respectivement aux tiers, la communauté ne peut devenir propriétaire que par la transcription. Cette transcription étant supposée n'avoir pas été opérée par le mari, la femme a continué d'être propriétaire, aux yeux des tiers; elle a pu, par conséquent, après la dissolution du mariage, elle ou ses héritiers, disposer de cet immeuble comme de sa chose propre; et l'acquéreur, en faisant transcrire, a acquis sur cet immeuble un droit incommutable contre lequel ne saurait prévaloir l'événement ultérieur du partage.

Tel est également l'avis de MM. Rivière et Huguet. « Lorsqu'un immeuble est ameubli par la femme, disent ces estimables auteurs, la propriété en passe à la communauté d'une manière aussi complète que celle des meubles (art. 1507, C. Nap.). Par suite de cette clause, la femme perd le droit de disposer de l'immeuble, et le mari acquiert un droit pareil à celui qu'il possède à l'égard des conquêts immeubles... La clause de reprise d'apport ne donne pas même à la femme, qui renonce à la communauté, le droit de revendiquer contre les tiers détenteurs l'immeuble ameubli que le mari a aliéné ; elle est obligée de respecter les hypothèques ou les servitudes qu'il peut avoir consenties sur cet immeuble. Pothier lui-même le dit. L'acte est donc véritablement translatif de propriété..... Nous pensons donc que cette transmission de propriété devra être transcrite, et que, si elle ne l'est pas, les tiers qui auraient, avant le mariage, acquis, du chef de la femme, des droits sur l'immeuble ameubli, et qui auraient transcrit, pourront les faire maintenir, quand même ils n'auraient soumis leur contrat à la formalité qu'après le mariage » (1).

278. Le même raisonnement serait applicable à l'ameublissement fait par le mari. Si le contrat de mariage, contenant la clause d'ameublissement, n'a pas été transcrit, les droits éventuels de la femme sur l'immeuble, en cas d'acceptation par elle de la communauté, pourront être compromis, si les héritiers du mari vendent l'immeuble à un tiers qui fasse transcrire avant le partage (2).

MM. Rivière et Huguet sont d'un autre avis. « En ce qui concerne l'ameublissement émanant du mari, disent-ils, l'acte n'est nullement translatif. Il n'y a pas une transmission de propriété au profit d'un être moral. La communauté ne constitue pas, selon nous, une personne juridique, distincte de chacun des époux... » (5).

C'est la doctrine de Toullier, reprise par M. Thiry, doctrine que j'ai combattue *suprà*, nᵒˢ 263 et suiv.

279. Si même le mari, sans tenir compte de la disposition prohibitive de l'art. 1422, aliénait, *à titre gratuit*, durant la communauté, l'immeuble qu'il avait ameubli par une clause de son contrat de mariage, le donataire de cet immeuble, qui aurait fait transcrire sa donation, serait préférable à la

---

(1) Quest., nᵒ 38.
(2) Conf. Mourlon, *loc. cit.*
(3) Quest., nᵒ 37.

femme dans le lot de laquelle le partage ferait ultérieurement tomber cet immeuble, si celle-ci, à défaut de son mari, n'avait pas eu le soin de faire transcrire le contrat de mariage. Le donataire, en effet, c'est au moins mon opinion, quoique la question soit controversée, a, comme l'acquéreur *à titre onéreux*, qualité pour se prévaloir du défaut de transcription (1), qui, dans l'hypothèse, a pour résultat de faire considérer l'immeuble, par rapport à ce donataire, comme étant resté propre au mari.

La femme opposerait, en vain, que le défaut de transcription, de la part de son mari, est, à son égard, plus qu'une négligence ; que c'est un véritable dol, dont elle ne doit pas avoir à souffrir : on lui répondrait que ce n'est pas de l'intérêt de son mari qu'il s'agit, mais de celui des tiers, que la loi a voulu sauvegarder, en faisant de la transcription une condition, *sine quâ non*, de la transmission de la propriété immobilière à leur égard. J'ai déjà fait observer, d'ailleurs (*suprà*, n°⁵ 87 et 149), que la formalité de la transcription est une mesure conservatoire, et j'en tirerai, plus tard, la conséquence qu'elle peut être requise, à l'instar de l'inscription hypothécaire (C. Nap., 2139), par toute personne, dans l'intérêt de la femme, et par la femme elle-même (2).

280. *Ameublissement indéterminé.* — Les principes que je viens d'établir s'appliquent particulièrement à *l'ameublissement déterminé, sans limitation de somme*, à celui dont «l'effet suivant l'art. 1507, est de rendre l'immeuble ou les immeubles qui en sont frappés biens de la communauté, comme les meubles mêmes » ; en sorte que le mari, s'il s'agit d'immeubles ameublis, en totalité, par la femme, « en peut disposer, comme des autres effets de la communauté, et les aliéner en totalité. »

---

(1) V. *infra*, sous le chap. 4.
(2) V. *infrà*, sous le chap. 3.

A l'égard de *l'ameublissement indéterminé*, c'est-à-dire de celui qui s'applique à la généralité des immeubles, ameublis seulement jusqu'à concurrence d'une certaine somme (C. Nap., 1506), la transcription du contrat de mariage sera-t-elle de même nécessaire ?

On pressent que M. Troplong, qui ne la juge pas *utile*, dans le cas de l'ameublissement déterminé, sans limitation de somme, se prononce, à plus forte raison, dans le même sens, lorsque l'ameublissement est indéterminé. « La communauté, dit-il, ne devient pas propriétaire exclusif d'un immeuble ou d'une portion précise d'immeuble, en vertu de cette clause ; elle n'a pas la libre disposition de la partie de l'immeuble ameubli ; elle acquiert seulement le droit d'hypothéquer l'immeuble ou les immeubles, pour se procurer la somme promise. Or, on aperçoit déjà, et sans aller plus loin, que la transcription n'est pas applicable à un tel pacte. Elle n'est pas prescrite par le n° 1 de l'art. 1er, puisque ce n'est pas un acte translatif d'une propriété déterminée ; elle ne l'est pas non plus par le n° 2, puisque le droit d'hypothéquer n'est pas un droit susceptible d'hypothèque » (1).

281. Je suis d'accord, avec l'éminent magistrat, que, dans le cas spécifié, la propriété des immeubles demeure sur la tête de la femme, et que le droit qu'a le mari de les hypothéquer, jusqu'à concurrence de la somme promise, ne constitue pas un de ces droits réels dont la transmission rende la transcription nécessaire, soit aux termes de l'art. 1er de la loi du 23 mars 1855, soit aux termes de l'art. 2 de la même loi. Mais il suffit, selon moi, que la communauté ait un droit de propriété éventuelle à ces immeubles pour que, d'après les principes que j'ai développés précédemment (nos 87, 105 et suiv.), elle ait intérêt à faire transcrire. Or, d'après l'art. 1508, si l'ameublissement indéterminé ne rend

----

(1) De la Transcr., n° 67.

point la communauté propriétaire des immeubles qui en sont frappés, il a pour effet « d'obliger l'époux qui l'a consenti à comprendre dans la masse, lors de la dissolution de la communauté, quelques-uns de ces immeubles jusqu'à concurrence de la somme par lui promise. » C'est bien là une obligation conditionnelle et alternative. L'époux, qui a consenti l'ameublissement, peut se libérer, à son choix, ou par le versement de la somme convenue, ou en confondant, dans la communauté, de ses immeubles propres jusqu'à concurrence de cette somme. La communauté est donc propriétaire de ces immeubles, sous une condition suspensive, qui se réalisera ou ne se réalisera pas, qui ne dessaisit pas, quant à présent, le conjoint débiteur, puisque les immeubles restent à ses risques jusqu'à l'événement de la condition (C. Nap., 1182), mais qui, en se réalisant, fera réputer la communauté propriétaire, *ab initio*, de ceux de ces immeubles qui auront subi l'effet de l'ameublissement. La transcription, par conséquent, est nécessaire pour la conservation de ce droit éventuel. Si la communauté ne transcrivait pas, la clause d'ameublissement pourrait facilement être rendue illusoire par la faculté, laissée au conjoint propriétaire, d'aliéner les immeubles frappés éventuellement de cette clause d'ameublissement.

On me dira que la femme (car il ne saurait guère être ici question que d'elle, le mari étant le maître des biens de la communauté), on me dira que la femme ne peut vendre, sans le concours de son mari ou de la Justice ; que c'est là une première garantie pour la communauté. On ajoutera que la loi lui en a donné une seconde dans le droit qu'elle a d'hypothéquer les immeubles, objet de l'ameublissement indéterminé, jusqu'à concurrence de cet ameublissement, et de se procurer ainsi, au moyen d'un emprunt, la somme promise.

Je réponds que, si la communauté est garantie, pendant le mariage, contre les aliénations de la femme, elle ne l'est plus, au même degré du moins, après sa dissolution, et jusqu'au partage de la communauté, contre les aliénations de la femme devenue veuve, ou de ses héritiers (*suprà*, n° 277).

282. Objectera-t-on que la transcription aurait pour effet exorbitant de frapper d'interdit, dans les mains de l'époux propriétaire, tous ses immeubles, puisqu'il n'en pourrait plus aliéner aucun autrement que sous la réserve des droits de la communauté?

Je réponds encore qu'il est facile à l'époux débiteur de s'affranchir de cette entrave, en abandonnant à la communauté certains de ces immeubles pour libérer les autres. Rien n'empêche, assurément, les conjoints, comme le dit très-bien M. Dalloz, de se concerter pour faire cesser, pendant le mariage, l'indétermination de l'ameublissement, soit au moyen de la vente que ferait la femme d'un ou de plusieurs de ses immeubles, dont le prix viendrait en compensation de la somme jusqu'à concurrence de laquelle elle a fait l'ameublissement, soit même au moyen de l'abandon qu'elle ferait à son mari, comme chef de la communauté, de tels ou tels de ses immeubles en paiement de la somme susdite. Ce n'est pas là changer les conventions matrimoniales, c'est, au contraire, les expliquer et les exécuter (1).

283. Une objection plus sérieuse, en apparence, est celle que l'on tire de la nature prétendue de l'ameublissement indéterminé, qui ne constitue, dit-on, pour la communauté, qu'un *droit de créance*, avec assignat sur des immeubles.

C'est ainsi, en effet, que la qualifie Pothier, dans le passage suivant : « Lorsque l'ameublissement est indéterminé, dit-il, comme lorsque l'un des conjoints a apporté en communauté ses meubles et immeubles jusqu'à concurrence

_____

(1) Jur. gén., vᵒ *Contr. de mar.*, nᵒˢ 2778 et 2779, et les auteurs cités.

d'une certaine somme, tant que cet ameublissement demeure indéterminé, tant que les parties n'ont pas réglé entre
elles lesquels des immeubles de ce conjoint entreraient dans
la communauté, aucun n'y est entré, et la communauté n'a
qu'un simple *droit de créance* et une simple action contre le
conjoint qui a fait l'ameublissement, pour l'obliger, lors de
la dissolution de la communauté, à comprendre, dans la
masse des biens de la communauté qui sont à partager,
quelqu'un de ses immeubles jusqu'à concurrence de la
somme promise...»(1).

Ces principes, poursuit-on, sont bien évidemment ceux
du Code, et l'art. 1508 les a presque littéralement repro-
duits.

Je suis loin de les répudier. Mais il faut prendre garde
de se laisser abuser par ces mots : « la communauté n'a
qu'un simple *droit de créance* contre le conjoint qui a fait
l'ameublissement. » Ils ne signifient pas que la communauté n'a, contre ce conjoint, qu'une créance *de somme*,
qu'une créance purement *mobilière ;* car Pothier caractérise
immédiatement ce *droit de créance,* en disant que c'est une
action « pour obliger le conjoint, lors de la dissolution de la
communauté, à comprendre, dans la masse des biens de la
communauté qui sont à partager, quelqu'un de ses immeubles, jusqu'à concurrence de la somme promise. »

Plus loin, au n° 314, il qualifie cette créance de créance
immobilière. «Cette créance, dit-il (et c'est en cela que
l'ameublissement indéterminé diffère de la simple convention
d'apport d'une certaine somme d'argent), cette créance n'est
pas une créance mobilière ; car ce n'est pas une somme d'argent que la communauté a droit d'exiger de moi ; elle a
droit d'exiger que je mette quelques-uns de mes immeubles,
jusqu'à concurrence de la somme convenue, dans la masse

_____

(1) De la Communauté, t. 1, n° 313.

I.   13

des biens de la communauté. Cette créance, ayant pour objet des immeubles, est une créance immobilière...»

284. Au n° 313 *bis*, Pothier dit encore : « On avait aussi tiré de notre principe cette conséquence, que, tant que l'apport de la femme était indéterminé, le mari n'avait pas droit de vendre aucun des immeubles de la femme, parce qu'on ne pouvait dire d'aucun qu'il fût celui qui a été ameubli, et qui est entré dans la communauté : c'est ce que Mornac dit, en quelque endroit, avoir été jugé par un arrêt qu'il rapporte. Je pense, néanmoins, que, les ameublissements se faisant principalement pour qu'il y ait un fonds de biens de communauté dont le mari puisse, en cas de besoin, disposer, la clause d'un ameublissement indéterminé que la femme fait de ses immeubles, jusqu'à concurrence d'une certaine somme, renferme tacitement un pouvoir qu'elle donne au mari, tant qu'elle n'a point encore déterminé son apport, d'aliéner ceux des immeubles qu'il jugera à propos jusqu'à concurrence de ladite somme ; et l'aliénation qu'en fera le mari déterminera l'apport indéterminé de la femme à ceux qu'il aura aliénés.»

Le Code n'a point admis cette opinion de Pothier; il lui a préféré celle de Mornac. Il a pris un moyen terme; il a pensé que c'était faire assez, pour la communauté, que de lui conférer la faculté d'hypothéquer les immeubles, frappés de la clause d'ameublissement, jusqu'à concurrence de cet ameublissement. Mais, cette faculté même d'hypothéquer, d'où peut-elle dériver, si ce n'est d'un droit éventuel à la propriété de ces mêmes immeubles?

285. *Ameublissement déterminé, avec limitation de somme.* — Ce que je viens de dire s'applique, avec de plus fortes raisons encore, au cas où l'ameublissement ne porte que sur un ou plusieurs immeubles *déterminés*, mais *avec limitation de somme*. « Si l'immeuble n'est ameubli que pour une certaine somme, porte l'art. 1507, 2ᵉ alinéa, le mari ne peut l'aliéner qu'avec le consentement de la femme; mais il peut l'hypothéquer, sans son consentement, jusqu'à concurrence seulement de la portion ameublie. »

286. Je n'ai point ici à prendre parti dans la question de savoir si l'immeuble, dans ce cas, devient la propriété de la communauté, jusqu'à concurrence de la somme promise ; ou si une telle stipulation ne constitue, pour la communauté, qu'un droit de créance, avec assignat limité. Pour moi, et au point de vue de la transcription, la solution est indifférente, puisque je reconnais à la communauté un droit éventuel de propriété, pouvant servir de base à la transcription.

287. Mais il est à remarquer que, pour ce cas, à la différence de celui où l'ameublissement , avec limitation de somme, porte sur des immeubles non déterminés, M. Troplong accorde à la communauté un droit de *copropriété* , dans l'immeuble, avec le conjoint qui a fait l'ameublissement. Suivant l'éminent magistrat, la différence entre les deux cas est très-grande ; et, cette différence, il la fait résulter de ce que, dans un cas, celui de l'ameublissement déterminé, avec limitation de somme, c'est la portion de l'immeuble ameublie, et non la somme qu'elle représente, qui entre dans la communauté ; tandis que, dans l'autre cas, celui de l'ameublissement indéterminé, c'est tout le contraire.

Et, quant à l'interdiction faite au mari, dans les deux cas, de vendre l'immeuble ou les immeubles, sans le consentement de sa femme, M. Troplong en donne une explication différente, suivant qu'il s'agit de l'ameublissement déterminé, avec limitation de somme, ou de l'ameublissement indéterminé : pour ce dernier cas, c'est parce que la communauté n'est propriétaire de rien dans les immeubles affectés, qu'elle n'a qu'un simple droit de créance, avec assignat sur ces immeubles; pour l'autre, c'est uniquement parce que la communauté n'est pas propriétaire exclusive , qu'elle n'est même pas propriétaire d'une portion déterminée de l'immeuble, telle que le quart ou la moitié. Sans doute, rien ne s'oppose, en général, à ce que l'un des propriétaires vende sa part indivise ; « mais on a craint probablement ici, dit

13.

M. Troplong, que le mari ne donnât à la femme, pour copropriétaire, un étranger incommode ; que cet étranger ne demandât le partage, et ne privât la femme, en poursuivant l'aliénation, du droit, porté par l'art. 1509, de reprendre son immeuble, en tenant compte du prix » (1).

288. La conséquence, ce semble, pour l'auteur, eût dû être que, dans ce cas au moins, la transcription fût obligatoire, en principe, pour la communauté, comme dans le cas de l'ameublissement déterminé, sans limitation de somme, sauf à examiner, comme l'a fait M. Troplong pour ce dernier cas (*suprà*, n° 274), si la communauté a intérêt, ou non, à transcrire. En effet, si la communauté a un droit de copropriété à conserver, il est rationnel qu'elle puisse et qu'elle doive faire transcrire, pour empêcher que l'immeuble ne soit aliéné, au préjudice de ses droits, par l'époux qui a consenti l'ameublissement. On a vu, cependant (*suprà*, n° 280), que M. Troplong enseigne que « la transcription n'est pas applicable à un tel pacte. »

289. M. Mourlon, sur les deux questions que je viens d'examiner, relatives à l'ameublissement indéterminé ou déterminé, mais limité à une certaine somme, exprime une opinion conforme à la mienne, mais qu'il ne déduit pas des mêmes motifs, et qui semble plus circonscrite ; car il ne fait remonter la nécessité de la transcription qu'au jour où un partage aura fait tomber, dans le lot de l'autre conjoint, l'immeuble ou les immeubles confondus dans la masse, en vertu de la clause d'ameublissement. Voici ses paroles :

« Il résulte, dit-il, des termes de l'art. 1508 que l'ameublissement, limité à une certaine somme, oblige l'époux qui l'a

_____

(1) Du Contr. de mar., t. 3, n°s 2000 et suiv. — Conf. Pont et Rodière, *ib.*, t. 2, n°s 163 et suiv.; Dalloz, Jur. gén., v° *Contr. de mar.*, n° 2774.—*Contrà*, Delvincourt, t. 3, p. 44, note 5; Toullier, t. 13, n°s 331 et suiv.; Duranton, t. 15, n° 70.

consenti à comprendre dans la masse, lors de la dissolution de la communauté, un ou plusieurs de ses immeubles, dans la limite de la somme par lui promise. S'il satisfait à cette obligation, et que l'immeuble, par lui compris dans la masse partageable, tombe, par l'effet du partage, dans le lot de son conjoint, les tiers devront être évidemment avertis que tel immeuble est sorti du patrimoine de l'un des époux pour entrer dans le patrimoine de l'autre. Or, que transcrira-t-on? Ce ne sera point l'acte de partage, puisque cet acte n'est que déclaratif de propriété. Ce sera donc l'ameublissement lui-même : *c'est lui, en effet, qui contenait, en germe du moins, le principe de la mutation qui a eu lieu.* Peut-être, pourtant, serait-il mieux de soutenir que cet apport constitue une véri-table *datio in solutum.* On devrait, alors, en dresser un acte et le faire transcrire. Au reste, ajoute M. Mourlon, peu nous importe qu'on transcrive tel ou tel acte, pourvu que les tiers soient avertis » (1).

290. Les principes ci-dessus ne reçoivent aucune modifi-cation de la stipulation contenue dans le contrat de mariage, que la femme, en cas de renonciation à la communauté, re-prendra son apport franc et quitte de toutes dettes et charges, autres que ses dettes personnelles (C. Nap., 1514). « Lorsque le mari, pendant la communauté, a aliéné, dit Pothier, les héritages que la femme y a apportés, la femme, qui exerce le droit de reprise de son apport, n'est pas fondée à les re-vendiquer contre les acquéreurs : la clause pour la reprise de l'apport doit se concilier avec la clause d'ameublissement. L'intention des parties, dans la clause d'ameublissement, étant principalement de donner au mari la faculté de dispo-ser des héritages ameublis par sa femme, et de les conver-tir en argent, quand il en aura besoin, la clause de reprise de l'apport, qui doit se concilier avec elle, ne doit pas pri-

_____

(1) Rev. prat., t. 2, p. 377.

ver le mari de cette faculté. C'est pourquoi, lorsque le mari use du droit qu'il avait de vendre les héritages ameublis par sa femme, le droit de reprise de la femme doit, en ce cas, se convertir au droit de reprise de la somme que valaient lesdits héritages, lors de l'aliénation que le mari en a faite..... » (1).

Ce principe est applicable à l'ameublissement limité à une certaine somme (déterminé ou indéterminé), pour les hypothèques que le mari aurait conférées sur les immeubles, dans la limite des art. 1507 et 1508, quoique la communauté n'en ait pas la propriété, au moins exclusive. « Si c'est un ameublissement indéterminé qu'a fait la femme, dit M. Duranton, elle ne peut non plus, en exerçant la reprise de ses apports, méconnaître les hypothèques que le mari a consenties sur ses immeubles, dans la mesure pour laquelle elle a fait l'ameublissement.... » (2).

291. *Communauté universelle entre époux.* — La stipulation, fort peu usitée d'ailleurs, d'une communauté universelle entre époux, dans les termes de l'art. 1526, serait également soumise à la transcription. « C'est là, dit encore M. Duranton, un véritable ameublissement, en ce sens que les immeubles des époux deviennent biens de la communauté, comme leurs meubles eux-mêmes » (3). On tombe ainsi dans la disposition de l'art. 1507, relative à l'ameublissement déterminé, sans limitation de somme, et j'ai éta-

---

(1) De la Communauté, t. 1, n° 410. V. aussi Cout. d'Orl., Introd. au tit. 10, n° 75. — Conf. Lebrun, De la Communauté, liv. 3, ch. 2, sect. 2, dist. 5, n° 57; Duranton, t. 15, n° 170; Delvincourt, t. 3, p. 48, note 3; Rodière et Pont, Contr. de mar., t. 2, n° 272; Dalloz, Jur. gén., v° *Contr. de mar.*, n° 2895; Rivière et Huguet, *suprà*, n° 277.

(2) T. 15, n° 172; Dalloz, *loc. cit.*, n° 2897.

(3) T. 15, n° 52.—Conf. Mourlon, Rev. prat., t. 2, p. 379, n° 52. —*Contrà*, Sellier, Comment., n° 112.

bli, *supra* (n°ʳ 274 et suiv.), le droit et l'intérêt qu'a le mari, chef de la communauté, à transcrire, en pareil cas.

292. *Prélèvements.*—Aux termes de l'art. 1470, C. Nap., chacun des époux, ou son héritier, a le droit de prélever, sur les biens de la communauté, avant tout partage, des immeubles, pour le montant de ses reprises. Ces prélèvements opèrent-ils une mutation de propriété? Constituent-ils une dation en paiement, qui oblige l'époux, au profit duquel s'exerce le prélèvement, à faire transcrire?

La solution de cette difficulté dépend, en premier lieu, de celle à donner à une autre question, qui, dans ces derniers temps, a fait grand bruit, je veux parler de la question de savoir si c'est à titre de *propriété* ou de *créance* que s'exercent les prélèvements des époux, notamment ceux de la femme? Il faut donc, avant d'aller plus loin, dégager la discussion de cette première difficulté.

Si c'est à titre de *propriété* que s'exerce le prélèvement, aucune mutation ne s'opère au profit de l'époux, qui ne fait que reprendre *le sien* : dans ce cas, il ne peut y avoir lieu à transcription. — Si c'est à titre de *créance*, des distinctions sont nécessaires : je les ferai tout à l'heure.

Mais, auparavant, je tiens à dire que la controverse, que vient de terminer l'arrêt des chambres réunies, ne s'est élevée qu'au point de vue du concours de la femme avec les autres créanciers sur les biens de la communauté, ou de la préférence à lui accorder sur eux. Sur ce point, après une discussion solennelle, un rapport très-étudié de M. le conseiller Sénéca et des conclusions entraînantes de M. le procureur général Dupin, la Cour de cassation s'est prononcée contre le droit de *propriété* (1). C'est aussi mon opinion.

293. Mais c'est à un autre point de vue qu'il faut se placer, relativement à la transcription.

_____

(1) Rej., ch. réun., 16 janv. 1858, aff. Moinet; D.ᴘ.58.1.5.

De ce que les prélèvements des époux sur les immeubles de la communauté s'exercent, non à titre de propriété, mais à titre de créance, en doit-on nécessairement conclure, avec M. Troplong, que l'acte, qui constate ce prélèvement, soit un acte translatif de propriété, et qu'il doive être transcrit, dans tous les cas, « sans qu'il y ait à distinguer entre le mari et la femme, entre le cas où la femme accepte, et le cas où elle répudie la communauté? » (1). Telle est la question.

294. Examinons-la, d'abord, par rapport à la femme.

Si la femme accepte la communauté, elle est propriétaire, par indivis, avec son mari, ou les héritiers de son mari, de la moitié des immeubles dépendant de cette communauté. Le prélèvement qu'elle exerce sur ces immeubles, dans les termes de l'art. 1471, s'il devait être considéré comme un acte translatif, ne le serait, en tout cas, que pour moitié, puisque l'autre moitié lui appartient. Mais je crois qu'il est plus juridique de ne voir, dans ce prélèvement, qu'un acte faisant cesser l'indivision entre copropriétaires, tenant lieu de partage, par conséquent (888), et, à ce titre, non sujet à transcription (*suprà*, n°s 18 et suiv.) (2).

Il est vrai qu'à prendre les choses à la lettre, on peut dire que les prélèvements, quoique faisant partie des opérations du partage (828 et suiv.), ne sont pas encore le partage, puisqu'ils le précèdent; qu'on ne doit attribuer l'effet déclaratif qu'au tirage des lots ou à la licitation (3). Mais la loi ne doit pas être entendue dans ce sens étroit; et l'art. 888, que j'ai cité, en est la preuve, puisqu'il qualifie implicitement de partage « tout acte qui a pour objet de faire cesser

---

(1) De la Transcr., n° 62.

(2) Conf. Rivière et Huguet, n°s 29 et suiv.; Mourlon, Rev. prat., *loc. cit.*, n° 47 ; Lesenne, Comment. théor. et prat. de la loi du 23 mars 1855, n° 15 ; Gauthier, n°s 71 et suiv.

(3) Troplong, Du Contr. de mar., t. 1, n° 399, et t. 3, n° 1675.

l'indivision entre cohéritiers, encore qu'il fût qualifié de vente, d'échange et de transaction, ou de toute autre manière.

Le chapitre du *Partage et des Rapports*, au titre des *Successions*, nous offre des dispositions d'une analogie frappante avec le cas actuel. Chaque cohéritier, dit l'art. 829, fait rapport à la masse des dons qui lui ont été faits, et des sommes dont il est débiteur.—Si le rapport n'est pas fait en nature, les cohéritiers, à qui il est dû, prélèvent une portion égale sur la masse de la succession (830).—Après ces prélèvements, ajoute l'art. 831, il est procédé, sur ce qui reste dans la masse, à la composition d'autant de lots égaux qu'il y a d'héritiers copartageants.—Quel est le caractère de ces prélèvements? Celui du partage, évidemment, puisqu'ils tiennent lieu des objets ou des sommes que le cohéritier débiteur ou donataire devait rapporter à la masse, et qu'il n'y rapporte pas. Et si les objets prélevés sont des immeubles (869), qui pourrait douter qu'ils ne soient affranchis, dans les mains du cohéritier qui les reçoit, de toutes charges créées pendant l'indivision, de même que les immeubles qui lui seraient échus par la voie du sort, ou qu'il aurait acquis par celle de la licitation? Pourquoi en serait-il autrement des prélèvements faits par les époux, ou par l'un d'eux, avant le partage de la communauté? L'art. 1476 ne déclare-t-il pas applicables au partage de la communauté toutes les règles concernant le partage des successions?

295. Cette doctrine a été sanctionnée par la Cour de cassation, qui, dans cinq arrêts, rendus à la même audience, a décidé que les reprises, exercées par la femme sur les biens de la communauté, qu'elle a acceptée, ne sont pas soumises au droit de mutation. Les motifs donnés par la Cour de cassation sont les mêmes que ceux que je viens de développer : « Attendu, dit-elle, qu'en cas d'acceptation, la femme, qui exerce ses reprises sur les biens de la communauté, agit en la double qualité de créancière et de com-

mune; qu'elle se paye avec des biens sur lesquels elle ne peut, sans doute, réclamer un droit de préférence vis-à-vis des autres créanciers de la communauté, mais dont elle n'est pas moins copropriétaire, par indivis, avec son mari, ou ceux qui le représentent, et que les prélèvements qu'elle exerce sont l'une des opérations du partage, avec lequel ils se confondent pour la perception du droit d'enregistrement...» (1).

296. Si la femme renonce à la communauté, elle perd, par cette renonciation, tous droits sur les biens de la communauté (1492), et les reprises qu'elle exerce, par conséquent, sur ces mêmes biens, devenus, par sa renonciation, biens du mari, constituent une véritable dation en paiement (*suprà*, n°s 177 et 178), qui rend la transcription nécessaire. C'est encore ce que disent les arrêts de la Cour de cassation précités, et ce qu'avait déjà jugé, antérieurement, un autre arrêt de la même Cour, rendu, non plus pour l'application du droit fiscal, mais pour l'appréciation juridique de la nature de l'acte et des effets attachés à sa transcription : «Attendu, dit ce dernier arrêt, que la femme, qui renonce, perd toute espèce de droits sur les biens de la communauté, lesquels, par sa renonciation, sont exclusivement la propriété du mari ; que, simple créancière du prix de ses propres aliénés et des indemnités qui lui sont dues par la communauté, si elle consent à recevoir de son mari des immeubles pour l'acquittement de sa créance, elle les prend, non en vertu d'un droit de propriété, mais à titre de dation en paiement ; qu'une telle convention, lui transférant une propriété qui reposait entièrement sur la tête du mari et dont elle fournit le prix par une compensation de sa créance, constitue ainsi

---

(1) Cass. 3 août 1858, aff. Villet, Raucher, Legoux, Debès et Gallot; D.P.58.1.310.

une véritable vente et en a tous les effets vis-à-vis des tiers...» (1).

297. S'agit-il du mari? En aucun cas, les prélèvements qu'il exerce sur les biens de la communauté ne peuvent donner lieu à transcription. De deux choses l'une, en effet, dit très-bien M. Mourlon : ou la femme accepte, ou elle répudie la communauté. Si elle accepte, les reprises du mari, constituant l'un des actes du partage, sont simplement déclaratives de propriété, comme le partage lui-même. Si elle renonce, il ne saurait être question de reprises du mari, puisque la communauté lui appartient tout entière (2).

298. Il est manifeste que, si les reprises de la femme, même acceptante, s'exercent, en cas d'insuffisance des biens de la communauté, sur les immeubles propres du mari (1472), il y a transmission de propriété à son profit, et nécessité, par conséquent, pour elle de transcrire. On trouve encore ce principe, d'une palpable évidence du reste, énoncé dans les arrêts du 5 août 1858, que j'ai cités : « Attendu que, si elle exerce ses reprises sur les biens du mari, elle agit comme simple créancière de ce dernier, et reçoit de lui, en paiement, des biens sur lesquels elle n'a aucun droit de propriété; de sorte qu'il s'opère réellement une mutation à son profit...»

299. *Remploi.* — Lorsque le mari acquiert un immeuble pour tenir lieu à sa femme de remploi de l'un de ses propres aliénés, la déclaration du mari, dans l'acte, que *l'acquisition est faite des deniers provenus de l'immeuble vendu par sa femme et pour lui servir de remploi*, ne suffit point, si le remploi n'a été formellement accepté par celle-ci : c'est la disposition de l'art. 1455, C. Nap. — Si elle ne l'a pas ac-

---

(1) Rej. 8 fév. 1858, aff. Belliard ; D.p.58.1.70.— Conf. Rivière et Huguet, Mourlon, Lesenne et Gautier, *loc. cit.*

(2) Rev. prat., t. 2, p. 353, n° 47.

cepté, ajoute l'article, elle a simplement droit, lors de la dissolution de la communauté, à la récompense du prix de son immeuble vendu.

300. L'acceptation de la femme peut avoir lieu de deux manières : ou dans l'acte même, si elle est présente à cet acte ; ou dans un acte postérieur, puisque la loi n'a pas exclu ce second mode d'acceptation (1).

301. Au premier cas, il ne peut y avoir de difficulté sur la transmission actuelle et immédiate de la propriété à la femme : c'est elle, à vrai dire, qui acquiert directement ; et la propriété n'a pu résider, même pendant un instant de raison, sur la tête du mari, qui n'est là que pour assister sa femme et lui donner l'autorisation nécessaire. On appliquera donc à ce cas les principes de la vente pure et simple.

302. Si l'acceptation de la femme n'intervient pas dans le contrat même, il n'y a, à son égard, qu'une vente conditionnelle, dont il faut déterminer les effets, par rapport à la transcription.

303. Une première hypothèse se présente, dont je n'aurais point à parler, puisqu'elle n'est pas celle de l'art. 1435, s'il ne fallait aller au-devant de toutes les hypothèses et de toutes les difficultés.

On suppose que le mari a déclaré, dans l'acte, acquérir, *au nom et pour le compte de sa femme*, avec les deniers provenant de la vente d'un propre de celle-ci, et pour lui servir de remploi. Et l'on part de ce point que, dans le contrat, ne se trouve aucune clause, directe ni indirecte, d'où l'on puisse induire que le mari ait entendu acquérir pour lui-

---

(1) Pothier, De la Communauté, nº 200 ; Duranton, t. 14, nº 393 ; Toullier, t. 12, n. 364 ; Bellot, Contr. de mar., t. 1, p. 516 et suiv. ; Zachariæ, t. 3, § 507, p. 425, éd. Aubry et Rau. — *Contrà*, Delvincourt, t. 3, p. 35, note 2.

même, dans le cas où la femme n'accepterait pas le marché conclu en son nom (1).

La chose peut avoir lieu ainsi : « Car, lorsque j'ai promis, dit Pothier, qu'un autre vous donnerait quelque chose, ou ferait quelque chose, sans me faire fort de lui, ni rien promettre de ma part, cette convention ne peut obliger ni ce tiers, ni moi. Elle ne peut obliger le tiers, car il n'est pas en mon pouvoir d'obliger un autre, sans son fait ; elle ne m'oblige pas non plus ; car, puisqu'on suppose que j'ai promis pour un autre, et non pour moi, je n'ai pas entendu m'obliger » (2).

Il est évident que, dans ce cas, le mari n'a acquis aucun droit de propriété, même éventuel, sur l'immeuble ; qu'il n'a rempli, vis-à-vis du vendeur, que le rôle de *negotiorum gestor* de sa femme ; et que, ne s'étant point porté fort pour elle, il n'y aura pas de contrat, si la femme n'accepte pas.

304. Il n'est pas moins évident que, si la femme accepte, elle tiendra ses droits, non de son mari, mais du vendeur directement ; en sorte que son acceptation ferait évanouir, même sans le secours de la transcription, toutes les aliénations que le mari aurait pu faire, toutes les hypothèques qu'il aurait pu consentir sur l'immeuble, dans l'intervalle, hypothèques et aliénations nulles comme portant sur la chose d'autrui.

305. Mais cette transcription lui sera nécessaire, au regard du vendeur, pour empêcher ce dernier de disposer, une seconde fois, de l'immeuble, ou de le grever de droits réels, qui obtiendraient la préférence sur la femme, nonobstant la rétroactivité attachée à son acceptation, si les tiers, nantis de ces droits réels, avaient transcrit avant elle. Il sera donc important que le mari, dans l'intérêt de sa femme, fasse trans-

---

(1) Mourlon, Rev. prat., t. 3, p. 49, n° 54.
(2) Des Oblig., t. 1, n° 56.

crire immédiatement, et avant l'acceptation de celle-ci, comme je l'ai dit *suprà*, n° 126, pour un cas semblable (1).

306. Il résulte encore de ce que j'ai dit au même endroit (n° 127) que la transcription de l'acte de vente suffit, sans qu'il soit besoin de faire transcrire également l'acte d'acceptation (2).

307. Rentrant maintenant dans l'hypothèse que prévoit l'art. 1435, celle où l'immeuble est acheté par le mari, en son nom, mais avec déclaration que *l'acquisition est faite avec les deniers provenant de la vente d'un propre de sa femme, et pour lui servir de remploi*, il est incontestable que, dans ce cas, à l'inverse du précédent, où le refus de la femme ferait évanouir le contrat, le mari est lié envers le vendeur, et qu'il est obligé (ou plutôt la communauté) de garder l'immeuble, si la femme ne l'accepte pas comme remploi de son propre aliéné.

308. Mais quelle est la nature du droit du mari sur cet immeuble? Ce droit, jusqu'à l'acceptation de la femme, est-il un droit absolu, entier, qui lui permette de disposer de l'immeuble à son gré? Ou n'est-il qu'un droit résoluble, *ab initio*, par l'acceptation de la femme, et dont l'anéantissement fasse disparaître les aliénations ou les hypothèques antérieurement consenties par le mari?

C'est là une question controversée.

La plupart des auteurs modernes, se fondant sur une opinion émise par Tronchet au Conseil d'État, lors de la discussion de l'art. 1435, ne regardent la déclaration de remploi, faite par le mari, que comme une offre qu'il est libre de retirer, tant qu'elle n'a pas été acceptée par la femme, et qu'il est censé avoir retirée implicitement, lorsqu'il a constitué des hypothèques ou autres droits réels sur l'immeuble; en

---

(1) Conf. Mourlon, *loc. cit.*
(2) *Idem.*

sorte que la femme, si elle veut encore accepter le remploi, malgré ses charges, est obligée de prendre la situation telle que la lui a faite son mari. Dans ce système, l'acceptation de la femme n'a pas d'effet rétroactif, et la femme ne devient réellement propriétaire que du jour de son acceptation (1).

309. La conséquence serait qu'il y aurait, dans ce cas, deux actes à transcrire : l'acte de vente, pour mettre la communauté et la femme à couvert des actes ultérieurs du vendeur ; l'acte d'acceptation, pour défendre celle-ci contre les actes du mari postérieurs à l'acceptation, puisque cette acceptation est pour elle le véritable titre translatif (2).

310. Pothier pensait différemment sur la question. Après avoir dit « qu'il n'est pas nécessaire que le consentement que la femme doit donner au remploi soit donné par le contrat, ni dans le même temps ; que la femme peut le donner *ex intervallo,* » il ajoute : « Et, en attendant ce consentement de la femme, la déclaration, faite par le mari par le contrat d'acquisition, que l'héritage est acquis pour tenir lieu de remploi des propres de la femme, *tient en suspens* l'état et la qualité de cet héritage. Si la femme ratifie et consent cette déclaration, les ratifications ayant un effet rétroactif, suivant la règle de droit : *ratihabitio mandato comparatur,* l'héritage sera censé avoir été, dès l'instant de son acquisition, acquis pour tenir lieu du remploi de sa femme, et avoir toujours été, en conséquence, propre de communauté de la femme par subrogation. Si, au contraire, elle refuse d'accepter cet héritage pour son remploi, cet héritage sera conquêt... » (3).

_____

(1) Conf. Toullier, t. 12, n° 360 ; Duranton, *loc. cit.;* Rodière et Pont, Du Contr. de mar., t. 1, n° 511 ; Troplong, *ib.,* n°s 1135 et s.; Dalloz, Jur. gén., *ib.,* n°s 1421 et 1435.
(2) Conf. Rivière et Huguet, n° 61 ; Mourlon, *loc. cit.,* n° 57 ; Gauthier, n° 75.
(3) De la Communauté, n° 200.

D'Aguesseau disait également : « Le mari est considéré, en cette matière, comme le procureur de sa femme. La ratification, faite en quelque temps que ce soit, a un effet rétroactif qui remonte au temps de l'acte. Si cela est vrai, par rapport à celui qui a seulement géré les biens d'autrui, il l'est, à plus forte raison, à l'égard de celui qui est censé avoir une procuration » (1).

311. Les auteurs du Code ont-ils voulu déroger à ces principes ? Rien ne l'annonce, au moins dans les termes de l'art. 1435. Si telle eût été leur pensée, on doit croire qu'ils s'en seraient expliqués, avec d'autant plus de raison que les art. 1434 et 1435 sont littéralement extraits de Pothier, des ouvrages duquel on sait que les rédacteurs du Code se sont particulièrement inspirés.

312. Mais ce qu'on ne trouve pas dans l'art. 1435, on va le demander aux Procès-verbaux du Conseil d'État ; et voici le passage sur lequel on s'appuie :

« M. Berlier dit que la faculté, réclamée par M. Jollivet au profit de la femme (celle d'accepter le remploi, même après la dissolution de la communauté), aurait pour désavantage de laisser la propriété longtemps incertaine ; et que deviendraient, dans l'intervalle, les actions des tiers ? Que deviendraient aussi les droits par eux acquis, à l'époque où il plairait à la femme d'accepter le remploi ?... — M. Tronchet dit qu'il faudrait encore amender cet amendement par la condition que l'immeuble existera encore, en nature, dans la communauté, et n'aura pas été hypothéqué ; car *il est conquêt de communauté, tant que l'acceptation de la femme ne lui a pas donné la qualité de propre.* — Le consul Cambacérès et M. Treilhard disent que l'article doit être ainsi entendu » (2).

---

(1) T. 2, 27ᵉ plaidoyer, p. 645, éd. 1761.
(2) Locré, t. 13, p. 195 ; Fenet, t. 13, p. 563.

313. Mais, en supposant que Tronchet ait exprimé l'opinion du Conseil d'État, ses paroles ont-elles bien le sens et la portée qu'on leur donne ? Quelle était la question ? M. Jollivet réclamait, pour la femme, la faculté d'accepter le remploi, même après la dissolution de la communauté ; ce qui était contraire à l'opinion de Duplessis, que Pothier paraît adopter. M. Berlier oppose à la proposition de M. Jollivet que la propriété serait trop longtemps incertaine, et que cette incertitude entraverait l'action des tiers. Et Tronchet ajoute que, si l'on acceptait l'amendement de M. Jollivet, il faudrait le sous-amender, en ce sens qu'on y mît pour condition que l'immeuble n'aurait pas été aliéné ou hypothéqué ; car, dit-il, il est conquêt de communauté, tant que l'acceptation de la femme ne lui a pas donné la qualité de propre.

Ces paroles de Tronchet n'ont rien que de juste, appliquées à la question ; elles manquent de vérité, si l'on veut aller au delà. — Que veut dire et que dit Tronchet ? Que, si l'on accorde à la femme, comme le demande M. Jollivet, la faculté d'accepter le remploi, après la dissolution de la communauté, ce ne pourra être qu'à la condition que *l'immeuble existera encore, en nature, dans la communauté, et n'aura pas été hypothéqué*. Il s'agit, par l'amendement, de déroger à l'ancien droit, d'étendre exceptionnellement la faculté d'acceptation de la femme, de prolonger, par là, comme le dit M. Berlier, l'incertitude de la propriété : la femme, dit Tronchet, ne jouira de ce privilége, si on le lui concède, qu'à la charge de respecter les droits acquis à des tiers, droits que le mari a pu leur conférer, puisque l'immeuble est un conquêt de communauté, tant que la femme n'a pas accepté le remploi.

Ce que dit Tronchet est exact : l'immeuble est bien, en effet, un conquêt de communauté, qui demeure aux risques de celle-ci, tant que la femme n'a pas déclaré son acceptation.

Mais cela n'implique pas que la propriété de la commu-

I. 14

nauté sur cet immeuble ne soit pas une propriété résoluble, advenant l'acceptation de la femme, en temps utile, c'est-à-dire *avant* la dissolution de la communauté. Tronchet a-t-il dit le contraire? Non, s'il n'a parlé qu'exceptionnellement, et pour le cas seulement où la femme n'accepterait le remploi qu'*après* la dissolution de la communauté.

314. Je ne nie pas que les paroles de Tronchet ne puissent être prises dans un sens plus général; qu'elles ne paraissent même s'appliquer à l'art. 1435, tel qu'il est resté, tout aussi bien qu'à l'amendement que voulait y introduire M. Jollivet, comme semblent l'indiquer ces mots ajoutés par Locré: « Le consul Cambacérès et M. Treilhard disent que l'article doit être ainsi entendu. » Mais, alors, M. Berlier n'entendait donc pas l'article comme l'entendaient Tronchet, Cambacérès et Treilhard! Autrement, l'objection qu'il faisait à la proposition de M. Jollivet eût manqué de portée: car, si le mari demeurait maître, jusqu'à l'acceptation de la femme, d'aliéner l'immeuble offert en remploi, ou de l'hypothéquer, il n'était pas vrai de dire que la propriété fût *incertaine*. Et, si l'acceptation de la femme ne devait pas rétroagir, on n'avait plus à s'inquiéter pour les tiers, qui auraient contracté avec le mari, *medio tempore*, puisque l'acceptation ne pouvait leur causer aucun préjudice.

De tout cela, je conclus que les paroles de Tronchet sont au moins obscures; et il me faudrait quelque chose de plus net et de plus précis pour me déterminer à penser que les auteurs du Code aient voulu rompre avec la tradition, quand ils n'en ont rien dit; et qu'une disposition, empruntée à Pothier, dont elle reproduit même exactement les termes, doive, cependant, être entendue dans un sens diamétralement contraire à la doctrine de ce sage et judicieux esprit (1).

_____

(1) On abuse souvent des citations empruntées aux procès-verbaux

315. Où seraient, d'ailleurs, les raisons de ce changement?

On dit que, donner à l'acceptation de la femme un effet rétroactif, c'est tenir la propriété en suspens jusqu'à ce que la femme ait fait connaître sa volonté ; que, les actes, passés par le mari dans l'intervalle, n'offrant aucune solidité, on s'abstiendra de traiter avec lui ; qu'il naîtra de là une entrave à la circulation des biens et, par suite, une atteinte au crédit.

Cela est vrai, dans une certaine mesure ; mais n'en faut-il pas dire autant de toutes les ventes conditionnelles ? Le Code les admet pourtant, au risque de quelques inconvénients, parce qu'il faut laisser aux conventions une entière liberté. A plus forte raison, devait-il faire céder cet intérêt à celui de la femme, objet des constantes sollicitudes de la loi.

Le mari, d'ailleurs, ne saurait se plaindre d'une situation que lui-même a créée. Si elle l'embarrasse, il a les moyens de la faire cesser, en mettant la femme en demeure de se prononcer. La femme le peut faire valablement, pendant le mariage, quoique placée sous la dépendance de son mari. Et non-seulement elle le peut faire, mais la loi exige même qu'elle le fasse, puisqu'elle lui retire son droit d'option, aussitôt qu'est arrivée la dissolution de la communauté. N'est-ce pas même pour que la propriété ne reste pas trop longtemps incertaine que la loi oblige la femme à déclarer son option, avant la dissolution de la communauté ? Et ne sort-il pas de là un argument de plus contre le droit de libre disposition du mari ?

---

du Conseil d'État, pour forcer le sens de la loi. Quelquefois, au milieu d'une discussion, des opinions individuelles se produisent, qui ne sont pas contredites, soit parce qu'elles manquent de précision, soit parce qu'elles ne touchent pas directement à la matière. On s'expose donc à des erreurs, lorsqu'on donne à quelques généralités vagues et sans portée le sens particulier qu'elles ne comportent pas.

14.

316. J'ajoute que la disposition de l'art. 1435, interprétée comme on veut qu'elle le soit, est presqu'un non-
sens. A quoi bon, en effet, cette déclaration du mari, que
l'immeuble qu'il achète, avec les deniers de sa femme, est
destiné à servir à celle-ci de remploi, si cette déclaration
ne doit pas le lier; si, dès le lendemain, il peut la rendre
vaine, en aliénant l'immeuble, ou en le grevant d'hypothèques? De quelle utilité peut être à la femme la faculté qui
lui est laissée d'accepter ou de refuser le remploi, si, en dehors même de tout acte d'aliénation ou d'engagement de
l'immeuble par le mari, cet immeuble demeure soumis aux
hypothèques légales ou judiciaires qui frappent la généralité
des biens de ce dernier? Pour un tel résultat, ce n'était pas
la peine d'insérer une disposition particulière dans la loi;
il n'y avait qu'à laisser les parties dans les termes du droit
commun. Évidemment donc, cette interprétation répugne à
l'esprit de l'article.

317. Cette interprétation, de plus, est contraire aux principes, puisque la faculté, réservée à la femme, d'accepter ou
de refuser le remploi imprime à la disposition un caractère
conditionnel, dont l'effet est réglé par l'art. 1179, à moins
d'une dérogation expresse à cet article, dérogation qui n'apparaît pas dans l'art. 1435 (1).

318. Entre la doctrine que je viens de combattre et celle de
Pothier et de d'Aguesseau, M. Mourlon croit qu'il y a place
pour une opinion intermédiaire qui, sans adopter l'une ou
l'autre doctrine dans ses termes absolus, emprunte quelque
chose à chacune d'elles.

Ainsi, M. Mourlon accepte l'idée que la déclaration d'emploi, faite par le mari, dans les termes de l'art. 1435, est

---

(1) V., dans le même sens, une dissertation de M. Labbé, *sur les
effets de la ratification des actes d'un gérant d'affaires*, 2e part.,
n°s 77 et suiv. (Brochure) ; un article de ce professeur, inséré dans la
Revue pratique, t. 4, p. 51.

une *offre*, adressée par lui à sa femme, non pas, dit-il, d'une *datio in solutum*, mais d'une *subrogation aux effets du contrat d'acquisition*. Cette offre est révocable, tant que la femme ne l'a pas acceptée. Jusque-là, la propriété de la chose acquise réside en la personne du mari, qui peut en disposer, à son gré, et aussi valablement que dans l'hypothèse d'un achat ordinaire. S'il en dispose d'une façon quelconque, soit en la vendant, soit en l'hypothéquant, il manifeste, par cet acte, que l'offre est retirée, et l'acceptation de la femme ne peut plus, dès lors, intervenir utilement.

Mais, si l'acceptation de la femme est donnée, *rebus integris*, c'est-à-dire avant tout acte de disposition du mari, rien ne s'oppose à ce que cette acceptation rétroagisse au jour de l'acquisition faite par le mari, dont la personne s'efface pour faire place à la femme. Alors, au lieu de deux mutations successives, l'une du vendeur au mari, l'autre du mari à la femme, il n'y en a plus qu'une, effectuée directement du vendeur à la femme. Ainsi, poursuit l'auteur, point de double droit de mutation ; exonération, pour la femme, des hypothèques légales ou judiciaires établies sur les biens de son mari, qu'elles aient pris naissance avant ou depuis l'achat; car, en les supposant postérieures, elles n'impliqueraient point, puisqu'elles sont indépendantes de la volonté du mari, la révocation de l'offre de subrogation qu'il a faite à sa femme (1).

319. Je doute que cette explication de M. Mourlon fasse fortune; et ce contrat, de nature hybride, est une nouveauté juridique, qui me semble inconciliable avec les principes. La vente, dans le cas donné, est une vente conditionnelle, ou elle ne l'est pas. Si elle est une vente conditionnelle, il faut lui appliquer les règles qui régissent ces sortes de conventions, et il ne peut dépendre du mari de

---

(1) Rev. prat., *loc. cit.*, n° 59.

faire du contrat une vente pure et simple, ou une vente conditionnelle, à son gré.

J'entends bien que, du vendeur au mari, la vente soit une vente pure et simple, si la femme n'accepte pas le remploi, parce que l'intention des parties n'a pas été de subordonner la perfection du contrat à l'acceptation de la femme ; que le mari a stipulé pour lui-même, ou plutôt pour la communauté dont il est le chef, en même temps qu'il stipulait pour sa femme ; il a dit : je prendrai, si ma femme ne prend pas. C'est pour cela que la chose est aux risques de la communauté, si elle vient à périr avant l'acceptation de la femme ; car, la vente ne pouvant plus se réaliser au profit de celle-ci, la communauté se trouve alors être le véritable acheteur. Le vendeur a ainsi, dans la personne du mari et dans celle de la femme, deux coobligés, bien qu'à des titres différents : l'un, dont l'obligation est pure et simple, quoique éventuelle, c'est le mari, ou la communauté, dans la personne du mari ; l'autre, dont l'obligation est conditionnelle, c'est la femme. Mais, pour cela, il n'y a toujours qu'une vente, dont le caractère principal et prédominant est le caractère conditionnel, puisque l'obligation du mari n'est que subsidiaire à celle de la femme (1).

520. Au contraire, dans le système où la déclaration de remploi, faite par le mari, n'est qu'une offre qu'il peut révoquer, tant que la femme ne l'a pas acceptée, il y a bien réellement deux ventes successives : la première entre le vendeur et le mari, saisissant ce dernier, *hic et nunc*, de la propriété de l'immeuble, qu'il peut ainsi hypothéquer ou vendre ; la seconde éventuelle entre le mari et sa femme, et

_____

(1) V. ce que j'ai dit, *suprà*, nᵒˢ 142 et suiv., dans une autre question qui a de l'analogie avec celle-ci, mais qui se résout par des principes différents.

n'ayant même pas le caractère conditionnel, puisqu'elle ne résout point les aliénations ou les hypothèques antérieurement consenties par le mari. Par quelle métamorphose cette dernière vente, abdiquant son caractère originel, deviendrait-elle tout à coup une vente conditionnelle, avec une partie seulement des effets attachés à une vente de cette nature? Et par quel arbitraire M. Mourlon attribue-t-il à l'acceptation de la femme, donnée postérieurement à l'acquisition faite par le mari, l'effet de résoudre les hypothèques légales ou judiciaires imprimées sur la tête de ce dernier, pendant le temps, si court qu'il ait été, que la propriété de l'immeuble a résidé dans sa personne, en lui déniant un semblable effet, lorsqu'il s'agit d'hypothèques constituées par le mari sur ce même immeuble? Il semble que la loi elle-même ne pourrait faire, sans violer les règles les plus positives du droit, ce que propose M. Mourlon.

321. Au point de vue, cependant, de la transcription, la thèse que soutient M. Mourlon, si différente, en principe, de la doctrine de Pothier que j'adopte, aboutit, comme on va le voir, au même résultat.

Ainsi, dans le système qui considère la vente, faite avec déclaration de remploi, comme une vente conditionnelle, la transcription de l'acte de vente, immédiatement opérée par les soins du mari ou de la femme, suffira pleinement, et par elle seule (comme je l'ai établi *supra*, n°⁸ 126 et 127, pour un cas analogue), à sauvegarder les droits de la femme, sans qu'il y ait nécessité de transcrire, ultérieurement, l'acte d'acceptation du remploi, parce que, par la transcription de l'acte de vente contenant l'offre du remploi, les tiers sont avertis des droits éventuels de la femme à la propriété de l'immeuble, et du peu de sécurité qu'il y aurait pour eux à traiter, soit avec le vendeur, soit avec le mari. Nouvel argument à l'appui du caractère conditionnel de la vente, et qui répond à l'objection tirée, dans les principes du Code Napoléon, de l'intérêt des tiers à faire maintenir les aliénations ou les hypothèques consenties par le mari, dans l'intervalle de la vente à l'acceptation du remploi par la femme !

Que décide, de son côté, M. Mourlon ? « Il sera évidemment nécessaire, dit-il, de transcrire l'acte de vente, afin d'apprendre aux tiers que le vendeur, ayant cessé d'être propriétaire de l'immeuble vendu, a perdu le droit d'en disposer. Cette transcription faite, rien ne sera plus à craindre du chef du vendeur. Mais, ajoute-t-il, la transcription de l'acceptation est-elle également obligatoire ? On sait qu'à partir du jour où elle intervient, le mari, qui, jusqu'alors, était le maître de son offre et la pouvait retirer, à son gré, ne le peut plus désormais. Dès ce moment, un changement essentiel s'opère dans la condition des parties. Le mari s'efface complétement. Ce n'est plus lui qui est l'acheteur ; ce n'est plus en lui que résident le titre de propriétaire et les pouvoirs que cette qualité confère ; sa femme lui est subrogée, et subrogée rétroactivement. C'est donc en sa personne que sont désormais la propriété et le droit de l'aliéner ou de l'hypothéquer. Or, ce déplacement, quel acte le produit ? L'acceptation du remploi. Ne semble-t-il point, dès lors, que cet acte doive être mis sous les yeux des tiers ? »

M. Mourlon, après de longues hésitations, dit-il, répond négativement ; et les raisons qu'il en donne sont que « la transcription de la vente a fait connaître aux tiers que la propriété ne résidait plus en la personne du vendeur ; qu'elle les a, en outre, prévenus que le titre de propriétaire et les pouvoirs attachés à cette qualité résideront en la personne du mari, jusqu'à la date de l'acceptation du remploi, et, à partir de cette époque, en la personne de la femme ; qu'ils n'ignorent donc rien de ce qu'il leur importe de savoir... ; qu'à la vérité, la transcription qui a eu lieu n'apprend point aux tiers qui, du mari ou de la femme, est actuellement propriétaire ; car, tant qu'on ignore si le remploi a été, ou non, utilement effectué, l'assiette définitive de la propriété reste forcément inconnue ; mais que la transcription n'a pas été conçue et organisée en vue d'une publicité complète et absolue, appropriée à chacun des faits qui, par leur nature, touchent au crédit public; qu'ainsi, lorsqu'une vente a lieu, il est essentiel d'apprendre aux tiers que le propriétaire de cette chose a cessé de l'être ; mais que là s'arrête la prescription de la loi ; que, si l'achat a été fait par deux acheteurs, sous une alternative, ou par un seul, sous une condition suspensive, les tiers auront à chercher, en dehors des registres du Conservateur, si cette alternative a cessé, ou si cette condition est accomplie; que la transcription ne leur doit, à cet égard, aucun renseignement... Les actes *translatifs de propriété*, ajoute M. Mourlon, sont seuls, d'ailleurs, soumis à la formalité de la transcription. Or, l'acceptation du remploi n'a rien de translatif, puisque l'acquisition que fait la femme a son principe dans le contrat de vente auquel elle est réputée avoir été partie elle-même. » (1)

C'est précisément ce que j'ai dit moi-même ailleurs (**V.** *suprà*, n°s 116 et 127).

322. Lorsque l'obligation du remploi a été imposée par le contrat du mariage, la question s'est élevée de savoir si le remploi a lieu, de plein droit, sur la seule déclaration du mari que l'immeuble a été acheté des deniers de la femme et pour lui tenir lieu de remploi, sans qu'il soit besoin de l'acceptation de celle-ci?

Je crois, avec M. Dalloz, qu'il y a lieu de distinguer :

323. Si le contrat de mariage se borne à prescrire le remploi, sans indiquer comment et sur quels biens il sera fait; s'il pourra être fait par le mari seul, ou si le concours

---

(1) Rev. prat., *loc. cit.*, n° 60. — M. Mourlon annonce, en note, qu'il rétracte une opinion contraire qu'il avait émise dans un cas analogue, celui de la vente faite sous faculté d'élire un command (**V.** *su-prà*, n° 148).

des deux époux sera nécessaire, on ne devra voir, dans cette clause, qu'une formule générale, une sorte de clause de style, se référant à l'art. 1435, C. Nap., et présupposant, dès lors, comme le veut cet article, l'acceptation de la femme (1).

324. Mais, s'il avait été stipulé, par le contrat de mariage, « qu'en cas qu'il fût aliéné des propres de la femme, le *premier conquêt* serait réputé un propre de remploi au profit de celle-ci », je serais assez disposé, quoique la question soit controversée, à suivre l'opinion d'après laquelle le remploi, dans ce cas, a lieu de plein droit, sans l'acceptation nécessaire de la femme, et en l'absence des déclarations prescrites par l'art. 1435, C. Nap.

Le contrat de mariage, en effet, comme le fait observer M. Troplong, fait la loi des époux. L'achat que fait le mari devient ici le fait de la femme, parce qu'il a agi, non comme son *negotiorum gestor*, mais comme son mandataire, constitué à cet effet par le contrat de mariage. Cet achat a pu, sans doute, être effectué à de mauvaises conditions, et peut n'être pas à sa convenance ; mais le contrat de mariage l'a ainsi voulu. On ne suppose pas facilement, chez un mari, la volonté, l'intention coupable, de faire un acte préjudiciable aux intérêts de sa femme ; et, s'il est plus aisé de prévoir l'imprudence, l'impéritie, c'est là un danger qui,

---

(1) Jur. gén., v° *Contr. de mar.*, n° 1425, et les auteurs cités, parmi lesquels : Troplong, Du Contr. de mar., n°s 1140 et suiv.; Pont et Rodière, *ib.*, t. 1, n° 517 ; Benech, Emploi et Remploi, n° 41. V. aussi Duranton, t. 15, n° 430 ; Marcadé, sur l'art. 1497, n° 2. — *Contrà*, Toullier, t. 12, n° 366 ; Odier, Contr. de mar., t. 1, n° 315 ; Paris, 13 juin 1838, aff. Villeneuve ; Jur. gén., *loc. cit.*—On cite, dans le même sens, Merlin, Rép., v° *Dot*, § 10 ; mais c'est d'une autre question, celle de l'*emploi* des deniers dotaux, lorsque la condition d'emploi a été stipulée par le contrat de mariage (C. Nap., 1553), que Merlin s'occupe : question bien différente, comme lui-même le fait remarquer, de celle du *remploi*, sous le régime de la communauté.

aux yeux de la famille, aura paru plus que balancé par
l'avantage du remploi, qui est, pour la femme, une meilleure sauvegarde que son hypothèque légale (1).

325. Ce sera toujours là, du reste, une question d'interprétation du contrat de mariage, question dont la solution
est abandonnée au pouvoir discrétionnaire des tribunaux, et
ne donnerait pas ouverture à cassation (2).

326. En admettant la solution indiquée au n° 324, comment, dans ce cas, demande M. Mourlon, la formalité de la
transcription devra-t-elle être remplie?

Point de difficulté, dit-il, si l'acte d'acquisition contient,
d'une part, la clause énoncée au contrat de mariage, et,
d'autre part, la mention que l'acquisition est la *première*,
depuis l'aliénation du propre de la femme. La transcription
de cet acte ne laissera rien à désirer ; les tiers y trouveront
tout ce qu'il leur importe de savoir (3). — J'adhère à cette
opinion.

327. Mais, si l'on suppose que l'acte d'acquisition soit
muet sur ces deux points, la transcription de cet acte suf-
fira-t-elle à la femme pour lui faire repousser l'action des
tiers qui prétendront des droits sur l'immeuble, du chef du
mari ?

« Nous irions jusque-là, répond M. Mourlon ; la logique
du principe que nous avons adopté nous y contraint. »

Je suis d'un autre avis. — Une loi récente, il est vrai, a
prescrit des mesures pour donner aux contrats de mariage

_____

(1) Conf. Toullier, t. 12, n° 364 ; Troplong, Contr. de mar., t. 2,
n° 1138 ; Dalloz, Jur. gén., v° *Contr. de mar.*, n°s 1423 et 1426. —
Contrà, Zachariæ, t. 3, § 507, p. 426, note 50, éd. Aubry et Rau ;
Pont et Rodière, Contr. de mar., t. 1, n° 517 ; Dissertation de M. Cos-
tard, Rev. prat., t. 9, p. 410.

(2) Req. 22 nov. 1820, aff. Rivière ; Jur. gén., v° *Contr. de mar.*,
n° 1458 ; Quest. de dr., v° *Remploi*, § 7.

(3) Rev. prat., *loc. cit.*, n° 62.

une certaine notoriété (1). « Or, dit M. Mourlon, du moment qu'un acte est, par les soins de la loi, mis à la disposition des tiers, ils sont réputés, par là même, connaître les clauses diverses dont il se compose. S'ils les ignorent, ils sont en faute ; et *quod quis ex culpâ suâ damnum sentit, non intelligitur damnum sentire.* »

Cela, déjà, me paraîtrait très-contestable, quand il s'agit de l'application de la loi du 23 mars 1855.

Cette loi a organisé, dans l'intérêt des tiers, pour les actes translatifs de propriété immobilière ou de droits réels, une publicité toute spéciale, qui doit se suffire à elle-même, sans avoir besoin de se compléter par des renseignements que les tiers soient obligés d'aller chercher ailleurs que dans l'acte transcrit (V. *suprà*, n° 268). Que leur apprend la lecture de l'acte d'acquisition, dans le cas dont il s'agit ? Qu'un tel a acheté d'un tel l'immeuble A, à telles conditions, et moyennant tel prix. Mais cette lecture ne leur apprend rien, absolument rien, sur la clause de remploi insérée au contrat de mariage de l'acheteur. Quel besoin les tiers ont-ils, avant d'accepter de ce dernier une hypothèque sur cet immeuble, de se faire représenter son contrat de mariage, pour y chercher la trace d'un remploi qu'aucune énonciation de l'acte ne leur indique ? Il faut donc qu'ils devinent la possibilité de ce remploi !

Mais voici bien plus, et l'objection n'a point échappé à M. Mourlon. Les tiers, même en consultant le contrat de mariage, ne sauront point si l'acquisition transcrite est, ou non, la *première*, depuis l'aliénation du propre de la femme.

Cette objection, dit M. Mourlon, ne saurait nous arrêter. « Les tiers (je transcris ses paroles) n'ignorent point, puisqu'ils sont réputés avoir consulté le contrat de mariage, que

---

(1) V. la loi du 10-18 juillet 1850, modificative des art. 75, 76, 1391 et 1394 du Code Napoléon.

l'immeuble, acheté par le mari, appartient *peut-être* à la femme. Ce *peut-être* leur étant révélé, ils doivent s'enquérir et rechercher s'il existe, ou non, entre l'aliénation du propre de la femme et l'acquisition relatée dans l'acte mis sous leurs yeux, une acquisition antérieure. Ils ne seront point trompés, s'ils sont attentifs. »

A ce compte, il faut lacérer la loi du 23 mars 1855 et revenir aux principes du Code Napoléon : car, au second acquéreur, se prétendant propriétaire d'un immeuble déjà vendu par un acte authentique, antérieur au sien quant à la date, mais non quant à la transcription, on pourra de même opposer qu'il n'avait qu'à se renseigner avant d'acheter, qu'il aurait appris que l'immeuble avait cessé d'appartenir à celui qui le lui a vendu.

328. Mais, dit M. Mourlon, « comment procéderait-on, dans le système contraire ? Quand même on joindrait à la transcription de l'acte d'acquisition la transcription du contrat de mariage, cette double transcription serait encore insuffisante, puisqu'elle n'apprendrait pas aux tiers si l'acquisition qui leur est révélée a été, ou non, effectuée la *première*, depuis l'aliénation du propre. Exigera-t-on la mention de cette priorité en marge de l'un ou de l'autre des actes transcrits ? Mais, procéder ainsi, ce serait faire la loi ; car, dans le système de publicité qu'elle a organisé, quant aux actes translatifs de propriété, il n'est traité, nulle part, des annotations marginales. »

Je réponds que c'est à celui qui fait opérer la transcription à aviser aux moyens de la rendre efficace à l'égard des tiers, en y insérant tout ce qu'elle doit contenir pour leur complète édification sur la portée de l'acte transcrit. Autrement, la transcription, imaginée pour être la sauvegarde des tiers, ne constituerait qu'une publicité menteuse, et serait un piége tendu à la bonne foi. La loi, en exigeant la transcription *littérale* de l'acte translatif de propriété, n'avait rien à prescrire à cet égard ; mais on trouve la révélation de sa

pensée dans l'art. 3 du projet du Gouvernement, qui , préfé-
rant au système de la transcription *littérale*, celui de la
transcription par *extrait*, voulait qu'avec les noms, prénoms
et domiciles des parties, la date de l'acte, la nature et la situation de l'immeuble, l'extrait contînt la *nature des droits
transmis par cet acte*. Ici , la nature des droits transmis,
c'est le remploi opéré au profit de la femme ; et c'est ce
dont l'acte transcrit, on le suppose, ne parle pas. La transcription pure et simple de cet acte, sans mention du remploi, serait donc inopérante pour conserver les droits de la
femme à la propriété de l'immeuble acquis par le mari.

Je ne vois pas, du reste, ce qui empêcherait, pour compléter cette transcription , de faire ajouter en marge, ou à la
suite de l'acte transcrit, une note ayant pour objet d'avertir les tiers que l'acquisition a été faite, dans l'intérêt de la
femme et pour lui tenir lieu de remploi. La loi ne prescrit
pas, sans doute, ces notes marginales ; mais elle ne les défend pas non plus (V. *suprà*, nº 118).

Je parlerai des autres conventions de mariage au chap. 2.

§ 10. — De la Transaction.

SOMMAIRE.

329. La transaction n'est pas translative de propriété ; c'est, au contraire, un acte purement *déclaratif* : elle n'est donc pas soumise à
la transcription.—Opinion contraire de MM. Mourlon et Lesenne.
330. Dans l'ancien droit, des auteurs attribuaient à la transaction le
caractère *translatif*, lorsqu'il y avait déplacement dans la possession de l'objet litigieux. — Mais cette distinction était rejetée, notamment par d'Argentré et par Pothier.
331. La plupart des auteurs modernes enseignent également que la
transaction n'est pas translative de propriété. — La loi du 22 frim.
an VII a consacré cette doctrine, en ne soumettant la transcription
qu'au simple droit fixe.
332. La même loi, cependant, excepte le cas où des objets non litigieux seraient abandonnés, comme prix de la transaction. — La
transaction aurait, dans ce cas, mais relativement à ces objets seulement, le caractère translatif ; et, si les objets abandonnés étaient

des immeubles, ou quelque droit réel, il y aurait lieu à transcription.

333. Il y aurait encore lieu à transcription, même pour les choses formant l'objet direct de la transaction, si cette transaction n'était, au fond, qu'une vente ou une donation déguisée.

334. Suivant M. Mourlon, la transaction n'est ni *translative*, ni *déclarative* de propriété ; elle est purement *extinctive*, et soumise, à ce titre, comme toute *renonciation*, à la formalité de la transcription.

335. On a tort, selon lui, d'assimiler la transaction à un jugement. — L'art. 2048 qualifie la transaction de *renonciation* à un droit, à une prétention : dans un procès, la partie qui succombe ne peut être réputée *renoncer* à un droit que le jugement déclare qu'elle n'avait pas.

336. Réponse à l'objection.

337. Étrange prétention de l'auteur, que l'assimilation de la transaction au jugement n'est pas seulement contraire au droit, mais contraire à la morale.

338. Réfutation.

339. Considérée même comme purement *extinctive*, ainsi que le veut M. Mourlon, la transaction ne serait pas soumise à la transcription. —A moins qu'elle n'ait le caractère translatif, qu'elle ne soit autre chose qu'une cession déguisée.

329. La transaction, de sa nature, n'est pas un acte translatif de propriété ; c'est, au contraire, un acte déclaratif, puisqu'elle n'intervient et ne peut intervenir que sur une chose douteuse : *qui transigit, quasi de re dubiâ et lite incertâ, neque finitâ, transigit : qui verò paciscitur, donationis causâ, rem certam et indubitatam liberalitate remittit* (L. 1, D., *de Transact.*).

C'est pareillement le caractère que lui assignent d'Argentré et Dumoulin : *Transactio*, dit le premier, *non est titulus, sed tituli prætenti confessio. Hoc ergo casu, nec laudimia debebuntur, nec gabellæ, nec cæteræ consequentiæ contractuum dominii translativorum* (1). Et Dumoulin : *Clarum est quòd*

_____

(1) Sur l'art. 266 de la Cout. de Bretagne, ch. 3. V. aussi *De Laudimiis*, cap. 1, § 35.

nullum dominium transfertur, nec novum jus, nec novus titu-
tus adquiritur, sed sola liberatio controversiæ (1).

Lors donc que j'abandonne, par transaction, la propriété
d'un immeuble qui m'était contesté, c'est moins une transmission que je fais à l'adversaire de mon droit dans cet immeuble, qu'une reconnaissance implicite que je fais du sien.
Il n'y a donc pas lieu à transcription, puisqu'il n'y a pas
mutation (2).

Vainement dit-on que, « pour transiger, il faut avoir la
capacité de *disposer* des objets compris dans la transaction »
(C. N. 2145); que le mot *disposition* implique abandonnement,
translation, mutation de propriété : d'où la nécessité de
faire transcrire (3). Ce n'est là qu'un paralogisme. On ne
peut également compromettre sur des droits immobiliers,
sans avoir la capacité d'en disposer (C. pr., 1003); on ne
peut intenter une action immobilière, ni y défendre, sans
avoir le pouvoir d'aliéner (C. N., 464, 482, 513); et cependant, personne ne conteste le caractère purement déclaratif
des jugements sur procès, qui les soustrait à la nécessité de
la transcription. (Arg., *à contrario*, de l'art. 1⁰ʳ, n° 4, et
art. 4, L. 23 mars 1855) (4).

330. Le principe de d'Argentré et de Dumoulin était généralement admis, dans l'ancien droit, comme nous l'apprend le
Répertoire (5). Des auteurs, cependant, apportaient un tempérament à cette doctrine, et attribuaient à la transaction le

(1) Sur la Cout. de Paris, § 33, glos. 1, n° 67.
(2) Conf. Rivière et François, n° 8 ; Rivière et Huguet, nᵒˢ 19 et suiv.;
Troplong, De la Transcr., nᵒˢ 70 et suiv.; Gauthier, nᵒˢ 82 et 83. —
Contrà, Mourlon, Rev. prat., t. 3, p. 322, nᵒˢ 72 et suiv.; Lesenne,
Comment., n° 38.
(3) Lesenne, *loc. cit.*
(4) V. *infrà*, sous la sect. 7 de ce chapitre.
(5) V° *Transaction*, § 4, n° 6, et v° *Partage*, § 11, n° 5. V. aussi
Pothier, Traité des Fiefs, part. 1, ch. 5, sect. 1, § 3; De la Communauté, t. 1, n° 164 ; De la Vente, t. 2, n° 646 ; Des Retraits, n° 110.

caractère translatif, lorsqu'il y avait déplacement dans la possession de l'objet litigieux (1). Mais cette distinction qu'ils prétendaient faire résulter de la loi 33, C., *De Transact.*, dont ils forçaient l'interprétation, est rejetée par d'Argentré : *Ego sic judico*, dit-il, *ne tunc quidem videri novum titulum tribui, sive dimittatur res, sive transferatur, sed eum qui rem ex transactione obtinuit, rem habere videri ex eo titulo quem in lite deduxerat* (2).

Merlin disait de même, dans l'ancien Répertoire : « Ou l'héritage est abandonné à celui qui en avait déjà la possession ; et, comme alors il n'y a pas de mutation, nul doute qu'il n'est rien dû au seigneur (des droits de lods et ventes) ; ou le possesseur restitue l'héritage à la partie avec laquelle il transige, en reconnaissant qu'elle en est le véritable propriétaire ; et, comme cette restitution ne transfère pas à celle-ci le domaine d'une chose qui est reconnue lui avoir précédemment appartenu, nul doute encore que le seigneur ne peut exiger aucun droit, quand même cette transaction serait faite moyennant quelque somme d'argent ; à moins qu'on ne prouvât que c'est réellement une vente que les parties ont faite, sous le nom de transaction » (3).

Pothier tient absolument le même langage (4).

331. Telle est également la doctrine moderne (5). La loi du 22 frim. an vii l'a consacrée, en matière d'enregistrement,

---

(1) Tiraqueau, Du Retrait lignager, § 1, gl. 14, n° 16 ; Fonmaur, Des Lods et Ventes, n° 414 ; Favre, C., *De Transact.*, tit. 4, déf. 3 ; Mornac, sur la loi 33, C., *De Trans.*

(2) Conf. Dumoulin, Cout. de Paris, § 23, gl. 1, n°s 64 et 68.

(3) Rép., v° *Transact.*, § 4, n° 6.

(4) Cout. d'Orl., Introd. au titre des Fiefs, n° 158.

(5) Troplong, Des Transact., n°s 7 et suiv.; Championnière et Rigaud, Tr. des droits d'enreg., t. 1, n°s 597 et suiv.; Rodière et Pont, Du Contr. de mar., t. 2, n° 758 ; Zachariæ, t. 3, § 421, éd. Aubry et Rau, 1844 ; Valette, Rev. de droit franç. et étr., année 1843, t. x, p. 216 ; Dalloz, Jur. gén., v° *Enreg.*, n°s 1058 et suiv.

I.   15

puisque l'art. 68, § 1, nᵒ 45, de cette loi soumet au droit fixe
« les transactions, en quelque matière que ce soit, qui ne
contiennent aucune stipulation de sommes et valeurs, ni dispositions soumises par la loi à un plus fort droit d'enregistrement. »

Ecoutons là-dessus Merlin, le meilleur interprète des lois
modernes. Après avoir rappelé la doctrine de d'Argentré et
de Dumoulin sur le caractère déclaratif de la transaction ;
après avoir dit que « la transaction était, par elle-même,
exempte des lods comme du retrait, parce que son objet
n'est pas une aliénation, mais la terminaison d'un procès »,
il ajoute : « La loi du 22 frim. an VII n'a donc fait, sur les
transactions, qu'adapter aux droits d'enregistrement ce qui
était précédemment établi pour le retrait et les lods... » (1).

532. Cependant, la même loi du 22 frim. an VII, art. 69,
§ 3, nᵒ 3, soumet au droit proportionnel de 1 pour 100 « les
transactions... qui contiendront obligation de sommes, sans
libéralité, et sans que l'obligation soit le prix d'une transmission de meubles ou immeubles non enregistrée. » Que
veut dire cette disposition ? N'indique-t-elle pas que la transaction peut avoir le caractère translatif ? Et n'implique-t-elle
pas, dès lors, contradiction avec la disposition de l'art. 68
précitée ? Cette antinomie apparente est facile à expliquer.
Oui, dans certains cas, la transaction peut avoir un caractère translatif ; mais ce n'est point par rapport aux choses
litigieuses sur lesquelles on a transigé, c'est uniquement
par rapport aux choses qui forment le prix de la transaction.
« Si, par la transaction, dit Merlin, l'une des parties aban-
donnait à l'autre un objet *non litigieux*, pour l'indemniser
du sacrifice de ses prétentions sur les choses en litige, l'a-
bandon de cet objet constituerait une mutation de propriété
qui donnerait nécessairement ouverture à un droit propor-

(1) Rép., vᵒ *Partage*, § 11, nᵒ 5.

tionnel d'enregistrement... » (1). Voilà, bien évidemment, le sens de l'art. 69, celui qu'indiquent ses termes mêmes ; et il ne peut en avoir d'autre.

Ainsi que le fait remarquer également M. Dalloz, à un autre point de vue, « par cela même que la disposition spéciale de l'art. 69 n'est qu'une application particulière, faite *exempli gratiâ*, du principe posé par l'art. 68 (qui réservait, en effet, le cas où la convention contenait une *stipulation de sommes et valeurs*, ou quelques *dispositions soumises à un plus fort droit d'enregistrement*), il devient indifférent que la transaction ne soit signalée, nulle part, comme donnant lieu à un autre droit proportionnel que celui de 1 p. 100. Un droit plus fort ou moindre devra être perçu, suivant la nature de la convention : celui de libération, si, au lieu de souscrire une obligation, la partie paie comptant ; celui de mutation mobilière ou immobilière, si un meuble ou un immeuble *non litigieux* est donné comme prix de la transaction... » (2).

Dans ce cas donc, si l'objet abandonné est un immeuble, ou quelque droit réel de la nature de ceux mentionnés aux art. 1 et 2 de la loi du 23 mars 1855, il y aura lieu à transcription, mais pour cet objet seulement, la transaction conservant, sur le fond du litige, son caractère purement déclaratif (3).

333. Il est, cependant, un cas où la transaction elle-même, et non plus seulement la stipulation accessoire qui en forme le prix, serait sujette à transcription, c'est celui où l'acte, qualifié transaction, n'en aurait que le nom, et ne serait, au fond, qu'un acte de libéralité ou une vente déguisée. C'est

---

(1) Rép., v° *Transaction*, § 4, n° 6.
(2) Jur. gén., v° *Enreg.*, n° 1053.
(3) Conf. Rivière et François, Rivière et Huguet, Troplong et Gauthier, *loc. cit.*

la réserve que fait Merlin, dans le passage que j'ai transcrit *suprà*, n° 330, lorsqu'il dit que le seigneur ne peut exiger le droit de quint sur la transaction, quand même cette transaction serait faite moyennant quelque somme d'argent ; « à moins, ajoute-t-il, qu'on ne prouvât que c'est réellement une vente que les parties ont faite, sous le nom de transaction. »

Pothier s'exprime de même dans les divers Traités que j'ai cités plus haut.

334. M. Mourlon ne s'est pas senti subjugué par le nombre et par l'autorité des opinions qui se sont prononcées pour le caractère purement *déclaratif* de la transaction. « L'autorité des noms, dit-il, et la possession (la tradition) ne sont, après tout, que des présomptions, des préjugés, considérables sans doute, contre lesquels il n'est point permis de s'inscrire à la légère, mais qu'en fin de compte, il est de notre devoir de combattre, quand la réflexion nous a convaincu qu'ils n'ont servi, jusqu'à ce jour, qu'à obscurcir la vérité » (1).

J'admets, et je réclame pour moi-même, cette indépendance absolue de la raison individuelle, et je suis tout prêt à applaudir à cette virilité de l'esprit, qui, suivant le précepte d'Horace, ne veut relever que de lui-même, et n'entend subir le joug de personne :

Nullius addictus jurare in verba magistri (2).

Mais, à côté de cette indépendance d'opinion, vertu trop rare pour que je n'entende pas la louer, sans réserve, il y a un danger, c'est de se laisser entraîner, à son insu, par l'amour du paradoxe.

M. Mourlon, au reste, ne conteste pas, du moins en prin-

_____

(1) Rev. prat., t. 3, p. 321, n° 75.
(2) *Epistol.* 1, *Ad Mœcenatem.*

cipe, le caractère *non translatif* de la transaction. « Mais,
bien loin, dit-il, qu'elle ait un caractère *déclaratif*, elle y répugne, au contraire, et de la manière la plus énergique, par
sa nature même, par sa propre essence. » — Mais, si elle
n'est pas translative, si elle n'est pas déclarative, qu'est-
elle donc ? Elle est purement *extinctive*, répond M. Mourlon,
et soumise, à ce titre, comme l'est toute *renonciation*, à la
formalité de la transcription.

335. J'examinerai ce point dans un instant; mais, auparavant, il faut apprécier la valeur des raisons que donne
M. Mourlon pour prouver que la transaction n'a point le caractère *déclaratif*.

Les transactions, dit-il, ont été assimilées, par la loi même,
aux jugements (L. 20, C., *De Trans.*; C. Nap., art. 2052);
et on en a conclu qu'elles n'avaient, comme eux, qu'un effet
récognitif ou *déclaratif*. Mais cette assimilation n'existe qu'à
un certain point de vue : elle a trait seulement aux causes
de rescision dont il est parlé dans cet art. 2052, la *lésion* et
l'*erreur de droit*. Les transactions ont l'*autorité* de la chose
jugée, parce qu'elles en ont la *solidité* et l'*irrévocabilité*.
Sous ce rapport, l'assimilation est exacte. Mais la loi n'a pas
dit que ces deux espèces d'actes eussent *des effets semblables
et de même nature*, et elle ne pouvait pas le dire; car, si
elle eût poussé l'analogie jusque-là, elle se serait mise en
désaccord avec l'art. 2048, qui considère la transaction
comme un acte de *renonciation*. Or, il n'y a aucun rapprochement à faire entre une renonciation et un jugement. On
ne peut pas dire que la partie qui a succombé soit réputée
avoir renoncé à son droit, puisque la loi présume que le droit
auquel elle prétendait *n'a jamais existé dans sa personne*.
Cette présomption est tout à fait incompatible avec l'idée de
renonciation.

336. M. Mourlon restreint trop, il me semble, la portée
de l'art. 2052, en en limitant les effets aux deux causes de
rescision mentionnées dans cet article, et que l'article ne

mentionne, d'une manière spéciale, que pour trancher des questions qui faisaient doute dans l'ancien droit (1). Le Code, à l'exemple de la loi romaine, attribue à la transaction l'*autorité* de la chose jugée, parce qu'en effet, dans la transaction, qui n'intervient, et ne peut intervenir que sur une chose litigieuse, *de re dubiâ*, les parties font réellement l'office du juge, en prononçant elles-mêmes sur leur différend. Il y a même raison, par conséquent, de reconnaître à la transaction, comme au jugement, un effet purement *déclaratif* du droit de la partie à laquelle est abandonné l'objet litigieux.

Quant à ce mot de *renonciation*, employé dans l'art. 2048, il n'a rien qui implique contradiction avec la présomption légale qui naît de l'effet *déclaratif* de la transaction, puisqu'il ne s'entend pas de la renonciation à un droit certain, mais à un droit douteux, à un droit *prétendu*, qui peut exister ou n'exister pas, et qui est réputé légalement ne pas exister au profit de la partie qui fait l'abandon de sa prétention.

337. M. Mourlon va plus loin. Suivant lui, « l'assimilation qu'on prétend établir entre les transactions et les jugements n'est pas seulement contraire à la notion du pur droit, elle blesse la morale elle-même. » C'est ici que l'auteur me paraît, quoiqu'il s'en défende, tomber dans le paradoxe.

« Soit, dit-il, l'espèce suivante : j'affirme que telle maison que vous possédez m'appartient ; de là entre nous un litige. Nous convenons que la maison vous restera, mais qu'en retour de la concession que je vous accorde, vous me donnerez la somme de mille francs. — Traduisons cette convention dans le sens que nos adversaires y attachent. — La

---

(1) V. au Rép., vº *Transaction*, § 5, nᵒˢ 2 et 4, et nº 7. V. aussi *eod.*, vº *Ignorance*, § 1.

maison que vous possédez, serai-je censé vous dire, est bien
réellement à vous ; je n'y ai aucun droit ; j'en fais volontiers
l'aveu. Mais, comme certaines apparences existent à mon
profit, je puis vous faire un procès, et, avec un peu d'habileté, triompher peut-être. Donc, ou donnez-moi 1000 fr., ou
je vous traîne devant les tribunaux. »

338. Si tel était, en effet, le langage que doit faire supposer la transaction, il faudrait dire, avec l'auteur, qu'une
pareille convention « a tous les caractères d'une violence
morale, et qu'elle se résume en une espèce de *chantage*. »
Mais ce n'est point ainsi que parlent ou que sont censées
parler les parties. Elles ne disent pas autre chose, dans une
transaction, que ce qu'elles disent dans un procès. Vous pré-
tendez que la chose est à vous ; je prétends qu'elle est à
moi : le droit est douteux entre nous ; et, au lieu de dire :
plaidons ! elles disent : transigeons ! c'est-à-dire, cédez-moi
quelque chose, de votre côté, et je vous abandonnerai quelque chose, du mien : *Transactio, nullo dato, vel retento, seu
promisso, minimè procedit* (L. 38, C., *De Trans.*). Ce langage
est bien différent de celui que suppose M. Mourlon, quand
il fait dire à l'une des parties : « La maison que vous posse-
dez *est bien réellement à vous ; je n'y ai aucun droit ; j'en fais
volontiers l'aveu* ; mais donnez-moi 1000 fr., ou je vous
fais un procès. » Il n'y aurait pas de transaction possible,
dans un cas pareil, parce que la matière, c'est-à-dire la
chose incertaine, la chose litigieuse, *res dubia,* manquerait
au contrat : *qui transigit, quasi de re dubiâ et lite incertâ,
neque finitâ, transigit*; c'est le texte de la loi romaine que
j'ai déjà citée (*suprà*, n° 329). Qu'y a-t-il, alors, de contraire
à la morale, à l'exacte probité, que j'exige de vous un sacrifice, en retour de celui que je suis disposé à vous faire ? Et
quand le droit que je sacrifie n'est pas un droit certain, mais
une simple *prétention*, en quoi la fiction légale, que le droit
douteux auquel je renonce est censé n'avoir jamais existé
dans ma personne, pourrait-elle blesser *la notion du pur droit,*

transportée de la matière des jugements, ou des partages (C. Nap., 883), à la matière des transactions ?

339. Reste, maintenant, à examiner si, en se plaçant au point de vue particulier de M. Mourlon, en considérant même la transaction, non plus comme simplement déclarative du droit de l'une des parties à l'objet litigieux , mais comme *extinctive* du droit prétendu par l'autre partie dans le même objet, il y aurait lieu à transcription ?

« Au reste, dit-il, que la transaction soit *extinctive* ou *translative*, il n'importe ; elle devra être transcrite dans tous les cas, puisque, selon les termes de la loi , toute convention qui opère le déplacement d'un droit réel, ou qui, sans le déplacer, l'*éteint*, est soumise au régime de la publicité (art. 1 et 2 de la loi du 23 mars 1855). Il est vrai, ajoute-t-il, que la transaction ne transfère ou n'éteint qu'un droit *douteux ;* mais qu'importe encore ? La loi ne distingue pas si le droit qui passe d'une personne à une autre , ou qui cesse d'exister, était *litigieux* ou *certain*. Elle ne pouvait même pas, elle ne devait pas distinguer ; car elle aurait manqué de logique, si elle avait permis de tenir clandestins des actes qui, en définitive, ont pour effet d'anéantir, en la personne de leur auteur, un droit qu'il pouvait céder à un tiers, ou sur lequel il pouvait constituer, non point, sans doute, une hypothèque solide et sûre, mais une hypothèque telle quelle, une hypothèque incertaine et douteuse comme le titre dont il était investi. »

J'admets ce que dit là M. Mourlon, mais pour le cas seulement où la renonciation à un droit litigieux a le caractère *translatif,* où elle n'est qu'une cession déguisée, comme j'en ai fait la remarque *suprà*, nᵒ 333.

Par exemple, dit M. Mourlon, Primus revendique la maison A contre Secundus qui la possède. Tertius intervient au procès et la dit sienne. Secundus, transigeant alors avec Primus, obtient de lui l'abandon de sa prétention. Cette transaction n'est autre chose qu'une *cession*, que régit l'art.

1701, C. Nap. — On peut dire, en effet, avec l'auteur, « qu'en ce cas, celui des trois adversaires qui paie le désistement de l'un des autres, entend, non point supprimer et mettre à néant le droit de ce dernier, mais, au contraire, l'acquérir, pour s'en servir au besoin, contre la partie avec laquelle il reste aux prises. A la vérité, l'acte qui a eu lieu a été passé sous le titre de *transaction;* mais qu'importe le nom que les parties lui ont donné?... *Non sermoni res, sed rei est sermo subjectus* (art. 1156, C. Nap.). »

« Mais, continue M. Mourlon, Primus et Secundus sont, quant à présent, seuls aux prises, et rien ne donne lieu de craindre l'intervention d'un tiers prétendant. Secundus stipule de Primus l'abandon de sa prétention et lui en paie le prix. Cette transaction n'a aucun rapport avec la cession ; elle ne déplace pas le droit abandonné, elle l'*éteint*, non point même absolument, mais en tant seulement qu'il pourrait préjudicier à Secundus. » Suivant M. Mourlon, cette renonciation, purement *extinctive*, mais non *translative*, du droit de Primus, sera, néanmoins, sujette à transcription, par cela seul qu'elle est une renonciation à un droit de propriété sur un immeuble (1). J'établirai, au contraire, *infrà*, que les renonciations dont il est parlé dans les art. 1 et 2 de la loi du 23 mars 1855 ne sont pas les renonciations purement *abdicatives* ou *extinctives*, mais les seules renonciations *translatives* ou *in favorem* (2). N'y a-t-il pas quelque contradiction à dire, comme le fait M. Mourlon, que Primus, resté nanti de son titre, malgré la transaction qu'il a faite avec Secundus, pourra s'en prévaloir contre Tertius, si ce dernier vient à évincer Secundus, parce que la transaction est, pour Tertius, *res inter alios acta*, et que, néanmoins, cette transac-

---

(1) L'auteur émet la même idée dans l'Examen critique du comment. de M. Troplong sur les Priv., Append., n° 362.

(2) V. sous la sect. 4 de ce chapitre.

tion devra être transcrite ? Mais, dès que Primus n'a rien
transmis à Secundus, quel prétexte peut-il y avoir à l'application de la loi du 23 mars 1855 ?

Répétons, au reste, avec Pothier (1), que, « la transaction
étant, par sa nature, *de re incertâ et dubiâ*, il demeure incertain si la partie, qui, par la transaction, délaisse l'héritage
à l'autre, moyennant une somme d'argent qu'elle a reçue
d'elle, en était propriétaire plutôt que la partie à qui elle l'a
délaissé » ; en sorte que celle-ci, par la transaction, « est
censée avoir acquis plutôt le désistement du procès qu'on lui
faisait sur cet héritage que cet héritage même. » Ce principe,
qui était admis dans l'ancien droit, doit pareillement être admis dans le nouveau, dès qu'il n'apparaît pas que le Code
ait innové sous ce rapport. Ce doit être là une règle constante d'interprétation de notre droit moderne.

§ 11. — Des Actes administratifs.

SOMMAIRE.

340. L'État, les Départements, les Communes, les Établissements publics sont régis, dans leurs transactions privées, par les mêmes
principes que les particuliers.—Leurs actes, quoique passés dans la
forme administrative, sont donc soumis à la transcription.
341. Opinion contraire de M. Troplong. — La transcription, dit l'auteur, est un acte de méfiance, et l'on ne peut supposer que l'État
vende deux fois le même objet.
342. De mauvaise foi, non ; mais cela peut avoir lieu par erreur.
343. Objection tirée de la solvabilité de l'État, qui assure un recours
certain à l'acquéreur évincé.—Mais ce n'est pas la même chose d'a-
voir l'immeuble ou le prix.
344. Passage du rapport fait au Sénat, exprimant la même opinion
que M. Troplong, et relatant la déclaration faite par MM. les Commissaires du Gouvernement, que la pensée de la loi du 23 mars
1855 n'avait pas été de soumettre les actes administratifs, translatifs
de propriété immobilière, à la transcription.

---

(1) Dans son Traité des Retraits, nᵒ 110, et dans son Traité de la
Communauté, t. 1, nᵒ 164.

345. Ce n'est là qu'une opinion individuelle, qui n'aurait pu se produire, avec autorité, que devant le Corps législatif.—Pour que l'exception fût admise, il faudrait qu'elle se trouvât dans la loi.

346. Il est vrai que, dans les pays de Nantissement, les actes du Prince étaient, par eux-mêmes, translatifs de propriété, sans être soumis à la formalité du nantissement. — Le décret du 13 avril 1791 avait également excepté de la transcription (formalité substituée à celle du nantissement) les ventes de biens nationaux. — Mais la transcription a aujourd'hui un tout autre objet que la formalité de la réalisation, dans les pays de Nantissement ; et, quant au décret de 1791, sa disposition s'explique par le désir de faciliter les ventes de biens nationaux.

347 Suivant M. Troplong et le rapporteur de la Commission du Sénat, l'application de la transcription aux actes administratifs serait un empiétement des tribunaux sur le domaine de l'administration, qui seule a le droit d'interpréter ses actes. — Selon moi, la transcription étant de simple faculté, les questions de préférence entre tel ou tel acquéreur, qui naissent du défaut de transcription, sont des questions étrangères à l'interprétation du contrat.

348. Mais la transcription n'est point applicable aux actes qui émanent directement du pouvoir administratif, tels que concessions de mines, de chemins de fer, de canaux, etc.

349. Il en serait autrement d'un droit de servitude concédé par l'Administration dans une forêt de l'État.

340. Les personnes civiles, comme l'État, les Départements, les Communes, les Établissements publics, dans leurs transactions privées, sont régies par les mêmes principes que les particuliers. Ainsi, quand l'État, un département, une commune, un hospice, vendent ou achètent, ou qu'ils passent des baux, à part les formes spéciales auxquelles les actes peuvent être soumis, il est certain que les règles générales du droit leur sont applicables, comme elles le seraient à un particulier. Il me paraît donc qu'il n'y a aucun motif pour exempter de la transcription les actes passés dans la forme administrative, dans tous les cas où les actes de même espèce, passés dans la forme ordinaire, y seraient assujettis (1).

_____

(1) Conf. Bressolles, n° 26 ; Lesenne, n° 1 ; Mourlon, Rev. prat., t. 4, p. 112 et suiv., n° 76.

341. M. Troplong, cependant, n'est pas de cet avis.

« Les actes passés en la forme administrative, dit-il, sont de deux sortes : les uns, en pourvoyant à des intérêts généraux, concèdent des droits à des particuliers. Je cite les concessions de droits d'usage, de mines, de chemins de fer, de canaux, etc. Les autres sont de la même nature que les conventions des particuliers; ils sont relatifs aux intérêts de l'Etat, considéré comme personne civile. Ainsi l'Etat a des biens qu'il peut vendre, grever de servitudes, et louer, comme le feraient des personnes privées. L'acte est reçu en la forme administrative; mais le fond est celui d'un contrat ordinaire.

« Ceci posé, continue l'auteur, il est facile de voir que, quel que soit l'acte administratif dont il s'agit, la loi du 23 mars 1855 ne l'a pas envisagé dans ses prévisions. — Prenons d'abord les actes administratifs par lesquels l'Etat, un département, une commune, un Établissement d'utilité publique aliènent un immeuble. La transcription est un acte de méfiance, de la part du nouveau propriétaire, contre son vendeur. Or, cette méfiance peut-elle exister vis-à-vis de l'Etat, et peut-on craindre que l'Etat, ayant vendu un terrain à un citoyen, vende ensuite ce terrain à un autre ?...» (1).

342. De mauvaise foi, non ; mais, dans les détails infinis des affaires administratives, cela peut très-bien arriver par erreur ; et cela est arrivé plus d'une fois, comme l'attestent les nombreuses décisions rapportées par M. Dalloz. Et il a été jugé, dans ce cas, que le droit commun était applicable; c'est-à-dire que, d'après les principes du Code Napoléon, c'était le premier acquéreur qui devait être préféré au second, sauf, à ce dernier, à se pourvoir administrativement en restitution du prix, également dans les termes du droit commun (2).

_____

(1) De la Transcr., n° 80.
(2) Jur. gén., v° *Dom. nation.*, n°s 24 et suiv., et v° *Vente admin.*, n°s 21 et 22.

Mais, aujourd'hui, que l'on est revenu au principe de la loi de brumaire, pourquoi, par identité de raison, le second acquéreur ne serait-il pas préféré au premier, s'il avait transcrit avant lui? Puisque l'on a fait de la transcription une sauvegarde pour les tiers, pourquoi la loi cesserait-elle de les protéger, dans le cas où c'est l'État qui a vendu, et non un particulier? Est-ce que celui-ci, lorsqu'il a vendu deux fois le même objet (lorsque c'est un héritier, par exemple, qui a ignoré la première vente faite par son auteur), ne peut pas être d'aussi bonne foi que l'administrateur, stipulant au nom de l'État? La transcription, d'ailleurs, n'est point à examiner, au point de vue de la bonne ou de la mauvaise foi du vendeur, mais au point de vue de l'intérêt des tiers, qui ne doivent pas plus avoir à souffrir de l'erreur que de la mauvaise foi.

343. Objectera-t-on que le second acquéreur est désintéressé, puisqu'il a son recours contre l'Etat, et que l'Etat est toujours solvable: *fiscus semper solvendo est ?*—Mais ce n'est pas la même chose d'avoir l'immeuble ou le prix. Puis, à côté de l'intérêt du second acquéreur, il peut y avoir bien d'autres intérêts engagés : ceux de créanciers, par exemple, auxquels il aura constitué des hypothèques sur l'immeuble, qui ont eu juste sujet de le croire propriétaire incommutable, aucun autre n'ayant fait transcrire avant lui, et à qui il importe ainsi beaucoup que la seconde vente soit maintenue.

344. On allègue que, devant la Commission du Sénat, MM. les Commissaires du Gouvernement ont déclaré, sur interpellation, que la pensée de la loi du 23 mars 1855 n'avait pas été de soumettre les actes administratifs, translatifs de propriété immobilière, à la transcription.

Voici, en effet, ce qu'on lit dans le rapport de M. de Casabianca, s'exprimant au nom de la Commission :

« D'après les art. 1 et 2 du projet, *sont transcrits tous actes translatifs de propriété immobilière, ou constitutifs d'antichrèse, de servitude, d'habitation ou d'usage.* Ces articles,

dit M. le rapporteur, doivent-ils recevoir leur application,
lorsque ces droits sont transférés ou constitués par des actes
administratifs, soit qu'il s'agisse de l'aliénation, au profit de
particuliers, d'une portion du domaine de l'Etat, ou de concessions de mines, minières; soit que l'acte, émané de l'autorité administrative, ait pour objet des droits d'irrigation, ou
bien de pâturage ou d'affouage dans les forêts domaniales ?
— La transcription n'est qu'une formalité judiciaire : l'attacher à des actes administratifs, n'est-ce point méconnaître
l'un des axiômes les plus essentiels de notre droit public,
la séparation absolue du pouvoir administratif et du pouvoir judiciaire ?

« MM. les Commissaires du Gouvernement, ajoute M. le
rapporteur, nous ont déclaré que le projet de loi concerne
uniquement les contrats privés. Lorsque l'Administration
concède à des particuliers des droits de propriété ou de servitude, elle ne refuse point aux tiers communication des actes
qu'elle garde dans ses archives. Il n'est donc pas nécessaire
de les transcrire sur les registres du Conservateur des hypothèques. Mais, ces droits une fois constitués, si le concessionnaire primitif les cède à d'autres particuliers, ce n'est plus
qu'un acte civil entre parties privées, assujetti aux règles
ordinaires, et conséquemment aux prescriptions projetées.
Cette distinction est basée sur les vrais principes. Nous ne
doutons pas qu'on ne s'y conforme dans l'exécution » (1).

345. Mais ce n'est là, comme le fait très-justement observer M. Bressolles (2), qu'une opinion individuelle. Et il
faut ajouter que ce n'est pas devant la Commission du Sénat,
mais devant le Corps législatif, qu'une telle observation pouvait utilement se produire, parce que là elle eût pu être re-
levée, provoquer la contradiction, et, suivant que l'excep-

_____

(1) Impressions du Sénat, n° 27, session de 1855, Rapport, p. 11.
(2) *Loc. cit.*

tion eût été admise ou rejetée, déterminer, avec l'assentiment du Conseil d'État, la modification des art. 1 et 2 de la loi, ou leur maintien pur et simple. Mais, pour les tribunaux, chargés d'appliquer la loi, non de la faire, ils n'ont qu'à en consulter les termes et à appliquer la règle : *ubi non lex distinguit, nec nos distinguere debemus.*

346. Il est à noter, pourtant, que, dans les pays de Nantissement, il y avait, au dire de l'auteur du Répertoire (1), certaines espèces d'actes qui *réalisaient* de plein droit, et sans le secours du nantissement : tels étaient, dit-il, les actes que fait un souverain relativement aux terres qu'il possède dans ses États. Un jurisconsulte hollandais, Néostade, en donnait cette raison : c'est que, même dans le droit romain, la tradition (qui est représentée, dans les pays de Nantissement, par les formalités de dessaisine et de saisine, de déshéritance et d'adhéritance) n'est pas nécessaire à la réalisation des contrats souscrits par le Prince, ces contrats étant, par eux-mêmes, translatifs de propriété: *eo ipso quôd Princeps vendit, donat, transfert, non requiritur alia traditio.* Maxime, dit Merlin, que ce jurisconsulte confirme par une foule d'autorités, et qui paraît avoir motivé la disposition de l'art. 50 du décret du 13-20 avril 1791 : « Lesdites transcriptions (formalité substituée par le décret du 19 sept. 1790 à la formalité du nantissement; v. *suprà*, n° 11) ne sont nullement nécessaires, porte cet article, pour transmettre la propriété des biens nationaux, soit aux particuliers qui s'en rendent directement adjudicataires, soit à ceux qu'ils déclarent leurs commands, d'après la réserve faite lors des adjudications. »

Mais, d'une part, la transcription, dans le droit actuel, a un tout autre objet que celui de remplacer la tradition du droit romain, ou la *réalisation* des pays de Nantissement ; et,

---

(1) V° *Nantissement*, § 1, n° 6.

d'autre part, on doit si peu conclure de l'une à l'autre, qu'il est dit, dans le Répertoire, « qu'il ne faut pas, non plus, de nantissement pour aliéner les immeubles fictifs, tels qu'une rente constituée, un office, etc. ; que cette manière de tradition n'est introduite que pour les immeubles réels et effectifs, et nullement pour les fictifs » (1). On ne déciderait certainement pas de même aujourd'hui (V. *suprà*, n°s 35 et 36).

Quant à la disposition de la loi de **1791**, elle s'applique nommément à la vente des biens nationaux, et l'on sait de quels priviléges on faisait jouir ces sortes de ventes pour leur concilier la faveur du public, puisque, aux termes de diverses lois, et notamment de la loi, en forme d'Instruction, du 6 flor. an IV, les ventes de biens nationaux purgeaient la chose vendue des droits réels qui la grevaient antérieurement, à moins que ces droits n'eussent été réservés, explicitement ou implicitement, dans les procès-verbaux d'adjudication. Bien plus, d'après l'art. 94 de la Constitution de l'an VIII, la vente de la chose d'autrui, faite nationalement à un tiers, était déclarée translative de propriété, à l'égard de l'acquéreur, et le droit du véritable propriétaire se résolvait en une simple action en indemnité contre le Trésor public (2).

347. M. Troplong dit encore, pour motiver l'opinion que la transcription n'est pas applicable aux actes administratifs, que, « comme l'interprétation des actes administratifs est de la compétence de l'Administration ; comme il appartient à celle-ci de déclarer, en cas de doute, l'étendue de la vente et ce qu'elle comprend, il est clair que la transcription, telle qu'elle est organisée dans la loi du 23 mars 1855, contiendrait, si elle était appliquée aux actes administra-

---

(1) *Loc. cit.*
(2) V. la Jur. gén., v° *Dom. nation.*, notamment aux n°s 15 et 30.

tifs, un empiétement sur la ligne de démarcation qui sé-
pare le domaine des tribunaux du domaine de l'Administration » (1).

C'est la même idée que celle exprimée par le rapporteur
de la Commission du Sénat, M. de Casabianca (*suprà*, n° 344).
— Mais la transcription est une formalité extrinsèque de la
vente, de simple faculté pour l'acquéreur, qui peut être négligée par celui-ci, sans que cela influe en rien sur la validité du contrat en soi (*suprà*, n° 24). Les questions de préférence entre tel ou tel acquéreur sont étrangères à l'interprétation de ce contrat. Je ne vois donc pas en quoi la solution de ces questions par les tribunaux serait un empiétement
du domaine judiciaire sur le domaine de l'Administration.

348. A l'égard des actes émanés directement du pouvoir
administratif, tels que concessions de mines, de chemins de
fer, de canaux, etc., j'admets, comme l'enseigne M. Troplong (2), que la transcription ne peut leur être applicable.
« Lorsqu'une mine est concédée, dit très-bien M. Bressolles,
à l'endroit cité ; lorsqu'une prise d'eau est accordée ; lorsqu'un atelier insalubre est autorisé, il n'y a pas transmission d'un droit existant, ni même concession d'une servitude ou d'un usage, dans le sens du droit civil, mais plutôt
création d'un droit dont l'existence est suffisamment publiée par les formes administratives. Ce ne seront donc que
les conventions, qui pourront, ensuite, avoir lieu entre particuliers, dans les limites et avec les autorisations légales,
à l'occasion de ces droits concédés, qui tomberont sous l'application de la loi du 23 mars » (3).

C'est vraisemblablement tout ce qu'ont voulu dire MM. les

---

(1) De la Transcr., n° 80.
(2) *Idem*, n° 81.
(3) Conf. Gauthier, n° 120 ; Mourlon, Rev. prat., t. 4, p. 120,
n° 77.

Commissaires du Gouvernement dans les explications par eux données à la Commission du Sénat.

349. Mais il en serait autrement, par les raisons que j'ai exposées, nᵒˢ 340 et suiv., de la concession que ferait l'État, je ne dirai pas d'un droit d'usage, puisque l'art. 62 du Code forestier interdit, pour l'avenir, toute concession de droits d'usage dans les forêts de l'État, mais d'un droit de servitude dans une forêt lui appartenant, parce que, pour une pareille concession, il agit comme propriétaire, comme personne civile, et que l'art. 2 de la loi précitée du 23 mars 1855 soumet à la transcription tout acte de cette nature fait par un particulier. Sur ce point encore, je m'écarte du sentiment de M. Troplong.

SECTION II. — *De la transcription des actes entre-vifs, à titre onéreux, translatifs de droits réels susceptibles d'hypothèque.*

SOMMAIRE.

350. Quels sont les droits réels susceptibles d'hypothèque ?
351. Les actes, à titre onéreux, emportant transmission de droits de cette nature; sont soumis à la transcription. — Nécessité d'entrer dans quelques développements.

350. Les droits réels, susceptibles d'hypothèque, sont, indépendamment de l'usufruit des immeubles et de leurs accessoires, réputés immeubles, mentionnés dans l'art. 2118, C. Nap., le droit d'emphytéose, le droit de superficie, les concessions de mines, de chemins de fer, de canaux, et les actions immobilières.

L'énoncé de cette proposition soulèvera des contradictions ; mais je ne puis entrer ici dans les détails nécessaires pour l'établir. Les développements se trouvent dans mon *Traité des Priviléges et Hypothèques*, inédit.

Au reste, s'il est possible de contester, en ce qui concerne le droit d'emphytéose notamment, qu'il puisse être rangé parmi les droits réels *susceptibles d'hypothèque,* il me semble difficile de lui dénier le caractère de *droit réel immobilier ;* ce qui le ferait rentrer, sous un autre rapport, dans la classe des actes soumis à la transcription (V. *infrà,* n° 359).

351. Ce ne serait pas assez de dire, d'une manière générale, que les actes entre-vifs, emportant transmission, à titre onéreux, de droits réels susceptibles d'hypothèque, sont soumis, par l'art. 1er de la loi du 23 mars 1855, à la formalité de la transcription. Il faut, comme je viens de le faire, dans la section qui précède, pour les actes translatifs de propriété immobilière, entrer dans quelques développements pour chacun de ces droits réels, considérés en particulier.

§ 1er. — De l'Usufruit.

SOMMAIRE.

352. M. Mourlon soulève, à propos de l'usufruit, une difficulté grammaticale, résultant de la diversité des termes

employés dans l'art. 1ᵉʳ et dans l'art 2 de la loi du 23
mars 1855. L'art. 1ᵉʳ ne parle, pour les soumettre à la
transcription, que des actes *translatifs* de droits réels susceptibles d'hypothèque, à la différence de l'art. 2, qui y assujettit, limitativement, tout acte *constitutif* d'antichrèse, de
servitude, d'usage et d'habitation. On peut donc demander
si, lorsqu'un propriétaire établit un droit d'usufruit sur son
immeuble, l'acte *constitutif* de cet usufruit tombe sous l'application de l'art. 1ᵉʳ de la loi précitée?

La difficulté n'en est pas une, et M. Mourlon n'a pas de
peine à réfuter l'objection, en faisant remarquer que, si les
actes *constitutifs* de droits réels doivent être transcrits,
même lorsqu'il s'agit de droits non susceptibles d'hypothèque,
il en doit être, à plus forte raison, de même de l'usufruit, qui
n'est pas une simple charge, mais un démembrement de la
propriété (1).

A vrai dire, d'ailleurs, les mots *translatifs* et *constitutifs*
ne diffèrent qu'en apparence : *nominis sonus tantùm differt.*
Au fond, ils ont le même sens dans les articles précités.
Que fait le propriétaire, en constituant un usufruit sur son
immeuble? Il aliène, il transporte à un autre une portion de
son droit de propriété : l'acte est donc bien réellement
translatif.

353. Sous le régime de la communauté, comme sous le
régime exclusif de la communauté ou sous le régime dotal,
la dot est le bien que la femme apporte au mari pour supporter les charges du mariage (C. Nap., 1540). Lorsque la dot
consiste en immeubles, ces immeubles restent propres à la
femme; mais la jouissance en appartient à la communauté
ou au mari; et cette jouissance est un véritable usufruit
(C. Nap., 1401, 1403, 1409, 1530, 1533, 1549, 1562).

MM. Rivière et Huguet en concluent que le contrat de

_____

(1) Rev. prat., t. 7, p. 104, n° 20.

mariage, dans ces trois hypothèses, devra être soumis à la transcription, puisque, d'après les dispositions de l'art. 1ᵉʳ de la loi du 23 mars 1855, tout acte entre-vifs, portant transmission d'usufruit, doit être transcrit (1).

« Supposons, disent-ils, que la femme ait aliéné son immeuble avant le mariage, ou cédé l'usufruit de cet immeuble : si le contrat de mariage n'était pas transcrit, l'acquéreur pourrait, en soumettant son acte d'acquisition à la formalité, revendiquer, soit la pleine propriété, soit l'usufruit, à l'encontre des droits, soit de la communauté, soit du mari. — D'un autre côté, si le mari a transcrit le premier, il triomphera, en ce qui concerne la jouissance à laquelle il a droit, contre l'acquéreur qui n'a pas eu le soin de remplir la formalité..... » (2).

555 *bis*. Il y a bien des raisons à opposer à cette doctrine. Voici, d'abord, comment la réfute M. Troplong :

M. Troplong pense que, sous le régime de la communauté, celle-ci n'est pas usufruitière des propres des époux ; que les fruits de ces propres tombent dans la communauté, à cause du contrat d'association qui unit les époux, et parce que ces fruits font partie de l'apport de chaque associé. A ce point de vue particulier, il est évident qu'il ne pourrait y avoir lieu à transcription.

Sous le régime exclusif de communauté, M. Troplong ne disconvient pas que le mari a, sur les propres de la femme, un droit que la loi compare au droit d'usufruit (C. Nap., 1533); mais il est, à cet égard, dit-il, dans une situation tout exceptionnelle qui rend la transcription inutile. En effet, il ne peut ni aliéner, ni hypothéquer le droit qu'il a sur les biens de sa femme, sa jouissance étant attachée à sa qualité de mari. D'un autre côté, comme il est appelé à jouir de l'universa-

---

(1) Quest., n° 143 et suiv.
(2) *Id.*, n° 144.

lité des biens de sa femme, il doit accepter la fortune de celle-ci telle qu'elle est; car l'usufruitier universel, ou à titre universel, est tenu de souffrir la déduction des dettes, et les créanciers ont une action directe contre lui ; le mari, par conséquent, doit subir l'effet des ventes, des constitutions d'usufruit ou d'hypothèque, que sa femme aurait consenties avant de se marier, et il ne saurait opposer aux tiers le défaut de publication de leur droit avant la transcription du contrat de mariage.

Durant le mariage, ajoute M. Troplong, la nécessité, pour la femme, d'obtenir une autorisation protége bien mieux le mari que cette transcription.

Sous le régime dotal, il y a même raison de décider, poursuit M. Troplong, lorsque la constitution de dot est universelle, ou à titre universel. — Toutefois, l'éminent magistrat admet qu'il en est autrement, lorsque la constitution de dot est faite à titre particulier. Dans ce cas, dit-il, le mari a intérêt à faire transcrire le contrat de mariage, afin d'arrêter le cours des inscriptions, du chef de la femme, et de faire évanouir, du moins en ce qui concerne son droit sur les immeubles, le droit d'un acheteur antérieur qui n'aurait pas transcrit, les créanciers de la femme, qui n'ont pas consolidé leur droit de suite avant le mariage, n'ayant pas d'action contre le mari, qui n'est qu'un usufruitier à titre singulier (1).

354. Selon moi, il n'y a lieu à transcription dans aucun cas.

D'après les termes, comme dans l'esprit de la loi du 23 mars 1855, pour qu'il y ait lieu à transcription, il ne faut pas seulement qu'il existe un acte translatif de propriété qui puisse être soumis à la formalité (titre à l'absence duquel ne peut

_____

(1) De la Transcription, nos 84 et suiv.—Conf. Mourlon, Rev. prat., t. 2, p. 77, nos 50 et 51.

suppléer la déclaration de la partie intéressée, ainsi que je l'ai établi *supra*, n°s 77 et suiv.), il faut, de plus, que la mutation soit le résultat d'une convention : en d'autres termes, que cette mutation soit le fait de l'homme, non le fait de la loi. Cela ressort très-nettement du n° 3 de l'art. 1er de la loi précitée, lequel soumet à la transcription « tout jugement qui déclare l'existence d'une *convention* verbale de la nature ci-dessus exprimée», c'est-à-dire d'une convention opérant transmission de propriété immobilière, ou d'un droit réel susceptible d'hypothèque (V. également le n° 5 de l'art. 2).

Cette proposition est si évidente qu'on ne trouvera personne, assurément, qui prétende qu'on soit obligé de transcrire un droit de servitude légale, par exemple (1). La transcription, en effet, n'a été imaginée que pour garantir les tiers de toute surprise ; pour empêcher qu'un second acquéreur ne soit victime de la mauvaise foi de son vendeur, qui aurait déjà vendu l'immeuble à une autre personne. Une pareille surprise n'est point à craindre, lorsqu'il s'agit d'un droit que la loi confère, parce que nul ne peut dire qu'il a traité dans l'ignorance de ce droit qui vient primer le sien. Or, quand les époux se sont mariés sous le régime de la communauté, ou sous le régime exclusif de la communauté, ou sous le régime dotal, ce n'est pas du contrat de mariage, mais de la loi, que découle le droit de jouissance qui appartient à la communauté sur les propres des époux, au mari sur les biens personnels de la femme. La preuve en est que la communauté n'en a pas moins droit à cette jouissance, lorsque les époux se sont mariés sans contrat (2).

355. Je pense, toutefois, avec M. Gauthier (*loc. cit.*), qu'il y aurait lieu à transcription, dans le cas où, conformément à l'art. 1552, l'immeuble constitué en dot à la femme,

---

(1) V. sous la section suivante.
(2) Conf. Gauthier, n° 64.

mariée sous le régime dotal, aurait été estimé par le contrat de mariage, avec déclaration que cette estimation en transporte la propriété au mari. Il y a là transmission de propriété immobilière résultant du contrat même, et, par conséquent, matière à transcription.

356. On verra plus bas que les actes, soumis à la transcription, doivent être transcrits *en entier*, et non par simple extrait (1). On a fait observer, cependant, et avec raison, à l'égard des contrats de mariage, qu'ils renferment souvent des clauses, des stipulations, qu'il peut être de l'intérêt des familles de ne pas voir divulguer inutilement. Il suffira donc de transcrire la clause d'où résulte la mutation. Un membre du Corps législatif, M. Duclos, lors de la discussion du projet de loi, a généralisé l'observation, en demandant « qu'il fût bien entendu que la loi en discussion ne repousse pas un usage jusqu'ici établi, et qui consiste, lorsqu'un acte contient des conventions de diverse nature, à ne transcrire que celles de ces conventions qui concernent la transmission d'un droit immobilier (2). »

357. Il en est de l'usufruit légal des père et mère sur les biens de leurs enfants, mineurs de 18 ans (C. Nap., 384 et suiv.), comme de celui de la communauté sur les propres des époux, ou du mari sur les biens de la femme. Il est conféré directement par la loi : c'est un motif péremptoire, comme je viens de l'établir (n° 354), pour que la formalité de la transcription ne lui soit pas applicable.

———

(1) V. sous la sect. 1re du chap. 3.
(2) Séance du 13 janv. 1855, Monit. du 15 janv.—Conf. Rivière et Huguet, n° 147 ; Troplong, De la Transcr., n°s 89 et 125 ; Gauthier, n° 65.

§ 2. — De l'Emphytéose.

SOMMAIRE.

358. Des auteurs enseignent que le bail emphytéotique ne diffère du bail ordinaire que par sa durée, et qu'il ne confère pas le *jus in re*. —Dans ce système, il ne serait soumis à la transcription qu'autant qu'il excéderait dix-huit années, et serait opposable aux tiers, quoique non transcrit, pour dix-huit ans.

359. Dans mon opinion, au contraire, le bail emphytéotique, conférant au preneur des droits plus étendus que l'usufruit, doit, à meilleur droit encore, être soumis à la transcription.

360. Le Code n'ayant pas parlé du bail emphytéotique, c'est aux tribunaux à rechercher, d'après les principes anciens, et d'après l'étendue des droits ou obligations du preneur, si les parties ont voulu faire un bail emphytéotique, ou un bail ordinaire. — Le projet de réforme hypothécaire de 1850, amendé par la Commission, assimilait aux baux emphytéotiques, sous le rapport hypothécaire, les baux de trente ans ; mais cela n'est pas une règle.

361. Arrêt de la chambre des requêtes qui a refusé à un bail le caractère de bail emphytéotique, quoiqu'il fût fait pour quatre-vingt-dix-sept ans.

358. Plusieurs auteurs enseignent que le bail emphytéotique ne diffère du simple bail à ferme que par la durée ; que, pas plus que ce dernier, il ne confère le *jus in re*, et, par conséquent, que la jouissance, à titre d'emphytéose, n'est pas susceptible d'hypothèque (1).

---

(1) V. notamment Grenier, Des Priv. et Hyp., t. 1, n° 143 ; Toullier, t. 3, n° 101 ; Delvincourt, t. 3, p. 185, note 1 ; Valette, Des Priv. et Hyp., t. 1, p. 191 ; Pont et Rodière, Contr. de mar., t. 1, n° 338 ; Pont, Priv. et Hyp., n° 388 ; Zachariæ, t. 1, § 198, note 10, éd. Aubry et Rau ; Demolombe, t. 9, n° 491 ; Observ. de la Faculté de droit de Strasbourg sur le projet de réforme hypoth., Doc. rel. au rég. hyp., t. 1, p. 469 et suiv.; Mourlon, Rev. prat., t. 1, p. 105, n° 21.

Contrà, Merlin, Rép., v° *Emphyt.*, n° 4, et Quest. de dr., *eod. verb.*, § 5, n° 8 ; Proudhon. Du Domaine de propriété, t. 2, n° 710 ; Persil, Rég. hyp., art. 2118, n° 15 ; Favard de Langlade, Nouv. Rép., v° *Hyp.*, p. 714, n° 2 ; Duranton, t. 4, n° 80, et t. 19, n° 268 ; Tro-

Dans ce système, le bail emphytéotique, d'après M. Mourlon, serait bien assujetti à la transcription, mais seulement comme bail à ferme d'une durée de plus de dix-huit années; en sorte que ce bail, quoique non transcrit, n'en resterait pas moins opposable aux tiers pour dix-huit ans (L. 23 mars 1855, art. 3, n° 2) (1).

359. Dans mon opinion, au contraire, comme dans celle des auteurs qui regardent le bail emphytéotique comme emportant le *jus in re*, comme conférant au preneur des droits plus étendus que l'usufruit (2), et, par conséquent, comme susceptible, à meilleur titre encore que l'usufruit, de l'affectation hypothécaire, si le bail emphytéotique n'a pas été transcrit, il ne pourra être opposé aux tiers, même pour une durée moindre de dix-huit ans, parce qu'il tombe sous l'application de l'art. 1⁰ʳ de la loi précitée (3).

Sous ce rapport, le preneur à bail emphytéotique se trouvera, à l'égard des tiers, dans une position plus défavorable que le preneur à long bail : et cela doit être ; car le bail emphytéotique est presque une aliénation. Il confère le domaine *utile*, ou, pour substituer à cette expression, qui appartient au régime féodal, celle de Cujas, un *quasi-domaine;*

---

plong, Des Priv. et Hyp., t. 2, n° 405 ; Duvergier, Du Louage, n°ˢ 159 et suiv.; Marcadé, sur l'art. 526, t. 2, p. 341, n° 3 ; Carré, Compét., t. 2, p. 331 ; Championnière et Rigaud, Droits d'enreg., t. 4, n° 3071; Rolland de Villargues, Rép. du not., v⁰ˢ *Bail emphyt.*, n° 33, et *Hyp.*, n° 119 ; Dalloz, Jur. gén., v° *Priv. et Hyp.*, n° 820, et v° *Enreg.*, n°ˢ 3031 et suiv.; Req. 19 juill. 1832, aff. Delaunay, Jur. gén., v° *Louage emphyt.*, n° 9 ; Cass. 6 mars 1850, aff. Ducatel, D.ᴘ.50.1.129; 23 fév. 1853, aff. Flament, D.ᴘ.53.1.53 ; 26 avril 1853, aff. Jacquinot, D.ᴘ.53.1.145.

(1) V. *infrà*, sous la sect. 5.
(2) V. un rapport de M. Troplong, et l'arrêt de la ch. des req. du 12 mars 1845, aff. Laporte, rendu à la suite de ce rapport ; D.ᴘ.45.1.105.
(3) Conf. Rivière et Huguet, n° 138 et suiv.; Gauthier, n° 88.

il est donc plus préjudiciable aux tiers que le bail à longues années, qui ne confère qu'une simple jouissance.

360. Mais comment distinguer le bail emphytéotique du bail à longues années ?

Ordinairement le bail emphytéotique est fait pour 99 ans ; mais cela n'est pas de règle absolue; et, s'il ne peut aujourd'hui, d'après l'art. 1er, tit. 1er, de la loi du 18-29 déc. 1790, être fait pour un plus long terme, il peut certainement être fait pour un terme plus court. Le projet de réforme hypothécaire de 1850, amendé par la Commission de l'Assemblée nationale, assimilait aux baux emphytéotiques, par rapport au droit d'hypothèque, les baux à une ou plusieurs vies, et les baux de trente ans ou plus, lorsque ces baux ne contenaient pas la prohibition de céder le droit au bail ou de sous-louer (art. 2110 du projet de la Commission, correspondant à l'art. 2122 du projet du Gouvernement). « Il est souvent difficile, disait le savant Rapporteur de la Commission, de distinguer l'emphytéose du bail à longues années. La loi, en fixant le terme de 30 ans, préviendra toute contestation à ce sujet... » (1). Mais ce projet de loi n'a pas abouti, et sa disposition, dès lors, ne saurait être prise pour règle. C'est aux tribunaux à rechercher, d'après les principes anciens, puisque notre Code est muet sur la matière, et d'après l'étendue des droits ou obligations du preneur, quel est, dans l'intention des parties, l'acte qu'elles ont voulu faire (2).

561. On trouve, dans un arrêt récent de la chambre des Requêtes, quelques règles posées à cet égard : « Attendu, dit cet arrêt, que l'emphytéose se manifeste par les carac-

---

(1) Impressions de l'Assemblée nationale législative, n° 979 ; Rapport de M. de Vatimesnil, p. 66.

(2) Mon Traité des Priv. et Hyp., inédit. — Conf. Duranton, t. 4, n° 74 ; Dalloz, Jur. gén., v° *Priv. et Hyp.*, n° 821.

tères suivants : la longue durée de la jouissance; le droit de
disposer, d'une manière presque absolue, de l'immeuble
concédé; la modicité de la redevance convenue; et l'obligation, par l'emphytéote, de supporter la dépense que
peuvent entraîner les améliorations qui ont été prévues » (1); toutes conditions qui ne se trouvaient pas réunies
dans l'espèce, et qui ont fait refuser à un bail, fait cependant pour 97 ans, le caractère de bail emphytéotique.

La chambre civile s'était déjà exprimée, à peu près dans
les mêmes termes, dans l'arrêt du 26 avril 1853, cité plus
haut.

§ 3. — Du Droit de superficie.

SOMMAIRE.

362. Ce qu'on entend par *superficie*. — Le droit de superficie a beaucoup d'analogie avec l'emphytéose.
363. Sa définition.
364. Le droit de superficie est un *droit réel immobilier*, susceptible,
comme l'emphytéose, de l'affectation hypothécaire.— L'acte de concession d'un pareil droit doit donc être transcrit ;
365. Alors même qu'il émanerait de l'Administration.—Opinion contraire de M. Troplong.
366. Dans le bail *à convenant*, usité en Bretagne, le droit du colon sur
les édifices et autres améliorations est un véritable droit de superficie.— Le bail, quoique d'une durée moindre de dix-huit ans, doit
donc être transcrit.

362. Le droit de superficie, dont notre Code ne fait pas
plus mention que de l'emphytéose, a beaucoup d'analogie
avec celle-ci.

On entend, par *superficie*, ce qui est à la surface du sol et
lui est adhérent, comme les bâtiments, les arbres, les plantes
de toute espèce : *superficies, quod suprà soli faciem est, veluti*

_____

(1) Req. 24 août 1857, Enreg. c. Chemin de fer d'Orléans ; D.p.57.
1.326.

si quid satum aut œdificatum est : itaque vites, arbores, plantæ, segetes, SUPERFICIES *appellantur* (1).

563. Le droit de superficie peut être défini : le droit de jouir et de disposer, à temps ou à toujours, de tout ou partie des édifices existant sur le fonds d'autrui, ou que le preneur y établit, comme de tout ou partie des arbres ou des plantes qui y croissent ; que ce droit résulte d'un bail ou d'une vente, d'un legs ou d'une donation ; qu'il soit constitué pour un prix unique, ou moyennant une rente ou prestation annuelle : *qui superficiem in alieno solo habet civili actione subnixus est. Nam, si conduxit superficiem, ex conducto ; si emit, ex empto agere cum domino soli potest... Sed et tradi posse (superficiem) intelligendum est, ut et legari et donari possit* (L. 1, §§ 1 et 7, D.; *De superf.*). La loi 2, au même titre, dit encore : *Superficiarias ædes appellamus quæ in conducto solo positæ sint, id est,* ajoute Godefroy sur cette même loi, *eâ lege conducto ut conductor in eo positum œdificium habeat, vel œdificet, vel quid aliud habere possit, in perpetuum, vel plures annos, sub certo annuo solario* (2).

364. Il suit de là que le droit de superficie est essentiellement *un droit réel immobilier,* susceptible, à ce titre, comme je l'ai dit de l'emphytéose, de l'affectation hypothécaire (L. 16, § 2, D., *De Pigner. act.;* L. 15, D., *Quid pot. in pig.*; L. 1, § 3, D., *De superf.*) (3) ; et, par conséquent, que l'acte de concession d'un pareil droit doit être transcrit (4).

365. Mais, si c'était par concession administrative, dit

---

(1) Proudhon, De l'Usufr., t. 8, n° 3718.

(2) *Solarium... quod pro solo penderetur* (Loyseau, Du Déguerp., liv. 1, ch. 4, n° 31).

(3) Conf. Proudhon, De l'Usufr., n°s 116 et 3727 ; Troplong, Priv. et Hyp., t. 2, n° 405 ; Dalloz, Jur. gén., *eod. verb.*, n° 824.

(4) Conf. Troplong, De la Transcr., n° 82.

M. Troplong, que l'emphytéose ou le droit de superficie eût été créé, il n'y aurait pas lieu à transcription (1).

J'ai émis *supra*, nos 340 et suiv., une opinion différente.

566. Dans le bail à *convenant*, ou à *domaine congéable*, encore usité en Bretagne, le droit du colon sur les édifices et autres améliorations est un véritable droit de superficie (2).

Le bail, sous ce rapport, sera donc sujet à transcription, fût-il d'une durée moindre de 18 ans (3).

§ 4. — Des concessions de Mines, Chemins de fer et Canaux.

SOMMAIRE.

367. *Mines.*—Les mines, ainsi que je l'ai déjà dit, forment une propriété particulière, distincte de la propriété de la surface, et susceptible d'hypothèque.

I est autrement des *minières* et *carrières*. — Le droit de les exploiter, concédé même pour un temps illimité et jusqu'à épuisement, ne peut être assimilé à un droit d'emphytéose, de superficie ou d'usufruit.

369. *Chemins de fer.* — La loi du 11 juin 1842 avait établi, pour la construction des chemins de fer, un système mixte, qui en répartissait la dépense entre l'État et la compagnie concessionnaire. — L'État, dans ce système, était propriétaire du chemin, et en concédait l'exploitation à la compagnie par un bail à long terme. — Ce bail est un véritable bail emphytéotique.

370. Le mode qui prévaut aujourd'hui est celui de la construction intégrale de la voie par l'industrie privée, avec subvention de l'État. —Dans ce cas, ce n'est plus l'État, mais la compagnie concessionnaire, qui est propriétaire du chemin. — Ce chemin forme donc une propriété immobilière, qui, quoique temporaire et résoluble, est susceptible d'hypothèque.

371. *Canaux.* — Ce qui est dit des chemins de fer est applicable aux canaux. — Lorsqu'un canal a été exécuté par l'industrie privée, il

---

(1) De la Transcr.. n° 82.

(2) V. le décret du 7 juin-5 août 1791, relatif aux domaines congéables, et Dalloz, Jur. gén., vis *Louage à domaine congéable*, n° 2, et *Priv. et Hyp.*, nos 825 et suiv.

(3) Conf. Mourlon, Rev. prat., t. 1, p. 14, n° 8; Gauthier, n° 90.

reste la propriété de la compagnie concessionnaire, et peut être hypothéqué par elle à la garantie de ses obligations.

372. S'il a été exécuté ou racheté par l'État, il fait partie du domaine public et n'est plus susceptible d'hypothèque.—Mais l'État peut en concéder l'exploitation à long bail, et ce bail a le caractère et les effets de l'emphytéose.

373. Le projet de réforme hypothécaire de 1850 mettait au rang des biens susceptibles d'hypothèque *les concessions de chemins de fer, canaux, ponts et autres travaux d'utilité publique, faites pour* VINGT ANS *ou plus.* — Dans l'état de la législation, on ne peut guère considérer, comme jouissances emphytéotiques, des concessions de cette nature faites pour *vingt ans* seulement. — C'est une question, du reste, abandonnée aux tribunaux.

374. Critique d'un arrêt de la Cour de Nîmes, qui a refusé le caractère emphytéotique à la concession d'un droit de péage sur un pont, faite pour soixante-cinq ans, et a déclaré ce droit de péage non susceptible d'hypothèque.

375. Il n'en est, pourtant, pas d'un pont comme d'un chemin de fer ou d'un canal.—Un pont, destiné à l'usage du public, devient, aussitôt qu'il est construit, quoique soumis à un péage, partie intégrante du domaine public, et ne peut pas être donné en hypothèque.

376. Les concessions de mines, de chemins de fer, de canaux, faites directement par l'État, ne sont pas soumises à la transcription. — Renvoi à un numéro précédent.

367. *Mines.* — Je rappelle ici ce que j'ai dit *suprà*, n° 42, que les mines, concédées même au propriétaire de la surface, forment une propriété distincte de celle de la surface, propriété immobilière et susceptible d'hypothèque : les art. 8, 19 et 21 de la loi du 21 avril 1810 le portent textuellement.

368. Mais j'ai dit, en même temps, que, dans mon opinion, il n'en est pas ainsi des *minières* et des *carrières*, qui ne forment pas, comme les mines, une propriété particulière et distincte de la propriété de la surface (n° 47). Et j'en ai conclu, contre le sentiment de M. Troplong, qu'on ne peut assimiler à un droit d'emphytéose, de superficie ou d'usufruit, le droit d'exploiter une minière, une carrière, concédé même pour un temps illimité et jusqu'à épuisement des matières à extraire (n° 50).

369. *Chemins de fer.* — La loi du 11 juin 1842 avait
créé, pour l'établissement des chemins de fer, un système
mixte, qui consistait à mettre à la charge de l'État, avec le
concours des départements et des communes, la construction de la voie et l'acquisition des terrains, en laissant à la
charge de la compagnie concessionnaire la pose des rails et
l'achat du matériel d'exploitation. L'État, dans ce système,
était propriétaire du chemin, et il en concédait l'exploitation
à la compagnie, à titre de bail, dont la loi de concession
fixait les conditions et la durée (Loi précitée, art. 6). La
durée de la concession n'a jamais été moindre de quarante-
cinq ans.

L'exploitation d'un chemin de fer, dans ces conditions,
doit être considérée comme une véritable jouissance emphytéotique. « Personne ne doute aujourd'hui, disait, en 1850,
M. Bethmont, dans son rapport au Conseil d'État sur le projet de réforme hypothécaire, personne ne doute que les longues jouissances, concédées par l'État sur les terrains destinés à l'établissement des chemins de fer, ne constituent des
droits emphytéotiques sur lesquels l'hypothèque peut s'asseoir » (1).

370. Ce mode de construction des chemins de fer est aujourd'hui abandonné, et l'on a substitué au système mixte
l'exécution intégrale de la voie, y compris l'acquisition des
terrains, par l'industrie privée. L'État seulement y concourt
par une subvention fixe, ou par la garantie d'un *minimum*
d'intérêts, suivant les cas. Dans ce système, ce n'est plus
l'État, mais la compagnie concessionnaire, qui est propriétaire du chemin, puisque c'est elle qui a acheté les terrains
et construit la voie. La concession, toutefois, n'est pas faite

---

(1) Rapport, p. 38. Impress. de l'Assemblée nat., annexe du n° 915.
V. mon Traité des Priv. et Hyp.—Conf. Dalloz, Jur. gén., v° *Priv. et
Hyp.*, n° 837.

à perpétuité, et l'État se réserve la faculté de racheter la voie, au terme de la concession. — La durée de cette concession est ordinairement de 99 ans.

Il est évident qu'un chemin de fer, dans un cas pareil, est susceptible d'hypothèque, puisqu'il forme une propriété immobilière, quoique cette propriété soit temporaire et résoluble (1).

371. Canaux. — Ce que je viens de dire des chemins de fer s'applique exactement aux canaux.

Lorsqu'ils ont été exécutés par l'industrie privée, la compagnie concessionnaire, propriétaire du canal, peut l'affecter hypothécairement à la garantie de ses obligations.

372. Lorsque c'est l'État qui est propriétaire du canal, ce canal fait partie du domaine public, et n'est plus, dès lors, comme chose placée hors du commerce, susceptible d'hypothèque (C. Nap., 2118).

Mais l'État peut en concéder l'exploitation, moyennant une redevance que lui paie la compagnie concessionnaire. Ces concessions se font, ordinairement, pour une longue période, pour 99 ans, par exemple ; et, dans ce cas, elles constituent de véritables baux emphytéotiques, la compagnie demeurant chargée de l'entretien du canal et de toutes les améliorations que peut réclamer la navigation (2).

373. La Commission de l'Assemblée nationale, dans le projet de réforme hypothécaire dont j'ai déjà parlé, avait ajouté, dans la rédaction du nouvel article 2118, préparée pour la troisième lecture, une disposition qui mettait au rang des biens susceptibles d'hypothèque « les concessions de chemins de fer, canaux, ponts et autres travaux d'utilité publique, faites pour 20 ans ou plus. » Mais je crois, avec M. Dalloz (3), qu'il ne serait guère possible, dans l'état ac-

---

(1) Mon Traité des Priv. et Hyp.—Conf. Dalloz, *loc. cit.*, n° 838.
(2) *Idem.* — *Idem*, n°s 839 et 840.
(3) *Loc. cit.*, n° 840. V. aussi mon Traité des Priv. et Hyp.

I.   **17**

tuel de la législation, de considérer comme jouissance emphytéotique, et, par conséquent, comme susceptible d'hypothèque, une concession de la nature ci-dessus exprimée, faite pour 20 ans seulement. — C'est, au surplus, comme le fait remarquer le même auteur, une question laissée à l'arbitrage des tribunaux (*suprà*, nos 560 et 361).

374. J'ai mentionné, dans mon *Traité des Priviléges et Hypothèques*, inédit, un arrêt de la Cour de Nîmes, qui a refusé de voir, dans la concession d'un droit de péage sur un pont, faite pour une durée de 65 ans, un droit de nature emphytéotique, et l'a, par suite, déclaré non susceptible d'hypothèque. Je reproduis les considérants de cet arrêt relatifs à la question :

« Attendu, dit la Cour, quant au pont de Beauchastel, que la concession des droits de péage, faite par le Gouvernement à Clauzel, pendant une durée de 65 ans, ne rentre pas dans la nomenclature des biens qui peuvent être soumis à l'hypothèque, d'après l'art. 2118, C. civ.; qu'elle ne peut être assimilée à l'emphytéose, dont elle n'offre pas les caractères essentiels, et, notamment, le paiement de la redevance annuelle au propriétaire, la reconnaissance de sa dominité directe...; que, s'il est vrai que des lois spéciales aient autorisé à hypothéquer le revenu de certains chemins de fer, on ne saurait regarder leurs dispositions que comme créant des exceptions au droit commun... » (1).

J'ai de la peine, ai-je dit dans le même Traité, à adhérer à cette décision. L'arrêt repousse l'assimilation d'un droit de péage à la jouissance emphytéotique, parce qu'on n'y trouve pas *le paiement de la redevance annuelle au propriétaire*. Mais, si c'est là la condition habituelle de l'emphy-

---

(1) Nîmes, 2 août 1847, aff. Mignot; D.p.48.2.41. Le pourvoi, formé contre cet arrêt, a été rejeté, mais par des motifs étrangers à la question (Rej. 7 janv. 1851 ; D.p.51.1.28).

téose, ce n'en est pas une condition substantielle ; car, ainsi que le dit très-bien la Cour de Paris, dans un arrêt, « l'emphytéose n'est pas aujourd'hui soumise, de plein droit, aux règles de l'ancienne jurisprudence, et son effet doit se régler d'après les principes généraux des contrats. Il en résulte que la redevance, connue anciennement sous le nom de *canon emphytéotique*, et qui prenait sa source dans les idées de féodalité, ne peut plus être considérée comme essentielle à la perfection de l'acte : la seule chose essentielle est que le contrat contienne un prix ; et, dans l'espèce, le prix se rencontre dans les obligations imposées au preneur de faire effectuer les travaux énoncés audit acte (de concession)... » (1).

C'est également ce que déclarait M. Bethmont au Conseil d'Etat : « Appliquer aujourd'hui, disait-il, à l'emphytéose la définition rigoureuse des temps passés serait une restriction repoussée par la pratique. Ce que l'usage a fait naître a été successivement modifié par l'usage : la jurisprudence est, à cet égard, le guide qu'il faut suivre...» (2).

J'incline d'autant plus, ai-je ajouté, à considérer un droit de péage, à long terme, comme susceptible d'hypothèque, qu'une disposition semblable avait été introduite (comme on vient de le voir) par la Commission de l'Assemblée nationale, dans le projet de réforme hypothécaire, non pas, comme le disait son rapporteur, M. de Vatimesnil, dans la pensée d'innover, mais plutôt de compléter l'art. 2118, C. Nap. (3).

375. Il faut dire pourtant, et c'est une observation que j'ai faite dans l'ouvrage cité, qu'il n'en est pas d'un pont

(1) Paris, 3 fév. 1836, aff. Testard ; Jur. gén., vº *Louage emphyt.*, nº 7-4º.
(2) Rapport, p. 38, cité *suprà*.
(3) Conf. Duranton, t. 19, nº 268 ; Dalloz, Jur. gén., vº *Priv. e hyp.*, nº 842.

tout à fait comme d'un chemin de fer ou d'un canal. Lorsque la construction d'un pont, destiné à l'usage public, est confiée à l'industrie privée, moyennant un péage accordé au constructeur, ce pont devient, aussitôt qu'il est construit, partie intégrante du domaine public, par l'effet d'une aliénation tacite dont la concession de ce péage est le prix. Il en résulte que ce pont, quoique immeuble de sa nature, ne peut pas, comme chose placée hors du commerce, être donné en hypothèque (1).

376. J'ai dit *suprà*, n° 348, que les concessions de mines, de chemins de fer, de canaux, faites directement par l'Etat à des particuliers ou à des compagnies financières, ne tombent pas sous l'application de la loi du 23 mars 1855, et qu'il n'y a d'assujetties à la transcription que les conventions qui ont lieu entre les particuliers, à l'occasion des droits concédés. Je n'ai donc pas à revenir sur ce point.

§ 5. — Des Actions immobilières.

SOMMAIRE.

377. Les actions immobilières ne sont pas, en elles-mêmes, d'après l'opinion commune, susceptibles d'hypothèque. Mais on peut, ce qui revient au même, hypothéquer les immeubles auxquels elles se réfèrent. — L'art. 1er de la loi du 23 mars 1855 leur est donc applicable.

378. Il leur est applicable, sous un autre rapport : c'est que l'action, qui a un immeuble pour objet, représente l'immeuble lui-même. — On doit donc comprendre, parmi les actes translatifs de propriété immobilière, tout acte contenant cession d'une action de cette nature, et le soumettre à la transcription.

379. Opinion contraire de MM. Rivière et Huguet.—Réfutation.

380. La notification, que ferait le cessionnaire de l'action, de son acte de transport au possesseur de l'immeuble, dans les termes de l'art. 1690, C. Nap., ne suppléerait pas à la transcription.

381. Mais la transcription rendrait sans objet la notification du transport.

---

(1) Conf. Dalloz, *loc. cit.*, n° 841.

382. Il est plus prudent, néanmoins, de faire cette notification, les deux formalités ne s'excluant pas.

383. Zachariæ non-seulement dispense le cessionnaire de transcrire, mais il l'affranchit de l'obligation de faire notifier son transport. — L'art. 1690 n'est relatif, suivant lui, qu'au transport de *créances*.

384. Les principes ci-dessus sont applicables au transport que fait le vendeur, à pacte de rachat, de son action de réméré.

385. Opinion contraire de MM. Rivière et Huguet. — Ce transport, d'après eux, n'est pas translatif de propriété, la propriété résidant sur la tête de l'acquéreur à pacte de rachat. — Réfutation. — Il y a transmission d'une propriété éventuelle ; ce qui suffit pour la transcription.

386. Mais l'acte, par lequel le vendeur, à pacte de rachat, opère lui-même le retrait de l'immeuble, dans le délai fixé pour le réméré, n'est pas sujet à transcription.

387. Objection tirée du danger qu'il y a, pour les tiers, à traiter avec l'acquéreur dépossédé, comme s'il était encore propriétaire. — Réponse à l'objection.

388. Utilité, néanmoins, de faire mentionner, en marge de la transcription de l'acte de vente à réméré, l'acte qui en a opéré la résolution.

389. Rappel d'un numéro précédent.

390. On ne doit pas considérer, comme sujet à transcription, l'acte par lequel le vendeur transporte à un tiers le prix de vente qui lui est dû. — La créance cédée ne reste pas moins un objet mobilier, quoique le privilége de vendeur et l'action résolutoire (action immobilière) y soient attachés.

391. M. Mourlon en donne pour raison que la notification du transport, ou son acceptation par le débiteur dans un acte authentique, sont, pour les tiers, une publicité suffisante. — Cette raison ne me satisfait pas. — La vraie raison, c'est que l'action résolutoire n'est qu'un accessoire de la créance, et que, détachée de cette créance, elle ne peut produire aucun effet utile.

392. M. Mourlon a modifié, plus tard, son opinion par une distinction que je ne puis admettre —Si le cessionnaire fait résoudre la vente, pour défaut de paiement du prix, la notification du transport, dit-il, ne suffira plus, et la transcription sera *rétroactivement* nécessaire. —Réfutation.

393. La cession, faite par un cohéritier à un autre cohéritier (ou à un étranger), de sa part héréditaire, ou de sa portion indivise dans un ou plusieurs immeubles déterminés de la succession, est soumise à la transcription.

394. La constitution d'hypothèque, quoique donnant naissance à un droit réel, n'est pas sujette à transcription.—Le mode de publicité de l'hypothèque, c'est l'inscription.

395. La cession ou subrogation d'hypothèque n'est pas, non plus, susceptible de transcription.

377. Les actions immobilières, telles que l'action en rescision pour lésion, l'action en résolution ou en nullité, et généralement toutes actions qui ont pour objet la propriété ou l'usufruit d'un immeuble, ne sont pas, dit-on communément, susceptibles d'hypothèque, parce que ce sont des droits incorporels, qu'un droit incorporel n'a aucune assiette, et que l'inscription ne pourrait remplir, à cet égard, les prescriptions de l'art. 2148, n° 5, qui exige l'indication de l'espèce et de la *situation* des biens sur lesquels on s'inscrit (1).

Mais, si l'action immobilière n'est pas susceptible d'être hypothéquée directement, on peut, ce qui revient exactement au même, hypothéquer l'immeuble auquel elle se réfère, en indiquant le droit éventuel qu'on a sur cet immeuble, et qui résulte de telle action en rescision, en résolution ou autre. N'est-ce pas ce qui se pratique pour l'usufruit, qui est aussi un droit incorporel, et que la loi déclare cependant être susceptible d'hypothèque ? (2).

A ce point de vue donc, les actions immobilières rentrent dans les termes de l'art. 1ᵉʳ, n° 1, de la loi du 23 mars 1855.

378. Mais ce même article leur est encore applicable, sous un autre rapport. Celui qui possède une action pour recouvrer un immeuble est réputé posséder l'immeuble lui-même, d'après cette règle de droit : *Is, qui actionem habet*

---

(1) Duranton, t. 19, n° 279 ; Grenier, Des Hyp.; t. 1, n° 153; Persil, Rég. hyp., sur l'art. 2118, n° 9 ; Rép., v° *Hyp.*, sect. 2, § 3, art. 3, n° 5; Troplong, Priv. et Hyp., t. 2, n° 406 ; Delvincourt, t. 3, p. 292, note 4. — *Contrà*, Pigeau, Proc., liv. 2, part. 5, tit. 4, ch. 1, § 1, n° 2.

(2) Conf. Dalloz, Jur. gén., v° *Priv. et hyp.*, n° 843, et les auteurs précités. On trouvera des développements sur ce point, dans mon Traité des Priv. et Hyp., inédit.

ad rem recuperandam, ipsam rem habere videtur (L. 15, D., *De div. reg. jur.)* (1).

On doit donc comprendre, parmi les actes translatifs de *propriété immobilière*, toute cession d'une action ayant pour objet la revendication d'un immeuble. Que le droit transmis soit un droit certain ou incertain ; qu'il dérive d'une action en résolution stipulée dans un contrat, ou d'une action en nullité ou en rescision, soumise à toutes les chances d'un procès, il n'importe.

« Si l'on y regarde de près, dit très-justement M. Troplong, on verra que, dans le cas où l'action réussit en justice, l'immeuble revendiqué n'a été transféré, de l'ancien propriétaire au nouveau, que par la cession de l'action. Ce n'est pas, assurément, par le jugement que cette translation s'est opérée ; car le jugement n'est que déclaratif : or, où trouverait-on le principe de la translation, si on ne le rencontrait dans la cession de l'action au moyen de laquelle on s'est fait mettre en pleine possession et jouissance..... ? » (2).

Et n'est-il pas évident, alors, comme le fait remarquer l'éminent magistrat, que, si le cessionnaire de l'action ne faisait pas transcrire immédiatement son acte de cession, le cédant pourrait vendre l'immeuble à un autre, avant l'événement du procès ; et que, si celui-ci faisait transcrire avant le cessionnaire, il ne servirait de rien à ce dernier de réussir dans son action en revendication, attendu qu'il ne pourrait se faire préférer au tiers-acquéreur de bonne foi qui aurait été plus diligent que lui (3) ?

379. Ces principes, qui semblent incontestables, ont cepen-

---

(1) Pothier, Cout. d'Orl., Introd. gén., n° 73.

(2) De la Transcr., n° 56.

(3) Conf. Mourlon, Rev. prat., t. 1, p. 68, n°s 15, 16 et 17, et t. 2, p. 322 ; Gauthier, n°s 27, 46 et 47 ; Bressolles, n° 17. V. aussi Troplong, Des Donat., t. 3, n° 1165 ; Duranton, t. 8, n° 504 ; Grenier, Des Donat., t. 2, n°s 163 et 164 ; Bayle-Mouillard, sur Grenier, *loc. cit.*, note *a*.

dant été méconnus par MM. Rivière et Huguet. Il faut dire qu'ils avaient été méconnus, avant eux, par Zachariæ (1).

Suivant MM. Rivière et Huguet, si l'acquéreur d'un immeuble, sous condition suspensive, cède à un autre le droit éventuel qu'il a dans cet immeuble, avant l'événement de la condition, cette cession, quoique le premier acte doive être transcrit, ne sera pas soumise elle-même à la transcription.

« Supposons, disent-ils, que Pierre vende à Paul son immeuble sous condition, et que Paul vende son droit à Jacques, ce dernier sera-t-il obligé de faire transcrire, de telle sorte que, si, après la vente, Paul vendait son droit à Jean, et que ce dernier transcrive, il pourrait, en cas de réalisation de la condition, évincer Jacques ? »

MM. Rivière et Huguet répondent négativement.

« Ce que Paul cède à Jacques, ce n'est pas, prétendent-ils, le droit de propriété immobilière, c'est un simple droit qui, par suite de la réalisation de la condition, pourra bien se convertir en un droit de propriété immobilière, mais enfin qui n'a pas cette nature, au moment du contrat, au moment de sa transmission. — D'un autre côté, ce droit, quoiqu'il soit immobilier, n'est pas susceptible d'hypothèque. Sans doute, Jacques, après avoir acquis, pourrait bien consentir une hypothèque sur l'immeuble, laquelle serait irrévocablement assise, si la condition arrivait ; mais il ne pourrait pas hypothéquer le droit conditionnel qui lui est cédé. Cette doctrine est assez généralement admise. Or, si ce qui est transmis par Paul à Jacques n'est ni le droit de propriété immobilière, ni un droit qui puisse être grevé d'hypothèque, la transcription n'est pas exigée ; car ce sont seulement les actes translatifs de propriété immobilière, ou de droits susceptibles d'hypothèque, que l'art. 1ᵉʳ de la loi du 23 mars soumet à la transcription..... » (2).

---

(1) T. 5, § 704, et la note 9, éd. Aubry et Rau.
(2) Quest., nᵒ 107.

Il y a là une double erreur.

MM. Rivière et Huguet commencent par déclarer que ce qui est cédé par Paul à Jacques n'est pas un droit de propriété immobilière, quoiqu'il puisse le devenir par la réalisation de la condition... Les auteurs, sans doute, n'entendent pas dire que le droit cédé n'ait pas le caractère immobilier. Cela serait contraire à la maxime : *Actio quæ tendit ad mobile mobilis est, quæ tendit ad immobile immobilis est.* Eux-mêmes, d'ailleurs, lui reconnaissent, un peu plus bas, ce caractère. Ce qu'ils veulent dire, c'est que le droit cédé, quoique de nature immobilière, n'est pas encore un droit réalisé, mais un droit purement éventuel. — Mais qu'importe ? Ce que Paul cède à Jacques n'est pas autre chose que ce que Paul lui-même a acquis de Pierre. Si donc la transcription du contrat primitif était nécessaire, à raison de la nature du droit transmis au premier acquéreur (*suprà*, n° 87), on ne voit pas par quelle raison la transmission que celui-ci en ferait, à son tour, serait affranchie de la même formalité.

Le raisonnement que font MM. Rivière et Huguet paraît avoir été emprunté à un passage de Pothier, où il dit : « Le droit *ad rem*, ou l'action que quelqu'un a pour se faire délaisser le fief, n'étant pas le fief même, la vente qu'en fait celui à qui elle appartient, ne donne pas, par elle-même, et tant que l'action n'est pas exercée, ouverture au profit. Mais, si l'acheteur, ayant exercé cette action, acquiert le fief, en ce cas, comme l'action qui a été vendue se termine et se fond dans le fief, la vente, qui a été faite de cette action, devient la vente du fief, et donne ouverture au profit. C'est ce qu'enseigne d'Argentré, *De Laudim.*, § 22 : *Venditio juris,* dit-il, *nihil continet præter incorporale, nihil feudale, nullam mutationem manûs. Sed si, virtute talis cessionis, emptor feudum consecutus sit, laudimia debebuntur...*» (1).

---

(1) Cout. d'Orl., Introd. au titre des Fiefs, n° 162. — Conf. Dumoulin, sur la Cout. de Paris, § 78.

Mais Pothier, et les auteurs qu'il cite, raisonnent dans un ordre d'idées qui n'est pas le nôtre. Le principe qu'ils posent est juste ; car il y aurait de la rigueur à exiger de l'acquéreur d'un droit incorporel, d'une action tendant à la revendication d'un immeuble, l'acquittement immédiat du droit de mutation, alors qu'il est incertain si l'action sera exercée, ou si elle réussira. Il sera temps de lui demander le paiement de ce droit, lorsque, de fait, l'immeuble aura été par lui recouvré. Le fisc, dans ce cas, n'y perdra rien ; car, supposé qu'il s'agit de la cession qu'un vendeur a faite d'un droit de réméré, l'exercice de ce droit, par le cessionnaire, donnerait ouverture, suivant la doctrine de Dumoulin, adoptée par Pothier, au droit de mutation, « tant du prix pour lequel l'action de réméré a été vendue, que de celui du réméré. »

C'est également ce qu'a jugé la Cour de cassation dans deux arrêts : « Attendu, dit le premier de ces arrêts, que, dans les vrais principes, la vente, à faculté de réméré, est translative de propriété et parfaite, quoique résoluble sous condition, lorsqu'en vertu de cette clause, le vendeur exerce lui-même le retrait, dans le délai fixé par la vente ; que l'acte, par lequel s'opère ce retour de l'immeuble aliéné dans les mains de l'ancien propriétaire, n'est qu'une simple résolution de la vente, et qu'il n'opère aucune mutation ; ..... qu'il n'en est pas de même, lorsque le retrait est exercé par un tiers, en vertu de la cession que le vendeur lui a faite de la faculté de réméré qu'il s'était réservée ; ... (que ce retrait) opère, de fait, une nouvelle mutation, *dont le prix se compose, tant de la somme stipulée pour le prix de la cession de la faculté de réméré, que de celle remboursée au premier acquéreur...* » (1).

Même décision, en ce qui concerne la résolution d'une

---

(1) Cass. 21 germ. an XII, aff. Haësebeyt, Jur. gén., v° *Enreg.*, n° 2774 ; 5 août 1806, aff. de Montbrun, *ibid.*

vente d'immeubles, pour défaut de paiement du prix, prononcée, non au profit du vendeur, mais au profit d'un tiers subrogé à ses droits (1).

MM. Rivière et Huguet disent, ensuite, que le droit cédé, quoiqu'il soit immobilier, n'est pas susceptible d'hypothèque. Ils conviennent, pourtant, que Jacques, après avoir acquis de Paul, pourrait consentir une hypothèque sur l'immeuble, sans attendre la réalisation de la condition. — Mais, alors, n'est-ce pas la même chose que donner en hypothèque le droit lui-même ?

Et MM. Rivière et Huguet, pour rester conséquents avec leur système, sont obligés d'ajouter que, « lors même que Paul, dans l'espèce, après la condition accomplie, revendrait l'immeuble à un tiers, qui ferait transcrire, celui-ci ne pourrait évincer Jacques, dont le titre n'aurait pas été transcrit, » parce que « c'est au moment où l'acte a lieu qu'il faut considérer la nature du droit, pour décider s'il doit, ou non, être transcrit » (2).

L'énormité de cette conséquence, qui serait la violation la plus flagrante du droit des tiers, aurait dû les avertir de la fausseté de leur principe.— L'opinion de MM. Rivière et Huguet, comme celle de Zachariæ, doit donc être rejetée.

380. Il y a, pourtant, une objection qui n'a pas été produite par MM. Rivière et Huguet, et qui demande une réponse.

Qu'est-ce que la cession d'une action ayant pour objet la propriété d'un immeuble ? C'est la cession ou transport d'un droit incorporel. Or, il résulte de l'art. 1690, C. Nap., que le cessionnaire d'un droit incorporel est saisi, *à l'égard des tiers*, par la signification du transport faite au débiteur, ou par l'acceptation de ce dernier consignée dans un acte au-

---

(1) Cass. 26 août 1839, aff. Charrier, Jur. gén., v° *Enreg.*, n° 6002.
(2) *Loc. cit.*, n° 108.

thentique. A quoi bon, dès lors, la transcription, dont l'objet actuel est de consolider, à l'égard des tiers, la propriété immobilière dans les mains du nouvel acquéreur, si cet effet est déjà obtenu par la signification du transport au débiteur, ou l'acceptation de ce même transport par ce dernier?

Cette objection ne laisse pas que d'embarrasser, au premier abord; mais un peu de réflexion suffit pour la faire écarter.

En effet, l'art. 1ᵉʳ de la loi du 23 mars 1855 soumet à la transcription « tout acte entre-vifs, translatif de propriété immobilière, ou de droits réels susceptibles d'hypothèque. » Veut-on que ces mots : *propriété immobilière*, ne s'appliquent qu'aux choses corporelles, parce que le sens en serait restreint et limité par les expressions *droits réels* qui suivent ? Soit. Mais je viens de dire que les actions immobilières, telles que l'action en rescision pour lésion, l'action en nullité, et généralement toutes actions qui ont pour objet la revendication d'un immeuble, sont susceptibles d'hypothèque, en ce sens que celui qui a une action pour recouvrer un immeuble peut donner cet immeuble lui-même en hypothèque : donc l'art. 1ᵉʳ de la loi du 23 mars 1855 s'applique déjà, par son texte, au transport des actions immobilières, comme à la vente d'un fonds de terre ou d'une maison.

Il ne s'y applique pas moins par son esprit. Que s'est-on proposé par la transcription ? D'appeler la publicité sur les actes emportant transmission immobilière, afin de garantir, par ce moyen, la sécurité des tiers. La signification faite au débiteur, ou l'acceptation du transport par ce dernier, dans un acte ignoré de ceux qui contracteront, plus tard, avec le cédant, ne saurait remplir ce but. Elle pouvait suffire, dans les principes du Code Napoléon, pour empêcher surtout le débiteur de se libérer entre les mains du cédant, au préjudice de celui qui s'était rendu cessionnaire de la créance. Mais aujourd'hui elle ferait disparate avec le système absolu de publicité organisé par la loi du 23 mars 1855.

Vainement dirait-on qu'en s'adressant au débiteur, à qui

signification aurait été faite de l'acte de cession (au possesseur de l'immeuble, dans notre hypothèse), les tiers seront avertis qu'ils ne doivent plus traiter avec le cédant, qui se trouve dessaisi. Ce moyen de s'éclairer sur les véritables droits de ce dernier ne leur présente ni la même commodité, ni la même sécurité que leur offrent des registres, toujours ouverts à leurs recherches, et les certificats délivrés par un fonctionnaire de qui il n'y a aucune collusion à craindre avec le cédant. L'unité, l'homogénéité de dispositions sont, d'ailleurs, des conditions indispensables pour une loi telle que la loi sur la transcription, et il n'est pas à présumer que le législateur, qui voulait donner une base plus large au crédit, en le faisant reposer sur la sécurité des transactions, ait songé à admettre deux modes de publicité pour les transmissions immobilières : l'un, pour les choses corporelles, comme les fonds de terre ou les bâtiments ; l'autre, pour les choses incorporelles ou les actions. Sa pensée même se révèle, sur ce dernier point, par l'art. 2 de la loi précitée, qui soumet à la transcription « tout acte constitutif (et il faut ajouter translatif, comme je le dirai sous la section suivante) d'antichrèse, de servitude, d'usage et d'habitation, » qui ne sont autre chose que des droits incorporels, régis, à ce titre, par l'art. 1690, C. Nap. Ce même art. 1690 n'a pas empêché, d'ailleurs, que la loi nouvelle ne soumît à la formalité de la transcription la transmission de l'usufruit, qui n'est lui-même qu'un droit incorporel.

Concluons donc que l'art. 1690 a été implicitement modifié, en ce qui concerne le transport des actions immobilières, par la loi du 23 mars 1855, et qu'aujourd'hui il ne suffirait pas au cessionnaire d'une action de cette nature de faire notifier son titre au possesseur de l'immeuble, pour se faire préférer à un second cessionnaire, s'il n'avait fait transcrire avant ce dernier (1).

_____

(1) V. dans le même sens, et comme analogie, Caen, 19 mai 1853, aff. Huvet ; D.P.55.2.347.

381. Mais, si la notification ne dispense pas de la transcription, celle-ci ne rend-elle pas la première tout à fait frustratoire ?

Je ne vois, en effet, aucune utilité pour les tiers à imposer au cessionnaire la gêne et les frais de cette double formalité, et je doute que les tribunaux, par un respect exagéré pour le texte de l'art. 1690, consentent à faire de l'absence de notification, dans le cas donné, une cause de déchéance (1).

382. Toutefois, comme les deux dispositions n'ont rien qui s'exclue, et qu'il pourrait y avoir du danger à négliger la notification, pour s'attacher uniquement à la transcription, je conseillerai, à l'exemple de Grenier (2) et de M. Dalloz (3), comme mesure de prudence, l'emploi simultané des deux formalités.

383. Zachariæ, non-seulement dispense le cessionnaire, à titre gratuit, d'une action immobilière de faire transcrire, mais il le déclare affranchi de l'obligation de faire notifier son contrat, conformément à l'art. 1690. Cet article, suivant l'auteur, ne serait relatif qu'au transport d'une *créance;* il serait inapplicable à la cession d'un droit incorporel immobilier ; et le donataire serait saisi, de plein droit et par le seul effet de la donation, même au regard des tiers, de l'action immobilière qui lui a été transférée (4).

Mais cette limitation est arbitraire : l'art. 1690 se réfère à l'art. 1689; et ce dernier article ne parle pas seulement du transport des créances, mais du transport d'un *droit* ou d'une *action* sur un tiers; ce qui comprend les actions im-

---

(1) Conf. Mourlon, *loc. cit.*, n° 18.
(2) Des Donat., t. 1, n° 175.
(3) Jur. gén., v° *Disp. entre-vifs, etc.*, n° 1534.
(4) **T.** 2, § 359 *bis*, note 1, et t. 5, § 704, note 9.

mobilières aussi bien que les actions mobilières. C'est ainsi, en effet, que l'art. 1690 est généralement entendu (1).

384. Les principes que je viens de développer sont applicables au transport que ferait un vendeur, à pacte de rachat, du droit de reprendre, dans le délai fixé pour l'exercice du réméré, l'immeuble qu'il a vendu. L'acte de cession doit être transcrit, car il est véritablement translatif de propriété immobilière (2).

385. MM. Rivière et Huguet reproduisent ici l'objection que j'ai précédemment réfutée.

« On ne peut, disent-ils, exiger l'accomplissement de la transcription à l'égard de l'acte de cession, car cet acte n'est pas lui-même translatif de propriété. A l'époque où il a été consenti, l'acheteur à réméré, ou celui contre lequel la résolution sera, plus tard, prononcée, est encore propriétaire : ce n'est donc pas le droit de propriété qui est cédé par le vendeur » (3).

Mais, si l'acheteur à réméré reste propriétaire, tant que le réméré n'est pas exercé, comme le vendeur sous condition suspensive, tant que la condition n'est pas arrivée, cela n'empêche pas que le vendeur, à pacte de rachat, ne soit, de son côté, propriétaire éventuel de l'immeuble qu'il a vendu sous condition de réméré, comme l'est également, et dans les mêmes termes, l'acquéreur sous condition suspensive. Dans l'un comme dans l'autre cas, il y a donc, du cédant au cessionnaire, transmission éventuelle d'une propriété immobilière ; et cela suffit pour que l'acte soit sujet à trans-

---

(1) Troplong, De la Vente, t. 2, n° 909 ; Duvergier, *ib.*, t. 2, n° 178 ; Dalloz, Jur. gén., v° *Vente*, n° 1796 ; Req., 17 mars 1840, aff. Thomas, *ibid.*, n° 1980.

(2) Conf. Troplong, De la Transcr., n°s 59 et 60 ; Mourlon, Rev. prat., t. 1, p. 74, n°s 16 et 17, et t. 2, p. 322 ; Gauthier, n° 48 ; Lesenne, n° 10.

(3) Quest., n°s 109 et suiv.

cription (V. *suprà*, n° 87). « La preuve en est, dit M. Troplong, que, le rachat échéant, c'est en vertu de cette cession d'action que le cessionnaire retrayant est devenu
propriétaire et que la mutation s'est effectuée » (1).

386. Mais, si l'acte contenant cession, par le vendeur, de
son droit de réméré est soumis, comme on vient de le dire,
à la formalité de la transcription, il en est autrement de
l'acte par lequel le vendeur lui-même opère le retrait, dans
le délai fixé pour l'exercice du réméré. Cet acte, en effet,
comme le dit la Cour de cassation, dans les arrêts que j'ai
cités (*suprà*, n° 379), n'opère, en faveur du vendeur, aucune
translation de propriété, et ne fait que le rétablir dans les
droits de propriété qui lui appartenaient avant la vente.

C'est l'observation que j'ai déjà faite *suprà*, n° 85.

387. On pourra objecter, néanmoins, que, si rien ne fait
connaître aux tiers que le rachat a eu lieu, ceux-ci pourront
traiter avec l'acquéreur à pacte de rachat, en le considérant
toujours comme propriétaire, surtout s'il est resté en possession de l'immeuble, comme fermier, par exemple.

Je réponds, en fait d'abord, qu'il faut supposer que l'acte,
contenant vente à pacte de rachat, a été transcrit, et que les
tiers y ont lu, ou pu lire, la condition résolutoire que contenait
cet acte ; se renseigner, par conséquent, auprès de l'acquéreur à pacte de rachat, avant de traiter avec lui, sur le point
de savoir s'il est encore propriétaire, ou non ; — ensuite, et
en droit, que la formalité de la transcription est une formalité assez gênante pour qu'on ne doive pas l'exiger en dehors
des termes de la loi, alors surtout qu'une déchéance fatale
est attachée à son inaccomplissement. C'est là, comme j'en
ai déjà fait plusieurs fois la remarque, le principe qui doit servir de guide dans toutes les difficultés qui se rattachent à cette
matière, et le fil conducteur avec lequel on risquera le moins

---

(1) De la Transcr., n° 60. V. les arrêts cités *suprà*, n° 379.

de s'égarer. Or, que dit l'art. 1er de la loi du 23 mars 1855 ? Qu'il n'y a de soumis à la transcription que les actes emportant mutation. L'acte, qui constate l'exercice du réméré, n'étant point un acte de cette nature, ne doit donc pas être transcrit (1).

588. Je ne désapprouve, pourtant, pas le conseil que donne aux notaires M. Lesenne, de faire mentionner, en marge de la transcription de l'acte de vente, l'acte de résolution, et ce, par induction de l'art. 4 de la loi précitée du 23 mars 1855 ; sans, toutefois, ajoute-t-il, que la loi les y oblige, ni qu'elle leur impose aucune amende pour ne l'avoir pas fait (2). La sécurité des tiers, en effet, ne peut que gagner à cette sage précaution ; et le Conservateur, selon moi, serait obligé de s'y prêter (V. *suprà*, n° 118).

589. Je répète ici, pour mémoire, ce que j'ai déjà dit *suprà*, n° 86, que la transcription serait nécessaire, si le rachat n'était exercé qu'après le délai. Ce rachat, opéré hors du délai, est une véritable rétrocession.

390. Devrait-on considérer, comme étant de nature à être transcrit, l'acte par lequel le vendeur transporterait à un tiers le prix de vente qui lui est dû, et, par voie de conséquence, le privilége et l'action résolutoire attachés à la créance ? (C. Nap., 1692).

M. Mourlon, qui se pose cette question, la résout négativement.

Si l'on considère, en effet, que ce qui forme l'objet direct et principal de la cession, c'est la créance du prix, chose *mobilière* ; que l'action en résolution, action immobilière, n'y entre qu'à titre d'accessoire, comme les autres garanties attachées à la créance, pour en assurer le paiement, on doit

---

(1) Conf. Troplong, De la Transcr., n° 245 ; Gauthier, n° 28 ; Lesenne, n° 8.
(2) *Loc. cit.*

I.   18

reconnaître que cette cession n'est pas de nature à être transcrite. Le cessionnaire, dans ce cas, n'est astreint, pour
être saisi à l'égard des tiers, qu'à l'une des formalités prescrites par l'art. 1690.

« Dès que l'une ou l'autre de ces formalités a été remplie,
dit M. Mourlon, la cession étant réputée connue des tiers,
le cessionnaire se trouve saisi de la créance, tant dans ses
rapports avec eux qu'au regard du cédant... Comment,
ajoute-t-il, considérer comme clandestine, *quant à son effet
accessoire*, une cession que la loi présume connue des tiers,
quant à son effet principal ? La publicité ne peut pas être
scindée dans ses effets. Elle est ou elle n'est pas. Et, puisque les tiers sont réputés connaître la cession, il est clair
qu'ils doivent être, par là même, réputés la connaître telle
qu'elle se comporte, et par conséquent dans toutes ses parties » (1).

391. Ces raisons ne me satisferaient pas, si l'on pouvait
concevoir l'action résolutoire de la vente, pour défaut de
paiement du prix, comme pouvant produire un effet utile,
détachée de la créance à laquelle elle se réfère. Cette prétendue publicité, qu'on fait résulter de la notification de
l'acte de cession au débiteur de la créance cédée, ou de
l'acceptation du transport, par ce dernier, dans un acte authentique, est une publicité trop incomplète pour équivaloir
à la transcription (2). Mais de quelle utilité peut être cette
dernière formalité, dans le cas dont il s'agit ? Quand on
admettrait, avec Marcadé (3) (ce qui me paraît, comme à
M. Mourlon, être une idée fausse), que l'action résolutoire,
au lieu d'être un *accessoire* de la créance cédée, forme un
droit principal, est-ce qu'il est possible, je le répète, de lui

(1) Rev, prat., t. 1, p. 77, n° 18.—Conf. Gauthier, n° 49.
(2) V. *infrà*, nᵒˢ 405 et suiv., ce que je dis sur une question analogue.
(3) Sur l'art. 1692, C. Nap., t. 6, p. 332, n° 2.

faire produire un effet utile dans les mains de quiconque ne serait pas, en même temps, créancier du prix de vente ?

Pour rendre la chose plus sensible, prenons un exemple. Titius vend à Mævius l'immeuble A, moyennant 10,000 fr. Titius, n'étant pas payé, cède à Primus sa créance sur Mævius. Primus ne fait pas transcrire : il se borne à notifier à Mævius son acte de cession. Titius, cependant, transporte de nouveau à Secundus sa créance sur Mævius, et Secundus fait transcrire. Puis, il fait à Mævius un commandement de payer, qui reste sans effet, et demande en justice la résolution de la vente. Primus intervient, et se dit seul créancier de Mævius, en vertu de son acte de transport antérieur à celui de Secundus, transport dûment notifié. Si Mævius, pour éviter une condamnation, verse à Primus la somme de 10,000 fr., est-ce qu'il n'aura pas bien payé ? Que deviendra, alors, l'action résolutoire entre les mains de Secundus ? Il est évident qu'elle n'a plus d'objet.—Si Mævius ne peut payer, au profit de qui sera prononcée la résolution de la vente ? Au profit de Secundus, parce qu'il a transcrit le premier ? Mais ce n'est pas lui qui est créancier du prix ; ce n'est donc pas lui qui peut demander la résolution de la vente, faute de paiement. A quoi, dès lors, lui aura servi sa transcription ?

Supposé, maintenant, que ce soit Primus, cessionnaire de la créance, qui l'ait successivement vendue, à Secundus d'abord, à Tertius ensuite ; que Secundus ait négligé de transcrire, quoique Tertius ait rempli cette formalité, le raisonnement sera exactement le même, et il suffira que Secundus ait été saisi, le premier, de la créance par la notification qu'il a faite à Mævius, en temps utile, pour qu'il n'ait, en aucune façon, à se préoccuper de la transcription à laquelle aura fait procéder Tertius, pour la conservation d'un droit réel qu'il ne pouvait exercer que subordonnément à une créance dont un autre a été saisi régulièrement avant lui.

Qu'on imagine telle autre hypothèse qu'on voudra, on en viendra toujours à ce point, que l'action résolutoire, pour

18.

défaut de paiement du prix, n'a aucune valeur, prise isolément; qu'elle n'est et ne peut être que l'auxiliaire de l'action en paiement du prix, action mobilière dont le cessionnaire est saisi, à l'égard des tiers, par une simple notification, et sans le secours de la transcription; qu'il n'y a, dès lors, aucune raison d'exiger de lui l'accomplissement d'une formalité purement frustratoire, et qu'il peut négliger, sans aucun risque pour ses intérêts.

392. M. Mourlon, qui reprend la question, dans un autre volume de la Revue, modifie sa première opinion par une distinction que je ne puis admettre.

« Un vendeur non payé, dit-il, cède ses droits à un tiers. Le cessionnaire demande et obtient en justice la résolution de la vente, pour défaut de paiement du prix... Tant que la vente n'a pas été résolue, le cessionnaire, qui a fait notifier à l'acheteur l'acte en vertu duquel il a été subrogé au vendeur, n'a aucun risque à courir. Cette notification a mis son droit à l'abri de tout péril, puisqu'elle l'a investi, tant à l'égard des tiers qu'au regard de l'acheteur, des droits que le vendeur lui a transmis. Mais en est-il de même après la résolution de la vente?... La résolution de la vente imprime à la cession un caractère tout nouveau. La vente étant alors révoquée, aussi bien dans le passé que pour l'avenir, le vendeur est réputé n'avoir jamais été créancier de l'acheteur; de même il est censé n'avoir jamais cessé d'être propriétaire. Il en résulte, par une conséquence forcée et nécessaire, que la cession qu'il a faite est réputée elle-même n'avoir jamais eu d'autre objet que la propriété de la chose vendue. Et puisque, juridiquement parlant, elle a été, dès le principe, translative, principalement et exclusivement translative de propriété, la signification qui en a été faite ne suffit plus pour la parfaire, à l'égard des tiers; elle appartient, désormais, au régime de la transcription » (1).

_____

(1) Rev. prat., t. 2, p. 327.

Je ne puis voir, dans ce raisonnement, autre chose qu'un sophisme, qui se cache sous la fausse apparence d'un principe de droit incontestable, l'effet rétroactif attaché à la résolution de la vente. Mais, pour le démasquer, il suffit d'un mot : c'est que la résolution de la vente ne s'opère pas au profit du vendeur, mais au profit du cessionnaire.

Comment les choses, à les supposer faites régulièrement, vont-elles se passer en effet ? Je reprends mon exemple du numéro précédent :

Titius vend un immeuble à Mævius, qui fait transcrire. Primus achète de Titius sa créance sur Mævius, et fait notifier son transport à ce dernier. Mævius ne payant pas, Primus fait prononcer contre lui la résolution de la vente. Le jugement de résolution est mentionné en marge de la transcription opérée par Mævius, conformément à l'art. 4 de la loi du 23 mars 1855. — Par la transcription, à laquelle a fait procéder Mævius, les tiers ont été avertis que l'immeuble avait cessé d'appartenir à Titius. Par la mention qui a été faite, en marge de l'acte transcrit, du jugement de résolution rendu au profit de Primus, ils ont su que ce même immeuble était devenu la propriété de ce dernier. — Qui donc, désormais, pourrait acheter de Titius ou de Mævius, avec sécurité ? Je suppose, comme dans le numéro précédent, qu'un tiers, Secundus, ignorant le transport que Titius a fait à Primus de sa créance sur Mævius, achète de Titius cette même créance. — Si c'est avant le jugement de résolution, Primus lui opposera la notification qu'il a faite à Mævius de son transport, et qui l'a saisi respectivement aux tiers, conformément à l'art. 1690, C. Nap. — Si c'est après, il lui opposera la mention du jugement de résolution, faite en marge de la transcription opérée par Mævius, et qui l'avertissait que c'était à lui, Primus, et non pas à Titius, que devait profiter ce jugement. Et, alors même que la mention du jugement de résolution, par la négligence de l'avoué chargé de l'opérer, n'aurait pas été faite en marge de l'acte transcrit, on verra plus bas (1), et j'ai même déjà dit, par anticipation (n° 225), que Primus n'en pourrait souffrir, parce que les effets que produit le jugement de résolution sont indépendants de cette mention. Quels sont ces effets? Je les ai indiqués *suprà*, n° 225, et je n'ai point à y revenir.

393. On a vu *suprà*, n°* 199 et suiv., que la cession, faite par un cohéritier à un autre cohéritier (ou à un étranger, n° 206), de sa part héréditaire dans la succession, lorsque cette succession comprend des immeubles, est sujette à transcription, si l'acte de cession laisse subsister l'indivision entre le cessionnaire et les autres héritiers. J'en ai dit les motifs, sur lesquels je ne reviens pas.

Il est évident que la même solution serait applicable, et par les mêmes raisons, à la cession que ferait un héritier de son droit indivis sur un ou plusieurs immeubles déterminés de la succession (2).

Je ne m'arrête pas à l'objection, déjà réfutée, que ce qui est transmis, même éventuellement, dans les deux cas, ce ne sont point des corps héréditaires, mais un *nomen juris*, non susceptible, par lui-même, d'hypothèque. Je renvoie, à cet égard, pour ne point me répéter, à ce que j'ai dit sous les n°* 379 et 385.

394. M. Bressolles a fait la remarque que la constitution d'hypothèque, bien que donnant naissance à un *droit réel* (C. Nap., 2114), n'est pas soumise à la formalité de la transcription (3).

Le droit d'hypothèque, en effet, quoique assis sur des immeubles, ne constitue pas, à l'envisager dans sa fin, un droit *immobilier*; son but final étant la vente des immeubles affectés, il n'a, en réalité, pour objet, qu'une somme d'ar-

---

(1) Sous la sect. 7, § 2, de ce chapitre.
(2) Conf. Mourlon, *loc. cit.*, n° 42.
(3) Exposé des règles sur la transcription, n° 18.

gent, chose essentiellement mobilière. C'est ce qu'exprime l'art. 778, C. proc., en disant que « tout créancier pourra prendre inscription pour conserver les droits de son débiteur; mais (que) le montant de la collocation du débiteur sera distribué, comme *chose mobilière*, entre tous les créanciers inscrits ou opposants avant la clôture de l'ordre. » Il suit de là que le droit d'hypothèque n'est pas lui-même susceptible d'hypothèque (1), quoiqu'on puisse arriver, dit M. Duranton, au même résultat par la subrogation d'hypothèque.

Le mode de publicité de l'hypothèque, comme le fait observer M. Bressolles, c'est l'inscription.

595. La cession ou subrogation d'hypothèque, à raison de son caractère mobilier, n'est pas non plus susceptible de transcription.

SECTION III. — *De la Transcription des actes entre-vifs, à titre onéreux, constitutifs de droits d'antichrèse, de servitude, d'usage et d'habitation.*

SOMMAIRE.

396. Objet de la présente section.
397. La loi du 11 brum. an VII n'avait appliqué la transcription qu'aux actes translatifs de biens et droits *susceptibles d'hypothèque.* — C'était une lacune regrettable que la loi du 23 mars 1855 a comblée.
398. Le mot *entre-vifs*, qui ne se trouve que dans l'art. 1er de la loi, doit être suppléé dans l'art. 2.—Ne serait pas sujet à transcription, par conséquent, le testament portant constitution d'un droit d'usage ou d'habitation.
399. La constitution d'un droit d'usage ou d'un droit de servitude, par acte entre-vifs, mais *à titre gratuit*, donne-t-elle lieu à transcription ? — Renvoi de l'examen de la question au chap. 2.

_____

(1) Mon Traité des Priv. et Hyp. — Conf. Grenier, Des Hyp., t. 1, n° 157; Troplong, Des Priv. et Hyp., t. 2, n° 408; Duranton, t. 19, n° 272; Dalloz, Jur. gén., v° *Priv. et Hyp.*, n°s 730 et 783.

400. L'art. 2 s'applique-t-il aux actes *translatifs* de droits d'antichrèse, de servitude, d'usage et d'habitation ? — La question ne peut se présenter que pour l'antichrèse. — Renvoi de son examen au paragraphe 1ᵉʳ.

401. Renvoi aux sect. 4 et 7 de ce chapitre pour ce qui concerne les actes de *renonciation* à un droit d'antichrèse, de servitude, d'usage et d'habitation, et les *jugements* qui constatent l'existence de semblables droits en vertu de conventions verbales.

402. Division de la section.

396. J'ai parlé, dans les deux sections qui précèdent, de la transcription des actes entre-vifs, à titre onéreux, translatifs de propriété immobilière, ou de droits réels susceptibles d'hypothèque. Je m'occupe, dans celle-ci, de la transcription des actes de même nature, constitutifs d'antichrèse, de servitude, d'usage et d'habitation, c'est-à-dire de droits réels non susceptibles d'hypothèque, mais dont la publicité importe également à la sécurité des tiers, puisqu'ils forment une charge ou un démembrement de la propriété qui en diminue la valeur.

397. La loi du 11 brum. an VII, dans son art. 26, n'avait fait mention, pour les assujettir à la transcription, que des actes translatifs de *biens et droits susceptibles d'hypothèque.* C'était une lacune qui affectait gravement le crédit foncier, et contre laquelle s'élevaient d'unanimes réclamations (V. le Résumé historique). Le législateur de 1855, en rétablissant le principe de la loi de brumaire, a fait droit à ces réclamations.

398. Une première observation se présente sur l'art. 2 de la loi du 23 mars 1855 : c'est que le mot *entre-vifs*, employé dans l'art. 1ᵉʳ de cette loi, pour exclure les dispositions testamentaires de la transcription, n'est pas répété dans l'art. 2. Faut-il croire que cela ait été fait à dessein et pour marquer que les deux articles sont conçus dans un esprit différent ?

Evidemment non, et les explications les plus catégoriques ont été fournies, à cet égard, par le Rapporteur de la loi.

Répondant à une critique de M. Duclos, qui avait déjà signalé l'omission, M. A. de Belleyme a déclaré que « la rédaction des deux premiers articles, dans son ensemble, ne permettait pas de supposer qu'ils s'appliquassent à autre chose qu'à des actes entre-vifs » (1).

Le légataire ne sera donc pas obligé de faire transcrire le testament portant constitution, à son profit, d'un droit d'usage ou d'habitation.

399. Une autre question, sur laquelle le rapport ne s'explique pas, est de savoir si la constitution d'un droit de servitude, d'un droit d'usage ou d'habitation, faite par acte entre-vifs, mais *à titre gratuit*, est soumise à la transcription ? Je l'examinerai sous le chapitre 2, où est sa place naturelle.

400. Une troisième remarque à faire sur l'art. 2, c'est qu'il ne parle que des actes *constitutifs* d'antichrèse, de servitude, d'usage et d'habitation, sans faire mention, comme l'art. 1er, des actes *translatifs* de ces mêmes droits.

On peut en donner pour raison que les droits d'antichrèse, de servitude, d'usage et d'habitation sont, de leur nature, incessibles. La loi le dit, en termes exprès, pour les droits d'usage et d'habitation (C. Nap., 631 et 634). — Il est aussi de l'essence du droit de servitude de ne pouvoir être aliéné séparément du fonds à qui il profite, l'art. 637 définissant la servitude : « Une charge imposée sur un héritage *pour l'usage et l'utilité d'un héritage* appartenant à un autre propriétaire.»

La question ne peut donc avoir d'intérêt qu'en ce qui concerne l'antichrèse, et je l'examinerai dans le paragraphe 1er de cette section, où il est parlé spécialement de l'antichrèse (2).

_____

(1) Procès-verbal de la discussion ; séance du 13 janv. 1855 ; Monit. du 15.

(2) V. *infrà*, n°s 404 et suiv.

401. D'après ce même art. 2, les actes portant renonciation à un droit d'antichrèse, de servitude, d'usage ou d'habitation, sont, comme les actes constitutifs de ces mêmes droits, assujettis à la transcription. — Il en est de même des jugements qui déclarent l'existence de semblables droits en vertu de conventions verbales.

Ces dispositions étant identiques à celles que consacre l'art. 1ᵉʳ pour la propriété immobilière, ou les droits réels susceptibles d'hypothèque, j'en parlerai sous les sections 4 et 7 de ce chapitre où je traite des *Renonciations* et des *Jugements*.

402. Je divise, pour plus de méthode, comme je l'ai fait dans les deux sections qui précèdent, la matière de la présente section en trois paragraphes.

§ 1ᵉʳ. — De l'Antichrèse.

SOMMAIRE.

403. Le contrat d'antichrèse est un contrat *réel*, qui n'est parfait que par la tradition de la chose. — Le privilége qu'il confère n'existe qu'autant que l'immeuble reste en la possession du créancier. — L'immeuble peut, cependant, être donné à bail, auquel cas le créancier en a la possession civile.

404. Il répugne à la nature du droit d'antichrèse qu'il puisse être l'objet d'une cession.—Il peut être aliéné, cependant, avec la créance à laquelle il se rattache. — L'acte de cession, dans ce cas, doit être transcrit.

405. Cette opinion n'a rien de contradictoire avec celle émise *supra*, relativement à la cession d'un prix de vente, dans laquelle se trouve implicitement comprise l'action résolutoire du vendeur, cession qui n'a pas besoin d'être transcrite. — Raisons d'une solution différente pour l'un et l'autre cas.

406. M. Mourlon pense, au contraire, que le cessionnaire d'une créance, garantie par une antichrèse, est dispensé de faire transcrire, et que la notification du transport au débiteur suffit. — Sa raison, c'est qu'un second cessionnaire, avant de traiter avec le créancier antichrésiste, devra se renseigner auprès du débiteur, qui l'avertira que ce créancier a cessé d'être propriétaire de la créance.

407. Cette raison, en tout cas, ne serait pas bonne, vis-à-vis des tiers auxquels le débiteur lui-même voudrait constituer des hypothèques ou d'autres droits réels sur l'immeuble, au mépris des droits du créancier antichrésiste, ou de ses cessionnaires, qui n'auraient pas fait transcrire.

408. Cette observation répond à l'argument tiré, par M. Mourlon, de ce que, le droit d'antichrèse n'étant qu'un accessoire de la créance, la cession de ce droit d'antichrèse ne doit pas être soumise à la transcription, dès que le transport de la créance elle-même en est affranchi.

409. Le cessionnaire du créancier antichrésiste, qui n'a pas fait transcrire son acte de cession, ne serait pas admis à se prévaloir contre les tiers qui ont acquis des droits réels sur l'immeuble, du chef du débiteur propriétaire de cet immeuble, de la transcription de l'acte constitutif de l'antichrèse.

410. On suit un principe différent, en matière d'inscription hypothécaire ; on admet le cessionnaire à profiter de l'inscription prise par le cédant ; mais chaque matière doit être gouvernée par ses règles propres.

403. Le contrat d'antichrèse est de ceux qu'on appelle, en droit, contrats *réels*, c'est-à-dire qui ne deviennent parfaits que par la *tradition* de la chose, par opposition à ceux qu'on nomme *consensuels*, lesquels n'ont besoin, pour leur perfection, que du consentement des parties. Il n'est pas douteux, en effet, qu'on ne doive considérer, comme commune au gage et à l'antichrèse, la disposition de l'art. 2076, C. Nap., portant que « le privilége ne subsiste sur le gage qu'autant que le gage a été mis et est resté en la possession du créancier » (1). C'est également ce que suppose l'art. 2087, bien qu'il soit admis, en jurisprudence, que le créancier puisse jouir, par lui-même, de l'immeuble qu'il a reçu en antichrèse, ou le donner à bail à un tiers ; auquel cas il en conserve la possession civile (2).

---

(1) *Contrà*, Mourlon, Rev. prat., t. 5, p. 440, nᵒˢ 90 et suiv. V. *infrà*, nᵒ 407.

(2) Caen, 12 fév. 1853, aff. Lapeyrière ; D.ₚ.53.2.101. V. aussi Dalloz, Jur. gén., vᵒ *Nantissement*, nᵒ 251.

404. Il semble, d'après cela, qu'il répugne à la nature du droit d'antichrèse qu'il puisse être l'objet d'une aliénation.

Il peut arriver, cependant, que le droit d'antichrèse passe des mains du créancier, au profit duquel il a été constitué, dans les mains d'un tiers, c'est lorsque ce créancier aliène la créance à laquelle le droit d'antichrèse est attaché. D'après l'art. 1692, en effet, « la vente ou cession d'une créance comprend les accessoires de la créance, tels que caution, privilége et hypothèque. » Il me paraît que, dans ce cas, l'acte emportant cession du droit d'antichrèse doit être transcrit; ce serait, autrement, s'écarter de l'esprit de la loi; bien plus, se mettre en contradiction avec son principe. Si la loi ne l'a pas dit, c'est parce que ce cas sera nécessairement fort rare, et que *ex his quæ plerumque fiunt jura constituuntur*. Lorsqu'il y a aliénation d'un droit de servitude, comme conséquence de l'aliénation du fonds auquel la servitude est due, la transcription de l'acte translatif de la servitude se confond avec la transcription de l'acte translatif de la propriété, puisqu'il s'agit d'un seul et même acte. Mais, s'il était possible de concevoir ces actes séparés, la formalité devrait s'appliquer à tous les deux. Il en doit être ainsi, lorsqu'il s'agit de l'aliénation d'un droit d'antichrèse, comme conséquence de l'aliénation de la créance à laquelle ce droit d'antichrèse se réfère : l'acte de transport de la créance n'est point, quant à cette créance, passible de la transcription, parce qu'il s'agit de chose mobilière; mais il y demeure soumis, quant au droit d'antichrèse, droit incorporel immobilier.

405. J'ai émis *suprà*, n° 391, une opinion différente sur une question qui a quelque analogie avec celle-ci ; mais on va voir qu'il n'y a pas identité entre les deux situations.

Pourquoi ai-je dit que le cessionnaire d'un prix de vente, qui, par une conséquence de son acte de cession, se trouve implicitement saisi de l'action résolutoire du vendeur, n'a pas besoin de la transcription pour la conservation du droit réel de résolution ? C'est parce que l'action résolutoire ne peut pas exister isolément de l'action en paiement du prix ; qu'elle n'a de valeur que par celle-ci ; qu'en un mot, le cessionnaire de l'action en résolution, qui ne serait pas, en même temps, le cessionnaire de la créance, n'aurait dans les mains qu'un droit stérile et dont il ne pourrait pas user.

En est-il de même du cessionnaire à qui le créancier antichrésiste a transporté, avec sa créance, le droit d'antichrèse qui y est attaché? Si ce cessionnaire ne fait pas transcrire; s'il se contente de notifier son transport au débiteur cédé, celui-ci ne pourra-t-il pas constituer, sur l'immeuble donné en antichrèse, des hypothèques, un droit d'usufruit, une servitude, qui prévaudront sur les droits du créancier antichrésiste, ou de son ayant cause, qui n'auront pas transcrit? Cela est de toute évidence ; et aujourd'hui on ne pourrait plus dire, avec Delvincourt, avec M. Troplong, avec M. Dalloz, que des hypothèques peuvent être efficacement établies, postérieurement à l'antichrèse, sur l'immeuble antichrésé, au préjudice des droits acquis au créancier antichrésiste qui aurait fait transcrire (1). Si cela pouvait faire question avant la loi du 23 mars 1855 (2), la question a été tranchée par cette loi, qui, en exigeant du créancier antichrésiste qu'il fît transcrire son droit d'antichrèse, a, par là, implicitement consacré son droit de préférence sur les créanciers hypothécaires postérieurs (3).

406. Il faut que je m'abuse, ou que M. Mourlon n'y ait pas assez réfléchi, quand, exprimant l'opinion, que le cessionnaire de la créance, garanti par une antichrèse, est tenu seulement de notifier son titre au débiteur cédé, sans être obligé de le faire transcrire, à cause du droit d'antichrèse,

(1) Delvincourt, t. 3, p. 219, note 3 ; Troplong, Du Nantissement, n°s 576 et suiv.; Jur. gén., v° *Nantissement*, n° 241.

(2) Jur. gén., *loc. cit.*

(3) Conf. Mourlon, Rev. prat., t. 5, p. 440, n°s 92 et 93 ; Gauthier, n° 94 ; Pont, Des Priv. et Hyp., n° 28.

il déclare que *la question ne peut donner lieu à de sérieuses controverses* (1). Voyons donc les raisons sur lesquelles il appuie sa thèse.

« Remarquons tout d'abord, dit-il, que la notification du titre du cessionnaire au débiteur cédé imprime à la cession une publicité de même nature, et, à peu de chose près, aussi parfaite que celle que sa transcription lui pourrait donner.»

Je conteste cela, et je renvoie, sur ce point, à ce que j'ai dit au n° 380.

« N'est-il pas vrai, en effet, poursuit M. Mourlon, qu'avant de se mettre en rapport de droit avec un créancier, les tiers, qui se proposent de traiter avec lui, relativement à sa créance, s'adressent préalablement au débiteur, afin d'en obtenir les renseignements qu'il leur importe d'avoir ? La loi, qui présume qu'il ne les trompera point, se fie à lui, et, l'assimilant à un Conservateur d'hypothèques, ou, du moins, lui en attribuant l'office, le charge de leur apprendre si sa dette existe encore, et, à supposer qu'elle existe, si son corrélatif, la créance, est, ou non, restée en la personne du créancier originaire. La notification de la cession au débiteur cédé équivaut donc à sa transcription; dès lors, il est naturel qu'elle en tienne lieu... »

Si cela était vrai, je demande pourquoi la loi du 23 mars 1855 ne se serait pas contentée, pour les actes translatifs de droits réels susceptibles d'hypothèque, pour la cession d'un droit d'usufruit, par exemple, d'une simple notification, dans les termes des art. 1689 et 1690, C. Nap., et pourquoi l'art. 1ᵉʳ de la même loi les a soumis expressément, au contraire, à la formalité de la transcription? Pourquoi l'art. 2 lui-même assujettit à la transcription l'acte par lequel le créancier anti-

---

(1) Rev. prat., *loc. cit.*, n° 104. — Conf. Bressolles, n° 18; Fons, Précis sur la Transcription, n° 29; Sellier, Comment., n°ˢ 145-146. —Ces derniers auteurs se bornent à une affirmation; M. Mourlon seul a discuté la question.

chrésiste *renonce* à son droit d'antichrèse? M. Mourlon convient que, dans le cas de renonciation, « cette transcription est évidemment prescrite dans l'intérêt des ayants cause éventuels de l'antichrésiste (c'est-à-dire des tiers qui pourront traiter avec lui, relativement à sa créance, et en considération de la garantie qui en assure le paiement) ; car, dit-il, l'extinction de l'antichrèse ne pouvant avoir, quant au débiteur, d'autre effet que de dégrever son bien, et, par suite, de consolider son crédit, en augmentant ses ressources, point n'est besoin d'en donner avis au public. » Et M. Mourlon est ainsi amené à déclarer que le cas de la renonciation et celui de la cession sont, sous ce rapport, absolument semblables. « Il est clair, en effet, poursuit-il, que, soit qu'il la cède (l'antichrèse), soit qu'il y renonce, il (le créancier antichrésiste) s'en dépouille, et perd, avec elle, le droit d'en disposer pour l'avenir. Qui ne voit, dès lors, que la cession et la renonciation intéressent les tiers de la même manière et au même degré? Or, puisqu'elles ont un résultat identique, un effet qui leur est commun, pourquoi ne pas les traiter de même… ? »

L'auteur ne trouve d'autre réponse à faire à cette objection, si ce n'est que le législateur a commis une inadvertance, en soumettant à la transcription l'acte de renonciation à un droit d'antichrèse, comme il en a commis une autre, en y assujettissant également l'acte de renonciation à un droit d'usage ou d'habitation, qui ne peut être ni cédé, ni loué, ni hypothéqué (C. Nap., 631, 634 et 2118).

407. Il est, contre la thèse de M. Mourlon, un autre argument auquel il ne paraît pas avoir songé. L'auteur n'a envisagé la transcription qu'au point de vue des ayants cause éventuels du créancier antichrésiste, c'est-à-dire des cessionnaires auxquels il aurait successivement transporté son droit d'antichrèse. Le second cessionnaire, dit-il, avant de traiter avec l'antichrésiste, ne manquera pas de se renseigner auprès du débiteur, qui, averti, par la notification qui lui

aura été faite par le premier cessionnaire, que la créance a changé de mains, empêchera la fraude de se consommer. Soit! — Mais, si c'est ce débiteur lui-même, comme je l'ai dit au n° 405, qui veut, au mépris des droits du créancier antichrésiste, ou de ses cessionnaires, qui n'auront pas fait transcrire, constituer sur l'immeuble des hypothèques, ou d'autres droits réels, est-ce à lui que ceux qu'il se propose de tromper devront s'adresser pour savoir si l'immeuble est libre ou non? Est-ce assez que l'immeuble ne soit plus dans ses mains pour qu'ils ne puissent se plaindre d'avoir été trompés? La loi ne l'a pas pensé, puisqu'elle exige, au moins, que les actes *constitutifs* d'antichrèse soient transcrits. Mais cette raison même échapperait à M. Mourlon, qui est d'avis que la loi du 23 mars 1855 a changé les conditions de l'antichrèse, et que ce contrat peut se passer, aujourd'hui, de la *tradition réelle* (1).

Si cette question était de mon sujet, j'établirais facilement, je crois, que c'est là une doctrine plus que hardie, et qu'il faut la ranger parmi ces opinions paradoxales de l'auteur, dont j'ai déjà relevé quelques-unes, et auxquelles (il me pardonnera de le dire), il est regrettable qu'un jurisconsulte d'un savoir aussi réel se laisse si complaisamment entraîner.

408. Il est un dernier argument de M. Mourlon auquel je dois répondre.

« L'antichrésiste, dit-il, a deux droits distincts, savoir : d'une part, un droit principal et personnel, la *créance* ; d'autre part, un droit réel attaché accessoirement à la créance, l'*antichrèse*. — On nous concédera, sans peine, qu'en ce qui touche son droit principal, la loi nouvelle lui est complétement étrangère, et qu'ainsi, s'il le cède, l'acte, par lequel il le transmet, appartient exclusivement au régime de publicité organisé par le Code Napoléon dans l'art. 1690. Qu'importe,

---

(1) Rev. prat., *loc. cit.*, n°ˢ 90, 91 et 102.

en effet, que la cession comprenne, dans l'espèce, un droit réel et accessoire en même temps que la créance? Cette circonstance ne saurait, évidemment, la soustraire aux règles qui lui sont propres, quant à la transmission du droit principal qu'elle a pour objet... »

J'accorde cela.

« Or, continue M. Mourlon, si la cession est, en ce qui touche l'antichrèse, soumise au régime de la transcription, comment les choses se passeront-elles dans ce conflit de la loi nouvelle avec l'ancienne?

« Prenons les faits suivants : Primus, auquel la créance a été cédée, munie de la garantie qui en fait la sûreté, s'est contenté de notifier son titre au débiteur cédé. — Secundus, cessionnaire postérieur, a fait transcrire le sien. — Lequel de ces deux ayants cause du cédant l'emportera sur l'autre? Ni l'un ni l'autre ne se peut dire investi, tout à la fois, de la *créance* et de l'*antichrèse*, puisqu'ils n'ont, chacun de son côté, rempli que l'une des deux formalités auxquelles était soumise cette double acquisition... »

Je ne suis point embarrassé pour répondre à cette question. La transcription, dans ce cas, ne peut profiter à Secundus, parce que le droit d'antichrèse est sans valeur, séparé de la créance dont il n'est que l'accessoire.

Mais, supposé que Secundus, au lieu de s'être rendu cessionnaire du droit d'antichrèse, ait accepté du débiteur une hypothèque sur l'immeuble antichrésé, immeuble qu'il croyait libre, aucune transcription ne lui révélant l'existence de l'antichrèse. Est-ce qu'il ne sera pas admis à se prévaloir du défaut de transcription contre Primus, qui s'est contenté de notifier son acte de cession, sans rendre public le droit d'antichrèse? M. Mourlon n'oserait, certainement, pas répondre négativement. Voilà donc un cas où la transcription aurait été utile à Primus; et c'en est assez pour montrer que, si la question *ne peut donner lieu à de sérieuses controverses*, ce n'est pas, semble-t-il, dans le sens où l'a entendu M. Mourlon.

I.   19

409. Mais peut-être M. Mourlon, quoique rien ne l'indique, s'est-il placé, pour sa discussion, dans une hypothèse différente de la mienne. J'ai raisonné, quant à moi, dans la supposition qu'aucune transcription n'avait été faite, ni par le cédant, ni par le cessionnaire. Mais je vais admettre, et ce peut être là le point de départ de M. Mourlon, que l'acte *constitutif* de l'antichrèse ait été transcrit, ainsi que le veut l'art. 2 de la loi nouvelle, et que ce soit seulement Primus, le cessionnaire, qui ait négligé, pour son propre compte, l'accomplissement de la même formalité. Ce cessionnaire pourra-t-il opposer à Secundus qu'il connaissait, ou était réputé connaître, par cette transcription, l'existence de l'antichrèse, et que, par conséquent, il a été imprudent d'accepter une hypothèque sur un immeuble qu'il savait ne pas être libre ?

En fait, Secundus pourra répondre que, ne voyant plus l'immeuble dans les mains du premier créancier antichrésiste, de celui au profit de qui la transcription avait été faite, il a dû supposer que l'antichrèse avait pris fin, puisqu'il est de l'essence de ce contrat que l'immeuble engagé soit en la possession de l'antichrésiste, ou de quelqu'un qui le détienne pour lui (*suprà*, n° 403). — Et il répondra, en droit, que la transcription, qui indique, comme propriétaire du droit d'antichrèse, un autre que Primus, ne saurait être invoquée par ce dernier. Tel est, à mon sens, l'esprit de la loi du 23 mars 1855.

Vainement Primus dira-t-il qu'il est l'ayant cause de son cédant, et qu'il peut se substituer à lui ; que ce dernier, en lui transportant sa créance, la lui a transportée, avec le droit d'antichrèse qui y était attaché ; qu'il peut donc faire valoir ce droit d'antichrèse de la même manière que l'eût fait celui dont il tient la place, lequel eût opposé, avec succès, à Secundus sa transcription antérieure à l'inscription de ce dernier.

Si cela était vrai pour l'antichrèse, cela serait également

vrai pour l'usufruit, qui est aussi un droit incorporel, un droit de même nature que l'antichrèse, quoique plus étendu, et en différant sous plusieurs rapports qui ne sont point à considérer ici (1). Supposons donc que Primus, propriétaire de l'immeuble A, ait donné cet immeuble en usufruit à Secundus, qui a transcrit; que Secundus ait cédé son droit d'usufruit à Tertius qui, lui, n'a pas fait transcrire : si Primus réussit à persuader à Quartus que la transcription, opérée par Secundus, n'a plus d'objet; si même, pour l'en convaincre mieux, il obtient de Secundus un acte de renonciation à son droit d'usufruit sur l'immeuble A, et qu'ensuite, il vende ou hypothèque ce même immeuble, comme libre, à Quartus, croit-on que Tertius, en se disant aux droits de Secundus, puisse se prévaloir de la transcription opérée par ce dernier et l'opposer à Quartus ? Que deviendront, alors, et l'art. 1er de la loi du 23 mars 1855, qui ordonne de transcrire « *tout* acte entre-vifs, translatif de propriété immobilière ou de droits réels susceptibles d'hypothèque », et l'art. 3 de la même loi, qui déclare que, «*jusqu'à la transcription*, les droits résultant des actes énoncés aux articles précédents ne peuvent être opposés aux tiers qui ont des droits sur l'immeuble, et qui les ont conservés, en se conformant aux lois ? » — L'acte de renonciation de Secundus à un droit d'usufruit qu'il avait cédé, est une fraude, sans doute, qui donnera lieu, contre lui, à une action récursoire de la part de Tertius; mais est-ce Quartus qui doit souffrir de cette fraude? N'a-t-il pas dû croire à la sincérité de cet acte de renonciation? La loi lui prescrivait-elle, afin de se renseigner sur les charges pouvant grever l'immeuble qu'il se proposait d'acquérir, ou que son débiteur lui offrait en hypothèque, d'autres précautions à prendre que de recourir aux registres hypothécaires? Admettre des prétentions semblables à celles

_____

(1) V. Proudhon, De l'Usufr., t. 1, n°s 84 et suiv.

de Tertius, ce serait rendre illusoire, en bien des cas, le système de publicité établi par la loi du 23 mars 1855, et retourner, contre les tiers, les sages garanties établies dans leur intérêt.

Remarquez que je n'ai supposé un acte de renonciation', de la part de Secundus, au droit d'usufruit que pour donner plus de force au raisonnement; que pour montrer l'intérêt qu'a le cessionnaire d'un droit réel immobilier à faire transcrire son acte de cession, afin de se mettre en garde contre les fraudes dont, sans cela, on pourrait le rendre victime. Mais je n'ai pas besoin de cet acte pour établir le droit de Quartus à opposer à Tertius le défaut de transcription de son propre contrat, parce que son droit résulte, selon moi, des textes que j'ai cités et du principe même de la loi.

410. Il est vrai qu'en matière d'inscription, la jurisprudence admet que le cessionnaire d'un titre de créance inscrit profite de l'inscription prise par son cédant, et qu'il n'est pas obligé de s'inscrire personnellement, pour avertir les tiers qu'un autre que le créancier désigné dans l'inscription est devenu le bénéficiaire de cette inscription (1). Mais il serait dangereux de transporter les règles du régime hypothécaire dans une matière dont je ne méconnais pas l'analogie avec ce régime, mais qui a, pourtant, ses règles spéciales. Les auteurs de la loi du 23 mars 1855 ont voulu, dans l'intérêt des tiers, et pour favoriser le crédit, ajouter aux garanties de la loi hypothécaire; ils ont cherché à établir une publicité plus complète des charges de la propriété : témoin la disposition de l'art. 9 de cette loi, relative à la subrogation

---

(1) Dalloz, Jur. gén., vᵒ *Priv. et Hyp.*, nᵒˢ 1497 et suiv.

Le même principe a été consacré, récemment, par un arrêt de la 4ᵉ chambre de la Cour de Paris, arrêt auquel j'ai concouru (Paris, 24 mars 1860, aff. Fidière ; journal Le Droit, nᵒˢ des 11 avril et 1ᵉʳ juin 1860).

dans l'hypothèque légale de la femme (1). Ce ne serait donc pas faire, à mon avis, une application judicieuse de cette même loi que d'en restreindre, contre son esprit et contre son texte, la portée et les effets.

§ 2. — Des Servitudes.

SOMMAIRE.

411. La formalité de la transcription, certains cas exceptés, ne s'applique pas aux servitudes légales.

412. Ce principe doit régir la servitude qui résulte de la destination du père de famille.

413. Opinion contraire de M. Mourlon. — Cette servitude, selon l'auteur, n'est pas une servitude légale; elle est basée sur une convention tacite.—Il n'importe qu'il n'existe pas d'*acte* à transcrire : on y supplée, comme en matière de vente verbale, par une déclaration faite au Conservateur.

414. Réfutation.

415. C'est, d'ailleurs, dit M. Mourlon, au possesseur de la servitude à se procurer un titre, en s'adressant, pour cela, à son auteur, ou, au refus de ce dernier, à la Justice.— Cette raison pourrait s'appliquer à toute espèce de servitudes légales, que l'auteur reconnaît, cependant, être affranchies de la transcription.

416. M. Mourlon, au reste, se réfute lui-même, en reconnaissant que la transcription, appliquée à la servitude dont il s'agit, serait pleine d'inconvénients et consacrerait une injustice.

417. Mais la transcription est nécessaire pour les servitudes légales dont l'exercice suppose l'existence d'un titre : lorsqu'il s'agit, par exemple, de la faculté qu'a le voisin de rendre mitoyen le mur qui joint immédiatement sa propriété;

418. ...De la faculté qui appartient au propriétaire de terrains à irriguer, de terrains submergés, ou de terrains à drainer, d'appuyer sur le fonds du voisin les ouvrages nécessaires à la prise d'eau, ou de conduire, à travers les héritages intermédiaires, les eaux nuisibles; le tout moyennant indemnité.

419. Critique d'une opinion émise par M. le Commissaire du Gouvernement, dans la discussion de la loi sur le drainage, relativement au caractère, prétendu différent, des servitudes établies par les lois

---

(1) V. sous le chap. 9.

des 29 avril 1845 et 11 juillet 1847, sur les irrigations, et par celle du 10 juin 1854, sur le drainage.

420. M. Mourlon s'est cru lié par cette opinion, et il en a induit, à tort, que la transcription est obligatoire dans le premier cas, et ne l'est pas dans le second.

421. La servitude de passage, en cas d'enclave, bien qu'établie par la loi, est soumise à la transcription.—Les parties ont à s'entendre sur l'indemnité à payer et sur l'endroit par où le passage sera exercé.

422. Les tribunaux peuvent aussi être appelés à décider lequel des voisins doit fournir le passage au propriétaire du fonds enclavé.

423. Ces exemples suffisent pour montrer en quel sens doit être entendu le principe, et quelles sont les exceptions qu'il comporte.

424. La transcription s'applique aux servitudes apparentes, comme aux servitudes non apparentes.

425. M. Mourlon, après avoir fait une critique très-vive, trop vive, de la loi sur ce point, entreprend de la justifier.

426. L'application aux servitudes de la formalité de la transcription modifie les principes du Code Napoléon sur la garantie que doit le vendeur, à raison des servitudes *non apparentes* et des *vices cachés* de la chose vendue.

427. Il n'y a pas lieu à transcription dans le cas où la servitude est acquise par la possession trentenaire. — Il n'y a pas d'*acte* à transcrire.

428. Dans l'opinion qui admet la prescription des servitudes par juste titre et bonne foi, il y aurait lieu de rechercher si le titre a besoin d'être transcrit pour pouvoir servir de fondement à la prescription. —Renvoi de l'examen de la question.

411. Il est manifeste, réserve faite de ce que je dirai plus bas, nᵒˢ 417 et suiv., que la formalité de la transcription ne s'applique point aux servitudes légales, c'est-à-dire à celles qui dérivent, soit de la situation naturelle des lieux, soit des obligations imposées par la loi (C. Nap., 639, 640 et 651). Les tiers ne sauraient être trompés sur l'existence de ces servitudes, puisque c'est la loi elle-même qui les consacre. J'ai déjà fait une observation semblable *supra*, nᵒˢ 354 et 357, à propos de l'usufruit légal de la communauté ou du mari sur les propres des époux, et de l'usufruit légal des père et mère sur les biens de leurs enfants mineurs de dix-huit ans.

Pour les servitudes légales, d'ailleurs, il n'existe pas d'*acte* qui puisse être présenté à la transcription.

L'art. 2 de la loi du 23 mars 1855 ne peut donc concerner que les servitudes résultant de conventions intervenues entre propriétaires, et pour lesquelles servitudes il existe un titre susceptible d'être transcrit.

Avant la loi du 23 mars 1855, une décision du ministre des finances, du 29 nov. 1809, avait déjà déclaré, mais au point de vue de la perception du droit fiscal, que la concession d'un droit de passage, d'une prise d'eau, faite pour un temps illimité, est susceptible de transcription (V. *infrà*, sous le chap. 6).

412. On a tiré de ce qui précède la conséquence que, lorsqu'une servitude résulte de la destination du père de famille, lorsqu'elle s'établit par le seul fait de la division des héritages, et sans le secours d'aucune stipulation (C. Nap., 692 et 693), il y a, par la force même des choses, une exception à la règle qui ordonne la transcription des actes constitutifs de servitude (1).

413. M. Mourlon est d'un autre sentiment (2). Il conteste que la servitude établie par la destination du père de famille soit une servitude légale. Cela résulte, dit-il, de la place qu'occupent, dans le Code, les art. 692 et 693, qui appartiennent au chapitre 3, lequel a pour rubrique : *Des Servitudes établies par le fait de l'homme.* — On n'est pas mieux fondé à dire, ajoute-t-il, qu'elle soit le résultat d'un *simple fait :* elle est, au contraire, basée sur une *convention tacite*, ou *sous-entendue* entre les parties. — Enfin, de ce qu'il n'existe pas *d'écrit* pour la constater, on n'en saurait

---

(1) Rivière et François, n° 38. — Conf. Lesenne, n° 50 ; Gauthier, n° 96 ; Hervieu, Comment. sur la loi du 23 mars 1855, n° 43 ; Grosse, *ib.*, n° 85.

(2) Rev. prat., t. 6, p. 153, n° 115.

conclure qu'elle échappe à la transcription, parce que ce
n'est pas l'acte, *instrumentum*, mais la *convention* elle-même,
que la loi soumet à la formalité. Et l'auteur renvoie, sur
ce point, à sa théorie de la transcription des *ventes verbales*,
théorie que j'ai déjà combattue (1).

414. Lorsque l'art. 692 déclare que « la destination du
père de famille *vaut titre* à l'égard des servitudes continues
et apparentes, » et que l'art. 694, comme développement de
la même idée, ajoute que, « si le propriétaire de deux héritages, entre lesquels il existe un signe apparent de servitude, dispose de l'un des héritages, *sans que le contrat
contienne aucune convention relative à la servitude*, elle continue d'exister, activement ou passivement, en faveur du
fonds aliéné, ou sur le fonds aliéné », il est bien difficile
de ne pas voir là, quelque place que ces articles occupent
dans le Code, une servitude légale. C'est la loi, en effet,
qui, dans le silence des parties, stipule pour elles. Que sa
disposition soit fondée sur leur consentement présumé, soit!
mais il n'en est pas moins vrai que c'est elle qui ordonne,
que c'est elle qui dispose.

Voilà déjà une première raison, me semble-t-il, pour dispenser le propriétaire de la servitude de la transcription.
Les tiers, ainsi que je l'ai déjà dit (n° 411), et spécialement
l'acquéreur du fonds servant, ne peuvent avoir à souffrir
de l'absence de la formalité, puisqu'ils sont avertis, par la
disposition même de la loi, de l'existence de la servitude.
Il est vrai que cet acquéreur a une chose à faire, c'est de
vérifier, conformément à l'art. 693, si les deux fonds, actuellement divisés, ont appartenu au même propriétaire,
et si c'est par ce propriétaire que les choses ont été mises
dans l'état d'où résulte la servitude. La loi, sur ce point,
ne peut lui fournir aucun éclaircissement. Mais, lorsqu'il

_____

(1) V. *suprà*, n° 77.

, achète, n'a-t-il pas aussi à s'enquérir si celui qui lui vend est bien le véritable propriétaire de l'immeuble?

La seconde raison, et, quoi qu'en dise M. Mourlon, ce n'est pas la moindre, c'est que la transcription est tout simplement impossible, puisqu'il n'y a pas *d'acte* constitutif de la servitude. M. Mourlon appelle cela une *subtilité misérable :* il dit que c'est confondre l'écrit qui relate la convention avec la convention elle-même, qui seule est translative ou constitutive du droit à transcrire.—A merveille! Mais, enfin, à moins d'admettre son système des *déclarations affirmatives*, destinées à suppléer à l'absence du titre, et que le Conservateur sera obligé de transcrire, sur injonction du juge (*suprà*, n° 77), chose qui ne se trouve pas dans la loi, qu'il me dise comment on s'y prendra pour faire transcrire un acte qui n'existe pas.

415. Il faut un titre, M. Mourlon veut bien en faire la concession; mais c'est à ceux, dit-il, en la personne de qui résident des droits réels, à se mettre en règle avec la loi. « Ont-ils un titre? Qu'ils le fassent coucher sur les registres du Conservateur. La convention génératrice de leur droit est-elle *tacite*, ou expresse, mais *verbale ?* Qu'ils se procurent un titre. Ils peuvent, à cet effet, s'adresser à leur auteur, et obtenir de lui une reconnaissance écrite et descriptive de la convention qu'ils doivent rendre publique; ou, s'il refuse de la donner, recourir à la Justice, qui l'accordera pour lui.... »

Ce n'est pas là résoudre la question, ce n'est que la déplacer; car le même raisonnement pourrait se produire pour toute espèce de servitudes légales : par exemple, pour l'obligation, imposée au propriétaire du fonds inférieur, de recevoir les eaux qui découlent naturellement du fonds supérieur (C. N., 640).—Certainement, M. Mourlon n'exigerait pas, dans ce cas, que le propriétaire du fonds supérieur se pourvût devant les tribunaux pour se faire délivrer un titre de la servitude, tout exprès pour en opérer la transcription.

Il en doit être ainsi, selon moi, de la servitude qui a son fondement dans la destination du père de famille, parce qu'elle a également son titre écrit dans la loi.

416. M. Mourlon, du reste, ne craint pas d'infirmer sa propre opinion, en faisant remarquer que « cette solution (celle qu'il propose) est pleine de désastres pour l'avenir.... Je vous ai vendu, dit-il, une maison dans laquelle j'ai établi des fenêtres sur un jardin qui m'appartient, et dont je suis resté propriétaire. Vous avez fait transcrire votre titre d'acquisition, et vous vous croyez en règle. Si l'acte que vous avez rendu public contient la stipulation formelle du maintien des fenêtres sur le jardin, nulle éviction, en effet, ne pourra vous atteindre. Mais combien vous vous abusez, dans le cas contraire! Votre droit de vue n'étant pas transcrit alors, puisque l'acte qui a été reproduit sur le registre du Conservateur n'en fait aucune mention, la loi le tiendra pour inexistant, au regard des tiers auxquels le jardin pourra être transmis ou hypothéqué comme fonds *libre*, c'est-à-dire sans déclaration expresse ou implicite de la servitude qui le grève.... » (1).

Ce résultat, en effet, serait injuste; car il n'y a aucune négligence à reprocher à l'acheteur, qui n'a pas dû croire qu'il fût nécessaire de faire insérer, dans l'acte, la réserve d'une servitude que la loi établissait elle-même à son profit.

417. Il est telle servitude légale, cependant, dont l'exercice suppose l'existence d'un titre, et qui, pour cette raison, me semble devoir être soumise à la transcription : celle, par exemple, qui accorde à « tout propriétaire joignant un mur la faculté de le rendre mitoyen, en tout ou en partie, en remboursant au maître du mur la moitié de sa valeur, ou la moitié de la valeur de la portion qu'il veut rendre mitoyenne, et moitié de la valeur du sol sur lequel le mur est bâti (C. Nap., 661). »

---

(1) Rev. prat., *loc. cit.*, n° 116.

Le droit, pour le voisin, de rendre mitoyen le mur qui joint immédiatement sa propriété n'est qu'une simple faculté dont il peut user ou ne pas user. S'il veut en user, il faut qu'il l'achète, et les conditions du marché seront, dans ce cas, ou fixées par un acte, si les parties parviennent à s'entendre, ou déterminées par le juge, si elles ne peuvent se mettre d'accord. Le principe de la servitude est dans la loi, sans doute; mais sa réalisation, sa mise en œuvre, est dans l'acte ou dans le jugement qui en fixe les conditions. Il n'y a aucune raison, par conséquent, pour dispenser cet acte, ou le jugement qui en tient lieu, de la transcription. Cette publicité est entièrement dans le vœu de la loi; car, si j'achète le terrain sur lequel ce mur est édifié, ou le bâtiment dont il est une partie intégrante, j'ai intérêt à savoir si la mitoyenneté du mur a été acquise ou non, et le prix de cette mitoyenneté payé à mon vendeur, la valeur de la chose que j'achète se trouvant augmentée ou diminuée d'autant (1).

418. Il faudrait décider de même, et par les mêmes raisons, pour les servitudes légales résultant des lois des 29 avril 1845 et 11 juillet 1847 sur les irrigations, et de celle du 10 juin 1854 sur le drainage.

La première de ces lois accorde à tout propriétaire, qui veut se servir, pour l'irrigation de ses propriétés, des eaux naturelles ou artificielles dont il a le droit de disposer, comme à tout propriétaire d'un terrain submergé, en tout ou en partie, la faculté d'obtenir le passage de ces eaux sur les fonds intermédiaires, en même temps qu'elle impose aux propriétaires des fonds inférieurs l'obligation de les recevoir, à la condition *d'une juste et préalable indemnité* (art. 1, 2 et 3).

La seconde loi, complétant la pensée de la première, per-

_____

(1) Conf. Mourlon, Rev. prat., t. 4, p. 385, à la note.

met à tout propriétaire, pour les besoins de l'irrigation , d'appuyer sur la propriété du riverain opposé les ouvrages d'art nécessaires à sa prise d'eau, toujours à la charge d'*une juste et préalable indemnité* (art. 1er).

Enfin, la loi sur le drainage dispose que « tout propriétaire, qui veut assainir son fonds par le drainage, ou un autre mode d'asséchement, peut, moyennant *une juste et préalable indemnité*, en conduire les eaux souterrainement, ou à ciel ouvert, à travers les propriétés qui séparent ce fonds d'un cours d'eau ou de toute autre voie d'écoulement (art. 1er). » — Le même droit est concédé, sous la même charge, aux associations de propriétaires qui veulent, au moyen de travaux d'ensemble, assainir leurs héritages par le drainage , ou tout autre mode d'asséchement (art. 3).

419. Les contestations auxquelles pourront donner lieu, soit l'établissement de la servitude, soit le règlement de l'indemnité, sont renvoyées, par les deux premières lois, aux tribunaux ordinaires, et, par la troisième, au juge de paix.

Lors de la discussion de la loi du 10 juin 1854, M. Heurtier, commissaire du Gouvernement, a donné, pour justifier ce renvoi aux tribunaux d'un côté, au juge de paix de l'autre , dans des cas qui paraissent identiques, une raison que je ne crois pas bonne. Répondant à une question qui ne portait pas, précisément, sur cette diversité de juridiction, M. Heurtier a dit :

« Quant au juge de paix, dont la compétence est constituée par le projet de loi à l'égard du drainage, il n'aura pas à prononcer sur l'établissement d'une servitude ; car cette servitude est établie par la loi elle-même : le juge ne fera que statuer sur la ligne de parcours, sur la direction des eaux, sur des questions d'indemnité. Pour tout cela, c'est la juridiction du juge de paix qui sera la meilleure. Il statuera sur des points de fait, et non sur des points de droit... Au

contraire, lorsque la loi de 1845 a constitué la compétence
du tribunal de première instance, elle s'est fondée sur ce que
celui qui veut assainir sa propriété, à l'aide d'eaux qu'il devra faire passer par des fonds intermédiaires, est obligé de
demander la création d'une servitude : or, dès qu'il s'agit
de créer une servitude, de démembrer la propriété, c'est évidemment au tribunal de première instance à statuer. » (1).

Dans l'un comme dans l'autre cas, il s'agit, pour le juge,
non pas de créer la servitude, qui est constituée par la loi
elle-même, mais seulement d'en régler l'exercice, et de déterminer le montant de l'indemnité à payer. La preuve en est
que le juge ne serait pas le maître de refuser au propriétaire, qui veut user des eaux, dans les termes de la loi de
1845, le passage de ces eaux à travers les fonds intermédiaires. — Il a été expliqué, d'ailleurs, dans le cours de la
discussion, que la loi de 1854 avait été faite dans le même
esprit que la loi de 1845, et pour faire disparaître une équivoque résultant de l'art. 3 de cette dernière loi, dont le texte,
paraissant s'appliquer uniquement aux terrains *submergés*,
n'avait pour objet, disait-on, que l'évacuation des eaux de
surface, et non celle des eaux souterraines (2).

Selon moi donc, la compétence n'a été changée, dans la
loi de 1854, que dans une idée de simplification, pour ménager le temps et les frais, et rendre ainsi la loi plus praticable. En 1845, on se montrait plus timide pour l'extension
de la juridiction des juges de paix.

420. Je n'aurais pas relevé ce point, qui ne touche pas à
mon sujet, si M. Mourlon n'avait cru devoir tirer des paroles
de M. le Conseiller d'État Heurtier la conséquence qu'il
fallait, par rapport à la transcription, adopter une solution

---

(1) Moniteur du 24 mai 1854.
(2) V., au Moniteur, les explications données par M. le Conseiller
d'État Flandin, commissaire du Gouvernement.

différente, suivant qu'il s'agissait des servitudes établies par les lois de 1845 et de 1847, ou de celle constituée par la loi de 1854.

Pour les premières, dit-il, comme ce n'est pas la loi, mais la Justice, lorsqu'elle intervient, qui les constitue, *le jugement appartient au régime de la transcription.* Mais, pour celle dont il est parlé dans la loi du 10 juin 1854, comme elle a lieu de plein droit et indépendamment de tout contrat ou jugement ; comme elle est établie par la loi même, a-t-on dit au Corps législatif, *elle échappe, à ce titre, à la formalité de la transcription* (1).

Ce n'est qu'à regret que M. Mourlon exprime cette opinion ; mais je crois que, dans la circonstance, il s'est montré trop scrupuleux.

421. La servitude de passage, en cas d'enclave, est également une servitude légale qui a besoin de s'appuyer sur un titre, en ce sens que le propriétaire du fonds enclavé et le propriétaire du fonds assujetti ont à se régler, d'une part, sur l'endroit par lequel le passage devra être exercé pour qu'il soit le moins dommageable possible, et, de l'autre, sur le montant de l'indemnité à payer à ce dernier (C. Nap., 682 et suiv.)

422. Il est à remarquer même que l'art. 683, en disant que « le passage doit *régulièrement* être pris du côté où le trajet est le plus court du fonds enclavé à la voie publique, » ne fait que poser une règle générale, à laquelle il est permis aux tribunaux de déroger, lorsqu'ils sont appelés à décider lequel des voisins doit fournir le passage au propriétaire du fonds enclavé (2). On ne peut donc pas dire, en pareil cas,

---

(1) Rev. prat., t. 6, p. 153, n°s 117 et 118.
(2) Toullier, t. 3, n°s 548 et 550 ; Duranton, t. 5, n° 423 ; Pardessus, Des Servit., t. 1, n° 219 ; Delvincourt, t. 1, p. 165, et les notes ; Dalloz, Jur. gén., v° *Servitude*, n° 824 ; Req. 29 déc. 1847, aff. Cayol ; D.p.48.1.204.

que la disposition seule de la loi donne une notoriété suffisante à l'existence de la servitude, et qu'elle rende ainsi inutile, pour les tiers, la formalité de la transcription (1).

423. Ces exemples suffisent, sans qu'il soit besoin de parcourir tous les cas de servitude légale résultant soit du Code Napoléon, soit de lois spéciales, pour montrer en quel sens il faut entendre le principe que j'ai posé au n° 411, et de quelles exceptions l'application de ce principe est susceptible.

424. La transcription, dans les cas où elle est requise, doit-elle avoir lieu aussi bien pour les servitudes *apparentes* que pour les servitudes non apparentes ?

Il faut répondre affirmativement, dès que l'art. 2 de la loi du 23 mars 1855 n'a pas distingué entre les unes et les autres. La loi a maintenu, sous ce rapport, la pensée de l'art. 2092 du projet de loi présenté, en 1850, par le Gouvernement pour la réforme hypothécaire. Cet article ordonnait la transcription de « tous actes, à titre gratuit ou onéreux, translatifs ou déclaratifs de propriété immobilière, d'emphytéose, d'usufruit, d'usage, d'habitation, ou constitutifs de servitude *apparente* ou *non apparente*, etc. »

La Commission de l'Assemblée nationale législative avait modifié l'article par une disposition ainsi conçue : « Néanmoins, en matière de servitude *continue et apparente*, le défaut de transcription de l'acte, qui aura établi ou supprimé la servitude, ne pourra être invoqué par les tiers qui n'auront fait inscrire ou transcrire leur titre que postérieurement à la création ou à la destruction du signe extérieur de la servitude » (art. 2153 de la Commission, correspondant à l'art. 2092 du projet).

Le rapporteur, M. de Vatimesnil, justifiait ainsi cette disposition : « Le projet du Gouvernement, disait-il, ordonne, sans modification, la transcription de tout acte con-

---

(1) Conf. Mourlon, *loc. cit.*

stitutif de servitude *apparente* ou *non apparente*. La Commission a pensé que cette règle devait être limitée par une exception. Les tiers ne peuvent invoquer le défaut de transcription, lorsqu'ils n'ont acquis de droits que depuis que le signe extérieur de la servitude *apparente* a été créé. Comment, en effet, ces tiers pourraient ils alors prétendre qu'ils ont été trompés? » (1).

La disposition était logique assurément; mais elle avait l'inconvénient de détruire la simplicité de la règle par des exceptions qui introduisaient, dans la loi, une complication tout à fait contraire à son esprit (2).

425. M. Mourlon, qui ne se rend qu'avec peine à cette opinion, est pourtant forcé de l'admettre, en présence de l'inflexibilité du texte. Et il n'a pas la ressource de dire que ce soit par inadvertance que la distinction entre les servitudes occultes et les servitudes apparentes n'ait pas été faite; car le législateur de 1855 avait le travail de l'Assemblée nationale et le rapport de M. de Vatimesnil sous les yeux. Mais il fait, à ce propos, une censure amère de la loi, qu'il appelle *stulta lex.* L'auteur me paraît dépasser, en cela, les droits de la critique. Même lorsque le législateur se trompe, il ne me semble pas de bon goût de qualifier ainsi son œuvre. On a pu dire, quelquefois : *dura lex, sed lex*; mais on n'a jamais dit, ou pu dire, d'une loi qui est encore debout et qui a droit au respect de tous : *stulta lex.* Ou, si la même expression s'est rencontrée, parfois, sous la plume de Dumoulin, en parlant de telle ou telle disposition de nos Coutumes, cette expression nous choque moins, vue à distance. Tout le monde, d'ailleurs, ne peut prétendre aux priviléges de Dumoulin.

_____

(1) Rapport, p. 83; Impress. de l'Assemb. nat. lég., n° 979.
(2) Conf. Lesenne, n° 42; Lemarcis, Comment. de la loi sur la Transcr. hyp., p. 18, n° 2; Fons, p. 28, n° 28; Mourlon, Rev. pt., t. 6, p. 130, n°ˢ 106 et suiv.

M. Mourlon, du reste, prend soin lui-même de justifier la disposition qu'il critique, en disant que « la loi a pensé, sans doute, que les signes matériels, par lesquels se révèlent les servitudes apparentes, ne sont pas toujours si en saillie qu'ils ne puissent pas échapper à un acheteur peu attentif; que, d'ailleurs, les ventes se font fréquemment hors la présence des lieux, par la voie d'un mandataire, qui, n'étant point directement intéressé à se renseigner, peut se tromper et induire en erreur ceux qu'il représente; qu'après tout, enfin, l'acheteur, qui voit les indices extérieurs d'un état de choses contraire à la propriété, peut ne pas l'apprécier exactement, et croire qu'il y a eu, de la part du propriétaire avec lequel il traite, un simple acte de tolérance dont le propriétaire voisin a profité. L'application de la transcription aux servitudes, même apparentes, met fin à toutes ces incertitudes » (1).

426. Toutefois, l'auteur fait remarquer, avec raison, que les art. 1638 et 1641 du C. Nap., qui soumettent le vendeur à la garantie des *servitudes non apparentes* et des *vices cachés* de la chose vendue, se trouvent modifiés par la disposition qui applique la transcription aux servitudes (2).

De deux choses l'une, en effet : ou les servitudes qui grèvent l'immeuble vendu ont été transcrites, antérieurement à la vente ; et, fussent-elles occultes, la publicité légale qu'elles ont reçue par la transcription les fait réputer connues de l'acquéreur; ce qui exclut la garantie (arg. art. 1642) ; ou elles n'ont pas été transcrites ; et, dans ce cas, fussent-elles apparentes, elles ne peuvent, quoique réputées connues de l'acquéreur, lui être opposées, si, d'ailleurs, lui-même a fait transcrire, parce que, ainsi que je le dirai plus tard, la connaissance que peut avoir eue un acquéreur, par toute autre voie que la transcription, des charges grevant l'immeuble

---

(1) Rev. prat., *loc. cit.*, n° 107.
(2) *Loc. cit.*, n° 108.

qu'il se proposait d'acquérir, ou même d'une vente antérieure, ne le rend pas non recevable, sauf le cas de fraude, à
exciper du défaut de transcription (1).

427. D'après l'art. 690, C. Nap., les servitudes *continues
et apparentes* peuvent s'acquérir par la possession de trente
ans. — Lorsqu'une servitude de cette nature sera acquise
par le fait unique de la possession trentenaire, il n'y aura
pas lieu à transcription, puisqu'il n'y aura pas d'*acte* susceptible d'être transcrit (2).

428. Il est des auteurs qui prétendent, non-seulement que
les servitudes continues et apparentes sont susceptibles de se
prescrire par dix ou vingt ans, avec juste titre et bonne foi,
conformément à l'art. 2265, C. Nap., nonobstant la disposition restrictive de l'art. 690 (3) ; mais encore que les servitudes continues, non apparentes, et les servitudes disconti-
nues, apparentes ou non, bien qu'aux termes de l'art. 691,
elles ne puissent s'établir que par *titres*, sont, néanmoins,
susceptibles de la prescription décennale ou vicennale, suivant
les uns (4), de la prescription trentenaire seulement, suivant
les autres (5), lorsque la prescription s'appuie sur un juste
titre et sur la bonne foi.

Il y aurait, dans ce cas, à rechercher si le titre en question a besoin d'être transcrit pour pouvoir servir de fondement à la prescription de la servitude. Mais la question de-

---

(1) V. sous le chap. 4.

(2) V. *suprà*, nᵒˢ 411 et 414,—Conf. Lesenne, nᵒ 51.

(3) Delvincourt, t. 1, p. 412, note 3; Duranton, t. 5, nᵒ 593 ;
Troplong, Prescr., t. 2, nᵒ 856; Carou, Action poss., nᵒ 261. — *Contrà*,
Dalloz, Jur. gén., vᵒ *Servitude*, nᵒ 1121; Cass. 10 déc. 1834, aff. Floret,
cod. V. aussi au nᵒ 1238.

(4) Duranton, *loc. cit.*

(5) Toullier, t. 3, nᵒˢ 629 et 630 ; Favard, Nouv. Rép., sect. 3, § 5,
nᵒ 2; Dalloz, *loc. cit.*, nᵒ 1124. — *Contrà*, Vazeille, Prescr., t. 1,
nᵒ 416; Troplong, *ib.*, nᵒ 857 ; Pardessus, Des Servit., t. 2, nᵒ 276 ;
Massé et Vergé sur Zachariæ, t. 2, p. 200, note 6; Demolombe, Servit.,
t. 2, nᵒ 788.

mande à être traitée à un point de vue plus général, celui de la prescription décennale de la propriété elle-même, et j'en ajourne, à cause de cela, l'examen (1).

§ 3. — Des Droits d'usage et d'habitation.

SOMMAIRE.

429. Suivant M. Lesenne, lorsqu'il y a vente d'un immeuble, avec réserve d'un droit d'usage ou d'habitation, ou d'un droit de servitude, la transcription est exigée, à un double point de vue : par rapport à la vente de la nue propriété, et par rapport à la rétention du droit d'usage, ou du droit de servitude.
430. Il en résulte, d'après l'auteur, que, si l'on se bornait à transcrire la partie de l'acte relative à la vente de la nue propriété, sans faire mention de la servitude, l'immeuble en serait affranchi, au regard des tiers.
431. L'auteur émet une opinion semblable pour la vente faite avec réserve d'usufruit.
432. Cette opinion est erronée. — Dans la vente faite avec réserve d'usufruit, il n'y a pas deux mutations, mais une seule. — On ne peut constituer un usufruit sur soi-même.
433. Il en est de même de la réserve, faite au profit du vendeur, d'un droit d'usage ou d'un droit de servitude.
434. Mais il en serait autrement, si la réserve, au lieu d'être contenue dans l'acte de vente, était stipulée dans un acte ultérieur. — La transcription de ce second acte serait nécessaire.

429. Suivant un auteur, « quand le vendeur d'un immeuble réserve un droit d'usage ou d'habitation pour lui-même, ou bien un droit de servitude pour un autre immeuble qui lui appartient, il y a translation de la propriété, avec rétention d'un droit réel ; et, sous ce dernier rapport, c'est toujours un acte constitutif de servitude. Cet acte doit donc être transcrit, à un double point de vue » (2).

430. Mais, continue l'auteur, « si l'on ne faisait transcrire que la partie qui renferme la vente de l'immeuble, sans faire mention de la réserve de servitude, cet immeuble

---

(1) V. sous le chap. 4.
(2) Lesenne, n° 49.

serait, à l'égard des tiers, considéré, dans les mains de l'acheteur, comme libre de cette servitude » (1).

431. L'auteur émet une opinion semblable pour la vente d'un immeuble, faite avec réserve d'usufruit (2).

432. Je crois que c'est là une erreur.

Le propriétaire d'un immeuble, qui vend cet immeuble, en s'en réservant l'usufruit, ne vend, en réalité, qu'une nue propriété. Il n'y a donc pas deux mutations, mais une seule. On ne constitue pas un usufruit sur soi-même, puisque l'usufruit est défini, par l'art. 578, C. Nap. , « le droit de jouir des choses dont *un autre* a la propriété. » — Pareille erreur avait déjà été commise par M. Battur, lorsqu'il exprimait l'opinion que le propriétaire d'un immeuble peut le scinder en deux, afin d'asseoir une hypothèque sur l'usufruit de cet immeuble, fictivement détaché par lui de la nue propriété (3); et cette erreur est également échappée à M. Troplong (4).

433. De même, d'après le principe : *res sua nemini servit*, la réserve que fait le vendeur d'un immeuble d'un droit d'usage ou d'habitation sur cet immeuble, à son profit personnel, ou d'un droit de servitude sur le même immeuble en faveur d'un autre fonds lui appartenant, n'est pas un acte constitutif de servitude.

434. Pour qu'il en fût ainsi, il faudrait que la réserve ne fût pas contenue dans l'acte de vente, et que ce ne fût qu'après l'aliénation consommée que le vendeur eût stipulé un droit d'usage ou de servitude à son profit. Dans ce cas, en effet, l'immeuble ayant été transmis, comme bien libre, à l'acquéreur, il y aurait réellement constitution de servitude sur le fonds d'autrui, dans les termes de l'art. 637, et

---

(1) Lesenne, n° 49. V. aussi Rivière et François, n° 34. Le sentiment de ces derniers auteurs est exprimé d'une manière équivoque.

(2) *Ibid.*, n° 23.

(3) Des Hyp., t. 2, n°s 245 et 246.

(4) Priv. et Hyp., t. 2, n° 400, à la note.

lieu, par conséquent, à transcription, à raison de la double mutation.

SECTION IV. — *De la Transcription des actes entre-vifs, contenant renonciation à des droits pour lesquels la transcription est requise.*

448. Je parle de la renonciation faite après acceptation de l'usufruit ; car, s'il s'agissait d'un droit simplement ouvert, d'un legs d'usu-fruit, par exemple, la répudiation du legs ne donnerait pas lieu à transcription.

449. La renonciation que fait l'usufruitier à son droit d'usufruit n'est pas soumise aux formes de la donation, parce qu'elle est un retour à l'ordre naturel.

450. Cela doit s'entendre d'une renonciation faite par acte unilatéral ; car, si la cession est faite directement au nu propriétaire, soit à titre gratuit, soit à titre onéreux, elle est, suivant les cas, donation, vente, transaction, etc., et doit revêtir les formes prescrites pour ces actes.

451. Dissentiment entre Proudhon et M. Demolombe sur le point de savoir si la renonciation, faite par l'usufruitier, a besoin, pour être irrévocable, d'être acceptée par le nu propriétaire.

452. Cette acceptation est chose indifférente, au point de vue de la transcription.

453. L'acte de renonciation à un droit de servitude doit être transcrit.

454. Par exemple, l'abandon, que fait le copropriétaire d'un mur mitoyen, de son droit de mitoyenneté, pour se soustraire aux dé-penses de réparation ou de reconstruction du mur ; — l'abandon que ferait, du fonds servant, le propriétaire de ce fonds au proprié-taire du fonds dominant, pour s'exonérer des charges de la servi-tude.

455. L'autorisation de bâtir, donnée au voisin par le propriétaire du fonds au profit duquel existe la servitude *non œdificandi*, est une renonciation tacite à cette servitude. — L'acte, contenant cette autorisation, doit donc être transcrit.

456. A défaut d'acte, le propriétaire, qui n'a qu'une autorisation ver-bale, doit recourir à la Justice pour faire reconnaître l'existence de cette autorisation, et doit faire transcrire le jugement.

457. Les renonciations tacites à un droit, à une action, qu'on a né-gligé d'exercer en temps utile, produisent leur effet, indépendam-ment de toute transcription.

458. M. Mourlon critique la disposition qui applique la formalité de la transcription aux actes portant renonciation à des droits d'usage et d'habitation, qui, de leur nature, sont incessibles. — Raison de cette disposition.

459. L'acte de renonciation à une prescription acquise n'est pas soumis à la transcription.

460. Il en serait autrement si, après avoir opposé, en justice, l'ex-ception de prescription, et l'avoir fait admettre, on renonçait au bénéfice du jugement obtenu.

461. Opinion contraire de M. Mourlon.—Réfutation.

462. Toutefois, l'acte de renonciation au bénéfice du jugement qui a déclaré la prescription acquise, n'est sujet à transcription qu'autant que ce jugement est passé en force de chose jugée.

463. Réponse à l'objection tirée, par M. Mourlon, des conclusions prises sur l'exception de prescription, et qui ont lié la cause.

464. *Quid*, si la renonciation intervient après que le jugement a acquis l'autorité de la chose jugée, mais pendant les délais du pourvoi en cassation ou de la requête civile ? — D'après MM. Rivière et Huguet, l'acte ne sera pas soumis à la transcription, s'il a les caractères d'une transaction.

465. J'admets la solution, mais à la condition que l'acte mentionne que les parties transigent sur les moyens de cassation ou de requête civile.

466. La renonciation aux moyens de nullité ou de rescision qu'on peut avoir à faire valoir contre un acte, ou, en d'autres termes, la ratification de cet acte, ne doit pas être transcrite.

467. Opinion conforme de M. Mourlon, dans le cas où c'est un majeur qui ratifie l'aliénation qu'il a consentie en minorité.

468. L'auteur y met pour restriction, néanmoins, que le majeur, avant de ratifier, n'aura pas fait quelque acte d'où s'induise son intention d'opposer la nullité : par exemple, s'il avait constitué des hypothèques sur l'immeuble.

469. Difficulté de concilier cette opinion avec celle précédemment émise par M. Mourlon, au sujet de l'acte de renonciation à une prescription acquise.

470. Meilleure raison à donner pour faire prévaloir l'hypothèque consentie avant la ratification, et dûment inscrite, sur l'acte ratifié, lorsque cet acte n'a pas été transcrit antérieurement.

471. M. Mourlon, qui admet qu'on ne doit pas transcrire, lorsque c'est un incapable, devenu maître de ses droits, qui ratifie l'acte qu'il a consenti en état d'incapacité, est d'un avis différent, lorsqu'il s'agit de la ratification d'actes annulables ou rescindables pour cause de violence, d'erreur ou de dol.

472. Restrictions apportées par l'auteur à cette solution, et qui la détruisent.

473. Les raisons qu'il donne, d'ailleurs, à l'appui de sa thèse, et qu'il tire de l'intérêt qu'ont les tiers à connaître l'acte de ratification, ne sont que spécieuses.

474. Ces raisons, d'abord, s'appliqueraient tout aussi bien à l'acte de ratification consenti par un incapable, acte que l'auteur reconnaît être affranchi de la transcription.

475. Les tiers, ensuite, sont avertis, par la transcription de l'acte infecté de violence, de dol ou d'erreur, de l'éventualité de la ratification ; et, si cet acte n'a pas été transcrit, la ratification ne peut leur nuire.

476. La question n'a donc pas, pour eux, de véritable intérêt.—Mais elle se résout, en principe, par la rétroactivité attachée à l'acte de ratification, et qui fait considérer l'acte ratifié comme valable *ab initio.*

477. M. Mourlon conteste cette rétroactivité, et s'appuie, pour la contester, sur les termes de l'art. 1338, qui fait réserve du droit des tiers.

478. Mais ce n'est là qu'une équivoque. — Cette réserve du droit des tiers est une exception qui ne s'attaque qu'à un des effets de la ratification, et ne détruit pas la règle.—Opinion conforme de Toullier.

479. Réponse à l'objection faite par M. Mourlon, que la transcription de l'acte de ratification a précisément pour objet de sauvegarder les intérêts des tiers.—M. Mourlon opposé à lui-même.

480. D'après MM. Rivière et Huguet, les actes nuls, d'une nullité absolue et qui doit faire regarder le contrat comme inexistant, ne sont pas susceptibles d'être ratifiés.—L'acte, qualifié d'acte de ratification, est le titre véritablement translatif de propriété, et cet acte doit être transcrit. — La transcription de l'acte originaire serait inopérante à l'égard des tiers.

481. La question de savoir si les actes nuls, d'une nullité substantielle, sont susceptibles de ratification, est controversée. — Merlin et Toullier sont pour l'affirmative.—Pothier est d'opinion contraire.

482. J'adopte le sentiment de Merlin et de Toullier.—La transcription de l'acte de ratification, lorsque le premier acte aura été transcrit, ne sera donc pas, selon moi, nécessaire.

483. On ne doit pas transcrire l'acte par lequel les héritiers d'un donateur ratifient une donation nulle pour vice de forme, ou pour toute autre cause.—M. Mourlon n'admet la solution que pour le cas où la nullité est fondée sur un vice de forme.

484. L'acte, par lequel on se désiste d'une action en revendication d'un immeuble, n'est pas sujet à transcription.

485. M. Lesenne est d'opinion contraire.

486. Mais, si le désistement n'intervenait qu'après un jugement passé en force de chose jugée, qui aurait accueilli l'action en revendication, la transcription serait nécessaire. — Opinion contraire de M. Mourlon.

487. Réfutation.

488. Lorsque le défendeur à la demande en revendication acquiesce à cette demande, avant le jugement, ou lorsqu'il acquiesce au jugement qui l'a condamné à restituer l'immeuble, il ne fait pas acte d'aliénation ; il reconnaît, au contraire, qu'il n'est pas propriétaire. — Il n'y a donc lieu à transcription, ni dans un cas, ni dans l'autre.

489. Le vendeur, à pacte de rachat, qui renonce à exercer le réméré, renonce à un droit certain. — L'acte, par conséquent, est translatif de propriété, et doit être transcrit.

490. On doit transcrire également l'acte contenant, de la part de l'héritier à réserve, renonciation à l'action en réduction de donations immobilières, ou de dispositions testamentaires, inofficieuses.

491. L'acte, par lequel un donateur renonce à exercer la revendication d'immeubles faisant l'objet d'une donation entre-vifs, révoquée pour cause de survenance d'enfant, est, de même, soumis à la transcription.

492. *Quid* de la renonciation que ferait le vendeur, non payé, à son action résolutoire?—Je distingue, avec M. Mourlon.—Si le vendeur, en renonçant à l'action résolutoire, conserve sa créance, la transcription sera nécessaire.

493. Mais si, en même temps qu'il renonce à l'action résolutoire, le vendeur fait remise du prix de vente à l'acquéreur, toute transcription devient inutile.

494. La même distinction doit s'appliquer à l'acte de renonciation à un droit d'antichrèse.

435. On distingue, en droit, deux sortes de renonciations : celles qu'on appelle *abdicatives* ou *extinctives*, et celles qu'on nomme *translatives* ou *in favorem*. Le caractère des unes et des autres est ainsi marqué par Furgole : « Il y a une espèce de renonciation, dit-il, qui n'est autre chose qu'une répudiation, une abdication et un abandon pur et simple du droit, sans aucune intention de le transporter à autrui, et qui ne produit qu'une simple exclusion du renonçant. — Il y a encore une autre espèce de renonciation, qui n'est pas simplement exclusive, mais qui est, en même temps, translative du droit du renonçant en faveur d'une certaine personne qui traite avec lui, soit avec prix ou sans prix : la forme et les effets de ces deux espèces de renonciations peuvent être différents » (1).

Le caractère de la seconde, qui est une vraie cession, apparaît, d'une façon plus nette encore, dans ces expressions du cardinal Deluca, cité par M. Troplong : *Alia verò (renuntiatio) translativa dicitur, quœ in ipso renuntiante jurium*

_____

(1) Des Substit., tit. 1ᵉʳ, art. 28, p. 118, édit. de 1775.

vel bonorum..... præsupponit acquisitionem, eademque jura in renuntiatarium transfert (1).

436. Suivant M. Troplong, les renonciations dont s'occupe le n° 2 de l'art. 1ᵉʳ de la loi du 23 mars 1855 (et aussi le n° 2 de l'art. 2) ne sont pas les renonciations extinctives ; ce sont les renonciations translatives. « Ce ne sont pas celles, dit-il, par lesquelles on répudie un droit dont on n'a pas encore été investi ; ce sont celles par lesquelles on se dépouille, en faveur de quelqu'un, d'un droit acquis.... » (2).

Il ne faut pas oublier, en effet, que le principe de la loi du 23 mars 1855 est de ne soumettre à la transcription que les actes qui sont constitutifs ou translatifs de biens ou droits immobiliers ; et il n'y a aucune raison de penser que le législateur ait voulu s'écarter de ce principe dans une disposition qui n'en est, au contraire, que le corollaire.

D'après le projet primitif, on devait transcrire « tout acte entre-vifs, translatif ou *déclaratif* de propriété immobilière ou de droits réels susceptibles d'hypothèque ; tout acte constitutif d'antichrèse, de servitude, d'usage et d'habitation, et tout acte portant renonciation à ces mêmes droits (art. 1 et 2 du projet). » Mais le mot *déclaratif* a été retranché, et on n'a plus soumis à la transcription que les actes *translatifs* ou *constitutifs*.

« Ce changement apporté dans la disposition principale et, pour ainsi dire, fondamentale de la loi, disent MM. Rivière et Huguet, aurait peut-être nécessité un remaniement dans quelques autres dispositions, et notamment dans celle qui a trait aux renonciations. En effet, peu importait, dans la pensée des auteurs du projet primitif, que la renonciation fût, ou non, translative, dès que les actes déclaratifs eux-mêmes devaient être transcrits. Mais, lorsqu'on

_____

(1) *De Renunt.*, t. 2, *Disc.* 1, nᵒˢ 5 et 6,
(2) De la Transcr., n° 93.

eut retranché les actes déclaratifs de l'énumération de ceux qui étaient soumis à la formalité, la disposition du 2ᵉ alinéa de l'art. 1ᵉʳ devenait beaucoup trop générale... » (1).

437. M. Mourlon n'admet point cette théorie. Il prétend qu'il n'y a aucune distinction à faire, pour l'application de la loi du 25 mars 1855, entre les renonciations *translatives*, ou *in favorem*, et celles qui sont purement *extinctives*.

« Voici, dit-il, quelle est, en cette matière, notre manière de voir :

« La loi n'a visé que les renonciations *entre-vifs :* les renonciations *testamentaires* restent donc soumises au régime du Code Napoléon. Nous concédons ce point.

« Il nous paraît également certain qu'elle n'a aucun trait à certains actes qui, bien que portant, dans nos Codes eux-mêmes, la qualification de *renonciations*, ne sont, à vrai dire, que des refus *d'acquérir*, ou des *déclarations du droit d'autrui...*. Mais, en ce qui touche les renonciations proprement dites, la règle établie est absolue. Aucune distinction n'en limite l'étendue ; aucune condition n'en entrave l'application. Toute renonciation, ayant trait à des droits de propriété, d'usufruit, d'antichrèse, de servitude réelle, d'usage ou d'habitation, doit être placée sous les yeux des tiers. — Ainsi : 1° qu'elle soit *unilatérale* ou *bilatérale*, il n'importe.....; 2° qu'elle soit *transmissive*, ou simplement *extinctive* du droit du renonçant, ce point est peut-être plus indifférent encore...... En résumé, conclut l'auteur, deux espèces de renonciations seulement sont à considérer, savoir : 1° Les renonciations improprement dites; ce qui comprend les *simples refus d'acquérir* et les *reconnaissances du droit d'autrui* ; 2° les renonciations *transmissives* ou simplement *extinctives* du droit qu'elles ont pour objet. — Les pre-

---

(1) Quest., n° 66.—Conf. Duvergier, Coll. des lois, sur l'art. 1ᵉʳ de la loi du 23 mars 1855 ; Rivière et François, n° 13 ; Gauthier, n° 103.

mières demeurent sous l'empire du Code Napoléon qui les régit ; les secondes appartiennent à la loi nouvelle » (1).

438. Mais ce que M. Mourlon appelle *simple refus d'acquérir* ne serait-il pas précisément ce que M. Troplong qualifie de *renonciation extinctive ?* Si cela était, on serait plus près de s'entendre qu'on ne pense.

Laissons à l'Ecole ces dénominations de renonciations *extinctives* ou *abdicatives,* et de renonciations *translatives* ou *in favorem :* cette métaphysique du droit, toujours évitée avec soin par le Code (2), n'est souvent propre qu'à jeter de l'obscurité dans l'interprétation de la loi. Rattachons-nous, pour son application, à ce principe unique, qui me paraît avoir été la pensée du législateur, c'est qu'il n'y a de soumises à la transcription que les renonciations, en quelque forme et de quelque manière qu'elles aient eu lieu, qui opèrent une mutation de propriété.

439. Avant de développer ce principe, disons d'abord, avec M. Mourlon (*suprà,* nᵒ 437), et avec M. Troplong (3), que les renonciations auxquelles s'appliquent les art. 1 et 2 de la loi du 23 mars 1855 sont exclusivement celles qui résultent d'*actes entre-vifs :* les renonciations contenues dans un testament sont en dehors de la loi. Cela est évident, quoique les articles précités ne fassent pas la distinction : c'est une conséquence de la résolution prise par le législateur, de ne pas soumettre les testaments à la formalité de la transcription (V. *suprà,* nᵒ 17).

440. Mais, ainsi que M. Lesenne en fait l'observation, il n'y a pas à distinguer entre la renonciation, à titre gratuit, et la renonciation, à titre onéreux (4). Ce sont même, dirai-

(1) Rev. prat., t. 6, p. 390, nᵒˢ 124 et 125.
(2) On n'en trouve guère de traces que dans les art. 1101 et suiv., pour la division des Contrats.
(3) De la Transcr., nᵒ 92.
(4) Comment., nᵒ 24.—Conf. Rivière et François, nᵒ 13.

je, les renonciations, à titre gratuit, que la loi a particulièrement en vue ; car, pour celles qui sont faites à titre onéreux, et qui revêtent le caractère de vente, d'échange, de
dation en paiement, etc., elles relèvent, à ces divers titres,
de la loi du 23 mars 1855.

441. Je reviens au caractère que doit avoir la renonciation pour être passible de la transcription.

Un premier point, sur lequel on est d'accord, c'est que
l'acte de renonciation à une succession ne doit pas être transcrit. L'héritier qui renonce est censé n'avoir jamais été
héritier (C. Nap., 785), et celui qui est appelé à recueillir
la succession, à son défaut, ne tient pas ses droits de lui,
mais de la seule vocation de la loi.

La question fut posée dans le sein du Corps législatif :
un membre, M. Duclos, demanda si les actes de renonciation à succession devraient, ou non, être transcrits ? Il ne
fut pas répondu à cette question ; mais elle se résout par le
principe énoncé plus haut (n° 438) (1).

442. Il en est de même de la renonciation du légataire à
son legs. Lorsque le légataire renonce, le legs est comme
non avenu ; il est caduc (C. Nap., 1045) ; et la chose, objet
du legs, passe à l'héritier, comme l'exprime Dumoulin, non
en vertu de la renonciation, mais en vertu de son droit héréditaire : *si legatarius repudiaverit, fingitur nunquam fuisse
legatum, et consequenter remanet legatum heredi, non ex repu-
diatione, sed hereditario jure* (2). «L'héritier et le légataire,
dit également la Cour de cassation, dans un arrêt des chambres réunies, n'ont rien recueilli ; ils ne cèdent rien (3).

---

(1) Conf. Duvergier, *loc. cit.;* Rivière et François, n° 13 ; Rivière et
Huguet, n° 74 ; Troplong, n° 94 ; Mourlon, n° 125 ; Gauthier, n° 105 ;
Bressolles, n° 17 ; Lesenne, n°s 27 et 28 ; Fons, n° 15 ; Hervieu, n° 33.
(2) Sur la Cout. de Paris, § 43, gl. 1, n° 174.—Conf. Rivière et Huguet, n° 80 ; Troplong, n° 95 ; Gauthier, n° 105.
(3) Cass., sect. réun., 9 juin 1806, aff. Despeyrouse ; Jur. gén.,
v° *Enreg.*, n° 2449.

443. Il en est encore de même au cas de renonciation, par la femme ou ses héritiers, à la communauté : soit que l'on dise, avec Pothier (1), que, par l'effet de la renonciation de la femme, ou de ses héritiers, le mari, ou ses héritiers, demeurent propriétaires des biens de la communauté pour le total, *jure non decrescendi ;* soit que, considérant la femme comme copropriétaire, avec son mari, des biens de la communauté, sous la condition résolutoire de sa renonciation, on dise que, par l'effet rétroactif de cette renonciation, le droit de la femme doit être réputé n'avoir jamais existé.

On peut ajouter (mais c'est une simple considération, non un argument de droit) que les renonciations à succession ou à communauté se font par acte consigné sur les registres du greffe (C. Nap., 784 et 1457), registres que les tiers peuvent consulter tout aussi facilement que les registres du Conservateur (2).

444. Mais, si la renonciation n'intervenait qu'après l'acceptation, soit de la succession, soit du legs, soit de la communauté, il y aurait, par le fait de cette abdication, une véritable transmission, et la transcription deviendrait nécessaire (3).

445. En disant *suprà,* n° 441, que la renonciation à une succession n'est pas sujette à transcription, je n'ai entendu parler que d'une renonciation pure et simple. Si la renonciation, en effet, avait lieu, de la part du renonçant, au profit d'un ou de plusieurs de ses cohéritiers, ou même, moyennant un prix, *aliquo dato,* au profit de tous ses cohéritiers indistinctement, la transcription serait nécessaire, puisque, d'après l'art. 780, C. Nap., la renonciation, faite dans ces termes, emporte acceptation, et qu'ainsi, ce n'est plus de la

---

(1) De la Communauté, n° 568.
(2) Conf. les auteurs précités.
(3) Mêmes autorités.

loi, mais du renonçant, que ceux au profit desquels la renonciation a été faite tiennent leurs droits. « L'héritier, dit
Domat, qui, pour un prix, renonce à l'hérédité, demeure
héritier, à l'égard des créanciers et des légataires, quoiqu'il
perde les droits de cette qualité, à l'égard de celui à qui il les
remet;... car, encore qu'il semble n'être pas héritier, puisqu'il renonce à l'hérédité, c'est, en effet, une vente qu'il fait
de son droit : ce qu'il ne peut faire que comme héritier (1).
En cela, Domat, comme l'art. 780 du C. Nap., ne sont que
l'écho de la loi romaine : *Licet pro herede gerere non videa-
tur qui, pretio accepto, prætermisit hereditatem, tamen dan-
dam in eum actionem, exemplo ejus qui, omissâ causâ testa-
menti, ab intestato possidet hereditatem, divus Adrianus
rescripsit. Proinde legatariis et fideicommissariis tenebitur*
(L. 2, D., *si quis, omissâ causâ test.*, etc.) (2).

446. Il faut noter, pourtant, que, s'il n'y avait que deux
héritiers, la renonciation faite par l'un d'eux, même quand
il en aurait reçu le prix, et que, conséquemment, elle aurait
le caractère de vente, ne serait pas assujettie à la transcription; car elle ferait cesser l'indivision et équivaudrait à partage (V. *suprà*, n° 196). (3).

447. La renonciation que fait l'usufruitier à son droit
d'usufruit doit être transcrite.

« Il y a une grande différence, dit M. Troplong, entre
une renonciation à un droit d'usufruit et une renonciation à
une succession. La première n'efface pas rétroactivement le
droit qu'a eu le renonçant; ce droit ne cesse d'exister que
pour l'avenir. Et, comme il y a une autre personne, le nu

---

(1) Lois civ., part. 2, liv. 1, tit. 1, sect. 1, n° 18.
(2) Conf. Duvergier, *loc. cit.*; Rivière et François, n° 13 ; Rivière
et Huguet, n°ˢ 76 et suiv.; Troplong, De la Transcr., n° 95 ; Gauthier, n° 106 ; Lesenne, n° 29 ; Mourlon, Rev. prat., p. 495, n° 132 ;
Cass. 2 déc. 1839, aff. hér. de Brainville; Jur. gén., v° *Enreg.*, n° 5993.
(3) Conf. Gauthier, n° 107.

propriétaire, qui, par l'effet du même acte, commence à avoir un droit semblable au droit éteint par la renonciation, il y a, dans cette hypothèse, non pas, si l'on veut, une transmission proprement dite, mais l'équivalent d'une transmission. — Au contraire, la renonciation à une succession fait considérer le renonçant comme n'ayant jamais été héritier; il n'a jamais été héritier, puisqu'il n'a jamais rien eu » (1).

448. M. Troplong n'entend parler, sans doute, que d'un usufruit déjà accepté par l'usufruitier, et auquel il renonce, soit pour se soustraire aux charges que cet usufruit lui impose, soit pour en faire indirectement profiter le nu propriétaire. Car, s'il s'agissait d'un usufruit simplement ouvert, et non encore accepté par l'usufruitier, d'un usufruit qui lui aurait été légué, par exemple, on retomberait dans le cas de la répudiation du legs dont j'ai parlé au n° 442.

449. Il n'importe, ainsi que je l'ai déjà dit d'une manière générale (*suprà*, n° 438), en quelle forme, la renonciation à l'usufruit ait été faite. « Par le droit romain, dit Pothier, cette remise se faisait par la cession *in jure*. Notre droit français, n'ayant pas adopté les formalités du droit romain, la douairière, de même que les autres usufruitiers, peut faire remise au propriétaire de son droit d'usufruit par une *simple convention* » (2).

C'est également ce que, sous le Code, enseigne Proudhon. « L'usufruit, dit-il, considéré comme droit incorporel établi sur le fonds d'autrui, participe de la nature du droit de servitude. » Et le savant professeur, mon vénéré maître, en tire cette double conséquence : « La première, que la renonciation peut être faite, de la part de l'usufruitier, par un pur esprit de bienveillance et à titre gratuit, sans y employer les

---

(1) De la Transcr., n° 94. — Conf. Rivière et Huguet, n° 72 ; Gauthier, n° 104.

(2) Du Douaire, n° 248-3°.

formes requises pour la donation. Il en est, alors, de l'usufruitier, qui renonce à son usufruit, comme de celui qui renoncerait à un autre droit de servitude en faveur du même
propriétaire; comme de celui qui renonce à une action, ou
comme du créancier qui renonce à un droit d'hypothèque
(C. Nap., 2180); parce que, dans tous ces cas, l'effet immédiat de la renonciation, consistant à opérer l'affranchissement
de la personne ou du fonds, n'est qu'un retour à la liberté ou
à l'ordre naturel des choses, et qu'en conséquence, les lois
n'exigent pas, pour ces sortes de remises, faites à titre gratuit, les mêmes formalités que lorsqu'il s'agit d'effectuer, par
donation entre-vifs, un transport de propriété ordinaire; —
la seconde, que la renonciation de l'usufruitier peut être
faite, sans le consentement du propriétaire et même contre
sa volonté, parce que nous ne pouvons être tenus d'user d'un
droit purement réel sur la chose d'autrui, lorsque son exercice nous est onéreux... » (1).

450. Proudhon, en s'exprimant ainsi, suppose une renonciation opérée par acte unilatéral; car l'éminent professeur
de la faculté de Caen, M. Demolombe, fait justement remarquer que, « si on suppose une cession faite directement par
l'usufruitier au nu propriétaire, soit à titre onéreux, soit à
titre gratuit, il faut observer, alors, les formes prescrites,
soit pour les conventions à titre onéreux, soit pour les donations entre-vifs... » (2). En effet, ce n'est plus, dans ce cas,
une simple renonciation, mais une vente, une transaction,
une donation, etc.

451. Il y a quelque désaccord entre les deux auteurs sur
le point de savoir si la renonciation faite par l'usufruitier a
besoin, pour devenir un fait irrévocable à l'égard de ce dernier, de l'acceptation du nu propriétaire.

_____

(1) De l'Usufr., t. 5, n°s 2205 et s.—Conf. Demolombe, t. 10, n° 733.
(2) *Loc. cit.*, n° 732.—Conf. Demante, Cours analyt., t. 2, n° 467 *bis*.

« Proudhon enseigne, dit M. Demolombe, que la renonciation, pour être irrévocable dans l'intérêt du propriétaire, devra spécialement être acceptée par celui-ci (1). Cette doctrine, dans les termes absolus sous lesquels elle est formulée, serait, à notre avis, contestable... Est-il bien exact de dire, avec Proudhon, que la *proposition* (de renoncer, faite par l'usufruitier) doive être *convertie en contrat* par l'acceptation du nu propriétaire? Il ne s'agit pas ici d'une simple *proposition*, ni d'un *contrat;* il s'agit d'une *renonciation*, c'est-à-dire d'un acte d'abandon purement unilatéral ; et voilà pourquoi nous venons de reconnaître, en effet, qu'il peut être fait, sans le concours du propriétaire, et même malgré lui... Au reste, ajoute M. Demolombe, ce qui est certain, c'est que la renonciation serait réputée acceptée par le propriétaire, dès qu'il aurait fait un acte duquel il résulterait qu'il a témoigné son intention d'en profiter, et de se considérer, désormais, comme plein propriétaire » (2).

452. Je n'ai pas à me prononcer ici sur la question, parce que cette acceptation est une chose tout à fait indifférente, au point de vue de la transcription, l'unique objet dont j'aie à m'occuper. De deux choses l'une, en effet : ou le nu propriétaire transcrira, ou il ne transcrira pas. S'il transcrit, il aura suffisamment témoigné, par là, comme le dit M. Demolombe, de son intention de profiter de la renonciation. S'il ne transcrit pas, la renonciation, acceptée ou non, sera considérée comme inexistante à l'égard des tiers.

453. Ainsi que la renonciation à l'usufruit, la renonciation à un droit de servitude intéresse les tiers, et doit,

---

(1) De l'Usufr., t. 3, nos 2211 à 2221. — Conf. Lebrun, Des Succ., liv. 3, ch. 8, sect. 2, n° 59; Loiseau, Du Déguerp., liv. 6, ch. 1, n° 20; Dalloz, Jur. gén., 1re édit., v° *Usufr.*, n° 42.

(2) T. 10, n° 733 *bis*. — Conf. Rouen, 22 janv. 1846, aff. Fillâtre ; D.P.47.2.62; Bordeaux, 23 déc. 1847, aff. Cipière ; Dev.48.2.239.

par conséquent, être transcrite. « Le projet de la Commission, disait M. de Vatimesnil, dans son rapport sur le projet de loi relatif à la réforme hypothécaire, assimile, quant à l'obligation de la transcription, l'acte de suppression d'une servitude à l'acte constitutif de cette même servitude. N'est-il pas évident, en effet, que l'héritage dominant perd autant, par la suppression d'une servitude existante, que l'héritage servant par la création d'une servitude nouvelle » (1)?

454. On doit transcrire, d'après cela :

1° L'acte de renonciation, par lequel le copropriétaire d'un mur mitoyen abandonne son droit de mitoyenneté, pour se soustraire à l'obligation de contribuer aux dépenses de réparation ou de reconstruction du mur (C. Nap., 656);

2° L'acte d'abandon que ferait, du fonds assujetti, le propriétaire de ce fonds au propriétaire de l'héritage auquel la servitude est due, pour s'affranchir de l'obligation de faire, à ses frais, les ouvrages nécessaires pour l'usage ou la conservation de cette même servitude (699).

455. Il faudrait décider de même, avec M. Mourlon, que, si le propriétaire d'un fonds, auquel est attachée activement la servitude *non œdificandi*, autorise le propriétaire du fonds servant à y élever des constructions, cette autorisation n'aura d'effet, à l'égard des tiers, qu'à compter du jour où elle aura été transcrite (2). C'est là, en effet, une renonciation tacite et indirecte à un droit de servitude; et cette renonciation tacite a la même force qu'une renonciation expresse : *eadem vis est taciti ac expressi.*

456. Mais, où je ne suis plus d'accord avec M. Mourlon, c'est dans l'application qu'il fait aux renonciations tacites, pour lesquelles il n'existe pas d'*acte*, de son mode de procéder particulier relatif aux conventions expresses, mais

---

(1) Impress. de l'Assemblée nat., session de 1850, n° 979, p. 83.
(2) Rev. prat., t. 6, p. 493, n° 129.

purement *verbales* (1). Je me suis déjà expliqué sur cette
théorie de l'auteur, *suprà*, nᵒˢ 77 et 78, et je n'y reviens pas.

Je répète seulement ici, et d'un mot, que, selon moi, le
propriétaire du fonds servant, à qui aurait été accordée
l'autorisation de bâtir dont il est parlé au numéro précédent,
s'il s'était contenté d'une autorisation verbale, n'aurait d'autre moyen, pour se garantir de l'action future des tiers en
maintenue de la servitude, que d'assigner le propriétaire du
fonds dominant pour le forcer à reconnaître, en justice, qu'il
a donné cette autorisation, et de faire transcrire ensuite le
jugement.

457. Il est certain, du reste, que les renonciations tacites, qui résultent d'une prescription, d'une déchéance encourue, qui ne supposent, par conséquent, l'existence d'aucune convention, soit verbale, soit écrite, ont un effet absolu
et indépendant de toute publicité. J'admets donc, avec
M. Mourlon, que lorsqu'un vendeur, en la personne de qui
réside une action en nullité ou en rescision, pour cause de
violence, de dol ou d'erreur, a laissé passer, sans l'exercer,
les dix ans que la loi lui donne pour intenter cette action
(C. Nap., 1304); —lorsqu'un usufruitier, un usager, le propriétaire du fonds dominant, ont laissé leur droit s'éteindre
par un non-usage qui a duré trente ans (617, 625 et 706),
la ratification ou la renonciation, que ces prescriptions
supposent, produira son effet envers et contre tous, sans le
secours de la transcription (2).

C'est par identité de raison que j'ai établi *suprà*, nᵒ 427,
que le possesseur d'une servitude, acquise par voie de prescription, sans titre, n'avait aucune condition de publicité à
remplir, vis-à-vis des tiers, pour se faire maintenir dans
l'exercice de cette servitude.

---

(1) Rev. prat., *loc. cit.*, nᵒ 131.
(2) *Ibid.*, nᵒ 129.

458. Le même auteur, à propos de la transcription des actes de renonciation à des droits d'usage ou d'habitation, adresse à la loi une critique qui paraît juste.

« Les droits de cette espèce, dit M. Mourlon, ne sont ni cessibles, ni susceptibles d'hypothèque (art. 631, 634, 2118, C. Nap.). Or, si l'usager ne peut ni les céder, ni les hypothéquer, alors qu'il en est nanti ; si les tiers le savent, et ils ne peuvent pas l'ignorer, puisque son incapacité est écrite dans la loi même ; quel risque courraient-ils, à supposer qu'on ne mît point sous leurs yeux la renonciation qui l'en dépouille ?... L'obligation de prévenir les tiers que l'usager a cessé de l'être, constitue donc un véritable non-sens, et, par conséquent, une disposition destituée, à l'avance, de toute sanction. Le propriétaire, auquel elle est imposée, peut, sans danger, n'y point satisfaire ; car, nul ne se pouvant prétendre l'ayant cause de l'usager, il n'a rien à craindre de personne » (1).

Tout cela est rigoureusement vrai. Mais le législateur aura pensé, sans doute, qu'il importe au crédit du propriétaire que les tiers, qui ont connu, par la transcription de l'acte constitutif du droit d'usage ou d'habitation, la charge imposée à l'héritage et qui en diminuait la valeur, soient avertis du dégrévement de cet héritage par la transcription de l'acte qui a opéré son affranchissement.

459. Lorsque la renonciation n'est que la reconnaissance implicite du droit d'un tiers, il n'y a pas lieu à transcription, parce que la loi, il faut toujours en revenir à ce principe, n'exige la transcription que pour les actes opérant transmission de propriété, et n'y soumet pas les actes simplement déclaratifs. — Ainsi, l'acte de renonciation à une

_____

(1) Rev. prat., t. 6, p. 401, n° 126 ; Examen critique, etc., Appendice, n° 338.

prescription acquise (C. Nap., 2220) ne doit pas être trans-
crit(1).

J'achète de Primus, le croyant propriétaire, un immeuble. J'ai possédé cet immeuble pendant dix ans. Au bout de
ce temps, Secundus exerce contre moi l'action en revendication, et fournit la preuve qu'il est le véritable propriétaire de l'immeuble. Je pourrais lui opposer la prescription;
mais je regarde comme plus honnête de me désister de toute
prétention sur cet immeuble, et je déclare, par un acte,
renoncer à la prescription qui m'est acquise,—Cette renonciation, dans la vérité des choses, est moins le désistement
de mon droit que la reconnaissance du droit de Secundus;
elle n'implique donc pas une transmission de propriété au
profit de ce dernier, et ne peut donner lieu, par conséquent,
à transcription.

Il est vrai que mes créanciers, moins scrupuleux, auront
la faculté d'exciper, dans leur intérêt, de cette prescription
à laquelle j'ai volontairement renoncé (2225). Mais ils peuvent de même, lorsque j'ai renoncé à une succession qui
m'était dévolue, se faire autoriser à l'accepter, en mon lieu
et place, jusqu'à concurrence de ce qui leur est dû (788).
Et on n'en décide pas moins, en pareil cas, qu'il n'y a pas
lieu à transcription (*suprà*, n° 441), parce que, je le répète,
renoncer à un droit seulement ouvert et non encore accepté, ce n'est pas, proprement, transmettre le droit qu'on a,
mais refuser d'acquérir ce droit : *repudiare est nolle ad se
pertinere* (*suprà*, n° 448). — La renonciation à se prévaloir
de la prescription n'est pas autre chose. Et j'ajoute, comme
considération morale, que, dans ce dernier cas, ce n'est
pas un simple refus d'acquérir un droit qui pourrait nous
appartenir légitimement, mais le refus d'user d'un moyen

_____

(1) Conf. Rivière et Huguet, n° 83 ; Troplong, De la Transcr., n° 96;
Mourlon, Rev. prat., t. 6, p. 393, n° 125 ; Gauthier, n° 108.

qui répugne à toute conscience honnête, parce qu'il blesse-
rait le droit d'autrui. C'est pour cela que la loi ne permet
pas au juge de suppléer le moyen résultant de la prescription (2223).

460. Il en serait différemment, si, après avoir opposé en
justice l'exception de prescription et l'avoir fait réussir, on
renonçait, ensuite, à se prévaloir du jugement obtenu.
L'acte de renonciation, dans ce cas, devrait être transcrit ;
car il emporterait transmission de propriété au profit de celui en faveur de qui la renonciation aurait été consentie (1).

461. M. Mourlon n'est pas de cet avis.

« Il est bien vrai, dit-il, que, dès qu'elle est invoquée,
la prescription produit son effet ; mais, si nous ne nous
trompons, l'effet qu'elle produit n'est point tel qu'on puisse
dire que, dès ce moment, elle constitue une acquisition si
pleinement définitive et si essentiellement irrévocable qu'il
ne soit même pas au pouvoir de l'acquéreur de rétablir les
choses dans leur primitif état, lorsque, par un repentir qui
l'honore, il ne voit plus en elle qu'une spoliation dont il
tient à décharger sa conscience... Et, si cet acte d'honnête
homme peut s'accomplir, sans que le public en souffre, où
est la raison d'y faire obstacle ? Or, se peut-il qu'il se soit
trouvé une loi assez aveugle pour défendre un acte auquel
elle peut et doit applaudir, sans qu'il en coûte rien à la société ? C'est ce que personne ne croira jamais...» (2).

Que M. Mourlon fasse taire ses scrupules. La loi ne s'oppose nullement à ce que le tiers acquéreur, renonçant au
bénéfice de la prescription, après l'avoir invoquée, remette
au véritable propriétaire l'immeuble qu'il ne croit pas pouvoir garder, sans blesser sa conscience.—Il est vrai que cet
immeuble ne rentrera aux mains de son propriétaire que

---

(1) Conf. Rivière et Huguet, n° 84.
(2) Rev. prat., *loc. cit.*

grevé des hypothèques légales ou judiciaires qui seront
venues le frapper, du chef du tiers acquéreur, dans l'intervalle. Mais ce dernier, qui veut faire un acte de conscience,
ne le fera pas à demi, et il prendra les mesures nécessaires
pour libérer l'immeuble de ces hypothèques. S'il ne lui est
pas possible d'en obtenir la mainlevée, l'avantage pour le
propriétaire, auquel l'immeuble est restitué, sera moindre,
sans doute ; mais il faudra qu'il s'en contente ; car nul ne
peut faire que cet immeuble n'ait pas appartenu, pendant
un certain temps, à celui qui en a prescrit la propriété, et
que, pendant le même temps, des tiers n'aient pu acquérir,
sur cet immeuble, des droits qu'il n'est plus au pouvoir du
renonçant d'anéantir.

C'est ce que M. Mourlon ne peut s'empêcher lui-même
de reconnaître ; car, nonobstant la renonciation, dit-il, « il
sera toujours permis aux tiers intéressés d'établir, en fait,
qu'elle n'est, au fond, qu'une libéralité, une vente même,
ou toute autre aliénation, à titre onéreux , déguisée sous
l'apparence mensongère d'une restitution...».

Mais, quel que soit le caractère que l'auteur veuille assigner à cette restitution, il lui est impossible d'échapper à
la conséquence juridique de ce fait, que l'immeuble, avant
de retourner à son propriétaire, était devenu, par la prescription accomplie au profit du tiers acquéreur, invoquée
par lui, et consacrée par un jugement, la propriété de ce
dernier, propriété qu'il n'a pu transmettre à un tiers, d'a-
près notre principe, par un acte entre-vifs, sans que cet acte,
quelle qu'en fût la dénomination ou la forme, fût soumis à
la formalité de la transcription. Pour qu'il en fût autrement,
il faudrait qu'on pût dire, avec M. Mourlon, que « la prescription, quoiqu'elle ait déjà été invoquée, eût-elle même
donné lieu à un jugement, peut être rétroactivement effacée
par la toute-puissance de la volonté du possesseur au profit
duquel elle s'est accomplie». Mais, cet effet rétroactif, de
quelle disposition de la loi l'auteur le ferait-il résulter ?

462. Toutefois, l'acte de renonciation, par le tiers détenteur, au bénéfice du jugement qui a déclaré la prescription acquise à son profit, ne pourrait, à mon sens, être considéré comme un acte translatif, sujet à transcription, qu'autant que ce jugement serait passé en force de chose jugée. Car, s'il pouvait encore être attaqué par la voie de l'opposition ou de l'appel, les parties se trouvant remises, par l'opposition ou l'appel, au même état qu'avant le jugement, la renonciation qui interviendrait, *pendente lite*, serait, de la part du tiers détenteur, comme je l'ai dit *suprà*, n° 459, moins un abandon de son droit de propriété sur l'immeuble en litige qu'une reconnaissance implicite du droit du propriétaire revendiquant (1).

463. Sur ce point, mon opinion diffère encore de celle de M. Mourlon, qui prétend qu'en partant de la donnée admise par MM. Rivière et Huguet (*suprà*, n° 460), « il n'y a pas à rechercher si, au moment de la renonciation, le jugement qui l'a précédée avait, ou non, acquis force de chose jugée; qu'il n'y a même pas à distinguer s'il y a eu, ou non, jugement, parce que, dès que, par ses conclusions, le possesseur se sera mis à couvert sous la prescription accomplie à son profit, le bien en litige passant, dès ce moment, dans son domaine, n'en pourra plus sortir que par l'effet d'une contre-aliénation. »

Ces conclusions sont une indication, sans doute, que le tiers possesseur entend se prévaloir du moyen de prescription; mais elles peuvent être abandonnées au cours de l'instance; et c'est ce qui arrive lorsque ce tiers possesseur, éclairé par les titres produits par son adversaire, et voyant en lui le véritable propriétaire de l'immeuble revendiqué, juge qu'il est de sa loyauté de se désister de toute prétention à la propriété de cet immeuble.

---

(1) Conf. Rivière et Huguet, n°s 85 et suiv.

464. Mais quelle sera la solution, demandent MM. Rivière et Huguet, si la renonciation est faite après que le jugement a acquis l'autorité de la chose jugée, mais pendant les délais du recours en cassation ou de la requête civile ?

« Il est permis, répondent-ils, de transiger, en ce qui concerne l'admissibilité et les suites d'une voie extraordinaire. Or, si l'acte, par lequel le bénéficiaire du jugement renonce aux droits qu'il lui confère, a tous les caractères d'une transaction, nous pensons que, dans ce cas encore, la transcription ne sera pas exigée. La transaction, nous le savons, n'est pas translative, elle n'est que déclarative » (1).

465. J'admets cette solution ; mais il faut que l'acte de renonciation au bénéfice de la décision obtenue mentionne expressément que les parties transigent sur les moyens de cassation ou de requête civile : sans quoi, la décision conservant, malgré le pourvoi en cassation ou la requête civile, son caractère de chose jugée en dernier ressort (Règl. de 1738, art. 29 ; décr. du 27 nov.-1er déc. 1790, art. 16 ; C. proc., 497), il serait impossible de refuser à l'acte de renonciation les effets d'un acte translatif.

466. La renonciation aux moyens de nullité ou de rescision qu'on peut avoir à faire valoir contre un acte, ou, ce qui est la même chose, sous une autre forme (C. Nap., 1338), la confirmation ou ratification de cet acte, place le renonçant dans une situation analogue à celle du tiers possesseur qui renonce à invoquer la prescription. On doit voir, dans cette renonciation, moins la transmission d'un droit acquis au renonçant, que la confirmation du droit de son adversaire : *qui confirmat nihil dat; confirmatio nihil novi juris addit*. L'acte contenant cette renonciation ne doit donc pas être transcrit.—C'est déjà l'opinion que j'ai émise *supra*, n° 116.

_____

(1) Quest., n° 88. V. *supra*, n°s 329 et suiv.

« Que s'il en est ainsi, dit M. Troplong, dans les cas où la nullité de forme paraît fondée, combien, à plus forte raison, quand elle est douteuse et que la renonciation ne fait que prévenir un procès qui pouvait être perdu ! » (1).

467. M. Mourlon est du même avis, dans le cas où c'est un majeur qui ratifie, au lieu de la faire annuler, l'aliénation qu'il a consentie en minorité. « A proprement parler, dit-il, il ne renonce point à son action en nullité, il reconnaît plutôt qu'il n'y a aucun droit, » parce que, « cette aliénation ayant été par lui consentie en toute liberté d'action, sagement, utilement, comme l'aurait pu faire, en un mot, un bon père de famille, elle a été réellement valable *ab initio* » (2).

468. L'auteur, cependant, fait une exception pour le cas où la ratification aurait été précédée d'un acte indiquant, de la part du majeur, l'intention de se prévaloir de la nullité.

« Ainsi, qu'on suppose, dit-il, qu'après avoir hypothéqué, en majorité, l'immeuble qu'il a vendu en minorité, il ratifie la vente dont il pouvait poursuivre l'annulation : on ne pourra point dire, dans ce cas, que la ratification qu'il a consentie renferme la reconnaissance implicite que l'aliénation ratifiée a eu, *ab initio*, toute sa perfection. L'hypothèque qu'il a constituée sur l'immeuble vendu est, en effet, incompatible avec cette interprétation ; car hypothéquer, c'est implicitement se dire propriétaire, au moins conditionnel (art. 2124 et 2125), de l'immeuble qu'on affecte à la sûreté de sa dette. Les deux actes auxquels il a donné son consentement ne peuvent s'expliquer rationnellement, et marcher honnêtement d'accord, qu'autant qu'on ne voit, dans la ratification qui a suivi l'hypothèque, qu'une renonciation pro-

---

(1) De la Transcr., n° 97.—Conf. Gauthier, n° 108.
(2) Rev. prat., *loc. cit.*, n. 125.

prement dite, c'est-à-dire un acte extinctif, quant à l'avenir,
de la propriété conditionnelle en laquelle s'analyse toute action en nullité ou en rescision. La transcription serait donc
nécessaire en ce cas... »

469. Mais comment M. Mourlon peut-il concilier cette
opinion avec celle qu'il énonçait, il n'y a qu'un instant, lorsque, pour justifier sa thèse, que la renonciation à une prescription acquise n'est, dans aucun cas, sujette à la transcription, il déclarait (*suprà*, n° 461) que « la prescription,
eût-elle été déjà invoquée, eût-elle même donné lieu à un
jugement, peut être *rétroactivement* effacée par la toute-
puissance de la volonté du possesseur au profit duquel elle
s'est accomplie ? » Je pourrais dire, avec au moins autant de
raison, du majeur qui ratifie, après avoir constitué une hypothèque, ce que dit M. Mourlon du tiers acquéreur qui renonce
à la prescription, après l'avoir invoquée : qu'il faut lui laisser
le droit au repentir.

470. Mais il y a, je crois, une meilleure raison à donner
pour faire prévaloir, dans le cas supposé, l'hypothèque, dûment
inscrite, sur l'acte ratifié, *lorsque cet acte n'a pas été transcrit
antérieurement;* et cette raison, la voici : c'est que, si, dans
les principes du droit, la ratification a un effet rétroactif au
jour de l'acte ratifié, cet effet rétroactif ne se produit que
sous le respect du droit des tiers (C. Nap., 1338). Alors de
deux choses l'une : ou l'acte, souscrit en minorité, aura été
transcrit immédiatement et sans attendre la ratification; et,
dans ce cas, comme je l'ai établi *suprà*, n° 115, les tiers sont
suffisamment avertis qu'aucune hypothèque ne peut être
constituée, aucune aliénation consentie, au préjudice de
l'acquéreur, si la ratification intervient ; — ou l'acquéreur,
au contraire, aura négligé cette précaution; et, dans cette
hypothèse, tous droits réels acquis sur l'immeuble antérieurement à la ratification, et régulièrement conservés, ou même
acquis postérieurement à l'acte de ratification, mais antérieurement à sa transcription, rendue nécessaire par le dé-

faut de transcription de l'acte primitif, seront valablement opposés à cet acquéreur (L. 23 mars 1855, art. 3) (1).

471. M. Mourlon, qui admet qu'on ne doit pas transcrire, lorsque c'est un incapable qui ratifie, *integro statu*, l'acte qu'il a consenti en état d'incapacité, pense différemment, lorsqu'il s'agit « d'actes portant ratification d'une aliénation annulable ou rescindable pour cause de violence, d'erreur ou de dol. »

472. Je vais, tout à l'heure, examiner ses raisons. Mais, auparavant, je ne puis m'empêcher de faire remarquer que l'auteur a ruiné, d'avance, son argumentation, en disant que, « si, après avoir soulevé la question de violence, de dol ou d'erreur, l'aliénateur, l'abandonnant, reconnaissait la fausseté des faits sur lesquels il prétendait, d'abord, fonder sa prétention ; ou même, s'il déclarait que, bien qu'il ait été réellement menacé, dans sa personne ou ses biens, d'un mal considérable, il est néanmoins resté libre, et qu'ainsi ce n'est point sous l'empire de la crainte qu'il a contracté ; ou que les machinations, qui ont été employées pour le tromper, ne l'ont point fait tomber dans l'erreur ; cette ratification, improprement dite, ne serait que la reconnaissance d'une aliénation valable *ab initio*, et qu'à ce titre, il n'y aurait point lieu de la transcrire.

« Mais, ajoute M. Mourlon, telle n'est point notre hypothèse. Nous supposons qu'il a déclaré renoncer à son action en nullité, ou, ce qui revient au même, qu'il a ratifié une action annulable pour cause de violence, de dol ou d'erreur » (2).

Pour ma part, je n'aperçois aucune différence entre les deux cas. Que l'aliénateur, pour employer l'expression de M. Mourlon, renonce à son action en nullité, après en avoir

---

(1) V. *infrà*, sous le chap. 4, sect. 1re.
(2) Rev. prat., t. 6, p. 401, n° 126-4°.

saisi la Justice, mais avant qu'un jugement en dernier ressort
l'ait accueillie (V. *suprà*, n° 462); ou qu'il y renonce, avant
tout procès, l'effet est le même. Dans un cas comme dans
l'autre, il doit être réputé n'abandonner son action que parce
qu'il ne la juge pas fondée.

M. Mourlon prétend que, dans le dernier cas, «la violence,
le dol ou l'erreur étant constants, puisque, loin d'en nier
l'existence, l'acquéreur l'a implicitement reconnue, en acceptant la ratification dans les termes dont il vient d'être parlé,
il est impossible de voir en elle autre chose qu'une renonciation réellement extinctive, extinctive, dans l'avenir seulement, d'une propriété conditionnelle. »

Je nie cela; je nie que la ratification, sollicitée ou acceptée
par l'acquéreur, soit la reconnaissance implicite de l'existence, à l'état de *fait constant,* de la violence, du dol ou de
l'erreur; c'est le contraire, ainsi que je viens de le dire, qu'il
faut supposer. Tout au moins, doit-on considérer la ratification, si elle est obtenue par l'acquéreur au moyen de quelque sacrifice, comme une transaction sur procès ; transaction
qui, suivant l'opinion commune, opinion qui n'est pas, à la
vérité, celle de M. Mourlon, n'a pas le caractère translatif
(V. *suprà*, n°s 329 et suiv.).

473. Voyons maintenant de plus près, et dans l'hypothèse
même où se place M. Mourlon, les raisons alléguées à l'appui
de sa thèse.

« Lorsqu'une aliénation, dit-il, est annulable ou rescindable, le droit qu'elle transfère à l'acquéreur est révocable,
comme elle, c'est-à-dire subordonné à l'événement futur et
incertain de son annulation ou de sa rescision : d'où cette
proposition corrélative et nécessaire : la chose aliénée appartient à l'aliénateur, *sous la condition suspensive* de la
même annulation ou rescision ; car toute condition résolutoire implique forcément la coexistence d'une condition suspensive... »

Cette déduction est juste et le principe incontestable.

« Ainsi, continue l'auteur, l'action en nullité ou en rescision d'une aliénation annulable ou rescindable s'analyse en
une propriété conditionnelle retenue par l'aliénateur. Cette
propriété est cessible; elle est même susceptible d'hypothèque, ainsi qu'on le peut voir dans l'art. 2125 du C. Nap... »

J'ai exprimé la même opinion *suprà*, n°s 377 et suiv.

« Dès lors, reprend M. Mourlon, n'est-il pas vrai qu'au cas
où l'aliénateur y renonce, l'acte qui l'en dépouille doit être
placé sous les yeux des tiers? La loi se serait, en effet, montrée bien imprévoyante, et surtout bien peu conséquente avec
elle-même, si elle avait souffert qu'il restât capable, en apparence, de disposer du droit dont elle lui retire la disposition. »

L'argument, j'en conviens, est spécieux et fait hésiter un
moment. Mais, à la réflexion, l'obscurité peu à peu se dé-
gage, et la conviction se raffermit.

474. Je fais remarquer, d'abord, et c'est déjà ce qui me
fait douter de la vérité de l'argument, qu'il est applicable, de
tous points, à la ratification d'un acte d'aliénation souscrit
par un incapable; et l'on a vu précédemment (n° 467) que
M. Mourlon admet que la transcription, dans ce cas, n'est
pas nécessaire. — L'auteur a pressenti l'objection; mais il
ne la détruit pas, en disant que ce n'est qu'à son grand regret, et contraint par la logique des principes, qu'il a été
conduit à reconnaître « que les ratifications des aliénations,
annulables pour cause de minorité, ne sont point sujettes à
transcription, parce qu'elles sont simplement *déclaratives* de
l'inexistence de toute action en nullité. »

475. Je fais remarquer encore que, si l'acte d'aliénation,
prétendu infecté de violence, de dol ou d'erreur, a été transcrit, à l'origine, les tiers ont été suffisamment avertis, par
cette transcription, qu'il n'y avait aucune sécurité pour eux
à traiter avec l'ancien propriétaire, à cause de l'éventualité
d'une ratification, soit expresse, soit tacite, de l'acte supposé
nul; et que, si cet acte n'a pas été transcrit, la ratification

ne peut nuire à ceux qui ont acquis des droits réels sur l'immeuble avant la ratification, ou postérieurement à la ratification, mais avant sa transcription (*suprà*, n° 470).

476. On peut se demander, d'après cela, quel peut être l'intérêt de la question ? Je ne l'aperçois guère ; mais enfin, si peu pratique que puisse être la question, il ne faut pas craindre de l'aborder en face.

Or, la vraie raison de décider, dans la difficulté présente, se trouve, à mon avis, dans la rétroactivité de l'acte de ratification, rétroactivité dont le résultat est d'effacer complétement le vice dont l'acte ratifié pouvait être infecté, et de faire considérer cet acte comme valable *ab initio*. Si l'acquéreur, en effet, par une fiction légale, doit être réputé régulièrement saisi de la propriété de l'immeuble, du jour de son contrat, il est vrai de dire que l'acte de ratification ne lui a rien transmis, et que, par suite, la transcription de cet acte ne saurait être exigée (*suprà*, n° 436).

477. M. Mourlon ne peut résister à la force de cette déduction qu'en niant la rétroactivité.

« Ce raisonnement serait spécieux peut-être, dit-il à son tour, si la fiction, sur laquelle on le fonde, était démontrée. Mais y a-t-il un texte d'où on la puisse déduire ? Nous n'en connaissons aucun, quant à nous. Il est bien vrai qu'au cas où une condition résolutoire casuelle vient à défaillir, le contrat qu'elle affectait est réputé avoir été pur et simple, dès le principe ; mais *cette rétroactivité n'a jamais été appliquée aux ratifications*, puisqu'elles laissent subsistants et pleinement efficaces les droits acquis, du chef du ratifiant, sur l'immeuble dont il était, avant qu'il eût renoncé à son action en nullité ou en rescision, propriétaire conditionnel... (art. 1338, C. Nap.). »

478. Il y a là une équivoque. L'auteur, pour nier le caractère rétroactif de la ratification, argumente de l'intérêt des tiers qui ont des droits acquis avant la ratification, et auxquels, en effet, cette ratification ne peut nuire. Mais ce

n'est là qu'une exception, exception qui ne s'attaque qu'à un des effets de la ratification, et ne détruit pas la règle, comme on va le voir.

Toullier, expliquant le dernier alinéa de l'art. 1358, s'exprime ainsi : « De cette disposition dérivent deux principes certains, deux principes anciens qu'il faut développer : l'un que la ratification a, de sa nature, un effet rétroactif relativement à la personne qui ratifie ; l'autre que l'effet rétroactif de la ratification ne saurait préjudicier aux droits acquis à des tiers antérieurement à la ratification.

« Le premier principe est évident, à l'égard de la ratification des actes faits en notre nom, mais sans notre ordre. Les lois romaines la comparent au mandat : *Ratihabitio mandato æquiparatur* (L. 12, § 4, D., *De Solut.*). Elle se reporte donc naturellement à l'époque où le contrat ratifié a été passé : *Ratihabitiones negotiorum gestorum ad illa tempora reduci oportet in quibus contracta sunt* (L. 25, C., *De Donat. int. vir. et ux.*) (1).

« Quant aux contrats auxquels nous avons concouru, puisque l'effet de la confirmation ou ratification, soit expresse, soit tacite, est tel qu'elle emporte la renonciation aux moyens et aux exceptions que l'on pouvait opposer contre l'acte qui les contient, cet acte devient irréfragable à l'égard de la personne qui le ratifie ; car elle n'a plus aucun moyen de l'attaquer au fond, ni dans la forme. La validité du contrat demeure donc naturellement fixée à l'époque où il a été passé.—Ainsi, de même que la ratification des actes faits en notre nom, mais sans notre ordre, la confirmation des actes auxquels nous avons concouru a, par sa nature même, un effet rétroactif relativement à la personne qui confirme ou ratifie. Ce n'est point, à son égard, un contrat nouveau ; c'est l'ancien qui conserve ou reprend sa force, et qui pro-

---

(1) V. *suprà*, n⁰ˢ 122 et suiv.

duit son effet *du jour de sa date, et non pas seulement du
jour de la confirmation.* Les vices dont il était originairement infecté, la nullité, même absolue, dont il était frappé,
sont entièrement réparés, entièrement effacés par l'appro-
bation, comme s'il n'avait point existé : elle rend à la vie
ou à l'existence légale un contrat que la loi considérait, auparavant, comme s'il n'avait point existé » (1).

Voilà les principes nettement posés. Ils étaient ceux de
notre ancien droit, ainsi que l'atteste Pothier (2), comme ils
sont ceux du Code.

M. Mourlon prétend que la fiction légale, sur laquelle on
fonde la rétroactivité de la ratification, ne résulte d'aucun
texte de loi. Je conviens que cette rétroactivité ne ressort
pas des termes de l'art. 1338 avec la même netteté qu'elle
a, dans l'art. 1179, pour les obligations conditionnelles.
Mais l'art. 1338 n'est que l'écho des anciens principes ; et,
dans l'ancien droit, je le répète, on n'a jamais refusé à la
ratification l'effet rétroactif que lui conteste M. Mourlon,
sous réserve du droit des tiers (*suprà*, n°s 114 et 115).

479. Mais la transcription de l'acte de ratification a précisément pour objet, dira M. Mourlon, de sauvegarder les
intérêts des tiers.

J'ai déjà montré (n° 475) que les tiers étaient désintéressés
par la transcription de l'acte originaire, faite avant la ratification. La difficulté porte donc uniquement sur le point de
savoir si, à cette première garantie, il faut en joindre une
seconde, qui a paru tout à fait inutile à M. Mourlon lui-même,
dans un cas analogue, celui où l'acquéreur éventuel d'un
immeuble ratifie l'acquisition qu'un *negotiorum gestor* a
faite pour son compte. Je rappelle, à cet égard, les paroles
de M. Mourlon :

---

(1) T. 8, n°s 513 et 514.
(2) Introd. à la Cout. d'Orl., tit. 20, n° 24.

« Lorsque la ratification a lieu, dit-il, le mandant (expression impropre, puisqu'il s'agit d'une acquisition faite sans mandat, mais employée, à défaut d'autre), le mandant peut bien, s'il le juge à propos, faire transcrire la vente, afin d'apprendre aux tiers que la propriété réside désormais, en sa personne, à l'état de propriété pure et simple ; ce qui pourra consolider et étendre son crédit ; mais il n'y est point obligé..... » (1).

480. J'ai annoncé, au n° 117, que j'examinerais ici une opinion de MM. Rivière et Huguet, qui disent qu'on ne peut ratifier un acte infecté d'une nullité radicale, un acte nul par défaut de convention et faussement qualifié contrat : par exemple, un acte de vente sous seing privé qui manquerait de la signature de l'une des parties (2). D'où ils tirent la conséquence que, cet acte eût-il été transcrit par l'acquéreur, la propriété ne serait consolidée, dans les mains de ce dernier, à l'égard des tiers qui acquerraient postérieuremendes droits sur l'immeuble, que par la transcription de l'acte, indûment qualifié d'acte de ratification, mais qui doit être considéré comme un nouveau titre, ne pouvant transmettre la propriété que pour l'avenir (3).

---

(1) V. *suprà*, n° 127.—On peut invoquer, dans le même sens, non comme argument direct, mais comme raison d'analogie, un arrêt de rejet de la chambre civile, qui juge que l'hypothèque, consentie par un mineur, mais ratifiée en majorité, prime tous les créanciers inscrits postérieurement à la ratification, sans qu'il soit besoin d'une inscription nouvelle, ni même de la mention, dans l'inscription déjà existante, de la ratification intervenue..., lors, surtout, que la ratification a été promise dans l'acte constitutif d'hypothèque (Rej. 23 nov. 1856, aff. Saissi et Guyon ; D.ᴘ.56.1.385).

(2) Cela a été ainsi jugé, sur les conclusions conformes de Merlin, par un arrêt de la chambre des requêtes du 27 août 1812, aff. Fillon. L'arrêt est rapporté, avec les conclusions, au Répert., vᵒ *Ratification*, n° 9, et dans la Jur. gén., 1ʳᵉ édit., t. 10, p. 662, note 2. Dalloz lui donne la date du 27 mars 1812.

(3) Quest., n° 64.

481. Il est très-vrai que la question posée par MM. Rivière et Huguet est une question controversée, mais en même temps trop connue pour que je m'arrête à la discuter longuement (1). Je me borne à dire que Merlin, revenant, après la critique qu'en avait faite Toullier, sur la doctrine qu'il avait soutenue devant la chambre des requêtes, l'a rétractée dans ses Questions de droit (2).

Quant à Toullier, il est on ne peut plus net sur la question. « C'est un principe constant, dit-il, que tout homme, en faveur duquel est ouvert le droit d'attaquer un acte dont la loi prononce la nullité pour son intérêt privé, valide cet acte et le rend, à son égard, pleinement obligatoire par la ratification expresse ou tacite. Les lois romaines nous offrent, sur ce point, une foule de décisions claires et positives, d'autant plus respectables qu'elles sont confirmées par les art. 1338 et 1540 du Code civil. Nous en avons déjà donné un exemple dans la vente faite, sans formalités, par le tuteur, des immeubles de son pupille. Cette vente est nulle, absolument nulle; cependant, le mineur peut la ratifier, non-seulement expressément, mais même tacitement (L. 10, D., *De Rebus eorum*, etc.). En un mot, nous ne connaissons point de nullité, fondée sur l'intérêt privé, qui ne puisse être réparée par la ratification expresse ou tacite. Le vice le plus absolu des conventions, le défaut ou la non-existence du consentement, peut, néanmoins, être réparé par la ratification, soit expresse, soit tacite... » (3).

Toullier applique la même doctrine aux nullités fondées sur le défaut de cause, ou sur la fausse cause.

---

(1) V., pour l'indication des auteurs et des arrêts, la Jur. gén., 1ʳᵉ édit., vᵒ *Obligation*, ch. 6, sect. 1, art. 5, § 2, nᵒ 18; le Dict. d'Armand Dalloz, vᵒ *Ratification*, nᵒˢ 41 et suiv., et ses suppléments, *eod. verb.;* les Codes annotés de Gilbert, sur l'art. 1338, nᵒˢ 1 et suiv.

(2) Vᵒ *Ratification*, § 5, nᵒ 3.

(3) T. 8, nᵒ 517.

« ... Il nous paraît donc certain, dit-il, qu'une convention sans cause, ou sur une cause fausse, peut être ratifiée, de même que toute autre convention radicalement nulle ; et, par conséquent, que l'exécution volontaire de l'obligation sans cause, laquelle n'est autre chose qu'une ratification tacite, est une renonciation à opposer le vice de cette convention, pourvu que la fausseté de la cause fût connue, au moment de l'exécution volontaire » (1).

Je dois avouer, pourtant, que l'opinion contraire a pour elle une autorité bien grave, c'est celle de Pothier. Comparant à la ratification du mineur celle de la femme mariée, pour les actes qu'elle a passés, sans l'autorisation de son mari, et qui, dans les principes de l'ancien droit, étaient nuls, d'une nullité absolue, tandis que ceux du mineur étaient seulement annulables, dans son intérêt, Pothier s'exprime ainsi :

« De là naît, dit-il, une autre différence, qui est que l'acte du mineur, fait sans autorisation, peut être validé par la ratification du mineur, devenu majeur, et qu'il a, *du jour de sa date,* toutes les hypothèques qui en résultent, s'il a été fait par-devant notaire (2). — Au contraire, l'acte fait par une femme non autorisée ne peut être validé par la ratification de la femme devenue veuve, *ce qui est absolument nul ne pouvant être confirmé.* C'est pourquoi cette ratification ne pourra avoir l'effet que d'une nouvelle convention entre les parties » (3).

482. Je me range, néanmoins, à l'avis de Merlin et de Toullier, et j'ajoute que l'art. 1338 du Code Napoléon, pas plus que l'art. 1304, en parlant de l'action en *nullité,* n'ont

---

(1) T. 6, n° 180, *in fine.*

(2) Sur cette question, dans laquelle je m'écarte encore de l'opinion de Pothier, V. mon Traité des Priv. et Hyp., inédit. V. aussi la Jur. gén., v° *Priv. et Hyp.,* n°s 1232, 1233 et 1239.

(3) Cout. d'Orl., Introd. au tit. 10, n° 144.

distingué entre les causes qui peuvent rendre un acte ou une convention susceptibles d'être annulés.

Cela dit, je n'ai point à revenir sur les principes que je viens de développer, relativement aux effets de l'acte de ratification, et à l'inutilité de la transcription de cet acte, lorsque le premier acte a été transcrit. Je m'en réfère aux raisons par lesquelles j'ai combattu une opinion de M. Mourlon plus radicale encore que celle de MM. Rivière et Huguet.

483. Comme conséquence de ces principes, on doit décider qu'il n'y a pas lieu de transcrire :

1° L'acte par lequel les héritiers ou ayants cause d'un donateur ratifient, après son décès, une donation nulle, soit pour vice de forme, soit pour toute autre cause. (C. Nap., 1340).

M. Mourlon admet cette solution pour le cas où la nullité porterait sur un vice de forme, parce que la ratification, dans ce cas, implique, dit-il, que la donation, « bien que faite en dehors des formes prescrites par la loi, a été consentie librement, en parfaite connaissance, et qu'ainsi, elle a été valable dès son commencement » (1).

L'acte de ratification, dans son système, devrait être transcrit, si le vice allégué était fondé sur la violence, le dol ou l'erreur.

484. 2° L'acte par lequel on se désiste d'une action en revendication.

Que peut-il y avoir là de translatif ? De ce que vous revendiquez, comme vôtre, l'immeuble que je détiens, ce n'est pas une raison, tant qu'un jugement, passé en force de chose jugée, n'a pas consacré votre prétention, pour que vous soyez propriétaire de cet immeuble; conséquemment le désistement que vous me donnez, avant jugement, de votre action, que ce désistement soit gratuit ou qu'il ne le soit

---

(1) Rev. prat., t. 6, p. 401, n° 125-4°.

pas, ne peut devenir matière à transcription. Dans le premier cas, ce désistement n'implique autre chose que la reconnaissance de mon droit de propriété, ou, tout au moins, le peu de confiance que vous avez dans le succès de votre action en revendication. Dans le second cas, c'est une transaction sur procès (V. *supra*, n° 472, à la fin) (1).

485. M. Lesenne est d'un autre avis. « Si le désistement, dit-il, porte uniquement sur la procédure, il n'est qu'une renonciation à une instance actuellement engagée, une déréliction de certains actes déjà faits ; mais il ne touche nullement au fond de la prétention ou du droit... Il n'y a donc rien à faire transcrire. Mais, si celui qui se désiste de l'instance va jusqu'à renoncer au fond du droit ; s'il abandonne toute prétention à la maison, cet acte devient une renonciation, *qui a la plus grande analogie avec la renonciation au droit de propriété ou d'usufruit*;... et alors il faut faire transcrire » (2).

M. Mourlon lui répond, avec raison, que les analogies ne sont point reçues en cette matière.

486. J'ai dit, avec intention, au n° 484, que le désistement d'une action en revendication ne peut donner lieu à transcription, *tant qu'un jugement, passé en force de chose jugée, n'a pas accueilli cette action*, parce que, selon moi, l'acte de renonciation, par le demandeur en revendication, au bénéfice du jugement en *dernier ressort*, rendu à son profit, serait sujet à transcription.

Je ne puis donc partager l'opinion de M. Mourlon, qui prétend qu'il n'y a pas à distinguer si le jugement est, ou non, susceptible d'un recours quelconque, attendu que, « les jugements étant simplement *déclaratifs* des droits auxquels ils se réfèrent, l'autorité que la loi attache à la chose jugée

---

(1) Conf. Mourlon, *loc. cit.*, n° 125-3°.
(2) Comment., n° 39.

n'est et ne peut jamais être qu'une simple présomption légale, une preuve. Ainsi, dit-il, quand, sur ma demande en revendication, mon adversaire est condamné à délaisser entre mes mains l'immeuble qu'il détient, il est bien évident que cette condamnation n'opère aucune mutation... Or, s'il est vrai que le demandeur en revendication n'acquiert aucun droit, quand sa prétention est admise, il est clair qu'il n'en aliène aucun, lorsqu'il renonce au bénéfice du jugement dont il pourrait se prévaloir. Il reconnaît simplement qu'il s'est trompé, et que la Justice, égarée par les renseignements inexacts qu'il lui a donnés, s'est trompée comme et avec lui. Sa renonciation n'est donc que la reconnaissance du droit d'autrui, ou, mieux encore, l'abandon d'une preuve qu'il reconnaît fausse. »

M. Mourlon réserve seulement aux tiers intéressés « la faculté de démontrer, par toute espèce de moyens, même par de simples présomptions, que, sous ce désistement, se cache, soit une libéralité indirecte, soit une vente ou toute autre aliénation, à titre onéreux » (1).

487. Le jugement, dit l'auteur, qui, sur une demande en revendication, condamne le détenteur de l'immeuble à le délaisser à celui qui le revendique, ne doit pas être transcrit, parce qu'il n'opère aucune mutation.

Cela est vrai ; mais pourquoi ? Ce n'est pas à cause du principe, que les jugements n'ont qu'un *effet déclaratif;* car, si la revendication, ou, pour parler plus exactement, l'action en délivrance était fondée sur une *convention verbale,* par laquelle le propriétaire de l'immeuble se serait engagé, par exemple, à me le vendre, moyennant un prix convenu entre nous, convention déniée par lui, ou qu'il refuserait d'exécuter, le jugement, qui le condamnerait à me délaisser cet immeuble, serait, bien certainement, soumis à la

_____

(1) Rev. prat., *loc. cit.,* n° 125-6°.

transcription, en vertu du n° 5 de l'art. 1ᵉʳ de la loi du 23 mars 1855 (1).

Mais, lorsque ma réclamation est basée sur ce fait que j'allègue, et dont j'offre la preuve, que l'immeuble que détient Primus m'appartient, parce que je l'ai recueilli, je suppose, dans la succession de Titius, mon parent, qui en était le véritable propriétaire, le jugement qui, sur la preuve fournie par moi du fait allégué, me reconnaît, en effet, propriétaire de cet immeuble, et condamne Primus à me le restituer, ce jugement, quoique faisant titre en ma faveur, ne devra pas, cependant, être transcrit, parce que, de Primus à moi, il n'y a pas transmission de propriété.

Mais est-ce à dire, pour cela, que, si je renonce au bénéfice qui m'est acquis par ce jugement, passé en force de chose jugée, Primus n'aura pas à faire transcrire l'acte de renonciation? Est-ce que cet acte n'a pas pour effet de faire passer sur la tête de Primus la propriété d'un immeuble qui reposait, désormais, sur la mienne? Qu'importe que le jugement, qui m'a déclaré propriétaire, n'ait fait que reconnaître et consacrer mon droit préexistant? L'abandon que je fais de ce droit *acquis*, en renonçant à me prévaloir du jugement, n'en constitue pas moins une transmission de propriété au profit de Primus.

L'erreur de M. Mourlon consiste à confondre les effets d'un jugement, qui n'est pas encore la vérité judiciaire, tant qu'il est susceptible d'opposition ou d'appel, avec ceux d'un jugement qui forme le plus irréfragable de tous les titres, lorsqu'il ne peut plus être réformé. C'est cette erreur que j'ai déjà combattue *supra*, n°ˢ 462 et 463, à propos d'une question analogue, la renonciation au bénéfice d'une prescription acquise et opposée, en justice, comme moyen de défense à une action en revendication.

_____

(1) V. sous la sect. 7.

488. Lorsque le défendeur à l'action en revendication acquiesce à la demande, « il n'aliène pas, comme le dit très-bien M. Mourlon, la chose qu'il remet au demandeur ; il reconnaît simplement qu'elle appartient à ce dernier » (1). A plus forte raison, lorsqu'il acquiesce au jugement qui l'a condamné à restituer l'immeuble, puisque cet immeuble est reconnu, judiciairement, être la propriété du revendiquant (2). — La transcription de l'acte d'acquiescement n'est donc pas plus nécessaire dans un cas que dans l'autre.

489. Mais on devrait transcrire l'acte par lequel un vendeur à pacte de rachat, encore dans le délai pour exercer le réméré, renonce à la faculté qu'il s'est réservée de rentrer dans l'immeuble qu'il a aliéné. C'est là un droit certain qu'il abandonne, un droit immobilier qui, pour être conditionnel, n'en constitue pas moins un droit réel, qu'il peut céder, qu'il peut hypothéquer (*suprà*, n° 384), et auquel, dès lors, il ne peut renoncer, sans que les tiers soient avertis, par celui à qui la renonciation doit profiter, c'est-à-dire par l'acquéreur de l'immeuble, de la dévolution qui s'est opérée au profit de ce dernier, ou, pour parler plus exactement, de la cessation de la faculté de rachat en la personne du vendeur (3).

490. On devrait transcrire encore, suivant la remarque qu'en fait M. Mourlon, l'acte de renonciation à l'action en réduction de donations immobilières excédant la quotité disponible (4). L'effet de cette action est de faire rentrer, dans la masse héréditaire, les immeubles qui font l'objet de ces donations inofficieuses, alors même qu'ils seraient sortis des mains des donataires (C. Nap., 929 et 930). C'est donc bien là un droit réel immobilier qu'on aliène, en y renonçant.

---

(1) Rev. prat., *loc. cit.*, n° 125-7°.
(2) *Idem*.
(3) Conf. Mourlon, *loc. cit.*, n° 127.
(4) Rev. prat., *loc. cit.*

Je ne sais pourquoi M. Mourlon n'a parlé que des *donations*, sans faire mention des dispositions testamentaires, sujettes à la même action en réduction, et par lesquelles même on doit commencer, avant de s'attaquer aux donations entre-vifs (923). Ce n'est pas, sans doute, par le motif que les dispositions testamentaires ne sont pas soumises à la transcription (*supra*, n° 17) ; car l'acte dont il s'agit ici, et pour lequel la transcription est exigée, n'est pas un acte de dernière volonté, mais un acte entre-vifs, par lequel l'héritier à réserve ou son ayant cause, en renonçant à l'action en réduction, se dépouille, par le fait, des biens destinés à compléter sa réserve.

491. On devrait, à plus forte raison, transcrire l'acte par lequel le donateur renonce à exercer l'action en revendication, d'immeubles faisant l'objet d'une donation entre-vifs, révoquée pour cause de survenance d'enfant. C'est assurément là, de la part du donateur, faire l'abandon d'un droit acquis, puisque l'art. 960 déclare, en pareil cas, la donation révoquée de plein droit.

492. Mais doit-on regarder comme soumise également à la transcription la renonciation que ferait le vendeur, non payé, à son action résolutoire (C. Nap., 1654 et 1656) ?

M. Mourlon distingue sur cette question :

Si le vendeur, dit-il, renonce à l'action résolutoire, tout en conservant sa créance, la renonciation doit être transcrite.—L'acheteur, en effet, qui aurait négligé cette précaution, se trouverait désarmé vis-à-vis d'un cessionnaire à qui le vendeur aurait, depuis, transporté sa créance, avec l'action résolutoire, et qui aurait transcrit avant lui.

493. Si le vendeur, reprend M. Mourlon, fait à l'acheteur remise de l'obligation de payer le prix, la transcription n'est point nécessaire ; « car alors, dit-il, sa renonciation à son action résolutoire n'est plus qu'une suite ou l'accessoire d'un acte principal, qui, bien qu'occulte, est opposable aux tiers. Les choses se passent, en ce cas, comme

elles se passeraient, si, après un paiement effectué par l'acheteur, le vendeur lui avait immédiatement remis, par don manuel, la somme versée entre ses mains » (1).

J'ai montré *supra*, n° 391 , à propos d'une question analogue à celle-ci, que l'action résolutoire ne peut être d'aucune utilité, séparée de la créanee à laquelle elle se réfère. En supposant donc que le vendeur ait transporté, de mauvaise foi, à un cessionnaire sa créance, éteinte par là remise qu'il en a faite au débiteur, et, avec cette créance, l'action résolutoire que la loi y a attachée, ce serait bien vainement que ce cessionnaire opposerait à l'acquéreur que le défaut de transcription de l'acte opérant sa libération a laissé subsister contre lui l'action résolutoire ; car l'acquéreur lui répondrait que, l'action résolutoire étant une action subsidiaire, qui ne peut être invoquée qu'à défaut de paiement du prix, il n'y a plus lieu à l'exercice de cette action, dès que la créance à laquelle elle se réfère se trouve éteinte.

494. La même distinction peut s'appliquer à la renonciation à un droit d'antichrèse, quoique le n° 2 de l'art. 2 de la loi du 23 mars 1855 ne fasse pas cette distinction.

On a vu *supra*, n° 404, que le droit d'antichrèse peut être cédé avec la créance dont il est l'accessoire, et que la transcription de l'acte de cession, si elle n'est pas dans les termes, est au moins dans le vœu de la loi, et dans l'intérêt du cessionnaire. — Supposé donc que le créancier antichrésiste, pour se décharger des soins et des frais que lui impose la détention de l'immeuble (C. Nap., 2087), renonce à son droit d'antichrèse par un acte non suivi de la remise immédiate de cet immeuble à son propriétaire ; qu'ensuite, il transporte à un tiers la créance à laquelle il n'a pas renoncé, sans faire mention de l'abandon qu'il a fait au

---

(1) Rev. prat., *loc. cit.*

débiteur du droit d'antichrèse : si celui-ci ne fait pas transcrire avant le cessionnaire, le droit d'antichrèse continuera
de subsister au profit de ce dernier, en admettant, toutefois,
qu'il ait été mis, par son cédant, en possession réelle de
l'immeuble ; condition essentielle, ainsi que je l'ai dit au
n° 403, pour la validité du contrat d'antichrèse.

Mais, si le créancier antichrésiste ne s'est pas borné à
faire remise au débiteur du droit d'antichrèse, s'il lui a fait,
en même temps, remise de la dette, de quelle utilité pourrait être, dans ce cas, la transcription, puisque le créancier,
ne pouvant plus disposer d'une créance éteinte, ne peut,
par la même raison, disposer d'un droit accessoire à cette
créance, et qui s'est éteint avec elle ? La transcription n'aurait pas même ici, comme dans le cas où il s'agit de la renonciation à un droit d'usage ou d'habitation (*suprà*, n° 458),
le mérite de servir au crédit du débiteur, puisqu'il suffit à
ce dernier d'être rentré, de fait, dans la possession de son
immeuble, pour faire évanouir le droit d'antichrèse, alors
même que le créancier n'y aurait pas renoncé.

SECTION V. — *De la Transcription des baux excédant*
dix-huit années.

SOMMAIRE.

495. Dans le bail, les loyers ou fermages que paie le preneur rem-
placent, pour le propriétaire, la perception des produits naturels du
fonds.

496. Le bail était considéré, dans l'ancien droit, comme ne conférant
au preneur qu'un droit purement personnel, *jus ad rem*.—Le Code
n'a point innové.—Opinion contraire de M. Troplong et de quelques
auteurs, qui accordent au preneur le *jus in re*.—La loi du 23 mars
1855 ne peut être invoquée comme favorable à cette opinion.

497. Quoique ne formant pas un démembrement de la propriété, le
bail, à long terme, est une charge que les tiers ont intérêt à connaître.

498. Le projet du Gouvernement fixait à vingt-sept ans la durée des
baux qui devaient être assujettis à la transcription. — La Commis-

sion du Corps législatif proposait douze ou quinze ans.—On a adopté, comme moyen terme, le chiffre de dix-huit ans.

499. La Commission de l'Assemblée nationale, dans le projet de réforme hypothécaire, s'était arrêtée à un autre système.

500. Les baux excédant dix-huit ans, quoique non transcrits, conservent leur efficacité, à l'égard des tiers, pour dix-huit années.

501. Quel est le point de départ de ces dix-huit années? — Renvoi de l'examen de la question au chap. 4.

502. D'après M. Troplong, des baux, successivement renouvelés pour une période ne dépassant pas dix-huit années, sont, à part le cas de fraude, exempts de la transcription.

503. Opinion contraire de MM. Gauthier et Mourlon.

504. J'adopte la première opinion comme plus juridique. — Ces renouvellements sont dans l'intérêt commun du propriétaire et du preneur.— Plusieurs articles du Code Napoléon les autorisent.—Mais ces renouvellements, s'ils étaient faits trop longtemps à l'avance, deviendraient justement suspects.

505. Il en serait de même du renouvellement qui contiendrait quittance d'une somme équivalente à cinq années de fermages, imputables, par moitié, sur les dernières années du bail courant et les premières du nouveau bail.

506. Il n'y a pas lieu de s'arrêter à de prétendues analogies présentées par M. Mourlon, dans le sens de son opinion.

507. M. Mourlon n'admet même pas qu'il y ait une nouvelle location, lorsque, dans le bail en renouvellement, les conditions du premier bail sont changées.— Abus que fait l'auteur de citations empruntées au Traité des Obligations de Pothier.

508. Il n'y aurait lieu, suivant le même auteur, de tenir aucun compte de la déclaration faite par les parties, dans le bail renouvelé, qu'elles n'entendent point proroger le bail courant, mais en faire un nouveau. — Cette proposition, en dehors même de toute pensée de fraude, est logique, dans son système.

509. La disposition, qui soumet à la transcription les baux d'une durée supérieure à dix-huit ans, est applicable aux baux à colonage partiaire.

510. Mais les baux de cette nature sont rarement d'une aussi longue durée.

511. La cession d'un bail excédant dix-huit années est-elle soumise à la transcription? — La négative, lorsque le bail a été transcrit, est généralement admise.—Deux raisons en sont données : la première, que la loi n'a parlé que des baux ; la seconde, qu'il est indifférent pour les tiers, dès qu'ils sont avertis, par la transcription, de l'existence du bail, que ce soit le cédant ou le cessionnaire qui ait le droit de jouir de l'immeuble.

512. La dernière raison n'est pas concluante.

513. La première ne le serait pas davantage, si les principes, à défaut du texte, devaient conduire à la nécessité de la transcription.

514. Véritables raisons de décider que les cessions de baux ne sont point passibles de la transcription.

515. Si le bail n'avait pas été transcrit, la transcription de l'acte de cession ne pourrait y suppléer.

516. Insuffisance du motif donné, par MM. Rivière et Huguet, à l'appui de cette solution—Vraie raison de décider.

517. Le cessionnaire n'a d'autre moyen, pour empêcher qu'on n'excipe contre lui de la clandestinité du bail, que de faire transcrire ce bail.

518. Si, dans l'acte de cession du bail, le propriétaire intervenait pour accepter le cessionnaire au lieu et place du cédant, il y aurait un nouveau bail, qui rendrait une nouvelle transcription nécessaire, s'il restait plus de dix-huit ans à courir.

519. Opinion contraire de M. Mourlon.—Réfutation.

520. Facilité qu'aurait le propriétaire de l'immeuble pour tromper les tiers, si l'on n'exigeait une nouvelle transcription.

521. Motif pour lequel j'ai adopté une solution différente, dans le cas de simple cession du droit au bail, sans novation.

522. M. Mourlon, toutefois, subordonne son opinion à la condition qu'il n'y ait pas de graves modifications apportées au bail transcrit. —Dans le cas contraire, la transcription serait nécessaire.—Mais, à défaut de transcription, les tiers acquéreurs pourraient seulement demander le rétablissement des choses dans leur état primitif. — Nouveau dissentiment avec l'auteur sur ce point.

523. Le sous-locataire est dispensé de faire transcrire sa sous-location.

524. Le droit d'exploitation des mines et carrières peut-il faire l'objet d'un bail ? — Jurisprudence négative de la Cour de cassation.

525. La chambre des requêtes avait, d'abord, jugé le contraire ; mais elle n'y a pas persisté.

526. L'opinion des auteurs est contraire à cette jurisprudence.

527. J'incline vers cette dernière opinion. — Réponse à l'objection tirée de ce que la location du droit d'exploiter une mine, une carrière, s'applique à des choses fongibles, qui s'épuisent et ne se reproduisent pas. — Comparaison entre la location de ce droit d'exploitation et la location d'un droit d'usufruit.

528. C'est, du reste, comme location, et non comme vente, que la Régie de l'Enregistrement avait, à l'origine, considéré la stipulation dont il s'agit.

529. Nécessité de revenir à ces principes, sous la loi du 23 mars 1855, qui assujettit à la transcription les baux excédant dix-huit années, et n'y soumet pas les ventes mobilières. —La question est au moins douteuse ; et, en pareil cas, il est prudent de transcrire.

530. Mais on n'est pas obligé de transcrire la cession, faite moyennant un prix unique, du droit d'exploiter une carrière. — C'est là une vente mobilière. — Réponse à l'objection tirée de ce qu'une semblable vente est plus dommageable aux tiers que la simple location.

531. Les locations verbales (s'il en est qui excèdent dix-huit années) ne deviennent susceptibles de transcription qu'après que le preneur en a fait reconnaître l'existence par un jugement. —C'est ce jugement qui doit être transcrit.

532. Quoique les baux, moindres de dix-huit ans, ne soient pas assujettis à la transcription, les créanciers hypothécaires n'en ont pas moins la faculté, lorsqu'ils exercent le droit de suite, de demander l'annulation de ces baux, s'ils ont été faits en fraude de leurs droits.

495. En lui-même, le bail n'est qu'un acte d'administration, un mode de jouissance, qui remplace, pour le propriétaire, qui ne peut ou ne veut cultiver par lui-même, la perception des produits naturels de son fonds. Ces produits sont représentés par les loyers ou fermages que paie le preneur au propriétaire.

496. On a agité la question de savoir si, dans les principes du Code Napoléon, le bail a pour effet de conférer au preneur un droit réel, *jus in re*, par dérogation à l'ancienne règle, qui ne voyait, dans le droit du preneur, qu'un droit personnel, *jus ad rem* (1).

M. Troplong, dans une brillante dissertation, bien faite pour séduire les esprits enclins à se laisser aller au charme des nouveautés, lorsqu'elles ont pour champion un jurisconsulte d'une telle autorité, un écrivain d'un pareil talent, M. Troplong a déduit la *réalité* du droit du preneur de la disposition de l'art. 1743, C. Nap., qui, dérogeant à la fameuse loi *Emptorem* (2), déclare que, « si le bailleur vend

---

(1) Pothier, Du Contrat de louage, nᵒˢ 5, 285 et suiv.; Voët, *Ad Pand.*, lib. 19, tit. 2, nᵒ 1.

(2) *Emptorem quidem fundi necesse non est stare colono, cui prior dominus locavit, nisi eâ lege emit...* (L. 9, C., *De Loc. et cond.*).

la chose louée, l'acquéreur ne peut expulser le fermier, ou le locataire, qui a un bail authentique, ou dont la date est certaine, à moins qu'il ne se soit réservé ce droit par le contrat de bail » (1). — Mais cette doctrine compte peu de partisans (2). Et la loi du 23 mars 1855, loin de lui prêter appui, est un nouvel argument contre elle ; car la *personnalité* du droit du preneur est formellement établie, comme on le verra au numéro suivant, dans le rapport de M. A. Debelleyme.

L'examen approfondi de cette question m'entraînerait trop loin, et je n'aurais, d'ailleurs, rien à ajouter aux raisons données par les auteurs que j'ai cités en note, et qui ne voient, dans l'art. 1743, qu'une disposition exceptionnelle, dont l'application est limitée au cas spécifié.

497. Au reste, que le droit du preneur soit ou ne soit pas un droit réel, il n'en est pas moins certain que le bail à longues années, s'il n'est pas, comme l'usufruit, un démembrement de la propriété (3), altère sensiblement la valeur vénale de l'immeuble ; qu'il constitue, ainsi, une charge que les tiers sont intéressés à connaître.

Voici de quelle manière s'exprimait, à cet égard, le Rapporteur de la loi du 23 mars 1855, M. A. Debelleyme :

---

(1) Du Louage, t. 1, n°s 4 et suiv., et t. 2, n°s 489 et suiv. V. aussi De la Vente, t. 1, n° 321.

(2) Conf. Belime, Traité de la Possession, n° 309 ; Fréminville, Tr. de la Minorité, t. 1, n° 528, cités par Dalloz, lequel ne voit, dans le droit du preneur, qu'un droit réel, *sui generis*, et limité dans ses effets (Jur. gén., v° *Louage*, n° 486). — *Contrà*, Delvincourt, t. 3, p. 198, note 5 ; Proudhon, Usufr., t. 1, n° 102 ; Toullier, t. 3, n° 388 ; t. 6, n° 436, et t. 12, n° 105 ; Duranton, t. 4, n° 73, et t. 17, n° 138 ; Duvergier, t. 3, n° 280 ; Marcadé, sur l'art. 1743, n° 1 ; Championnière et Rigaud, Droits d'Enreg., t. 4, n° 3032 ; Mourlon, Rev. prat., t. 7, p. 158, n° 147 ; Pont, Rev. crit. de lég., t. 10, p. 402, n° 7 (année 1857).

(3) Proudhon, De l'Usufruit, t. 1, n°s 98 et suiv.; Dalloz, Jur. gén., v° *Louage*, n° 26, et v° *Priv. et hyp.*, n°s 1765 et suiv.

1.   23

Après avoir dit qu'il est nécessaire de soumettre à la transcription les modifications de la pleine propriété, telles que
l'usufruit, l'usage et l'habitation, il ajoute : « Pour faire
atteindre à la loi complétement son but, qui est de révéler,
d'une manière utile et pratique, l'état vénal de la propriété,
il faut même aller plus loin, et assujettir à la transcription
tous les actes qui, *sans constituer des droits réels*, imposent,
cependant, à la propriété des charges qui sont de nature à en
altérer sensiblement la valeur. Tels sont les baux à long
terme et les quittances anticipées de plusieurs années de
loyer. On sent toute l'influence que peut exercer, sur la valeur d'une propriété, l'existence de pareils actes; son utilité, son produit, sa jouissance sont affectés de telle sorte
qu'il y a, pour l'acheteur ou le prêteur sur hypothèque, un
légitime intérêt à les connaître. Nous ne nous sommes pas
dissimulé que la publicité, donnée aux baux et aux quittances de loyer, était une invasion faite dans le domaine des
droits personnels, une dérogation au principe de la liberté et
du secret des conventions privées ; mais elle nous a paru
justifiée et absolument nécessaire. Nous l'avons donc acceptée comme une condition indispensable du but que la loi se
propose... Ce n'est que par une révélation entière des charges
de la propriété; ce n'est qu'en donnant aux tiers intéressés
la plus complète sécurité, que l'on peut assurer le développement, si désirable, du crédit immobilier » (1).

498. Le projet du Gouvernement avait proposé de fixer
à 27 ans la durée des baux qui seraient assujettis à la formalité de la transcription. La Commission proposa douze
ou quinze ans. Le Conseil d'État prit un moyen terme, et
adopta le chiffre de dix-huit ans. Ainsi que l'a dit le Rapporteur dans la discussion, il devait nécessairement y avoir
quelque chose d'arbitraire dans la fixation de la durée qu'au-

_____

(1) Monit. du 31 mai 1854, suppl.; D.P.55.4.30, nos 27 et 28.

rait un bail pour tomber sous l'application de la loi, et il a paru que le chiffre de dix-huit années était une transaction satisfaisante entre la rigueur du principe et le besoin d'une limite (1).

499. La Commission de l'Assemblée nationale législative, dans le projet de réforme hypothécaire de 1850, s'était arrêtée à un autre système : elle ne soumettait pas les baux à la transcription ; mais elle avait déclaré susceptible d'hypothèque, à l'instar du droit du preneur à bail emphytéotique, « le droit du preneur à bail à une ou plusieurs vies, et celui du preneur à bail de trente ans ou plus, lorsque ces baux ne contiennent pas la prohibition de céder le droit au bail ou de sous-louer. » La Commission, disait son rapporteur, M. de Vatimesnil, n'a pas pensé qu'il convînt d'ordonner, comme le fait le projet du Gouvernement, la transcription des baux excédant dix-huit années, lorsqu'ils ne constituent pas, aux termes de l'art. 2110 du projet de la Commission, un droit réel susceptible d'hypothèque. Si le bail est frauduleux, on pourra l'attaquer ; s'il ne l'est pas, il n'affecte pas, d'une manière assez considérable, la valeur de l'immeuble pour qu'on doive en exiger la transcription (2).

500. La disposition du n° 4 de l'art. 2 de la loi du 23 mars 1855, qui soumet à la transcription « les baux d'une durée de plus de dix-huit années, » ne doit pas être entendue en ce sens qu'un bail excédant dix-huit ans, s'il n'est transcrit, sera sans aucune efficacité à l'égard des tiers : cette disposition a besoin d'être complétée par la disposition finale de l'art. 3 de la même loi, portant que les baux, qui n'ont point

_____

(1) L'art. 1er de la loi Belge, du 16 déc. 1851, exige la transcription pour « les baux excédant *neuf* années, ou contenant quittance d'au moins trois années de loyers. »

(2) Rapport, p. 83 ; Impress. de l'Assemb. nat. lég., n° 979.

été transcrits, ne peuvent être opposés aux tiers qui ont des droits sur l'immeuble, et qui les ont dûment conservés, pour une durée de plus de dix-huit ans. —Ces baux, quoique non transcrits, vaudront, par conséquent, pour dix-huit années.

501. Quel sera le point de départ de ces dix-huit années? C'est là une question que j'examinerai, avec d'autres touchant aux effets de la transcription du bail, par rapport aux tiers, lorsque j'expliquerai l'art. 3 (1).

502. La loi ne soumettant à la transcription que « les baux d'une durée de plus de dix-huit années », il paraît à M. Troplong que, si un bail a été renouvelé, avant son expiration, pour une période qui ne dépasse pas dix-huit nouvelles années, on ne doit voir là que des baux successifs, individuellement exempts de la transcription, puisque la loi ne prescrit pas de publier des baux successivement renoulés, et dont chacun ne dépasse pas le maximum fixé.

« Ce n'est que lorsque la fraude est prouvée, dit ce magistrat, qu'on peut arriver à un autre résultat. Dans cet ordre d'idées, il est évident qu'un bail d'une durée excessive ne sera pas soustrait à la règle de la transcription, par cela seul qu'il aura été divisé, adroitement et fictivement, en plusieurs baux successifs, dont aucun ne dépassera la durée légale. Il appartient aux tribunaux d'apprécier les circonstances.—Peut-être, ajoute l'auteur, pour prévenir les fraudes, eût-on pu, à l'imitation de l'art. 1430 du Code Napoléon, fixer un délai dans lequel le renouvellement aurait dû avoir lieu, pour échapper à la nécessité de la transcription. Mais cette précaution n'a pas été prise, et on doit reconnaître que les baux successifs, de dix-huit ans chacun, sont obligatoires sans publicité » (2).

---

(1) V. sous la sect. 5 du chap. 4.
(2) De la Transcr., n° 117.

La même opinion a été exprimée par M. Martou, sur l'art. 1er de la loi belge (1).

505. Au contraire, deux autres auteurs belges, cités par M. Martou, MM. Cloes et Casier, et, parmi nous, MM. Gauthier et Mourlon, enseignent qu'il n'est pas nécessaire de prouver la fraude, et qu'en aucun cas, le preneur, dont le titre n'a pas été transcrit, qu'il s'agisse d'un bail unique ou d'un bail renouvelé, ne peut, en ce qui touche l'intérêt des tiers, prolonger sa jouissance au delà de dix-huit ans. « Peu importe l'intention, dit M. Gauthier, c'est le fait qu'il faut voir » (2).

504. La première opinion me semble plus juridique, parce qu'il n'en est pas d'un bail de dix-huit ans, prolongé d'une autre période de dix-huit années, comme d'un bail fait pour trois, six ou neuf années. Dans ce dernier cas, il n'y a qu'un seul bail, quoiqu'il soit divisé en trois périodes, et qu'il soit loisible à chacune des parties de le faire cesser, à la première ou à la seconde. Dans le premier cas, au contraire, il y a réellement deux baux se succédant l'un à l'autre, quoiqu'au moyen du renouvellement fait (sans fraude, on le suppose) avant l'expiration du premier bail, la jouissance du preneur ne soit pas interrompue. La preuve que la loi voit, dans ces baux successivement renouvelés, plusieurs jouissances continuées, et non pas une seule et même jouissance, c'est que, nonobstant que l'art. 1429, C. Nap., interdise au mari de passer des baux des biens de sa femme pour un temps excédant neuf ans, ou, ce qui revient au même, ne les déclare obligatoires, à l'égard de la femme ou de ses héritiers, que pour la période de neuf ans qui se trouve en cours d'exécution, au moment de la dissolution de la communauté, l'ar-

---

(1) Des Priv. et Hyp., t. 1, n° 41.
(2) Rés. de doct. et de jur., etc., n° 98.—Conf. Mourlon, Rev. prat., t. 7, p. 150, n°s 144 et suiv.

ticle 1430 lui permet de les renouveler, pourvu qu'il ne le
fasse pas plus de trois ans avant l'expiration du bail courant,
s'il s'agit de biens ruraux, et plus de deux ans avant la
même époque, s'il s'agit de maisons.

« On semble croire, dit M. Martou, que le renouvellement
du bail aura le plus souvent pour but d'éluder la prescription
de notre article. C'est une exagération manifeste. Assurément, s'il est établi que le renouvellement n'a été fait que
pour porter atteinte aux droits d'un tiers acquéreur, il faudra le tenir comme non avenu à l'égard de ce dernier. Mais
ce cas de fraude est rare. »

Quel intérêt, en effet, peut avoir le preneur à la fraude,
puisqu'il lui aurait été si facile, au moyen d'une formalité
peu coûteuse, de se mettre en règle? Ce n'est point pour se
soustraire au droit d'enregistrement qu'il a négligé de transcrire, puisqu'il ne peut opposer à l'acquéreur, qui voudrait
l'expulser, qu'un bail authentique, ou ayant date certaine
(C. Nap., 1743).

M. Martou ajoute, avec une parfaite justesse : « Le renouvellement est une mesure commandée par les intérêts respectifs du propriétaire et du preneur; ni l'un ni l'autre ne
peuvent, sans dommage, attendre la dernière heure pour
s'assurer, le premier, d'un nouveau locataire, le second,
d'une habitation ou d'une exploitation. Le renouvellement
est vu avec tant de faveur par la loi qu'il est permis même
à l'usufruitier et au simple administrateur de la chose d'autrui (art. 595, 1430 et 1718 du C. civ.)...»

On ne conteste pas qu'il soit loisible au propriétaire, un an,
deux ans, et même plus, avant l'expiration du bail courant,
d'en faire un autre avec un nouveau locataire ou fermier; et
ce nouveau bail, fût-il de dix-huit ans comme le premier, ne
serait, pas plus que celui-ci, sujet à transcription (1). Je

_____

(1) Mourlon, *loc. cit.*

demandé pourquoi il ne serait pas permis à ce même propriétaire, satisfait de son locataire ou fermier, de faire, avec ceux-ci, de très-bonne foi, bien entendu, et sans arrière-pensée d'éluder la loi ou de tromper les tiers, ce qu'il peut faire avec un autre? Seulement il ne faudrait pas que ce renouvellement fût fait trop longtemps à l'avance, plus de trois ans, par exemple, avant l'expiration du bail courant, puisque c'est le terme fixé par l'art. 1430, C. Nap. Autrement, la nouvelle convention deviendrait, à bon droit, suspecte, et pourrait être considérée, par les tribunaux, moins comme un nouveau bail, que comme une prorogation, une continuation du premier.

505. J'en dirai autant d'une hypothèse que prévoit M. Mourlon, hypothèse d'après laquelle « le renouvellement contiendrait quittance d'une somme équivalente à cinq années de fermages, à cheval, par moitié, sur le bail courant et sur le nouveau bail. » Cette affectation de stipuler une anticipation de loyers applicable, pour deux ans et demi, sur les dernières années du premier bail, et, pour pareille somme, sur les premières années du second, serait l'indice le plus certain de l'intention qu'ont eue les parties de se soustraire, dans une pensée de fraude, à l'exécution de la loi. S'il est naturel, en effet, que le bailleur d'un fonds rural, stipule, pour sa garantie, comme cela est généralement pratiqué, dans le commerce, pour les locations urbaines, un paiement anticipé de deux années de loyers, je suppose, imputables sur les deux dernières années du bail, il l'est moins que cette garantie soit demandée, tout à la fois, pour les dernières années du bail primordial et les premières du bail renouvelé.

Cette réserve faite des cas de fraude désintéresse, si je ne me trompe, l'opinion des auteurs que j'ai cités en dernier lieu.

506. Dois-je m'arrêter aux arguments que l'un de ces auteurs, M. Mourlon, va puiser dans de prétendues analogies, qui n'ont, il faut le dire, aucun rapport, prochain ni éloigné, avec le cas actuel?

Quels sont les exemples qu'il invoque ? Le renouvellement d'un billet que le débiteur ne peut payer, à l'échéance ;
celui d'une inscription hypothécaire qui est sur le point de se
périmer.

Dans le billet originaire et le billet renouvelé, dit-il, il
n'y a pas deux obligations distinctes, mais une dette unique,
dont le créancier a consenti à proroger le terme. De même
pour les inscriptions : « Le renouvellement d'inscription, dit
la Cour de cassation, dans un de ses arrêts, n'a d'autre
objet que de proroger l'effet de l'inscription primitive, et ne
forme, avec elle, qu'une *seule et même inscription.* »

J'admets cela. Mais quelle similitude y a-t-il entre ces
exemples et notre question? On parle de créance unique,
d'inscriptions qui se confondent ! Mais, dans un bail, il y a,
à vrai dire, autant de créances distinctes qu'il y a d'annuités
à payer. Et, lorsqu'à l'expiration du bail, le preneur reste
et est laissé en possession, que disent les art. 1738 et 1740?
« Qu'il s'opère un *nouveau bail,* dont l'effet est réglé par
l'article relatif aux locations faites sans écrit ; » et que « la
caution, donnée pour le bail, ne s'étend pas aux obligations
résultant de la prolongation. » Ce n'est donc pas le même
bail qui se continue. Et, s'il en est ainsi, dans le cas de tacite
réconduction, pourquoi en serait-il autrement, dans le cas où
cette réconduction est le résultat d'une convention intervenue
entre les parties?

507. M. Mourlon me semble bien absolu dans sa doctrine : il n'admet même pas qu'il y ait une nouvelle location,
lorsque les conditions du premier bail sont changées. « Un
nouveau terme a été stipulé, dit-il ; des garanties ont été
ajoutées ou supprimées ; le prix a été modifié en plus ou en
moins; les époques de paiement ne sont plus les mêmes; le
mode de culture a été changé ;... mais qu'importe ? Toutes
ces nouveautés, ne touchant qu'aux points accessoires du
bail, s'analysent en une simple *modification* de sa manière
d'être ; ce qui implique la *continuation* de son existence... »

Et, là-dessus, M. Mourlon de chercher de nouvelles analogies, et de prouver disertement, en citant un passage de Pothier (1), que le créancier, qui consent à accorder un terme à son débiteur; qui lui permet de payer entre les mains d'une tierce personne; ou de payer une somme moindre; ou de substituer une autre chose à celle qui est due, ne fait pas de novation dans sa créance! Apparemment, parce que l'art. 1273 déclare « que la novation ne se présume point; qu'il faut que la volonté de l'opérer résulte clairement de l'acte! » Et aussi, parce que, d'après l'art. 1277, la novation ne résulte pas, notamment, « de la simple indication, faite par le créancier, d'une personne qui doit recevoir pour lui! »

508. Au reste, qu'on doive voir, dans le bail primordial et dans son renouvellement, deux baux successifs, ou un seul et même bail, M. Mourlon s'en inquiète peu; et « il irait, dit-il, jusqu'à décider qu'il y aurait lieu de transcrire, alors même que les parties auraient expressément déclaré, par une clause de leur renouvellement, qu'elles entendaient, non point proroger le bail courant, mais en faire un nouveau, destiné à le remplacer, à l'époque où il finira. »

Cela, en effet, est logique, si cette déclaration n'est qu'une fausse apparence, qu'un moyen détourné de soustraire à la formalité un bail, divisé en deux périodes, mais qui devait avoir, dès l'origine, dans la commune intention des parties, une durée supérieure à dix-huit années. — Abstraction faite de cette circonstance, cela est logique encore, dans le système de M. Mourlon et des auteurs qui partagent son sentiment, parce que, pour rappeler les expressions de M. Gauthier, « peu importe l'intention; c'est le fait qu'il faut voir. »

509. Quoique le bail à colonage partiaire participe autant du contrat de société que du contrat de louage : *Partiarius colonus, quasi societatis jure, et damnum et lucrum cum*

_____

(1) Des Oblig., n° 595.

domino fundi partitur (L. 25, § 6, D.; *Locat. cond.*) (1), il suffit, cependant, qu'il soit rangé, par l'art. 1763, C. Nap., dans la classe des baux pour qu'il n'y ait pas à douter que l'art. 2 de la loi du 23 mars 1855 ne lui soit applicable. Par ses effets, d'ailleurs, qui sont, comme le dit M. Troplong, « de gêner la liberté de la vente de la chose et la réalisation du gage, » il rentre dans l'esprit de la disposition qui assujettit à la transcription les baux d'une durée de plus de dix-huit années (2).

510. Il y aura rarement lieu, du reste, ainsi que le font observer MM. Rivière et Huguet, d'appliquer la loi nouvelle aux baux de cette nature, qui ne sont pas, ordinairement, de longue durée, quoiqu'on puisse voir, dans certaines contrées, la Bretagne ou la Vendée, par exemple, des familles de métayers se perpétuer dans le même domaine. Mais alors, c'est en vertu de locations verbales, ou de locations fréquemment renouvelées.

511. Le preneur, à moins qu'il ne s'agisse du colon partiaire, a le droit de sous-louer, ou de céder son bail à un autre, si cette faculté ne lui a pas été interdite (C. Nap.; 1717 et 1763). On peut demander, dès lors, si la cession d'un bail est soumise à la transcription, comme ce bail lui-même, lorsqu'il excède dix-huit années ?

---

(1) Cujas allait plus loin, et voyait, dans le colonage partiaire, une véritable société : *Idem est*, dit-il sur la loi 13, § 1, D., *De Præscr. verb.*, *si quis colono aut olitori agrum colendum det, ut partiantur fructus; non contrahitur locatio, sed societas ; nam locatio fit mercede, non partibus rei*. Cette théorie, bonne dans le droit romain, où chaque contrat *nommé* avait ses règles spéciales, et donnait lieu à une action qui lui était propre, ne peut avoir, parmi nous, aucune utilité pratique, quoiqu'elle soit généralement acceptée par les auteurs (Delvincourt, t. 3, p. 203, note 6 ; Duranton, t. 17, n°s 176 et 177 ; Troplong, Du Louage, t. 2, n°s 637 et suiv.; Dalloz, Jur. gén., v° *Louage à colonage partiaire*, n° 3.—*Contrà*, Duvergier, Du Louage, t. 3, n° 99).

(2) Conf. Rivière et Huguet, n°s 148 et 149 ; Troplong, De la Transcr., n° 121 ; Gauthier, n° 100 ; Mourlon, Rev. prat., t. 7, p. 149, n° 141.

On est d'accord que, si le bail a été transcrit, la transcription de l'acte de cession n'est pas nécessaire (1). On en a donné deux raisons : la première, c'est que la loi n'exige la transcription que pour les baux ; la seconde, c'est qu'il importe peu à l'acquéreur ou aux créanciers hypothécaires que ce soit le cédant ou le cessionnaire qui ait le droit de jouir de l'immeuble. Dès qu'ils ont été avertis, par la transcription du bail, que l'immeuble vendu, ou donné en hypothèque, est loué pour plus de dix-huit ans, cela, dit-on, doit suffire.

512. La dernière raison ne me semble pas concluante. J'ai dit *suprà*, n° 410, qu'il serait contraire à l'esprit de la loi du 23 mars 1855 d'invoquer, lorsqu'il s'agit de l'application de cette loi, le principe admis par la jurisprudence, en matière hypothécaire, que le cessionnaire doit profiter de l'inscription de son cédant, sans être tenu de prendre lui-même inscription. J'ai montré, en effet, avec la disposition de l'art. 5 de la loi précitée, que le cessionnaire d'un droit d'usufruit, qui, se reposant sur la transcription faite par son auteur, négligerait de faire transcrire son propre titre, ne pourrait se prévaloir de cette transcription, pour se faire préférer à un acquéreur ou à un créancier hypothécaire, tenant leurs droits du nu propriétaire de l'immeuble et les ayant dûment conservés.

513. L'autre raison, qui consiste à dire que l'art. 2 de la loi du 23 mars 1855 ne soumet, nommément, à la transcription que les baux, ne serait pas non plus déterminante, si des principes mêmes de la loi, ou de quelques-unes de ses dispositions, on devait induire que la cession d'un bail excédant dix-huit années est transcriptible comme le bail lui-même. C'est donc ce point qu'il faut examiner.

_____

(1) Rivière et Huguet, n° 130 ; Troplong, De la Transcr., n° 118 ; Gauthier, n° 101 ; Mourlon, Rev. prat., t. 7, p. 138, n° 147.

514. Or, soit qu'on considère le droit du preneur comme un droit *réel*, soit qu'on le considère comme un droit *personnel*, ce qu'il est en réalité (V. *suprà*, n° 496), pas plus dans un cas que dans l'autre, la transcription de l'acte de cession ne peut être exigée.

Au premier cas, en effet, on ne doit pas transcrire, parce que, parmi les actes *translatifs*, ceux-là seulement doivent être transcrits qui opèrent la transmission d'un droit réel *susceptible d'hypothèque*; et le droit du preneur, fût-il réel, ne saurait être hypothéqué (Arg., art. 2118, C. Nap.). — Au second cas, il est plus évident encore que la transcription ne peut être applicable à la transmission d'un droit purement personnel, qui ne constitue qu'une simple créance : *ut præstetur frui licere*.

Voilà les vraies raisons de décider que les cessions de baux ne sont point passibles de la transcription.

515. Mais, si le bail n'avait pas été transcrit, la transcription de l'acte de cession, demandent MM. Rivière et Huguet, serait-elle suffisante vis-à-vis d'un tiers à qui seraient conférés des droits réels sur l'immeuble (un acquéreur, par exemple), et qui ne les ferait transcrire que postérieurement à la transcription de l'acte de cession ?

« On pourrait dire, répondent-ils, que la transcription de cet acte est, pour le tiers, un avertissement suffisant, et que, puisqu'elle a eu lieu avant la transcription de la vente, elle peut être opposée à l'acquéreur. »

Telle n'est pas, cependant, leur opinion ; car ils ajoutent : « Mais celui-ci ne peut-il pas répondre : le cédant, n'ayant pas fait transcrire son bail, ne pourrait pas s'en prévaloir pour une durée de plus de dix-huit ans ; je pourrais l'évincer pour le surplus : or, le cessionnaire ne peut avoir plus de droits que son cédant » (1) ?

516. Pour que la conséquence fût rigoureuse, il faudrait

----

(1) Quest., n° 151.

que le cessionnaire ne fût pas dans une autre position que le cédant; ce qui n'est pas, puisqu'il a rempli, lui, une formalité que l'autre avait négligée. Toute la question se réduit donc à savoir si la transcription de l'acte de cession équivaut, pour les tiers, à la transcription du bail?

Je fais remarquer, d'abord, qu'elle ne pourrait être considérée comme un équivalent qu'autant que l'acte de cession reproduirait toutes les conditions essentielles du bail, tout ce qu'il importe aux tiers de connaître (1). Mais cela ne suffit pas encore : il faudrait que les tiers, qui traitent avec le propriétaire, dans l'ignorance du bail, eussent un moyen certain de connaître l'existence de l'acte de cession, et, par cet acte, l'existence du bail, avec ses clauses et conditions. Or, ce moyen n'existe pas.

« Il ne servirait de rien au cessionnaire, dit, avec raison, M. Mourlon, de transcrire l'acte de cession ; car, la transcription se faisant sous le nom de la personne que l'acte transcrit dépouille, la cession serait transcrite sous le nom du cédant; le bail, quoique relaté dans l'acte de cession , resterait, par conséquent, clandestin, au regard des tiers qui se mettraient en rapport de droit avec le bailleur. Si, en effet, ils levaient un état des actes qu'il a pu passer, et qu'il leur importe de connaître, la cession n'y serait point comprise, puisqu'il y est étranger, et que, d'ailleurs, elle ne figure point à son compte ouvert, sous son nom , sur le registre du Conservateur » (2).

La loi, en effet, n'impose pas au Conservateur l'obligation de prendre note des actes pouvant intéresser les tiers, qui se trouvent mentionnés dans d'autres actes présentés à la transcription, et de les répertorier, de façon à pouvoir les comprendre dans les états qu'il délivre aux parties. « Le

---

(1) V. sous la sect. 1ʳᵉ du chap. 3.
(2) Rev. prat., *loc. cit.*

Conservateur, porte l'art. 5 de la loi du 23 mars 1855, lorsqu'il en est requis, délivre, sous sa responsabilité, l'état spécial ou général des transcriptions et mentions prescrites par les articles précédents. » Les *mentions* dont il est question dans cet article, ce sont celles dont il est parlé dans l'art. 4, c'est-à-dire les mentions de *jugements qui prononcent la résolution, nullité ou rescision d'un acte transcrit,* lesquelles doivent être faites en marge de la transcription de cet acte. Aucune autre mention n'est prescrite aux Conservateurs, et ces fonctionnaires se renferment strictement dans le cercle de leurs obligations, pour ne pas ajouter à leur responsabilité (1).

Ainsi, dans la question spéciale, il est certain, ainsi que le dit M. Mourlon, et que je l'ai moi-même vérifié à la Conservation des hypothèques de Paris, il est certain que, si le cessionnaire d'un bail, d'une durée supérieure à dix-huit années, jugeait à propos de requérir la transcription de son acte de cession, sans requérir la transcription du bail lui-même, aucun article ne serait ouvert, par le Conservateur, sur ses registres, au nom du propriétaire de l'immeuble, pour y mentionner le bail relaté dans l'acte de cession ; en sorte que ce propriétaire pourrait impunément, en dissimulant l'existence du bail, conférer à des tiers des droits réels sur l'immeuble, au préjudice du cessionnaire, que ces tiers n'avaient aucun moyen de connaître, puisqu'il n'avait pas traité directement avec le propriétaire.

517. Que devra donc faire, dans ce cas, le cessionnaire, pour mettre ses droits à couvert ? Faire transcrire le bail, ainsi que je viens de l'indiquer, en même temps que son acte de cession ; car, par là, il n'aura plus à craindre que les tiers excipent contre lui de la clandestinité du bail.

---

(1) Ceci n'est pas contradictoire avec ce que j'ai dit *supra,* nᵒˢ 118 et 388.

Il pourra même, ainsi que je l'ai indiqué *suprà*, se dispenser de faire transcrire l'acte de cession, et se borner à faire opérer la transcription du bail.

518. J'ai dit (n° 514) que le cessionnaire d'un bail, dûment transcrit, n'est pas tenu de faire transcrire son acte de cession.

Mais, si le bailleur intervient à l'acte pour accepter le cessionnaire au lieu et place du cédant, et libérer le preneur originaire de ses obligations, il s'opère, par cette substitution de personne, une véritable novation, conformément aux art. 1271-2° et 1275, C. Nap., et c'est, dans la réalité, un nouveau bail qui se forme entre le propriétaire et la personne que le preneur a mise à sa place. Ce nouveau bail devra donc être transcrit, s'il reste plus de dix-huit ans à courir (1).

519. M. Mourlon n'est pas de cet avis. Il suffit, d'après lui, qu'il y ait un bail transcrit, quelle que soit la personne du preneur.

« La transcription d'un bail, dit-il, suffit pleinement à son objet, du moment qu'elle met sous les yeux du public la durée du bail, l'indication de l'espèce et de la situation de l'immeuble qu'il a pour objet, le montant du prix, ou, plus généralement, toutes les charges au compte du propriétaire, et enfin la désignation individuelle du propriétaire bailleur, ainsi que les obligations accidentelles qu'il a pu souscrire au profit du preneur. On ne saurait, sans fausser l'esprit de la loi, rien exiger de plus... » (2).

M. Mourlon convient que les tiers seront induits en erreur, puisque le preneur apparent ne sera point le preneur réel. Mais cette erreur, prétend-il, n'est point essentielle; car, « s'il est vrai que la transcription d'un bail le rend opposable aux

_____

(1) Conf. Rivière et Huguet, n° 153 ; Troplong, De la Transcr., n° 119 ; Gauthier, n° 101.

(2) Rev. prat., t. 7, p. 160, n° 148.

tiers, bien que les irrégularités qui y ont été commises, quant à la désignation individuelle du preneur, soient telles qu'elles le laissent inconnu ou le font confondre avec un autre, qu'importe que le preneur, désigné dans l'acte qui a été transcrit, disparaisse, après coup, et soit remplacé par un autre ? Est-ce que les deux cas ne sont pas parfaitement semblables ? »

Il y aurait similitude, en effet, entre les deux cas, et même raison, par conséquent, de décider. Mais je conteste qu'on puisse, efficacement, opposer aux tiers la transcription d'un bail, dans laquelle de telles irrégularités auraient été commises, quant à la désignation individuelle du preneur, *qu'elles le laisseraient inconnu, ou le feraient confondre avec un autre* (1). Ce serait une singulière publicité, il faut en convenir, que celle qui laisserait complétement dans l'ombre le nom du preneur, du créancier hypothécaire, de l'acquéreur, de tous ceux, en un mot, qui ont, ou prétendent avoir, des droits antérieurs sur l'immeuble, droits que les tiers seraient dans l'impuissance de contrôler !—Voilà donc un premier argument auquel l'auteur est contraint de renoncer.

A l'égard de celui qui consisterait à dire, comme dans la question traitée aux nos 511 et suiv. , que, dès que les tiers sont avertis que l'immeuble est loué pour plus de dix-huit ans, peu leur importe que ce soit le *cédant* ou le *cessionnaire* qui ait le droit d'en jouir, j'ai montré *suprà*, n° 512, ce qu'il faut penser de l'argument. Mais, dans ce cas au moins, on pouvait dire, avec M. Troplong, quoique je n'accepte pas le raisonnement en ce qui concerne les tiers, que « le cessionnaire n'a de rapport juridique qu'avec son cédant, que c'est toujours le contractant primitif qui joue le rôle de preneur par rapport au propriétaire » (2). Dans la question présente,

_____

(1) V. sous la sect. 1re du chap. 3.
(2) De la Transcr., n° 118.

au contraire, le contractant primitif a disparu; ce n'est plus lui qui joue le rôle de preneur, par rapport au propriétaire, qui a consenti à le décharger; une autre personne a pris sa place; un autre bail s'est formé, et l'on se trouve dans un cas analogue à celui de deux ventes successives, qui, même en les supposant faites, l'une et l'autre, aux mêmes conditions et au même prix, n'en doivent pas moins être transcrites toutes les deux (1).

520. A cette raison juridique, qui seule doit suffire pour établir la nécessité d'une nouvelle transcription, dans le cas dont il s'agit, j'ajoute qu'il ne peut être indifférent, pour les tiers, de savoir quel est le véritable titulaire du bail. Le propriétaire, autrement, aurait la plus grande facilité pour les tromper. Les tiers, en effet, en ne voyant plus le preneur originaire en jouissance de l'immeuble, seront induits à admettre, sur la parole du propriétaire, dont ils n'auront aucune raison de suspecter la bonne foi, que la transcription qui a été faite n'a plus d'objet, parce que le bail, je suppose, aura été résilié, et remplacé par un nouveau bail, d'une durée moindre, au profit d'un autre preneur, qui, pour cette raison, a été dispensé de transcrire; bail que ce propriétaire dira ne pouvoir produire, attendu que la location a été faite verbalement. Rassurés par cette déclaration et par l'absence de transcription au nom du nouveau locataire, les tiers se croiront dans une parfaite sécurité. Et cependant, il serait permis à ce dernier de leur opposer que le bail, en vertu duquel il jouit, est un bail transcrit, et que cette transcription, quoique faite dans l'intérêt d'un autre, doit lui profiter! A mon tour, je dirai qu'on ne saurait, *sans fausser l'esprit de la loi*, l'interpréter ainsi.

521. Le même raisonnement, à la vérité, serait applicable, dans le cas de simple cession du droit au bail, sans novation.

_____

(1) V. encore, comme analogie, *suprà*, n° 153.

I.   24

Mais, si j'ai été conduit à adopter, pour ce cas, une solution différente (*suprà*, n° 514), c'est parce que la cession n'anéantit pas le contrat primitif ; que la transcription subsiste, par conséquent, avec tous ses effets, et que l'acte de cession n'est pas, de sa nature, un acte susceptible d'être transcrit.

522. M. Mourlon, dont je viens de combattre l'opinion, la subordonne, toutefois, à la condition « qu'il n'ait rien été changé au bail transcrit, si ce n'est la personne du preneur; ou que, si des modifications y ont été apportées, elles n'aggravent point la condition du propriétaire. »—Dans l'hypothèse inverse, dit-il (comme si le bailleur avait accordé au nouveau preneur une prolongation de bail, trente-six ans, par exemple, au lieu de vingt-sept, ou une diminution du prix), la solution ne devrait plus être la même ; car, de nouvelles charges étant imposées au fonds, ce serait blesser toute justice et méconnaître l'esprit de la loi que de permettre aux parties de les tenir secrètes. A défaut de transcription, les tiers acquéreurs pourraient donc demander que les choses fussent rétablies dans leur état primitif. Mais là, ajoute l'auteur, s'arrêterait leur droit (1).

Par ce que j'ai dit au n° 520, on pressent que je n'admets pas cette restriction. Je prétends, au contraire, qu'au regard des tiers, le bail ancien n'existe plus, et que le cessionnaire ne peut invoquer contre eux la transcription qui en a été faite, cette transcription, ainsi que je l'ai établi au n° 512, ne pouvant lui profiter.

525. Ce que j'ai dit de la cession du bail, opérée sans novation (*suprà*, n° 514), s'applique, à plus forte raison, à la sous-location, qui a des effets moindres que la cession. Le sous-locataire est donc, comme le cessionnaire, dispensé de transcrire sa sous-location (2).

---

(1) Rev. prat., *loc. cit.*, n° 149.
(2) Conf. Rivière et Huguet, n° 154 ; Troplong, De la Transcr., n° 120 ; Gauthier, n° 101 ; Mourlon, Rev. prat., *loc. cit.*, n° 150.

524. C'est ici le lieu d'examiner, ainsi que je l'ai annoncé *suprà*, n° 52, si le droit d'exploitation d'une mine, d'une carrière, peut faire l'objet d'un bail ?

La Cour de cassation, lorsqu'elle a été saisie de la question, pour la perception du droit d'enregistrement, s'est constamment refusée à voir une location dans la cession, faite pour un certain nombre d'années, du droit d'exploiter une mine, moyennant une somme payable périodiquement : elle a qualifié le contrat de *vente mobilière*, et lui a appliqué le droit afférent aux actes de cette nature.

« Attendu, dit le dernier arrêt sur la matière, que le bail d'une mine consiste, pour le preneur, dans le droit d'extraire et de vendre les matières de cette mine ; que l'extraction altère nécessairement la substance de la mine, qui ne se reproduit plus ; qu'une pareille convention constitue réellement un contrat de vente, et non un contrat de louage, qui permet au preneur de jouir des fruits de l'immeuble loué, fruits qui se reproduisent annuellement...; Rejette » (1).

La Cour de cassation, après avoir posé si nettement le principe, ne pouvait se dispenser de l'étendre aux matières de droit commun ; et c'est ce qu'elle a fait. Il a, en conséquence, été jugé, par la chambre civile, que « l'amodiation ou le louage d'une mine concédée, s'appliquant à des choses fongibles et qui se consomment par l'usage, à des substances qui ne peuvent se reproduire, constitue une aliénation..... » (2).

Je cite cet arrêt, à cause du principe qu'il pose ; mais il n'est, pourtant, pas directement applicable à la difficulté que j'examine, s'agissant uniquement, dans l'espèce, de la ques-

_____

(1) Req. 28 janv. 1857, aff. Société de Caronte c. Enreg.; D.P.57. 1.394. V. un grand nombre d'autres arrêts, cités par Dalloz en note du précédent. V. aussi le Jur. gén., v° *Enreg.*, n°s 2875 et suiv., et v° *Mines, Minières, etc.*, n°s 75 et suiv.

(2) Cass. 4 juin 1844, aff. de Castellane, Jur. gén., v° *Mines*, n° 77.

tion de savoir s'il y avait, dans le fait d'une amodiation partielle de la mine, contravention à l'art. 7 de la loi du 21 avril 1810, qui interdit la vente par lots ou le partage des mines, sans une autorisation préalable du Gouvernement.

525. La chambre des requêtes, qui avait eu, en 1837, à juger la même question, l'avait résolue, dans un sens contraire, par une appréciation inverse, en déclarant que «l'amodiation par lots, ou partielle, des mines n'entraîne point l'aliénation, vente ou partage de la propriété desdites mines ainsi amodiées.... » (1). La chambre des requêtes admettait donc, en principe, que l'exploitation des mines ou carrières peut faire la matière du contrat de louage. C'est ce que déclare M. Troplong, qui a concouru à l'arrêt du 20 déc. 1837. « Je maintiens, dit-il, la légalité de l'arrêt de la chambre des requêtes auquel j'ai concouru ; et si, le 18 déc. 1839, nous avons prononcé un arrêt d'admission, dans l'affaire du comte de Castellane, qui nous offrait la même question à juger, ce n'a pas été pour nous déjuger, ou pour céder aux scrupules qu'on voulait nous donner sur notre précédente décision ; c'est par suite d'un tout autre moyen, qui nous a semblé mériter l'épreuve de la chambre civile » (2).

La chambre des requêtes, quoi qu'il en soit, ne paraît pas avoir persisté dans sa jurisprudence de 1837; car, par un arrêt récent, se ralliant à la jurisprudence de la chambre civile, elle a déclaré, dans une espèce où il s'agissait de la concession, faite par le propriétaire d'un immeuble renfermant du minerai de fer, du droit d'extraire ce minerai, pendant seize ans, moyennant une redevance annuelle, que, « si la cession de ce droit d'extraction constitue, *non un bail, mais une vente mobilière,...* cette mobilisation anticipée ne saurait prévaloir, à l'égard des tiers (les créanciers inscrits.

---

(1) Req. 20 déc. 1837, aff. Royet; Jur gén., *loc. cit.*
(2) Du Louage, n° 93.

sur l'immeuble), contre la nature réelle et légale du minerai, à l'époque de l'exercice des droits qui compètent à ces tiers (la saisie immobilière dudit immeuble), etc. » (1).

526. Mais les auteurs, pour la plupart, et, parmi eux, MM. Troplong et Dalloz, maintiennent, contre la jurisprudence de la Cour de cassation, qu'on doit considérer comme susceptibles du contrat de louage les produits des mines et carrières.

« Les produits des mines, dit M. Troplong, sont des fruits (expression impropre) qui peuvent faire l'objet d'un bail : ils procurent une jouissance de nature à être transmise, tandis que la propriété reste au bailleur. Vainement dira-t-on que le minerai, une fois extrait, ne se reproduit pas, comme les fruits d'une terre. Non! car la mine, consistant dans des réunions de gîtes plus ou moins riches, ne s'épuise pas, du premier coup, par les extractions de substances minérales. Bien différente des choses fongibles, que le premier usage fait disparaître, elle survit aux extractions de chaque année ; elle continue à rester une source de produits et un objet de jouissances jusqu'à ce que les gîtes n'aient plus rien à rendre. Mais, tant que des substances métallurgiques sont recélées dans son sein, elle constitue une propriété supérieure aux fruits qu'on lui arrache, une propriété productive et susceptible de location » (2).

La Cour d'Amiens, dans ses Observations, transmises à M. le Garde des sceaux, sur le projet de réforme hypothécaire, reconnaissait aussi que le droit d'exploitation des

---

(1) Req. 15 déc. 1857, aff. Gontard et Gravier ; D.P.1859.1.366.
(2) Du Louage, n° 93. — Conf. Favard, Nouv. Rép., v° *Louage*, sect. 1, § 1, n° 2 ; Rolland de Villargues, Rép. du not., v° *Bail*, n° 75 ; Duvergier, Du Louage, n° 404 ; Championnière, dissertation insérée dans le Droit du 25 avril 1845 ; Dalloz, Jur. gén., v° *Enreg.*, n°s 2875 et 2880, v° *Louage*, n° 47, et v° *Mines, minières, etc.*, n°s 75 et 757 ; Lebon, Rev. crit. de lég., t. 6, p. 432, année 1855.

mines et carrières pouvait faire l'objet d'une location ; car elle proposait d'assujettir à la transcription « les baux portant concession du droit d'exploiter les mines, minières, carrières, tourbières, etc. » (1).

527. J'inclinerais également vers cette dernière opinion.

Il me semble qu'on se tient, avec trop de scrupule, au principe établi par Pothier, et qui est vrai, que « les choses qui se consomment par l'usage qu'on en fait, comme l'argent comptant, le blé, le vin, etc., ne sont pas susceptibles du contrat de louage ; » principe emprunté à la loi romaine : *non potest commodari id quod usu consumitur, nisi forte ad pompam vel ostentationem quis accipiat* (L. 3, § 6, D., *Commod. vel contrà*). Pourquoi les choses fongibles ne peuvent-elles, à part ce cas extraordinaire dont parle la loi précitée, *nisi forte ad ostentationem quis accipiat*, faire l'objet d'une location ? « La raison en est sensible, dit Pothier. Il est de la nature du contrat de louage que le locateur conserve la propriété de la chose dont il n'accorde au locataire que la jouissance et l'usage, et qu'en conséquence, le locataire contracte l'obligation de la rendre, après l'expiration du temps pendant lequel l'usage lui en a été accordé. Or, il est évident que cela ne peut avoir lieu dans les choses qui se consomment entièrement par l'usage qu'on en fait ; elles ne sont donc pas susceptibles du contrat de louage » (2).

Mais, ainsi que le fait remarquer M. Troplong, « bien différente des choses fongibles est une mine, qui survit aux extractions de chaque année. » Ce ne sont pas, en effet, tels

---

(1) Docum. relat. au Rég. hyp., t. 1, p. 137, n° 5.
(2) Du Contrat de Louage, n° 11.—Conf. Domat, Lois civ., liv. 1, tit. 4, sect. 1, n° 4 ; Rép., v° *Bail*, § 1, n° 2 ; Duranton, t. 17, n° 21, etc.

et tels produits fongibles qui sont loués, mais le droit d'extraire ces produits de la terre qui les recèle. Et je ne puis mieux comparer la location de ce droit d'extraction qu'à la location d'un droit d'usufruit, permise à l'usufruitier par l'art. 595, C. Nap. « Ce droit d'usufruit, dit encore Pothier, donnant à l'usufruitier la pleine et entière disposition de tous les fruits qui seront à percevoir dans l'héritage, pendant tout le temps de la durée de ce droit, c'est une conséquence qu'il puisse le donner à ferme ; et, en donnant à ferme son droit d'usufruit, c'est proprement l'héritage dans lequel il a ce droit qu'il donne à ferme, plutôt que son droit d'usufruit » (1).

Mais, si le droit d'usufruit vient à s'éteindre, pendant la jouissance du preneur, que restera-t-il de la chose louée, au regard de l'usufruitier, s'il s'agit d'un usufruit constitué à temps, ou des héritiers de ce dernier, si l'usufruit est constitué à vie (C. Nap., 617)? Rien, absolument rien; moins encore que dans la location d'une minière ou d'une carrière dont les produits viendraient à s'épuiser, avant l'expiration du bail, puisqu'au propriétaire de l'immeuble, après l'épuisement des matières minérales, il reste le tréfonds.

Il n'y a donc pas lieu de considérer, comme étant un caractère *essentiel* du contrat de louage, que le locataire soit obligé de conserver la substance même de la chose louée, de manière à pouvoir la rendre intacte à son propriétaire, à l'expiration du terme fixe pour la location. Si le propriétaire de la mine, dans le cas particulier, avait exploité lui-même, au lieu de céder son droit d'exploitation, la mine se serait épuisée dans ses mains, comme elle s'est épuisée dans les mains du preneur. Il faut, dès lors, reconnaître qu'il s'agit ici d'un genre de propriété tout spécial, de nature à motiver certaines restrictions aux principes qui régissent le

(1) *Loc. cit.*, n° 19.

contrat de louage, dans son acception la plus commune.
N'a-t-on pas vu déjà que l'art. 1763 du Code Napoléon ne
fait aucune difficulté de mettre au rang des baux le colonage partiaire, quoiqu'il diffère, en un point essentiel, du
bail proprement dit, et qu'il ait plus d'affinité avec le contrat
de société qu'avec le contrat de louage (*suprà*, n° 509)?

528. C'est, du reste, comme location, que la Régie de
l'Enregistrement avait, à l'origine, envisagé la stipulation
dont il s'agit. « .... L'acte qui transmet la faculté d'extraire
de la tourbe, à titre de jouissance, pour un temps limité,
et moyennant une redevance payable annuellement, porte
l'Instruction générale du 19 mai 1854, doit être considéré
comme un bail.... Mais, si la durée de la jouissance n'est
pas déterminée, ou s'il est stipulé qu'elle se prolongera jusqu'à épuisement de la tourbière, l'acte réunit les conditions
de la vente.... » (1).

529. Ce sont là, me semble-t-il, les vrais principes; et
il serait d'autant plus nécessaire d'y revenir aujourd'hui
que les tiers trouveraient, dans la transcription à laquelle
sont assujettis les baux d'une durée supérieure à dix-huit
ans, une garantie qui leur manquera, si la cession, dans le
cas spécifié, doit être considérée comme une vente mobilière.

Pour cette raison, et parce que la question est au moins
douteuse, et qu'on peut prévoir un retour de la Cour de
cassation sur sa jurisprudence, je conseille, comme un acte
de prudence, de faire transcrire (2).

530. J'ai dit *suprà*, n° 51, que la cession, moyennant un
prix unique, du droit d'exploiter une carrière, limité à l'ex-

---

(1) Jur. gén., v° *Enreg.*, n° 2875. Décis. conf. du min. des finances
du 1ᵉʳ mai 1810 ; Jur. gén., v° *Mines*, n° 757.
(2) Conf. Rivière et Huguet, n° 128 ; Mourlon, Rev. prat., t. 1,
p. 22, n° 12.

traction d'une certaine quantité de matériaux, ne constitue qu'une vente mobilière, et, par conséquent, n'est point sujette à transcription.

On peut objecter qu'une pareille cession, dont l'effet est d'altérer sensiblement la valeur vénale de l'immeuble, est tout aussi dommageable, plus dommageable même aux tiers qui acquerraient ultérieurement des droits réels sur cet immeuble, qu'une simple location; que, si la transcription est exigée dans ce dernier cas, lorsque la durée du bail excède dix-huit ans, il en devrait être, à plus forte raison, de même dans le cas de vente.

Je réponds que chaque espèce de contrats doit produire les effets attachés à sa nature propre; que la vente de récoltes sur pied, de coupes de bois taillis ou de futaies, altère aussi la valeur vénale de l'immeuble; que, cependant, elle est affranchie de la formalité de la transcription (*suprà*, n° 30), tandis que la location du même immeuble, pour une période supérieure à dix-huit années, y demeure assujettie.

531. Les locations purement *verbales* sont sans aucun effet, ou n'ont qu'un effet très-limité à l'égard des tiers qui ont des droits à exercer sur l'immeuble, du chef du propriétaire (C. Nap., 1743 et 2102-1°; C. proc., 684). Et, d'après ce que j'ai dit des conventions *verbales*, en général (*suprà*, n°ˢ 76 et suiv.), des conventions de cette nature ne sont susceptibles de transcription que lorsque leur existence a été constatée par jugement. —Il suit de là que le preneur, qui aurait une location verbale à long terme (s'il en est qui soient faites pour une durée excédant dix-huit années), n'aurait d'autre moyen, pour la rendre efficace à l'égard des tiers, que de se pourvoir en justice contre son bailleur, à l'effet d'avoir un titre écrit, ou d'obtenir un jugement qui lui en tienne lieu. C'est ce jugement qu'il ferait transcrire; et ce n'est qu'à partir de cette transcription qu'il pourrait opposer aux tiers la location qui lui a été consentie.

532. Bien que la loi du 23 mars 1855 n'ait soumis à la transcription que les baux excédant dix-huit années, et qu'il en résulte, par conséquent, que ceux d'une moindre durée sont opposables aux tiers, sans transcription, il n'en reste pas moins acquis, comme un point de jurisprudence certaine, que les créanciers hypothécaires conservent la faculté, au moment où ils exercent le droit de suite, de demander l'annulation d'un bail, même d'une durée inférieure à dix-huit ans, s'il a été fait en fraude de leurs droits : si le prix de location, par exemple, est de beaucoup au-dessous de ce qu'il devrait être, d'après le prix courant des baux dans la localité. Cette faculté dérive pour eux de l'art. 1167, C. Nap. (1).

SECTION VI.—*De la Transcription des actes ou des jugements portant quittance ou cession de loyers ou fermages non échus.*

SOMMAIRE.

533. Est soumis à la transcription tout acte portant quittance ou cession d'une somme équivalente à trois années de loyers ou fermages non échus.

534. Un membre du Corps législatif avait proposé d'assujettir à la transcription toute anticipation de loyers ou fermages *de plus d'une année.*—Cette opinion a été rejetée comme excessive.

535. Bien que les paiements ou transports anticipés de moins de trois années de loyers ou fermages soient opposables aux tiers, sans transcription, ceux-ci peuvent, néanmoins, les faire annuler, s'ils ont été faits en fraude de leurs droits.

536. La cession, que ferait le bailleur à un tiers, des droits résultant, à son profit, d'un bail de trois années ou au-dessus, équivalant à une cession anticipée de loyers, doit également être transcrite.

537. Renvoi au chap. 4 pour les autres questions sur la matière.

533. Les paiements anticipés de loyers ou fermages,

---

(1) V. mon Traité des Priv. et Hyp., inédit. V. aussi la Jur. gén., v° *Priv. et hyp.*, n°s 1764 et suiv.—Conf. Gauthier, n° 99.

ainsi que la cession, faite avant leur échéance, de ces mêmes loyers ou fermages, sont presque toujours un indice de fraude. Mais, en les supposant même faits de bonne foi, les tiers ont le plus grand intérêt à les connaître. Sans cela, un acquéreur, obligé par l'art. 1743, C. Nap., d'entretenir les baux qui ont acquis date certaine antérieurement à la vente, se trouvera privé de revenus sur lesquels il avait compté ; des créanciers hypothécaires, au profit de qui sont immobilisés les loyers et fermages, à partir de la transcription de la saisie de l'immeuble (C. pr., 685), se verront frustrés des fruits de leur gage. C'est pour les soustraire à ce danger que l'art. 2 de la loi du 23 mars 1855, après avoir soumis à la transcription « les baux d'une durée de plus de dix-huit ans, » y a pareillement assujetti « tout acte ou jugement constatant, même pour bail de moindre durée, quittance ou cession d'une somme équivalente à trois années de loyers ou fermages non échus » (art. précité, n°⁵ 4 et 5).

534. Un membre du Corps législatif, M. Duclos, aurait voulu que, conformément, disait-il, à l'avis émis par les Cours souveraines dans l'enquête faite en 1841 (1), toute quittance de loyers anticipés, pour une durée *de plus d'une année*, fût soumise à la transcription (2).

On admettait, en effet, sous l'ancienne législation, comme moyen de prévenir la fraude, que le paiement anticipé des loyers et fermages ne pouvait valoir, respectivement aux tiers, que pour un an ; et la section de législation du Tribunat avait proposé d'introduire une disposition semblable dans le Code de procédure. Mais la proposition fut repoussée, parce qu'une telle disposition, dit Locré, « aurait trop gêné les transactions et l'usage de la propriété » (3).

---

(1) Docum. rel. au Rég. hyp., t. 1, p. 116 et suiv.
(2) Monit. du 15 janv. 1855.
(3) Législ. civ., comm., etc., t. 22, p. 220, sur l'art. 691. V. mon

Le législateur de 1855 a aussi rejeté, comme extrême, l'opinion de M. Duclos, et il s'est arrêté au terme de trois ans.

535. Il faut, néanmoins, appliquer ici ce que j'ai dit *suprà*, n° 532, des baux de dix-huit ans et au-dessous : c'est que, bien que les paiements ou transports anticipés de moins de trois années de loyers ou fermages soient opposables aux tiers, créanciers hypothécaires ou tiers acquéreurs, sans transcription, ceux-ci ne sont pas, pour cela, privés du droit de les faire annuler par l'action *quœ in fraudem creditorum*, en prouvant qu'ils sont le résultat d'une fraude concertée entre le preneur ou le cessionnaire et leur débiteur.

536. La loi ne parle, pour les soumettre à la transcription, que des quittances ou cessions *d'une somme* équivalente à trois années de loyers ou fermages non échus ; mais ce serait s'attacher trop servilement à la lettre que d'en conclure que la cession, que ferait le bailleur, des droits résultant, à son profit, d'un bail de trois années ou au-dessus, ne se trouve pas atteinte par cette disposition. Le préjudice, disent très-bien MM. Rivière et Huguet, serait le même pour les tiers, créanciers hypothécaires ou acquéreurs, qui auraient acquis des droits réels sur l'immeuble ; et une semblable cession, par conséquent, ne pourra leur être opposée qu'autant qu'elle aura été transcrite (1).

537. Je reviendrai sur cette matière, lorsque je parlerai des effets de la transcription, par rapport aux baux et aux anticipations de loyers ou fermages (2).

Tr. des Priv. et Hyp., inédit. V. aussi Jur. gén., v° *Priv. et hyp.*, n° 1765.

(1) Quest., n° 155;
(2) V. sous la sect. 5 du chap. 4.

SECTION VII. — *De la Transcription des jugements, et de leur mention en marge d'un acte transcrit.*

538. Cette section se trouve naturellement divisée en deux paragraphes, dont le premier est consacré à l'exposé des règles concernant la transcription des jugements qui ont le caractère translatif, et le second est relatif à la mention qui doit être faite, en marge d'un acte transcrit, du jugement qui prononce la résolution, la nullité ou la rescision de cet acte.

§ 1ᵉʳ. — De la Transcription des jugements qui ont le caractère translatif.

Limitation à apporter à la proposition trop générale, que les actes judiciaires sont, comme les jugements, soumis à la formalité.

545. La décision, qui donne acte à une partie de la reconnaissance que fait l'autre partie du droit prétendu ou revendiqué, n'est pas un acte judiciaire, mais un véritable jugement.—Erreur de M. Mourlon à cet égard.

546. Le jugement, qui reconnaît l'existence d'une location verbale excédant dix-huit années, doit être transcrit.—Rappel d'un numéro précédent.

547. Le mot *jugement*, employé par la loi, s'entend de toute décision qui a ce caractère, de quelque juridiction qu'elle émane.

548. La transcription est une mesure conservatoire : elle est applicable, dès lors, à tout jugement, qu'il soit contradictoire ou par défaut, en premier ou en dernier ressort.

549. Lorsque le jugement de première instance a été transcrit, il n'est pas nécessaire de transcrire l'arrêt confirmatif. — Mais il peut être utile, quoique la loi ne l'exige pas, de faire mentionner cet arrêt en marge du jugement confirmé.

550. Si l'arrêt confirmatif modifiait le jugement de première instance en un point qui intéressât les tiers, il faudrait le faire transcrire.

551. Lorsque le jugement est infirmé, en ce sens que l'arrêt dénie la convention affirmée par le premier juge, la transcription est comme non avenue. — Mais le droit n'est pas restitué.—Renvoi.

552. Il faut, dans ce cas, faire mentionner l'arrêt infirmatif en marge du jugement réformé.

553. Les sentences arbitrales sont de véritables jugements.

554. Elles peuvent être présentées à la transcription avant d'être revêtues de la formule d'*exequatur*.

555. S'il en a été décidé autrement, en matière d'inscription hypothécaire, c'est parce que les sentences arbitrales n'emportent hypothèque qu'autant qu'elles ont été déclarées exécutoires par le juge.

556. Merlin s'exprime inexactement, lorsqu'il déclare que les sentences arbitrales ne reçoivent le caractère de jugements que de l'homologation du juge.—Mais il ne s'exprimait ainsi qu'au point de vue de l'hypothèque.

557. La jurisprudence, au reste, a consacré le principe qu'on peut appeler d'un jugement arbitral, avant qu'il ait été revêtu de l'ordonnance d'exécution.

558. On avait douté si le jugement arbitral devait être présenté à l'enregistrement avant d'avoir été rendu exécutoire. — Décision du ministre des finances pour l'affirmative.—Le droit de transcription étant perçu en même temps que le droit d'enregistrement, la question relative à la transcription se trouve ainsi résolue.

559. Les jugements d'adjudication ne sont pas des jugements propre-

ment dits : ils appartiennent à la juridiction volontaire. — Ils font l'office d'un acte de vente : ils doivent donc être transcrits.

560. Les jugements rendus, sur licitation, au profit d'un cohéritier ou d'un copartageant, étant de véritables partages, sont affranchis de la transcription.

561. Mais il faut que le jugement fasse cesser complétement l'indivision : autrement, il aurait le caractère de vente, et devrait être transcrit.

562. Il n'est pas dérogé, par la nouvelle loi, à l'art. 2169, C. Nap. — Ainsi l'acquéreur ou le donataire, qui, dans le cas de surenchère, reste adjudicataire de l'immeuble, n'est pas tenu de faire transcrire le jugement d'adjudication.

563. Une déclaration conforme a été faite, par MM. les Commissaires du Gouvernement, à la Commission du Sénat.

564. M. Mourlon, qui avait, d'abord, émis une opinion contraire, l'a rétractée.

565. Le tiers détenteur, qui se rend adjudicataire de l'immeuble, après délaissement, n'est pas obligé non plus de faire transcrire le jugement d'adjudication.

566. Il n'y a pas à distinguer si ce tiers détenteur était acquéreur à titre gratuit, ou acquéreur à titre onéreux.

567. Or devrait décider de même à l'égard du légataire, quoique, respectivement à lui, il n'y ait pas de titre antérieur transcrit.

568. Mais la transcription serait nécessaire, si c'était un autre que le tiers détenteur qui se rendît adjudicataire.

569. La nouvelle adjudication, faite sur délaissement ou sur saisie immobilière, n'a pas d'effet rétroactif ; elle n'opère la résolution du droit de l'acquéreur évincé que pour l'avenir.

570. Cette doctrine est enseignée par tous les auteurs de l'ancien comme du nouveau droit.

571. La résolution fût-elle rétroactive, le nouvel adjudicataire n'en aurait pas moins d'intérêt à faire transcrire le jugement d'adjudication.

572. Ce principe de non-rétroactivité est applicable au cas d'éviction par suite de surenchère du dixième.

573. Opinion contraire de M. Troplong, qui attribue, dans ce cas, à la résolution du contrat primitif l'effet d'éteindre les hypothèques constituées par l'acquéreur dépossédé, pendant sa jouissance.

574. Réfutation.

575. Arrêts invoqués par M. Troplong, mais qui ont jugé une autre question.—En tout cas, la doctrine de ces arrêts ne devrait pas être suivie.

576. Différence entre le cas dont il s'agit et celui de l'adjudication sur folle enchère.

577. L'adjudicataire sur saisie immobilière doit également faire transcrire le jugement d'adjudication.

578. M. Lemarcis regarde, à tort, cette formalité comme superflue.

579. La question, au reste, en ce qui touche la nécessité de faire transcrire le jugement d'adjudication sur saisie immobilière, est tranchée par l'art. 1ᵉʳ de la loi du 21 mai 1858.

580. L'obligation de faire transcrire ce jugement d'adjudication doit faire considérer comme abrogée la disposition de l'art. 716, C. proc., qui exige qu'il soit fait une mention sommaire de ce même jugement en marge de la transcription de la saisie.

581. Mais cette mention ne suppléerait pas à la transcription du jugement d'adjudication.

582. On doit aussi faire transcrire le jugement d'adjudication sur folle enchère.

583. L'héritier bénéficiaire, qui se rend adjudicataire des biens de la succession, n'est pas tenu de faire transcrire le jugement d'adjudication.—Il est propriétaire des biens, en sa qualité d'héritier, et le jugement d'adjudication ne lui transmet rien.

584. Opinion contraire de M. Mourlon, fondée sur ce que ce n'est pas en la personne de l'héritier bénéficiaire, mais en *la personne fictive du défunt*, que réside la propriété des biens de la succession.

585. Fausse interprétation, donnée par l'auteur, à des passages de Lebrun et de Pothier qu'il cite à l'appui de sa thèse.

586. Personne, avant M. Mourlon, n'avait mis en doute que l'héritier bénéficiaire ne fût propriétaire des biens de la succession.—Arrêt de la Cour de cassation dans ce sens.

587. M. Mourlon invoque, à tort, l'autorité d'autres arrêts qui jugent que l'héritier bénéficiaire, adjudicataire d'immeubles de la succession, peut être poursuivi, comme un adjudicataire étranger, par la voie de la folle enchère. — J'admets cette solution ; mais elle n'a aucun trait à la question.

588. Examen de deux hypothèses, dans lesquelles il paraît à M. Mourlon que le défaut de transcription du jugement d'adjudication pourrait nuire à l'héritier bénéficiaire. — La solution qu'il adopte, dans la première, ne prouve rien, parce qu'elle contient une pétition de principe.

589. La seconde hypothèse est à peu près impossible. — Mais, en la supposant réalisée, la solution qu'admet M. Mourlon ne devrait point être suivie.

590. L'abandon que fait l'héritier bénéficiaire, aux créanciers et aux légataires, de tous les biens de la succession, conformément à l'art. 802, C. Nap., ne le dépouille pas de sa qualité d'héritier. — Il n'est donc pas obligé, dans ce cas-là même, s'il se rend adjudicataire de quelques-uns de ces biens, de faire transcrire le jugement d'adjudication.

591. L'héritier bénéficiaire ne peut renoncer à la succession : la maxime *semel hœres, semper hœres*, lui est applicable, comme à l'héritier pur et simple.

592. L'abandon que fait l'héritier bénéficiaire, aux créanciers et aux légataires, des biens de la succession, est une véritable cession judiciaire, qui n'emporte pas transmission de propriété. — L'acte ne devrait donc pas être transcrit.

593. Il faudrait décider autrement, si l'abandon, au lieu d'être fait à tous les créanciers et légataires indistinctement, était fait à quelques-uns d'eux seulement : l'acte serait sujet à transcription.

594. L'acte de renonciation que ferait l'héritier bénéficiaire, au profit d'un ou de plusieurs de ses cohéritiers, serait de même un acte translatif, et devrait être transcrit.

595. Renvoi au chap. 6 de l'examen de la question de savoir si, nonobstant le caractère, purement déclaratif, du jugement de licitation, rendu au profit d'un cohéritier, ce jugement, lorsqu'il est au profit de l'héritier bénéficiaire, doit être considéré, par rapport au droit fiscal, comme étant un acte *de nature à être transcrit*, et passible, à ce titre, du droit additionnel d'un et demi pour cent.

596. Le jugement d'envoi en possession provisoire des biens d'un absent n'étant pas translatif, ne doit pas être transcrit.

597. Il en est de même, mais par une autre raison, du jugement d'envoi en possession définitive.

598. La loi du 23 mars 1855 est-elle applicable aux jugements d'expropriation pour cause d'utilité publique ? — La négative est généralement enseignée.

599. Je crois cette opinion trop absolue. — La déclaration, faite par MM. les Commissaires du Gouvernement devant la Commission du Sénat, à la supposer faite dans un sens aussi général, n'a pas la même autorité que si elle eût été produite au sein du Corps législatif.

600. Cette opinion, d'ailleurs, est contraire aux principes qui régissent l'interprétation des lois.

601. Je l'admettrais, cependant, si elle ne voulait dire autre chose, si ce n'est que la transcription n'est pas nécessaire à la partie qui poursuit l'expropriation, pour empêcher le propriétaire exproprié de constituer, à partir du jugement d'expropriation, des hypothèques ou autres droits réels sur l'immeuble, ou de l'aliéner.

602. Mais je conteste que les art. 834 et 835, C. proc., continuent d'être en vigueur, lorsqu'il s'agit de l'application de la loi du 3 mai 1841.

603. C'est la thèse de la non-abrogation de ces articles que M. Cabantous a développée dans la Revue critique de législation.

604. Réfutation de cette doctrine.

I.   25

605. Ce système aurait pour résultat d'aggraver la position du vendeur, relativement à l'inscription de son privilége.

606. M. Cabantous ne me semble pas plus heureux, dans l'explication
qu'il donne des prétendus motifs de la loi, que dans l'interprétation
du texte.

607. La disposition de l'art. 8 de la loi du 23 mars 1855, relative à
l'inscription de l'hypothèque légale des incapables, dans l'année qui
suit la dissolution du mariage ou la cessation de la tutelle, est aussi
une disposition de droit commun, applicable à la matière de l'expropriation pour cause d'utilité publique, comme à toute autre.

608. Ce qui est dit *suprà* du jugement d'expropriation pour cause
d'utilité publique s'applique aux *cessions amiables* qu'obtient la
partie qui poursuit l'expropriation, des propriétaires expropriés. —
A partir de la transcription de l'acte de cession, aucune inscription
n'est possible sur l'immeuble cédé, de la part de créanciers antérieurs
non inscrits, et non dispensés d'inscription, à l'exception du vendeur ou du copartageant.

539. En général, les jugements sont purement déclaratifs, et non attributifs de propriété : le juge constate le droit,
mais il ne le crée pas. De la théorie que j'ai précédemment
développée, qu'il n'y a d'assujettis à la transcription que les
actes *translatifs,* on est amené à conclure que les jugements
sont, par cela même, exempts de la formalité.

La loi, cependant, admet quelques exceptions ; mais on
va voir que ces exceptions sont moins une dérogation à la
règle que la confirmation du principe sur lequel elle repose.

540. La première exception est écrite dans le n°.3 de
l'art. 1ᵉʳ de la loi du 23 mars 1855.

D'après la disposition précitée, on doit transcrire « tout
jugement qui déclare l'existence d'une convention verbale
de la nature ci-dessus exprimée » ; c'est-à-dire d'une convention translative de propriété immobilière ou de droits
réels susceptibles d'hypothèque, ou emportant renonciation
à ces mêmes droits.

Le n° 3 de l'art. 2 contient une disposition semblable.

Le jugement, dans les divers cas spécifiés aux deux articles, tient lieu de l'acte, soit notarié, soit sous seing privé,

destiné à constater la convention : il y avait, dès lors, nécessité de le soumettre à la transcription.

541. D'après un auteur, « il faut même comprendre, dans cette expression (*jugement*), les actes judiciaires qui, sans être des jugements, constatent l'existence d'une convention de la même nature (c'est-à-dire sujette à transcription), comme est *un acte de reconnaissance d'écriture privée faite en justice*. — En un mot, dit-il, afin de mieux préciser sa pensée, il y a lieu de transcrire toute décision judiciaire déclarant ou constatant l'existence d'une convention verbale, qui, si elle eût été écrite, eût dû être transcrite; de même toute décision judiciaire déclarant ou constatant l'existence ou la reconnaissance d'un écrit sujet à transcription, et non encore transcrit » (1).

L'auteur se trompe, selon moi, sur la véritable pensée de la loi. Lorsqu'il existe un *écrit*, qui constate l'existence d'une convention de nature à être transcrite, que cet écrit soit authentique ou sous seing privé (V. *suprà*, n° 23) ; que, dans ce dernier cas, l'écriture ou la signature en ait été, ou n'en ait pas été vérifiée ou reconnue en justice ; c'est cet *écrit*, et non l'acte ou le jugement de reconnaissance, qui doit être transcrit. Ce cas rentre dans l'application du n° 1 des art. 1 et 2 de la loi du 23 mars 1855, et non dans l'application du n° 3 des mêmes articles.

542. Je dis : *lorsqu'il existe un écrit*; car, si l'acte qui constatait la convention a été adiré, ou détruit par un accident, le bon sens indique que les parties se trouvent alors dans le même cas que si la convention eût été purement *verbale*, à l'origine, et qu'en conséquence, le jugement, qui intervient pour déclarer le droit préexistant, doit être transcrit (2).

---

(1) Lesenne, n°s 30, 31, 33, 46 et 47.
(2) Conf. Mourlon, Rev. prat., t. 7, p. 165, n° 155.

C'est donc, me semble-t-il, une pure chicane que la critique dirigée, par M. Mourlon, contre le § 5 de l'art. 1er de la loi du 25 mars 1855, lorsqu'il prétend qu'à la prendre à la lettre, la disposition de ce paragraphe ne pourrait s'appliquer au cas dont je viens de parler, parce qu'elle ne concerne que les jugements qui déclarent l'existence d'une convention *verbale* (1).

543. J'en dis autant de la critique qu'il adresse au § 5 de l'art. 2, qui renferme une disposition du même genre.

« Les renonciations extinctives d'une servitude réelle, dit l'auteur, appartiennent au régime de la publicité, ou au régime de la clandestinité, suivant la nature du titre qui les constate. Est-il extrajudiciaire? La partie qui profite de la renonciation a-t-elle un acte sous seing privé, ou un acte passé devant notaires? Elle le doit transcrire. Est-ce un jugement? Point n'est besoin de le mettre sous les yeux des tiers » (2).

Ce n'est encore là, M. Mourlon prend soin de le dire, qu'un reproche fait à la rédaction vicieuse de la loi ; car l'auteur, s'il s'attaque à la lettre, ne se méprend pas sur l'esprit, puisqu'il pose, comme règle générale , qu'on doit transcrire « tous jugements, ou tous actes judiciaires , constatant l'existence d'une convention qui, bien que soumise, par sa nature, à la formalité de la transcription, n'a pas été transcrite, faute d'un titre à coucher sur les registres du Conservateur, ou parce que l'écrit, où elle était décrite, a été perdu ou détruit par suite de quelque accident » (3).

Grammaticalement, j'en conviens , le paragraphe est difficile à justifier. Mais, s'il eût été désirable que le législateur s'exprimât avec plus de correction, il suffit, pour le jurisconsulte, que le sens ne présente aucune ambiguïté.

---

(1) Rev. prat., t. 7, p. 165, n° 153-4°.
(2) Rev. prat., *loc. cit.*, n° 153-2°.
(3) *Ib.*, n° 155.

Or, il est certain, pour M. Mourlon lui-même, que ce § 3
se réfère aussi bien au § 1er de l'article, qui parle des « actes
constitutifs d'antichrèse, de servitude, d'usage et d'habitation », qu'au § 2, qui mentionne les « actes portant *renonciation* à ces mêmes droits. »

544. Je reviens aux actes judiciaires.

Je suppose que Primus, prétendant avoir acheté verbalement de Secundus un immeuble, le fasse citer en conciliation, devant le juge de paix, sur la demande qu'il se propose
de former contre lui en délivrance de cet immeuble ; que,
devant le magistrat, les parties se mettent d'accord sur le
fait de la vente, dont les conditions sont libellées dans un
procès-verbal dressé par le juge de paix, conformément à
l'art. 54, C. pr. civ. : ce ne sera pas là un jugement, mais
un acte judiciaire, qui, ayant force *d'obligation privée*, aux
termes de ce même art. 54, devra, je le pense, être soumis
à la transcription. Le motif de la loi est trop évident pour
que ce ne soit pas le cas d'appliquer la règle : *ubi eadem
ratio, ibi idem jus.* C'est en ce sens, mais en ce sens seulement, que j'adhère à l'opinion de M. Lesenne sur la transcription des actes judiciaires.

On peut même dire, dans le cas particulier, que le procès
verbal de conciliation, qui relate les conditions de la vente,
et qui est signé des parties, tombe sous l'application directe
du n° 1er de l'art. 1er de la loi du 23 mars 1855, concernant
la transcription des *actes* translatifs de propriété.

545. Mais je ne regarde pas comme un *acte judiciaire* la
décision qui intervient, en justice, pour donner acte à une
partie de la reconnaissance que fait l'autre partie du droit
prétendu ou revendiqué par la première.

M. Mourlon pose cet exemple :

« Soit donc, dit-il, la remise verbale d'un droit d'usufruit, et, de la part du propriétaire, une demande en reconnaissance de la convention qui l'a libéré de la servitude
établie sur son fonds. Le défendeur contestera ou avouera

l'existence de la renonciation dont le demandeur veut avoir
un titre. — Au premier cas, le tribunal prononcera, *sur un
différend*; il décidera que le défendeur a ou n'a point fait la
renonciation contestée; c'est donc un *jugement* qu'il rendra.
— Au second cas, il n'aura rien à *juger*, puisqu'il n'y
aura point de différend entre les parties; il constatera simplement la déclaration du défendeur, et en donnera acte au
demandeur. Nous aurons alors, non plus un *jugement*, mais
un *acte judiciaire..*, » (1).

Non, dans ce dernier cas, ce ne sera point un acte judiciaire, mais un véritable jugement, de ceux qu'on nomme, en
pratique, *jugements d'expédient* (2).

546. Un autre auteur, M. Bressolles, fait observer que, bien
qu'il ne soit pas fait mention, dans l'art. 2, des jugements
qui constatent l'existence de locations verbales de plus de
dix-huit ans, cette omission ne doit pas prévaloir contre la
pensée générale de la loi, qui, en l'absence de conventions
écrites, soumet à la transcription les jugements qui en tiennent lieu (3).

C'est ce que j'ai dit *suprà*, n° 531. Il n'existe, en effet,
aucun motif de faire une exception au principe, en matière
de baux ; avec d'autant plus de raison que le n° 5 de l'article
veut qu'on transcrive « tout acte ou *jugement* constatant...
quittance ou cession d'une somme équivalente à trois années
de loyers ou fermages non échus. »

L'omission du législateur, en ce qui concerne les baux,
s'explique par le peu de vraisemblance que la pratique puisse
offrir des locations verbales d'une durée supérieure à dix-
huit années : *ex his, quæ forte uno aliquo casu accidere pos-
sunt, jura non constituuntur* (L. 4, D., *De Legib.*).

---

(1) Rev. prat., *loc. cit.*, n° 153-5°.
(2) V. aux *Quest. de dr.*, vᵒ *Appel*, § 1, n° 4, et Jur. gén., vᵒ *Jugement*, nᵒˢ 22 et 23.
(3) Exposé des règles sur la transcription, n° 32.

547. Inutile de dire que, par *jugement*, la loi entend toute décision judiciaire, de quelque juridiction qu'elle émane, civile, commerciale, ou administrative; française ou étrangère; qu'on lui donne le nom de *jugement*, d'*arrêt*, de *sentence* ou d'*arrêté*, appellations diverses qui signifient une seule et même chose.

548. Il n'importe, pour la transcription, que le jugement soit contradictoire ou par défaut, en premier ou en dernier ressort (1).

La transcription est une mesure conservatoire à laquelle il faut procéder sans délai; car le moindre retard dans l'accomplissement de la formalité pourrait devenir très-préjudiciable. J'en ai cité un exemple *suprà*, n° 87. Il n'en est pas de ce cas-ci comme de celui de l'art. 4 de la loi, où il est parlé de la mention que doit faire l'avoué, en marge d'un acte transcrit, du jugement qui prononce la résolution, la nullité ou la rescision de cet acte. L'article n'exige cette mention qu'après que le jugement a acquis l'autorité de la chose jugée, parce qu'elle n'a pas le caractère de mesure conservatoire, la loi, comme on le verra dans le § suivant, n'attachant au défaut de mention aucune déchéance.

549. Lorsque le jugement de première instance aura été transcrit, s'il est confirmé en appel, il n'y aura aucune nécessité de faire transcrire l'arrêt confirmatif, qui n'apprendrait aux tiers rien de plus que le jugement (2).

Ce pourrait être une chose utile au crédit du transcrivant que de faire mentionner cet arrêt en marge de la transcription du jugement confirmé (V. *suprà*, n° 118); mais la loi ne l'exige pas.

550. Mais, si l'arrêt, tout en confirmant, au fond, la décision, la modifiait dans quelque point essentiel que les tiers

---

(1) Conf. Mourlon, *loc. cit.*, n° 155.
(2) Conf. Mourlon, *loc. cit.*, n° 156.

eussent intérêt à connaître, il faudrait, pour se conformer au principe de la loi, et ne pas s'exposer aux risques d'un procès ultérieur, faire transcrire également l'arrêt.

551. Si le jugement était infirmé, c'est-à-dire si le juge d'appel déclarait inexistante la convention affirmée par le premier juge, la transcription du jugement serait considérée comme non avenue, et le droit, néanmoins, ne serait pas restitué (1).

552. La loi, ainsi que je le dirai plus bas (2), n'offre aucun moyen de faire disparaître des registres, sinon matériellement, au moins par la radiation, une transcription qui n'a plus d'objet. Comment donc s'y prendra-t-on pour faire connaître aux tiers le fait qui l'annihile ?

L'arrêt infirmatif, dit M. Mourlon, devra être, conformément au principe doctrinal de l'art. 4, mentionné en marge de la transcription du jugement réformé (3).

Si ce cas, en effet, ne rentre pas dans les termes, il est au moins dans l'esprit de l'art. 4 précité (4).

553. Les sentences arbitrales sont de véritables jugements : le Code de procédure, au titre *des Arbitrages*, leur donne même constamment ce nom. Mais les sentences arbitrales, pour produire les effets attribués aux jugements, ont besoin de l'attache de la Justice : il faut qu'elles soient rendues exécutoires par une ordonnance du président du tribunal de première instance (C. proc., 1020).

554. Peuvent-elles être présentées à la transcription avant d'être revêtues de la formule d'*exequatur ?*

Je n'en fais aucun doute. La transcription, je l'ai déjà dit *suprà*, n° 56, à propos d'une question analogue, n'est pas un

---

(1) V. *infrà*, sous le chap. 6.
(2) V. sous la sect. 1ʳᵉ du chap. 3.
(3) Rev. prat., *loc. cit.*, n° 156.
(4) V. sous le § suivant. V. aussi *suprà*, n° 118.

acte d'*exécution;* c'est, au contraire, une mesure conservatoire qui ne souffre ni délai, ni retard (n° 548).

555. Il est bien vrai qu'il a été décidé, sur les conclusions
mêmes de Merlin, qu'une inscription hypothécaire, prise en
vertu d'une sentence arbitrale enregistrée et déposée au
greffe, mais avant qu'elle eût été rendue exécutoire, est
nulle (1), quoique l'inscription ne soit non plus qu'un acte
conservatoire (2). Mais pourquoi l'a-t-on ainsi décidé ? C'est
parce que l'hypothèque ne peut résulter que d'un acte authentique (C. Nap., 2127), et que, pour les décisions arbitrales notamment, l'art. 2123 déclare qu'elles « n'emportent
hypothèque qu'autant qu'elles ont été revêtues de l'ordonnance judiciaire d'exécution. » Or, il est manifeste que l'inscription ne peut préexister à sa cause.

556. Je conviens, avec Merlin (3), que « les décisions arbitrales ne sont, par elles-mêmes, que des actes privés. » Mais,
lorsqu'il ajoute « qu'elles n'acquièrent le caractère de jugements que par l'homologation qu'elles reçoivent de la part du
juge, le savant procureur général, qui a mérité d'être appelé, par Proudhon, le premier jurisconsulte des temps modernes, s'exprime-t-il avec son exactitude habituelle ? Ne
confond-il pas deux choses qui doivent rester distinctes : la
sentence elle-même, et sa force exécutoire ? Mais je me hâte
de dire que Merlin ne les confondait, dans le passage cité,
que parce qu'il n'y avait aucune nécessité, pour la question à
résoudre, de les distinguer ; car il dit plus loin :

« Une sentence arbitrale, tant qu'elle n'est pas homolo-
guée, n'est qu'un acte sous seing privé. Ouvrage de simples

---

(1) Req., 25 prair. an xi, aff. Merlino ; Jur. gén., v° *Arbitrage,*
n° 1139 ; Quest. de dr., v° *Hyp.,* § 2. V. aussi Jur. gén., v° *Priv. et
hyp.,* n° 1155.

(2) Mon Traité des Priv. et Hyp., inédit. V. aussi Jur. gén.,
v° *Priv. et hyp.,* n° 1383.

(3) Quest. de dr., *loc. cit.*

citoyens, elle n'a, jusqu'alors, aucun caractère d'authenticité. *Elle n'est donc pas, elle ne peut donc pas devenir un titre hypothécaire*, en passant des mains de ses auteurs dans celles d'un greffier. » — Mais immédiatement il ajoute: « Il résulte bien de là qu'elle forme, dès lors, *un titre obligatoire pour les parties*. Mais, si un titre n'est pas authentique, il n'emporte pas hypothèque par cela seul qu'il confère aux parties des droits irrévocables... »

557. La jurisprudence, au reste, a consacré le principe qu'un jugement arbitral, quoiqu'il ne soit pas muni du mandat d'exécution, n'en est pas moins un jugement véritable, contre lequel on peut se pourvoir par les voies de droit, notamment par la voie de l'appel ou du pourvoi en cassation (1). « L'appel, dit très-bien M. Dalloz, n'est qu'un acte conservatoire, et il suffira à l'appelant de produire l'expédition du jugement et de l'ordonnance d'*exequatur* devant la Cour. »

La loi des 16-24 août 1790 l'envisageait ainsi, puisque l'art. 6 du titre 1ᵉʳ ne faisait intervenir le juge, pour donner à la sentence arbitrale la force exécutoire, que *lorsqu'il n'y avait pas d'appel* de cette sentence.

558. L'art. 1020 du Code de procédure avait aussi fait naître des doutes sur le point de savoir si le jugement arbitral devait être présenté à l'enregistrement, avant d'être revêtu de la formule exécutoire. Le ministre des finances, en 1808, se prononça pour l'affirmative (2). Notre question n'est-elle pas tranchée par cela même, puisque aujourd'hui, d'après les art. 52 et 54 de la loi du 28 avril 1816, *dans tous les cas où les actes sont de nature à être transcrits,* le droit proportionnel de transcription se confond avec le

---

(1) Rej. 23 mess. an VIII, aff. veuve Suy ; Jur. gén., vᵒ *Arbitrage,* nᵒ 1164 ; Quest. de dr., *loc. cit.;* Aix, 22 mai 1828, aff. Cappeau ; Jur. gén., *loc. cit.*
(2) Jur. gén., *loc. cit.*, nᵒ 1069.

droit d'enregistrement, et ne forme plus avec lui qu'une taxe unique ?

559. La seconde des exceptions annoncées (V. *suprà,* n° 559) est relative aux jugements d'adjudication.

On doit transcrire, porte le n° 4 de l'art. 1ᵉʳ de la loi du 23 mars 1855, « tout jugement d'adjudication autre que celui rendu, sur licitation, au profit d'un cohéritier ou d'un copartageant ».—Les jugements d'adjudication n'appartiennent pas à la juridiction contentieuse, mais à la juridiction volontaire : le juge ne tient, en quelque sorte, que la place du notaire, pour donner l'authenticité au contrat qui intervient. On conçoit, d'après cela, que les jugements d'adjudication, qui font, comme le dit M. Troplong (1), l'office d'un acte de vente, soient assujettis à la transcription.

560. La loi en excepte les *jugements rendus, sur licitation, au profit d'un cohéritier ou d'un copartageant,* parce que ce sont de véritables partages (C. Nap., 883), et que les partages sont dispensés de la transcription (*suprà,* n°ˢ 18 et suiv.).

Le principe, qui assimile la licitation au partage, lorsque l'adjudicataire est un cohéritier ou un copartageant, a toujours été admis dans notre droit : (*Ista*) *assignatio,* dit Dumoulin, *non videtur esse nova mutatio, nec translatio in aliam manum, sed consolidatio in unum ex eis quæ inter eos quibus est res communis permittitur* (2).

561. Mais, pour que le jugement rendu, sur licitation, au profit d'un cohéritier ou d'un copartageant, ait le caractère de partage, il faut, suivant la remarque que j'en ai déjà

---

(1) De la Transcr., n° 100.

(2) Sur la Cout. de Paris, § 33, gl. 1, n° 70 ; Rép., v° *Licitation*, § 3, n° 2 ; Pothier, De la Vente, t. 2, n°ˢ 638 et suiv.; Lebrun, Des Success., liv. 4, ch. 1, n° 35 ; Jur. gén., v° *Success.*, n°ˢ 2080 et suiv.; Dutruc, Du Partage de success., n°ˢ 35 et suiv.

faite (*suprà*, nos 199 et suiv.), qu'il fasse cesser complètement l'indivision dans l'objet licité : autrement le jugement
d'adjudication aurait les effets d'une vente, comme lorsque
la licitation a lieu au profit d'un étranger, et devrait, par
conséquent, être transcrit. C'est avec cette restriction qu'il
faut entendre la disposition précitée, qui, sans cela, serait
en contradiction avec le principe de la loi.

562. La loi du 23 mars 1855, en prescrivant la transcription de *tout* jugement d'adjudication, autre que celui rendu,
sur licitation, au profit d'un cohéritier ou copartageant, a-
t-elle dérogé à l'art. 2189, C. Nap., portant que « l'acquéreur ou le donataire, qui conserve l'immeuble mis aux enchères (dans le cas de purge), en se rendant dernier enchérisseur, *n'est pas tenu de faire transcrire le jugement
d'adjudication* » ?

Je ne le pense pas ; et c'est également l'opinion de
M. Troplong (1). A quoi servirait, en effet, la transcription,
puisque l'adjudication ne fait que consolider, dans les mains
du tiers détenteur, la propriété qui s'y trouvait déjà en vertu
d'un précédent contrat ? La transcription étant le premier
acte de la purge (C. Nap., 2181), ce contrat a nécessairement été transcrit, et une nouvelle transcription ferait ainsi
double emploi avec la première. Dans les principes, d'ailleurs, il suffit qu'un acte ne soit pas translatif de propriété
pour qu'il ne soit pas sujet à transcription. Or, le jugement
d'adjudication, rendu au profit de celui qui était propriétaire, n'opère, comme le dit M. Troplong, aucune modification dans l'état de la propriété ; il confirme, il raffermit le
titre primitif, en écartant une cause d'éviction, rien de
plus.

Il est vrai que la transcription du premier contrat indique
un prix inférieur à celui pour lequel l'immeuble reste défi-

_____

(1) De la Transcr., n° 101.

nitivement au tiers détenteur ; mais cela est de peu d'importance pour les tiers : ce qui leur importe surtout, c'est de connaître quel est le véritable propriétaire de l'immeuble.

563. Le même sentiment a été émis par MM. les Commissaires du Gouvernement devant la Commission du Sénat, ainsi que le constate le Rapporteur.

« Quel est, dit-il, le motif qui fait affranchir de la transcription les jugements d'adjudication obtenus par des cohéritiers ou des copartageants ? C'est qu'ils n'opèrent point mutation. Le cohéritier est la continuation de la personne du défunt ; il est censé, dit le Code, avoir succédé seul et immédiatement à tous les biens compris dans son lot, ou qui lui sont échus par licitation. — Quant au partage, il est déclaratif et non translatif de propriété. Le même motif justifie, à plus forte raison, l'art. 2189, puisque l'immeuble adjugé reste dans les mêmes mains, et que l'acquéreur et le donataire ont, chacun, un autre titre qui doit déjà avoir été transcrit. Cet article sera maintenu. — Tel est l'avis de MM. les Commissaires du Gouvernement : c'est aussi le nôtre. — Nous regrettons qu'il ne nous soit pas permis de rectifier la rédaction du projet. Il est toujours fâcheux, en sanctionnant une loi, de laisser, dans les mots, une contradiction qui n'est pas dans les choses. Du moins ces explications pourront servir de guide à la jurisprudence » (1).

564. M. Mourlon reconnaissait aussi que, dans le cas où c'est le détenteur lui-même qui reste adjudicataire, l'adjudication n'a rien de translatif, qu'elle est purement confirmative. Cependant, il ajoutait : « Mais, comme la loi ne dis-

---

(1) Rapport de M. de Casabianca sur la loi du 23 mars 1855 ; Impress. du Sénat, session de 1855, n° 27, p. 12. — Conf. Rivière et Huguet, n° 117 ; Bressolles, n° 33 ; Ducruet, Études sur la Transcr., n° 7 ; Gauthier, n°s 113 et 114 ; Fons, n° 23 ; Grosse, Comment., n° 62.

tingue pas, il sera bon, je pense, de lui laisser toute son étendue (1). C'était là faire une application trop servile du texte. —L'auteur, en reprenant la question dans la Revue pratique, est revenu sur sa première impression, et se range à l'opinion générale (2).

565. Ce que je viens de dire du tiers détenteur, qui se rend adjudicataire sur une saisie directement pratiquée contre lui (C. Nap., 2169), ou sur une surenchère du dixième, après la purge qu'il a lui-même provoquée (2183 et suiv.), est, de tous points, applicable au tiers détenteur qui reprend l'immeuble, ou s'en rend adjudicataire, après délaissement (2173 et suiv.).

Le délaissement, en effet, n'a pas pour résultat de dépouiller, *hic et nunc*, le délaissant de la propriété de l'immeuble, mais seulement de lui en enlever la possession. Il délaisse, sinon, comme le disait Loyseau, « afin d'éviter l'*infamie* ou l'*ignominie* (le mot est trop fort), qui, selon l'ancien droit, résultait de la vente et distraction publique des biens » (3), du moins pour se soustraire aux ennuis d'une pareille poursuite. Mais, jusqu'à l'expropriation, l'immeuble demeure sa propriété. La meilleure preuve à en donner, c'est que la vente est poursuivie, non pas sur l'ancien propriétaire, mais sur un curateur qui tient la place du délaissant (2174). C'était la doctrine de l'ancien droit (4), comme c'est la doctrine du nouveau (5). Ce point est établi, de la façon la plus

---

(1) Examen crit., etc. Append. sur la Transcr., n° 335.

(2) T. 4, p. 336, n° 78.

(3) Du Déguerpissement, liv. 6, ch. 7, n 5.

(4) Loyseau, *loc. cit.;* Brodeau sur l'art. 79 de la Cout. de Paris; Nouv. Denizart, vᵒ *Déguerpissement*, § 4, n° 4 ; Pothier, Cout. d'Orléans, Introd. au tit. 20 (De l'Hypoth.), ch. 1ᵉʳ, n° 51.

(5) Rép., vᵒ *Délaissement par hyp.*, nᵒˢ 2 et 10 ; Grenier, Des Hyp., t. 2, n° 330 ; Persil, Rég. hyp., sur l'art. 2173, n° 3 ; Duranton, t. 20, nᵒˢ 263 et 264 ; Troplong, Des Hyp., t. 3, n° 786 ; Dalloz, Jur. gén., vᵒ *Priv. et Hyp.*, n° 1829.

nette, par l'auteur que je viens de citer. « Premièrement, dit Loyseau, pour ce qui est de l'effet principal, à savoir de l'aliénation qui peut résulter de ce délaissement, il faut prendre garde que celui qui délaisse l'héritage pour les hypothèques ne quitte pas absolument la propriété et la possession d'icelui, comme au vrai déguerpissement, mais seulement il en quitte la simple détention et occupation » (1).

Il suit de là que le tiers détenteur, qui se rend adjudicataire de l'immeuble, après l'avoir délaissé, ne faisant que rentrer en possession d'une chose qui n'a jamais cessé d'être sienne, n'est pas obligé de faire transcrire, puisqu'il n'y a pas mutation (2).

566. Il n'y a point à distinguer, à cet égard, comme le dit très-bien M. Mourlon, entre les délaissants, acquéreurs à titre onéreux, et les délaissants, acquéreurs à titre gratuit (3). C'est ce que la loi déclare elle-même dans l'art. 2189, dont j'ai ci-devant rapporté les termes, article qui dispense le *donataire*, aussi bien que l'acquéreur, lorsqu'il conserve l'immeuble mis aux enchères, de faire transcrire le jugement d'adjudication.

Il y a bien, à la vérité, interversion apparente dans le titre de propriété, en ce que le tiers détenteur, qui avait reçu l'immeuble gratuitement, ne le possède plus que moyennant un prix ; que, *donataire*, à l'origine, il a abdiqué cette qualité pour prendre celle d'*acquéreur*. — Mais il ne faut pas s'en laisser imposer par cette fausse apparence. Quoique donataire, il était tenu, par l'action hypothécaire, de payer les créanciers inscrits jusqu'à concurrence de la valeur de l'immeuble (2183 et 2184) : la mise aux enchères n'a été qu'un moyen de déterminer cette valeur.

----

(1) Du Déguerp., liv. 6, ch. 7, n° 1.
(2) Conf. Mourlon, Rev. prat., t. 4, p. 353, n° 80.
(3) *Id.*, n° 81.

⁀C'est ce que disait Target, plaidant pour le Prince de Sou-
bise, dans un procès où il s'agissait de savoir si l'héritier
bénéficiaire, qui s'était rendu adjudicataire de biens dépendant de la succession, possédait ces biens comme *acquêts* ou
comme *propres* ? « Il y a deux manières, disait Target, de
liquider une succession bénéficiaire : à l'amiable, ou judiciairement. Si l'héritier paie les créanciers à l'amiable ;
quand, ayant reçu un million de biens, il acquitterait pour
un million de dettes ; quand il en acquitterait pour un million cinq cent mille livres, les biens resteraient propres ; et
cependant, il les aurait payés et au delà. C'est la même
chose, lorsque ces biens ont été décrétés et adjugés, et qu'il
s'en est rendu adjudicataire. L'héritier, alors, est venu dire
à la Justice : Je n'ai pu convenir, avec les créanciers, du
prix des biens : recevez les enchères ; elles en fixeront la
valeur. Si je la porte plus haut que tout autre, les biens me
resteront ; je tiendrai compte aux créanciers du montant de
mon enchère, et tout sera terminé entre eux et moi... » (1).

J'ajoute que, pour le donataire, adjudicataire des biens
donnés, le montant de l'adjudication représente si peu un
prix de vente que, d'une part, il a une action contre le donateur pour être remboursé de ce qu'il a payé aux créanciers (2), et que, d'autre part, si le montant des charges
hypothécaires n'absorbe pas le prix d'adjudication, il n'est
tenu de rien payer au delà de ces charges.

567. En serait-il autrement du légataire ?

On pourra dire qu'à l'égard du légataire, il n'y a pas de

---

(1) V. au Rép.. vᵒ *Bénéf. d'inv.*, nᵒ 25.
(2) Arg., art. 871 et suiv., et 1251, C. Nap.—Conf. Pothier, Cout.
d'Orl., Introd. au tit. 15, nᵒ 63 ; Furgole, sur l'ord. de 1731, quest. 39,
nᵒ 57 ; Grenier, Des Donat., t. 1, nᵒ 97 ; Tarrible, Rép., vᵒ *Tiers détenteur*, nᵒ 15 ; Duranton, t. 8, nᵒ 527, et t. 20, nᵒ 284 ; Troplong,
Des Priv. et Hyp., t. 4, nᵒ 969 ; Dalloz, Jur. gén., vⁱˢ *Dispos. entre-
vifs*, etc., nᵒ 1704, et *Priv. et Hyp.*, nᵒˢ 1910 et 1911.

titre antérieur transcrit, puisque les testaments sont dispensés de la formalité (*suprà*, n° 17); que, par conséquent, le motif qui fait exempter de la transcription, dans le cas spécifié, le jugement d'adjudication, motif tiré de ce que la transcription de ce jugement ferait double emploi avec la transcription du titre originaire, que ce motif fait ici défaut, et que la transcription du jugement est d'autant plus nécessaire que la mutation résultant de la disposition testamentaire n'a reçu aucune publicité.

« Ce raisonnement, quoique spécieux, dit M. Mourlon, ne nous touche point. Il serait, sans doute, fort utile d'apprendre aux tiers que tel immeuble, laissé par un défunt, n'appartient point à ses héritiers légitimes. Mais, du moment que la loi a cru devoir, à tort ou à raison, attribuer aux legs un effet absolu, indépendant de toute condition de publicité, ce serait la mettre en contradition avec elle-même que de supposer qu'un legs, confirmé sur adjudication, ne sera opposable aux tiers qu'à partir du jour où il aura été transcrit. Dès que le testateur est mort, le legs qu'il a fait est réputé connu, et, par conséquent, légalement tenu pour public. Cette présomption de publicité suppléant la formalité de la transcription, les choses doivent se passer comme si le legs avait été réellement transcrit » (1).

Pour moi, la vraie raison de décider, c'est que l'adjudication, tranchée au profit du légataire lui-même, n'opère pas mutation, et qu'on n'est obligé de transcrire, je le répète, que les actes translatifs de propriété.

568. Mais la transcription serait nécessaire, si l'adjudication avait lieu au profit d'un autre que le tiers détenteur, quoique cet adjudicataire ne fût pas obligé de recommencer la purge (2). La transcription, aujourd'hui, a un tout autre

_____

(1) Rev. prat., *loc. cit.*
(2) Dalloz, Jur. gén., v° *Priv. et Hyp.*, n° 2029.

I.   26

objet que celui qu'elle avait sous le Code Napoléon. Il y a ici une mutation de propriété qui fait passer les biens du premier acquéreur à un second ; ce qui, dans les principes de la loi, indépendamment de son texte, donne lieu à l'application du nº 4 de l'art. 1ᵉʳ de la loi du 23 mars 1855 (1).

569. M. Mourlon discute longuement la question de savoir si, par la nouvelle adjudication, opérée après délaissement, ou sur saisie immobilière, le droit de l'acquéreur évincé se trouve effacé de telle sorte que l'adjudicataire doive être considéré comme l'ayant cause direct et immédiat du vendeur originaire ; ou si, au contraire, cette nouvelle adjudication laisse subsister le droit de cet acquéreur pour le passé, tout en le résolvant pour l'avenir ?

Ce qui fait hésiter M. Mourlon, c'est la difficulté de concilier entre elles les deux dispositions contradictoires que renferme l'art. 2177, C. Nap.—Par la première, l'article déclare que « les servitudes et droits réels que le tiers détenteur avait sur l'immeuble, avant sa possession, renaissent après le délaissement, ou après l'adjudication faite sur lui. »—Par la seconde, il décide que « les créanciers personnels de ce tiers détenteur, après tous ceux qui sont inscrits sur les précédents propriétaires, exercent leur hypothèque, à leur rang, sur le bien délaissé ou adjugé. »

La première disposition fait supposer une résolution qui étend ses effets sur le passé : autrement, comment les servitudes, ou autres droits réels, qui s'étaient éteints par la confusion, pourraient-ils renaître ? Ce n'est que parce que la première vente est réputée non avenue que ces servitudes revivent, ou plutôt sont censées n'avoir jamais cessé d'exister.—La seconde disposition prouve, au contraire, que la résolution n'a pas d'effet rétroactif ; que la vente conserve ses effets pour le passé, puisque les créanciers personnels de

_____

(1) Conf. Rivière et Huguet, nº 116 ; Mourlon, Rev. prat., t. 4, p. 363, nº 84.

l'acquéreur évincé sont admis, après que les créanciers inscrits sur les précédents propriétaires ont été désintéressés,
à faire valoir leur hypothèque sur le restant du prix.

M. Mourlon arrive, cependant, à faire prévaloir la seconde
disposition sur la première, et à regarder celle-ci comme une
exception faite aux principes, exception qui se justifie par
des considérations d'équité. « La loi, dit-il, a préféré l'équité
à la subtilité du droit. »

570. Cette doctrine me paraît être la seule juridique, et elle
est enseignée par tous les auteurs du droit ancien comme du
droit nouveau. « Mais, si l'éviction est survenue de la part des
créanciers hypothécaires, dit Loyseau, on ne peut nier qu'il
y ait eu translation de la propriété de l'héritage, et si la seigneurie d'icelui n'est pas ôtée à l'acheteur, sinon après le décret, et partant, suivant la théorie très-véritable de Dumoulin
sur le 22e art. de la Coutume, puisque *la résolution n'a point
un effet rétroactif*, les ventes et droits seigneuriaux ne laissent
d'en être dus, tout aussi bien qu'au déguerpissement » (1).

C'est là le droit rigoureux ; mais on y apportait un tempérament.

« Notre Coutume réformée, art. 115, dit Pothier, conforme en cela à celle de Paris, a subvenu, d'une autre manière, à l'acheteur, dans le cas particulier de l'éviction sur
une action hypothécaire : elle veut indistinctement qu'en
ce cas l'acheteur, pour dédommagement du profit par lui
dû pour la vente de l'héritage qu'il a été obligé de délaisser,
soit subrogé, jusqu'à due concurrence dudit profit, aux
droits du Seigneur, pour le profit qui sera dû par la vente
qui sera faite sur le curateur au délais. Notre Coutume a jugé
équitable que le Seigneur ne profitât pas, en ce cas, par un
double droit, de l'infortune de cet acquéreur évincé... » (2).

_____

(1) Du Déguerp., liv. 6, ch. 7, nº 17.
(2) Cout. d'Orl., Introd. au titre des Fiefs, nº 127.

C'est, en effet, de cette manière que s'exprimait l'art. 79 de la nouvelle Coutume de Paris : « Si l'acheteur d'un héritage est contraint de déguerpir et délaisser l'héritage pour les dettes de son vendeur, et, en ce faisant, il se vend et adjuge par décret, à la poursuite des créanciers, ledit acquéreur succède au droit du Seigneur pour avoir et prendre à son profit les ventes dudit décret, telles qu'eût pris ledit Seigneur. Ou est au choix dudit Seigneur de les prendre, en rendant celles qu'il a reçues de l'acquisition première. »

Mais ce tempérament d'équité, qui n'est pas admis dans notre droit (1), parce que, d'après l'art. 60 de la loi du 22 frim. an vii, tout droit d'enregistrement, régulièrement perçu, n'est pas restituable (2), ce tempérament d'équité ne détruisait pas le principe posé par Dumoulin, et rappelé par Loyseau, que la résolution de la première vente, opérée par la nouvelle adjudication, n'a pas d'effet rétroactif (3).

571. C'est là, du reste, une question indifférente, au point de vue de la transcription ; car, alors même que la résolution serait rétroactive, et qu'elle devrait faire considérer l'adjudicataire comme le successeur immédiat du vendeur originaire, en faisant disparaître la personne de l'acquéreur évincé, cet adjudicataire n'en devrait pas moins transcrire, pour se mettre à couvert des hypothèques ou autres droits réels que l'ancien propriétaire, son auteur immédiat, ou réputé tel, viendrait à constituer sur l'immeuble. La transcription, précédemment opérée par l'acquéreur évincé, ne pourrait lui profiter, puisqu'on suppose la vente, faite à cet acquéreur, effacée à ce point qu'elle doit

---

(1) Req. 19 avril 1826, aff. Estieu; Jur. gén., vᵒ *Enreg.*, nᵒ 2420 ; Championnière et Rigaud, Traité des Droits d'Enreg., t. 3, nᵒ 2159; Dalloz, *loc. cit.*, nᵒ 2419.

(2) V. *infrà*, sous le chap. 6.

(3) V. mon Traité des Priv. et Hyp., inédit. V. aussi la Jur. gén., vᵘ *Priv. et Hyp.*, nᵒˢ 1884 et suiv.

être regardée comme inexistante. L'effet doit disparaître avec la cause.

572. Ce que je viens de dire, je l'applique à tout adjudicataire qui évince un tiers détenteur, soit que l'éviction provienne d'une surenchère exercée au cours de la purge, soit qu'elle provienne de l'action directe des créanciers.

Cependant, dit M. Mourlon, « par une bizarrerie dont il est difficile de se rendre compte, l'adjudication, sur enchère du dixième (C. Nap., 2185), a un tout autre caractère que celle qui précède (l'adjudication sur saisie ou sur délaissement). C'est ce qui résulte de l'art. 2188, aux termes duquel l'adjudicataire est tenu, au delà de son prix d'adjudication, de restituer à l'acquéreur ou au donataire dépossédé *les frais et loyaux coûts de son contrat.* Cette obligation n'aurait, en effet, aucune raison d'être, si, nonobstant l'adjudication, le contrat de l'acquéreur demeurait en sa force et vertu.—Ainsi, dans l'espèce, continue l'auteur, la personne de l'acquéreur, que l'adjudication dépossède, s'efface complétement ; il est réputé n'avoir jamais eu la propriété de l'immeuble qui a été mis aux enchères. Ce n'est point lui qui aliène ; la chose aliénée n'est point la sienne. La mutation de propriété qu'opère l'adjudication a donc lieu directement de l'aliénateur originaire à l'adjudicataire. Au lieu de deux aliénations successives, nous n'en avons qu'une, l'adjudication. — Il en résulte.... 4° que le défaut de transcription du jugement d'adjudication ne peut être invoqué que par les ayants cause de l'auteur de l'acquéreur dépossédé : *les tiers qui traitent avec ce dernier ne peuvent point s'en prévaloir* » (1).

Je me hâte d'ajouter que, ce raisonnement, M. Mourlon ne le produit qu'à l'état d'objection, et pour en combattre les conséquences.

_____

(1) Rev. prat., t. 4, p. 373, n° 85.

573. L'une de ces conséquences et la plus grave, la seule dont j'aie à m'occuper ici, serait de résoudre les hypothèques dont l'acquéreur évincé aurait grevé l'immeuble pendant sa possession. « Son contrat est résolu, dit M. Troplong, de manière qu'il est tout à fait déchargé vis-à-vis de son vendeur, et que *les hypothèques qu'il a constituées, pendant son acquisition, sont et demeurent éteintes.*—C'est parce qu'il y a résolution complète du contrat primitif, ajoute ce magistrat, que notre article (l'art. 2188) exige que l'adjudicataire paie au précédent propriétaire dépossédé les frais et loyaux coûts de son contrat, ceux de transcription, ceux de notification, et ceux qu'il peut avoir faits pour la revente... » (1).

574. Je m'étonne, quant à moi, que, dans un fait aussi indifférent, dans une disposition aussi secondaire que celle qui a pour objet de mettre à la charge de l'adjudicataire le remboursement à l'acquéreur, ou au donataire dépossédé, *des frais et loyaux coûts de son contrat,* on puisse trouver la preuve de la résolution complète de ce contrat, aussi bien dans le passé que pour l'avenir.

On ne nie pas que l'art. 2178, qui accorde au tiers détenteur, lorsqu'il a délaissé l'immeuble hypothéqué, ou subi l'expropriation de cet immeuble, son recours en garantie, tel que de droit, contre le débiteur principal, c'est-à-dire contre son vendeur, ne soit applicable à l'acquéreur dépossédé par la surenchère du dixième (2). Il serait étrange, en effet, que le tiers détenteur, qui va au-devant de l'action hypothécaire, en manifestant l'intention de purger, fût placé dans une situation plus défavorable que le tiers détenteur qui délaisse, ou se laisse exproprier.

---

(1) Des Priv. et Hyp., t. 4, n° 962.—Conf. Bioche, Dict. de proc., v° *Surenchère,* nᵒˢ 243 et 247.

(2) Troplong, *ib.,* n° 967; Tarrible, Rép., vⁱˢ *Tiers détent.,* n° 15, et *Transcr.,* § 6, n° 4; Jur. gén., v° *Vente,* n° 828.

C'est l'art. 1630 qui détermine l'étendue de ce recours en garantie. Or, le n° 4 de cet article y fait entrer les dommages-intérêts de l'acquereur évincé, *ainsi que les frais et loyaux coûts du contrat*. Qu'a donc fait l'art. 2188 ? Une chose analogue à ce qui se pratique habituellement, dans les ventes aux enchères publiques, lorsqu'on insère, dans le cahier des charges, la clause que l'adjudicataire paiera, en sus de son prix, à la décharge du vendeur, cinq ou dix centimes par franc, pour les frais extraordinaires de vente. On a voulu que l'acquéreur dépossédé fût indemne de tous les frais qu'il avait pu faire ; et le moyen qui a semblé le meilleur était de l'en faire rembourser par l'adjudicataire. La disposition de cet art. 2188 est, d'ailleurs, textuellement empruntée à l'art. 34 de la loi du 11 brum. an vii, et les auteurs du Code l'ont reproduite, sans y attacher d'autre importance ; sans se douter, certainement, qu'on pourrait y voir une dérogation à l'art. 2177. Et, si ce dernier article n'a pas été reproduit ou rappelé au chapitre de la purge, ce ne peut être que par inadvertance, ou plutôt parce que l'identité est telle entre les deux cas que le législateur aura jugé inutile de se répéter.

L'art. 2188 ainsi expliqué, sur quoi se fondera-t-on pour prétendre que l'adjudication sur surenchère doit avoir des effets différents de ceux que produit l'adjudication sur délaissement ou sur saisie, et qu'elle opère, notamment, la résolution des hypothèques ou droits réels constitués par l'acquéreur évincé, pendant sa jouissance ? Je ne trouve, dans le Code, aucun texte qui l'établisse, et je suis de l'avis de M. Mourlon, que, si des différences existent, elles sont toutes en faveur de l'acquéreur qui a cherché à éviter l'expropriation, en recourant à la purge.

575. M. Troplong invoque l'autorité d'un arrêt de la chambre des requêtes, du 12 nov. 1834, aff. Trouillet, auquel on peut joindre un autre arrêt de la chambre civile, du 28 mars 1845, aff. Laverlochère, et un arrêt de la Cour

de Bordeaux du 27 fév. 1829, aff. Hervé (1). Ces arrêts jugent que l'acquéreur, évincé par l'effet d'une surenchère, a bien un recours contre son vendeur pour le remboursement de son prix, mais que cette créance n'est ni hypothécaire ni privilégiée ; qu'elle est purement chirographaire, et qu'elle ne lui donne, par conséquent, sur le montant du prix, après le paiement des créanciers inscrits du chef du vendeur, aucun droit de préférence sur les créanciers chirographaires de ce dernier.

C'est, comme on le voit, une question tout autre que ces arrêts ont jugée.

Toutefois, la doctrine qu'ils consacrent peut conduire, j'en conviens, à l'opinion émise par M. Troplong. Mais c'est une doctrine à laquelle je ne puis adhérer. Je l'ai combattue dans mon Traité des Priv. et Hyp., inédit, que cite M. Dalloz, dans le passage suivant :

« Pourquoi avons-nous dit, écrit M. Dalloz, que le tiers acquéreur, évincé par l'action hypothécaire, avait droit, si les créanciers hypothécaires n'absorbaient pas la totalité du prix obtenu par l'adjudication, à ce qui restait de ce prix, à l'exclusion des créanciers chirographaires du vendeur ? C'est parce que le tiers détenteur, lorsqu'il délaisse ou se laisse exproprier, ne fait que subir l'action hypothécaire, sans abdiquer, comme nous l'avons vu, nᵒˢ 1829, 1883 et suiv., ses droits de propriété sur l'immeuble. C'est donc à titre de propriétaire, et non à titre de créancier hypothécaire, pour le recours qu'il a à exercer contre son vendeur, qu'il reprend, à l'exclusion des créanciers chirographaires de ce dernier, ce qui reste du prix d'adjudication, lorsque ce prix dépasse le montant des créances hypothécaires. — Or, que ce soit par l'effet du délaissement ou de la surenchère que l'acquéreur soit dépossédé, le résultat semble devoir être le même.

_____

(1) Jur. gén., vᵒ *Priv. et hyp.*, nᵒˢ 425-3ᵒ, 2302 et 2366.

« Il n'y a aucune raison, dit Grenier, t. 2, n° 469, de se décider différemment, pour le cas où l'acquéreur, au lieu de délaisser par hypothèque, a provoqué des enchères par des notifications. » — Alors, ou il faut dire que le tiers acquéreur, qui délaisse et se laisse exproprier, devient étranger à l'immeuble ; que le contrat primitif est résolu, et que l'excédant du prix, s'il y en a, doit profiter au vendeur ou à ses créanciers chirographaires ; ou bien il faut admettre que la résolution n'est pas entière ; qu'elle n'a lieu que dans l'intérêt des créanciers hypothécaires, et que, ceux-ci désintéressés, le contrat reprend toute sa force, sinon par rapport à l'immeuble, qui reste la propriété de l'adjudicataire, au moins relativement au prix, sur lequel les créanciers chirographaires n'ont jamais eu aucun droit. C'est cette dernière opinion qui était suivie anciennement (Loyseau, Déguerp., liv. 6, chap. 7 ; Brodeau, sur l'art. 202 de la Cout. de Paris ; Duplessis, sur la même Coutume). —L'art. 2177, C. Nap., prouve que les auteurs du Code ont admis la même doctrine ; car, si l'adjudication de l'immeuble au profit d'un autre que le tiers détenteur opérait l'entière résolution du contrat de ce dernier, cette résolution ferait évanouir les hypothèques constituées par lui sur l'immeuble (*suprà*, n° 1743 ; Conf. Rodière, Rev. de lég., t. 2, p. 69 ; Flandin, Tr. des hyp. , inédit » (1).

576. On a voulu assimiler les effets de la résolution qui s'opère dans les droits de l'acquéreur, évincé par la surenchère du dixième, à ceux qui sont le résultat d'une poursuite de folle enchère. Mais quelle différence ! L'adjudication sur folle enchère résout les droits que les tiers tiennent du fol enchérisseur (arg. art. 740, C. proc.), parce que le paie-

---

(1) Jur. gén., *loc. cit.*, n° 2302. — Conf. Colmar, 7 mai 1821, aff. Meyer ; 22 nov. 1831, aff. Hoffmann ; *ib.*, n° 1753 ; Duvergier, consult. citée par Dalloz, *ib.*, v° *Vente publ. d'imm.*, n° 2147.

ment du prix est une condition essentielle de la vente (C. Nap. 1654), et que la résolution, fondée sur l'inaccomplissement de cette condition, procédant d'une cause inhérente au contrat, a, d'après les principes développés *supra*, nᵒˢ 216 et suiv., un effet rétroactif qui anéantit ce contrat, même pour le passé (V. aussi *infrà*, nᵒ 582.)

Mais, dans l'éviction qu'éprouve l'acquéreur, à la suite d'une surenchère, la résolution n'a point pour cause un fait de cet acquéreur, l'inexécution de ses engagements (1183 et 1184); car il n'a point contracté l'obligation d'acquitter les charges hypothécaires; c'est, au contraire, le vendeur qui lui doit garantie à raison de ces charges (art. 1626 et suiv.). On ne peut donc pas dire, dans ce cas, que la résolution procède d'une cause *ancienne*, et surtout *nécessaire*, *ex causâ antiquâ et necessariâ*, puisque le fait qui y donne lieu est un fait extrinsèque, un fait personnel du vendeur, et qu'il ne peut tourner contre l'acquéreur. « Nous n'admettrons jamais, dit fort justement M. Mourlon, que le retard qu'un donateur met à payer sa propre dette, ou que la poursuite hypothécaire des créanciers des anciens propriétaires, puisse avoir pour effet de révoquer, à son profit, la libéralité qu'il a librement faite. Cette révocation ne serait qu'une spoliation, puisqu'elle n'aurait d'autre fondement que la négligence du donateur qui en profiterait, ou un pur accident. Encore bien moins concéderons-nous qu'un vendeur puisse, par son fait, disons mieux, par sa faute, en négligeant, à dessein peut-être, d'exécuter ses engagements, enlever à son acheteur le bénéfice de son contrat... » (1).

Je conclus de là que le défaut de transcription pourra être opposé à l'adjudicataire, aussi bien par les ayants cause de l'acquéreur dépossédé, que par ceux du vendeur, auteur de ce dernier.

(1) Rev. prat., *loc. cit.*

577. J'ai dit *suprà*, n° 568, que, la transcription ayant aujourd'hui un autre objet que celui de préparer la purge, tout adjudicataire de l'immeuble hypothéqué, autre que le tiers détenteur lui-même, doit, quoique affranchi de la nécessité de faire de nouvelles notifications aux créanciers inscrits, faire transcrire son jugement d'adjudication.

La même obligation incombe à l'adjudicataire sur saisie immobilière, nonobstant que l'expropriation forcée purge, *ipso facto*, tous priviléges et hypothèques antérieurs à l'adjudication (1), et même, depuis la loi du 21 mai 1858, les hypothèques légales, non inscrites, des femmes, des mineurs et des interdits (art. 1er de la loi précitée).

Il est bien vrai qu'aux termes de l'art. 686, C. proc., « la partie saisie ne peut, à compter du jour de la transcription de la saisie, aliéner les immeubles saisis, à peine de nullité, et sans qu'il soit besoin de la faire prononcer ; » qu'aux termes de l'art. 717 du même Code, l'adjudicataire ne pourra être troublé dans sa propriété par aucune demande en résolution fondée sur le défaut de paiement du prix des anciennes aliénations, à moins qu'avant l'adjudication, la demande n'ait été notifiée au greffe du tribunal où se poursuit la vente. » Mais, comme c'est un principe, reconnu par le même article, que « l'adjudication ne transmet à l'adjudicataire d'autres droits à la propriété que ceux appartenant au saisi; » que celui-ci n'est pas dépouillé, par la saisie, du droit de constituer des hypothèques sur l'immeuble (2); qu'il peut, d'ailleurs, lui ou ses auteurs, par un acte ayant acquis date certaine avant la transcription de la saisie, avoir vendu le même immeuble à un acheteur qui n'aurait pas encore fait transcrire, il est certain que, dans ces cas et autres semblables, l'adjudicataire a intérêt à faire transcrire le ju-

----

(1) Jur. gén., v° *Priv. et hyp.*, n° 2023.
(2) Jur. gén., *loc. cit.*, n° 1777.

gement d'adjudication, pour évincer les tiers qui n'auraient pris inscription ou qui n'auraient fait transcrire qu'après lui (1).

578. M. Lemarcis, cependant, regarde cette formalité comme inutile.

Après avoir dit, en commentant l'art. 1ᵉʳ de la loi du 23 mars 1855, que « les jugements d'adjudication sur expropriation forcée seront, désormais, soumis à la formalité de la transcription » (2), il ajoute plus loin : «... Quant aux adjudications sur saisie immobilière, il nous semble que le droit de l'adjudicataire ne saurait avoir rien à craindre (du défaut de transcription). Car le saisi, qui, dès la transcription de la saisie, a perdu le droit d'aliéner, au détriment des créanciers inscrits et du saisissant, ne recouvrera pas ce droit, sans doute, après l'adjudication. Le résultat contraire serait par trop bizarre ; et, certes, l'intention de la loi n'a pas été de le consacrer. Dans ce cas donc, la loi manquera de sanction... » (3).

Il serait, en effet, difficile d'admettre que, lorsque de simples poursuites en expropriation ont pour effet d'enlever au saisi le droit d'aliénation, du jour où la saisie a été transcrite, cet effet ne se continuât pas, après le jugement d'adjudication qui a consommé l'expropriation. — Vainement les tiers, qui auraient imprudemment contracté avec le saisi, depuis l'adjudication, le croyant toujours propriétaire, viendraient-ils prétendre que, n'ayant trouvé, sur les registres du Conservateur, ni la transcription du jugement d'adjudication, ni même la mention sommaire de ce jugement en marge de la transcription de la saisie, conformément à l'art. 716, C. pr.

_____

(1) Conf. Rivière et François, n° 16 ; Rivière et Huguet, nᵒˢ 124, 351 et 352 ; Lesenne, n° 36 ; Mourlon, Rev. prat., t. 4, p. 344, n° 79 ; Gauthier, n° 111. — M. Fons, n° 25, hésite sur la question.
(2) Comment., sect. 1ʳᵉ, n° XIII-4°.
(3) Ib., sect. 2, n° VIII.

civ., ils ont été induits à penser, ou que la poursuite avait été abandonnée, ou que le poursuivant avait été désintéressé avant l'adjudication. — On leur répondrait que, la saisie n'ayant pas été rayée, son existence était, pour eux, un avertissement suffisant de se tenir en garde contre la mauvaise foi de l'ancien propriétaire, et de s'enquérir, avant d'acheter de ce dernier, si l'immeuble lui appartenait encore.

Quoi qu'il en soit, au reste, de cette difficulté, il suffit, comme je l'ai dit au numéro précédent, que le saisi ne soit pas dépouillé, par la poursuite, du droit de constituer des hypothèques sur l'immeuble, sans parler même des actes d'aliénation qu'il aurait pu consentir, lui ou ses auteurs, antérieurement à la transcription de la saisie, et qui seraient valables, pour montrer l'intérêt qu'a l'adjudicataire à faire transcrire le jugement d'adjudication. C'est cette sollicitude pour l'intérêt des tiers qui avait induit le législateur, longtemps avant la loi du 23 mars 1855, à prescrire à l'adjudicataire de faire faire une mention sommaire de ce jugement en marge de la transcription de la saisie.

579. J'ajouterai, pour couper court à tout débat, qu'en ce qui touche la nécessité de faire transcrire le jugement d'adjudication sur saisie immobilière, la question, si c'en était une, se trouverait aujourd'hui tranchée implicitement par la loi précitée du 21 mai 1858, dont l'art. 1ᵉʳ, modifiant l'art. 717, C. proc., porte, à son paragraphe final : «Le jugement d'adjudication, *dûment transcrit*, purge toutes les hypothèques ; et les créanciers n'ont plus d'action que sur le prix. —Les créanciers à hypothèque légale (c'est-à-dire, comme il a été expliqué dans la discussion, les femmes mariées, les mineurs et les interdits), qui n'ont pas fait inscrire leur hypothèque *avant la transcription du jugement d'adjudication*, ne conservent de droit de préférence sur le prix qu'à la condition de produire, avant l'expiration du délai fixé par l'art. 754, dans le cas où l'ordre se règle judiciaire-

ment, et de faire valoir leurs droits avant la clôture, si l'ordre se règle amiablement, conformément aux art. 751 et 752. »

580. Je pense, au reste, comme M. Mourlon (1), que la nécessité de faire transcrire le jugement d'adjudication rend aujourd'hui tout à fait inutile la mention sommaire de ce jugement en marge de la transcription de la saisie, ainsi que le prescrit l'art. 716 du Code de procédure. Cette disposition avait sa raison d'être avant la loi du 23 mars 1855 ; maintenant elle n'a plus d'objet, et doit être considérée comme implicitement abrogée.

On dirait en vain que cette mention aura pour effet de prévenir les frais frustratoires d'une nouvelle saisie qu'un créancier, ignorant le jugement d'adjudication, pourrait être disposé à entamer, puisque l'existence d'une première saisie est un obstacle suffisant pour empêcher la seconde (C. proc., 680, 719 et suiv.).

581. Avec le même auteur, je dis encore que la mention du jugement d'adjudication, faite en marge de la transcription de la saisie, ne saurait suppléer à la transcription du jugement lui-même. Indépendamment de ce que la transcription satisfait mieux aux intérêts des tiers qu'une simple mention, puisqu'elle consiste, comme je le dirai plus bas (2), dans la reproduction textuelle et intégrale de l'acte présenté à la formalité, les registres, que les tiers consultent de préférence, sont ceux qui constatent les mutations et les charges de la propriété, c'est-à-dire le registre des transcriptions et celui des inscriptions : ce ne peut être qu'accidentellement, et dans des cas rares, que leurs investigations se portent sur le registre des saisies. Or, comme le dit très-exactement M. Mourlon, « à chaque acte sa place particulière : les priviléges et hypothèques, sur le registre

_____

(1) Rev. prat., loc. cit.
(2) V. sous la sect. 1ʳᵉ du chap. 3.

qui leur est propre ; les saisies, sur le registre spécial qui leur est affecté ; aux adjudications, ou, plus généralement, aux actes qui déplacent la propriété, le registre des mutations. L'ordre, la facilité des recherches, l'établissement exact de la propriété, et, par suite, la sécurité des tiers, sont à ce prix » (1).

582. Doit-on transcrire le jugement d'adjudication sur folle enchère ?

On est divisé sur le point de savoir si, dans les ventes forcées, le paiement du prix forme une condition *suspensive* ou une condition *résolutoire* de l'adjudication (2)? Mais que la condition soit suspensive, ou qu'elle soit résolutoire ; que l'adjudication, dans le premier cas, soit réputée inexistante, ou que, dans le second, elle soit simplement résolue ; dans l'une comme dans l'autre hypothèse, il y a, par l'effet de la revente, transmission de propriété d'une personne à une autre, et matière, par conséquent, à transcription.

Toute la différence, c'est que, dans le premier cas, l'adjudicataire sur folle enchère tiendra directement ses droits du saisi ; tandis que, dans le second, il y aura eu un intermédiaire entre lui et ce dernier. Mais, en droit, cette différence même est nulle, à cause du caractère de la résolution, qui, s'opérant *ex causâ primœvâ et necessariâ*, fait disparaître la première adjudication, comme si elle n'avait jamais existé ; en sorte que la transcription faite par ce premier adjudicataire ; les droits réels qu'il aurait consentis à des tiers sur l'immeuble ; la revente ou les reventes partielles qu'il en aurait opérées, tout s'évanouit avec son droit de propriété : *resoluto jure dantis, resolvitur jus accipientis* (3).

---

(1) Rev. prat., *loc. cit.*
(2) V. dans la Jur. gén., v° *Vente pub. d'imm.*, n° 1906.
(3) Conf. Troplong, De la Transcr., n° 221 ; Gauthier, n° 111 ; Bressolles, n°s 33 et 66 ; Mourlon, Rev. prat., t. 4, p. 378, n° 86. V. aussi Pothier, Cout. d'Orl., Introd. au titre des Fiefs, n° 136.

583. On doit considérer comme affranchi de la transcription le jugement d'adjudication des biens de la succession, prononcé au profit de l'héritier bénéficiaire.

Ce jugement, comme dans le cas où le tiers détenteur se rend adjudicataire de l'immeuble délaissé ou surenchéri (*suprà*, nᵒˢ 562 et 565), ne fait que confirmer, dans la main de l'héritier bénéficiaire, la propriété qu'il tenait déjà de son titre héréditaire. L'héritier bénéficiaire, quoique acquérant, par le bénéfice d'inventaire, l'avantage de ne pas confondre ses biens personnels avec ceux de la succession (C. Nap., 802); quoique comptable, envers les créanciers de la succession, du prix de ces biens, qu'il ne peut vendre autrement qu'aux enchères publiques (C. Nap., 806; C. proc., 987 et suiv.), n'en est pas moins le propriétaire de ces mêmes biens : *hæres sub beneficio inventarii*, dit Dumoulin, *est verus hæres, quamvis sub certis modificationibus*, *de quibus ibi*, ET EST VERUS DOMINUS RERUM HÆREDITARIARUM (1). C'est pour cela, suivant la remarque de Pothier, que « l'adjudication, faite à un héritier bénéficiaire, d'un héritage de la succession, sur la saisie réelle des créanciers, ne donnait pas lieu au profit de vente » (2), et qu'aujourd'hui elle ne donne pas davantage ouverture au droit proportionnel de mutation » (3).

M. Troplong enseigne également que l'héritier bénéficiaire n'est pas obligé de faire transcrire le jugement qui lui adjuge un des immeubles de la succession. «Le texte relatif aux jugements d'adjudication, dit ce magistrat, est, sans doute, général ; mais il doit se combiner avec le § 1ᵉʳ qui pose une règle plus générale encore ; et il n'envisage que les jugements d'adjudication translatifs de propriété... » (4).

---

(1) Sur la Cout. de Paris, tit. 1, § 43, glos. 1, nᵒ 173.
(2) Cout d'Orl., Introd. au titre des Fiefs, nᵒ 126.
(3) Jur. gén., vᵒ *Enreg.*, nᵒ 2390.
(4) De la Transcr., nᵒ 102.

C'est l'observation que j'ai déjà faite plusieurs fois.

L'auteur fait également remarquer que la transcription n'apprendrait rien d'utile aux tiers, puisque, la mutation par décès s'étant opérée sans transcription (*suprà*, n°s 9 et suiv.), elle a rendu l'héritier propriétaire à l'égard de tout le monde. « Le jugement d'adjudication, dit-il, même non transcrit, le laisse au moins dans la position où il était. Or, il avait le droit de revendiquer la chose envers et contre tous, et personne ne pouvait lui contester sa propriété. Donc, à supposer que l'adjudication survenue dût être transcrite, il n'y aurait personne qui pût opposer à l'héritier adjudicataire le défaut de transcription du jugement. Disons, par conséquent, conclut M. Troplong, que la transcription est à la fois contraire aux principes et parfaitement inutile » (1).

584. M. Mourlon ne partage pas ce sentiment.

« La condition d'un héritier bénéficiaire, dit-il, est d'une nature mixte.... Dans ses rapports avec toutes personnes autres que les créanciers et les légataires, l'héritier, même bénéficiaire, représente le défunt.... A l'égard des créanciers héréditaires, le défunt est, par l'effet du bénéfice d'inventaire, réputé vivant, sa succession le représente. C'est en lui, en sa personne fictive, que réside la propriété des biens qu'il a laissés.... S'il (l'héritier) était propriétaire des biens, il serait personnellement tenu des dettes ; car ces deux idées sont corrélatives par essence. Les dettes lui sont personnellement étrangères ; il est donc personnellement étranger à la propriété des biens.... N'est-il pas vrai, conclut de là M. Mourlon, qu'une fois admise cette idée, que la propriété des biens héréditaires réside en la personne fictive du défunt, on est forcé de reconnaître que le bien adjugé à l'hé-

---

(1) Conf. Rivière et Huguet, n°s 118 et suiv.; Gauthier, n° 115; Fons, n° 24 ; Ducruet, n° 58 ; Trib. civ. de la Seine, 4 juillet 1857, aff. Delacroix; Trib. civ. de Dijon, 31 mars 1858, aff. de Pradier; D. p. 58. 3. 7 et 36.

ritier passe du domaine de la succession dans le sien propre,
et qu'ainsi, cette adjudication opère une véritable mutation
de propriété? L'héritier bénéficiaire, qui se rend adjudicataire des biens de la succession, est donc un acheteur, au
même titre que le serait un adjudicataire étranger... » (1).

585. M. Mourlon cherche à abriter cette doctrine sous
l'autorité de Pothier et de Lebrun ; et je m'en étonne ; car,
dans les passages mêmes qu'il invoque, les premiers mots
de ces auteurs sont pour dire que l'héritier bénéficiaire est
un vrai héritier et un vrai successeur du défunt (2).

M. Mourlon s'empare de ces expressions de Lebrun :
«Nous ne l'avons pas même considéré (l'héritier bénéficiaire) comme un véritable *possesseur et propriétaire* ». Mais
il a tort de ne pas achever la phrase ; car les mots qui suivent en modifient notablement le sens : « Nous ne l'avons
pas même considéré, dit Lebrun, comme un véritable possesseur et propriétaire, *puisque nous l'avons aussi exempté
de l'action hypothécaire.* »

Lebrun fait ici allusion à une question, fort controversée,
de l'ancien droit, celle de savoir si l'héritier bénéficiaire,
comme détenteur des biens de la succession, était sujet à
l'action hypothécaire, c'est-à-dire était tenu des dettes, sur
ces biens, au delà de sa part virile.—Après avoir exposé les
raisons pour et contre, et cité un arrêt du 5 juin 1592, favorable à l'héritier bénéficiaire, Lebrun termine ainsi : «La
raison de cet arrêt, dit-il, fut que, pour être sujet à l'action
hypothécaire, il faut être détempteur et propriétaire. Ainsi,
le fermier, le commissaire de la chose saisie, et le curateur
aux biens vacants, n'y sont point sujets. Or, on ne jugea
pas que l'héritier bénéficiaire fût véritable détempteur ni

---

(1) Rev. prat., t. 4, p. 360, nº 83.
(2) Pothier, Des Success., ch. 3, sect. 3, art. 2, § 6 ; Lebrun, *ib.*,
liv. 3, ch. 4, nº 1.

propriétaire ; mais on crut qu'il tenait plus du curateur de la succession vacante, parce qu'il doit un compte aux créanciers des biens et des revenus de la succession ;... car, au fond, *l'héritier bénéficiaire est un véritable héritier*, et n'est point un simple curateur aux biens vacants... » (1).

Je n'ai point à examiner ici la question dont parle Lebrun ; mais il est facile de voir, d'après ce qui précède, que, lorsqu'il déclare que l'héritier bénéficiaire n'est pas considéré comme *un véritable possesseur et propriétaire*, il le dit dans un sens particulier et restreint, et non dans le sens général et absolu que M. Mourlon attache à ces expressions. Lebrun lui-même l'explique dans le passage que M. Mourlon n'a cité qu'en partie. « Enfin, dit-il, nous lui donnons (à l'héritier bénéficiaire) plus qu'à un simple administrateur et un curateur aux biens vacants, puisque, les dettes payées, il profite du surplus des biens de la succession.... »

Ces derniers mots sont décisifs pour notre question. Puisque, les dettes payées, *il profite du surplus des biens*, c'est donc qu'il en est propriétaire en vertu de son seul titre héréditaire, non pas propriétaire aussi absolu que l'héritier pur et simple, puisqu'il ne peut aliéner ces biens qu'avec les formes judiciaires (C. Nap., 805 et 806), mais propriétaire, sous de certaines limitations, qui ne l'empêchent pas d'être, comme le dit Dumoulin, *verus dominus rerum hœreditariarum.*

Pothier est plus explicite encore que Lebrun, s'il est possible ; et, s'il déclare, comme lui, dans le passage que relève M. Mourlon, que, « quoique l'héritier bénéficiaire soit, dans la vérité, un vrai héritier et un vrai successeur du défunt, néanmoins, le bénéfice d'inventaire est de le faire considérer, vis-à-vis des créanciers de la succession, plutôt comme un administrateur des biens de la succession que comme le

----

(1) Lebrun, Des Success., liv. 3, ch. 4, n° 69.

vrai héritier et le vrai propriétaire de ces biens , » il le dit
dans le même sens que Lebrun ; car, dans un autre passage, qui aura échappé à M. Mourlon, il exprime nettement
que « l'héritier, qui a accepté sous bénéfice d'inventaire, est
pareillement réputé, comme l'héritier pur et simple, saisi
de la succession, dès l'instant qu'elle a été ouverte ; qu'il
est vrai héritier, *vrai propriétaire des biens de la succession...*
De là il suit, continue Pothier, que, lorsqu'il se rend adjudicataire des biens de la succession bénéficiaire, IL RETIENT
PLUTÔT QU'IL N'ACQUIERT, et, par conséquent, ne doit point de
profit, comme nous l'avons vu au Traité des fiefs » (1).

Ailleurs, Pothier dit encore que « l'héritier bénéficiaire est
administrateur de son propre bien » (2).

586. Avant M. Mourlon, aucun auteur moderne, que je
sache, n'avait mis en doute que l'héritier bénéficiaire ne fût
propriétaire des biens de la succession. Je ne puis les citer
tous ; mais voici de quelle manière s'exprimait Merlin, dans
des conclusions prononcées à l'audience du 22 juillet 1812,
devant la section civile de la Cour de cassation :

« Dans quel sens, dit-il, et sous quel rapport, l'héritier
bénéficiaire est-il (comme le disait Pothier) administrateur
des biens de la succession ? Dans quel sens, et sous quel
rapport, est-il tenu, envers les créanciers et légataires, au
même compte que le serait un tuteur, un mandataire, un
curateur à une succession vacante ? — Très-certainement,
l'héritier bénéficiaire est propriétaire des biens qu'il recueille
à ce titre ; et il ne l'est pas seulement à l'égard de ses cohéritiers, *il l'est encore à l'égard des créanciers et des légataires* ;
car, s'il ne l'était pas à leur égard, à qui donc, à leur égard,
la propriété serait-elle censée appartenir ? Ce ne serait pas
à eux, puisqu'ils n'ont, sur les biens du défunt, que des

---

(1) Des Success., *loc. cit.*, § 1⁰⁰. V. *suprà*, n° 583.
(2) *Ibid.*, § 4.

actions personnelles ou hypothécaires. *Ce ne serait pas à l'hérédité, considérée comme être moral,* puisqu'elle n'est pas vacante. Il faut donc, de deux choses l'une, ou dire que la propriété ne réside sur la tête de personne, ce qui serait absurde, ou convenir qu'elle réside sur la tête de l'héritier bénéficiaire » (1).

On ne pouvait condamner, en termes plus exprès, la doctrine de M. Mourlon.

Merlin s'exprimait ainsi, au point de vue du Code Napoléon. Plus loin, il établit, avec l'autorité même de Pothier, ainsi que je viens de le faire, que les principes n'étaient pas autres sous l'ancien droit. « Le parlement de Paris, dit-il, jugeait constamment que l'héritier bénéficiaire possédait et transmettait, non comme *acquêts,* mais comme *propres,* les biens de la succession dont il se rendait adjudicataire, parce que ce n'était pas à l'adjudication qu'il en devait la saisine, parce que l'adjudication n'avait fait que confirmer et continuer sa propriété. »

Target, dans le plaidoyer que j'ai déjà cité (*supra,* n° 566), en donnait cette raison saisissante : « Pour qu'il y eût changement de propriété, disait-il, il faudrait que l'héritier eût cessé d'être propriétaire, au moins quelques instants ; que la propriété eût été en d'autres mains, et qu'il l'eût reprise ensuite, à un titre différent. Mais à quel moment assigner cette cessation de propriété ? Est-ce au moment de l'adjudication ? Supposera-t-on que la Justice a été propriétaire ? Ce serait une supposition absurde : la propriété des citoyens ne passe point dans les mains de la Justice. Mais, si la propriété de l'héritier bénéficiaire n'a pas cessé un instant, il est donc propriétaire au même titre, avant et après l'adju-

---

(1) Rép., v° *Bénéf. d'inv.,* n° 25. — Conf. Toullier, t. 4, n° 359 ; Dalloz, Jur. gén., v° *Success.,* n° 813.

dication ; il possède donc toujours les biens comme héritier,
et avec la qualité de *propres.* »

Enfin, le Code Napoléon regarde si bien l'héritier bénéficiaire comme propriétaire qu'il parle, dans l'art. 802, des
biens *qu'il a recueillis,* et de *l'abandon* qu'il peut en faire aux
créanciers et aux légataires, pour se décharger du paiement
des dettes : « abandon, dit la Cour de cassation dans un
arrêt, qui, dans l'esprit de la loi, ne peut pas nuire aux droits
que lui donne la qualité d'héritier, attendu qu'il ne fait cet
abandon que *comme propriétaire des biens abandonnés,* et
sans donner aux créanciers et légataires, au profit desquels
il est fait, plus de droit qu'ils n'en ont sur lesdits biens, à
raison de leurs créances ou de leurs legs.... » (1).

587. M. Mourlon invoque, à l'appui de sa thèse, deux arrêts : l'un de la chambre des requêtes, l'autre de la Cour de
Paris. Ces arrêts jugent que l'héritier bénéficiaire, qui s'est
rendu adjudicataire d'immeubles de la succession, peut être
poursuivi, comme un adjudicataire étranger, par la voie de
la folle enchère, s'il est en retard de payer son prix (2).
L'héritier, pour échapper à cette action, excipait de la fiction de l'art. 883, C. Nap., et de sa qualité de propriétaire à
titre successif. La Cour de cassation ne lui conteste pas cette
qualité; mais elle dit « qu'en laissant à l'adjudicataire le
titre et la qualité de propriétaire comme héritier bénéficiaire,
après l'adjudication comme auparavant, ce serait contraire à
l'intérêt et à l'intention de toutes les parties, créanciers et
héritiers, tous également intéressés à liquider la succession;
*qu'il y a, dans ce cas, interversion de qualité, de droit et de
titre;* que l'adjudicataire devient propriétaire, comme un

---

(1) Cass. 1er fév. 1830, aff. hérit. Lagarde; Jur. gén., v° *Enreg.,*
n° 4020.

(2) Req. 27 mai 1835, aff. synd. Ricard, Jur. gén., v° *Success.,*
n° 2126-2° ; Paris, 31 août 1843, aff. Buffet, D.P.43.4.405, n° 7.

étranger, débiteur du prix envers la succession bénéficiaire,
et soumis à toutes les poursuites, comme un acquéreur ordinaire... »

Ce sont les mots que je viens de souligner qui fournissent
à M. Mourlon son argument; mais ils n'ont de valeur, ainsi
que la Cour de cassation le déclare elle-même, que pour le
cas sur lequel elle avait à statuer, *secundùm subjectam ma-
teriam*, comme disent les Docteurs. Il est certain, en effet,
que, par rapport au paiement de son prix, l'héritier bénéficiaire (et il en eût été de même de l'héritier pur et simple,
adjudicataire sur licitation, C. pr., 964 et 972) ne pouvait
être traité autrement qu'un adjudicataire étranger.

588. M. Mourlon convient, d'ailleurs, qu'en ne faisant pas
transcrire le jugement d'adjudication, l'héritier bénéficiaire
n'aurait pas de grands risques à courir. Il pose, cependant,
deux hypothèses, dans lesquelles il lui paraît que le défaut de
transcription pourrait compromettre sérieusement ses intérêts.

Voici la première :

Paul a vendu ou donné à Jacques l'un de ses immeubles :
cette aliénation n'a pas été transcrite. Paul décède, et la succession est acceptée sous bénéfice d'inventaire. Les créanciers poursuivent la vente de l'immeuble, et l'héritier bénéficiaire s'en rend adjudicataire. — Lequel, de Jacques ou de
l'héritier bénéficiaire, dit M. Mourlon, restera propriétaire,
si ce n'est celui qui, le premier, fera transcrire son titre?

Il peut y avoir lieu de distinguer, d'abord, entre le cas où
le titre de Jacques serait un acte de vente, et celui où ce titre
serait une donation; selon le parti à prendre sur une autre
question, celle de savoir si le défaut de transcription peut
être opposé par les héritiers du donateur, question que j'examinerai en son lieu (1).

(1) V. au chap. 4.

Cette réserve faite, je réponds à M. Mourlon que son hypothèse ne prouve absolument rien pour son opinion, parce que la solution qu'il adopte, dans le cas particulier, contient une pétition de principe.

Si l'héritier bénéficiaire, en effet, ne pouvait invoquer d'autre titre à la propriété de l'immeuble que le jugement d'adjudication, M. Mourlon aurait raison : propriétaire au même titre que Jacques, c'est-à-dire propriétaires l'un et l'autre, à titre singulier, la préférence entre eux se réglerait par la date des transcriptions. — Mais j'ai prouvé, je crois, que le titre de propriété de l'héritier bénéficiaire était dans sa qualité d'héritier, qui le dispense de transcrire (*suprà*, n° 585), et non dans le jugement d'adjudication. La date de la transcription de ce jugement ne peut donc être ici d'aucune considération, et c'est par d'autres principes que doit se résoudre la question de préférence entre Jacques, que je supposerai être un acquéreur à titre onéreux, et l'héritier bénéficiaire. Or, j'établirai, au chap. 4, que l'héritier, qui représente le défunt à titre universel, ne peut opposer à l'ayant cause de son auteur le défaut de transcription.

589. Voici maintenant la seconde hypothèse :

Qu'on suppose, dit M. Mourlon, qu'après s'être rendu adjudicataire d'un immeuble de la succession, l'héritier bénéficiaire fasse aux créanciers l'abandon des autres biens héréditaires ; ce qui nécessitera la nomination d'un curateur (arg. art. 996, C. proc.). Ne pourra-t-il point arriver que ce curateur, soit par ignorance de la première adjudication, soit par collusion avec les créanciers poursuivants, mette une seconde fois aux enchères l'immeuble ou, tout au moins, quelque parcelle de l'immeuble qui a été adjugé à l'héritier bénéficiaire ? Et n'est-il pas vrai qu'alors, la préférence resterait à celui des deux adjudicataires qui, le premier, aurait transcrit ?

Cette hypothèse est à peu près impossible, car il faudrait supposer, chez l'héritier bénéficiaire, trop d'incurie, et, chez les créanciers, trop de mauvaise foi, pour qu'elle se réalisât. Mais je veux bien me prêter à la supposition. M. Mourlon se trompe encore, à mon avis, sur la solution : la préférence ne pourrait être au second adjudicataire; car il aurait acquis la chose d'autrui, et on lui appliquerait la règle : *Nemo plus juris,* etc. Celui qui achète *à non domino* a beau faire transcrire, la transcription ne peut lui conférer des droits que son vendeur n'avait pas (1). Or, c'est ici précisément le cas. Les créanciers, pas plus que le curateur, n'avaient un droit, même apparent, à transmettre au second adjudicataire, puisque l'immeuble, au moment de la seconde adjudication, ne faisait plus partie des biens de la succession.

590. Je pense, avec MM. Rivière et Huguet (2), que, dans le cas même où l'héritier bénéficiaire, usant de la faculté qui lui est accordée par l'art. 802, C. Nap., aurait fait aux créanciers et aux légataires, pour se décharger du paiement des dettes, l'abandon de tous les biens de la succession, et se serait, ensuite, rendu adjudicataire de ces mêmes biens, la solution que j'ai indiquée *suprà* (au n° 585) ne changerait pas, et que l'héritier adjudicataire ne serait pas tenu de faire transcrire le jugement d'adjudication.

L'héritier bénéficiaire, malgré cet abandon, ne cesse pas d'être le véritable propriétaire des biens abandonnés, comme le déclare la Cour de cassation dans l'arrêt précité du 1er février 1850 (*suprà,* n° 586, à la fin).

591. La renonciation même que voudrait faire l'héritier bénéficiaire à la succession ne le dépouillerait pas de sa qualité d'héritier et de propriétaire des biens; car, si une pareille renonciation peut être efficace, ainsi que l'établit Merlin, vis-à-vis des créanciers et des légataires, en ce sens qu'elle permet à l'héritier bénéficiaire de se soustraire à toute

(1) V. encore au chap. 4, sect. 1re.
(2) Quest., nos 121 et 122.

action, à toute poursuite, de leur part (1), elle est absolument sans effet vis-à-vis de tous autres que les créanciers et les légataires, à cause de la maxime : *Semel hæres, semper hæres* (2).

C'est ce qu'enseignait Pothier, dans l'ancien droit : « La renonciation que fait l'héritier bénéficiaire, dit-il, est plutôt un abandon des biens qu'il fait aux créanciers qu'une vraie renonciation qu'il fait de la succession; car l'acceptation qu'il a faite de la succession, quoique sous bénéfice d'inventaire, l'ayant rendu héritier, il ne peut plus se dépouiller de cette qualité : *qui semel hæres, semper hæres...* » (3).

Et c'est également ce que décide la Cour de cassation :

« Attendu, en droit, dit un arrêt, qu'il ne faut pas confondre la renonciation d'une succession et l'abandon que l'héritier bénéficiaire, qui veut se décharger du paiement des dettes de la succession, est autorisé, par l'art. 802, C. civ., à faire aux créanciers et aux légataires ; que l'héritier, qui renonce, est censé n'avoir jamais été héritier (C. civ., 785), tandis que, d'après la maxime : *semel hæres, semper hæres,* applicable à l'héritier bénéficiaire comme à l'héritier pur et simple, celui qui a accepté une succession sous bénéfice d'inventaire ne peut plus y renoncer, et qu'en faisant l'abandon autorisé par l'art. 802, loin d'abdiquer la qualité d'héritier bénéficiaire, il use, au contraire, d'un droit attaché à cette qualité... » (4).

---

(1) Quest. de dr., v° *Bénéf. d'inv.*, § 5.

(2) *Ibid.* V. aussi au Rép., v° *Bénéf. d'inv.*, n° 15.

(3) Des Success., ch. 3, sect. 3, art. 2, § 8. V. aussi Cout. d'Orl., Introd. au tit. 1, n° 201, et au tit. 17, n° 53. — Ce principe avait été érigé en loi par l'art. 128 de l'ordonn. de 1629 : « Ceux qui auront une fois appréhendé la succession par bénéfice d'inventaire, portait cet article, ne sont plus reçus à y renoncer, s'ils n'étaient mineurs, lors de leur appréhension. »

(4) Req. 25 mars 1840, aff. Forbin ; Jur. gén., v° *Success.*, n° 764. —Conf. Cass. 1er fév. 1830, aff. hérit. Lagarde ; *ib.*, v° *Enreg.*, n° 4020

Telle est aussi l'opinion, à peu près unanime, des auteurs (1).

592. L'abandon que fait l'héritier bénéficiaire aux créanciers et aux légataires, dans les termes de l'art. 802, est une véritable cession judiciaire, qui ne transporte pas à ceux-ci la propriété des biens, mais leur donne seulement le droit de les faire vendre judiciairement, comme l'exprime l'art. 1269 : « En sorte, dit M. Duranton, que l'héritier.... peut toujours les reprendre, tant qu'ils ne sont pas vendus, en payant les dettes; et, s'ils ont été vendus, et que le pro-

---

(arrêt déjà cité). V. d'autres arrêts de Cours impériales, cités par Dalloz, Jur. gén., v° *Success.*, n°s 764 et suiv. — *Contrà*, Rej. 6 juin 1815, aff. Blanchet; *ib.*, n° 766.

(1) Merlin, cité *suprà;* Delvincourt, t. 2, p. 33, note 4; Chabot, sur l'art. 802, n° 8; Grenier, Des Donat., n° 505; Duranton, t. 7, n° 43; Duvergier sur Toullier, t. 2, n° 358, à la note; Marcadé, sur l'art. 802, n° 1; Dalloz, Jur. gén., v° *Success.*, n°s 764 et suiv., et v° *Enreg.*, n°s 327 et suiv.—*Contrà*, Toullier, t. 4, n° 358.

MM. Rivière et Huguet reprochent à Merlin et à Toullier d'être tombés dans une contradiction, en disant, d'une part, que l'héritier bénéficiaire ne peut renoncer, et, de l'autre, que l'abandon qu'il fait aux créanciers et aux légataires des biens de la succession, conformément à l'art. 802, équivaut à une renonciation.—A l'égard de Merlin, le reproche est immérité; car le savant auteur a bien soin de faire remarquer que cette équipollence n'a lieu que dans les rapports de l'héritier avec *les créanciers et les légataires* (Quest. de dr., *loc. cit.*, art. 6).—Quant à Toullier, après avoir dit, en effet, que l'héritier bénéficiaire ne peut renoncer; que l'art. 802 lui permet seulement, ce qui est permis à tous ceux qui ne sont pas personnellement obligés, de se décharger du paiement des dettes, en abandonnant tous les biens de la succession aux créanciers et aux légataires, il ajoute : « Mais il faut avouer que la différence ne consiste que dans le mot. Il est si vrai que la différence consiste dans le mot, que l'héritier bénéficiaire, qui abandonne, *est censé n'avoir jamais été héritier.* La propriété des biens ne réside plus sur sa tête; et, s'il meurt après l'abandon, il n'est dû aucun droit de mutation..... » Et Toullier invoque l'arrêt du 6 juin 1815, cité à la note précédente.—Merlin, *loc. cit.*, combat et le sentiment de Toullier et la doctrine de l'arrêt.

duit net de leur prix surpasse le montant des dettes et des
legs, l'excédant revient à l'héritier : les créanciers et les
légataires le retiendraient *sine causâ* » (1).

Il suit de là que cet acte d'abandon ne serait pas sujet à
transcription, ainsi que je l'ai dit *suprà*, n° 169, pour un cas
analogue.

593. Mais il faudrait décider autrement, si l'abandon était
fait par l'héritier bénéficiaire, non pas à tous les créanciers
et à tous les légataires indistinctement, mais à tel ou tel
d'entre eux pour le remplir de sa créance ; ou si c'était un
immeuble déterminé qui fût abandonné à ce créancier. Ce
ne serait plus là, comme le dit encore M. Duranton (2),
l'abandon autorisé par la loi, mais un acte de disposition,
sans l'emploi des formalités requises, et qui aurait pour effet
de faire déclarer l'héritier déchu du bénéfice d'inventaire,
conformément aux art. 988 et 989, C. proc. civ.

Dans un cas semblable, la Régie a vu, avec raison, un
acte translatif de propriété, sujet au droit proportionnel de
vente (3).

Cet acte devrait donc être transcrit.

594. La renonciation que ferait l'héritier bénéficiaire, au
profit d'un ou de plusieurs de ses cohéritiers, serait, de
même, un acte translatif, et il faudrait, dès lors, appliquer
à ce cas ce que j'ai dit *suprà*, n° 444.

595. J'ai parlé, dans les numéros qui précèdent, de l'adjudication prononcée au profit de l'héritier bénéficiaire, en
la considérant au point de vue de la loi du 25 mars 1855.
J'aurai à l'examiner de nouveau, au point de vue du droit
fiscal (4) ; et ce sera, alors, le lieu de discuter le point de
savoir si, nonobstant le caractère, purement *déclaratif*, du

---

(1) T. 7, n° 42.
(2) *Loc. cit.*—Conf. Chabot, sur l'art. 802, n° 7.
(3) Délibération du 29 juin 1838 ; Jur. gén., v° *Enreg.*, n° 331.
(4) V. au chap. 6.

jugement de licitation rendu au profit d'un cohéritier, on doit considérer ce même jugement, lorsqu'il intervient au profit de l'héritier bénéficiaire, comme étant un acte *de nature à être transcrit*, et comme étant passible, à ce titre seul, du droit additionnel d'un et demi pour cent, conformément à l'art. 54 de la loi du 28 avril 1816 ? — On verra que la jurisprudence, jusqu'à la loi du 23 mars 1855, s'est fondée, pour décider l'affirmative, sur le motif que l'héritier bénéficiaire, ne confondant pas ses biens personnels avec ceux de la succession, et n'étant pas tenu des dettes *ultrà vires*, a intérêt à transcrire, afin de purger les hypothèques dont les immeubles, à lui adjugés, pourraient être grevés, du chef des anciens propriétaires.

Mais je ne dois pas anticiper sur la question.

596. Le jugement, qui prononce l'envoi en possession provisoire des biens d'un absent au profit de ses héritiers présomptifs (C. Nap., 120), n'étant point translatif de propriété, puisque ceux qui ne jouissent qu'en vertu de l'envoi provisoire ne peuvent aliéner, ni hypothéquer les biens de l'absent (128), il est indubitable que ce jugement n'est pas sujet à transcription.

597. Il en est de même, mais par une autre raison, du jugement qui prononce, au profit des mêmes héritiers, l'envoi en possession définitive (129). Ce jugement, à la vérité, est translatif de propriété, puisque, si l'absent reparaît, il est obligé de respecter les aliénations faites par ceux qui ont été mis en possession définitive de ses biens (132); mais, comme ceux-ci ne possèdent qu'à titre héréditaire, et que les mutations par décès sont exemptes de la transcription (*suprà*, nos 9 et suiv.), il en découle, comme conséquence nécessaire, que le jugement d'envoi en possession définitive est affranchi de la formalité (1).

---

(1) Conf. Gauthier, n° 116.

598. On a demandé si la loi du 23 mars 1855 est appli+
cable aux jugements d'expropriation pour cause d'utilité
publique ?

Et l'on a répondu négativement.—L'expropriation publique, dit-on, a ses règles propres, par lesquelles elle doit
se gouverner; la loi du 23 mars 1855 doit rester, par conséquent, étrangère à cette matière (1).

599. Je crois que cette opinion ne saurait être acceptée,
dans ces termes absolus, et que, si elle est vraie, à certains
égards, elle cesse de l'être, sous d'autres rapports que je
vais indiquer.

Je fais remarquer, d'abord, que, ni dans l'Exposé des
motifs, ni dans le Rapport de la Commission au Corps législatif, ni dans la discussion, il n'a été dit un seul mot de
la loi du 3 mai 1841 sur l'expropriation pour cause d'utilité
publique. C'est à la Commission du Sénat seulement qu'il
aurait été déclaré, par MM. les Commissaires du Gouvernement, qu'il n'était pas dérogé à cette loi par celle du 23
mars 1855. On trouve, en effet, dans le Rapport de cette
Commission, le passage suivant :

« La suppression des art. 834 et 835 (du Code de procédure), moyennant ces précautions (les 45 jours accordés au
vendeur et au copartageant pour l'inscription de leur privilége), nous semble pleinement justifiée.—MM. les Commissaires du Gouvernement ont déclaré qu'il n'était nullement
dérogé à la loi du 3 mai 1841 sur l'expropriation pour cause
d'utilité publique; qu'ainsi, les délais, accordés par cette loi
aux parties intéressées, étaient intégralement maintenus »(2).

Ou MM. les Commissaires du Gouvernement, en déclarant

(1) Troplong, De la Transcr., n° 103 ; Bressolles, n° 34 ; Rivière et
Huguet, n° 353 ; Cabantous, Rev. crit. de lég., t. 7, p. 92 et suiv.,
année 1855 ; Gauthier, n° 117 ; Ducruet, n° 8 ; Fons, n° 26.
(2) Rapport de M. de Casabianca, p. 17 ; Impress. du Sénat, session
de 1855, n° 27.

qu'il n'était pas dérogé à la loi du 3 mai 1841, n'ont voulu
exprimer qu'une idée générale ; et, dans ce cas, je n'ai rien
à objecter à cette déclaration. Ou il faut donner à cette déclaration la portée que lui a attribuée M. le rapporteur de la
Commission du Sénat ; et je reproduirai, alors, l'observation que j'ai faite *suprà*, n° 345, pour un cas semblable
(l'inapplicabilité de la loi sur la transcription aux actes administratifs). Je dirai, avec toute la déférence qui est due à
une opinion émise par MM. les Commissaires du Gouvernement, que ce n'est là, pourtant, qu'une opinion individuelle,
à laquelle on ne saurait accorder la même autorité que si
elle avait été exprimée, au cours de la discussion, dans le
sein du Corps législatif.

600. Or, cette opinion heurte , à mon sens, les principes
qui ont toujours été suivis pour l'interprétation des lois,
principes ainsi formulés par la loi romaine : *Non est novum
ut priores leges ad posteriores trahantur... Sed et posteriores
leges ad priores pertinent, nisi contrariæ sint ; idque multis
argumentis probatur* (LL. 26 et 28, D., *De Legib.*). Les lois
doivent s'interpréter les unes par les autres, et les plus ré-
centes dérogent aux plus anciennes, dans les points où elles
sont contraires : *Constitutiones, tempore posteriores, potio-
res sunt his quæ ipsas præcesserunt* (L. 4, D., *De Const.
Princip.*) ; ce qu'on exprime par l'adage : *posteriora derogant prioribus.*

Il est vrai qu'à côté de la règle, *posteriora derogant prioribus,* il en est une autre, également empruntée au droit romain : c'est que les lois générales ne dérogent pas aux lois
spéciales ; ou, en renversant la proposition, que celles-ci
dérogent à celles-là : *In toto jure, generi per speciem dero-
gatur, et illud potissimum habetur quod ad speciem directum
est* (L. 80, D., *De div. reg. jur.*) (1). Mais, si l'on veut en-

_____

(1) V. les Quest. de dr., v° *Contre-lettre*, § 3.

tendre sainement cette dernière règle, il ne faut l'appliquer qu'aux dispositions qui, dans la loi spéciale, sont incompatibles avec la loi générale. C'est ainsi que l'explique Pothier dans ses Pandectes : *Cùm duæ leges contrariæ videntur, quarum altera specialiter de casu de quo judicandum aut respondendum est disponit, altera generaliter duntaxat disponit, prævalere debet illa quæ specialiter disponit* (1).

601. Si donc, au lieu de se renfermer dans une formule générale, et de demander si la loi du 23 mars 1855 est applicable aux jugements d'expropriation pour cause d'utilité publique, on précise la question, en demandant, comme le fait M. Troplong, « si ces jugements doivent être transcrits (dans le sens de la loi précitée), et si, jusqu'à ce qu'ils le soient, *les particuliers, atteints par l'expropriation, auront le droit de constituer des hypothèques et d'aliéner*, » il faudra répondre, j'en demeure d'accord, négativement, parce que cette faculté serait en contradiction manifeste avec l'esprit de la loi du 3 mai 1841.

Quel est, en effet, l'objet de cette loi ? D'affranchir l'immeuble exproprié du droit de suite des créanciers privilégiés et hypothécaires, de même que de toutes actions en résolution, en revendication ou autres, du chef du vendeur ou des tiers, en transportant l'exercice de ces actions ou de ces droits réels sur le prix. La pensée du législateur se résume tout entière dans les trois articles suivants :

Art. 16. « Le jugement (celui qui prononce l'expropriation ; V. l'art. 14) sera, immédiatement après l'accomplissement des formalités prescrites par l'art. 15 de la présente loi, transcrit au bureau de la Conservation des hypothèques de l'arrondissement, conformément à l'art. 2181 du C. civ. »

Art. 17. « Dans la quinzaine de la transcription, les pri-

---

(1) T. 1, tit. 3, sect. 1, art. 5, n° 25. — Conf. Merlin, Rép., v° *Test.*, sect. 2, § 3, art. 2, n° 8.

viléges et les hypothèques conventionnelles, judiciaires ou légales, seront inscrits.—A défaut d'inscription dans ce délai, l'immeuble exproprié sera affranchi de tous priviléges et hypothèques, de quelque nature qu'ils soient, sans préjudice des droits des femmes, mineurs et interdits sur le montant de l'indemnité, tant qu'elle n'a pas été payée, ou que l'ordre n'a pas été réglé définitivement entre les créanciers... »

Art. 18. « Les actions en résolution, en revendication, et toutes autres actions réelles ne pourront arrêter l'expropriation ni en empêcher l'effet. Le droit des réclamants sera transporté sur le prix, et l'immeuble en demeurera affranchi. »

Il est manifeste que de pareilles dispositions rendent l'État, le Département, la Commune, au profit desquels l'expropriation est prononcée, propriétaires incommutables, aussi bien à l'égard des tiers qu'à l'égard du propriétaire vendeur de l'immeuble, sans le secours de la transcription, et que cette formalité, exigée par l'art. 18, en vue de la purge, n'a pas changé de caractère, en ce qui concerne l'expropriation pour cause d'utilité publique, depuis la loi du 23 mars 1855. C'est ce que fait mieux ressortir encore le dernier alinéa de l'article 19 : « Le défaut d'accomplissement des formalités de la purge des hypothèques n'empêche pas l'expropriation d'avoir son cours ; sauf, pour les parties intéressées, à faire valoir leurs droits ultérieurement, dans les formes déterminées par le titre 4 de la présente loi. »

Redisons donc, avec M. Troplong, que « le jugement qui prononce l'expropriation... affranchit l'immeuble de toute action réelle ou en revendication ; qu'il empêche, par conséquent, l'acquisition ultérieure, par un particulier, d'aucun droit nouveau sur l'immeuble exproprié. C'est cette opinion, —ajoute-t-il,—en note, que j'ai entendu M. Suin, Conseiller d'État, émettre au Sénat, au nom du Gouvernement » (1).

_____

(1) De la Transcr., *loc. cit.*

I.   28

Si c'est là, je le répète, tout ce qu'ont dit MM. les Commissaires du Gouvernement à la Commission du Sénat, j'accepte cette doctrine.

602. Mais la Commission du Sénat va bien plus loin que M. Troplong dans l'interprétation qu'elle a donnée des paroles prononcées par MM. les Commissaires du Gouvernement : elle déclare, par l'organe de son rapporteur, que, nonobstant l'abrogation des art. 834 et 835 du Code de procédure par l'art. 6 de la loi du 23 mars 1855, ces articles continuent d'être en vigueur, lorsqu'il s'agit de l'application de la loi du 3 mai 1841. Il n'y a pas d'autre sens à donner à ces mots du passage du Rapport que j'ai cité : « qu'ainsi, les délais, accordés par cette loi aux parties intéressées, étaient intégralement maintenus. »

Or, c'est là ce que je conteste.

603. M. Cabantous, professeur de droit administratif à la Faculté d'Aix, a soutenu la même thèse dans la Revue critique de législation et de jurisprudence (1); et, comme il est le seul auteur qui l'ait développée, c'est aux raisons qu'il a données pour la justifier que je dois m'attacher, afin d'y répondre.

604. M. Cabantous dit, en premier lieu, que les deux premiers articles de la loi du 23 mars 1855 sont limitatifs dans l'énumération des *actes* ou *jugements* auxquels s'applique la nouvelle législation, et que les jugements d'expropriation, n'étant pas compris dans cette nomenclature, sont forcément en dehors de cette loi.

Je pourrais contester l'assertion : d'une part, en ce que les art. 1 et 2 de la loi précitée ne contiennent aucune nomenclature des actes ou jugements sujets à transcription, mais se bornent à poser le principe : que tous actes entre-

_____

(1) J'ai cité l'article *suprà*, n° 598, en note. — Conf. Rivière et Huguet, *loc. cit.*; Ducruet, *ib.*; Bressolles, n° 87.

vifs, de même que tous jugements, *translatifs* de propriété immobilière, de droits réels susceptibles d'hypothèque, ou de droits d'antichrèse, de servitude, d'usage et d'habitation, doivent être transcrits ; — de l'autre, en ce qu'il suffit que le jugement d'expropriation soit translatif de propriété, pour qu'il doive rentrer dans la règle générale, quoiqu'on ne puisse le qualifier précisément de jugement d'adjudication.

Mais je n'ai nul besoin d'entrer dans ce débat, parce que j'ai déjà reconnu que le principe, qui sert de base à la loi du 23 mars 1855, à savoir la nécessité de la transcription pour consolider la propriété dans les mains du nouveau possesseur, à l'égard des tiers, n'est point applicable à la loi d'expropriation pour cause d'utilité publique.

L'autre argument de M. Cabantous consiste à dire que la loi du 23 mars 1855 forme un tout complet et homogène ; que l'art. 6 de cette loi, qui exige des créanciers (sauf l'exception consacrée pour le vendeur et le copartageant) qu'ils fassent inscrire leurs priviléges et hypothèques avant la transcription, n'est que le corollaire des art. 1 et 2, qui imposent au nouveau propriétaire l'obligation de faire transcrire ; que, ces dispositions étant corrélatives, dès qu'il est prouvé que l'une d'elles ne peut être invoquée, dans le cas d'expropriation pour cause d'utilité publique, il en est, nécessairement, de même à l'égard de l'autre. « Il serait, d'ailleurs, étrange, ajoute M. Cabantous, que la loi spéciale du 3 mai 1841 fût maintenue au profit de l'Administration, abrogée au profit des particuliers. Elle ne peut pas plus être scindée que la loi nouvelle sur la transcription. Le droit exceptionnel qu'elle établit pour la transmission de la propriété immobilière, ou doit être conservé en entier, ou doit complétement disparaître. Nous avons démontré qu'il est conservé, en ce qui touche la transcription des titres de propriété ; il l'est aussi, par conséquent, en ce qui concerne l'inscription des priviléges et hypothèques. »

Ces déductions ont une apparence de logique qui séduit,

28.

au premier abord ; mais ce n'est qu'une apparence ; et, pour le montrer, il suffit d'une réflexion : c'est que les dispositions que M. Cabantous veut maintenir dans la loi du 3 mai 1841, à titre d'exception, de dérogation à la loi générale, n'appartiennent pas au droit spécial, mais sont empruntées, au contraire, au droit commun. Si je le prouve, la conséquence sera que, la loi générale ayant été changée, toute disposition, qui, dans la loi du 3 mai 1841, a le caractère d'une disposition de droit commun, doit être remplacée par la disposition nouvelle qui y correspond.

Or, cette preuve est des plus faciles. Quelle est, en effet, l'économie de la loi du 3 mai 1841 ? — Une loi, un décret, ordonne l'exécution de certains travaux d'utilité publique, qui exigent l'expropriation (art. 2). Un arrêté du préfet détermine les propriétés particulières à acquérir (art. 11). Si le propriétaire n'en consent pas la cession, à l'amiable, on recourt au tribunal, qui prononce l'expropriation (art. 14). Le jugement est publié, affiché et notifié aux parties intéressées (art. 15). L'Administration qui exproprie, ou le concessionnaire qui est à ses droits (art. 63), fait connaître son prix (art. 23) ; le propriétaire indique le sien (art. 24) ; et, si l'on ne peut tomber d'accord, un jury est convoqué pour fixer l'indemnité qui doit revenir au propriétaire ou autres intéressés (art. 28 et 38). — Voilà le droit spécial établi par la loi d'expropriation.

Que font, ensuite, les art. 16, 17 et 18 de la loi, que j'ai transcrits plus haut ? Ils s'occupent de l'intérêt des tiers qui ont des droits à faire valoir sur l'immeuble exproprié. Ici le droit spécial cesse, parce que l'Administration publique est désintéressée dans la question, et l'on rentre dans le droit commun. Ce sont, en effet, des mesures de droit commun, des mesures empruntées au Code Napoléon et au Code de procédure, que prescrivent ces articles. — Le jugement d'expropriation rendu, publié et notifié, l'Administration, ou la Compagnie concessionnaire, le fera transcrire, dit l'art. 16,

« conformément à l'art. 2181 du Code civil; » et les créanciers hypothécaires, ou privilégiés, non inscrits, devront prendre inscription, dans la quinzaine de la transcription, en
exécution de l'art. 834, C. proc., à peine de déchéance, à
l'exception, pourtant, des femmes, des mineurs et des interdits, qui, suivant une interprétation favorable, aujourd'hui
consacrée par la loi du 21 mai 1858, pourront, quoique ne
l'ayant pas fait inscrire, dans la quinzaine, faire valoir leur
hypothèque légale sur le montant de l'indemnité fixée par le
jury, jusqu'à la clôture de l'ordre (art. 17). — L'art. 18
fait, en même temps, réserve de l'action résolutoire du vendeur, ainsi que de toutes autres actions réelles concernant
l'immeuble exproprié, pour être exercées, non pas sur l'immeuble lui-même, dont l'expropriation est consommée, mais
sur le prix.

A part le droit de surenchère, qui ne peut plus avoir d'objet, en présence de l'indemnité réglée par le jury, et qui serait inconciliable, d'ailleurs, avec le droit de propriété
incommutable conféré à l'État, au Département, à la Commune, ou à la Compagnie concessionnaire, les choses se
passeraient-elles autrement, s'il n'y avait pas d'expropriation ? Qu'on suppose, pour un moment, la loi d'expropriation
postérieure à la loi qui a fait, de la transcription, une condition essentielle de la transmission de propriété, à l'égard
des tiers, est-ce que le législateur aurait laissé aux créanciers privilégiés ou hypothécaires, non inscrits avant la
transcription, la faculté de s'inscrire dans la quinzaine de
cette transcription ? Est-ce qu'il ne les aurait pas déclarés
forclos, faute d'une inscription antérieure, conformément au
droit commun ? Est-ce qu'il n'aurait pas prononcé la même
déchéance contre les droits réels qui ne se seraient pas révé-
lés au public avant cette transcription ? Qu'importe à celui
au profit de qui s'exerce l'expropriation, de payer son prix
à tel individu ou à tel autre ? C'est un débat qui intéresse
autrui, et qui ne le concerne pas. Eh quoi ! des tiers, ou

des créanciers négligents, auront perdu leurs droits sur l'immeuble, faute d'inscription ou de transcription faite en temps utile, si l'immeuble est aliéné dans les conditions ordinaires; et ces droits seront conservés, parce que ce même immeuble aura été soumis à une expropriation pour cause d'utilité publique! Un tel résultat serait bien plus étrange que celui de voir la loi du 3 mai 1841 scindée, exécutée pour une partie et abrogée pour une autre; chose toute naturelle et toute simple, et dont M. Çabantous a tort de s'étonner, lorsqu'il s'agit de dispositions, non point corrélatives, comme il le prétend, mais, au contraire, indépendantes les unes des autres et régies par des principes différents.

605. En maintenant, dans la loi du 3 mai 1841, les art. 17 et 18, que doivent remplacer, selon moi, les art. 6 et 7 de la loi du 23 mars 1855, on veut améliorer, sans doute, la position des créanciers hypothécaires, que l'abrogation de l'art. 854 du Code de procédure prive de la faculté de s'inscrire, après la transcription. Mais on ne fait pas attention qu'on aggrave celle du vendeur, qui a aujourd'hui quarante-cinq jours, à partir de l'acte de vente, pour inscrire son privilége (art. 6 précité), au lieu du délai de quinzaine que lui accordait l'art. 834.

606. A l'appui du texte, tel qu'il l'interprète, M. Cabantous invoque les motifs qui, selon lui, auraient déterminé les auteurs de la loi du 23 mars 1855 à laisser complétement en dehors des dispositions nouvelles le cas d'expropriation pour cause d'utilité publique.

Le premier de ces motifs serait la nécessité où était le législateur de 1841, en supprimant le droit de suite, « d'accorder, en échange de cette rigueur nécessaire, les plus grandes facilités pour la conservation et l'exercice du droit de préférence. » Mais quelles facilités plus grandes a donc données, à cet égard, la loi de 1841, puisqu'elle n'a fait que reproduire, sur ce point, les dispositions de droit commun ?

La seconde raison serait que, « le motif véritable, et officiellement déclaré, pour lequel on a rétabli la transcription, avec les caractères et les effets que lui donnait la loi du 11 brum. an VII, ayant été la nécessité de rendre possible aux tiers, par un acte extérieur et public, la connaissance des transmissions immobilières qui peuvent les intéresser, ce motif n'existait pas relativement à l'expropriation pour cause d'utilité publique, la loi du 3 mai 1841 ayant déjà pourvu, dans les plus larges proportions, à ce besoin de publicité...... »

L'auteur, j'en ai déjà fait l'observation, confond ici deux choses manifestement distinctes : les effets de la transcription, par rapport aux droits réels que des tiers peuvent acquérir sur l'immeuble, *depuis* la vente qui en a été faite, et les effets de cette même transcription, par rapport aux hypothèques *antérieures* qui n'ont point été inscrites. Il est certain qu'indépendamment de la publicité donnée à la poursuite d'expropriation pour cause d'utilité publique, les motifs d'intérêt général, qui font prononcer cette expropriation, rendent tout à fait impossible, ainsi que je l'ai dit, même sans le secours de la transcription, toute concession d'hypothèques ou d'autres droits réels sur l'immeuble, de la part du propriétaire exproprié, au préjudice de la partie qui poursuit l'expropriation. Mais la loi du 3 mai 1841 n'a pas considéré que cette publicité fût suffisante pour faire prononcer la déchéance des créanciers qui ont négligé de prendre inscription avant le jugement d'expropriation, puisqu'elle leur donnait, conformément, je le répète, au droit commun, un délai de quinzaine pour s'inscrire, à partir de la transcription de ce jugement.

A mon sens donc, M. Cabantous n'est pas plus heureux dans l'explication qu'il donne des prétendus motifs de la loi, que dans l'interprétation de son texte.

607. Fidèle à son système d'interprétation de la loi du 23 mars 1855, en ce qui concerne l'expropriation pour cause

d'utilité publique, M. Cabantous prétend qu'on ne doit pas, non plus, appliquer, en cette matière spéciale, la disposition de l'art. 8 de la loi précitée, qui oblige la veuve, le mineur devenu majeur, l'interdit relevé de l'interdiction, leurs héritiers ou ayants cause, à prendre inscription, dans l'année qui suit la dissolution du mariage ou la cessation de la tutelle, sous peine de voir leur hypothèque légale ne dater, à l'égard des tiers, que du jour des inscriptions prises ultérieurement.

Je suis d'un autre avis, par les raisons que j'ai déjà données, à savoir que c'est là une disposition de droit commun, qui n'appartient pas même à la loi sur la transcription, mais au régime hypothécaire.

608. Ce que j'ai dit du jugement d'expropriation pour cause d'utilité publique s'applique, par identité de motifs, aux *cessions amiables* qu'obtient l'Administration, ou la Compagnie concessionnaire qui est à ses droits, des propriétaires expropriés, lesquelles sont régies par les mêmes principes, ainsi que l'exprime l'art. 19 de la loi du 3 mai 1841 : « Les règles posées dans le premier paragraphe de l'art. 15, et dans les art. 16, 17 et 18, sont applicables, dans le cas de conventions amiables passées entre l'Administration et les propriétaires...» La transcription, par conséquent, ne sera pas nécessaire pour rendre incommutable, à l'égard des tiers, la transmission de propriété résultant de l'acte de cession (1). Mais, cette transcription une fois opérée, aucun créancier privilégié ou hypothécaire antérieur, non inscrit et non dispensé de l'inscription, à l'exception du vendeur ou du copartageant, ne pourra plus, selon moi, prendre utilement inscription sur l'immeuble cédé (2).

---

(1) Conf. Bressolles, n° 27 ; Cabantous, *loc. cit.*; Troplong, De la Transcr., n° 104 ; Ducruet, n° 8 ; Fons, n° 19.

(2) Je croyais nouvelle l'opinion que je viens d'exprimer sur l'applicabilité de la loi du 23 mars 1855 à la matière de l'expropriation

§ 2. — **De la mention des jugements, prononçant la résolution, nullité ou rescision d'un acte transcrit, en marge de la transcription de cet acte.**

SOMMAIRE.

609. La mention, prescrite par l'art. 4 de la loi du 23 mars 1855, n'a ni le caractère, ni les effets de la transcription.—Elle n'a pour sanction qu'une peine d'amende contre l'avoué négligent.—Le défaut de mention n'empêche pas le jugement de résolution de produire tous ses effets à l'égard des tiers.

610. Opinion contraire de M. Duvergier.—Réfutation.

611. Le défaut de mention ne donne pas lieu, de la part des tiers, contre l'avoué négligent, à une action en dommages-intérêts.

612. Que la résolution s'opère de plein droit, ou qu'elle doive être demandée en justice, le résultat est le même, au point de vue de la disposition de l'art. 4.—Si les parties se mettent d'accord sur le fait de la résolution, sans recourir à l'intervention du juge, il n'y a pas

---

pour cause d'utilité publique. Mais je trouve un auxiliaire inattendu dans un auteur que j'avais d'abord rangé parmi les adversaires de cette opinion. M. Mourlon, en effet, dans la Revue pratique (t. 4, p. 379, n° 88), est revenu sur le sentiment qu'il avait émis dans l'Examen critique du Commentaire de M. Troplong sur les Priviléges (Appendice, n° 335). Lorsque j'ai connu la dernière opinion de l'auteur, les pages qui précèdent étaient écrites et déjà livrées à l'impression.

Le sentiment de M. Mourlon s'écarte du mien sur un seul point. Dans les points où nous nous rencontrons, mon opinion, par conséquent, se fortifie de la sienne, et j'y ai plus de confiance, en ne la voyant plus isolée.

Plus absolu que moi dans sa doctrine, M. Mourlon veut que la transcription s'applique aux expropriations pour cause d'utilité publique, avec tous ses effets ; c'est-à-dire que les tiers puissent, après l'expropriation, comme en matière ordinaire, et tant que la partie qui a obtenu le jugement d'expropriation, ou la cession amiable, ne l'aura pas fait transcrire, acquérir valablement des hypothèques ou autres droits réels sur l'immeuble, sans que, pour cela, dit-il, la marche de l'Administration en soit entravée, puisque ces hypothèques ou droits réels, comme ceux antérieurs à l'expropriation, ne pourront s'exercer que sur le prix.

L'Administration publique, en effet, se trouverait ainsi désintéressée. Mais, outre que l'esprit de la loi du 3 mai 1841 répugne, me

lieu à mention.—Si la résolution est prononcée par jugement, ce jugement doit être mentionné en marge de l'acte transcrit.

613. Opinion contraire de MM. Rivière et Huguet.—Réfutation.

614. Lorsqu'un droit réel immobilier est résolu, annulé ou rescindé par l'effet d'une transaction, il n'y a lieu, ni à transcription, parce qu'il n'y a pas mutation, ni à mention, parce qu'il n'y a pas jugement.

615. Réfutation de l'opinion de M. Mourlon, qui considère, dans ce cas, la transaction comme une *renonciation;* ce qui rendrait la transcription nécessaire.

616. Rappel de la distinction, faite précédemment, entre les résolutions qui proviennent d'une cause inhérente au contrat, et celles qui proviennent d'une cause postérieure.

617. Conséquences à en tirer pour l'application de l'art. 4 de la loi du 23 mars 1855.—Dans le premier cas, la simple mention du jugement de résolution suffit : dans le second cas, il y a mutation, et le jugement doit être transcrit.

618. L'extinction de l'usufruit, pour abus de jouissance de l'usufruitier, est une résolution de la seconde espèce : le jugement qui la prononce doit donc être transcrit.

619. Cet aspect de la question paraît avoir échappé à MM. Rivière et

---

semble-t-il, à cette solution, il y a un principe de droit qui m'empêche de l'adopter : c'est que, par l'expropriation, l'immeuble est retiré du commerce, et qu'il ne peut plus, dès lors, être l'objet de transactions privées.

M. Mourlon fait valoir « qu'entre l'expropriation et le moment où les biens expropriés sont affectés à l'usage public auquel ils sont destinés, il peut s'écouler un long intervalle de temps, pendant lequel le signe visible et matériel de la mutation fera défaut. Que sera-ce, ajoute-t-il, si les terrains acquis ne reçoivent point leur destination, ou s'ils ne la reçoivent qu'en partie (art. 50 et 60 de la loi du 3 mai 1841) ? Les anciens propriétaires pourront, sans doute, en demander la remise (art. 61) ; mais, s'ils n'usent point de leur droit de préemption, l'État les conservera dans son domaine privé, ou les concédera à des tiers. Croit-on, alors, qu'après dix, quinze ou vingt années écoulées depuis l'expropriation, la publicité qu'elle a reçue, à son origine, subsistera dans toute sa plénitude? Personne n'osera l'affirmer. »

M. Mourlon s'abandonne à des craintes chimériques. Dès qu'il sera devenu certain que les biens expropriés ne recevront pas une affectation publique, ils recouvreront leur nature de *propriété privée,* et rentreront dans le droit commun.

Huguet et à M. Mourlon, qui n'examinent que le point de savoir si le jugement, dans ce cas, est soumis à la mention. — Hésitation de M. Mourlon sur ce dernier point.

620. La négative est embrassée par MM. Rivière et Huguet, par cette raison inacceptable, que le jugement qui prononce la commise prononce une *déchéance*, mais ne prononce pas une *résolution*.

621. La révocation d'une donation, pour cause d'ingratitude du donataire, est un autre exemple à citer d'un jugement de résolution opérant mutation, et donnant lieu, par conséquent, à transcription. — Mais l'art. 958, C. Nap., en exigeant l'inscription d'un extrait de la demande de révocation en marge de la transcription de la donation, a pourvu, d'une manière plus efficace, à l'intérêt des tiers, que par la transcription du jugement, laquelle, dans ce cas, devient inutile.

622. C'est le donateur lui-même, et non pas l'avoué, qui doit faire opérer l'inscription, et il serait responsable, envers les tiers, de l'inaccomplissement de la formalité.—La formalité de l'inscription, suivant M. Troplong, ne dispense pas de la mention du jugement en marge de la transcription de la donation. — Je suis d'opinion contraire.

623. Comme il y a plusieurs sortes de résolutions, il y a plusieurs espèces de nullités.

624. Mais, pour quelque cause que l'annulation d'un acte soit prononcée, qu'il s'agisse d'une nullité substantielle, ou non, le jugement qui prononce l'annulation remonte, pour ses effets, au contrat annulé.—La transcription de ce jugement n'est donc pas nécessaire ; mais il doit être mentionné en marge de la transcription de l'acte annulé.

625. L'hésitation de M. Mourlon sur la question se comprend difficilement.

626. La *rescision* n'est pas la même chose que la *résolution*.—Caractère de l'une et de l'autre, suivant Toullier.

627. Mais la rescision, lorsqu'elle se rattache à une cause ancienne et inhérente au contrat, a, comme la résolution, un effet rétroactif. — Le jugement, dans ce cas, ne doit donc pas être transcrit, mais seulement mentionné en marge de la transcription de l'acte rescindé.

628. L'art. 4 de la loi du 23 mars 1855 est applicable aux donations.

629. On doit, par suite, appliquer cet article au jugement qui prononce la réduction d'une donation, pour excès sur la quotité disponible.— Opinion contraire de MM. Rivière et Huguet.

630. On doit également, contrairement à l'opinion des mêmes auteurs, mentionner, en marge de la transcription d'une vente d'immeubles, le jugement qui, sur l'action des créanciers du vendeur, prononce l'annulation de cette vente, comme faite en fraude de leurs droits.

631. Il en est autrement du jugement qui statue sur une demande en

revendication d'immeuble, dirigée contre le possesseur qui a acquis cet immeuble *à non domino*. — Ce jugement n'est susceptible ni de transcription, ni de mention.

632. L'Assemblée nationale avait inséré, dans le projet de réforme hypothécaire de 1850, une disposition qui soumettait à la mention tout jugement statuant sur une action en revendication, non-seulement lorsqu'il admettait la demande, mais encore lorsqu'il la rejetait.

633. L'action intentée par le mandant contre son mandataire, pour se faire restituer l'immeuble que ce dernier a acheté sous son propre nom, au lieu de l'acheter sous le nom de son mandant, n'est pas une action en résolution, mais une action en revendication.—Il n'est pas nécessaire, par conséquent, de faire mentionner le jugement qui accueille cette demande en marge de la transcription de l'acte de vente.—Opinion contraire de MM. Rivière et Huguet.—La citation qu'ils empruntent à Dumoulin est détournée, par eux, de son véritable sens.

634. Bien que le jugement, qui ordonne la restitution de l'immeuble au mandant, n'opère pas une seconde mutation, ce jugement devra, néanmoins, être transcrit à la suite de l'acte de vente, qui ne fait pas connaître le véritable acheteur.—Il faut appliquer à ce cas ce que j'ai dit *suprà* pour des cas analogues.

635. Différence que présente cette hypothèse avec celle mentionnée au n° 631.

636. Lorsqu'il y a eu plusieurs ventes successives du même immeuble, quoique la résolution de la première de ces ventes, pour défaut de paiement du prix, entraîne logiquement la résolution de toutes les autres, il suffit que le jugement de résolution soit mentionné en marge de la transcription de l'acte résolu : la loi n'exige rien de plus.

637. Opinion d'un auteur qui semble contraire, mais qui ne l'est pas, en réalité.

638. Le jugement passé d'accord, ou qui donne acte à une partie de l'acquiescement de l'autre à la demande de résolution, est soumis à la formalité de la mention. — Renvoi à un numéro précédent.

639. L'obligation de la mention cesserait, si l'acte annulé ou résolu n'avait pas été transcrit.

640. Il en est autrement de l'inscription de la demande en révocation d'une donation, pour cause d'ingratitude du donataire. — Le défaut de transcription de la donation ne dispenserait pas le donateur de faire procéder à cette inscription.

641. Dispositions de la loi Belge analogues à celles de l'art. 958, C. Nap., relativement à la publicité à donner aux jugements qui prononcent l'annulation ou la révocation d'actes soumis à la transcription.—Instructions du ministre pour le cas où l'acte, dont la révocation ou l'annulation est poursuivie, n'aurait pas été transcrit.

642. La mention, prescrite par l'art. 4 de la loi du 23 mars 1855, doit être faite dans le mois, à dater du jour où le jugement est passé en force de chose jugée.—Ce qu'on entend par jugement passé en force de chose jugée.

643. On ne doit pas regarder comme tel le jugement qui est susceptible d'opposition ou d'appel, quoiqu'il n'ait pas encore été attaqué. —Erreur de Marcadé sur ce point.

644. Erreur plus grave de M. Sellier, qui prétend que l'avoué doit faire mentionner le jugement de résolution, alors même qu'il y aurait appel de ce jugement.

645. Si, après que mention a été faite du jugement de résolution en marge de l'acte transcrit, ce jugement était rétracté, sur requête civile, ou s'il était cassé, et que la Cour de renvoi maintînt l'acte attaqué, la partie, qui aurait intérêt à faire disparaître la mention, la ferait rayer par le Conservateur. — Mais l'avoué n'aurait pas à faire mentionner, sur les registres, le jugement qui, après cassation ou sur requête civile, a repoussé la demande en résolution, parce que la loi ne lui en impose pas l'obligation.

646. M. Mourlon distingue sur la question.—Il n'exige pas la mention, dans le cas de cassation, parce qu'il n'y a pas d'avoués près la Cour de cassation ; mais il l'exige, dans le cas de requête civile, par la raison contraire.—Réfutation de cette opinion.

647. Si la Cour d'appel avait rejeté la demande en résolution ou en nullité, et que l'arrêt fût cassé, ce ne serait pas l'arrêt de la Cour de cassation, mais l'arrêt de la Cour de renvoi, accueillant définitivement cette demande, qu'il y aurait lieu de mentionner en marge de la transcription de l'acte annulé ou résolu.

648. Lorsque le jugement, qui prononce la résolution, nullité ou rescision d'un acte transcrit, a été confirmé en appel, c'est l'avoué d'appel, et non l'avoué de première instance, qui doit en faire opérer la mention.

649. Opinion contraire de M. Mourlon, réfutée par MM. Rivière et Huguet.

650. Si le jugement qui a rejeté la demande est infirmé, c'est évidemment l'avoué d'appel qui demeure chargé de faire opérer la mention.

651. Suivant M. Troplong, lorsqu'il y a confirmation pure et simple du jugement qui a admis la demande de résolution, il faut mentionner tout à la fois le jugement et l'arrêt.—Je n'aperçois aucune utilité de mentionner le jugement.

652. Il n'y aurait aucune mention à faire, par l'avoué, du jugement de résolution, si, avant l'expiration du mois accordé pour faire opérer cette mention, la partie, qui a obtenu la résolution, renonçait au bénéfice de ce jugement.

653. Mais l'amende serait encourue par l'avoué, si la renonciation au bénéfice du jugement n'intervenait qu'après l'expiration du mois, et que la mention n'eût pas été faite dans le délai.

654. Si l'avoué décédait, avant l'expiration du mois, l'obligation de faire opérer la mention ne passerait point à ses héritiers.

655. Le caractère pénal de l'amende ne permettrait pas, non plus, de l'appliquer au successeur à l'office, eût-il été nommé avant l'expiration du délai dans lequel la mention devait être faite.

656. Si l'avoué, chargé de faire opérer la mention, était destitué, étant encore dans le délai pour la faire, il n'encourrait pas l'amende.

657. Mais il en serait autrement, s'il venait à se démettre de son office avant d'avoir satisfait à son obligation.

658. Du mode suivant lequel doit être faite la mention prescrite par l'art. 4 de la loi du 23 mars 1855.—Renvoi.

609. Il ne faut pas confondre, avec la transcription, la mention qui doit être faite, aux termes de l'art. 4 de la loi du 23 mars 1855, par les soins de l'avoué, du jugement qui prononce la résolution, la nullité ou la rescision d'un acte transcrit, en marge de la transcription de cet acte. Cette mention n'a ni le caractère, ni les effets de la transcription. Voici de quelle manière en parle l'Exposé des motifs :

« La mesure imposée par l'art. 5 (aujourd'hui l'art. 4) est un avertissement utile à donner aux tiers que la transcription d'un acte pourrait tromper sur son existence apparente. Cependant, comme aucun péril ne menace le bénéficiaire du jugement, il fallait assurer l'exécution de la mesure par une pénalité contre l'officier ministériel qui négligerait de donner cette publicité, d'autant plus nécessaire qu'elle doit détruire et effacer une publicité contraire précédemment donnée. C'est à l'Assemblée législative que revient l'honneur de cette proposition. Elle fut insérée, sous le n° 2143, dans les articles déjà adoptés, et qui devaient être soumis à la troisième lecture » (1).

_____

(1) D.P.55.4.27, n° 8. V. également le rapport de M. A. Debelleyme, *eod.*, p. 29, n° 34.

Ces mots : *comme aucun péril ne menace le bénéficiaire du jugement,* prouvent bien, en effet, que le législateur n'a pas attaché à cette mention la même portée qu'à la transcription elle-même ; que l'absence de cette mention, par conséquent, n'empêcherait pas le jugement de produire tous ses effets, non-seulement entre les parties, mais respectivement aux tiers, absolument comme si la mention avait eu lieu. La mesure prescrite n'a d'autre sanction que la peine de 100 fr. d'amende, prononcée contre l'officier ministériel qui a obtenu le jugement, et qui a négligé d'en faire la publication, suivant le mode indiqué (1).

610. Cela, pourtant, est contesté par M. Duvergier, dans ses annotations sur l'art. 4 de la loi du 23 mars 1855 (2).

« Qu'on ait substitué, dit-il, une simple mention à la transcription : très-bien ! Mais que celui qui a négligé de faire faire la mention soit à l'abri de toute inquiétude, et qu'il puisse exercer les droits résultant du jugement contre les tiers de bonne foi, qui ont traité dans l'ignorance de ces droits, c'est ce qui ne se comprend pas, et ce qui n'est pas certainement en harmonie avec l'esprit général de la loi nouvelle. La raison donnée par M. le Rapporteur, que les jugements dont parle l'article ne sont pas translatifs de propriété, est inexacte, en droit, et indifférente, en fait. Certainement le vendeur, qui fait résoudre la vente, pour défaut de paiement du prix, acquiert la propriété qu'il avait transmise à l'acheteur, et qui a temporairement résidé dans la main de celui-ci ; la vente n'est pas nulle *ab initio ;* le jugement est donc réellement translatif de propriété..... »

M. Duvergier est dans l'erreur : le jugement qui résout

---

(1) Conf. Rivière et Huguet, n°s 303 et suiv. ; Rivière, Rev. crit. de lég., t. 6, p. 524, année 1855 ; Bressolles, n° 63 ; Troplong, De la Transcr., n°s 213, 232 et suiv. ; Fons, n° 33 ; Mourlon, Examen crit., etc., Append., n° 367, et Rev. prat., t. 2, p. 322.

(2) Collect. des lois, etc., 1855, p. 67, note 2.

une vente, pour défaut de paiement du prix, a un effet rétroactif qui anéantit la vente et la fait considérer comme
n'ayant jamais existé. Le vendeur, qui reprend l'immeuble,
ne succède pas à l'acheteur, qui est réputé n'avoir jamais
été propriétaire ; le jugement n'a donc pas un caractère
translatif (1).

« D'ailleurs, ajoute M. Duvergier, qu'importe qu'il y ait, ou
non, transmission de propriété ? La loi nouvelle a voulu donner, autant que possible, de la publicité à tous les actes, à tous
les événements que les tiers ont intérêt à connaître, lorsqu'il
s'agit, pour eux, d'acquérir un immeuble ou des droits réels
sur cet immeuble. Si, après une vente transcrite, et qui a
transmis la propriété à l'acheteur, les tiers, à qui cet acheteur présente cet immeuble comme sien, soit pour le leur
revendre, soit pour le leur hypothéquer, ne sont pas avertis
qu'un jugement a résolu la vente, ils pourront être trompés
de la manière la plus grave. Je pense donc que le défaut de
mention peut être opposé par les tiers... »

C'est là un danger, sans doute, auquel la loi a voulu
pourvoir par la disposition de l'art. 4, mais dans une mesure restreinte, et qui ne fût pas en désaccord avec son
principe, qui est de ne soumettre à la transcription, avec
les effets attachés à l'accomplissement de cette formalité,
que les actes translatifs de propriété (V. *supra*, n° 224). Si
la thèse que soutient l'estimable auteur était vraie, on se demande pourquoi la loi aurait chargé de faire opérer la mention l'avoué qui a obtenu le jugement, au lieu d'en charger la partie elle-même ? Et pourquoi elle n'aurait puni
la négligence de l'avoué que d'une simple amende, sans

---

(1) Conf. Troplong, De la Transcr., n° 223 ; Dalloz, Jur. gén.,
v° *Priv. et hyp.*, n° 1743, et v° *Vente*, n°s 1230, 1364 et suiv.; Cass. 26
août 1839, aff. Charrier ; Jur. gén., v° *Enreg.*, n° 6002. V. aussi *supra*,
n°s 223 et suiv.

ajouter que le jugement de résolution, à défaut de mention, n'obtiendrait aucun effet contre les tiers? Il est facile de dire, comme le fait l'estimable auteur, que la pensée de la loi a été « de faire de la mention du jugement une nécessité, à l'égard des tiers, sauf à laisser se débattre, entre l'avoué et celui pour qui il a occupé, la question de responsabilité, pour défaut de mention. » Mais cela n'est pas dans l'article dont le silence, à cet égard, forme un contraste frappant avec la disposition de l'art. 5 qui précède, et qui assigne au défaut de transcription les effets que M. Duvergier voudrait attribuer pareillement au défaut de mention.

611. Quant à la question de responsabilité dont parle M. Duvergier, l'auteur la déplace. Cette action en responsabilité, si elle existe, n'intéresse que les tiers qui ont à souffrir du défaut de mention ; ce serait à ceux-ci, par conséquent, à la faire valoir, et non à la partie en faveur de qui la résolution a été prononcée.

Mais cette action en responsabilité existe-t-elle contre l'avoué qui a négligé de faire opérer la mention ?

C'est là une question qui me semble délicate, et sur la solution de laquelle, je ne crains pas de le dire, j'ai hésité longtemps. Dans le doute, je me prononce pour le principe, que les pénalités sont de droit étroit : *Odiosa restringenda*.

Ce qui a fortifié mes doutes, c'est que pas un des commentateurs de la loi du 23 mars 1855 n'a admis cette action en responsabilité : tous, au contraire, la rejettent (1). Et l'on a rarement raison contre tout le monde.

« Si le bénéficiaire du jugement, disent MM. Rivière et Huguet, était privé de ses droits, faute de la mention ; si,

---

(1) Troplong, De la Transcr., n° 240 ; Rivière et François, n° 70 ; Rivière et Huguet, n°s 302 et 310 ; Rivière, Rev. crit. de lég., *loc. cit.*; Mourlon, Examen crit., etc., Append., n° 367 ; Fons, n° 34; Lesenne, n° 98 ; Sellier, n° 284.

I.   29

par conséquent, c'était à l'égard de ce bénéficiaire que l'on examinât la responsabilité de l'officier ministériel, on pourrait peut-être invoquer des raisons puissantes pour faire triompher contre lui l'action en dommages-intérêts. L'avoué, en effet, qui a occupé, qui est le mandataire du demandeur, et qui n'a pas rempli les formalités que la loi lui imposait, dans l'intérêt de son client, serait, sans doute, rendu responsable des conséquences de sa faute, de sa négligence. Mais, dans notre système, ce ne serait qu'en faveur des tiers qui ont acquis des droits postérieurement au mois, à partir du jour où le jugement a eu l'autorité de la chose jugée, que les dommages-intérêts pourraient être demandés aux tribunaux. Or, l'avoué n'est pas leur mandataire ; les tiers ne pourraient donc pas agir contre lui en vertu des principes du mandat.

« Il est vrai, ajoutent-ils, que l'avoué est en faute. Mais, comme la loi ne fait mention que d'une amende de 100 fr., et ne réserve pas, par une disposition expresse, l'action en dommages-intérêts au profit des tiers, nous pensons qu'il ne peut être tenu vis-à-vis d'eux. — Une autre solution nous paraîtrait bien rigoureuse » (1).

Ce sont là deux raisons considérables.

On peut répondre, cependant, à la première qu'il n'importe, pour la responsabilité de l'avoué à l'égard des tiers, qu'il ne soit pas leur mandataire, parce que le principe de cette responsabilité est puisé ailleurs que dans les règles du mandat, qu'il est écrit dans l'art. 1382 du Code Napoléon.

C'est ainsi qu'on a déclaré, par application du même article, l'agent de change responsable, envers le véritable propriétaire, de la négociation, par lui imprudemment faite, de titres au porteur qui avaient été soustraits (2) ; le notaire

---

(1) Quest., n° 310.
(2) Rej. 21 nov. 1848, aff. Vandermarcq ; D.p.48.1.239.

responsable, envers le Trésor ou envers les tiers, de la fausseté de procurations ou autres actes de son ministère, à l'aide
desquels une fraude a été commise, pour avoir négligé de se
faire attester l'individualité des personnes qui stipulaient
dans ces actes (1).

A la seconde raison, tirée du silence de la loi sur les dommages-intérêts, on peut répondre aussi qu'en principe, la
peine d'amende, lorsqu'elle est prononcée contre l'officier public négligent, n'est pas exclusive de l'action en dommages-
intérêts : témoin, dans les matières spéciales aux avoués,
l'art. 1031 du Code de procédure, et, dans celle des hypothèques, les art. 2202 et 2203 du Code Napoléon ; que,
dans ces textes, à la vérité, il est fait une mention particulière
des dommages-intérêts ; mais qu'il n'y a pas à en conclure,
à contrario, qu'on doive les rejeter, lorsque la loi n'en parle
pas, la loi devant, alors, être présumée s'en référer à la règle
générale de l'art. 1382 (2).

Je conviens, en effet, que les deux arguments, présentés
par MM. Rivière et Huguet, tout considérables qu'ils soient,
ne sont pas concluants. Mais ce qui me détermine à me ral-
lier à l'opinion générale, c'est, d'une part, qu'en principe, les
jugements de résolution, dont il est fait mention dans l'art. 4
de la loi du 23 mars 1855, n'étant pas translatifs de propriété (v. *infrà*, n°s 616 et s.), le législateur n'avait aucune
mesure à prescrire, en dehors du droit commun, pour sauvegarder l'intérêt des tiers, et qu'ainsi la mention qu'il a or-

---

(1) Paris, 19 mai 1806, aff. Lallemand, D.A.6.751, 1re édit.; Rép.,
v° *Inscr. sur le Grand-livre*, § 5 ; Paris, 29 janv. 1847, aff. Esnée, D.P.
47.4.425, n° 19 ; Req. 20 janv. 1852, aff. Boissonnet, D.P.52.1.59 ;
Riom, 11 janv. 1859, aff. Jayan, D.P.59.2.132. V. aussi Req. 8 mai
1854, aff. synd. Granier de Venzac, D.P.54.1.46. V. encore d'autres
applications du même principe dans la Jur. gén., v° *Responsabilité*,
n°s 403 et suiv. et *passim*.

(2) V. Jur. gén., v° *Responsabilité*, n° 304.

donnée a le caractère d'une disposition exceptionnelle, à laquelle il serait exorbitant de vouloir ajouter une autre sanction que celle qu'il a lui-même établie.—C'est, d'autre part, qu'il y aurait, pour les magistrats, une difficulté extrême à reconnaître s'il est résulté du défaut de mention, pour celui qui se prétend lésé, un préjudice réel, et quelle est la mesure de ce préjudice. Qu'on suppose, en effet, un créancier hypo-thécaire de l'acquéreur, inscrit sur l'immeuble depuis le jugement qui a prononcé la résolution de la vente, et venant se plaindre du défaut de mention de ce jugement en marge de la transcription de l'acte de vente, il faudra rechercher, dès qu'il s'agit d'une question de dommages-intérêts, si ce créancier n'avait pas eu connaissance, par une autre voie, du jugement de résolution; s'il aurait été colloqué en ordre utile; s'il l'aurait été pour la totalité, ou pour une partie seulement de sa créance; s'il n'a pas d'autres hypothèques qui lui garantissent son paiement; si le débiteur ne possède pas, en dehors de l'immeuble qui échappe au droit de suite de ce créancier, d'autres ressources auxquelles ce dernier puisse se prendre, etc.

Ce serait là la source d'une foule de chicanes, de procès, faits souvent de mauvaise foi, et auxquels il est plus sage de couper court, en n'admettant, contre l'avoué négligent, d'autre pénalité que l'amende de cent francs, qui a paru suffisante au législateur pour exciter la vigilance de l'officier ministériel, et assurer l'accomplissement d'une prescription à laquelle la loi n'attache, je le répète, qu'une importance secondaire (1).

612. On a vu *suprà*, nᵒ 218, que la résolution d'un con-

_____

(1) L'art. 50 du Code Napoléon punit aussi d'une amende de 100 fr., au *maximum*, toute contravention commise dans la rédaction des actes de l'état civil. Mais la loi s'est contentée de cette pénalité, sans y ajouter, contre le fonctionnaire public, celle des dommages-intérêts (Rapp. au Trib., Locré, t. 3, p. 159; de Maleville, Anal. du Code civil,

trat peut s'opérer de plusieurs manières : ou de plein droit et en vertu de la seule disposition de la loi, comme dans le cas de l'art. 960, C. Nap. ; ou par l'autorité du juge, par exemple, lorsqu'une des deux parties ne satisfait point à son engagement. Dans ce dernier cas, « la résolution, porte l'art. 1184, doit être demandée en justice, et il peut être accordé au défendeur un délai, selon les circonstances. »

Au point de vue dont je m'occupe, il n'y a aucune différence entre les deux modes de résolution. En effet, ou les parties sont d'accord sur le fait qui donne lieu à la résolution, et, dans ce cas, l'intervention de la Justice est inutile, et il n'y a pas lieu à mention (*suprà*, n°ˢ 224 et s.) ; ou, au contraire, elles ne peuvent s'entendre sur le fait, ou sur les conséquences de ce fait, et il devient, alors, nécessaire que le tribunal prononce. Dans ce dernier cas, l'art. 4 précité trouve son application.

613. MM. Rivière et Huguet, cependant, sont d'avis que la disposition de cet article ne peut être invoquée, lorsque la résolution a lieu de plein droit, comme dans le cas de l'art. 960. Selon eux, on ne peut pas dire que, dans ce cas, ce soit le jugement qui *prononce* la résolution ; et, comme il s'agit d'une matière pénale, où toute interprétation extensive est interdite, il suffit qu'on ne se trouve plus dans les termes de la loi pour que l'avoué ne doive pas être passible de l'amende (1).

Mais c'est, comme le fait observer M. Troplong, s'attacher trop minutieusement à la lettre. Le mot *prononcer* est ici synonyme de *déclarer* : or, si c'est la loi qui *prononce* la résolution, c'est le juge qui la *déclare*. « Les tiers, ajoute

---

t. 1, p. 69 ; Rieff, Des Actes de l'état civil, n° 98 ; Jur. gén., v° *Actes de l'état civil*, n° 489).—V. aussi la loi du 10 juillet 1850, relative à la publicité des contrats de mariage, et le Rapport de M. Valette (Collect. Duvergier et de la Rédaction du Journal des Notaires).

(1) Quest., n° 260.

M. Troplong (et cette observation est décisive), ont-ils donc moins d'intérêt à connaître une résolution opérée de plein droit qu'une résolution opérée par justice? N'est-ce pas l'effet de la résolution qui rend la publicité nécessaire; et l'effet de la résolution n'est-il pas le même dans les deux hypothèses? Celui que le contrat a rendu propriétaire, et que la transcription présente comme tel, ne pourra-t-il pas abuser de cette apparence, si elle subsiste après la résolution du contrat, de quelque manière que cette résolution se soit opérée?... » (1).

On objecte que, dans le cas où le contrat est résolu de plein droit, il n'y a lieu à jugement que lorsqu'il y a litige, et qu'il n'est pas rationnel de subordonner à une circonstance de pur accident l'accomplissement d'une formalité qui intéresse les tiers.

Mais il y a a répondre, comme je l'ai déjà fait, au numéro précédent, que, dans le cas même où la résolution n'a pas lieu de plein droit, un jugement n'est pas un fait inévitable; qu'il se peut que les parties transigent, et que leur convention, bien qu'ayant les effets d'un jugement de résolution, ne sera, cependant, pas assujettie à la formalité de la mention; ce qui n'empêche pas que cette mention ne devienne nécessaire, lorsqu'il y a procès, et que, sur ce procès, il intervient un jugement (2).

614. MM. Rivière et Huguet, du reste, sont aussi d'opinion que, lorsqu'un droit réel immobilier est résolu, annulé ou rescindé par l'effet d'une transaction intervenue entre les parties, il n'y a lieu, ni à transcription, parce qu'il n'y a pas mutation (*suprà*, nᵒˢ 329 et suiv.), ni à mention, parce qu'une transaction n'est pas un jugement, quoiqu'elle en

_____

(1) De la Transcr., nᵒ 214. — Conf. Bressolles, nᵒ 64; Mourlon, Examen critique, etc., Append., nᵒ 363.
(2) Troplong, *loc. cit.*

ait les effets (*suprà*, nᵒˢ 335 et 336). « ... Quelle serait, disent-ils, la personne chargée de faire opérer cette formalité? Quand il s'agit d'un jugement, c'est à l'avoué que la loi confie cette mission. Or, dans l'espèce, il n'y a pas d'avoué. La partie elle-même ne peut en être tenue ; car nulle part la loi ne lui impose cette obligation. — Nous devons en conclure que, non-seulement il ne sera pas nécessaire de faire transcrire la transaction, mais qu'on ne devra pas même remplir la formalité de la mention » (1).

615. Les mêmes auteurs combattent l'opinion émise par M. Mourlon, que la transaction, dans le cas spécifié, doit être considérée comme une *renonciation*, soumise, à ce titre, non pas à une simple mention, mais à la transcription (2).

« Une telle interprétation, disent MM. Rivière et Huguet, conduit, en effet, à un singulier résultat. Dans le cas d'une transaction, la loi exigerait que la transcription eût lieu, sous peine de voir celui dont les droits ont été reconnus par la transaction exposé à être évincé par les tiers, tandis que le bénéficiaire d'un jugement n'aurait aucun risque à courir... Pourquoi la transaction serait-elle transcrite, quand le jugement en serait dispensé? Est-ce que les effets de la transaction ne sont pas ici les mêmes que ceux du jugement, et n'est-ce pas le cas de dire, avec la loi romaine, *non minorem auctoritatem transactionum quam rerum judicatarum esse?* Pourquoi n'a-t-on pas soumis les jugements de résolution, nullité ou rescision à la formalité de la transcription? C'est parce qu'ils n'ont rien de translatif. Or, n'en est-il pas de même de la transaction...? » (3)

Quant à voir, dans la transaction, une *renonciation* de la nature de celles que les art. 1 et 2 de la loi du 23 mars 1855

---

(1) Quest., n° 23.
(2) Examen crit., etc., Append., n° 362.
(3) Quest., n° 26.

soumettent à la transcription, j'ai déjà réfuté cette idée *suprà*, n° 339. V. aussi n°ˢ 459 et 484.

616. Outre la distinction que j'ai rappelée *suprà*, n° 612, entre les résolutions qui ont lieu de plein droit et celles qu'il faut demander à la Justice, il y a celle qui se fonde sur les causes d'où procède la résolution. Si la résolution, ai-je dit, n° 216, provient d'une cause inhérente au contrat, elle anéantit ce contrat pour le passé comme pour l'avenir, et elle fait tomber, avec lui, tous les droits réels que le nouveau possesseur, acquéreur ou donataire, a pu conférer sur l'immeuble. Si elle provient, au contraire, d'une cause postérieure au contrat, qui ne prenne pas sa source dans le contrat même, elle laisse subsister ce contrat pour le passé, et ne peut, par conséquent, porter atteinte aux droits que les tiers ont légitimement acquis dans l'intervalle.—Dans le premier cas, l'immeuble est censé n'avoir jamais cessé d'appartenir à celui en faveur de qui la résolution est prononcée.— Dans le second cas, au contraire, il y a eu transmission de propriété, et l'immeuble ne peut revenir à son possesseur primitif que par une nouvelle mutation.

617. Ce sont là des principes certains : il ne reste qu'à en tirer les conséquences.

Or, il me paraît que, puisque, dans le second cas, la résolution prononcée équivaut à une rétrocession, qu'elle opère une véritable mutation de propriété, la simple mention du jugement de résolution en marge de l'acte transcrit ne saurait suffire, et qu'il faut exiger la transcription du jugement lui-même. L'art. 4, il est vrai, ne le dit pas expressément, et l'on peut même arguer de son texte pour prétendre que, ne faisant aucune distinction, il doit s'appliquer à un cas comme à l'autre. Mais, raisonner ainsi, ce serait, à mon avis, tuer l'esprit par la lettre. L'art. 1ᵉʳ de la loi a posé, comme règle fondamentale, que tout acte entre-vifs, translatif de propriété immobilière, doit être transcrit : la même règle a été appliquée aux jugements qui ont le caractère translatif ; et l'art. 4, loin de faire exception à cette règle, renchérit même sur l'art. 1ᵉʳ, en soumettant à un mode spécial de publicité ceux de ces jugements qui n'ont pas le caractère translatif. Il y aurait donc inconséquence, contradiction dans la loi, si elle se contentait d'une simple mention là où la transcription, d'après son principe, est nécessaire.

J'ai déjà dit (*suprà*, n°ˢ 609 et suiv.) que les effets de l'une et de l'autre sont bien différents. La transcription est une obligation imposée au nouveau possesseur, à peine de ne pouvoir exciper, contre les tiers, des droits résultant, pour lui, de l'acte ou du jugement non transcrit (L. du 23 mars 1855, art. 3). La mention ne regarde que l'avoué, et son omission ne paralyse aucun des effets du jugement obtenu. Elle ne peut donner lieu qu'à une condamnation à l'amende prononcée contre l'officier ministériel par l'art. 4 de la même loi. On voit, dès lors, qu'il n'est pas indifférent, pour les tiers, que ce soit la transcription, ou une simple mention du jugement, qui soit exigée, dans le cas dont il s'agit.

618. Comme exemple, je citerai le jugement qui prononce l'extinction de l'usufruit, pour abus de jouissance (C. Nap., 618). Selon moi, la consolidation, qui est le résultat de la commise encourue par l'usufruitier pour malversation dans sa jouissance, ne peut nuire aux créanciers hypothécaires, parce que, ainsi que le dit Proudhon, « la déchéance, ainsi prononcée comme une peine personnellement encourue par le délinquant, ne peut avoir, à l'égard des créanciers, que l'*effet d'un transport, ou d'une mutation de propriété, entre le débiteur déchu et le propriétaire rentré en jouissance.* » (1).

Une simple mention de ce jugement en marge de la trans-

---

(1) De l'Usufr., n° 2476 et suiv.; Jur. gén., v° *Priv. et hyp.*, n°ˢ 807 et 808.

cription de l'acte constitutif de l'usufruit ne suffirait donc pas ; il faut la transcription du jugement.

619. Cet aspect de la question paraît avoir échappé à MM. Rivière et Huguet, ainsi qu'à M. Mourlon. Ces auteurs, en effet, n'examinent que le point de savoir si le jugement, dans le cas spécifié, doit, ou non, être soumis à la mention prescrite par l'art. 4 de la loi du 23 mars 1855 ?

M. Mourlon hésite sur la solution à donner. « Peut-être pourtant, dit-il, pourra-t-on le faire rentrer (le jugement) dans la première des hypothèses prévues et réglées par l'art. 4... L'usufruitier n'a, en effet, été investi de son droit qu'à la charge d'en jouir en bon père de famille ; et, lorsqu'un droit est constitué sous une certaine charge, il est tacitement entendu entre les parties que le droit transmis pourra être révoqué ou résolu, si l'obligation qu'il entraîne reste inexécutée. Le jugement, qui le déclare éteint pour cette cause, est donc véritablement un jugement de résolution, auquel, par conséquent, doit s'appliquer la règle déposée dans l'article que j'ai cité » (1).

620. La négative est embrassée par MM. Rivière et Huguet, par le motif que l'art. 618, C. Nap., ne dit pas que l'usufruit peut être *résolu*, mais qu'il *cesse* par l'abus que l'usufruitier fait de sa jouissance ; qu'on ne se trouve donc plus dans les termes de l'art. 4, qui n'exige la mention que pour les jugements prononçant la résolution, nullité ou rescision des actes transcrits (2).

Raisonner ainsi, c'est accorder plus de valeur au mot qu'à l'idée. Que l'obligation de ne pas commettre des dégradations sur le fonds grevé d'usufruit ou de ne pas le laisser dépérir, faute d'entretien, ne soit pas, comme le veulent MM. Rivière et Huguet, *une de ces charges imposées dont*

---

(1) Examen crit., etc., Append., n° 339.
(2) Quest., nᵒˢ 262 et suiv.

on puisse dire que leur inexécution entraîne la résolution, je l'admets, mais en ce sens seulement que la résolution, dans ce cas, ne portera aucune atteinte aux hypothèques antérieurement établies, parce que l'extinction de l'usufruit, pour abus de jouissance, ne procède pas d'une cause *ancienne,* se rattachant au titre lui-même, mais a son principe immédiat dans des faits *postérieurs* et purement *volontaires* de la part de l'usufruitier (1). Mais se payer de cette raison, que le jugement qui prononce la commise prononce une *déchéance,* mais ne prononce pas une *résolution,* c'est, je le répète, faire injure à la loi, et préférer la lettre à l'esprit.

621. Un autre exemple à citer serait la révocation de la donation, pour cause d'ingratitude du donataire, laquelle, d'après l'art. 958, C. Nap., ne préjudicie ni aux aliénations faites par le donataire, ni aux hypothèques et autres charges réelles qu'il a pu imposer sur l'objet de la donation, pourvu, ajoute l'article, que le tout soit antérieur à l'inscription qui aura été faite de l'extrait de la demande en révocation en marge de la transcription de l'acte de donation.

Par cette publicité donnée à la demande de révocation, l'article pourvoit à l'intérêt des tiers d'une manière plus efficace encore que par la transcription du jugement, laquelle, dans ce cas, devient tout à fait inutile.

622. Ce n'est pas l'avoué, ainsi que le fait observer M. Troplong (2), qui est chargé du soin de faire opérer cette inscription, mais le donateur lui-même, qui deviendrait ainsi responsable, envers les tiers, de l'inaccomplissement de cette formalité.

« Mais, comme cette formalité, ajoute M. Troplong, précède le jugement, et qu'il s'agit, dans l'art. 4, d'une formalité qui le suit, nous serions porté à croire que l'un n'em-

(1) Mon Traité des Priv. et Hyp., inédit ; Jur. gén., *loc. cit.*
(2) De la Transcr., n° 218.

pêche pas l'autre, et que l'avoué doit mentionner, en marge de la transcription de la donation, la révocation prononcée par le juge. Sans doute, l'art. 958 a beaucoup fait pour avertir les tiers ; mais l'art. 4 de la loi du 23 mars 1855 fait quelque chose de plus, et qui n'est pas un double emploi. Les tiers ont été avertis qu'il y a une demande en révocation : il reste à leur faire savoir que cette demande a réussi. C'est là un devoir nouveau qui s'ajoute aux combinaisons de l'art. 958, sans y déroger, et l'avoué ne doit pas, ce semble, s'en dispenser » (1).

J'aurais de la peine à me rendre à cette opinion, par une double raison : la première, parce que le but de la loi, qui est de sauvegarder l'intérêt des tiers, est atteint par l'inscription de la demande de révocation en marge de la transcription de la donation, et que c'est à eux à s'enquérir, avant de traiter avec le donataire, du résultat qu'a eu cette demande.—La seconde raison et la principale, c'est qu'en principe, ainsi que je viens de le dire, ce ne serait pas une simple mention du jugement de révocation, mais sa transcription, qu'il faudrait exiger, si l'art. 958 n'y avait suppléé (2).

623. Comme il y a plusieurs sortes de résolutions, il y a plusieurs espèces de nullités : les nullités absolues et les nullités relatives ; les nullités substantielles et les nullités accidentelles ou secondaires, etc. (3). « En prenant les mots dans leur sens le plus étroit, dit M. Troplong, la Justice *reconnaît* la nullité absolue d'un contrat, et *prononce* la nullité relative : dans le premier cas, le contrat a toujours été inexistant ; dans le second, le contrat existe et produit ses effets jusqu'à ce qu'il soit annulé » (4).

---

(1) De la Transcr., n° 219.
(2) Conf. Rivière et Huguet, n° 261.
(3) V. la Jur. gén., v° *Nullité.*
(4) De la Transcr., n° 215.

624. La formalité de la mention, demande le même auteur, est-elle applicable au jugement qui constate la nullité radicale d'un contrat, comme à celui qui en prononce l'annulation ? « Rien n'est plus évident que l'affirmative, répond-il : les raisons que nous donnions tout à l'heure militent ici dans toute leur force. »

Pour quelque motif, en effet, que la nullité d'un acte soit prononcée, que ce soit pour vice de forme, incapacité de la personne qui l'a consenti, défaut de consentement valable, absence de cause ou cause illicite, etc., l'acte est considéré comme non avenu, et les choses sont remises en leur premier état. Supposez une donation faite par acte sous seing privé (C. Nap., 931) ; une vente d'immeubles appartenant à un mineur ou à une femme mariée faite sans le concours du conseil de famille, du mari ou de la Justice (217, 457 et 458) ; ou bien une vente d'immeubles faite par un majeur dont le consentement aurait été surpris par dol, ou arraché par la violence : dans tous ces cas, et autres semblables, si l'acte est annulé, le jugement qui prononce l'annulation remonte, pour ses effets, au contrat annulé qu'il fait disparaître. Ce n'est donc pas une seconde mutation qui s'opère, mais la première qui s'évanouit. Le jugement, conséquemment, ne doit pas être transcrit; mais il doit être mentionné en marge de la transcription de l'acte primitif, pour avertir les tiers que cet acte ne peut plus avoir aucun effet, ni pour le passé, ni pour l'avenir (V. également *suprà*, n° 552).

625. Je ne comprends pas l'hésitation de M. Mourlon sur cette question. Après avoir reproduit la distinction entre les actes radicalement *nuls*, ou inexistants, et les actes simplement *annulables*, ou imparfaits (*suprà*, n° 625), « si on accepte, dit-il, l'interprétation que je viens de donner du mot *nullité* employé par la loi, la règle, déposée dans notre article (l'art. 4), devra être limitée aux jugements qui auront *résolu, annulé* ou *rescindé* un contrat *résoluble, annulable* ou *rescindable.* Ceux qui constateront simplement l'*inexistence* d'un contrat *nul* échapperont à son empire. » — Cependant il ajoute : « Je doute fort, toutefois, que cette interprétation soit admise en pratique. Comme, en définitive, il n'existe, dans la langue du droit, aucune autre expression que le mot *nullité* pour exprimer l'*inexistence* d'un contrat *nul,* rien n'empêche qu'on ne l'entende dans le sens large et absolu que semble lui imprimer, dans l'espèce, l'esprit de la loi » (1).

626. J'en dis autant de la rescision. *Résolution* et *rescision* ne sont pas précisément la même chose.

« Observons, dit Toullier, qu'il ne faut pas confondre la rescision avec la résolution des contrats : ces deux expressions ne sont pas synonymes. La résolution est un terme général qui comprend toutes les manières de résoudre les contrats ; la rescision est particulière à ceux qui renferment un vice intrinsèque qui s'est opposé à leur perfection... On rescinde donc les contrats nuls pour une cause intrinsèque qui remonte à leur naissance, comme les contrats infectés de dol, erreur, violence, etc.; on résout les contrats intrinsèquement valables dans leur origine, mais que des causes postérieures anéantissent. La rescision ne peut s'opérer de plein droit ; il faut que la cause en soit reconnue par les parties intéressées ou par le juge. Au contraire, la résolution peut s'opérer et s'opère souvent de plein droit, et par la disposition de la loi : par exemple, dans le cas d'accomplissement d'une condition résolutoire exprimée dans le contrat ; dans le cas de révocation des donations pour survenance d'enfant, etc. Elle peut aussi ne s'opérer que par le ministère du juge, comme dans le cas du défaut d'accomplissement des conditions résolutoires sous-entendues dans les contrats synallagmatiques, pour le cas où l'une des parties ne satisfera point à ses engagements (1184). Dans ces cas, la résolution produit le même

_____

(1) Examen crit., etc., Append., nº 361.

effet que la rescision, puisqu'elle remet les choses au même état que si l'obligation n'avait point existé (1185) » (1).

627. Il est certain que la rescision, lorsqu'elle se rattache à une cause ancienne et inhérente au contrat, a, comme la résolution, un effet rétroactif, et qu'elle fait évanouir toutes les charges créées, toutes les aliénations faites par celui dont le contrat est rescindé (2). C'est, d'ailleurs, ce qu'exprime l'art. 2125, C. Nap. : « Ceux qui n'ont sur l'immeuble, dit-il, qu'un droit suspendu par une condition, ou résoluble dans certains cas, ou *sujet à rescision*, ne peuvent consentir qu'une hypothèque soumise aux mêmes conditions ou à la même rescision. »

La transcription du jugement, qui prononce la rescision pour vice intrinsèque de l'acte, n'est donc pas nécessaire, et la mention de ce jugement en marge de la transcription dudit acte suffit.

628. Lorsqu'une donation est réduite, pour excès sur la quotité disponible, conformément à l'art. 920, C. Nap., le jugement, qui prononce cette réduction, n'est pas translatif de propriété, puisque l'art. 929 déclare que « les immeubles à recouvrer, par l'effet de la réduction, le seront, sans charge de dettes ou hypothèques créées par le donataire. » — Mais le jugement devra-t-il être mentionné en marge de la transcription de la donation ?

Avant de répondre à cette question, il y en a une préliminaire à s'adresser, c'est de savoir si l'art. 4 de la loi du 23 mars 1855 est applicable aux donations ? — Le doute peut naître de l'art. 11 de la même loi, portant « qu'il n'est point dérogé aux dispositions du Code Napoléon relatives à la transcription des actes portant donation, ou contenant des

---

(1) T. 7, n° 551.
(2) Domat, Lois civ., 1re part., liv. 4, tit. 6, sect. 1re, n° 6 ; Toullier, *loc. cit.*, n° 543.

dispositions à charge de rendre, (lesquelles) continueront à recevoir leur exécution. » Or, dans le Code Napoléon, peut-on dire, on ne trouve aucune disposition de la nature de celle exprimée en l'art. 4 précité.

Mais cette objection, comme le fait observer M. Troplong, n'a aucune valeur. « Le Code, dit-il, ne s'est point occupé de la publicité des jugements qui prononcent la résolution, la nullité ou la rescision d'une donation : ce n'est donc pas y déroger que d'ordonner cette publicité, qui est une addition à son système, mais non pas une dérogation. L'art. 4 prescrit une mesure d'ordre dont les donateurs profiteront. Il n'y aurait pas de raison pour faire, en ce qui les concerne, une exception qui jetterait du trouble dans notre loi » (1).

629. Ce point réglé, il ne reste plus qu'à examiner quel est le caractère de la réduction prononcée.

MM. Rivière et Huguet, fidèles à leur système d'interprétation littérale de l'art. 4 précité, tout en convenant qu'il y aurait, dans le cas spécifié, même raison d'ordonner la formalité de la mention que dans le cas de résolution, nullité ou rescision, et que le législateur aurait dû le faire, décident, cependant, que le jugement de réduction ne doit pas être assujetti à cette mention. « Autre chose, disent-ils, est un jugement, soit de résolution, soit de nullité ou rescision, autre chose est un jugement de réduction. La réduction diffère de la résolution, nullité ou rescision, dans sa cause et dans quelques-uns de ses effets importants. La loi n'a pas soumis à la formalité de la mention les jugements prononçant la réduction ; cela nous suffit pour les en dispenser. Nous sommes, d'ailleurs, dans une matière pénale ; on ne peut raisonner ici par voie d'analogie » (2).

_____

(1) De la Transcr., n° 217.—Conf. Rivière et Huguet, Quest., n° 259 ; Mourlon, Examen crit., etc., Append., n° 363.

(2) Quest., n°ˢ 267 et 268.

Je crois, au contraire, l'article de tous points applicable;
car, la réduction, qu'est-elle autre chose qu'une résolution
partielle? N'a-t-elle pas pour effet, comme la résolution, de
faire rentrer, pour partie, les immeubles donnés dans la main
des héritiers du donateur? Qu'importe que, d'après l'art. 930,
la revendication de ces immeubles, s'ils ont été aliénés par
le donataire, ne puisse être exercée, contre les tiers détenteurs, que discussion préalablement faite des biens du donataire? C'est là une faveur faite aux tiers de bonne foi,
mais qui n'altère pas le caractère de l'action en réduction.

M. Troplong est du même avis. « S'il en était autrement,
dit-il, on laisserait, dans la loi, une inexplicable incohérence.
Il y a eu, dans l'origine, un acte apparent, translatif de
propriété; cet acte a été transcrit, comme dans le cas précis
de l'art. 4: faudra-t-il donc que les tiers, qui traitent avec
le donataire dépossédé, soient exposés à considérer comme
siens des immeubles dont il a pu être dépouillé, en tout ou
en partie? Pourquoi l'avoué ne ferait-il pas, en pareil cas,
ce qu'il est tenu de faire, en cas de résolution proprement
dite » (1) ?

630. MM. Rivière et Huguet exceptent encore de la nécessité de la mention le jugement qui, sur l'action révocatoire des créanciers, exercée conformément à l'art. 1167,
C. Nap., annulerait une vente d'immeubles faite par leur débiteur en fraude de leurs droits. « L'acte, disent-ils, n'est ni
résolu, ni rescindé ou annulé; il est révoqué. L'action en révocation diffère de l'action en nullité ou en rescision. Dans
cette dernière action, c'est la partie elle-même qui revient
contre son propre fait, et qui demande à être restituée contre
son engagement... Les raisons d'interprétation rigoureuse,
qui nous ont fait décider que la mention n'est pas exigée
pour les jugements prononçant la réduction d'une donation,

---

(1) De la Transcr., n° 216.

I.   30

se présentent donc ici avec la même force et nous portent à donner la même solution... » (1).

Les estimables auteurs, à mon avis, s'attachent encore ici trop à la lettre. Qu'importe que l'action soit connue, en droit, sous le nom d'*action révocatoire ?* Elle n'en est pas moins, au fond, une action en nullité, nullité fondée sur la fraude pratiquée envers les créanciers (2); ou, plus exactement peut-être, une action en rescision, comme l'expriment les Institutes : *Item, si quis in fraudem creditorum rem suam alicui tradiderit : bonis ejus à creditoribus possessis, ex sententiâ præsidis, permittitur ipsis creditoribus,* RESCISSA TRADITIONE, *eam petere, id est dicere eam rem traditam non esse, et ob id in bonis debitoris mansisse* (**Inst.,** lib. 4, tit. 6, § 6).

RESCISSA TRADITIONE, dit Vinnius, sur ce texte, *sic intelligo, ut § præced. dictum est, vi ipsâ restitutionis in integrum et judicii constituti.* RESCINDUNTUR *autem hâc in factum actione, et in pristinum statum restituuntur, omnia quæ in fraudem creditorum facta sunt, perinde ac si nihil eorum factum esset...,*

La raison alléguée par MM. Rivière et Huguet, que, dans l'action *quæ in fraudem creditorum,* ce sont les créanciers qui demandent l'annulation de l'acte fait par leur débiteur, tandis que, dans l'action en nullité ou en rescision, c'est la partie elle-même qui demande à être restituée contre son propre engagement, cette raison ne me semble d'aucune valeur ; car c'est confondre, avec ce qui est de l'essence même des actes, ce qui n'est que d'accident.

631. Mais la même solution ne pourrait être appliquée au jugement qui accueille une demande en revendication d'immeuble, intentée contre le possesseur qui aurait acquis

---

(1) Quest., n°s 269 et 270.
(2) Troplong, De la Transcr., n° 220.

cet immeuble *à non domino*, et qui aurait fait transcrire son titre.

Les tiers ont, assurément, autant d'intérêt à connaître ce jugement, qui fait passer l'immeuble en d'autres mains, que celui qui prononce la révocation d'une aliénation faite par un débiteur en fraude de ses créanciers. Mais ici on ne se trouve plus dans les termes de l'article. Le jugement, qui statue sur la revendication, ne résout, n'annule, ni ne rescinde un acte transcrit. La demande en revendication, lorsqu'elle réussit, a bien pour résultat de faire tomber le titre en vertu duquel le détenteur possède ; mais ce résultat n'est qu'indirect ; car ce n'est point à ce titre, qui est pour lui *res inter alios acta*, que s'attaque le revendiquant.

D'un autre côté, le jugement, qui admet l'action en revendication, n'est pas translatif de propriété ; car il décide que l'immeuble n'a jamais appartenu à celui qui le possédait en vertu d'un titre vicié à son origine, et qui, bien que transcrit, n'a pu lui conférer des droits que n'avait pas celui de qui il tenait cet immeuble (C. Nap., 2182). Ce jugement n'est donc pas susceptible de transcription.

632. Malgré l'évidence, on peut dire, de ces principes, l'Assemblée nationale législative avait cru devoir soumettre à la formalité de la mention, à l'instar du jugement de résolution, le jugement qui statue sur une revendication d'immeuble. « Tout jugement, portait l'art. 2145 du projet adopté à la seconde lecture, tout jugement, passé en force de chose jugée, qui prononcera l'annulation, la résolution ou la rescision d'une aliénation transcrite, sera, dans les deux mois, à dater du jour où il aura acquis ce caractère, mentionné en marge de l'extrait déposé, conformément à l'art. 2154, pour la transcription…. *La même règle s'applique aux jugements qui admettront une action en revendication contre une personne possédant en vertu d'un titre transcrit.* »

Cette dernière disposition avait même été amplifiée dans la rédaction préparée pour la troisième lecture ; et, à la ré-

30.

daction primitive, avait été substituée la suivante : « La même règle s'applique à tout jugement qui, sur une action en revendication, prononce contre une partie ayant un titre transcrit. »

La nouvelle rédaction était justifiée, en ces termes : « La Commission pense qu'on doit mentionner le jugement qui statue sur une action en revendication, non-seulement lorsqu'il admet l'action en revendication contre une personne qui possède, en vertu d'un titre transcrit, mais encore lorsqu'il rejette l'action en revendication qu'une partie, ayant un titre transcrit, a formée contre un possesseur quelconque... » (1).

Le législateur a reproduit, dans la loi du 23 mars 1855, la première partie de l'art. 2145 précité ; mais, en ne reproduisant pas la dernière disposition de cet article, il a montré d'autant mieux qu'il n'en adoptait pas le principe.

633. Le principe, qui m'a servi à résoudre la question précédente (nº 631), doit conduire à la même solution dans une question analogue qu'examinent MM. Rivière et Huguet, et qu'ils résolvent dans un sens opposé.

« Pierre avait donné à Paul une procuration, à l'effet d'acheter un immeuble. Ce dernier, au lieu de faire l'acquisition pour son mandant, l'achète *en son propre nom*, et fait transcrire l'acte de vente. — Pierre intente une action contre Paul, et un jugement ordonne la restitution de l'immeuble à Pierre. On peut se demander, disent MM. Rivière et Huguet, si, aux termes de l'art. 4 de la loi du 23 mars, il devra être fait mention de ce jugement » (2) ?

Et leur réponse est affirmative.

« Quand un mandataire, poursuivent MM. Rivière et Huguet, achète, en son propre nom, l'immeuble qu'il était

---

(1) Impress. de l'Assemblée nat. .lég, nº 8, session de 1851.
(2) Quest., nº 165.

chargé d'acheter pour un autre, il est vrai qu'il est tenu de
le remettre au mandant. Nous reconnaissons même que la
restitution qu'il en fait ne doit pas être considérée comme une
mutation proprement dite. Mais la propriété a résidé, un instant, sur la tête du mandataire, et l'action que le mandant
intente contre lui est *une espèce d'action en résolution,* basée
sur une cause ancienne et nécessaire. Telle était, du reste,
l'opinion de Dumoulin : *Ista non mutatio, est* RESOLUTIO *primœ
ex causâ antiquâ et necessariâ* (1). On se trouve donc dans
les termes mêmes de l'art. 4, puisque, d'une part, l'acte a été
transcrit, et que, d'une autre part, il s'agit d'un jugement
prononçant une résolution... » (2).

Je ne crois pas que l'art. 4 soit fait pour ce cas. La résolution dont il parle, c'est la résolution qui est prononcée au
profit de celui-là même de qui émane l'acte sujet à résolution (3). C'est pourquoi il a été justement décidé que, lorsque l'action en réméré est exercée, non par le vendeur,
mais par le cessionnaire qu'il a mis à ses droits, ce n'est pas
une simple résolution du contrat primitif qui s'opère, mais
une revente, une transmission nouvelle de propriété (*suprà,*
n° 579), laquelle est sujette à transcription.

De même, dans l'exemple produit par MM. Rivière et
Huguet, l'action, qui est dirigée par Pierre contre Paul, n'a
pas pour objet de faire résoudre la vente qui a été consentie à ce dernier, mais de le faire condamner à délaisser, à
restituer à Pierre l'immeuble qui a fait l'objet de cette vente,
et qu'il est censé, comme le dit Tiraqueau, avoir acquis
pour le compte de Pierre, en vertu du mandat qu'il en avait
reçu : *Si quis mandatum habuit emendi domum, et eam posteà*

---

(1) Sur la Cout. de Paris, tit. 1, § 33, gl. 2, n° 23.—Il y a altéra-
tion du texte cité. Le texte porte : *Contrarium puto, quia ista nova
mutatio est resolutio,* etc.

(2) Quest., n° 266.

(3) V. cependant *suprà,* n° 630.

simpliciter emat, censetur emisse secundùm id mandatum, id est procuratorio nomine mandantis (1). C'est donc une véritable action en revendication que Pierre exerce, et le jugement qui prononce sur cette action demeure, comme je l'ai dit au n° 631, dans les termes du droit commun. Il n'y a, par conséquent, pour l'avoué, aucune obligation d'en faire opérer la mention en marge de la transcription de l'acte de vente.

Quant à la citation empruntée à Dumoulin, elle n'implique nullement la condamnation de cette doctrine ; car il faut entendre les expressions dont il se sert dans le sens de la proposition qu'il avait à établir, et qui était que la restitution faite au mandant, dans le cas dont il s'agit, n'opérait pas mutation. C'est dans ce sens, et uniquement dans ce sens, que ce grand jurisconsulte a pu dire : *Ista novà mutatio* EST RESOLUTIO PRIMÆ EX CAUSA ANTIQUA ET NECESSARIA. MM. Rivière et Huguet semblent, eux-mêmes, l'avoir compris ainsi ; car, cette action en revendication, ils n'osent pas l'appeler une action en résolution proprement dite ; mais ils la qualifient « d'*une espèce d'action en résolution*, basée sur une cause ancienne et nécessaire. »

634. Mais, si le jugement qui intervient sur cette action, et qui ordonne la restitution de l'immeuble au mandant, est dispensé de la mention prescrite par l'art. 4 de la loi du 23 mars 1855, est-il également dispensé de la transcription ?

Sans doute, ainsi que l'enseigne Dumoulin, la restitution que Paul est condamné à faire de l'immeuble à Pierre n'engendre pas une seconde mutation : Pierre est réputé tenir cet immeuble directement du vendeur ; et, comme on suppose que la vente originaire a été transcrite, il semble que, Pierre prenant tout simplement la place de Paul, une nouvelle transcription ne soit pas nécessaire.

---

(1) *De Retractu conv.*, § 7, p. 784, n° 117, édit. de 1571.

Mais ce serait, à mon sens, une erreur. L'acte ne mentionne pas que l'acquisition, faite par Paul, ait été faite pour le compte de Pierre ; c'est Paul, au contraire, qui, dans cet acte, est indiqué comme l'acquéreur : les tiers seront donc induits à le considérer comme le propriétaire, tant qu'une nouvelle transcription ne leur aura pas fait connaître l'état vrai des choses. Il faut, dès lors, appliquer à ce cas ce que j'ait dit *suprà*, n°ˢ 409 et 410, et n°ˢ 512 et suiv., pour des cas analogues.

635. Il me paraît inutile d'insister sur la différence que présente cette hypothèse avec celle dont j'ai parlé au n° 631. Dans celle-ci, le revendiquant n'acquiert rien, ni du chef de celui contre qui est dirigée l'action en revendication, ni du chef de l'auteur de ce dernier, que j'ai supposé n'avoir aucun droit sur l'immeuble qu'il a vendu. — Dans l'autre hypothèse, au contraire, Pierre n'est devenu propriétaire qu'en vertu de l'acquisition que Paul a faite pour lui : il y a donc une mutation à transcrire. Et, comme l'acte de vente n'est pas dans le nom de Pierre, qu'il n'y est même fait aucune mention de lui, il est nécessaire, pour la complète édification des tiers, de faire transcrire le jugement, qui le déclare propriétaire, à la suite de l'acte de vente précédemment transcrit.

636. La loi dit que le jugement, portant résolution, nullité ou rescision d'un acte transcrit, sera mentionné en marge de la transcription de cet acte. — Supposé qu'il s'agisse d'un acte de vente dont la résolution a été prononcée, pour défaut de paiement du prix; mais qu'avant que la demande soit formée, cette première vente ait été suivie de plusieurs autres ventes, également transcrites, et qui vont se trouver résolues par voie de conséquence : l'avoué, qui a obtenu le jugement de résolution, sera-t-il obligé de faire mentionner ce jugement, non-seulement en marge de la transcription de l'acte résolu, mais en marge des différentes transcriptions s'appliquant aux mutations successives ?

Évidemment non : ce serait ajouter, arbitrairement, aux pénalités de l'article. Comment, d'ailleurs, l'avoué pourrait-il connaître ces diverses transmissions ?

Tel est également l'avis de M. Troplong. « Toute personne prudente, dit-il, avant de regarder quelqu'un comme propriétaire, doit remonter de mutation en mutation, pendant une période de trente ans, et examiner si aucune d'elles n'a été anéantie, de manière à entraîner dans sa chute celles qui ont suivi. Une seule mention suffit pour signaler ce danger » (1).

657. Il semblerait, d'abord, que M. Lesenne fût d'opinion contraire ; car il dit « qu'encore bien que l'art. 4 ne prescrive pas explicitement la mention du jugement de résolution en marge de la transcription des actes translatifs de propriété, ou constitutifs d'hypothèque, qui ont été consentis subséquemment par celui dont l'acte est directement résolu, il est évident que cette mention est dans l'esprit de la loi, et qu'il y a, vis-à-vis des tiers, même utilité de la faire opérer. »

Mais l'auteur se hâte de rentrer dans les termes de l'art. 4, en ajoutant que « cette mention devra, tout naturellement, être faite, quand les acquéreurs subséquents auront été appelés dans la cause et que la résolution aura été jugée avec eux ; mais que, s'ils n'ont pas été mis en cause, il faudra introduire une nouvelle instance contre eux, et faire prononcer la résolution de leur acte, pour pouvoir la mentionner en marge de la transcription » (2).

638. Suivant une observation de M. Bressolles, « un jugement, qui donnerait acte d'un acquiescement à la demande en résolution, nullité, ou rescision, ainsi qu'un jugement d'expédient, qui prononcerait conformément à cette demande, seraient soumis à la mention » (3).

(1) De la Transcr., n° 222.
(2) Comment., n° 91.
(3) Exposé des règles sur la Transcr., n° 66.

Cela est de toute évidence : un jugement, pour être passé d'accord, n'en est pas moins un jugement (V. *suprà*, n° 545).

639. Si l'acte annulé ou résolu n'avait pas été transcrit, l'obligation imposée à l'avoué cesserait, puisqu'elle serait devenue inexécutable. C'est le texte de l'article qui le veut; mais c'est aussi la raison qui le veut avec le texte; car, dès qu'il n'y a pas de droits apparents créés par la transcription, à quoi servirait une formalité qui n'a d'autre objet que d'en paralyser les effets ? (1).

640. Il ne faut pas assimiler ce cas à celui de l'art. 958, C. Nap. — M. Dalloz enseigne qu'au cas où la donation, dont la révocation est demandée pour cause d'ingratitude du donataire, n'aurait pas été transcrite, le donateur devrait être admis à faire inscrire sa demande de révocation sur le registre des transcriptions, comme si la donation avait été transcrite, et qu'il agirait même prudemment, en la faisant inscrire aussi sur le registre des inscriptions hypothécaires, ouvert, comme celui des transcriptions, aux investigations des tiers (2).

Cette marche, conseillée par Toullier (3), et approuvée par M. Troplong (4), est dans la nécessité des choses, parce qu'au défaut de publicité de la demande de révocation sont attachés, relativement aux tiers, des effets que n'a pas le défaut de mention du jugement qui prononce la résolution, la nullité ou la rescision d'un acte soumis à la transcription (V. *suprà*, n° 609).

641. La loi Belge du 16 déc. 1851, que j'ai déjà eu occasion de citer, contient, sur la publicité à donner aux décisions qui prononcent l'annulation ou la révocation d'actes

---

(1) Conf. Troplong, De la Transcr., n° 223.
(2) Jur. gén., v° *Dispos. entre-vifs et test.*, n° 1849.
(3) T. 5, n° 325.
(4) De la Transcr., n°ˢ 224 et suiv,

soumis à la transcription, des dispositions analogues à celles de notre art. 958.

« Aucune demande, porte l'art. 3 de cette loi, tendante à faire prononcer l'annulation ou la révocation de droits résultant d'actes soumis à la transcription, ne sera reçue, dans les tribunaux, qu'après avoir été inscrite en marge de la transcription prescrite par l'art. 1er. — Toute décision, rendue sur une semblable demande, sera également inscrite à la suite de l'inscription ordonnée par le paragraphe précédent. — Les greffiers ne pourront, sous peine de tous dommages et intérêts, délivrer aucune expédition de jugements de cette espèce, avant qu'il leur ait été dûment justifié, dans la forme prescrite par l'art. 84, que l'inscription a été prise ». (1).

Et l'art. 4 déclare que, « si la demande n'a pas été inscrite, le jugement de révocation ou d'annulation n'aura d'effet, vis-à-vis des tiers, qu'à dater du jour où il aura été inscrit. »

Une circulaire du ministre Belge, du 23 janv. 1852, prévoyant le cas où l'acte, dont la révocation ou l'annulation est poursuivie, n'aurait pas été transcrit, prescrit d'avoir recours, pour l'inscription de la demande, au mode de procéder que je viens d'indiquer pour l'exécution de l'art. 958, C. Nap.

Voici les termes de la circulaire :

« Il est douteux, dit le ministre, que le défaut de transcription de l'acte faisant l'objet d'une demande d'annulation

---

(1) D'après cet art. 84, on doit présenter au Conservateur, pour opérer les inscriptions dont il vient d'être parlé : « 1° s'il s'agit d'une demande en justice, deux extraits sur timbre contenant les noms, prénoms, professions et domiciles des parties, les droits dont l'annulation ou la révocation est demandée, et le tribunal qui doit connaître de l'action ; 2° s'il s'agit d'un jugement, deux extraits sur timbre, délivrés par le greffier, contenant les noms, prénoms, professions et domiciles des parties, le dispositif de la décision, et le tribunal ou la Cour qui l'a rendue... »

ou de révocation, autorise le Conservateur à refuser les extraits qui lui seraient présentés, conformément à l'art. 84, en rapport avec l'art. 3. Dans ce cas, rien n'empêche de constater la remise de ces extraits au registre de dépôts, et d'en transcrire le contenu dans le corps du registre des transcriptions, à la suite de la dernière formalité, c'est-à-dire à la date et dans l'ordre du dépôt. Il en serait fait mention sur le répertoire, au compte ouvert, ancien ou nouveau, du propriétaire défendeur, en laissant en blanc les colonnes qui ne pourraient être remplies que lorsque la transcription du contrat serait ultérieurement requise. En marge de cette transcription, il serait fait mention de l'inscription déjà annotée au répertoire » (1).

Ce mode de procéder, ainsi que je l'ai dit au numéro précédent, à propos de l'art. 958, ne saurait être suivi pour la mention ordonnée par l'art. 4 de la loi du 23 mars 1855. La loi belge, de même que notre art. 958, autorise les tiers à se prévaloir du défaut d'inscription : au contraire, l'art. 4 précité ne donne à la mention, comme le dit M. Troplong, que la valeur d'un renseignement, et ne prononce, comme sanction, qu'une peine d'amende, qu'il faut circonscrire dans le cas qu'il a prévu (2).

642. La mention, prescrite par l'art. 4 de la loi du 23 mars 1855, doit être faite, dit cet article, « dans le mois, à dater du jour où le jugement a acquis l'autorité de la chose jugée. »

Un jugement a l'autorité de la chose jugée, lorsqu'il n'est plus susceptible d'être attaqué par les voies ordinaires de l'opposition ou de l'appel, quoiqu'il puisse l'être par les voies extraordinaires, telles que la tierce opposition, la requête civile ou la cassation.

---

(1) Martou, Des Priv. et Hyp., t. 1, n° 138.
(2) De la Transcr., n° 228.

643. On a essayé de soutenir, en se fondant sur les termes ambigus de l'art. 5 du tit. 27 de l'ord. de 1667, qu'un jugement, soit contradictoire, soit par défaut, quoique rendu en premier ressort, a l'autorité de la chose jugée, tant qu'il n'est pas frappé d'opposition ou d'appel. Mais cette thèse, que Marcadé a tenté de rajeunir (1), est, depuis longtemps, abandonnée (2).

644. M. Sellier va plus loin : il prétend que l'avoué de première instance, qui a obtenu un jugement prononçant la résolution, nullité ou rescision d'un acte transcrit, doit en faire opérer la mention, *quand même, au moment où il la fait opérer, il y aurait eu appel du jugement* (3). Mais ce ne peut être là qu'une inadvertance; car il est bien certain, au moins, qu'un jugement, dont il y a appel, n'est pas un jugement passé en force de chose jugée.

645. Mais qu'arrivera-t-il, demande M. Troplong, si le jugement de résolution ou de rescision, mentionné en marge de l'acte transcrit, est rétracté sur requête civile, ou s'il est cassé, et que la Cour impériale, à laquelle l'affaire aura été renvoyée, juge autrement que la Cour dont l'arrêt a été cassé ? Y aura-t-il quelque nouvelle mention à faire sur les registres ?

Cette question, répond l'auteur, n'est pas difficile à résoudre. — Par exemple : Primus obtient un jugement qui révoque la donation de l'immeuble A faite à Secundus. Cette décision est mentionnée en marge de la donation transcrite, et les tiers sont, de la sorte, avertis que Secundus a cessé d'être propriétaire. Mais, Secundus s'étant pourvu en cassation, l'arrêt portant résolution est cassé, et la donation est maintenue

---

(1) Sur l'art. 1351, C. Nap., n° 1.
(2) V. dans la Jur. gén., v° *Priv. et hyp.*, n° 2725, et les auteurs cités ; Rivière et Huguet, Quest., n°° 286 et suiv.; Troplong, De la Transcr., n°° 229 et 230; Mourlon, Examen crit., etc., Append., n° 365.
(3) Comment., n° 279.

par la Cour de renvoi. — Ce sera donc désormais, fait observer M. Troplong, une erreur des registres de mentionner comme résolue une donation définitivement confirmée. Or, qui se chargera d'éclairer ceux qui seront disposés à traiter avec Primus? « Fions-nous, dit-il, à l'intérêt particulier de Secundus : il saura faire ce qui est nécessaire pour le rétablissement de son droit ; il n'a pas besoin du secours d'autrui. » Secundus donc, qui a intérêt à conserver son crédit, fera rayer la mention, de la même manière que le débiteur, lorsqu'il s'est libéré, fait rayer l'inscription hypothécaire qui grève ses immeubles (1).

Quant à l'avoué, il n'aura pas à faire mentionner sur les registres du Conservateur le jugement qui, après cassation, ou sur requête civile, aura repoussé la demande en résolution ou en nullité, parce que la loi ne lui en fait pas l'obligation (2).

646. M. Mourlon est d'un autre avis. Il distingue entre le cas où le jugement est cassé, et celui où il a été rétracté sur requête civile. Il n'exige pas la mention dans le premier cas, parce que c'est l'avoué, dit-il, qui est chargé de remplir cette formalité, et qu'il n'y a pas d'avoués près la Cour de cassation. Mais il l'exige dans le cas de requête civile, parce qu'il y a un avoué, et que, par suite, rien ne s'oppose à ce que le jugement de rétractation soit mentionné (3).

Si la raison, donnée par M. Mourlon, pour le cas de r quête civile, était bonne, elle le serait également pour le cas de cassation ; car ce ne serait pas l'arrêt de la Cour de cassation qui devrait être mentionné sur le registre du Conservateur, mais bien l'arrêt de la Cour de renvoi, qui seule sta-

---

(1) De la Transcr., n° 231. — Conf. Rivière et Huguet, n°s 271 et s. V. *suprà*, n° 552.

(2) Troplong, Rivière et Huguet, *loc. cit.*

(3) Examen crit., etc., Append., n° 366.

tue au fond. Mais il ne faut pas perdre de vue, ainsi que l'expriment MM. Rivière et Huguet, qu'il s'agit, dans l'art. 4 de la loi du 23 mars 1855, de formalité à remplir, de pénalité à appliquer, et que l'article, sous ce double rapport, n'est pas susceptible d'une interprétation extensive. C'est assurément se faire illusion que de dire, comme le fait M. Mourlon, que, le jugement de rétractation, rendu sur la requête civile, annulant un jugement qu'on peut considérer comme transcrit, puisqu'il est mentionné en marge d'un acte qui lui-même est transcrit, on se trouve, mot pour mot, dans les termes de l'article. « Comment ! mot pour mot, s'écrient MM. Rivière et Huguet. L'art. 4 parle d'un jugement prononçant la résolution, la nullité ou la rescision d'un acte transcrit; dans l'hypothèse, il s'agit d'un jugement rétractant celui qui a prononcé la résolution, nullité ou rescision ! L'art. 4 parle de la résolution, nullité ou rescision d'un *acte;* il s'agit, au contraire, ici de la rescision d'un *jugement !* L'art. 4 parle d'un acte *transcrit;* l'espèce a trait à un jugement *mentionné !* Est-il permis de dire qu'on est dans les termes mêmes de cette disposition... » ?

647. Supposé que l'arrêt de la Cour d'appel, au lieu d'accueillir la demande en résolution, en nullité ou en rescision de l'acte transcrit, l'ait rejetée, et que cet arrêt ait été cassé, ce ne serait pas la décision de la Cour de cassation qui devrait être mentionnée sur le registre du Conservateur, mais bien l'arrêt de la Cour de renvoi, qui jugerait conformément au principe posé par la Cour de cassation. J'ai fait, au numéro précédent, une observation analogue.

648. Si le jugement prononçant la résolution, nullité, ou rescision d'un acte transcrit a été frappé d'appel, et qu'il intervienne un arrêt confirmatif, qui, de l'avoué de première instance ou d'appel, devra faire la mention ?

Ce sera l'avoué d'appel; car lui seul, suivant la remarque

de M. Troplong, connaît le point de départ du délai dans lequel la mention doit être opérée (1).

649. M. Mourlon, au contraire, argumentant de l'art. 472, C. proc. civ., d'après lequel, « si le jugement est confirmé, l'exécution appartiendra au tribunal dont est appel, » pense que c'est l'avoué de première instance qui est chargé de la formalité (2).

Mais il est péremptoirement réfuté, à mon avis, par MM. Rivière et Huguet, qui font voir qu'il n'y a aucun rapport à établir entre la connaissance, attribuée au tribunal de première instance, des difficultés que peut susciter l'exécution du jugement confirmé, et l'accomplissement d'une formalité qui est un fait purement matériel, et n'a pas le caractère d'un acte d'exécution proprement dit (3).

650. Il en serait, à plus forte raison, de même, si le jugement, qui a rejeté la demande en résolution, nullité ou rescision, était infirmée. Il n'y aurait, dans ce cas, aucun prétexte pour appliquer l'art. 472 précité. La formalité, d'ailleurs, aux termes de l'art. 4 de notre loi, ne regarde que celui qui a *obtenu* le jugement de résolution, de nullité ou de rescision. Sur ce point, tout le monde est d'accord.

651. Suivant M. Troplong, lorsque la Cour ne fait que confirmer le jugement de résolution (par une adoption de motifs, sans doute), il faut mentionner le jugement et l'arrêt (4). — Mais je ne vois aucune nécessité de faire mention du jugement : une mention de l'arrêt doit suffire, si elle fournit aux tiers toutes les indications qu'ils ont besoin de connaître. Il ne s'agit pas ici, comme au cas de transcription,

---

(1) De la Transcr., n° 236. — Conf. Rivière et François, n° 73 ; Rivière et Huguet, n°s 278 et suiv.; Fons, n° 32 ; Bressolles, n° 65.
(2) Examen crit., etc., Append., n° 368 *bis.*
(3) Quest., n° 279.
(4) De la Transcr., n° 236.—Conf. Bressolles, n° 65.

ainsi que je l'expliquerai *infrà* (1), de copie littérale, mais de simple mention (2).

652. Ainsi que le disent MM. Rivière et Huguet, si la partie, qui a obtenu le jugement de résolution d'un acte transcrit, renonçait au bénéfice de ce jugement, avant l'expiration du mois accordé à l'avoué pour en faire opérer la mention, cette mention deviendrait inutile, et l'avoué ne pourrait être condamné à l'amende pour n'avoir pas rempli une formalité devenue désormais sans objet, et qui n'a plus aucun intérêt pour les tiers (3).

653. Mais il faut ajouter, avec les mêmes auteurs, que, si la renonciation n'intervenait qu'après le mois expiré, l'avoué ne pourrait échapper à la condamnation à l'amende, en excipant, *ex post facto*, de l'inutilité de la mention, parce qu'il serait en faute, et que c'est sa négligence que la loi punit (4).

654. Si l'avoué, qui est chargé de faire opérer la mention, décédait avant l'expiration du mois qui lui est accordé pour remplir la formalité, ses héritiers ne seraient point tenus d'y faire procéder, à son défaut, parce que c'est là une obligation de sa charge, qui ne passe point à ses héritiers (5).

655. Mais que décider, à l'égard du successeur à l'office?

Le caractère pénal de l'amende la rend essentiellement personnelle. On ne pourrait donc, à mon sentiment, l'exiger du successeur, alors même qu'il aurait été nommé avant l'expiration du mois. « Ce nouvel officier ministériel, d'ailleurs, comme le fait observer M. Troplong, serait très-excusable d'ignorer le jugement rendu et le délai qui court » (6).

---

(1) V. sous la sect. 1re du chap. 3.
(2) Conf. Rivière et Huguet, n° 276 ; Mourlon, Examen crit., etc., *loc. cit.*
(3) Quest. n° 89.
(4) *Ibid.*
(5) Conf. Rivière et Huguet, n° 282.
(6) De la Transcr., n° 237. — Conf. Rivière et Huguet, *loc. cit.;* Mourlon, Examen crit., etc., Append., n° 368.

656. Supposé que l'avoué soit destitué, ou vienne à se démettre de ses fonctions, avant l'expiration du mois, sera-t-il passible de l'amende, en cas d'inexécution de l'obligation qui lui était imposée?

Il faut distinguer entre l'avoué destitué et l'avoué qui se démet de ses fonctions.

L'avoué destitué, comme le fait encore observer M. Troplong, ne peut plus, à partir de sa destitution, faire aucun acte de ses fonctions; et, comme le délai n'est pas expiré, il n'est pas encore en faute : il est donc impossible qu'il soit condamné à l'amende pour s'être abstenu de faire un acte pour lequel il n'avait plus qualité (1).

657. Mais il en est autrement de l'avoué qui se démet de son office, avant d'avoir satisfait à son obligation. Il n'y avait pas, comme dans l'hypothèse précédente, impossibilité pour lui de l'exécuter, avant de résigner ses fonctions, et il est inadmissible qu'il puisse s'en décharger par un acte de sa volonté (2).

658. Je parlerai, sous la section 5ᵉ du chapitre 3, du mode suivant lequel doit être faite la mention prescrite par l'art. 4 de la loi du 23 mars 1855, dont je viens de commenter les principales dispositions.

---

(1) De la Transcr., n° 239.—Conf. Rivière et Huguet, et Mourlon, *loc. cit.*

(2) Conf. Troplong, n° 238; Rivière et Huguet, n° 284; Mourlon, n° 368.

CHAPITRE II.

De la Transcription des Donations et des Substitutions.

659. J'ai dit *suprà*, n° 3, que la loi du 23 mars 1855 n'avait pas eu à s'occuper des actes translatifs, *à titre gratuit*, parce que la matière se trouvait réglée par le Code Napoléon : pour les donations, dans les art. 939 à 942, et pour les substitutions, dans les art. 1069 à 1074. En effet, l'art. 11 de la loi précitée se borne à renvoyer au Code sur ce point. « Il n'est point dérogé, porte cet article, aux dispositions du Code Napoléon, relatives à la transcription des actes portant donation, ou contenant des dispositions à charge de rendre : elles continueront à recevoir leur exécution. »

660. Il est regrettable, cependant, que les auteurs de la loi du 23 mars n'aient pas repris la matière, pour en mettre les dispositions en harmonie avec les dispositions de la loi nouvelle. C'eût été, pour le législateur, une occasion de trancher beaucoup de points, restés indécis dans la jurisprudence, sans toucher, pour cela, d'une manière essentielle, aux dispositions du Code Napoléon qu'on voulait respecter. On verra plus bas que ce scrupule du législateur, poussé à l'extrême, place le jurisconsulte dans un très-grand embarras sur le parti à prendre dans des questions qui ne sont point

directement résolues par le texte du Code Napoléon, et sur lesquelles les meilleurs esprits se trouvent divisés.

661. Mon travail sur la transcription n'eût pas été complet, si je n'avais joint à l'explication des dispositions de la loi du 23 mars 1855, concernant les actes translatifs, à titre onéreux, celle des dispositions du Code Napoléon, relatives aux actes translatifs, à titre gratuit.

Ce sera la matière de ce chapitre, dont une première section sera consacrée à l'exposé des règles concernant la transcription des donations, et une autre à l'exposé des règles concernant la transcription des dispositions à charge de rendre, ou des substitutions.

SECTION Iʳᵉ. — *De la Transcription des Donations.*

SOMMAIRE.

662. Raisons pour lesquelles les donations sont soumises à des formes particulières.

663. Ces formes sont celles de l'acte notarié et de l'acceptation expresse.

664. On exigeait, de plus, autrefois la tradition. ; elle n'est plus requise aujourd'hui.

665. A ces premières garanties, on a ajouté celle de la publicité. — Le mode de publicité, usité dans l'ancien droit, était l'insinuation, aujourd'hui remplacée par la transcription.

666. L'insinuation consistait dans la transcription de l'acte entier sur un registre du greffe, que chacun était libre de consulter.

667. La transcription s'opère de la même manière, sauf que le registre n'est plus tenu par le greffier, mais par le Conservateur des hypothèques.

668. Bien qu'identiques, quant à la forme, l'insinuation et la transcription ont des effets différents.—L'insinuation s'appliquait à toute espèce de donations, mobilières ou immobilières ; la transcription n'a lieu que pour les *biens susceptibles d'hypothèque.*

669. Le défaut d'insinuation, dans le délai, emportait nullité de la donation, à l'égard de toutes personnes, le donateur excepté. — Ce délai était de quatre mois, du jour de la donation ou de l'acceptation, avec effet rétroactif au jour du contrat.

670. Faite après le délai, mais *du vivant du donateur,* l'insinuation n'avait d'effet que du jour de sa date.

51.

671. La transcription n'est soumise à aucun délai, et aucune peine de nullité n'est attachée au défaut de transcription. — Mais elle n'a pas d'effet rétroactif.

672. La transcription, sous la loi du 11 brum. an VII, s'appliquait aux actes translatifs, à titre gratuit, comme aux actes translatifs, à titre onéreux.

673. La formalité de l'insinuation a été abolie par le Code Napoléon.

674. La transcription, sous la loi de brumaire, avait un double objet : consolider la propriété, au regard des tiers, entre les mains du nouveau possesseur, et préparer la purge des priviléges et hypothèques.

675. Erreur de Toullier, qui ne lui reconnaît, sous le Code Napoléon, que ce dernier effet, même pour les donations.

676. Transition. — Division de la section.

662. Les donations ont toujours été l'objet de certaines règles, de certaines restrictions, de la part du législateur. « Défendu par son intérêt particulier, dans les contrats à titre onéreux, où chacun veut ordinairement recevoir l'équivalent de ce qu'il donne, l'homme, dit M. Dalloz, ne trouve pas la même sauvegarde dans les contrats de bienfaisance : rien ne le défend, alors, contre les entraînements du cœur, l'obsession des tiers intéressés, la séduction redoutable des passions. Aussi le législateur a-t-il réglé la faculté de donner d'une manière plus rigoureuse que celle de disposer à titre onéreux, et, tout en encourageant aux sentiments généreux, a-t-il prescrit des formes protectrices, établi des restrictions, créé, en un mot, un système dans lequel les parties intéressées et les tiers eux-mêmes trouvent des garanties salutaires » **(1)**.

Ces restrictions, ces règles, suivant un ancien auteur, ont été introduites pour servir de frein à la trop grande facilité qu'auraient eue les citoyens de se ruiner par des libéralités irréfléchies : *Ne quis, impetu aliquo, sine judicio, tanquàm prodigus, ad donandum prosiliat* (2).

---

(1) Jur. gén., v° *Disposit. entre-vifs et Test.*, n° 2.
(2) Ferrerius sur Guy-Pape, cité par Merlin.

665. En premier lieu, la donation a été soumise à des formes solennelles. Elle ne peut être consentie que par acte passé devant notaires, et il doit rester minute de l'acte, à peine de nullité (C. Nap., 931).

Il faut, de plus, qu'elle soit acceptée *en termes exprès* (932). Et il ne s'agit pas ici, comme le dit Pothier, de cette acceptation qui n'est autre chose que le consentement donné par le donataire à la donation, acceptation qui est de l'essence de tout contrat synallagmatique. L'acceptation, qui est requise dans la donation, est une acceptation solennelle, qui doit être exprimée, et qui ne résulterait pas de la seule présence du donataire à l'acte et de sa signature apposée au contrat, non plus que de la possession dans laquelle il aurait été mis des objets donnés (1).

664. On exigeait encore autrefois, pour la perfection de la donation, la tradition, réelle ou feinte, de la chose donnée.

« La raison, dit Pothier, pour laquelle notre Droit a requis, pour la validité des donations, la nécessité de cette tradition, ainsi que celle de l'irrévocabilité, se fait assez apercevoir. L'esprit de notre Droit français incline à ce que les biens demeurent dans les familles et passent aux héritiers. Leurs dispositions sur les propres, sur les réserves coutumières, le font assez connaître. — Dans cette vue, comme on ne pouvait justement dépouiller les particuliers du droit que chacun a naturellement de disposer de ce qui est à lui, et, par conséquent, de donner entre-vifs, nos lois ont jugé à propos, en conservant aux particuliers ce droit, de mettre, néanmoins, un frein qui leur en rendît l'exercice plus difficile. C'est pour cela qu'elles ont ordonné qu'aucun ne pût valablement donner qu'il ne se dessaisît, dès le temps de la donation, de la chose

_____

(1) Des Donat. entre-vifs, sect. 2, art. 1 ; Ordonn. de 1731, art. 6 ; Exp. des motifs sur le titre des Donat. entre-vifs et des Test ; Jur. gén., v° *Disposit. entre-vifs et Test.*, p. 35, n° 40.

donnée, et qu'il ne se privât, pour toujours, de la faculté d'en disposer, afin que l'attache naturelle qu'on a à ce qu'on possède et l'éloignement qu'on a pour le dépouillement détournassent les particuliers de donner... » (1).

Tel est le sens de l'ancienne maxime : *Donner et retenir ne vaut.*

Mais la tradition, aujourd'hui, n'est pas plus une condition de la validité des donations que des autres contrats (C. Nap., 958).

665. Aux formalités solennelles et intrinsèques de la donation, destinées à en garantir la sincérité, on a ajouté, dans l'intérêt des tiers, une autre garantie, celle de la publicité.

Le mode de publicité, usité dans l'ancien droit, était l'*insinuation*, dénomination empruntée au droit romain (LL. 25, 30 et 36, § 3, C., *de Donat.*), mais d'un sens peu précis, et que nous avons remplacée par celle de *transcription*.

Ces deux formalités, bien qu'identiques, quant à la forme, présentent cependant, comme on va le voir, de notables différences dans leurs effets.

666. Voici ce qu'était l'insinuation dans l'ancien droit :

« Sera tenu, à l'avenir, porte l'art. 24 de l'Ordonnance de février 1731, dans chaque Bailliage ou Sénéchaussée royale, un registre particulier...., dans lequel registre sera transcrit, en entier, l'acte de donation, si elle est faite par un acte séparé, sinon, la partie de l'acte qui contiendra la donation, ses charges ou conditions, sans en rien omettre; à l'effet de quoi, la grosse ou expédition dudit acte seront représentées, sans qu'il soit nécessaire de rapporter la minute. »

« Le dépositaire dudit registre, ajoute l'art. 25, sera tenu d'en donner communication, toutes les fois qu'il en sera requis, et sans ordonnance de Justice, même d'en dé-

---

(1) Des Donat. entre-vifs, sect. 2, art. 2.

livrer un extrait, signé de lui, si les parties le demandent ; le tout, sauf son salaire raisonnable, et ainsi qu'il est réglé par notre déclaration du 17 du présent mois. »

667. La transcription s'opère exactement de la même manière ; si ce n'est que le registre, sur lequel *la donation, ses charges ou conditions, doivent être transcrites, en entier,* n'est plus un registre tenu par le greffier, mais un registre tenu par le Conservateur des hypothèques, et dont il est obligé de délivrer des copies ou des états à toutes personnes qui le requièrent (C. Nap., 939, 2181, 2196 et suiv.; L. 23 mars 1855, art. 5) (1).

668. J'ai dit que la transcription avait des effets différents de ceux de l'insinuation : je vais les préciser.

Et d'abord, l'insinuation s'appliquait à toute espèce de donations, hors aux donations faites par contrat de mariage, en ligne directe (Ord. de 1731, art. 19) (2).

Les donations, même de choses mobilières, n'en étaient exemptes que lorsqu'il y avait eu tradition réelle, ou lorsqu'elles n'excédaient pas la somme de mille livres, une fois payée (art. 22).

Aujourd'hui, la transcription n'est exigée que pour *les biens susceptibles d'hypothèque* (C. Nap., 939).

669. Le défaut d'insinuation, dans le délai imparti par les Ordonnances, emportait *nullité* de la donation, à l'égard de toutes personnes, à l'exception du donateur (Ord. de 1539, art. 132 ; de 1566, art. 58 ; de 1731, art. 20 et 27).

Ce délai était de quatre mois, du jour de la donation, ou du jour de l'acceptation, si l'acceptation avait eu lieu par acte séparé, avec effet rétroactif au jour du contrat, lorsque l'insinuation avait été faite dans le temps prescrit (3).

----

(1) V. *infrà,* chap. 3, sect. 1re, et chap. 5.
(2) V., néanmoins, *infrà,* n° 694.
(3) Il était de six mois, pour les choses situées hors du royaume ou les personnes qui n'y avaient pas leur domicile.

670. Toutefois, dit Pothier, « l'insinuation, qui ne se fait qu'après le temps de l'Ordonnance, n'est pas tout à fait inutile, *pourvu qu'elle se fasse du vivant du donateur ;* mais elle n'a d'effet que du jour de sa date ; et, en cela, elle diffère de celle qui se fait dans le temps de l'Ordonnance, dont l'effet remonte à la date de la donation (1). »

671. La transcription, au contraire, n'est soumise à aucun délai, et aucune peine de nullité n'est attachée au défaut de transcription (2). Mais, d'un autre côté, la transcription n'a point d'effet rétroactif, et les tiers peuvent se prévaloir du défaut de transcription, tant que la formalité n'a pas été remplie. « Les actes translatifs de droits et biens susceptibles d'hypothèque, portait l'art. 26 de la loi du 11 brum. an VII, dont la disposition a passé dans les art. 939 et 941 Cod. Nap., et a été reproduite par l'art. 3 de la loi du 25 mars 1855, doivent être transcrits sur les registres du bureau de la Conservation des hypothèques. — Jusque-là, ils ne peuvent être opposés aux tiers qui auraient contracté avec le vendeur, et qui se seraient conformés aux dispositions de la présente ; » c'est-à-dire qui auraient eux-mêmes fait transcrire leurs contrats d'acquisition, ou qui auraient pris inscription pour la réalisation de leurs priviléges et hypothèques (3).

672. Quoique l'article ne parle que du *vendeur*, on n'a jamais mis en doute, sous la loi de brumaire, que la dispo-

---

(1) Des Donat. entre-vifs, sect. 2, art. 3, § 3 ; Ordonn. de 1731, art. 26.

(2) Delvincourt, t. 2, p. 74, note 10 ; Coin-Delisle, sur l'art. 939, n° 24 ; Duranton, t. 8, n° 512 ; Bugnet sur Pothier, Donat., n° 108, note ; Troplong, Donat., t. 3, n° 1157 ; Dalloz, Jur. gén., v° *Disposit. entre-vifs et Test.*, n° 1555, et les arrêts cités ; Rivière et François, Explic., etc., n° 17.

(3) V. *infrà*, sous le chap. 4.

sition ne fût applicable aux actes translatifs, à titre gratuit, comme aux actes translatifs, à titre onéreux (1).

« L'art. 26 de la loi du 11 brum. an vii, dit Merlin, avait établi, en principe général, que nul acte translatif de propriété ne pourrait avoir d'effet, contre des tiers, que du jour de sa transcription au bureau des hypothèques de la situation des biens. Dès ce moment, les donations entre-vifs ont été sujettes à deux sortes de formalités, dont le but tendait également à les rendre publiques, l'insinuation et la transcription. Mais l'insinuation différait de la transcription dans un point important : le défaut d'insinuation annulait la donation entre-vifs, à l'égard des héritiers du donateur ; le défaut de transcription la neutralisait seulement, à l'égard des créanciers de celui-ci, et de ceux à qui, depuis la donation non transcrite, il pouvait avoir donné ou vendu les biens qui y étaient compris, pourvu qu'ils eussent eux-mêmes pris la précaution de faire transcrire leur propre contrat... » (2).

673. Le Code Napoléon a implicitement abrogé, en n'en parlant pas, l'ancienne formalité de l'insinuation ; mais il a conservé celle de la transcription. C'est ce qu'établit très-nettement l'orateur du Gouvernement, M. Bigot-Préameneu, dans l'Exposé des motifs du titre des Donations entre-vifs et des Testaments.

---

(1) Il y a, cependant, un arrêt contraire de la Cour de Grenoble, du 25 mars 1807, aff. Bernard, cité dans la Jur. gén., v° *Disposit. entre-vifs et Test.*, n° 1545.

(2) Rép., v° *Donation*, sect. 6, § 3 ; Toullier, t. 5, n° 234 ; Marcadé, t. 3, sur l'art. 939, n° 1 ; Coin-Delisle, sur l'art. 939, n° 3 ; Troplong, Donat., t. 3, n° 1151 ; Dalloz, Jur. gén., *loc. cit.* V. encore *suprà*, n° 11, et, au numéro suivant, le passage cité de l'Exposé des motifs du titre des Donat. et des Test.

Sur la question de savoir si les héritiers du donateur peuvent, aujourd'hui encore, se prévaloir du défaut de transcription, V. *infrà*, sous le chap. 4.

« Une autre formalité intrinsèque, dit-il, avait été introduite par le droit romain : c'est celle connue sous le nom
d'*insinuation*... En France, la formalité de l'insinuation a
été admise et ordonnée par une longue suite de lois... Toute
cette législation, relative à la publicité des actes de donation entre-vifs, est devenue inutile, depuis que, par la loi
qui s'exécute maintenant dans toute la France (la loi du
11 brum. an VII), non-seulement ces actes, mais encore
toutes les autres aliénations d'immeubles, doivent être
rendus publics par la transcription sur des registres ouverts
à quiconque veut les consulter. L'objet de toutes les lois
sur les insinuations sera donc entièrement rempli, en ordonnant que, lorsqu'il y aura donation de biens susceptibles d'hypothèque, la transcription des actes contenant la
donation devra être faite aux bureaux des hypothèques dans
l'arrondissement desquels les biens seront situés... (1). »

674. La transcription, sous la loi de brumaire, avait un
double objet : celui de consolider la propriété dans les
mains du nouveau possesseur, au regard des tiers (art. 26),
et celui d'arrêter le cours des inscriptions des priviléges et
hypothèques, et de préparer la purge (art. 30 et suiv.).

675. Toullier a soutenu que, dans les principes du Code
Napoléon, la transcription, pour les donations comme pour
les actes translatifs à titre onéreux, n'a d'autre objet que
celui d'arrêter le cours des inscriptions et de préparer la
purge.

« ... Lorsqu'on discuta, dit-il, le titre des Donations,...
on ne voulut point déterminer quel serait l'effet de la transcription ou de son omission ; on ne voulait rien préjuger sur
le système hypothécaire, qui n'était pas l'objet de la discus-

---

(1) Jur. gén., vᵒ *Disposit. entre-vifs et Test.*, p. 36, nᵒ 48.—Conf.
Merlin, Rép., *loc. cit.*; Toullier, t. 5, nᵒ 231. V. aussi l'art. 7 de la loi
du 30 vent. an 12, portant abrogation des lois antérieures au Code
Napoléon, dans les matières réglées par ce Code.

sion (séance du 12 vent. an xi); on cherchait une rédaction qui pût convenir, quelle que fût celle qui serait adoptée dans la suite. C'est de là qu'est venue la rédaction incomplète de l'art. 941... Cet article ne détermine, pas plus que les précédents, la force et l'effet de la transcription, ou du défaut de transcription : pour les connaître, il faut recourir au titre des hypothèques. L'art. 2181 du Code admet la transcription des contrats translatifs de la propriété des immeubles, non plus comme nécessaire pour transférer la propriété. La défense d'opposer les actes non transcrits aux personnes, qui, postérieurement à ces actes, auraient contracté avec l'ancien propriétaire, était devenue incompatible avec le principe que la propriété est transférée par le seul effet des conventions (art. 711, 938, 1138, 1583). La transcription ne fut donc établie que comme une formalité conseillée par la prudence à ceux qui *voudront* purger les priviléges et les hypothèques antérieurs à la translation de propriété.... Il n'y a pas deux espèces de transcription, l'une particulière aux donations, l'autre commune à tous les contrats translatifs de propriété.... (1). »

Mais Toullier est resté à peu près seul de son opinion, et la doctrine, comme la jurisprudence, est aujourd'hui bien fixée dans le sens que la transcription n'est pas moins nécessaire, sous le Code, que sous la loi de brumaire, pour rendre la donation parfaite à l'égard des tiers (2).

---

(1) T. 5, n°s 235 et suiv. V. aussi t. 7, n° 504, à la note. — Conf. Vazeille, sur l'art. 941, n° 1.

(2) Rép., v° *Transcription*, § 3, n° 5, et v° *Donation*, sect. 6, § 3; Delvincourt, t. 2, note 8 de la page 74; Duranton, t. 8, n° 502; Grenier, des Donat., t. 2, n° 167, 4ᵉ édit.; Proudhon, de l'Usufruit, t. 1, n° 91 ; Troplong, Priv. et Hyp., t. 4, n° 904, et Donat., t. 3, n° 1154; Marcadé, sur l'art. 939, n° 3; Duvergier sur Toullier, t. 3, n° 239, note *a* ; Poujol, sur l'art. 939, n° 2 ; Coin–Delisle, sur le même article, n°s 5 et suiv.; Dalloz, Jur. gén., v° *Disposit. entre-vifs et Test.*, n°s 1545 et 1558, et les arrêts cités n° 1559.

676. Ces préliminaires établis, il me reste à examiner quelles donations doivent être transcrites, et quelles personnes sont chargées de faire opérer la transcription ? Ce sera l'objet des deux paragraphes qui vont suivre.

Je renvoie au chapitre 3 pour ce qui concerne les formes de la transcription; et c'est au chapitre 4 que je parlerai des effets attachés au défaut de transcription, et des personnes qui sont habiles à se prévaloir du défaut de transcription.

§ 1ᵉʳ. — Quelles donations sont sujettes à la transcription ?

SOMMAIRE.

677. Différence de rédaction entre l'art. 939, C. Nap., et l'art. 26 de la loi de brumaire. — Elle ne porte que sur les termes; au fond, le sens est le même.

678. Renvoi à ce qui a été dit relativement aux *droits réels* qui doivent être considérés comme susceptibles d'hypothèque.

679. Examen de la question : si l'acte constitutif, à titre gratuit, d'un droit de servitude, d'usage ou d'habitation, est sujet à transcription ?

680. Raisons peu concluantes pour l'affirmative, sous le Code Napoléon.

681. Mais la loi du 23 mars 1855 a implicitement tranché la question dans ce sens.

682. Suivant un auteur, les cessions ou donations de rentes anciennes, qui n'ont pas été purgées des priviléges ou hypothèques dont ces rentes avaient été grevées avant la loi de l'an VII, sont sujettes à transcription.—Le principe est vrai; mais la question, aujourd'hui, présente peu d'intérêt.

683. Les donations d'immeubles fictifs, telles que les actions de la Banque de France immobilisées, les mines, etc., sont soumises à la transcription.—Renvoi.

684. Suivant M. Coin-Delisle, la donation d'objets mobiliers ayant le caractère d'immeubles par destination, est, au regard des tiers, tant que la livraison n'en a pas été faite, une vente immobilière, qui doit être transcrite.

685. Dissentiment avec l'auteur sur ce point.

686. La donation de récoltes ou de coupes de bois, faite pour plusieurs années, constitue un usufruit à temps, susceptible de transcription.

687. La donation de biens immeubles, faite sous une condition sus-

pensive ou résolutoire, doit être transcrite, sans attendre l'événement de la condition.

688. Est également susceptible de transcription la donation déguisée
sous la forme d'un contrat à titre onéreux.—La question, controversée avant la loi de 1855, n'en est plus une aujourd'hui.

689. La donation, faite au donataire, de la portion que possède le
donateur dans des immeubles indivis avec ce dernier, quoique faisant cesser l'indivision, est sujette à transcription.—Le principe de
l'art. 888, C. Nap., ne s'applique pas aux donations.

690. Les stipulations pour autrui, contenues dans un contrat à titre
onéreux, lorsqu'elles ont pour objet une libéralité, sont de véritables
donations, sujettes à transcription, si elles portent sur des immeubles.

691. La transcription serait, de même, nécessaire, si la stipulation pour
autrui, au lieu d'avoir le caractère de libéralité, n'était que l'acquittement d'une dette de la part du disposant. — La dation en paiement
est un contrat équipollent à vente.

692. Sont également sujettes à transcription, quoique n'étant pas purement gratuites, les donations rémunératoires, les donations avec
charges, les donations mutuelles.—Opinion contraire de Toullier,
en ce qui concerne le don rémunératoire et la donation avec
charges.

693. Aujourd'hui, ce point de droit est indifférent, les contrats à titre
onéreux étant, comme les contrats à titre gratuit, assujettis à la

694. Suivant M. Bonnet, l'acte de renonciation à une succession, à un
legs, avant toute acceptation de la part du renonçant, est assujetti,
sinon quant à la forme, au moins quant au fond, à toutes les règles
des donations, notamment en ce qui touche l'action en réduction et
les rapports.

695. Dissentiment avec l'auteur, au point de vue de la transcription.

696. Les donations par contrat de mariage étaient-elles, dans l'ancien
droit, soumises aux formalités du nantissement?—Diversité des
Coutumes à cet égard.

697. Aujourd'hui, il n'y a aucune différence entre les contrats de mariage et les autres actes.—Ainsi, sont susceptibles de transcription
les donations, par contrat de mariage, de biens présents, simples ou
réciproques.

698. *Quid* des Institutions contractuelles?—Divergence des auteurs
sur le point de savoir si elles étaient soumises à l'insinuation.—Mais
l'insinuation était de pratique constante.

699. Le Code, pas plus que l'Ordonnance de 1731, ne tranche la
question.

700. C'est d'après le caractère prédominant de l'institution contrac-

tuelle qu'il faut décider si elle est, ou non, sujette à transcription.
—La presque unanimité des auteurs sont pour la négative.

701. Je suis d'opinion contraire.—Avis conforme de MM. Duvergier et Bonnet.

702. Réponse à l'objection que la transcription ne peut être utile à l'institué.—L'instituant conserve la faculté d'aliéner à titre onéreux; mais il ne peut aliéner à titre gratuit, si ce n'est pour somme modique et à titre rémunératoire.

703. Pour les auteurs qui admettent (et je suis du nombre) que le donataire postérieur peut opposer au donataire antérieur le défaut de transcription, il y a contradiction à dire que la transcription de l'institution contractuelle ne peut être utile à l'institué.—Renvoi de l'examen de cette dernière question.

704. Le caractère prédominant de l'institution contractuelle, lorsqu'il s'agit de transcription, c'est celui de donation. — Application d'un principe de Domat.

705. Réponse à l'objection tirée des difficultés que présente la transcription, lorsqu'il s'agit de biens à venir. — La difficulté était la même pour l'insinuation, et on ne s'y était pas arrêté dans l'ancien droit.

706. La transcription, pour les biens à venir, sera faite au fur et à mesure des acquisitions.

707. Mais, à l'instar de ce qui a lieu pour l'inscription de l'hypothèque générale, la transcription du contrat de mariage, faite dans un arrondissement, vaudra pour tous les immeubles, présents et à venir, situés dans cet arrondissement, sans qu'il soit nécessaire de la renouveler pour chaque acquisition faite dans le même arrondissement.

708. Dans la donation cumulative des biens présents et à venir, la transcription est nécessaire, au moins pour les biens présents.

709. Pour les donations faites entre époux, pendant le mariage, la question présente plus de difficulté. — La plupart des auteurs enseignent que la transcription n'est pas nécessaire.

710. Mais il y a lieu de distinguer entre les biens présents et les biens à venir.

711. Pour les biens présents, la transcription est utile à l'époux donataire, soit contre les créanciers chirographaires de l'époux donateur, si l'on décide que ces créanciers peuvent opposer le défaut de transcription (question réservée), soit contre les créanciers privilégiés ou hypothécaires, antérieurs à la donation, qui n'auraient pas encore pris inscription.

712. La transcription serait sans objet pour les biens à venir.

713. L'Ordonnance de 1731 exemptait de l'insinuation les gains nuptiaux et de survie.—Mais l'exemption ne s'appliquait qu'aux gains

de survie légaux ou coutumiers, qui avaient pour objet des biens à venir.

714. Notre Code ne reconnaît plus que des gains nuptiaux conventionnels; et les libéralités de ce genre, quand elles ne sont pas de simples conventions de mariage, rentrent dans la classe des donations, soit de biens présents, soit de biens à venir.

715. Pour être réputé simple convention de mariage, le gain de survie, tel que le préciput, doit porter sur les biens de la communauté ou sur les acquêts : s'il s'étendait aux biens propres de l'époux donateur, ce serait une libéralité sujette à transcription.

716. Les partages d'ascendants, lorsqu'ils sont faits dans la forme des donations entre-vifs, sont susceptibles de transcription. — *Secùs*, lorsqu'ils sont faits dans la forme testamentaire.

677. L'art. 939, C. Nap., n'exige la transcription que pour les donations *de biens susceptibles d'hypothèque.*

L'article ne dit pas, comme l'art. 26 de la loi de brumaire, « de biens *et droits* susceptibles d'hypothèque », parce qu'alors le titre des Priviléges et Hypothèques n'était pas encore soumis à la discussion, et qu'on voulait ne rien préjuger ; mais il est évident qu'il faut se reporter à l'art. 2118 pour déterminer quels sont les *biens* susceptibles de l'affectation hypothécaire.

678. Je ne reviens pas ici sur l'énumération que j'ai faite *suprà*, n°° 350 et suiv., des droits réels qui doivent, selon moi, être mis au rang des biens susceptibles d'hypothèque. J'ai donné, sur ce point, toutes les indications nécessaires, en renvoyant à mon *Traité des Priviléges et Hypothèques* pour les développements.

Ainsi devrait être transcrite la donation d'un droit d'emphytéose, ou de superficie, d'une action immobilière, etc. (1).

---

(1) Conf. Grenier, Donat., t. 2, n°° 163 et suiv.; Bayle-Mouillard sur Grenier, *loc. cit.*, Duranton, t. 8, n° 504; Vazeille, sur l'art. 939, n° 5; Coin-Delisle, sur le même article, n° 12; Poujol, *ibid.*, n° 4 ; Troplong, Donat., t. 3, n°° 1164 et 1165; Dalloz, Jur. gén., v° *Disposit. entre-vifs et Test.*, n°° 1547 et 1548.

Il en serait de même de la donation de droits successifs, lorsque la succession comprend des immeubles (V. *suprà*, n° 197).

679. J'aborde immédiatement une question difficile, et dont j'ai réservé *suprà* l'examen (n° 599).

Doit-on soumettre à la transcription l'acte constitutif, à titre gratuit, d'un droit de servitude, d'un droit d'usage ou d'habitation ?

C'était là une question fort controversée, avant la loi du 23 mars 1855. Un savant professeur de la Faculté de droit de Paris, élève de Proudhon et héritier de sa puissante dialectique, enseignait notamment l'affirmative, dans ses annotations sur Pothier. Voici de quelle manière, dans une note concise, il résume les arguments qu'on peut fournir à l'appui de cette thèse :

« Mais, si la donation, dit-il, avait pour objet une servitude, la transcription devrait-elle avoir lieu ?—On dira, pour la négative, que la servitude n'est point susceptible d'hypothèque.—Cependant, la servitude devient une qualité active du fonds dominant, elle sera frappée d'hypothèque, conjointement avec le fonds dominant dont elle fait partie. D'ailleurs, la publicité de la donation est exigée bien plus dans l'intérêt de ceux qui contracteront avec le donateur que de ceux qui traiteront avec le donataire. Il suffit donc que le droit, établi par la donation, affecte passivement les immeubles du donateur, diminue le gage qu'auraient, sans cette donation, ses créanciers, pour exiger la transcription. Autrement, ceux qui contracteraient avec le donateur seraient obligés de supporter un droit, concédé gratuitement, et dont ils n'ont pu connaître l'existence » (1).

_____

(1) Bugnet sur Pothier, des Donat. entre-vifs, n° 102, note 2. — Conf. Delvincourt, t. 2, p. 74, note 9 ; Grenier, Donat., t. 2, n° 162 ; Vazeille, sur l'art. 939, n° 4 ; Coin-Delisle, sur le même article, n° 11 ;

680. Je demande à mon savant ami et ancien condisciple la permission de ne pas trouver les deux raisons qu'il donne entièrement concluantes.

M. Duranton a répondu, avant moi, à la dernière qu'avait déjà fait valoir M. Delvincourt.

L'argument de M. Delvincourt, c'est qu'il importe que les tiers, qui se proposeraient de traiter avec le donateur, soient avertis de l'existence de la servitude ; qu'il y a même plus de raison encore d'exiger la transcription pour une servitude, qui, bien souvent, ne s'annonce par aucun signe extérieur, que pour un droit d'usufruit, lequel peut être facilement connu des tiers par la jouissance de l'usufruitier.

M. Duranton répond « que c'est ainsi faire la loi, et non l'interpréter.—Il ne s'agit pas de savoir, en effet, si la transcription aurait dû être prescrite pour toute espèce de donation de droits immobiliers, mais si elle l'est en réalité. Or, elle ne l'est pas ; elle ne l'est que pour les donations de biens *susceptibles d'hypothèque* ; et les servitudes ne sont point susceptibles d'hypothèque. — Il en est de même, en principe, des droits d'usage et d'habitation..... — Et, quant à la raison puisée dans l'utilité qu'il y a que les tiers soient avertis de l'existence de la servitude, cette raison a absolument la même force, lorsque la servitude a été établie à titre onéreux ; et néanmoins, dans ce cas, on n'exige pas que l'acte soit transcrit, on n'exige même pas qu'il soit authentique ; il suffit, pour qu'il puisse être opposé aux tiers, que sa date soit devenue certaine, de l'une des manières in-

---

Dalloz, Jur. gén., v° *Disposit. entre-vifs et Test.*, n° 1546 ; Mourlon, Examen crit., etc., Append., n° 334 ; Lesenne, Comment. sur la Transcr., n° 161 ; Sellier, *idem*, n° 371. — Riom, 23 mai 1842, aff. Broquin ; Jur. gén., *loc. cit.* ; Caen, 19 mai 1853, aff. Huvet ; D.P. 55.2.347. — *Contrà*, Bayle-Mouillard sur Grenier, *loc. cit.* ; Marcadé, sur l'art. 939, n° 4 ; Duranton, t. 8, n° 504 ; Troplong, Donat., t. 3, n° 1163 ; Bordeaux, 10 juillet 1856, aff. Faget ; D.P.57.2.56.

I.   52

diquées par l'art. 1328, antérieurement à l'acquisition, par un tiers, de droits sur les mêmes biens ; au lieu que, du moins, la donation est par acte authentique, et peut, par conséquent, être plus facilement connue des tiers... » (1).

L'autre raison, donnée par M. Bugnet, a quelque chose de plus spécieux. « La servitude, dit-il, devient une qualité active du fonds dominant ; elle sera frappée d'hypothèque conjointement avec le fonds dominant dont elle fait partie ». Donc, sous-entend l'éminent professeur, elle est *susceptible d'hypothèque*, et rentre ainsi dans les termes de l'art. 939, C. Nap.

Mais c'est en soi, et non à raison de son accession au fonds dominant, qu'il faut examiner si un droit de servitude est susceptible d'hypothèque. Je ne reproduirai pas ici les controverses et les distinctions qui existaient, à cet égard, dans l'ancien droit, et que je rappelle dans mon *Traité des Priviléges et Hypothèques:* je me borne à dire que les servitudes, considérées isolément du fonds auquel elles s'appliquent, ne sont pas susceptibles de l'affectation hypothécaire, parce que, le but final de l'hypothèque étant la vente de l'objet hypothéqué (*supra*, n° 394), il serait impossible au créancier, auquel un droit de servitude aurait été donné en hypothèque, de réaliser son gage, les servitudes actives ne pouvant être détachées du fonds dominant, sans cesser, par cela même, d'exister (V. n° 400) (2).

681. Mais, depuis la loi du 23 mars 1855, il n'y a plus, il me semble, de motif plausible pour ne pas soumettre à la transcription l'acte constitutif, *à titre gratuit*, d'un droit d'usage ou de servitude, dès que l'acte, *à titre onéreux*, constitutif de droits semblables, y est assujetti (L. 23 mars 1855, art. 2, n° 1).

---

(1) T. 8, n° 504.
(2) Conf. Duranton, t. 19, n° 269 ; Troplong, des Priv. et Hyp., t. 2, n° 401 ; Valette, *ibid.*, n° 128 ; Jur. gén., vᵒ *Priv. et hyp.*, n° 819.

On dirait, en vain, que cette loi ne s'est pas occupée des actes à titre gratuit; que son art. 11 se borne à déclarer « qu'il n'est point dérogé aux dispositions du Code Napoléon relatives à la transcription des actes portant donation, ou contenant des dispositions à charge de rendre... », et que l'art. 939, C. Nap., ne soumet à la transcription que la donation de biens *susceptibles d'hypothèque.*

Je réponds que ce n'est pas proprement déroger au Code Napoléon que d'ajouter à ses prescriptions une disposition évidemment conçue dans le même esprit. Il peut être à regretter, sans doute, comme je l'ai dit *supra,* n° 660, que la loi du 23 mars 1855 se soit contentée de renvoyer au Code Napoléon, en ce qui concerne les actes à titre gratuit; mais, quel que soit le motif qui ait guidé le législateur, soit désir d'abréger sa tâche, soit respect exagéré pour les dispositions du Code, il est certain du moins qu'il n'a pu être dans sa pensée d'affranchir de la transcription les donations de servitudes ou de droits d'usage, alors qu'il introduisait, dans la loi nouvelle, pour les actes à titre onéreux, un principe que, déjà sous le Code, et malgré le silence de la loi, des auteurs et des arrêts voulaient appliquer aux donations (1).

682. Suivant un auteur (2), les cessions (ou donations) de rentes anciennes, créées antérieurement à la loi du 11 brum. an VII, doivent être transcrites, tant qu'elles n'ont pas été purgées des hypothèques de toute espèce dont elles étaient grevées avant l'an VII, parce que, dit-il, elles ont toujours leur caractère immobilier à l'égard des hypothèques antérieures à la loi de brumaire an VII.

Il est peu probable qu'il existe encore aujourd'hui des priviléges ou hypothèques de cette nature qui ne soient pas inscrits. Mais, enfin, le principe qu'invoque l'auteur est vrai,

---

(1) V. les auteurs et les arrêts cités *supra,* n° 679.
(2) Sellier, Comment., n° 64.

32.

puisque l'art. 7 de la loi de brumaire n'a rendu « les rentes constituées, les rentes foncières et les autres prestations que la loi a déclarées rachetables, » insusceptibles d'hypothèque que *pour l'avenir*, et qu'aux termes de l'art. 39 de la même loi, les priviléges et hypothèques, qui n'auraient pas été inscrits dans les trois mois, depuis la publication de la loi de brumaire, peuvent encore l'être postérieurement, sauf à ne prendre rang que du jour de l'inscription.

Il a, par suite, été jugé que le défaut d'inscription d'une hypothèque ancienne assise sur une rente foncière, dans le délai fixé par la loi du 11 brum. an VII et prorogé par des lois postérieures, n'emporte pas déchéance du droit d'hypothèque en lui-même, mais seulement de son rang et de sa date ; qu'en conséquence, le créancier peut encore s'inscrire sur cette rente foncière, même entre les mains d'un tiers qui l'aurait acquise postérieurement à la loi de brumaire (ou à la publication du Code de procédure), tant que ce tiers acquéreur n'a point fait transcrire l'acte de mutation (1).

On jugerait encore de même aujourd'hui, en conformité des art. 3 et 6 de la loi du 23 mars 1855. Dès lors, l'acquéreur d'une rente ancienne, qui ignore si cette rente n'est point frappée de quelque privilége ou hypothèque antérieurs à la loi de brumaire, ne peut jouir d'une complète sécurité qu'en transcrivant.

683. Les donations qui portent sur des immeubles fictifs, tels que les actions de la Banque de France immobilisées, les mines et leurs accessoires, réputés immeubles, etc., sont, comme la vente des mêmes objets, soumises à la transcription, puisque l'immobilisation de ces objets les fait rentrer dans la disposition de l'art. 939, C. Nap. On appliquera, dans

---

(1) Cass. 3 août 1807, aff. Coste-Champeron, Jur. gén., vᵒ *Priv. et hyp.*, nᵒ 1717-6ᵒ.—Conf. Chabot, Quest. transit., vᵒ *Hyp.*, §§ 4 et 5.

ces divers cas et autres semblables, les principes et les distinctions que j'ai établis *suprà* n°ˢ 36 et suiv. (1).

684. A l'égard des objets mobiliers, devenus immeubles par destination, conformément aux art. 522 et suiv., C. Nap., mais qui reprennent leur nature mobilière, lorsqu'ils sont détachés du fonds, M. Coin-Delisle fait l'observation suivante : « Quant aux immeubles par destination, dit-il, si la livraison en est consommée avant qu'aucun tiers n'ait acquis de droits, la transcription de la donation n'en est pas requise ; car le fait du propriétaire les a rendus à leur nature mobilière. Mais, s'il se doit écouler un temps plus ou moins long avant leur livraison, il faudrait faire transcrire ; car, au moment de la donation, ils avaient la qualité d'immeubles, et ils la conservent, à l'égard des tiers, qui ne doivent jamais être trompés par une libéralité secrète. — On peut, ajoute-t-il, supposer l'exemple d'un propriétaire qui ferait donation des glaces, tableaux et statues inhérents à sa maison, et qui, ne voulant pas en être privé pendant sa vie, s'en serait réservé l'usufruit » (2).

685. Dans l'hypothèse où se place l'auteur, j'admets cette opinion. Les glaces, les tableaux, les statues, dont le donateur s'est réservé l'usufruit, continuent de faire partie de la maison ; ils conservent, par conséquent, leur caractère immobilier, tant qu'ils restent, pour partie du moins, la propriété du donateur.

Mais, supposé que la donation qui en a été faite soit pure et simple et sans aucune réserve de la part du propriétaire, pourra-t-on dire encore, avec l'auteur, que la transcription soit nécessaire, tant que la livraison de ces objets n'aura pas

(1) Conf. Coin-Delisle, sur l'art. 939, n° 13 ; Troplong, Donat., t. 3, n° 1164 ; Dalloz, Jur. gén., v° *Disposit. entre-vifs*, n° 1548.

(2) *Loc. cit.*, n° 15. — Conf. Bayle-Mouillard sur Grenier, t. 2, n° 162, note *a*.

·été consommée , parce qu'*au moment de la donation, ils avaient la qualité d'immeubles, et qu'ils la conservent à l'égard des tiers, qui ne peuvent jamais être trompés par une libéralité secrète?*

Il est certain que les objets dont il s'agit , tant qu'ils ne sont pas détachés matériellement du fonds , retiennent, aux yeux des tiers, le caractère d'immeubles fictifs que leur destination leur avait fait donner : d'où l'on est induit à penser que, dans l'esprit de la loi du 23 mars, ils ne peuvent perdre ce caractère, à l'égard des tiers, que par la transcription de l'acte qui, en changeant leur destination, les a rendus à leur nature primitive d'objets mobiliers.

C'est là une raison considérable assurément , et qui peut faire hésiter sur la question. Mais j'ai déjà montré qu'il est contre les principes , dans une matière toute de droit strict, puisqu'une déchéance est attachée au défaut de transcription, de faire à la règle , sous prétexte d'équité , des exceptions que la loi elle-même n'a pas faites (*suprà* , n° 239). Personne ne peut nier que la donation ou la vente, faite isolément du fonds, des objets mobiliers attachés à ce fonds, ne constitue une donation ou une vente mobilière (*suprà*, n°s 45 et 54), qui n'a pas besoin, pour sa perfection, de la tradition réelle (C. Nap. 938 et 1583) : à quel titre, dès lors, la soumettre à la transcription?

On dit qu'*au moment de la donation , les objets donnés avaient la qualité d'immeubles.* Mais qu'importe, s'ils l'ont perdue par l'acte de donation même ? — On invoque l'intérêt des tiers, *qui ne peuvent jamais être trompés par une libéralité secrète.* — Mais, si l'argument était bon pour ce cas, il le serait également pour le cas où les objets donnés seraient des bois prêts à être abattus , des récoltes prêtes à être coupées; car, tant que ces bois ou ces récoltes sont sur pied, ils sont immeubles (C. Nap., 520 et 521). Et cependant il est unanimement enseigné , et par M. Coin-Delisle lui-

.même (1), qu'une vente de coupe de bois ou de récoltes sur pied n'est pas soumise à la transcription, parce que ces bois ou ces récoltes sont destinés à être coupés, et qu'ainsi la vente ou la donation, qui en est faite, n'est, en réalité, qu'une vente ou une donation d'objets mobiliers (*suprà*, n° 50).

686. Mais, dit M. Coin-Delisle, après M. Vazeille, « si la donation de récoltes ou de bois à abattre avait été faite pour plusieurs années, ce serait un usufruit à temps, et l'acte devrait être transcrit » (2). — Cette solution paraît juste.

687. J'ai dit *suprà*, n° 87, que la vente faite sous condition suspensive, quoiqu'elle ne soit pas immédiatement translative de propriété, doit être transcrite, sans attendre l'événement de la condition, et j'en ai donné les raisons. Ces raisons sont, de tous points, applicables à la donation de biens immeubles, faite sous une semblable condition (3).

Il en est, à plus forte raison, de même de la donation faite sous condition résolutoire, puisque le dessaisissement est actuel (*suprà*, n° 84).

688. Je rappelle également ici que la loi du 23 mars 1855 a implicitement tranché la question de savoir si l'on doit soumettre à la transcription les donations déguisées sous la forme d'un contrat onéreux, question sur laquelle on était divisé (V. *suprà*, n° 180), mais qui n'en est plus une aujourd'hui, puisque les contrats à titre onéreux, translatifs de propriété immobilière, sont, comme ceux à titre gratuit, assujettis à la formalité de la transcription.

689. Il a été jugé, avec raison, que la donation, faite au donataire, de la portion que possède le donateur dans des

---

(1) *Loc. cit.*, n° 14.

(2) Coin–Delisle, *loc. cit.;* Vazeille, sur l'art. 939, n° 2.

(3) Conf. Duranton, t. 8, n° 510 ; Coin-Delisle, sur l'art. 939, n° 16; Troplong, Donat., t. 3, n° 1167 ; Bonnet, Disposit. par contrat de mariage, etc., n° 738 ; Rivière et François, Explic., 1ᵉʳ Append., n° 6.

immeubles indivis avec ce dernier, est susceptible de transcription, bien qu'elle ait pour effet de faire cesser l'indivision (1). J'ai dit, en effet, *suprà*, n° 197, pour quel motif
on ne doit pas étendre à la donation le principe de l'art. 888,
C. Nap., d'après lequel tout acte, qui met fin à l'indivision
entre cohéritiers (ou communistes), encore qu'il soit qualifié
de vente, d'échange, de transaction ou de toute autre manière, est un acte équivalent à partage.

690. Les stipulations pour autrui, contenues dans un
contrat à titre onéreux, lorsqu'elles ont pour objet une
libéralité que veut exercer le disposant en faveur de la personne désignée, sont de véritables donations, quoique leur
caractère oblique les dispense des formes solennelles de la
donation. Par exemple, dit Toullier, « je vends (par acte sous
seing privé) à Mœvius, pour trois mille francs, le fonds Cornélien, à condition qu'il le partagera avec Titius, que je
veux gratifier d'une moitié. Cet acte (la libéralité faite en
faveur de Titius) est valide, parce qu'on peut stipuler pour
autrui, lorsque telle est la condition d'une stipulation que
l'on fait pour soi-même (C. Nap., 1121) » (2). — Titius, à
défaut de Mœvius, sera donc obligé de faire transcrire,
puisqu'il y a transmission de propriété à son profit (3).

691. Il est sensible que la solution serait la même, si la
stipulation pour autrui, au lieu d'avoir le caractère de libéralité, n'était que l'acquittement d'une dette de la part du
disposant. Ainsi, pour reprendre l'hypothèse précédente, je
vends à Mœvius, pour 3,000 francs, le fonds Cornélien, à
condition qu'il le partagera avec Titius, à qui je dois une

---

(1) Cass. 5 mai 1841, aff. Louet de Terrouenne; Jur. gén., v° *Enreg.*,
n° 5975, et v° *Disposit. entre-vifs et Test.*, n° 1550.
(2) T. 5, n° 176.—Conf. Duranton, t. 8, n° 398; Coin-Delisle, sur
l'art. 893, n° 11. V. également l'art. 1973, C. Nap.
(3) Conf. Bressolles, Exp., etc., n° 25.

somme de 1,500 fr. Si Titius accepte la moitié du fonds Cornélien en paiement de la somme que je lui dois, le contrat, par rapport à lui, s'il n'est une vente proprement dite, est un contrat équipollent à vente, appelé, en droit, *datio in solutum*, lequel est, comme la vente, translatif de propriété, et, par conséquent, sujet à transcription, dans les termes de la loi du 23 mars 1855 (**V.** *suprà*, n°s 175 et suiv.).

692. Les donations rémunératoires, faites en vue de services rendus, mais pour lesquels le donataire n'a pas d'action en justice; les donations avec charges, lorsque ces charges ne sont pas l'équivalent de l'objet donné; les donations mutuelles ou réciproques; toutes ces dispositions, quoique n'étant pas purement gratuites, sont aussi de véritables donations auxquelles s'applique, par conséquent, l'art. 939, C. Nap. C'est le sentiment, à peu près unanime, des auteurs(1), à l'exception de Toullier, qui ne voit, dans la donation rémunératoire comme dans la donation onéreuse, lorsque les charges sont imposées au profit du donateur, qu'une sorte d'échange, un contrat innommé, *do ut des*, *do ut facias*, non soumis aux règles ordinaires des donations (2).

---

(1) Pothier, des Donat. entre-vifs, sect. 2, art. 3, § 1; sect. 3, art. 2, § 1, et art. 5, § 2; des Donat. entre mari et femme, n° 130; Furgole, sur l'art. 20 de l'Ordonn. de 1731; Domat, Lois civ., liv. 1, tit. 10, sect. 1, n° 5; Rép., v° *Donation*, sect. 8, §§ 3 et 4; Delvincourt, t. 2, p. 76, note 2; Duranton, t. 8, n°s 505, 537, 565 et 567; Grenier, des Donat., t. 2, n° 188, 4e éd.; Coin-Delisle, sur l'art. 894, n°s 15 et suiv.; Troplong, Donat., t. 3, n° 1167; Dalloz, Jur. gén., v° *Disposit. entre-vifs et Test.*, n°s 1291 et suiv., 1302 et suiv. — L'art. 20 de l'Ordonn. de 1731 soumettait ces donations à la formalité de l'insinuation.

(2) T. 5, n°s 185 et 186. V. aussi Ricard, des Donat., t. 1er, part. 1re, n°s 1101 et suiv., et t. 2, Tr. du Don mutuel, ch. 1, n°s 2 et suiv.— Toullier, néanmoins, reconnaît aux donations mutuelles le caractère de donations, pour lesquelles, dit-il, « si la transcription n'est pas requise, à peine de nullité, c'est une mesure de prudence toujours utile » (*loc. cit.*, n°s 306 et 307).

693. Ce point de droit, au reste, est aujourd'hui indifférent, en ce qui concerne la formalité de la transcription, puisque les contrats, à titre onéreux, y sont assujettis, comme les contrats à titre gratuit, lorsqu'ils sont translatifs de propriété immobilière.

694. J'ai dit *supra*, nᵒˢ 441 et suiv., que l'acte de renonciation à une succession, à un legs, simplement ouverts, mais non encore acceptés, n'est point sujet à transcription, parce que, dans ce cas, il n'y a pas transmission d'un droit acquis, mais seulement refus d'acquérir ce droit : *Qui occasione adquirendi non utitur, non intelligitur alienare : veluti qui hereditatem omittit...* (L. 28, D., *De verb. signif.*) (1).

L'auteur d'un récent et très-bon Traité sur les *Dispositions par contrat de mariage et les Dispositions entre époux*, M. A. Bonnet, conseiller à la Cour impériale de Poitiers, ne paraît pas être de cet avis. « Si la libéralité, dit-il, résultant de la renonciation à un droit acquis, doit être soigneusement distinguée, en ce qui touche la forme extérieure, de la donation ordinaire; si chacune reste sujette à des règles qui lui sont propres, elles n'en sont pas moins assujetties, sous le rapport du fond, à des principes identiques... C'est pour s'être laissé trop influencer par le droit romain, et pour avoir négligé de donner une attention suffisante aux principes qui régissent la matière, en droit français, que Pothier (2), et M. Toullier, après lui (3), ont soutenu, contrairement à la doctrine de Lebrun (4), de Chabot (de l'Allier) (5) et de quelques autres commentateurs (6), que les donations tacites de l'espèce de

_____

(1) Conf. Dumoulin, sur Cout. de Paris, tit. des Fiefs, § 1, gl. 3, *in* vᵒ *Peut.*, nᵒ 13.

(2) Des Success., ch. 4, art. 2, § 2.

(3) T. 4, nᵒ 475.

(4) Des Success., liv. 3, ch. 6, sect. 3, nᵒˢ 11 et 12.

(5) Sur l'art. 843, nᵒ 22.

(6) V., notamment, le Rép., vᵒ *Rapport à success.*, § 3, nᵒˢ 12 et s., et les Quest. de dr., vᵒ *Renonciation*, § 6.

celles dont il est parlé, étaient dispensées du rapport à partage, et, sans doute aussi, par identité de raisons, du retranchement pour former la réserve... Quand je répudie le legs qui m'a été fait, l'héritage qui m'est dévolu, et dès à présent transmissibles à mes héritiers (1014), est-ce que je ne me dépouille pas de choses qui font partie intégrante de mes biens, de droits dont je me trouve déjà investi, en vertu et par la seule puissance de la saisine légale (724) ?... Disons donc, continue l'auteur, que, dans le vrai, le père, qui renonce à un droit héréditaire qui lui est acquis, en vertu de la saisine légale (724-1014), pour en faire profiter son fils, aliène son droit, en faveur de celui-ci, tout aussi bien que si, après avoir accepté la succession ou obtenu la délivrance d'un legs, il faisait à cet enfant l'abandon des biens compris dans l'héritage ou dans le legs... Il est impossible de prétendre, avec quelque apparence de raison, que les droits conférés par les art. 724, 1014 du Code, ne font pas partie du patrimoine du renonçant, puisque ses créanciers les peuvent exercer en son lieu et place (1166), et qu'après renonciation de sa part, ils peuvent faire annuler la renonciation, si elle a été faite au préjudice de leurs droits (788, 1167, 1464). *Il n'y a donc de différence, dans tous ces cas, que dans la manière de donner; il n'y en a pas dans le don.* Ces expressions de Chabot (de l'Allier) résument et justifient notre distinction. La libéralité résultant... d'une renonciation pure et simple à un droit héréditaire ou à un legs, dans l'intention d'enrichir un tiers, constitue donc une donation sujette à révocation pour ingratitude (sous réserve de l'exception formulée par l'art. 959), et pour survenance d'enfant, et aux règles relatives à la réduction et aux rapports à succession, tout en restant affranchie des solennités des art. 931 et suivants... » (1).

---

(1) Des Disposit. par contrat de mariage, etc., t. 1er, nos 79 et 80.

695. Je n'ai point à examiner ici la question, aux divers points de vue qui sont indiqués par l'auteur, sous l'influence, notamment, de cette disposition du Code qui déclare sujet à rapport « tout ce que l'héritier a reçu du défunt, par donation entre-vifs, *directement* ou *indirectement* (843). » Je me renferme dans la question de transcription ; et, sans reproduire les raisons que j'ai données, aux nᵒˢ cités, pour justifier ma thèse, je me borne à demander de quelle utilité pourrait être à l'héritier, à qui sont dévolus la succession ou le legs, à défaut du renonçant, la transcription de l'acte de renonciation ? Peut-il avoir à craindre que le renonçant ne confère à des tiers, sur les immeubles qui font partie de la succession, ou qui sont l'objet du legs, des droits qui, par leur transcription, deviendraient préférables aux siens ? Evidemment non ; car, pour conférer ces droits, il faudrait que le renonçant eût été, à une époque quelconque, propriétaire de ces biens ; ce qui n'est pas, puisque sa renonciation, avant toute acceptation de la succession ou du legs, le fait considérer comme n'ayant jamais eu la qualité d'héritier ni de légataire (785 et 1043).

696. On agitait, dans l'ancien droit, la question de savoir si, dans le silence de la Coutume, les donations, faites par contrat de mariage, devaient être dispensées, à raison de la faveur attachée à ce contrat, des formalités du nantissement ?

La question y était diversement résolue. Dans les provinces belges et dans celles du ressort de la Coutume d'Artois, on décidait que « les donataires en avancement d'hoirie, même par contrat de mariage, n'acquéraient la propriété des choses données que par le relief, la mise de fait ou la main-assise ; sans quoi, cette propriété restait toujours au donateur (1). »

_____

(1) Acte de notoriété du 30 nov. 1697, délivré par le Conseil d'Artois ; Rép., vᵒ *Nantissement*, § 1, nᵒ VI-4ᵒ.

On jugeait autrement dans les Coutumes de Picardie ; et Brodeau, Lettre H, § 26, rapporte un arrêt, rendu en robes rouges, le 30 oct. 1556, par lequel il fut décidé « qu'une donation, faite en faveur et par contrat de mariage, par une mère à son fils, saisissait et était un contrat translatif de propriété, bien qu'il n'y eût eu aucun nantissement. » Il cite un autre arrêt du 4 mars 1624, rendu après une enquête par turbes, et décidant la même chose pour la Coutume du Boulonnais.

A l'égard des Coutumes qui avaient prévu ce point, elles étaient également fort divergentes sur la question. Les unes ne faisaient, à l'égard du nantissement, aucune différence entre les contrats de mariage et les autres actes.—D'autres admettaient que « la donation de mariage ensaisine *ipso facto*, sans devoir, pour cela, observer aucune formalité de justice, en quelque manière qu'elle soit faite, *excepté des fiefs.* »—La Coutume de Reims allait encore plus loin ; elle n'exceptait pas même les fiefs du privilége dont elle faisait jouir la donation par contrat de mariage : « Pour acquérir droit de propriété ès choses données, portait l'art. 25 de cette Coutume, est requis vest et dévest, excepté en donation faite... en faveur de mariage (1). »

697. Aujourd'hui, il n'y a aucune distinction à faire, sous le rapport de la transcription, entre les contrats de mariage et les autres actes, parce que notre Code n'en fait aucune ; à moins que la disposition ne soit, par sa nature, affranchie de la formalité.

Ainsi, les donations entre-vifs de biens présents susceptibles d'hypothèque, faites, par contrat de mariage, aux époux ou à l'un d'eux, ou par l'un des époux à l'autre, doivent être transcrites, puisqu'elles *sont soumises aux rè-*

_____

(1) Rép., v° *Nantissement*, § 1, n° VI-4°.

gles générales prescrites pour les donations faites à ce titre (C. Nap., 1081 et 1092) (1).

« Et il en serait de même, dit M. Duranton, quoique les donations de biens présents, susceptibles d'hypothèques, fussent réciproques et d'objets de même valeur : la loi ne distingue pas entre les donations mutuelles ou réciproques et les autres... (2). » C'est, en effet, ce que déclare, en termes exprès, pour un cas analogue, l'art. 1093.

698. Par exception au principe posé dans l'art. 943, les donations par contrat de mariage peuvent embrasser les biens à venir du donateur, soit qu'il s'agisse de donations faites aux futurs époux par leurs père et mère, leurs ascendants, leurs parents collatéraux, ou même des étrangers (1082), soit qu'il s'agisse de donations, simples ou réciproques, faites par l'un des futurs époux à l'autre (1093). Ces sortes de donations, qui tiennent tout à la fois de la donation entre-vifs et du testament, sans être précisément, comme le dit Domat (3), ni l'un, ni l'autre, sont appelées, en droit, *institutions contractuelles*, c'est-à-dire institutions d'héritier par contrat. Elles tiennent à la donation entre-vifs par le caractère d'irrévocabilité, « en ce sens seulement, dit l'art. 1083, que le donateur ne pourra plus disposer, à titre gratuit, des objets compris dans la donation, si ce n'est pour sommes modiques, à titre de récompense ou autrement. » — Elles participent du testament, en ce que le donataire n'est appelé à recueillir que les biens que le donateur laissera, au jour de

---

(1) Conf. Duranton, t. 8, n° 505, et t. 9, n° 668 ; Troplong, Donat., t. 3, n° 1168, et t. 4, n° 2534 ; Dalloz, Jur. gén., v° *Disposit. entre-vifs et Test.*, n° 1941 ; Bonnet, Disposit. par contr. de mar., etc., t. 1, n° 206, et t. 3, n° 734 ; Cass. 2 avril 1821, aff. Barbuat ; *idem*, 23 juillet 1822, aff. Cherjean, Jur. gén., *loc. cit.*, n° 1562-3° et 1565 ; Douai, 16 fév. 1846, aff. Durut, D.p.46.2.227.

(2) T. 8, *loc. cit.* V. *suprà*, n° 692.

(3) Lois civ., 2e part., des Success., Préface, n° 10. V. aussi le Rép., v° *Instit. contr.*, § 2, et les Quest. de dr., *eod. verb.*, § 2.

son décès (1082) ; ce qui implique, pour ce dernier, la faculté de disposer de ces biens à titre onéreux.

De cette nature mixte de l'institution contractuelle naît la question de savoir si elle est soumise à la formalité de la transcription ?

Pareille question était agitée, dans l'ancien droit, par rapport à l'insinuation. L'Ordonnance de 1731 n'avait point tranché la difficulté. L'art. 19 exceptait de la formalité de l'insinuation « les donations faites, dans les contrats de mariage, en ligne directe, » et l'art. 20 y assujettissait « toutes les autres donations. » On pouvait dire et l'on disait que ces dispositions ne concernaient que les donations qui ont le caractère de donations entre-vifs, c'est-à-dire qui emportent dessaisissement actuel du donateur. C'est la remarque que faisait Furgole : « Notre Ordonnance, dit-il, ni aucune autre, n'assujettit pas à l'insinuation les institutions contractuelles. Il n'est donc pas possible d'exiger cette formalité ; encore moins pourrait-on y assujétir les institutions contractuelles faites par les ascendants en faveur du mariage de leurs descendants, puisque l'art. 19 de cette Ordonnance déclare que les donations, faites en ligne directe par contrat de mariage, sont bonnes sans insinuation. Il faut donc en dire de même des institutions contractuelles, considérées comme des donations entre-vifs. L'irrévocabilité de l'institution contractuelle, poursuit l'auteur, ne doit pas être un motif suffisant pour l'assujettir à la formalité de l'insinuation, soit parce qu'il n'y a aucune loi qui exige cette formalité, soit parce que l'insinuation est bien requise aux donations entre-vifs, mais non aux autres actes, quoiqu'ils soient irrévocables, soit enfin parce que personne n'a intérêt à cette formalité, comme le remarque Ricard lui-même (1). »

_____

(1) Comment. sur l'Ordonn. de 1731, art. 20.

Les auteurs étaient partagés sur la question, comme on peut le voir dans le Répertoire (1). L'insinuation, néanmoins, ainsi que nous l'apprend Ricard, était de pratique constante, dès avant l'Ordonnance de 1731 (2). Pothier dit également que la jurisprudence avait assujetti les institutions contractuelles à l'insinuation (3).

Des lettres patentes du roi, du 3 juillet 1769, eurent pour objet de faire cesser la controverse; mais ces lettres patentes elles-mêmes avaient besoin d'interprétation, comme le fait remarquer Bergier, dans ses notes sur Ricard. « Le dispositif, dit-il, en est très-obscur, et l'on ne peut en pénétrer le vrai sens et l'esprit qu'en le rapprochant du préambule... (4). »

699. Dans le droit moderne, on ne peut pas plus argumenter, en faveur de la transcription, de la disposition de l'art. 959, C. Nap., qu'on ne le pouvait faire, en faveur de l'insinuation, des dispositions précitées de l'Ordonnance. Si l'art. 947, en effet, déclare que « les quatre articles précédents (au nombre desquels ne se trouve pas l'art. 939) ne s'appliquent point aux donations dont est mention aux chap. 8 et 9 du présent titre, » on n'en saurait conclure, en invoquant la règle : *inclusio unius est alterius exclusio,* que cet article 939 s'applique aux institutions contractuelles; car il appert du texte que l'article n'a précisément en vue que les donations entre-vifs, comme l'indique la rubrique de la section, et comme cela résulte, d'ailleurs, du mot *acceptation* employé dans l'article; expression qui ne peut se référer qu'aux donations hors mariage, puisque celles faites par contrat de mariage sont dispensées de l'acceptation (1087).

---

(1) Vᵒ *Instit. contr.*, § 7.
(2) Des Donat., t. 1, 1ʳᵉ part., nᵒˢ 1147 et suiv.
(3) Donat. entre-vifs, sect. 2, art. 3, § 1.
(4) V. au Rép., vᵒ *Donation*, sect. 6, § 2, nᵒ 8.

Il n'est pas plus permis, d'un autre côté, de prétendre que les donations par contrat de mariage soient affranchies de la transcription, par cela seul que l'art. 959 ne paraît avoir en vue que les donations pour lesquelles on exige l'acceptation du donataire, puisque l'art. 1081 déclare que « toute donation entre-vifs de biens présents, quoique faite par contrat de mariage aux époux ou à l'un d'eux, sera soumise aux règles générales prescrites pour les donations faites à ce titre.»

700. C'est donc d'après la nature de l'institution contractuelle, d'après son caractère prédominant, qu'on doit juger si elle est, ou non, sujette à transcription. Ou plutôt, il faut voir, comme le disait Furgole, si quelqu'un a intérêt à l'accomplissement de cette formalité.

Les auteurs, aussi bien ceux qui ont écrit sous le Code Napoléon que ceux qui ont écrit depuis la loi du 23 mars 1855, sont presque unanimes à déclarer que la transcription n'est point requise pour les institutions contractuelles (1).

701. Il est toujours périlleux d'affronter l'opinion commune, surtout quand on a contre soi les noms les plus éminents parmi les jurisconsultes. Je n'hésite point, cependant, à embrasser le sentiment contraire, et ma conviction se fortifie de l'adhésion qu'elle trouve dans une autorité grave aussi, celle du judicieux continuateur de Toullier (2). J'ai

---

(1) Grenier, des Donat., t. 3, n° 430, 4ᵉ édit.; Toullier, t. 5, n° 845; Delvincourt, t. 2, p. 111, note 1 ; Duranton, t. 8, n° 506, et t. 9, n° 706 ; Coin-Delisle sur l'art. 939, n° 18; Poujol, sur les art. 1084 et 1085, n° 6 ; Troplong, Donat., t. 3, n° 1169, et t. 4, nᵒˢ 2347 et suiv., et 2372; le même, de la Transcript., nᵒˢ 73 et suiv.; Zachariæ, t. 3, § 517, p. 322, note 7, édit. Massé et Vergé ; Dalloz, Jur. gén., vᵒ *Disposit. entre-vifs et test.*, n° 2057 ; Rivière et Huguet, Quest., n° 430 ; Rivière et François, Expl., etc., 1ᵉʳ Append., n° 4; Gauthier, Rés.,etc., nᵒˢ 55 et 56; Lemarcis, Comment., p. 50, n° 7 ; Lesenne, Comment., n° 6 ; Pont, Rev. crit., année 1855, p. 157, n° 5 ; Pau, 2 janv. 1827, aff. Loustau, Jur. gén., *loc. cit.*, n° 173-2°.

(2) Duvergier, sur l'art. 1ᵉʳ de la loi du 23 mars 1855 ; Collect. des lois, année 1855, p. 60, note 1.

cité précédemment l'excellent traité de M. A. Bonnet sur les *Dispositions par contrat de mariage et les Dispositions entre époux*, ouvrage qui n'est point une sèche compilation, mais une œuvre d'érudition et de critique, et dans laquelle l'auteur, par l'indépendance de ses opinions, se montre digne du nom de jurisconsulte. M. Bonnet se prononce également pour la transcription de l'institution contractuelle (1).

M. Troplong, en revenant sur la question dans son Commentaire sur la loi du 23 mars 1855, s'est attaché à réfuter M. Duvergier : je vais, à mon tour, essayer de répondre à M. Troplong.

« Qu'est-ce que l'institution contractuelle ? dit l'éminent magistrat. Est-ce un acte entre-vifs translatif de propriété ? Nullement. Cujas l'a très-bien dit : l'institution contractuelle est le don d'une succession, *datio successionis;* elle a donc trait à la mort du disposant ; elle fait un héritier, et l'instituant ne s'engage à donner que ce qu'il laissera à son décès... Or, le titre successif et la disposition à cause de mort ne sont pas sujets à transcription. Pourquoi donc devrait-on transcrire l'institution contractuelle, qui n'est qu'un don de succession ?—Mais ce n'est pas tout : s'il est un point manifeste à tous les yeux, c'est que la transcription est établie pour que la crainte d'actes latents n'enlève pas à la propriété son crédit, et qu'à partir du moment où la publicité a déclaré l'aliénation, le droit de disposer ultérieurement de la chose aliénée, de la grever et de l'hypothéquer, soit entièrement arrêté et paralysé entre les mains du vendeur. Eh bien ! à quoi donc servirait, dans cet ordre d'idées, la transcription de l'institution contractuelle? L'institué aura beau transcrire et publier son titre, l'instituant n'en conservera pas moins le droit de vendre, d'échanger et d'hypothéquer les choses comprises dans l'institution ; en sorte que la

_____

(1) T. 2, nos 686 et suiv.

transcription ou rien, c'est, à ce point de vue, la même chose....» (1).

702. S'il était vrai que la transcription ne pût, en aucun cas, être utile à l'institué, qu'il n'eût rien à redouter de personne, en ne transcrivant pas, je me rendrais à ce dernier argument de M. Troplong ; car au défaut de transcription n'est pas attachée, comme autrefois au défaut d'insinuation, la nullité de la disposition (Ordonn. de 1731, art. 20); le défaut de transcription n'a d'autre effet que de rendre l'acte inopposable aux tiers (*suprà*, n° 24). Or, si, en transcrivant, l'institué ne peut empêcher le donateur de vendre ou d'hypothéquer les biens compris dans la disposition, ou même de contracter des dettes qui la réduiraient à néant, l'art. 1083 interdit à ce dernier toute disposition des mêmes biens, à titre gratuit, si ce n'est pour sommes modiques, à titre de récompense ou autrement.

Il n'y a donc plus qu'à se demander, pour savoir si l'institué a intérêt à faire transcrire, si un donataire postérieur, donataire, à titre particulier, de quelques-uns des objets donnés, non tenu des dettes, par conséquent, et n'ayant pas à invoquer la disposition exceptionnelle de l'art. 1083, pourrait opposer à l'institué le défaut de transcription ?

703. Pour M. Troplong et les auteurs qui, avec lui, n'admettent pas qu'un donataire postérieur, ou tout autre cessionnaire, à titre gratuit, du donateur, puisse se prévaloir, contre le donataire antérieur, du défaut de transcription, on comprend l'opinion que la transcription de l'acte contenant institution contractuelle soit une formalité oiseuse et frustratoire. Mais cette opinion, ainsi que le fait remarquer M. Bonnet, implique contradiction chez les auteurs qui, comme MM. Coin-Delisle, Dalloz et Duranton, admettent que, dans le concours de deux donataires à titre particulier,

_____

(1) De la Transcription, n° 74.

l'immeuble donné appartiendra au second donataire qui aura transcrit avant le premier.

Je ne veux point anticiper ici sur l'examen d'une question dont la place naturelle est sous le chap. 4 : je me contente de dire, pour justifier mon sentiment sur la difficulté présente, que, sur cette question de préférence entre deux donataires, à titre particulier, d'un même immeuble, je partage l'avis de MM. Coin-Delisle, Dalloz et Duranton.

704. Je prévois que, même en me concédant ce dernier point, on va me dire que la question relative à l'institution contractuelle n'est pas, pour cela, résolue, parce que, si l'institution contractuelle a le caractère d'une disposition testamentaire, elle se trouve affranchie de la transcription, dans les principes du Code Napoléon, comme dans ceux de la loi du 23 mars 1855 (V. *suprà*, n° 17).

Il y a donc lieu d'examiner quel est le vrai caractère de l'institution contractuelle. Ce caractère est difficile à déterminer, puisque c'est un contrat de nature mixte ; et le plus sage, me semble-t-il, est de s'en tenir au principe posé par Domat. « Ce principe, dit-il, consiste en ce que, les institutions contractuelles ayant leur nature mêlée de celle des testaments et de celle des conventions, et leurs règles étant, par conséquent, mêlées de ces deux natures, on doit distinguer, en chaque difficulté, lesquelles de ces deux sortes de règles on doit y appliquer, et si c'est par des règles des conventions que la difficulté doive se résoudre, ou si c'est par des règles des testaments, selon que les unes ou les autres peuvent y convenir ; car il arrive, tous les jours, dans cette matière, des questions de ces deux natures.... » (1).

_____

(1) Lois civ., *loc. cit.* — Conf. Bonnet, Disposit. par contrat de mariage, etc., t. 1, n° 250.

Il s'agit de transcription, c'est-à-dire d'une formalité qui est un appendice de la donation : d'après la règle établie par Domat, c'est donc le caractère de donation, que renferme l'institution contractuelle, qui devient ici le caractère prédominant, et qui doit faire décider, par conséquent, que l'art. 939 est applicable.

C'était également ce qu'enseignait Ricard, par rapport à la formalité de l'insinuation. « Bien que l'effet de l'institution d'héritier, dit-il, dépende principalement de la mort du donateur, elle ne laisse pas de participer de la donation entre-vifs, en ce qu'elle est présente et irrévocable dans son universalité; de sorte que le donateur ne peut plus se faire un autre héritier, au préjudice du donataire, pour la portion en laquelle il l'a institué ; d'où il s'ensuit que, l'institution étant faite dans un contrat d'entre-vifs, et ayant une de ses qualités, il faut, pour la faire valoir, qu'elle soit accompagnée d'insinuation , pour satisfaire à l'Ordonnance » (1).

705. On oppose encore à cette opinion des difficultés pratiques d'exécution. Que transcrira et où transcrira, dit-on, l'institué, puisque, dans l'institution contractuelle, il s'agit de biens à venir?

On ne s'était point arrêté à cette objection, dans l'ancien droit, quoique, pour les immeubles réels, ou ceux qui, sans être réels, avaient une assiette et ne suivaient pas la personne du donateur, l'insinuation dût être faite au greffe, tant du domicile du donateur que *du lieu dans lequel les biens donnés étaient situés ou avaient leur assiette* (Ord. de 1731, art. 25). On disputait seulement sur le point de savoir si, pour les donations de biens à venir, on devait se contenter de l'insinuation faite au domicile du donateur et au lieu de la situation des biens existants lors de la donation ; ou s'il

_____

(1) Des Donat., *loc. cit.*

fallait que cette insinuation fût renouvelée, au fur et à me-
rure des acquisitions, au lieu de situation de chacun des immeubles nouvellement acquis (1)?

706. La question, aujourd'hui, ne saurait se reproduire,
puisque la transcription, qui a remplacé l'insinuation (suprà, n°s 665 et suiv.), ne peut avoir lieu qu'au bureau de la
conservation des hypothèques du lieu de la situation des biens
(C. Nap.. 939 et L. 23 mars 1855, art. 1). Il devient évident, par là, que la transcription, effectuée dans les divers
bureaux de la situation des immeubles existants lors de la
donation, ne saurait suffire, et que le donataire contractuel
est obligé de la renouveler, à chaque nouvelle acquisition
faite par le donateur dans la circonscription d'un autre bureau (2).

707. Mais je pense qu'à l'instar de ce qui a lieu pour les
hypothèques générales, c'est-à-dire pour celles qui s'éten-
dent aux biens présents et à venir du débiteur, de même
qu'une seule inscription suffit pour tous les immeubles situés dans un arrondissement, sans distinction des biens que
le débiteur y possède, au moment de l'inscription, et de ceux
qu'il pourra y acquérir dans la suite (3), de même la transcription qui sera faite du contrat de mariage vaudra pour
tous les immeubles que le donateur contractuel possède ou
possédera dans l'arrondissement où cette transcription aura
été opérée, sans qu'il y ait lieu de la renouveler, lors de
chaque acquisition faite dans le même arrondissement.

Il est vrai que le législateur dispose autrement pour l'hy-

---

(1) Furgole, sur l'art. 23 de l'Ordonn. de 1731 ; Bacquet, des Droits
de just., ch. 21, n° 384 ; Brodeau sur Louet, lettre D, somm. 10, n°4;
Ferrière, sur l'art. 284 de la Cout. de Paris, gl. 2, § 4, n° 17, cités par
Furgole.

(2) V. *infrà*, ch. 3, sect. 1.—Conf. A. Bonnet, *loc. cit.*

(3) Mon Traité des Priv. et Hyp., inédit.—Conf. Jur. gén., v° *Priv.
et hyp.*, n° 1392.

pothèque conventionnelle, dans le cas où il est permis de la faire porter, exceptionnellement, sur les biens à venir (C. Nap., 2130). Dans ce cas, une seule inscription ne peut suffire pour tous les biens, présents et à venir, situés dans le même arrondissement, et le créancier est obligé, à chaque nouvelle acquisition faite par le débiteur, de s'inscrire sur l'immeuble nouvellement acquis. La loi l'a voulu ainsi pour conserver à l'hypothèque conventionnelle sa *spécialité* (1). Mais c'est là une disposition particulière à la matière des hypothèques. De quelle utilité, en effet, pourrait être à un second donataire (puisqu'il ne peut être question que de lui) une nouvelle transcription qui ne serait, comme la première, que la reproduction littérale du contrat de mariage ? Il faudrait, pour que cette seconde transcription ne fît pas double emploi avec la première, qu'on pût exiger du transcrivant qu'il fît, dans la nouvelle transcription, une mention spéciale de l'immeuble récemment acquis par le donateur. Et il n'existe aucun texte pour lui imposer cette obligation. Ce second donataire, d'ailleurs, n'en sait-il pas tout autant qu'il en doit savoir, lorsque, ayant sous les yeux la transcription du contrat de mariage, il y voit que l'immeuble qu'on veut lui donner n'appartient plus au donateur, puisque ce dernier s'est irrévocablement dépouillé, par une donation antérieure, de l'universalité de ses biens ?

708. La donation par contrat de mariage, aux termes de l'art. 1084, peut être faite cumulativement des biens présents et à venir, en tout ou en partie, à la charge qu'il sera annexé à l'acte un état des dettes et charges du donateur existantes au jour de la donation ; auquel cas, ajoute l'article, il sera libre au donataire, lors du décès du donateur, de s'en tenir aux biens présents, en renonçant au surplus des biens du donateur.

---

(1) Mon Traité des Priv. et Hyp., inédit ; Jur. gén., *loc. cit.*, n° 1303

Ici, il est hors de doute que la transcription ne soit nécessaire, au moins en ce qui concerne les biens présents. « Le donataire, dit très-bien M. Bonnet, étant dès à présent saisi, s'il s'est conformé à la prescription de l'art. 1084, relativement à l'état des dettes, du droit de transformer plus tard, si cela lui convient, la libéralité en une donation entre-vifs ordinaire, il a un intérêt évident à remplir la condition sans laquelle cette transformation resterait sans efficacité pour lui (1). »

Ce que je viens de dire s'applique, par identité de raison, à la donation cumulative de biens présents et à venir faite entre époux par contrat de mariage, ainsi que l'exprime l'art. 1093 (2).

709. La question de savoir si les donations, faites entre époux pendant le mariage, sont sujettes à transcription, offre plus de difficulté.

Ces donations, porte l'art. 1096, quoique qualifiées entre-vifs, sont toujours révocables. Il en résulte que l'époux donateur reste le maître de disposer, d'une manière indéfinie, des biens donnés, non-seulement à titre onéreux, mais encore à titre gratuit ; car l'aliénation qu'il en fait est une révocation implicite : *cùm sit manifestum*, dit la loi 12, *C., De Donat. int. vir. et ux.*, non *solùm hujusmodi obligatione* (l'hypothèque spéciale consentie par le donateur sur les biens donnés), *sed etiam donatione, vel venditione, vel*

_____

(1) Des Dispos. par contr. de mar., etc., t. 2, n° 534. — Conf. Delvincourt, t. 2, p. 111, note 9 ; Marcadé, sur l'art. 1084, n° 2 ; Grenier, Donat., t. 3, n° 437, 4e édit.; Toullier, t. 5, n° 863 ; Duranton, t. 8, n° 507, et t. 9, n° 737 ; Vazeille, sur l'art. 1084, n° 6 ; Poujol, sur le même article, n° 6 ; Coin-Delisle, *ibid.*, n° 7 ; Zachariæ, t. 5, p. 541, édit. Aubry et Rau, § 740 ; Troplong, Donat., t. 3, n° 1169 ; Dalloz, Jur. gén., v° *Dispos. entre-vifs et test.*, n° 2171 ; Rivière et François, Expl., etc., 1er Append., n° 5 ; Lesenne, Comment., n° 159.

(2) Conf. Bonnet, Disposit. par contr. de mar., etc., n° 810.

alio quolibet modo rebus alienatis, revocatam esse à viro in mulierem factam donationem (Arg. art. 1038, C. Nap.) (1).
A quoi, dès lors, peut-on dire, servira la transcription? Et la plupart des auteurs décident, en effet, que la transcription n'est pas nécessaire, sans distinguer entre les biens présents et les biens à venir (2).

710. Voyons, d'abord, la question en ce qui concerne les biens présents.

On est aujourd'hui, assez généralement, d'accord sur ce point, que la donation de biens présents entre mari et femme produit, sauf la révocabilité, les mêmes effets que la donation entre-vifs; qu'ainsi, elle opère dessaisissement, du jour de l'acceptation, et non pas seulement du jour du décès de l'époux donateur. La loi romaine en a une disposition expresse : *si verò, vel non amplior (quantitate legitimâ, seu lege definitâ) sit donatio, vel, cùm amplior esset, in actis insinuata sit, tunc et silentium donatoris vel donatricis, et specialis confirmatio, ad illud tempus referatur quo donatio conscripta sit...* (L. 25, C., *De Donat. int. vir. et ux.*) (3).

711. Il suit de là que, « le changement de volonté de l'époux donateur, et la révocation de sa donation entre-vifs, ne pouvant, ainsi que le décide très-justement la Cour de cassation, résulter des dettes ou engagements contractés postérieurement à la donation, et lors desquels le donateur

---

(1) Conf. Toullier, t. 5, n° 923 ; Duranton, t. 8, n° 509 ; Coin-Delisle, sur l'art. 1096, n° 11 ; Dalloz, Jur. gén., v° *Disposit. entre-vifs et test.*, n°ˢ 2396, 2414 et suiv.

(2) Grenier, Donat., t. 3, n° 456, 4ᵉ édit.; Delvincourt, t. 2, p. 114, note 3 ; Duranton, t. 8, n° 509 ; Zachariæ, t. 3, p. 332, § 521, édit. Massé et Vergé ; Troplong, Donat., t. 3, n° 1170, et t. 4, n° 2652; Lesenne, Comment., n° 5.

(3) Conf. Toullier, t. 5, n° 919 ; Grenier, *loc, cit.*, n° 452; Coin-Delisle, sur l'art. 893, n° 7; Troplong, Donat., t. 4, n°ˢ 2642 et 2657; Dalloz, *loc. cit.*, n° 2398.

n'a entendu transmettre aucun droit, ni conférer aucune garantie sur les choses par lui précédemment données (1), »
la transcription sera utile à l'époux donataire contre les
créanciers chirographaires de l'époux donateur, si l'on décide (question que j'examinerai en son lieu) que ces créanciers aient qualité, aux termes de l'art. 941, pour opposer
le défaut de transcription (2).

Mais au moins est-il indubitable que cette transcription
lui serait utile contre des créanciers, même antérieurs à la
donation (en supposant qu'elle ne soit pas à titre universel),
qui auraient des priviléges ou des hypothèques à faire valoir
sur les biens donnés, et qui ne les auraient pas inscrits
antérieurement à la transcription; car, en transcrivant, il
rendra toute inscription ultérieure impossible. C'est ce que
déclare l'art. 6 de la loi du 23 mars 1855, abolitif des art.
834 et 835 du Code de procédure. « *A partir de la transcription,* porte cet article, les créanciers privilégiés ou ayant
hypothèque, aux termes des art. 2123, 2127 et 2128, C.
Nap., ne peuvent (à l'exception du vendeur ou du copartageant) prendre utilement inscription sur le précédent propriétaire. » Plusieurs auteurs, qui s'étaient laissé entraîner
trop facilement à l'opinion contraire, se sont, depuis, rangés
à cette opinion : ainsi, MM. Coin-Delisle et Dalloz (3).

712. A l'égard des biens à venir, tous les auteurs, sans

---

(1) Rej. 10 avril 1838, aff. Paillet, Jur. gén., *loc. cit.*
(2) V. *infrà,* sous le chap. 4.
(3) Coin-Delisle, sur l'art. 1096, n° 11 ; Dalloz, Jur. gén., *loc. cit.*,
n° 2396.—Conf. Aubry et Rau sur Zachariæ, t. 5, § 704, note 4 ; Marcadé, sur l'art. 1096, note 1 ; Demolombe, Revue crit., année 1851,
p. 405; Boutry, Essai sur les Donat. entre époux, n° 372 ; Bonnet,
Disposit. par contr. de mar., etc., t. 3, n° 923 ; Mourlon, Répétitions
écrites sur le Code Nap., t. 2, p. 507, 5ᵉ édit.; Rivière et François,
Explic., etc., 1ᵉʳ Append., n° 3 ; Duvergier, sur l'art. 1ᵉʳ de la loi du
23 mars 1855, Collect. des lois, année 1855, p. 60, note 1 ; Sellier,
Comment., n° 117.

exception, regardent la transcription comme étant, dans ce cas, sans objet.

Ici, en effet, ne se rencontre pas, comme dans l'institution contractuelle, le caractère d'irrévocabilité, qui permet de rattacher ce genre de disposition à la classe des donations entre-vifs (*suprà*, n° 698). La donation dont il s'agit ne tient à la donation entre-vifs que par la forme; mais, pour tout le reste, elle participe du testament; en sorte qu'on peut déjà dire, en principe, que, de sa nature, elle n'est pas sujette à transcription (*suprà*, n° 17).

Ensuite, et c'est là le point capital, en supposant même qu'à raison de sa forme, l'art. 939 lui fût applicable, en quoi la transcription, dans le cas spécifié, pourrait-elle profiter au donataire ?

Prenons les créanciers, même simples chirographaires, du donateur, soit antérieurs, soit postérieurs à la donation. Le donataire n'étant saisi des biens donnés qu'à la mort du donateur, les créanciers de ce dernier seront préférables au donataire, malgré la transcription, en vertu de la règle : *nemo liberalis, nisi liberatus.*

Il en sera de même d'un donataire antérieur, quand même l'époux donataire aurait fait transcrire avant lui. J'ai dit, à la vérité, n° 705, qu'entre deux donataires (comme entre deux acquéreurs), le second doit être préféré, s'il a fait transcrire le premier. Mais la règle ici ne peut être invoquée ; car le donataire antérieur, évincé, aurait le droit de se retourner contre son auteur, garant envers lui de son propre fait : *Labeo ait : Si quis mihi rem alienam donaverit, in que eam sumptus magnos fecero, et sic evincatur, nullam mihi actionem contrà donatorem competere : planè de dolo posse me adversùs eum habere actionem, si dolo fecit* (L. 18, § 5, *D., De Donat*) (1). Créancier éventuel du donateur,

---

(1) Conf. Pothier, Donat. entre-vifs, sect. 3, § 1 ; Introd. au tit. 15

il a donc le droit, comme tout autre créancier de ce dernier, d'exciper, contre l'époux donataire, de la règle : *nemo liberalis,* etc.

Je trouve les mêmes idées exprimées par M. Bonnet : « L'époux donataire des biens que laissera son conjoint, en mourant, dit-il, n'est encore nanti de rien. Il n'a qu'un droit, droit doublement éventuel, celui de se porter héritier, s'il survit au donateur, et si celui-ci n'a pas usé de la faculté qu'il a d'anéantir son droit par un acte de révocation quelconque. C'est à la succession qu'il a droit, mais à la succession dans l'état où la laissera le donateur. Or, de même que celui-ci a le droit de révocation directe, il peut aussi aliéner impunément, à titre gratuit ou onéreux. Les dettes qu'il aura contractées demeurant à la charge du donataire, et celui-ci ne pouvant recueillir que sous la déduction de ces dettes, il en résulte invinciblement qu'il est sans intérêt à la transcription, aussi impuissante à arrêter les poursuites des créanciers chirographaires, ou l'effet des hypothèques légales ou judiciaires, qu'à entraver celui des hypothèques constituées par le donateur, ou des ventes ou autres aliénations quelconques, à titre gratuit ou onéreux (1). »

715. L'Ordonnance de 1731, art. 21, confirmée, en ce point, par les lettres-patentes du 3 juillet 1769, avait exempté de l'insinuation les gains nuptiaux et de survie. « Voulons, portaient ces lettres-patentes, qu'à compter du jour de l'enregistrement des présentes, tous les dons, en cas de survie, faits dans les contrats de mariage par un

---

de la Cout. d'Orléans, sect. 4, n° 63 ; Ricard, Donat., part. 1re, n° 954 ; Domat, Lois civ., tit. 10, sect. 2, n° 5 ; Toullier, t. 5, n° 207 ; Duranton, t. 8, n°s 527 et 529 ; Coin-Delisle, sur l'art. 938, n° 14 ; Dalloz, Jur. gén., v° *Disposit entre-vifs et test.*, n° 1704.

(1) Des Disposit. par contr. de mar., etc., t. 3, n° 923.

mari à sa femme ou par la femme à son mari, tous les dons mutuels réciproques, rémunératoires, faits par l'un et l'autre dans lesdits contrats, soient exempts, jusqu'au jour du décès du donateur, de la formalité de l'insinuation, soit au domicile des contractants, soit aux bureaux des lieux de la situation des biens donnés... ». Mais cette disposition, d'après Merlin, ne concernait que les gains de survie qui avaient pour objet des biens à venir : ceux qui avaient pour objet des biens présents demeuraient soumis à l'insinuation (1).

M. Troplong, expliquant autrement la disposition, dit également : « Les gains de survie avaient été dispensés de l'insinuation par l'art. 21 de l'Ordonnance de 1731. Toutefois, cette exemption n'était pas absolue; elle ne s'appliquait qu'aux gains de survie en usage dans les localités, et non aux gains de survie extraordinaires stipulés en dehors des habitudes des contrats de mariage.... Ainsi, les donations de biens présents, en cas de survie, sortant de la classe des conventions matrimoniales, étaient sujettes à l'insinuation. Mais il n'en était pas de même des gains de survie, même extraordinaires, portant sur les biens que le donateur aurait à son décès ; elles n'étaient soumises qu'à une insinuation bursale, après la mort du donateur, et sans influence sur leur validité (2)... Supposons qu'une femme donne à son mari, en cas de survie, l'usufruit de tel immeuble déterminé : malgré la condition de survie, on ne saurait dire qu'il y a là une donation à cause de mort. C'est une donation entre-vifs, suspendue par une condition casuelle. La donatrice est liée irrévocablement ; elle ne peut aliéner la chose, au préjudice de l'usufruit de son mari (3).

----

(1) Rép., v° *Donation*, sect. 6, § 2. n° 8. V. aussi *Don mutuel*, § 3.
(2) V. les Quest. de dr., v° *Insinuation*, § 3.
(3) Proudhon, Usufr., t. 1, n°s 262 et suiv.

Celui-ci a un droit acquis, et sa donation n'aura d'effet, à l'égard des tiers, que si elle est transcrite (1). »

Le contraire a été jugé par la Cour de Toulouse; mais l'arrêt est justement critiqué par M. Troplong (2).

714. Il n'y a plus aujourd'hui de gains nuptiaux légaux ou coutumiers, tels qu'étaient, dans l'ancien droit, le douaire, l'augment, le contre-augment, les bagues et joyaux, etc. : le Code ne reconnaît que des gains de survie purement conventionnels (3); et les libéralités de ce genre, quand elles ne sont pas de simples conventions de mariage, rentrent dans la classe des dispositions dont il est parlé au chap. 9 du titre des *Donations et Testaments*, dispositions sur lesquelles je me suis expliqué plus haut (n°s 696 et suiv.).

715. Je dis : *quand elles ne sont pas de simples conventions de mariage.* En effet, d'après l'art. 1516, et sauf le cas énoncé en l'art. 1527, « le préciput n'est point regardé comme un avantage sujet aux formalités des donations, mais comme une convention de mariage; » et, d'après l'art. 1525, « il est permis aux époux de stipuler que la totalité de la communauté appartiendra au survivant ou à l'un d'eux seulement :... cette stipulation n'est point réputée un avantage sujet aux règles relatives aux donations, soit quant au fond, soit quant à la forme, mais simplement une convention de mariage et entre associés » (4). Tels étaient également les principes admis dans l'ancien droit (5).

Mais il faut remarquer que la stipulation, pour être ré-

---

(1) Donat., t. 3, n° 1171.

(2) Toulouse, 7 mai 1829, aff. Delage ; Jur. gén., v° *Dispos. entre-vifs et test.*, n° 2313-2°.

(3) Merlin, Rép., v° *Gains nuptiaux et de survie*, § 1.

(4) V. dans la Jur. gén., v° *Contrat de mariage*, n°s 2905 et suiv., 2989 et suiv., et v° *Enreg.*, n°s 3420 et suiv.

(5) Pothier, de la Communauté, t. 1, n° 442 ; des Donat. entre-vifs, sect. 2, art. 3, § 1, et sect. 3, art. 5, § 3.

putée simple convention de mariage, ne doit porter que sur les biens de la communauté ou sur les acquêts ; car, si elle s'étendait aux biens propres des époux, elle constituerait une véritable libéralité, sujette à transcription (1).

716. La loi permet aux père et mère et autres ascendants de faire, de leur vivant, entre leurs enfants et descendants, le partage de leurs biens (C. Nap., 1075). — « Ces partages, porte l'art. 1076, pourront être faits par actes entre-vifs ou testamentaires, *avec les formalités, conditions et règles prescrites pour les donations entre-vifs et les testaments.*—Les partages, faits par actes entre-vifs, ne pourront avoir pour objet que les biens présents. »

Il résulte de ces dispositions que les partages d'ascendants, lorsqu'ils sont faits dans la forme des donations entre-vifs, sont soumis à la transcription (2), et qu'ils en sont dispensés, lorsqu'ils sont faits dans la forme testamentaire (*suprà*, n° 17).

Néanmoins, par une faveur spéciale, « le droit de 1 1/2 p. 100, ajouté au droit d'enregistrement par l'art. 54 de la loi du 28 avril 1816, ne sera perçu, porte l'art. 3 de la loi du 16 juin 1824, pour lesdites donations, que lorsque la transcription en sera requise au bureau des hypothèques. »

----

(1) Jur. gén., v° *Contrat de mariage*, n°s 3005 et suiv.; Pont et Rodière, Contr. de mar., t. 2, n° 345 ; Troplong, *ibid.*, n° 2174 ; Cass. 15 fév. 1841 , aff. Bertrand–Podevin ; Jur. gén., v° *Enreg.*, n° 3432. V. aussi Cass. 23 avril 1849, aff. Vierray ; D.p.49.1.412.

(2) Conf. Rép., v° *Partage d'ascend.*, n° 14 ; Delvincourt, t. 2, p. 50, note 4 ; Grenier, Donat., t. 3, n° 403, 4e édit.; Duranton, t. 9, n° 625 ; Zachariæ, t. 5, § 729, édit. Aubry et Rau ; Troplong, Donat., t. 4, n° 2308 ; Dalloz, Jur. gén., v° *Disposit. entre-vifs et test.*, n° 4543, et v° *Enreg.*, n°s 3889 et suiv.

§ 2.—Quelles personnes sont chargées de faire opérer la transcription?

SOMMAIRE.

717. C'est le donataire qui doit faire transcrire la donation.— Mais le donateur peut le faire également.

718. Le donateur y est même obligé, lorsqu'il est le tuteur du donataire.

719. La donation, faite à la femme, doit être transcrite, à la diligence du mari ; — celle faite à des mineurs, à des interdits, ou à des Établissements publics, à la diligence des tuteurs, curateurs ou administrateurs.

720. Les parents ou amis de l'incapable peuvent faire transcrire, dans l'intérêt de ce dernier.—Et, en général, toute personne, même sans mandat, peut faire transcrire, dans l'intérêt d'une autre.

721. Les successeurs, à titre particulier, du donataire, ses créanciers, peuvent, à plus forte raison, faire transcrire, à son défaut.

722. Le curateur doit faire transcrire, dans l'intérêt du mineur émancipé.—Opinion contraire de MM. Rivière et Huguet.

723. Le mineur peut, comme la femme mariée, faire procéder lui-même à la transcription.

724. Les mineurs, les interdits, les femmes mariées, ne sont pas restitués contre le défaut de transcription.

725. Mais ils ont leur recours contre leurs tuteurs ou maris, et cette créance est garantie par l'hypothèque légale.

726. Le même recours existe, au profit du mineur émancipé, contre son curateur.

727. Le recours n'a lieu que s'il y a faute ou négligence du tuteur, du curateur ou du mari, et s'il est résulté du défaut de transcription un préjudice pour l'incapable.

728. L'insolvabilité du tuteur, du curateur ou du mari, ne relèverait pas l'incapable du défaut de transcription.

729. Le mari n'est pas responsable, envers sa femme, du défaut de transcription, lorsque la donation n'a été acceptée par celle-ci qu'avec l'autorisation de la Justice.—Opinion contraire de M. Dalloz.

730. *Quid*, si le mari avait, depuis l'acceptation, géré les biens donnés ?

731. Mais la séparation de biens, soit contractuelle, soit judiciaire, ne relève pas le mari de l'obligation de faire transcrire la donation faite à sa femme.—Opinion contraire de Ricard.

732. Réponse à une objection.—L'ordonnance de 1731 rendait également le mari responsable envers sa femme, même séparée de biens, du défaut d'insinuation.

733. Mais elle disposait autrement, lorsque la donation portait sur des biens paraphernaux de la femme. — Raison de cette disposition. — Le mari, selon moi, est encore obligé de faire transcrire dans ce cas.

734. Le subrogé tuteur n'est pas responsable, envers le mineur, du défaut de transcription.

735. Excepté lorsque le donateur est le tuteur lui-même. — Opinion contraire de M. Poujol.

736. Le mandataire, qui n'a reçu de mandat que pour accepter la donation, n'est pas tenu de faire transcrire, à moins de circonstances particulières qui permettent de donner cette extension à son mandat.

737. Mais les ascendants du mineur, qui, sans être ses tuteurs, acceptent la donation faite à ce dernier, contractent, par cela même, envers lui, l'obligation de faire transcrire.

738. De même que les femmes, les mineurs et les interdits, les établissements publics ne sont pas restituables contre le défaut de transcription de la donation faite à leur profit.

739. Mais les administrateurs de ces établissements sont responsables, envers eux, du défaut de transcription.

740. Toutefois, cette responsabilité est moins étroite que celle des maris ou tuteurs : il faut, de leur part, une négligence *grave*. — Suivant Grenier et M. Dalloz, cette responsabilité est purement morale, et est souverainement appréciée par l'administration supérieure.

741. L'action en responsabilité, de la part des établissements publics contre leurs administrateurs, n'est pas garantie, comme celle des femmes et des mineurs contre leurs maris ou tuteurs, par une hypothèque légale.

717. C'est, naturellement, par les soins du donataire qu'il doit être procédé à la transcription de l'acte de donation fait à son profit : il est la partie intéressée. Mais rien n'empêche que le donateur, jaloux d'assurer les effets de sa disposition, n'y fasse procéder lui-même.

718. Il existe même un cas où il y est obligé, sous peine de répondre, envers le donataire, du défaut de transcription : c'est celui où le donataire, mineur, a pour tuteur le donateur lui-même (Voy. au n° suiv.). On ne saurait appliquer ici, comme au cas où il s'agit de l'acceptation, la maxime : *nemo potest auctor esse in rem suam*, parce que la donation, une fois acceptée, obtient tout son effet à l'égard du donateur (Cod. Nap., 932 et 958), et que la transcription n'est

I.   34

exigée que respectivement aux tiers (941). Tel est aussi le sentiment de M. Coin-Delisle. « En effet, dit le judicieux auteur, aussitôt après l'acceptation faite par le subrogé tuteur, les biens que le tuteur a donnés à son pupille sont irrévocablement devenus biens du mineur, et sont tombés sous l'administration tutélaire (1). »

719. Lorsque la donation est au profit d'une femme mariée, c'est à la diligence du mari que doit être faite la transcription ; et, si le mari néglige d'accomplir la formalité, la femme peut y faire procéder elle-même, sans avoir besoin, pour cela, de l'autorisation de ce dernier (C. Nap., 940).

Lorsque la donation est faite à des mineurs, à des interdits, ou à des Établissements publics, la transcription doit être faite à la diligence des tuteurs, curateurs ou administrateurs (*ibid*).

720. Il faut même appliquer ici, par voie d'analogie, la disposition des art. 2139 et 2194, en matière d'inscription hypothécaire, et dire que les parents ou amis du mineur ou de la femme pourront, comme la femme et le mineur lui-même, suppléer à la négligence des tuteurs ou maris. La transcription, de même que l'inscription, est une mesure conservatoire, toute dans l'intérêt des femmes et des mineurs, et qui justifie, par cela même, l'intervention des parents et des amis (2).

Pothier disait de même, sous l'Ordonnance de 1731 : « Au reste, il n'importe par qui se fasse l'insinuation. Tout porteur de l'acte le peut, quand même il n'aurait pas de mandat pour

---

(1) Sur l'art. 942, n° 10.—Conf. Poujol, sur le même article, n° 2; Dalloz, Jur. gén., vᵒ *Disposit. entre-vifs et test.*, n° 1588; Troplong, Donat., t. 3, n° 1191.—V. aussi l'art. 31 de l'ordonnance de 1731.

(2) Conf. Delvincourt, note 1 de la p. 75; Duranton, t. 8, n° 511; Poujol, sur l'art. 940; Coin-Delisle, *ibid.*; Marcadé, *ibid*; Troplong, Donat., t. 3, n° 1175; Rivière et François, Explic., etc., 1ᵉʳ Append., n° 9.

cela. Car la loi, en ordonnant l'insinuation, n'a eu autre chose en vue que de la rendre publique. La fin est remplie, lorsqu'elle est transcrite dans les registres publics, et il est indifférent, pour cette fin, par qui l'insinuation soit faite, pourvu qu'elle soit faite (1). »

721. A plus forte raison, doit-on dire que toute personne y ayant intérêt peut requérir la transcription d'une donation : ainsi les successeurs, à titre particulier, du donataire, ses créanciers, etc. (C. Nap., 1166) (2).

722. Suivant MM. Rivière et Huguet, « les curateurs des mineurs émancipés, n'étant pas chargés de l'administration, ne sont pas au nombre des personnes auxquelles la loi confie le soin de faire opérer la transcription (3). » L'art. 940 contredit cette opinion ; il porte, au 2e alinéa : « Lorsque la donation sera faite à des mineurs, à des interdits ou à des établissements publics, la transcription sera faite à la diligence des tuteurs, *curateurs* ou administrateurs. » L'expression *curateurs*, dans cet article, ne peut s'appliquer qu'aux mineurs émancipés, puisque celle de *tuteurs* concerne les mineurs non émancipés et les interdits, et celle d'*administrateurs* les Établissements publics (4).

723. L'art. 940, dans son second alinéa, ne mentionne pas le mineur comme pouvant, au défaut du tuteur ou du curateur, faire opérer lui-même la transcription. Mais il est évident que le principe est le même pour le mineur que pour la femme (arg. des art. 2139 et 2194 précités), le mineur, ainsi que le fait remarquer M. Troplong, *loc. cit.*, pouvant toujours faire sa condition meilleure. *Placuit*, dit Justinien, dans les Institutes, *meliorem quidem conditionem licere eis*

---

(1) Des Donat. entre-vifs, sect. 2, art. 3, § 3.
(2) Conf. Rivière et François, *loc. cit.*, n° 8.
(3) Quest., n° 158.
(4) Conf. Marcadé, sur l'art. 942, n° 2 ; Dalloz, Jur. gén., v° *Dispos. entre-vifs et test.*, n° 1585.

(pupillis) facere, etiam sine tutoris auctoritate, deteriorem verò non aliter quàm cum tutoris auctoritate (Inst. lib. 1, tit. 21, princip.). La même règle est exprimée dans la loi 14, C., *De Procur. : minoribus enim œtas in damnis subvenire, non in rebus prosperè gestis obesse consuevit* (1).

724. La transcription étant une mesure qui intéresse les tiers, la loi décide que « les mineurs, les interdits, les femmes mariées ne seront point restitués contre le défaut d'acceptation ou de *transcription* des donations.... » (942). —Telle était également, par rapport au défaut d'insinuation, la disposition de l'Ordonnance de 1731 (art. 32). — Avant l'Ordonnance, la question avait été diversèment résolue par les arrêts ; mais la jurisprudence avait définitivement fait prévaloir l'opinion aujourd'hui consacrée législativement (2).

725. Mais les incapables, auxquels préjudicie le défaut de transcription, ont leur recours contre les tuteurs ou maris par les soins desquels la transcription devait être opérée (même art. 942) ; et cette créance est garantie par leur hypothèque légale, conformément aux art. 2121 et 2135 (3).

726. Il n'est point parlé, dans l'art. 942, du recours à exercer par le mineur émancipé contre son curateur, pour défaut de transcription, et cette omission peut donner une certaine force à l'opinion exprimée par MM. Rivière et Huguet (*suprà* n° 722), que le curateur du mineur émancipé ne doit point être mis au nombre des personnes chargées de faire transcrire. Mais le silence de l'art. 942 ne peut pas prévaloir sur la disposition textuelle et précise de l'art. 940 ;

---

(1) Conf. Coin-Delisle, sur l'art. 940 ; Duranton, *loc. cit.*
(2) Ricard, des Donat., part. 1ʳᵉ, n°ˢ 1168 et suiv.; Furgole, sur l'art. 32 de l'ordonn. de 1731 ; Ferrière, sur la Cout. de Paris, art. 284, gl. 2, § 1, n°ˢ 27 et suiv.; Basnage, sur l'art. 448 de la Cout. de Normandie.
(3) Conf. Troplong, *loc. cit.*, n° 1190.

et, le recours, pour défaut de transcription, n'étant que la sanction de l'obligation de faire procéder à l'accomplissement de cette formalité, il suffit que cette obligation soit mise, par l'art. 940, à la charge des curateurs des mineurs émancipés, pour que ces curateurs soient aussi déclarés responsables, et qu'il y ait lieu de compléter, sous ce rapport, la disposition de l'art. 942.

727. L'art. 942 ajoute : *s'il y échet*, pour montrer que le recours ne doit être accordé que s'il y a faute ou négligence du tuteur, du curateur ou du mari, et s'il est résulté, pour l'incapable, un préjudice du défaut de transcription (1).

Mais la règle générale est la responsabilité, parce que, dit Ricard, au sujet du mari, « la femme étant obligée de se reposer sur la conduite de son mari, et n'ayant pour sa part que le soin de la famille et du ménage, c'est au mari à veiller aux affaires, puisqu'il en a l'intendance pour partage : si bien, ajoute-t-il, que, lorsqu'il ne s'acquitte pas de sa charge, il est bien juste qu'il en demeure responsable, n'étant pas raisonnable que la femme souffre pour sa faute, et qu'elle soit de pire condition que si elle n'était pas mariée ; auquel cas elle prendrait elle-même le soin de ses affaires, et, n'étant point capable de savoir ce qui est nécessaire pour la perfection d'une donation, elle chercherait le secours d'un conseil étranger pour suppléer à son défaut.... (2). »

728. L'insolvabilité du tuteur, du curateur ou du mari, qui rendrait tout recours contre eux illusoire, ne serait pas une raison, aux termes de ce même art. 942, pour relever l'incapable du défaut de transcription. Le Code n'a encore fait que répéter ici les termes de l'Ordonnance de 1731. —

---

(1) Conf. Furgole, sur l'art. 28 de l'ordonn. de 1744 ; Coin-Delisle, sur l'art. 942, n° 9 ; Troplong, *loc. cit.*; Dalloz, Jur. gén., v° *Disposit. entre-vifs et test.*, n° 1587.

(2) Des Donat., part 1re, n° 1241.

On a pensé que, si favorable que fût le privilège accordé par nos lois à l'âge et à la faiblesse, il devait, dans cette circonstance, le céder à l'intérêt des tiers.

729. Si la donation faite à la femme n'avait été acceptée qu'avec l'autorisation de la Justice, au refus du mari (C. Nap., 934), celui-ci serait-il responsable, envers sa femme, du défaut de transcription ?

On peut dire, pour l'affirmative, que l'art. 942 ne distingue pas, et que le mari, après que la Justice a prononcé et qu'elle a autorisé la femme à accepter la donation, n'a plus de motif plausible pour persister dans son opposition ; que son abstention, dans ce cas, devient un fait condamnable, engageant sa responsabilité, aux termes de l'art. 1428, qui déclare le mari « responsable de tout dépérissement des biens personnels de sa femme, *causé par défaut d'actes conservatoires.* »

Ces raisons ne manquent pas de force : je crois, néanmoins, qu'il existe, dans le Code, un texte plus directement applicable à la question que l'art. 1428, fait pour d'autres circonstances. Ce texte est l'art. 1450. « Le mari, porte cet article, n'est point garant du défaut d'emploi ou de remploi du prix de l'immeuble que la femme séparée a aliéné sous l'autorisation de la Justice, à moins qu'il n'ait concouru au contrat, ou qu'il ne soit prouvé que les deniers ont été reçus par lui, ou ont tourné à son profit.

« Il est garant du défaut d'emploi ou de remploi, si la vente a été faite en sa présence et de son consentement ; il ne l'est point de l'utilité de cet emploi. »

Quoique séparée, la femme ne peut aliéner ses immeubles, sans le consentement de son mari, ou sans y être autorisée par la Justice, au refus de ce dernier (1449). Lorsque la vente a lieu en présence du mari et de son consentement, celui-ci est garant du défaut d'emploi ou de remploi, sans l'être de l'utilité de cet emploi. Au contraire, toute garantie cesse de sa part, si la vente n'a été faite qu'avec l'autorisa-

tion de la Justice, à moins qu'il n'ait concouru au contrat
ou qu'il n'ait profité des deniers.

Suivant M. Dalloz, l'unique motif qui ait fait déclarer le
mari responsable du défaut d'emploi ou de remploi, lorsqu'il
a consenti à la vente, c'est qu'on présume qu'il a reçu le
prix ou qu'il en a profité (1). D'après MM. Pont et Rodière (2)
et d'après M. Troplong (3), la loi aurait eu surtout en vue la
nécessité de protéger la femme contre ses propres faiblesses,
et de prévenir, dans l'intérêt de la famille, la dissipation
de sa fortune immobilière, qui en est ordinairement la principale ressource.

Pothier admettait l'une et l'autre raison : « Lorsque les
deniers ne se trouvent plus, dit-il, sans qu'il en ait été fait
emploi, le mari est légitimement suspect de se les être
appropriés, et il doit, en conséquence, en être responsable,
non-seulement comme légitimement suspect de se les être
appropriés, mais encore par une autre raison, qui est que,
la séparation ne donnant à la femme que le droit d'administrer ses biens et d'en recevoir les revenus, la femme séparée
demeure, quant à sa personne et quant à la disposition de
ses fonds, sous la puissance et le gouvernement de son mari.
Or, c'est une suite de ce gouvernement qu'a le mari, qu'il
soit tenu de veiller à la conservation des fonds de sa femme
et à faire un emploi du prix, lorsqu'ils sont aliénés » (4).

J'adhère à cette explication de Pothier; et, étant donnée
cette interprétation de l'art. 1450, il existe entre le cas
auquel il s'applique et celui proposé une si frappante analogie, qu'elle doit nous faire décider que le mari n'est pas
responsable du défaut de transcription de la donation faite

---

(1) Jur. gén., v° *Contrat de mar.*, n°s 2027 et suiv.
(2) Du Contr. de mar., t. 2, n°s 891 et 893.
(3) Contr. de mar., t. 2, n°s 1445 et suiv.
(4) De la Communauté, t. 2, n° 605.

à sa femme, lorsqu'il a refusé à celle-ci l'autorisation de l'accepter, et qu'elle ne l'a obtenue que de la Justice. Le mari, en effet, peut avoir eu ses raisons, raisons qu'il n'est pas obligé de déduire, pour refuser d'autoriser sa femme à accepter une donation peu séante peut-être, ou qu'il peut croire onéreuse; et il y aurait une véritable rigueur à l'obliger, après qu'elle a été acceptée contre son gré, de faire violence à ses propres sentiments, en mettant à sa charge l'accomplissement d'une formalité à laquelle la femme vient de prouver, en résistant à ses conseils et à son autorité, qu'elle pouvait très-bien pourvoir elle-même.

Tel était également, dans l'ancien droit, relativement à l'insinuation, le sentiment de Ricard (1), et telle aussi, dans le nouveau, l'opinion de MM. Marcadé, Coin-Delisle et Bayle-Mouillard (2).

730. M. Coin-Delisle, cependant, demande ce qu'il faudrait décider si le mari avait, depuis, géré les biens donnés? « N'a-t-il pas consenti, dit-il, à les administrer, et par conséquent à veiller à leur sûreté et à faire transcrire ? — Cette question, ajoute l'auteur, et beaucoup d'autres sont des questions de fait. »

Il y aurait, en effet, par les tribunaux, à rechercher si la gestion, par le mari, des biens donnés implique, de sa part, une rétractation, une sorte de consentement rétrospectif à l'acceptation de la donation; ou si elle n'est pas plutôt la conséquence directe et légale du droit, disons mieux, de l'obligation qu'a le mari d'administrer les biens personnels de sa femme, soit qu'il y ait, ou non, communauté entre eux (C. Nap., 1428, 1530, 1531 et 1549)? Remarquez

_____

(1) Ricard, Donat., part. 1re, n° 1243, et son annotateur Bergier, *loc. cit.*

(2) Marcadé, sur l'art. 940; Coin-Delisle, sur l'art. 942, n° 9 Bayle-Mouillard sur Grenier, t. 2, n° 466, note *b*.— *Contrà*, Dalloz, Jur. gén., v° *Disposit. entre-vifs et test.*, n° 1584.

qu'il s'agit d'infliger au mari une pénalité rigoureuse, pour
l'application de laquelle il faut qu'il soit en faute (*suprà*,
n° 727), tandis que peuvent subsister encore les motifs qui
lui ont fait refuser de donner son consentement à l'acceptation de la donation. La transcription, d'ailleurs, n'est pas
une formalité obligatoire pour la femme (*suprà*, n° 24), et le
mari peut croire que c'est avec intention qu'elle n'a pas fait
transcrire elle-même ; car l'ignorance du droit, ou l'insou-
ciance de ses intérêts, ne doivent pas être supposés chez
une femme qui n'a pas craint de braver l'autorité maritale
et de réclamer de la Justice, pour se mettre en possession des
biens donnés, l'assistance que son mari lui refusait.

751. Mais, de même que M. Coin-Delisle, je ne saurais
admettre, avec Ricard, que la séparation de biens, soit contractuelle, soit judiciaire, dispense le mari de faire transcrire la donation faite à sa femme, quoique celle-ci conserve
ou recouvre, par cette séparation, la libre administration de
ses biens, meubles et immeubles (C. Nap., 1449 et 1536).

Que dit Ricard ? « Et, au second cas (celui de la séparation de biens), la femme ayant la direction de son bien et de
ses affaires, c'est à elle de veiller à ce qui est nécessaire pour
leur donner la perfection. Car, quoiqu'il se juge qu'en ce cas,
la femme ne soit point plus capable de s'obliger, sans l'autorité de son mari, que si elle n'était point séparée, c'est à elle
à le requérir de lui prêter son autorité, puisqu'elle a voulu
avoir la conduite de son bien. Et, d'ailleurs, sa séparation
l'autorise suffisamment pour agir en justice, et pour diriger
toutes les actions qui sont nécessaires à intenter pour la conservation de son bien, et même pour faire insinuer les donations qui lui sont faites, sans qu'elle ait besoin de l'autorité
de son mari pour cet effet.... » (1).

Sans contredit, la femme, qu'elle soit séparée ou non ,

_____

(1) Des Donat., *loc. cit.*

n'a pas besoin de l'autorisation de son mari pour faire trans-crire (C. Nap., 940). Mais là n'est pas la question : quoi-qu'ayant l'administration de ses immeubles, la femme sépa-rée de biens, je l'ai déjà dit, n'a pas le pouvoir de les aliéner, sans le consentement de son mari (1449) ; et celui-ci, par conséquent, qui n'est pas affranchi, par la séparation de biens, de ses devoirs de protection envers sa femme, doit veiller à ce que la donation soit transcrite, puisque le défaut de transcription peut aboutir à une véritable aliénation des biens donnés.

D'après l'art 217, « la femme, même non commune ou séparée de biens, ne peut acquérir à titre gratuit ou onéreux, sans le concours du mari dans l'acte, ou son consentement par écrit. » Quoi de plus naturel, dès lors, que le mari, qui est obligé d'assister sa femme, de lui prêter le secours de ses conseils et de son expérience, toutes les fois qu'il s'agit pour elle d'un acte important, soit de même obligé de veiller à l'accomplissement d'une formalité destinée à le compléter, et dont l'absence pourrait avoir pour la femme les plus graves conséquences ?

Il est dit encore, dans l'art. 1450, que le mari est garant du défaut d'emploi ou de remploi du prix de l'immeuble que la femme séparée a aliéné, si la vente a été faite en sa pré-sence et de son consentement, quoiqu'il ne le soit pas de l'utilité de cet emploi. J'ai expliqué *suprà*, n° 729, qu'un des motifs de cette disposition, c'est que la loi se défie des entraînements de la femme, de sa facilité à se ruiner : de là l'intervention du mari, gardien des intérêts de la famille, pour surveiller l'emploi des deniers. Mais, assurément, si la loi se montre assez soucieuse des intérêts de la femme, même séparée, pour obliger le mari à la garantie du défaut d'emploi d'un prix de vente, il y a lieu d'en conclure, *à fortiori*, qu'il doit être responsable envers elle du défaut de transcription.

752. On peut objecter, cependant, à cette opinion que la

transcription, ainsi que je viens de le dire (n° 730), n'est pas obligatoire pour la femme; qu'elle entraîne des frais que celle-ci peut avoir le désir d'éviter, et que c'est une raison, dès lors, de ne point imposer au mari la charge de faire transcrire, afin de ne point mettre en lutte son propre intérêt avec l'intérêt contraire de sa femme. — Mais à cela il faut répondre que le désir d'éviter quelques frais est une considération trop minime pour entrer en balance avec l'intérêt si grand qu'a la femme de se garantir, par la transcription, de droits d'hypothèque ou autres que des tiers pourraient acquérir ultérieurement sur les biens objet de la donation. Il ne faut pas parler, en effet, du droit proportionnel de transcription, qui se confond avec le droit d'enregistrement (L. 28 avril 1816, art. 52 et 54), et auquel, par conséquent, il est impossible à la femme de se soustraire. Il ne s'agit donc que du droit fixe, lequel ne peut jamais s'élever bien haut (1).

Il faut ajouter, d'ailleurs, que la responsabilité du mari serait à couvert, s'il établissait qu'en s'abstenant de faire transcrire, il n'a fait qu'obtempérer au désir de sa femme. Tel est, en effet, le sens de l'art. 942, qui n'accorde, comme on l'a vu *supra*, n° 727, aux mineurs, aux interdits, aux femmes mariées, de recours contre leurs tuteurs ou maris, pour le préjudice qui est résulté pour eux du défaut de transcription, que *s'il y échet*.

Sous l'Ordonnance de 1731, le mari était également responsable envers sa femme, même séparée de biens, du défaut d'insinuation des donations faites au profit de celle-ci (art. 28).

733. Mais les art. 29 et 30 de la même ordonnance avaient une disposition différente, lorsque la donation portait sur

---

(1) Conf. Bayle-Mouillard sur Grenier, t. 2, n° 166, note *b*; Dalloz, Jur. gén., v° *Disposit. entre-vifs et test.*, n° 1583. M. Dalloz, cependant, paraît n'adopter cette opinion qu'à regret.

des biens paraphernaux de la femme. « N'entendons, néanmoins, portait l'art. 29, qu'en aucun cas, ledit recours puisse
avoir lieu, quand il s'agira de donations faites à la femme
pour lui tenir lieu de biens paraphernaux, si ce n'est seulement lorsque le mari aura eu la jouissance de cette nature
de biens, du consentement exprès ou tacite de la femme. »

Faut-il dire qu'en pareil cas, le mari sera dispensé de
faire transcrire ? Je ne le pense pas, par la double raison que
j'ai déjà donnée : d'une part, parce que l'art. 940, en disant
que la transcription sera faite à la diligence du mari, lorsque
les biens auront été donnés à la femme, s'exprime d'une
manière générale et sans distinction par rapport à la nature
des biens ; de l'autre, parce que, bien que la femme ait l'administration et la jouissance de ses paraphernaux, elle n'est
pas, à cet égard, dans une position différente de celle de la
femme séparée de biens, puisqu'elle ne peut, pas plus que
celle-ci, aliéner ses immeubles paraphernaux, sans l'autorisation de son mari ou de la Justice (1576). Si l'Ordonnance
de 1731 en disposait autrement, c'est que, suivant le droit
romain, et, par suite, dans la majeure partie des pays de
droit écrit, la femme était maîtresse absolue de ses biens
paraphernaux et pouvait les aliéner, sans le consentement ni
la participation de son mari (L. 6, C., *De revoc. dondt.* ; LL.
8 et 11, C., *De pactis conv.*) ; ce qui n'avait pas lieu pour la
femme séparée de biens (1).

734. L'art. 940 n'a pas mis le subrogé tuteur au nombre
des personnes qui sont chargées de faire transcrire, dans
l'intérêt du mineur ou de l'interdit : doit-on le rendre responsable, comme le tuteur, du défaut de transcription ?

En règle générale, non, parce que les fonctions du subrogé

---

(1) Rép., vᵒ *Paraphernal*, sect. 1, § 3, et Quest. de dr., *eod.
verb.* V. aussi Rép., vᵒ *Séparation de biens*, sect. 2, § 9, et vᵒ *Autor.
marit.*, sect. 7, nᵒ 5.

tuteur consistent seulement à agir pour les intérêts du mineur, lorsqu'ils sont en opposition avec ceux du tuteur (C. Nap., 420).

755. Mais, lorsque le donateur est le tuteur lui-même, la règle : *in rem suam auctorem tutorem fieri non posse* (1), s'oppose à ce que la donation soit acceptée par le tuteur, au nom de son mineur, comme le veut l'art. 935, pour les cas ordinaires. Il faut alors que ce soit un tuteur *ad hoc* (2), ou le subrogé tuteur (3), qui accepte pour le mineur. — D'où naît la question de savoir si ce tuteur *ad hoc* ou le subrogé tuteur sont, en même temps, obligés de faire transcrire, à peine de répondre, envers le mineur, du défaut de transcription ?

J'ai dit *suprà*, n° **718**, que le tuteur, donateur de son pupille, quoique ne pouvant accepter lui-même pour ce dernier, n'en est pas moins tenu de faire transcrire la donation. M. Poujol en conclut que la même obligation ne peut incomber au subrogé tuteur, et que celui-ci, par conséquent, n'est pas responsable du défaut de transcription (4).

M. Coin-Delisle est d'un sentiment contraire. « Nous pensons, dit-il, qu'en général, tous ceux qui sont chargés d'accepter pour un incapable, comme le curateur du sourd-muet, ou qui acceptent d'office, comme les ascendants du mineur, sont tenus de faire opérer la transcription et tous les actes complémentaires de leur acceptation, si ce n'est en vertu de

---

(1) V. la loi 1, D., *De auct. et cons. tut.*

(2) Pothier, Donat. entre-vifs, sect. 2, art. 1 ; Ricard, *ibid.*, part. 1re, n° 860 ; Rép., v° *Mineur*, § 7, n° 4 ; Duranton, t. 8, n° 443 ; Troplong, Donat., t. 3, n° 1135 ; Rouen, 27 fév. 1852, aff. Boutigny ; D.p.53.2.26 ; Caen, 8 mai 1854, aff. Poirier ; D.p.54.2.241.

(3) Delvincourt, t. 2, p. 261, note 4 ; Toullier, t. 5, n° 202 ; Grenier, Donat., t. 1, n° 66, et Bayle-Mouillard sur Grenier, note *a* ; Coin-Delisle, sur le même article, n°s 5 et 6 ; Dalloz, Jur. gén., v° *Disposit. entre-vifs*, etc., n° 1488.

(4) Sur l'art. 942, n° 2.

l'art. 942, du moins en vertu du droit commun. V. l'art. 1382. » (1).

Je n'hésite pas à me ranger à cette dernière opinion, par la raison que donne M. Coin-Delisle, que le subrogé tuteur, dans le cas spécifié, étant le mandataire légal du mineur pour accepter la donation, l'est également pour tout ce qui est une suite du mandat. Et de ce que, après le contrat consommé, le tuteur reprend son rôle d'administrateur légal des biens du mineur, et qu'il est obligé, à ce titre, de faire opérer la transcription, ce ne peut être une raison de décharger le subrogé tuteur de la même obligation, si cette obligation est une conséquence nécessaire du mandat qu'il a eu à remplir, en acceptant la donation.

J'ajoute que le subrogé tuteur est tenu, sous sa responsabilité personnelle, et sous peine de tous dommages-intérêts, de faire inscrire l'hypothèque légale du mineur sur les biens du tuteur (C. Nap., 2137), et qu'il y a là un puissant argument d'analogie pour le faire déclarer également tenu de faire opérer la transcription. — Vainement dirait-on qu'il n'y a pas similitude entre les deux cas, parce que, dans le premier, il y a une opposition réelle entre les intérêts du tuteur et ceux du mineur, et qu'ainsi l'art. 2137 n'est qu'une application de la disposition de l'art. 420. — Je réponds que la même opposition peut exister, dans le cas de donation faite par le tuteur à son pupille; car, après la donation faite et acceptée, le tuteur peut se repentir, et ne pas être fort empressé, dès lors, de remplir une formalité qui l'empêcherait de reprendre, par une fraude, sans doute, mais enfin de reprendre, au regard des tiers, la libre disposition des biens donnés.

---

(1) Sur l'art. 942, n° 10.— Conf. Bayle-Mouillard sur Grenier, t. 2, n° 166, note *b*; Dalloz, Jur. gén., v° *Dispos. entre-vifs et test.*, n° 1588.

On objectera que la responsabilité du subrogé tuteur fait double emploi avec celle de tuteur. — Mais il n'y a, entre les deux situations, rien d'incompatible. L'un a un devoir général, l'autre un devoir particulier à remplir; et la loi ne saurait voir de mauvais œil que le mineur ait deux garanties, au lieu d'une.

736. Le mandataire, qui a reçu d'un donataire majeur un mandat spécial pour accepter la donation faite à ce dernier (C. Nap. 955), n'est pas soumis à des obligations aussi étroites, envers son mandant, que le subrogé tuteur envers le mineur, dans les cas où il a la mission légale de le représenter. Cela tient à ce que le mandataire spécial ne doit rien faire, conformément à l'art. 1989, au delà de ce qui est porté dans son mandat, et que lui-même, en acceptant ce mandat, ne doit pas être présumé avoir voulu s'engager à plus que ce qui lui a été demandé.

Il faut donc dire que le mandataire, qui n'a reçu de mandat que pour accepter la donation, ne sera pas tenu de faire transcrire, à moins de circonstances particulières (1), ou de termes assez généraux dans la procuration, pour qu'on puisse en induire que le mandat, dans la commune intention du mandant et du mandataire, devait s'étendre à tout ce qui est nécessaire pour assurer à la donation son plein effet, tant vis-à-vis des tiers que vis-à-vis du donateur lui-même.

Il y a d'autant plus de raison de le décider ainsi que le mandant peut avoir la volonté de ne pas faire transcrire, dans le but d'éviter des frais qu'il juge inutiles, par la complète sécurité que lui inspire la position du donateur.

737. D'après l'art. 935, les père et mère du mineur émancipé ou non émancipé, et les autres ascendants, même

---

(1) Par exemple : si le donataire était engagé dans un voyage qui dût durer longtemps; s'il demeurait à l'étranger, ou dans un département éloigné.

du vivant des père et mère, quoiqu'ils ne soient ni tuteurs, ni curateurs du mineur, peuvent cependant accepter pour lui la donation faite à son profit. Lorsqu'ils usent de cette faculté, se mettent-ils, par cela même, dans l'obligation de faire transcrire, et demeurent-ils responsables, envers le mineur, du défaut de transcription?

Je suis encore, avec M. Coin-Delisle (1), pour l'affirmative. En prenant la place du tuteur, ils en ont contracté les obligations. D'ailleurs, en acceptant pour le mineur, ils se constituent ses mandataires officieux ; et l'art. 1372 déclare que : « lorsque, volontairement, on gère l'affaire d'autrui, soit que le propriétaire connaisse la gestion, soit qu'il l'ignore, celui qui gère contracte l'engagement tacite de continuer la gestion qu'il a commencée, et de l'achever jusqu'à ce que le propriétaire soit en état d'y pourvoir lui-même ; *qu'il doit également se charger de toutes les dépendances de cette même affaire*, et qu'il se soumet à toutes les obligations qui résulteraient d'un mandat exprès que lui aurait donné le propriétaire. » La transcription n'est pas seulement une *dépendance* de l'acceptation, elle en est, ainsi que je l'ai dit plus haut, le complément, puisque la donation n'a d'effet, à l'égard des tiers, que par l'accomplissement de cette formalité.

738. Il n'est pas question, dans l'art. 942, des Établissements publics ; il n'y est pas dit, comme pour les femmes, les interdits et les mineurs, qu'ils ne seront pas restitués contre le défaut de transcription, parce que cela n'était pas nécessaire à dire, la disposition concernant ceux-ci devant, à plus forte raison, s'appliquer à ceux-là. L'art. 32 de l'Ordonn. de 1731 le déclarait, d'ailleurs, en termes exprès.

---

(1) V. au n° 733. — Conf. Marcadé, sur l'art. 942, n° 2 ; Bayle-Mouillard sur Grenier, t. 2, n° 166, note *b*.—*Contrà*, Dalloz, Jur. gén., v° *Disposit. entre-vifs et test.*, n° 1586.

739 Mais du silence de l'art. 942 il ne faudrait pas conclure que les administrateurs de ces Établissements ne sont pas responsables envers eux du défaut de transcription. Ils en sont responsables, au même titre que les tuteurs et les maris, c'est-à-dire, s'il y a une faute, une négligence à leur imputer (Voy. *suprà*, n° 727). Il faut bien une sanction à la disposition de l'art. 940, qui charge ces administrateurs de faire opérer la transcription (1).

740. Il semble, toutefois, que cette responsabilité doive être moins étroite que celle des maris ou tuteurs. « Le projet, disait, à ce propos, M. Jaubert, dans son rapport au Tribunat, sur le titre des Donations et Testaments, le projet garde le silence sur le recours à exercer contre les administrateurs : à leur égard, il ne doit y avoir que la responsabilité attachée à leurs fonctions (2). » — Et M. Dalloz en a conclu : « qu'il n'y aurait pas de recours contre ces administrateurs ; que leur responsabilité est purement morale, et que ses effets sont déterminés par la nature de leurs fonctions et par les décisions de l'autorité administrative supérieure (3). »

D'un autre côté, M. Duranton déclare : « que le recours contre les administrateurs aurait lieu, d'après le droit commun et les principes sur la responsabilité, s'ils avaient commis une négligence *grave ;* ce qui serait à apprécier d'après les circonstances du fait..... (4). »

La doctrine de M. Duranton me semble plus juridique ; mais, en fait, M. Dalloz a raison. Les Établissements publics étant placés sous la tutelle de l'Administration, ne peuvent exercer, devant les tribunaux, de recours contre leurs admi-

---

(1) Conf. Duranton, t. 8, n° 523 ; Coin-Delisle, sur l'art. 942, n° 11.
(2) Jur. gén., v° *Disposit. entre-vifs et test.*, p. 41, n° 139.
(3) *Ibid.*, n° 1589.—Conf. Grenier, Donat., t. 2, n° 166, 4ᵉ édit.
(4) T. 8, n° 524.—Conf. Coin-Delisle, sur l'art. 942, n° 11 ; Rivière et Huguet, Quest., n° 165.

nistrateurs négligents qu'après avoir obtenu du Conseil de préfecture, ou du Conseil d'État, l'autorisation de plaider (1) ; ce qui met, en réalité, l'action en responsabilité dans les mains de l'Administration. Mais il n'est pas à craindre que l'autorité supérieure abuse de ce pouvoir discrétionnaire, en refusant l'autorisation, lorsque la demande sera fondée sur des motifs sérieux.

741. Du reste, le recours des Établissements publics contre leurs administrateurs, pour le défaut de transcription, n'est pas garanti par une hypothèque légale, comme cela a lieu pour les femmes, les interdits et les mineurs (*suprà*, n° 725), parce que l'art. 2121 n'accorde aux Établissements publics d'hypothèque légale que sur les biens de leurs *receveurs ou administrateurs comptables*, c'est-à-dire, des préposés de ces Établissements qui ont le maniement des deniers (2).

SECTION II. — *De la Transcription des Substitutions.*

---

(1) LL. 28 pluv. an VIII, art. 4 ; 18 juillet 1837, art. 21, 49 et 50. V. aussi Jur. gén., v° *Hospices*, n°ˢ 408 et suiv.

(2) Mon Traité des Priv. et Hyp., inédit ; Jur. gén., v° *Priv et hyp.*, n°ˢ 1071 et suiv.

au privilége, doit relater l'acte contenant substitution. — Ou, si l'inscription existe déjà, cet acte doit être mentionné en marge de l'inscription existante.

746. Ce mode de publicité, du reste, est applicable aux capitaux placés en remploi, comme aux capitaux compris dans l'acte de substitution. — Il en est de même de la transcription, lorsque l'emploi est fait en immeubles.

747. Pour les meubles conservés en nature, il n'y a d'autre garantie de leur restitution aux appelés que la responsabilité du grevé et celle du tuteur à la substitution, s'il y a eu défaut de surveillance de ce dernier.

748. Lorsque la substitution est contenue dans un acte entre-vifs, une seule transcription suffit, et pour la donation et pour la substitution.—*Secùs*, dans le cas prévu par l'art. 1052.

749. La transcription doit être faite, à la diligence du grevé ou du tuteur à la substitution.—Si le grevé est mineur, l'obligation passe à son tuteur.

750. Les personnes susnommées sont responsables, envers les appelés, du préjudice résultant pour eux du défaut de transcription.

751. Mais cette action en responsabilité contre le tuteur à la substitution ne donne pas lieu, au profit des appelés, à une hypothèque légale sur les biens de ce tuteur.

752. Lorsque le grevé est mineur, cette hypothèque légale existe, à son profit, contre son propre tuteur, qui a négligé de faire transcrire, à raison des dommages-intérêts auxquels il pourrait être condamné envers les appelés, pour le défaut de transcription.

753. Les appelés, qu'ils soient majeurs ou mineurs, peuvent faire transcrire, dans leur propre intérêt. — Il en est de même de leurs parents ou amis.

754. Les appelés, s'ils sont mineurs ou interdits, ne sont pas restitués contre le défaut de transcription, même dans le cas d'insolvabilité du grevé et du tuteur à la substitution.

755. Il en est de même du grevé mineur : l'insolvabilité de son tuteur ne peut le soustraire au recours exercé contre lui par les appelés, pour défaut de transcription.

756. L'Ordonnance de 1747 accordait un délai de six mois pour faire publier et enregistrer au greffe l'acte de substitution, avec effet rétroactif au jour de sa date, si l'acte était entre-vifs, ou au jour du décès, si l'acte était à cause de mort.

757. Erreur de M. Maleville, qui pense que cette disposition serait encore applicable aujourd'hui.

758. Le tuteur à la substitution doit s'empresser de faire transcrire sans se reposer de ce soin sur le grevé, puisqu'il est *personnellement* responsable du défaut de transcription.

35.

759. Il doit veiller également aux inscriptions à prendre, lors de l'emploi des deniers substitués, et au renouvellement décennal de ces inscriptions.

760. Le grevé de restitution peut renoncer, avant que le droit des appelés soit ouvert, au bénéfice de la disposition : cette renonciation sera-t-elle sujette à transcription ? — Distinction.

761. Si la renonciation est antérieure à l'acceptation du legs contenant substitution, elle ne doit pas être transcrite. — Les appelés n'ont pas non plus à faire transcrire, à raison du legs.

762. Si la charge de rendre est contenue dans une donation entre-vifs, le refus d'acceptation de la donation par le grevé ferait, suivant Toullier et M. Troplong, évanouir le droit des appelés. — *Contrà*, M. Vazeille.

763. J'adopte ce dernier sentiment. — Dans ce cas, les appelés étant les donataires directs, c'est à eux de faire transcrire la donation.

764. Si la renonciation du grevé est postérieure à son acceptation de la donation ou du legs, l'acte de renonciation doit être transcrit.

765. Les appelés peuvent aussi renoncer à la substitution, même avant que leur droit soit ouvert, pourvu, toutefois, s'il s'agit d'un legs, que la renonciation ne soit pas faite du vivant du testateur.

766. L'Ordonnance de 1747 exigeait, dans ce dernier cas (celui où le droit n'est pas ouvert), que la renonciation fût faite par acte notarié.

767. Cette disposition doit être observée, quoiqu'elle ne soit pas reproduite par le Code.

768. Si la renonciation des appelés n'a lieu qu'après l'ouverture de la substitution, et avant toute acceptation de leur part, elle n'est pas translative de propriété, et, dès lors, ne doit pas être transcrite.

769. Mais, quoiqu'en pareil cas, la transcription ne soit pas exigée, elle peut, néanmoins, être utile au grevé, dans l'intérêt de son crédit. — Une simple mention de l'acte de renonciation en marge de la transcription, antérieurement faite, de l'acte contenant substitution suffirait.

770. Le jugement, prononçant la déchéance du grevé, à défaut, par lui, d'avoir fait nommer un tuteur à la substitution, doit être transcrit. — Une simple mention de ce jugement en marge de la transcription de l'acte de substitution ne suffirait pas.

771. Il en est de même du jugement qui prononcerait la déchéance du grevé, pour abus de jouissance.

772. Renvoi à la section précédente pour les autres difficultés non prévues dans celle-ci.

742. Les substitutions fidéicommissaires que la loi auto·

rise (C. Nap., 1048 et 1049) (1) sont, comme les donations de biens immeubles, soumises au régime de la publicité. « Les dispositions par actes entre-vifs ou testamentaires, à charge de restitution, porte l'art. 1069, seront, à la diligence, soit du grevé, soit du tuteur nommé pour l'exécution, rendues publiques, savoir : quant aux immeubles, par la transcription des actes sur les registres du bureau des hypothèques du lieu de la situation ; et, quant aux sommes colloquées avec privilége sur des immeubles, par l'inscription sur les biens affectés au privilége. »

Cette publicité, établie par l'édit du mois de mai 1553, étendue et développée par l'Ordonnance de 1747 sur les Substitutions, consistait, sous l'ancien droit, dans la publication faite à l'audience, et la transcription sur un registre du greffe, tant du lieu du domicile de l'auteur de la substitution que du lieu de la situation des biens, de l'acte contenant la substitution (Ord. de 1747, tit. II, art. 18 et suiv.). Aujourd'hui, il n'y a plus de publication à l'audience ; et la transcription ne se fait plus au greffe, mais au bureau des hypothèques du lieu de la situation des biens grevés.

743. C'est la même formalité que pour les donations, avec cette observation, toutefois, qu'ici la transcription s'applique aux actes testamentaires comme aux actes entre-vifs, par exception au principe qui a fait déclarer les testaments exempts de la formalité (*suprà*, n° 17).

M. Mourlon voit là une anomalie (2). Mais on s'explique très-bien que les legs de biens substitués ne soient pas, comme les legs purs et simples, affranchis de la transcription, parce que, dans le premier cas, il est d'impérieuse nécessité que les tiers soient avertis que le grevé n'a, sur les biens à

---

(1) V. la loi du 12 mai 1835, abolitive des majorats pour l'avenir, et celle du 7 mai 1849, portant abrogation de la loi du 17 mai 1826, et faisant ainsi retour aux dispositions du Code Napoléon.

(2) Rev. prat., t. 1, p. 10, n° 5.

lui donnés, sous charge de restitution, qu'une propriété résoluble.

744. Il est encore à remarquer que, pour les substitutions, la publicité n'est pas seulement requise à l'égard des immeubles, mais à l'égard des sommes grevées de restitution, et dont l'emploi doit être fait en immeubles, ou avec privilége sur des immeubles (1067). — Dans ce dernier cas, inscription doit être prise, ainsi que l'énonce l'art. 1069, sur les biens affectés au privilége.

« L'emploi, avec privilége sur des immeubles, aurait lieu, dit M. Duranton, en faisant servir les deniers à payer un vendeur, ou les architectes ou ouvriers qui ont fait des améliorations à des immeubles : la subrogation au privilége de ce vendeur ou de ces ouvriers serait acquise, en remplissant les conditions prescrites par le n° 2 et le n° 5 de l'art. 2103..... (1). »

745. Zachariæ fait observer que l'inscription doit relater l'acte contenant substitution ; ou, si l'inscription existe déjà (dans le cas, par exemple, où la disposition, faite avec charge de rendre, comprendrait des capitaux placés sur immeubles, avec privilége), qu'on doit annoter cet acte en marge de l'inscription existante. M. Duranton, dit-il, semble croire, à tort, qu'il s'agit, dans l'art. 1069, d'inscriptions à prendre dans la forme ordinaire. Des inscriptions, prises en la forme ordinaire, seraient inutiles, s'il en existait déjà, et ne feraient, en aucun cas, connaître l'existence de la substitution (2).

Cette observation me paraît juste, et je ne crois pas que M. Duranton ait voulu dire autre chose (3).

746. Zachariæ dit encore que « le mode de publicité,

---

(1) T. 9, n° 574.
(2) T. 5, § 696, note 36, édit. Aubry et Rau.
(3) V. t. 9, n°s 575 et 576.

prescrit pour les rentes et capitaux compris dans l'acte de substitution doit également être observé pour les rentes et capitaux placés en remploi ; que l'art. 1069 ne distingue pas (1). » — Il est certain, en effet, que l'article, par la place même qu'il occupe, s'étend aux uns comme aux autres.

A peine est-il besoin d'ajouter que la même remarque s'applique à la transcription, lorsque l'emploi des deniers comptants, de ceux provenant du prix des meubles vendus, du remboursement des rentes ou du recouvrement des effets actifs, est fait en immeubles, conformément à l'art. 1067 (2).

747. A l'égard des meubles conservés en nature, conformément aux art. 1063 et 1064, il n'y a, suivant l'observation de Marcadé (3), d'autre garantie de leur restitution aux appelés que la surveillance du tuteur à la substitution, sa responsabilité, s'il y a eu négligence de sa part (1073), et celle du grevé. Si ces meubles, en effet, venaient à être aliénés par le grevé, les acheteurs seraient protégés contre toute action en répétition, de la part des appelés, par l'art. 2279.

748. Lorsque la substitution est contenue dans un acte entre-vifs, qui, en tant que donation de biens immeubles faite au grevé, est déjà soumis à la transcription (C. Nap., 939), il est manifeste qu'une seule transcription suffit, et pour la donation et pour la substitution qu'elle contient.

Mais il en serait autrement, dans le cas prévu par l'art. 1052, c'est-à-dire, dans le cas d'une première donation faite ~~sans~~ sous charge de rendre, mais suivie d'une seconde libéralité, faite sous la condition que les biens précédemment donnés demeureront grevés de cette charge. Comme, dans ce

---

(1) *Loc. cit.*, note 37.

(2) Conf. Grenier, Donat., t. 3, n° 390, 4ᵉ édit.; Ancelot sur Grenier, note *a*. V. également l'Ordonn. de 1747, tit. 2, art. 23.

(3) Sur l'art. 1069.

cas, il n'est plus permis au grevé de diviser les deux dispositions faites à son profit et acceptées par lui, et de renoncer à la seconde pour s'en tenir à la première, il devient nécessaire que la première donation, quoique déjà transcrite, le soit de nouveau, à cause de la condition ajoutée à la disposition, et qui en change complétement le caractère et les effets (1).

749. La transcription doit être faite à la diligence, soit du grevé, soit du tuteur à la substitution, établi conformément aux art. 1055 et 1056. — Et, si le grevé est mineur, l'obligation de faire transcrire incombe à son tuteur (Arg. art. 1074).

750. Le défaut de transcription rend les personnes susnommées responsables, envers les appelés, du préjudice que ceux-ci en ont souffert (1070, 1073 et 1074).

751. Mais, ainsi que le disent tous les auteurs, cette action en responsabilité contre le tuteur à la substitution ne serait point garantie par l'hypothèque légale que l'art. 2121 accorde aux mineurs ou interdits sur les biens de leur tuteur (2). Les fonctions de tuteur à la substitution ont un objet spécial, limité, étranger à la *gestion* des biens pupillaires, cause génératrice de l'hypothèque légale du mineur sur les biens de son tuteur, comme l'explique l'art. 2135 (3).

Une autre différence à signaler entre le tuteur à la substitution et le tuteur ordinaire, c'est que le tuteur à la substitution est établi pour agir dans l'intérêt de tous les appelés, aussi bien des majeurs que des mineurs.

752. Au contraire, lorsque le grevé est mineur, la négligence de son tuteur à faire transcrire, et qui expose ce mi-

---

(1) Conf. Troplong, Donat., t. 4, n° 2283.

(2) Grenier, Donat., t. 3, n° 391, 4e édit.; Toullier, t. 5, n° 750; Duranton, t. 9, n° 563; Troplong, Donat., t. 4, n° 2291.

(3) Mon Traité des Priv. et Hyp., inédit; Jur. gén., v° *Priv. et hyp.*, n°s 1014 et suiv.

neur à une action en dommages-intérêts, de la part des appelés, pour défaut de transcription (1074), est un fait de gestion qui soumet ce tuteur à l'hypothèque légale, conformément à l'art. 2135, à raison de l'action récursoire que le mineur aura à exercer contre lui.

753. Il va de soi que les appelés, s'ils sont majeurs, peuvent faire transcrire dans leur propre intérêt. Et la même faculté appartiendrait, ainsi qu'on l'a vu *suprà*, n° 723, aux appelés qui seraient encore dans les liens de la minorité.

Il en serait de même de leurs parents et amis (*suprà*, n° 720 ; arg. des art. 1057 et 1061).

754. Les appelés, s'ils sont mineurs ou interdits, ne sont pas restitués contre le défaut de transcription, même dans le cas où leur recours contre le grevé et contre le tuteur à la substitution serait illusoire, à raison de l'insolvabilité de ces derniers (1070). — C'est la répétition de la disposition déjà consacrée pour les donations (942).

755. Si le grevé est mineur, ajoute l'art. 1074, il ne pourra, dans le cas même de l'insolvabilité de son tuteur, être restitué *contre l'inexécution des règles qui lui sont prescrites par les articles du présent chapitre :* c'est-à-dire que le grevé, quoique mineur, si son tuteur ne fait pas transcrire, demeure, malgré l'insolvabilité de ce dernier, soumis à l'action directe des appelés, à raison du tort que cause à ceux-ci le défaut de transcription.

Quant à l'action récursoire du grevé mineur contre son tuteur, v. *suprà*, n° 752.

756. L'Ordonnance de 1747, reproduisant, en ce point, celle de 1731 sur les Donations, donnait un délai de six mois pour faire publier et enregistrer au greffe l'acte contenant substitution, avec effet rétroactif au jour de sa date, s'il s'agissait d'un acte entre-vifs, ou au jour du décès, si la disposition était à cause de mort (tit. 2, art. 27 et 28). Toutefois, la publication et 'enregistrement pouvaient encore avoir lieu après le délai, mais sans effet rétroactif (art. 29).

J'ai dit *suprà*, n° 669, que la transcription, aujourd'hui, n'est soumise à aucun délai, mais que, d'un autre côté, elle n'a d'effet contre les tiers que du jour où elle a été opérée.

757. M. Maleville a prétendu que, dans le silence du Code, relativement au délai assigné par l'Ordonnance à la publication de la substitution, les dispositions de cette Ordonnance devraient encore être suivies aujourd'hui (1). Mais c'est là une erreur manifeste; et la transcription dont il est parlé dans l'art. 1069 n'a pas un autre caractère et ne produit pas d'autres effets que ceux dont il est mention dans l'art. 939 (2).

758. Il suit delà, comme le dit M. Coin-Delisle, que le tuteur à la substitution, que la loi charge, concurremment avec le grevé, du soin de faire opérer la transcription, ne saurait le faire trop tôt, et qu'il ne doit pas se reposer de ce soin sur le grevé; car, si ce dernier aliénait les biens, avant que la formalité fût remplie, le tuteur serait *personnellement responsable* envers les appelés, aux termes de l'art. 1073, du préjudice que leur aurait causé cette aliénation (3).

759. C'est encore au tuteur à l'exécution, dit le même auteur, de veiller aux inscriptions à prendre, lors de l'emploi des deniers substitués, et au renouvellement de ces inscriptions dans les dix années, conformément à l'art. 2154 (4).

760. Le grevé de restitution peut, avant que le droit des appelés soit ouvert, renoncer au bénéfice de la disposition faite à son profit (1053). Dans ce cas, il y a lieu de distinguer si la renonciation est antérieure ou postérieure à l'acceptation de la libéralité par le grevé.

761. Si elle est antérieure, le legs (car il ne peut guère être question que de legs), le legs fait au grevé, sous charge

---

(1) Analyse du Code civil, t. 2, sur l'art. 1069. — Conf. Laporte, Pand. franç., cité par Maleville.

(2) Conf. Troplong, Donat., t. 4, n° 2284.

(3) Coin-Delisle, sur l'art. 1069, n° 1.

(4) *Loc. cit.*, n° 2.

de restitution, devient caduc à son égard, faute d'acceptation (1043), et les appelés le recueillent directement par l'effet d'une substitution vulgaire, implicitement comprise, dans ce cas, dit M. Duranton, dans la substitution fidéicommissaire (1).

D'après les principes développés précédemment (n°ˢ 436 et 442), l'acte de renonciation, en pareil cas, n'est pas sujet à transcription. Et les appelés n'ont pas non plus à faire transcrire, à raison de la mutation opérée directement à leur profit, puisqu'il s'agit d'un legs (*suprà*, n° 17).

762. Je parle de legs seulement, parce que la question devra difficilement se produire dans le cas de donation. Il est manifeste, en effet, qu'un père, un frère, qui a le dessein de faire une substitution fidéicommissaire par acte entre-vifs, commencera par s'entendre avec le donataire, et voudra, avant de réaliser la disposition, s'assurer de l'acceptation de ce dernier. Les auteurs, cependant, examinent la question, et voici de quelle manière Toullier la résout :

« S'il s'agissait, dit-il, d'une donation entre-vifs, faite à la charge de rendre, il est évident qu'il ne résulterait de

---

(1) T. 9, n°ˢ 601 et 602. — Conf. Delvincourt, t. 2, note 2 de la page 105 ; Toullier, t. 5, n° 790 ; Troplong, Donat., t. 4, n° 2247. — V. aussi Furgole, sur les art. 26 et 27 du tit. 1ᵉʳ de l'Ordonn. de 1747.

Suivant M. Duranton, il n'y a que les enfants existants ou déjà conçus, lors du décès du testateur, qui puissent profiter du legs, « parce qu'en pareil cas, dit-il, la disposition ne peut valoir, à leur profit, qu'à titre de substitution vulgaire. » — M. Troplong n'admet pas cette distinction entre les enfants nés et les enfants à naître. « Il est de principe, dit-il, que la répudiation ne peut pas nuire au substitué ; et c'est ce que proclamait expressément l'art. 27 du tit. 1ᵉʳ de l'Ordonn. de 1747. Il y a même raison de décider aujourd'hui..... On peut bien, ajoute-t-il, s'attacher à la substitution vulgaire pour faire valoir la disposition, mais non pas pour l'anéantir ; d'autant que ce n'est pas une substitution vulgaire que le testateur a voulu faire à *priori* ; sa pensée a été de faire une substitution fidéicommissaire. »

Cette question est étrangère à mon sujet.

la répudiation ou refus d'acceptation aucun droit en faveur des appelés, ni des créanciers du grevé ; car il n'existe point de contrat. Le donateur demeure libre de rétracter ses offres jusqu'à l'acceptation, qui ne peut être faite après sa mort, et qui ne peut l'être, pendant sa vie, que par le donataire avec lequel il entend contracter (1). »

M. Troplong tient le même langage (2).

M. Vazeille, au contraire, enseigne que, dans ce cas, comme dans celui du legs, la substitution vulgaire est, de droit, comprise dans la substitution fidéicommissaire, et que l'appelé doit prendre la place du grevé (3).

763. Malgré des autorités aussi graves que les auteurs que je viens de citer, je ne serais pas éloigné d'adopter le sentiment de M. Vazeille. Puisque, pour la substitution fidéicommissaire, permise aux pères et mères en faveur de leurs petits-enfants, aux frères et sœurs en faveur de leurs neveux et nièces, le législateur n'a pas craint de déroger à un principe fondamental, en matière de legs comme en matière de donation, à savoir que, pour être capable de recevoir entre-vifs ou par testament, il faut être né, ou au moins conçu, au moment de la donation ou à l'époque du décès du testateur (C. Nap., 906), pourquoi n'admettrait-on pas, pour les donations comme pour les legs, cette interprétation favorable d'une substitution vulgaire, prenant la place de la substitution fidéicommissaire, en cas de répudiation de la donation par le premier institué ? Lorsqu'un père donne à son fils, à charge de rendre à ses enfants, ceux-ci ne sont-ils pas, dans la disposition, comme gratifiés en second ordre ? Et qu'y a-t-il, alors, d'anormal à les admettre à accepter la donation, au défaut de leur père gratifié en premier ordre ?

---

(1) T. 5, n° 788.
(2) Des Donat., t. 4, n° 2248.—Conf. Delvincourt, *loc. cit.*; Coin-Delisle, sur l'art. 1053, n° 11 ; Dalloz, Jur. gén., v° *Substitut.*, n° 482.
(3) Sur l'art. 1053, n° 4.

Seulement, dans ce cas, où, à raison de la répudiation du père, il ne peut plus être question de substitution fidéicommissaire, et où la loi exige impérativement l'acceptation expresse (C. Nap., 932), le don ne pourra être recueilli que par les enfants déjà nés, ou au moins conçus, au moment de la donation, conformément à l'art. 906.

L'Ordonnance de 1747 fournit un argument en faveur de cette opinion. L'art. 27 du titre 1er dit, en effet, que « la renonciation de l'héritier institué, ou du légataire, ou du *donataire* grevé de substitution, ne pourra nuire au substitué, lequel, audit cas, prendra la place dudit héritier, légataire ou donataire…:. » (V. également l'art. 57). Et, quoique les substitutions fidéicommissaires soient vues aujourd'hui d'un œil moins favorable qu'anciennement, il n'y a aucune raison de penser que le législateur, qui a jugé à propos de les maintenir, tout en les limitant, ait eu l'intention de s'écarter de l'esprit de l'Ordonnance en ce point.

On appliquera donc à ce cas les principes du numéro 760, avec cette différence, néanmoins, que, ne s'agissant plus de legs, mais de donation, cette donation devra être transcrite, à la diligence des appelés, devenus, par le refus d'acceptation du grevé, les bénéficiaires directs.

764. Mais, lorsque la renonciation du grevé n'intervient qu'après son acceptation de la donation ou du legs, le cas est tout différent. « Il ne faut point confondre ce cas, dit encore M. Duranton, avec celui où, après avoir recueilli le droit, il y renoncerait, même au profit des héritiers du disposant; car, dans ce dernier cas, sa renonciation ne pourrait nuire à aucun de ceux des appelés qui auraient eu droit à la disposition, d'après la volonté du défunt, nés et à naître….. » (1).

La renonciation, dans ce cas, devrait être transcrite, à la

_____

(1) T. 9, n° 602.

diligence du tuteur à la substitution ou des appelés, pour avertir les tiers que le droit de ces derniers est ouvert, et qu'on ne peut plus traiter avec le grevé pour ses droits éventuels (*suprà*, n° 444).

765. Les appelés peuvent aussi renoncer à la substitution faite à leur profit, et ils peuvent le faire même avant que leur droit soit ouvert. « Il paraîtrait d'abord, dit Toullier, qu'ils ne peuvent renoncer à un droit qui n'existe pas encore. Mais, quoique les appelés n'aient pas un droit formé, un droit exigible avant l'ouverture de la restitution, ils ont néanmoins, comme nous l'avons vu, un droit éventuel ou une espérance, qui ne peut leur être enlevée, sans leur consentement; et, ce droit éventuel ou cette espérance, ils peuvent y renoncer; ils peuvent convenir, avec le grevé, qu'au cas que la restitution s'ouvre, par la suite, à leur profit, ils ne la recueilleront pas. Cette convention n'a rien de contraire aux lois ni aux bonnes mœurs, pourvu, toutefois, qu'elle ne soit pas faite du vivant du testateur, dans le cas où la disposition serait faite par testament; car alors la convention aurait pour objet une succession future ou les biens d'un homme vivant » (1).

766. L'Ordonnance de 1747, en effet, titre 1er, art. 28, s'exprimait ainsi : « Celui qui sera appelé à une substitution fidéicommissaire pourra y renoncer, soit après qu'elle aura été ouverte à son profit, soit avant que le droit lui en soit échu ; mais, *dans ce dernier cas*, la renonciation ne sera valable que lorsqu'elle sera faite par un acte passé devant notaire, avec celui qui se trouvera chargé de la substitution, ou avec le substitué qui sera appelé après celui qui renoncera ; duquel acte il restera minute, à peine de nullité. »

Cette disposition était conforme aux lois romaines, qui

---

(1) T. 5, n° 801.—Conf. Pothier, des Substit., sect. 7, art. 2, § 1 ; Dalloz, Jur. gén., v° *Substit.*, n° 476.

déclaraient valable la renonciation, par forme de pacte, à un droit non encore ouvert : *spes futuri juris rectè donari potest;* mais qui la déclaraient nulle, lorsqu'elle était pure et simple : *aliud est repudiare, aliud pacisci, et istud licitum est* (V. les lois 13, *D., De acq. et omitt. hæred.* ; 45, § 1, *D., De leg. 2°* ; 174, § 1, *De Reg. jur.*; et les lois 21, § 4, *D., De Pactis;* 1 et 16, *C., eod. tit.*; 11, *C., De Trans.*) (1).

767. Notre Code ne contient aucune disposition semblable à celle de l'Ordonnance. Mais « cette disposition, dit Toullier, doit être observée, sous l'empire du Code ; car une pareille renonciation est une véritable donation entre-vifs, sujette aux formalités particulières à ces sortes d'actes, et, par conséquent, à l'acceptation expresse (2). » Il faut ajouter : et à la transcription, conformément à l'art. 939.

768. Mais, lorsque la renonciation des appelés n'a lieu qu'après l'ouverture de la substitution, et avant toute acceptation de leur part, soit expresse, soit tacite, cette renonciation n'étant pas translative, mais purement extinctive, il n'y a pas lieu à transcription, comme je l'ai expliqué précédemment (n°s 436 et suiv.). L'Ordonnance avait fait elle-même une différence entre ce cas et celui où la renonciation se produisait avant l'ouverture du droit ; car ce n'était que *dans ce dernier cas* qu'elle exigeait un acte dans la forme des donations. Renoncer à un droit qui n'est pas encore ouvert, c'est, de fait, transporter à un autre l'espérance qu'on a de le recueillir ; c'est faire acte de propriété sur ce droit. Au lieu que renoncer à ce même droit, après qu'il est ouvert, le répudier, ce n'est faire autre chose que s'abstenir; c'est déclarer ne pas vouloir acquérir ce droit : *repudiare est nolle ad se pertinere.* Pour une telle abstention, un simple acte unilatéral suffit (*suprà,* n° 449) (3).

---

(1) Rép., v° *Renonciat.*, § 2, et v° *Subst. fidéicomm.*, sect. 17, n° 6.
(2) *Loc. cit.*
(3) Pothier, des Subst., sect. 7, § 2.

Il peut y avoir quelque subtilité dans ces distinctions. On sent, néanmoins, qu'on peut être plus facilement entraîné à abandonner un droit qui n'est pas ouvert, qui n'est encore qu'une simple espérance, qu'on ne peut l'être à renoncer à un droit certain et qui n'a plus rien d'éventuel. De là des précautions plus grandes à prendre par la loi pour s'assurer de la volonté du renonçant.

769. Le grevé, du reste, quoiqu'il ne soit pas obligé, dans le cas dont je viens de parler, de faire transcrire l'acte de renonciation, fera bien, néanmoins, dans l'intérêt de son crédit, de requérir cette transcription, ou plutôt de faire mentionner l'acte de renonciation en marge de la transcription, antérieurement faite, de l'acte contenant la substitution (V. *suprà*, n° 118). Si le grevé, en effet, n'a rien à redouter des actes ultérieurs de l'appelé, puisque celui-ci, devant être réputé, par sa renonciation, n'avoir jamais eu de droits dans les biens substitués, n'en peut transmettre à personne ; il a à faire connaître aux tiers l'acte qui a rendu incommutable en ses mains la propriété de ces biens, qui n'y résidait auparavant qu'à un titre précaire.

770. Suivant l'art. 1057, le grevé, qui n'a pas fait nommer un tuteur à la substitution, dans le délai fixé par l'art. 1056, encourt la déchéance ; « et, dans ce cas, dit l'art. 1057, le droit pourra être déclaré ouvert au profit des appelés, à la diligence, soit des appelés, s'ils sont majeurs, soit de leur tuteur ou curateur, s'ils sont mineurs ou interdits, soit de tout parent des appelés majeurs, mineurs ou interdits, ou même d'office, à la diligence du procureur impérial près le tribunal de première instance du lieu où la succession est ouverte. »

Lorsque la déchéance a été prononcée pour cette cause, la résolution du droit du grevé a sa source dans un fait extrinsèque et purement volontaire ; elle procède, comme on dit, en droit, *ex causâ novâ et voluntariâ* ; et, d'après les principes établis *suprà*, n°s 616 et suiv., le jugement qui a prononcé cette déchéance doit être transcrit : une simple mention de ce jugement en marge de la transcription de l'acte contenant substitution, conformément à l'art. 4 de la loi du 23 mars 1855, ne suffirait pas.

771. La déchéance du grevé pourrait aussi être prononcée pour abus de jouissance (arg. de l'art. 618, C. Nap.). « Il y a même raison, dit M. Duranton, que s'il s'agissait d'un droit d'usufruit ordinaire : car, quoique le grevé de restitution soit propriétaire, néanmoins son droit de propriété est résoluble, et peut s'analyser, en définitive, en un droit qui n'aura été, sous bien des rapports qu'un droit de jouissance, semblable à celui d'un usufruitier.... (1) »

La question, néanmoins, est controversée. On oppose que la déchéance, résultant de l'art. 618, est une peine grave qu'il n'est pas permis d'étendre d'un cas à l'autre ; qu'il est incertain, tant que la condition n'est pas arrivée, si les appelés auront jamais des droits à faire valoir, et que, déclarer ces droits ouverts avant l'évènement de la condition, ce serait prononcer, contre le grevé, une expropriation qu'aucune loi n'autorise. On ajoute que les droits des appelés sont suffisamment protégés par l'existence du tuteur à la substitution, qui, s'il le faut, pourra demander la mise en séquestre des biens substitués ; ce qui conservera, du moins, le revenu de ces biens au grevé et l'expectative de la consolidation de la propriété entre ses mains, si les appelés meurent avant lui (2).

---

(1) T. 9, n° 603.—Conf. Toullier, t. 5, n° 782; Malleville, sur l'art. 1053 ; Grenier, Donat., t. 2, n°s 375 et 376, 4e édit.; Delvincourt, t. 2, note 2 de la page 105 ; Dalloz, Jur. gén., v° *Substit.*, n° 458 ; Ricard, des Substit., 2e part., ch. 10, n° 25 ; Pothier, des Substit., sect. 5, art. 3 ; Furgole, sur l'art. 43, tit. 1, de l'ordonn. de 1747.

(2) Rép. de Favard, v° *Substit.*, ch. 2, sect. 2, § 6, n° 11, article de M. Rolland de Villargues ; Vazeille, sur l'art. 1053, n° 6 ; Coin-Delisle, sur le même article, n° 14; Ancelot sur Grenier, Donat., n° 375, note *a;* Thévenot d'Essaules, des Substit., ch. 47, n° 781.

I.   36

Mais il me semble que la faculté, laissée aux tribunaux par l'art. 618, de « n'ordonner la rentrée du propriétaire dans la jouissance de l'objet grevé d'usufruit que sous la charge de payer annuellement à l'usufruitier ou à ses ayants cause une somme déterminée, jusqu'à l'instant où l'usufruit aurait dû cesser, » désintéresse entièrement cette dernière opinion ; car, à moins de circonstances bien graves, ils préfèreront toujours ce parti à celui de la déchéance.

Mais, dans le cas où la déchéance serait prononcée, il faudrait appliquer à ce cas ce que j'ai dit *supra*, n°s 618 et suiv., c'est-à-dire faire transcrire le jugement prononçant la déchéance.

772. Je ne m'étendrai pas davantage sur cette matière, le lecteur devant se reporter, pour les autres difficultés qui pourraient se présenter, aux explications que j'ai données, dans la section qui précède, relativement à la transcription des donations.

CHAPITRE III.

Des formes de la Transcription et de la Mention, et des personnes chargées de les faire opérer.

773. Division.

773. Je ferai connaître, dans une première section, ce qui est relatif au mode de la transcription, et les conséquences à tirer des irrégularités qui pourraient se produire dans l'accomplissement de cette formalité.

J'indiquerai, dans une seconde, quelles personnes sont chargées de faire opérer la transcription (1); et, dans une troisième, comment on doit procéder à la mention des jugements, dans les cas prévus par l'art. 4 de la loi du 23 mars 1855.

SECTION Ire. — *Des formes de la Transcription.*

SOMMAIRE.

774. En quoi consiste la transcription ? — L'acte doit être transcrit *en entier.*
775. Le Conservateur devrait se refuser à transcrire l'acte dont un extrait seulement lui serait présenté. — *Contrà*, M. Sellier.
776. Mais ce principe est susceptible de tempéraments. — Ainsi, dans une vente publique d'immeubles, par lots séparés, chaque adjudicataire n'est obligé de faire transcrire que la partie du procès-verbal relative à son lot, à l'exception du cahier des charges, qui doit être transcrit en entier.

------

(1) Il n'est ici question que des actes à titre onéreux; car, pour ce qui regarde les actes à titre gratuit, la matière a été traitée au chapitre précédent.

777. La même règle ne saurait être appliquée à un acte de vente ordinaire, dans lequel divers immeubles sont vendus, pour des prix
différents, à une seule ou même à plusieurs personnes. — L'acte,
dans ce cas, ne peut être scindé.

778. La question est controversée; mais elle se réduit à une question
de fait.

779. Un acte d'échange ne peut non plus être scindé par celui des copermutants qui veut faire transcrire, dans son seul intérêt : il faut
qu'il soit transcrit en entier.—Opinion contraire de Grenier.

780. Mais il ne doit pas être procédé à une double transcription sur la
tête des deux copermutants.—*Contrà*, M. Lemarcis.

781. Lorsqu'un acte contient des stipulations de diverse nature, et
indépendantes les unes des autres, on doit transcrire seulement celles
qui sont sujettes à transcription.

782. Il en est ainsi, notamment, pour les actes de partage et les contrats de mariage.

783. *Quid*, lorsqu'un acte de vente comprend des immeubles et des
objets mobiliers ? — Distinction. — S'il y a des prix distincts et des
conditions séparées pour les meubles et pour les immeubles, on
transcrira seulement la partie de l'acte relative aux immeubles.

784. On devra transcrire l'acte entier, dans le cas contraire, sauf à ne
percevoir, pour les meubles, s'il y a des prix distincts, que le droit
de vente mobilière.

785. Lorsque les immeubles acquis par un même acte, quoique faisant
partie du même domaine, sont situés dans différents arrondissements,
l'acte entier doit être transcrit dans chaque arrondissement.

786. S'il s'agit d'un acte d'échange, chaque copermutant n'est tenu
de faire transcrire que dans l'arrondissement où est situé l'immeuble
qu'il a acquis par cet acte.

787. L'acte, contenant cession de droits successifs, doit être transcrit
dans les divers bureaux où sont situés les immeubles héréditaires,
et, pour les droits réels, aux bureaux de situation des immeubles
auxquels ces droits réels se réfèrent.

788. Pour les actions immobilisées de la Banque de France ou des canaux, la formalité doit être remplie à Paris.

789. Les procurations, et autres annexes des actes sujets à transcription, ne doivent pas être transcrites avec ces actes.

790. Les Conservateurs ne sont pas juges de la régularité ou de la validité des actes, et doivent les transcrire tels qu'ils leur sont présentés.

791. Ils devraient, néanmoins, se refuser à transcrire un acte, tel
qu'une vente d'objets mobiliers, qui ne serait évidemment pas soumis à la formalité.

792. Ils doivent aussi refuser de transcrire un acte, avant son enregistrement.

793. Mais l'acte transcrit, sans avoir été enregistré, n'en serait pas moins opposable aux tiers, du jour de la transcription.

794. Si l'acte avait été enregistré, mais que le droit proportionnel de transcription n'eût pas été perçu avec le droit d'enregistrement, le Conservateur ne pourrait arguer de cette omission pour refuser la transcription.

795. La transcription est opérée, sur la représentation d'une expédition de l'acte ou du jugement à transcrire, si l'acte est authentique ; ou de cet acte lui-même, s'il est sous seing privé.—Le Conservateur n'est pas obligé de se contenter d'une copie certifiée par la partie requérante.

796. Mais, si la transcription était faite, sur une simple copie certifiée, la transcription n'en obtiendrait pas moins tout son effet, si cette copie est conforme au titre.

797. Bien que la loi du 23 mars 1855 n'ait pas reproduit l'art. 2200, C. Nap., relatif au registre sur lequel doivent être inscrits, jour par jour, et par ordre de numéros, les actes présentés à la transcription, cette disposition continue d'être en vigueur.

798. Une transcription n'est pas nulle pour avoir été faite un jour férié ; mais elle ne doit valoir qu'à la date du lendemain.

799. Si elle contient des irrégularités ou des omissions, elle ne deviendra inefficace qu'autant que ces irrégularités ou omissions seront de nature à préjudicier aux tiers, et l'exception ne pourra être invoquée que par ceux qui en auront souffert.

800. Ces irrégularités ou omissions peuvent être rectifiées par une nouvelle transcription, portée à la date courante du registre.

801. Si elles sont le fait du Conservateur, celui-ci a, de même, la faculté de les rectifier, d'office, par une nouvelle transcription.

802. Mais la rectification ne peut avoir d'effet que pour l'avenir.

803. La transcription n'est pas, comme l'inscription hypothécaire, soumise au renouvellement décennal.

804. Mais on doit appliquer à la transcription, lorsque le cas le requiert, les dispositions du Code Napoléon relatives à la radiation des inscriptions.—Rectification d'une proposition inexactement formulée à ce sujet.

774. La transcription consiste dans la reproduction textuelle et intégrale du titre, présenté à la formalité, sur le registre tenu par le Conservateur des hypothèques du lieu de la situation des biens.

La loi du 23 mars 1855, art. 1 et 2, s'est bornée à dire :

« Sont transcrits au bureau des hypothèques de la situation

des biens : 1° tout acte, etc. ». Elle n'a pas reproduit les mots *en entier*, qui se trouvent dans l'art. 2181, C. Nap.; mais ils y sont sous-entendus, du moment que la loi n'a pas dit que la transcription s'opérerait *par extrait*. C'est, d'ailleurs, ce qui a été nettement expliqué dans le rapport de M. A. Debelleyme au Corps législatif.

« L'art. 3 du projet primitif, dit le rapport, introduisait un nouveau mode de transcription. Il se composait du dépôt de la copie de l'acte transcrit et de l'inscription, *par extrait*, sur le registre du Conservateur. Cette double formalité produisait une complication, sans amener une économie de temps; elle remplaçait la copie *littérale* du titre par un simple extrait, qui n'offrait ni les mêmes garanties, ni les mêmes avantages. Enfin, la transcription n'était pas mentionnée sur l'original du titre. A ces divers points de vue, elle offrait des inconvénients et des dangers..... » (1).

775. Suivant un auteur, il importerait peu qu'on ne présentât au Conservateur qu'un extrait analytique de l'acte à transcrire, parce que, dit-il, si l'extrait est insuffisant, c'est la partie, chargée de faire transcrire, qui en supportera les conséquences (2). Mais je doute, malgré l'assertion contraire de l'auteur, qu'il y ait un seul Conservateur qui voulût se prêter à une telle violation de la loi, qui l'exposerait lui-même à des dommages-intérêts, à raison de la faute lourde qu'il aurait commise : *Imperitia culpæ adnumeratur* (L. 132, *D., De reg. jur.*; art. 2202, C. Nap.).— Aussi les Instructions de la Régie interdisent-elles, formellement aux Conservateurs de se contenter d'extraits analytiques des actes pour la transcription (3).

---

(1) D.ᴘ.55.4.29, n° 31. V. également le rapport de M. de Casabianca, fait au nom de la Commission du Sénat, sur le projet de loi, p. 10; Impressions du Sénat, n° 27, session de 1855.

(2) Sellier, Comment., n° 148.

(3) V. notamment l'Instruction gén., n° 1569, relatant une décision du min. des fin. du 8 août 1838; Jur. gén., v° *Priv. et hyp.*, n° 2718.

776. Il y a, cependant, des tempéraments à apporter aux principes que je viens de poser.

Ainsi, un procès-verbal d'adjudication d'immeubles aux enchères publiques est un acte complexe, qui renferme autant de ventes séparées qu'il y a de lots divers mis en vente. On ne saurait donc imposer à celui des adjudicataires qui veut transcrire, dans son unique intérêt, l'obligation de faire transcrire ce procès-verbal tout entier, et, par suite, d'acquitter les droits de transcription et de mutation pour des immeubles qui ne le regardent pas. Il ne sera tenu de soumettre à la transcription que la partie du procès-verbal qui le concerne, à l'exception, toutefois, du cahier des charges qui, contenant les conditions de la vente, doit être transcrit en entier (1).

C'est ainsi, du reste, qu'on en use, dans la pratique, pour les expéditions : le notaire ne délivre à chaque adjudicataire que la portion du procès-verbal relative aux immeubles par lui acquis, avec copie entière du cahier des charges.

777. Mais je ne pense pas qu'on puisse appliquer la même règle, comme le voudraient plusieurs auteurs (2), à un acte de vente ordinaire, dans lequel divers immeubles, indépendants les uns des autres, sont vendus, pour des prix différents, à une seule ou même à plusieurs personnes. Ici, il n'y a réellement qu'un seul et même acte, quoiqu'il y ait des dispositions distinctes dans cet acte. Or, la loi est impérative : elle

---

(1) Conf. Grenier, des Hyp., t. 2, n° 369 ; Troplong, *ibid.*, t. 4, n° 911, et de la Transcr., n° 124 ; Dalloz, Jur. gén., v° *Priv. et hyp.*, n° 1726, et v° *Enreg.*, n° 6043 ; Bressolles, Expl., etc., n° 37 ; Orléans, 7 juin 1839, aff. Zer...; Jur. gén., v° *Priv. et hyp.*, n° 2061. V. également l'Instruct. gén. de la Régie, n° 1569, citée au numéro précédent.

L'arrêt de la Cour de Paris du 26 juin 1840, aff. Legros, rapporté dans la Jur. gén., *loc. cit.*, n° 1727, n'est point contraire. V. les observations de M. Dalloz sur cet arrêt.

(2) Grenier, *loc. cit.*; Troplong, des Priv. et Hyp., t. 4, n° 911 ; Pont, Rev. crit., t. 4, p. 174.

veut qu'on transcrive l'acte *entier*. Comment, d'ailleurs, scinder cet acte? Il n'y a pas, dans le cas particulier, comme dans le cas de vente publique aux enchères, de cahier des charges, dans lequel soient réunies toutes les conditions de la vente. Et ce sont ces conditions surtout qu'il importe aux tiers de connaître. Voilà pourquoi j'ai dit, au numéro précédent, que ce cahier des charges ne pouvait pas être transcrit par extrait (1).

M. Troplong reconnaît, du reste, que l'opinion que je viens d'exprimer est dans l'esprit de la loi du 23 mars 1855; car il ajoute, en note, dans son Traité des Priv. et Hyp., à l'endroit cité : « Le projet de loi sur la transcription, et surtout le rapport de M. Debelleyme, tendraient à faire croire qu'il entrait dans la pensée du projet d'exiger la transcription entière, même pour les actes complexes. Les inconvénients que je signale ci-dessus font voir, je crois, qu'on ne doit pas aller jusque-là. »

778. Au surplus, il n'y aura jamais là qu'une question de fait, et les tribunaux auront à examiner si la transcription, telle qu'elle a été faite, était, ou non, de nature à préjudicier aux tiers ; en d'autres termes, si elle leur fournissait des indications suffisantes.

779. Je ne puis davantage admettre, avec Grenier, *loc. cit.*, que l'acte d'échange, quoique contenant deux ventes réciproques, puisse être scindé, si un seul des copermutants veut en faire opérer la transcription, dans son intérêt particulier. L'acte est indivisible, en ce sens que l'aliénation de l'un des immeubles est, comme le fait observer M. Troplong, la charge de l'aliénation de l'autre, et qu'ainsi l'on ne pourrait diviser cet acte sans le mutiler (2).

_____

(1) Conf. Persil, Rég. hyp., sur les art. 2181 et 2182, n° 15; Duranton, t. 20, n° 349 ; Dalloz, Jur. gén., v° *Priv. et hyp.*, n° 1728.

(2) Troplong, des Priv. et Hyp., *loc. cit.* — Conf. Persil, *loc. cit.*, n° 16; Dalloz, *loc. cit.*, n° 1729; Bressolles, Exp. sur la Transcr., n° 37.

780. Mais il ne me paraît pas qu'il soit nécessaire, comme l'indique M. Lemarcis, de procéder à une double transcription sur la tête des deux copermutants (1). La loi ne l'exige pas; et on ne peut, en pareille matière, comme je l'ai déjà dit, ajouter à la loi. L'acte à transcrire contient les noms des deux propriétaires; et c'est au Conservateur à faire, sur ses registres, les annotations nécessaires pour retrouver facilement, quand des renseignements lui seront demandés à ce sujet, la trace de la double mutation effectuée (2).

781. La loi ne doit vouloir rien d'inutile. J'admets donc, comme une chose conforme à son esprit, que, lorsqu'un acte contient des stipulations de diverse nature et indépendantes les unes des autres, dont les unes sont sujettes à la transcription, les autres non, on puisse se dispenser de faire transcrire l'acte entier, et qu'il doive suffire de le soumettre à la formalité *in parte quâ* (3). L'Ordonnance de 1731 le disait, en termes exprès : « Sera tenu, à l'avenir, dans chaque bailliage ou sénéchaussée royale, un registre particulier..., dans lequel registre sera transcrit, en entier, l'acte de donation, si elle est faite par un acte séparé, *sinon, la partie de l'acte qui contiendra la donation, sans en rien omettre.....* » (art. 24).

782. Ainsi les actes de liquidation et partage, comme actes purement *déclaratifs*, sont dispensés de la transcription (*suprà*, n°s 18 et suiv.). Ces actes peuvent, cependant, contenir des conventions sujettes à la formalité; par exemple, l'établissement de servitudes au profit d'un lot sur un autre (4).

---

(1) Comment., ch. 1er, sect. 1re, n° 3.
(2) Conf. Rivière et Huguet, Quest., n°s 112 et 113.
(3) Conf. Rivière et François, Expl., etc., n° 33; Rivière et Huguet, Quest., n° 250, à la note; Bressolles, Expl., etc., n° 37. V. également l'Instruct. gén. de la Régie de l'Enreg., n° 1369, citée *suprà*, n°s 775 et 776.
(4) Ducruet, Études sur la Transcription, n° 10.

Il serait déraisonnable, en pareil cas, d'exiger la transcription de l'acte entier : les tiers n'y ont aucun intérêt ; ce seraient des frais frustratoires pour les parties, et cela encombrerait inutilement les registres (V. aussi ce qui est dit *suprà*, nᵒ 366, à l'égard des contrats de mariage).

783. Lorsqu'un acte de vente comprend des immeubles et des objets mobiliers, l'acte doit-il être transcrit en entier ?

Il faut distinguer : si la ventilation a été faite dans l'acte même, et que des conditions et des prix distincts aient été stipulés pour les meubles et pour les immeubles, de manière qu'il y ait, en quelque sorte, deux actes séparés dans un seul et même acte, je ne vois aucune difficulté à ne présenter à la transcription que la partie de l'acte concernant les immeubles (1).

784. Mais il en serait autrement, si l'acte portait un seul et même prix, ou même, avec des prix distincts, des conditions communes aux meubles et aux immeubles. L'acte, alors, ne pouvant être scindé, doit être présenté, en entier, à la transcription (2).

Seulement, dans ce dernier cas, les prix étant distincts, il ne devrait être perçu, à l'enregistrement, pour les meubles, que le droit de vente mobilière.

785. Lorsque les immeubles, acquis par le même acte, fussent-ils dépendants d'un même corps de ferme, d'un même domaine, sont situés dans différents arrondissements, l'acte entier doit être transcrit dans les bureaux des diverses circonscriptions dont ces immeubles font partie ; autrement, il y aurait impossibilité, pour un tiers, à qui l'ancien propriétaire voudrait vendre ou hypothéquer l'un ou l'autre de ces immeubles, et qui n'est tenu de consulter que les registres hypothécaires du lieu où l'immeuble est situé, de connaître

---

(1) Conf. Mourlon, Rev. prat., t. 2, p. 197, nᵒ 40 ; Bressoles, nᵒ 37.
(2) *Idem.*

la vente antérieure qui en aurait été faite. C'est, au reste, ce que déclare explicitement l'art. 1ᵉʳ de la loi du 25 mars 1855 : « Sont transcrits au bureau des hypothèques de la *situation des biens* : 1° tout acte, etc. (1). »

786. S'il s'agissait d'un contrat d'échange, et que les immeubles échangés fussent situés dans deux arrondissements différents, celui des copermutants, qui veut faire transcrire, serait-il obligé de le faire dans l'un et l'autre arrondissements ?

Je n'en aperçois pas pour lui l'utilité. Il n'a intérêt à faire transcrire que relativement à l'immeuble qu'il a acquis. Et, comme il n'est pas chargé d'agir pour son coéchangiste, que la transcription, d'ailleurs, est de simple faculté (*suprà*, n° 24), ce sera à ce dernier, lorsqu'il le jugera utile à ses intérêts, à faire opérer la transcription dans l'arrondissement où est situé l'immeuble dont l'acte d'échange l'a rendu propriétaire.

787. Où doit être faite la transcription d'un acte contenant cession de droits successifs ?

Un tel acte, comme on l'a vu *suprà*, nᵒˢ 199 et suiv. et 593, n'est assujetti à la transcription qu'à raison des immeubles ou des droits réels qui font partie de la masse héréditaire. La transcription devra donc avoir lieu : pour les premiers, dans les divers bureaux où sont situés ces immeubles (2) ; et, pour les seconds, qui n'ont pas d'assiette par eux-mêmes, parce que ce sont des droits incorporels, au lieu de situation des immeubles auxquels ils se réfèrent (V. particulièrement ce qui est dit, nᵒˢ 377 et suiv., pour les actions immobilières).

788. A l'égard des actions immobilisées de la Banque de France, du canal du midi, des canaux d'Orléans et de Loing,

---

(1) Conf. Troplong, de la Transcr., n° 133.
(2) Conf. Mourlon, Rev. prat., t. 6, p. 497, n° 133.

dont le transport donne également lieu à transcription
(*suprà*, nº 57), la formalité doit être remplie à Paris, où se
trouvent le siége de la Banque de France et celui de l'administration des canaux dont il s'agit (1).

789. On a vu *suprà*, nᵒˢ 119 et suiv., que, lorsqu'un acte
de vente (et il en est de même de tout autre acte sujet à
transcription) a été passé en vertu d'une procuration, il n'est
pas nécessaire de faire transcrire la procuration avec l'acte
de vente; qu'il en est ainsi de l'acte d'autorisation du mari ou
de la Justice, nécessaire à la femme pour aliéner ses biens
(C. Nap., 217 et 218); de la délibération du Conseil de famille et du jugement d'homologation, indispensables au tuteur
pour vendre les immeubles du mineur (457 et 458), etc. Ces
actes ne sont pas le contrat, mais de simples annexes ayant
pour objet de justifier de l'habilité des parties à contracter.

790. Les Conservateurs sont les instruments passifs des
parties pour la transcription des actes qui sont présentés à
la formalité : ils ne sont pas juges de la régularité ou de la
validité de ces actes, et doivent les transcrire tels qu'ils leur
sont présentés (2).

Voilà pourquoi il est dit, dans l'art. 2199, C. Nap., que
« dans aucun cas, les Conservateurs ne peuvent refuser, ni
retarder la transcription des actes de mutation....; à l'effet,
de quoi, ajoute l'article, procès-verbaux des refus ou retar-
dements seront, à la diligence des requérants, dressés sur le
champ, soit par un juge de paix, soit par un huissier audiencier
du tribunal, soit par un autre huissier ou un notaire assisté
de deux témoins. »

791. Cela doit, toutefois, disent MM. Rivière et Huguet,
être entendu avec les tempéraments que la raison com-
mande (3). — Il est évident, en effet, que, si la bizarrerie

---

(1) Conf. Rivière et Huguet, Quest., nº 135.
(2) Cass. 11 mars 1829, aff. Bidault; Jur. gén., vᵒ *Enreg.*, nº 5372.
(3) Quest., nº 167.

d'une partie ou son ignorance du droit la portaient à présenter à la transcription un acte qui n'y est manifestement pas soumis, une vente d'objets mobiliers, par exemple, le Conservateur, qui n'aurait pas réussi à la convaincre ou à l'éclairer, ne devrait pas céder à son obstination (1).

792. Il est certain aussi que le Conservateur devrait se refuser à transcrire un acte qui n'aurait pas été soumis à la formalité de l'enregistrement, lors même que les parties seraient encore dans le délai utile pour le faire enregistrer, sans encourir le double droit. Ce ne serait pas là contrevenir à la loi, mais l'exécuter, au contraire, puisque l'art. 52 de la loi du 28 avril 1816 exige que le droit proportionnel de transcription, pour les ventes d'immeubles, soit payé en même temps que le droit d'enregistrement, ou plutôt a confondu ces deux droits en un seul. Cette solution est également dans l'esprit des art. 42 et 47 de la loi du 22 frim. an VII. Enfin elle résulte, on peut dire textuellement, de l'Avis du Conseil d'État du 3 flor. an XIII, cité plus haut n° 23 : « Considérant, dit cet Avis, qu'aucune disposition précise ne s'oppose à ce qu'un acte de vente sous signature privée, *revêtu de la formalité de l'enregistrement*, soit transcrit sur les registres du Conservateur des hypothèques, etc. » (2).

793. Que s'il arrivait, par une inadvertance du Conservateur ou tout autre motif, que l'acte fût transcrit, sans être enregistré, il n'en serait pas moins opposable aux tiers. D'une part, en effet, le défaut d'enregistrement d'un acte n'est point une cause de nullité de cet acte, excepté pour les exploits et les procès-verbaux sujets au droit fixe (L. 22

---

(1) V. *suprà*, n° 775. V. aussi Agen, 6 août 1852, et, sur le pourvoi, Req. 3 janv. 1853, aff. Cornède de Miramont, D.P.53.1.14 et 2.27.

(2) Conf. Dalloz, Jur. gén., v° *Priv. et hyp.*, n° 1732; Rivière et François, Expl., etc., n° 31 ; Rivière et Huguet, n° 168 ; Troplong, de la Transcr., n° 136.

frim. an vii, art. 34) (1). D'autre part, la transcription suffirait, certainement, pour assurer à l'acte une date certaine.
D'ailleurs, c'est par la date de la transcription, non par la
date de l'acte, qu'aux termes de l'art. 3 de la loi du 23 mars
1855, se règle la préférence entre les ayants droit (2).

794. Si l'acte était enregistré, mais que le Receveur eût
négligé de percevoir, avec le droit d'enregistrement, le droit
proportionnel de transcription, le Conservateur pourrait-il
arguer de cette omission pour refuser de transcrire jusqu'à
ce qu'elle eût été réparée? — Évidemment non; le droit
proportionnel de transcription, comme je viens de le dire
(n° 792), est aujourd'hui confondu avec le droit d'enregistrement; c'est au Receveur seul qu'il appartient de percevoir ce
droit, et le Conservateur n'a point à s'immiscer dans la perception, régulière ou non, qui a été faite. Les intérêts de la
Régie ne peuvent, d'ailleurs, avoir à en souffrir; car le Conservateur avertira son collègue de l'omission qu'il a commise,
et le supplément de droit sera réclamé (3).

795. Pour opérer la transcription, la personne qui la requiert doit présenter au Conservateur une expédition de l'acte
ou du jugement à transcrire, si cet acte a été passé dans
la forme authentique, ou un des doubles de l'acte, s'il est
sous seing privé. Le Conservateur ne serait pas obligé de se
contenter d'une copie faite par la partie et certifiée par elle.
Dans le silence de la loi à cet égard, il faut appliquer, par
analogie, la disposition de l'art. 2148, C. Nap. « Pour opérer
l'inscription, porte cet article, le créancier représente, soit
par lui-même, soit par un tiers, au Conservateur des hypothèques, l'original en brevet ou une expédition authentique

---

(1) Jur. gén., v° *Enreg.*, n° 6436.
(2) Conf. Rivière et Huguet, n° 169; Troplong, *loc. cit.*, n° 137;
Caen, 1ᵉʳ mai 1858, aff. Gobart; D.ᴘ.58.2.161.
(3) Conf. Rivière et Huguet, Quest., n° 148.

du jugement ou de l'acte qui donne naissance au privilége ou à l'hypothèque..... »

Cette exigence de la loi est d'autant plus remarquable que la partie, requérant l'inscription, doit joindre, à l'original ou à l'expédition du titre, deux bordereaux contenant l'analyse de ce titre, et que c'est le contenu de ces bordereaux qui est transcrit sur le registre des hypothèques (2150). A quelle fin donc la production du titre entre les mains du Conservateur ? C'est, dit une Instruction de la Régie, citée par M. Dalloz, « dans la vue de prévenir les inscriptions sans cause et au profit de personnes inconnues ou imaginaires (1). » Le même motif s'applique à la transcription.

Le projet de loi en disposait autrement, et son art. 3 portait : « Pour opérer la transcription, une *copie* entière de l'acte ou du jugement est déposée au bureau de la Conservation des hypothèques. — Elle est signée par le notaire, si l'acte est authentique ; par la partie qui requiert la transcription, s'il est sous-seing privé ; s'il s'agit d'un jugement, par l'avoué qui l'a obtenu.....». Mais cela tenait à un autre mode de transcription qui n'a pas prévalu. Dans le système du projet de loi, ces copies restaient entre les mains du Conservateur, qui les classait, par ordre de date, et en faisait un extrait qu'il portait sur le registre destiné à la transcription. « Cette double formalité (du dépôt d'une copie de l'acte à transcrire et de l'inscription, par extrait, sur le registre du Conservateur), cette double formalité, disait M. A. Debelleyme, dans le passage de son rapport que j'ai déjà cité (*supra*, n° 774), produisait une complication, sans amener une économie de temps ; elle remplaçait la copie littérale du titre par un simple extrait qui n'offrait ni les mêmes garanties, ni les mêmes avantages ; *enfin la transcription n'était pas mentionnée sur l'original du titre*..... La majorité de

_____

(1) Instr. du 2 avril 1834 ; Jur. gén., v° *Priv. et hyp.*, n° 1453.

votre Commission a pensé que le mode de transcription, suivi jusqu'à ce jour, était préférable..... »

Ce mode est précisément celui que j'ai indiqué, et que relate M. le Directeur général de l'Enregistrement, dans une Instruction relative à l'exécution de la loi du 23 mars 1855.

« La formalité de la transcription, est-il dit dans cette Instruction, sera donnée aux actes énumérés dans les deux premiers articles (de la loi précitée), selon le mode suivi actuellement. Ainsi, la remise des pièces à transcrire sera inscrite sur le registre de dépôt, établi en exécution de l'art. 2200 du Code Napoléon (Instr. n° 276, § 1); et, conformément à cet article, il en sera donné au requérant une reconnaissance sur papier timbré (Instr. nᵒˢ 233 et 1303, § 24). Les titres seront transcrits sur le registre à ce destiné, et la mention de la transcription, contenant quittance des droits et salaires, sera mise, par le Conservateur, *sur l'expédition ou sur l'acte même qui lui aura été présenté pour être transcrit*..... (1) »

796. Mais, si le Conservateur faisait la transcription, sans exiger la représentation du titre, et sur une simple copie fournie par la partie, personne n'aurait à s'en plaindre, et la transcription obtiendrait tout son effet, si cette copie, d'ailleurs, était conforme au titre. — Cela est de jurisprudence, en matière d'inscription hypothécaire, et cette solution n'a été contestée que par M. Delvincourt (2).

797. Comme il est, le plus souvent, matériellement impossible aux Conservateurs d'opérer immédiatement, et dans la même journée, la transcription de tous les actes qui leur

---

(1) Instr. du 24 nov. 1855; elle est imprimée à la suite du Commentaire de M. Troplong sur la loi du 23 mars 1855. M. Bressolles, qui la cite, au n° 37 de son Exposé sur la Transcription, lui donne la date du 23.

(2) V. les auteurs et les arrêts cités par Dalloz, Jur. gén., v° *Priv. et hyp.*, n° 1452.

sont présentés, l'art. 2200, C. Nap., leur prescrit « d'avoir un registre sur lequel ils inscriront, jour par jour, et par ordre numérique, les remises qui leur seront faites d'actes de mutation pour être transcrits..... Ils donneront au requérant une reconnaissance, sur papier timbré, qui rappellera le numéro du registre sur lequel la remise aura été inscrite, et ils ne pourront transcrire les actes de mutation..... qu'à la date et dans l'ordre des remises qui leur en auront été faites. » La loi du 23 mars 1855 n'a pas reproduit cette disposition ; mais il est évident qu'elle s'y réfère. Le projet de loi l'avait modifiée, en substituant, comme je viens de le dire, par son art. 3, à la transcription *en entier* la transcription *par extrait*. Mais, dès qu'on revenait au principe du Code Napoléon, les dispositions réglementaires de ce principe se trouvaient maintenues par cela même. C'est ce qui est exprimé par M. A. Debelleyme dans son rapport, et par M. le Directeur général de l'Enregistrement dans l'Instruction précitée du 24 nov. 1855 (V. au n° 795).

798. Aux termes de décisions ministérielles des 22 décembre 1807, 29 juillet 1808 et 24 juillet 1810, les Conservateurs doivent tenir leurs bureaux fermés les jours de dimanche et de fête légale. Il s'est présenté la question de savoir si une transcription n'était point nulle, pour avoir été faite un jour férié ? Un arrêt de la chambre des requêtes a décidé la négative, par le motif qu'aucune loi ne prononçait cette nullité, et que l'art. 5 de la loi du 17 therm. an VI, qui annule certains actes faits un jour de décade, ne s'appliquait pas nommément aux transcriptions (1).

J'adhère à cette décision, mais avec cette restriction que, si la transcription, faite un jour férié, ne doit pas être considérée comme nulle et non avenue, elle ne doit, cependant,

---

(1) Req. 18 fév. 1808, aff. Guillot ; Jur. gén., v° *Enreg.*, n° 5965. —Conf. Rivière et François, Explic., etc., n° 57.

I.   57

valoir, comme il a été décidé par le ministre de la justice, à propos d'une inscription hypothécaire, qu'à la date du lendemain; en sorte que, si, de deux acquéreurs d'un même immeuble ayant à faire transcrire leur contrat, l'un d'eux se présentait un jour férié, et obtenait de la complaisance du Conservateur que son acte fût transcrit ce jour-là, il ne devrait pas, pour cela, être préféré au premier acquéreur, qui, se conformant aux règlements, ne se serait présenté et n'aurait fait transcrire son acte que le lendemain. Les conditions doivent être égales pour tous, et il ne saurait être permis au Conservateur de favoriser les uns au détriment des autres (1).

799. La transcription consistant, ainsi qu'on l'a vu *supra*, n° 774, dans la reproduction textuelle de l'acte sujet à la formalité, il devra arriver rarement qu'elle puisse être critiquée, sous le rapport de sa régularité. Cependant l'expédition produite au Conservateur pour opérer cette transcription, ou la copie qui en est faite par le Conservateur, peut être fautive et incomplète : la transcription, à cause de cela, devra-t-elle être considérée comme nulle et non avenue?

La question a plus d'importance aujourd'hui que sous le Code Napoléon, où la transcription n'était exigée que pour la purge des priviléges et hypothèques, et ne décidait pas, comme maintenant, de la priorité à accorder à un acquéreur sur un autre. Je pense qu'il faut appliquer ici les principes qui prévalent en jurisprudence, en matière d'inscription hypothécaire (2), et dire que la transcription ne sera inefficace que lorsqu'elle contiendra des erreurs ou omissions de nature à porter préjudice aux tiers; et j'ajoute que l'exception ne pourra être invoquée que par ceux qui auront eu à souffrir de ce préjudice.

---

(1) Conf. Dalloz, Jur. gén., v° *Priv. et hyp.*, n° 1733.
(2) Mon Traité des Priv. et Hyp., inédit ; Jur. gén., v° *Priv. et hyp.*, n°s 1472 et 1473.

Telle est également la doctrine enseignée par M. Troplong. « Ainsi, dit-il, une erreur dans la désignation de la personne du vendeur, si elle est telle que le vendeur ne soit pas reconnaissable, entraînera la nullité de la transcription, à l'égard de ceux qui contracteront avec lui, le croyant encore propriétaire. Mais, si cette erreur n'est pas de nature à égarer les tiers et à leur faire prendre le change, il vaudra mieux ne pas s'y arrêter. — Une exagération, dit-il encore, dans l'indication de la portion du prix payée comptant diminuera seulement le privilége du vendeur à l'égard des créanciers de l'acheteur. Telle sera sa seule peine : il n'y aurait pas de raison pour prononcer la nullité (1). »

800. Il est évident, ainsi que le disent MM. Rivière et Huguet, que les irrégularités, qui existent dans une transcription, peuvent être rectifiées, sans qu'il soit besoin, pour cela, de s'y faire autoriser par justice. La rectification se fait au moyen d'une nouvelle transcription portée sur le registre, à la date courante (2).

801. Si l'irrégularité provenait du fait du Conservateur, celui-ci aurait, de même, le droit de la rectifier d'office, puisqu'il serait responsable du préjudice qu'elle aurait causé, soit en vertu des principes de droit commun (1382 et 1383), soit en vertu de la disposition spéciale de l'art. 2202. — En faisant cette rectification, « il aura le soin, disent MM. Rivière et Huguet, de relater l'ancienne transcription en marge de la transcription rectifiée, et dans les états qu'il en délivrera » (3).

802. Inutile de faire observer, avec les mêmes auteurs, que la rectification ne peut avoir d'effet que pour l'avenir,

---

(1) De la Transcription, n° 191.—Conf. Rivière et Huguet, Quest., n°s 251 et suiv.; Bressolles, Exposé, etc., n° 57; Mourlon, Rev. prat., t. 7, p. 161.
(2) Quest., n° 254.
(3) Loc. cit., n° 256.

et que les tiers, qui acquerraient des droits sur les immeubles, dans l'intervalle d'une transcription à l'autre, seraient fondés à se prévaloir de l'irrégularité, s'ils avaient fait transcrire leur titre, ou pris inscription, avant que la rectification fût opérée (1).

803. La transcription, une fois effectuée, n'est pas, comme l'inscription hypothécaire, soumise à la formalité du renouvellement, après dix années de sa date. L'art. 2154, C. Nap., ne parle, en effet, que de l'inscription, et la loi du 23 mars 1855 ne contient aucune disposition qui permette d'appliquer à la transcription la déchéance attachée, par cet article, au défaut de renouvellement de la formalité en temps utile(2).

804. J'ai dit *suprà*, n° 552, que la loi n'offre aucun moyen de faire disparaître des registres, sinon matériellement, au moins par la radiation, une transcription qui n'a plus d'objet. Cette proposition manque d'exactitude; la loi du 23 mars 1855 s'est bornée à poser des principes, et elle a implicitement renvoyé, pour l'exécution, aux dispositions du Code Napoléon qui ont un rapport direct avec la matière (V. *suprà*, nᵒˢ 795 et 797). Or, je ne vois rien qui s'oppose à ce qu'on applique à la transcription, lorsque le cas le requiert, les dispositions du Code relatives à la radiation des inscriptions. En quoi consiste, en effet, la radiation ? Dans une mention, en marge de l'inscription, de la convention ou du jugement qui déclare que cette inscription n'a plus d'objet. Et n'est-ce pas ainsi que j'ai indiqué, aux nᵒˢ 552 et 645, qu'il devait être procédé, quand il y a lieu de considérer comme non avenue une transcription ou une mention dont la cause n'existe plus ?

Je trouve, au reste, dans la loi du 17 janvier 1849, relative aux majorats et aux substitutions, une disposition dans

_____

(1) Quest., n° 257.
(2) Conf. Agen, 5 mai 1858, aff. veuve Vinlès ; D.ᵖ.59.2.66.

laquelle il est précisément question de la radiation des transcriptions. C'est l'art. 5, ainsi conçu : « Dans les cas prévus
par les art. 1, 2 et 4 de la présente loi (où il s'agit de l'extinction des majorats), le ministre de la justice statuera sur les
demandes en radiation, soit de la *transcription hypothécaire,*
soit de l'annotation spéciale d'immobilisation des rentes sur
l'État ou des actions de la Banque de France. — Sur son
refus, les parties intéressées pourront se pourvoir devant les
tribunaux ordinaires, qui statueront définitivement » (V. aussi
les art. 2 et 4 du décret du 21 décembre 1808 sur la même
matière).

SECTION II. — *Des personnes qui doivent faire opérer la transcription.*

SOMMAIRE.

805. Celui-là doit faire transcrire à qui la transcription doit profiter :
ainsi l'acquéreur, en matière de vente.
806. Le vendeur peut le faire également, pour la conservation de son
privilége ; sauf à se faire rembourser des frais par l'acquéreur.
807. La transcription, faite par un des intéressés, profite à tous les
autres, sauf également son recours contre ceux-ci, pour leur faire
supporter une part proportionnelle des frais.
808. Lorsque celui qui doit faire transcrire est un incapable, c'est à
son représentant légal à faire transcrire pour lui. — On doit appliquer, par analogie, l'art. 940, C. Nap.
809. Le curateur du mineur émancipé doit faire transcrire, dans l'intérêt de ce dernier.—Renvoi à un numéro précédent.
810. L'incapable peut faire procéder lui-même à la transcription. —
Il en est de même de ses parents ou amis, et, à plus forte raison, de
ses ayants cause.
811. Le mari est-il obligé, en matière de vente, comme en matière de
donation, de faire transcrire, dans l'intérêt de sa femme ? Et, par
suite, est-il responsable envers elle du défaut de transcription ? —
Divers aspects de la question.
812. Pour la femme commune en biens, l'affirmative est incontestable,
le mari ayant l'administration des biens personnels de sa femme.
813. Il en est de même, et par la même raison, de la femme mariée
sans communauté, et de la femme mariée sous le régime dotal, lorsqu'il s'agit de ses biens dotaux.

814. *Quid* de la femme séparée de biens, soit contractuellement, soit judiciairement, et de la femme mariée sous le régime dotal, relativement à ses paraphernaux ? — Résolution affirmative : renvoi aux nᵒˢ 731 et suiv.—Opinion contraire de MM. Rivière et Huguet.

815. Le refus, par le mari, d'autoriser sa femme à passer un acte, pour lequel elle a obtenu l'autorisation de la Justice, fait-il cesser, pour le mari, la responsabilité résultant du défaut de transcription de cet acte ? — Résolution affirmative, et renvoi au nᵒ 729.

816. On doit appliquer aux actes, à titre onéreux, le principe de l'art. 942, d'après lequel les incapables ne sont pas restitués contre le défaut de transcription, sauf leur recours.

817. Ce recours n'a lieu que lorsqu'il y a faute de la personne qui devait faire transcrire, et préjudice éprouvé par l'incapable.

818. Le tuteur, qui vend un de ses immeubles au mineur, est responsable, envers lui, du défaut de transcription de l'acte.

819. Ce qui n'empêche pas que le subrogé tuteur, qui a stipulé au contrat pour le mineur, ne soit également responsable, envers ce dernier, du défaut de transcription.

820. Le mandataire, chargé d'acheter un immeuble au nom de son mandant, s'il n'a reçu de mandat que pour acheter, n'est pas obligé de faire opérer la transcription de l'acte.

821. *Secùs*, si la procuration, outre le mandat d'acheter, contenait celui de payer le prix.

822. Le notaire, qui a reçu l'acte sujet à transcription, n'est pas obligé, comme une conséquence de son ministère, de le faire transcrire.

823. Des notaires sont dans l'usage d'insérer, dans leurs actes, une clause portant que l'acte ne sera pas soumis à la transcription. — Danger de cette clause.

824. L'avoué, hors le cas mentionné dans l'art. 4 de la loi du 23 mars 1855, n'est pas obligé non plus de faire transcrire le jugement qu'il a obtenu, lorsque ce jugement est de nature à être transcrit.

805. La personne chargée de faire transcrire est celle à qui la transcription doit profiter : ainsi le donataire, quand il s'agit d'une donation (*suprà*, nᵒ 717) ; l'acquéreur, quand il s'agit d'une aliénation à titre onéreux. La loi ne l'a pas dit expressément ; mais elle le fait suffisamment entendre dans les art. 940, 942, 1069 et suiv., C. Nap. Le simple bon sens, d'ailleurs, l'indique, au défaut de la loi.

806. Le vendeur peut faire procéder lui-même à la trans-

cription, lorsqu'il y a intérêt : par exemple, pour la conservation de son privilége (C. Nap., 2108 et 2155). — Mais il
a son recours contre l'acquéreur pour le remboursement des
frais, qui sont à la charge de ce dernier (2155).

807. La transcription, qui est faite par un des intéressés,
profite à tous les autres. Dès que l'acte, en effet, doit être
transcrit *en entier* (*suprà*, n° 774), à quoi servirait une nouvelle transcription ?

Mais celui qui a fait transcrire, ayant géré l'affaire commune, doit être remboursé, par ses coïntéressés, de la part
que chacun d'eux doit supporter dans les frais occasionnés
par la transcription (1375). Ceux-ci diraient en vain que la
formalité n'était pas obligatoire pour eux (*suprà*, n° 24) :
il suffit qu'elle leur profite pour qu'on puisse leur opposer la
maxime : *Nemo jacturâ alterius locupletari debet* (1).

808. Si la personne qui doit faire transcrire est un incapable, c'est à son représentant légal qu'est imposée, comme
une conséquence et un devoir même de sa charge, l'obligation de remplir la formalité. Il faut appliquer ici, par
identité de motifs, la disposition de l'art. 940, relatif aux
donations. « Lorsque la donation, porte le 2ᵉ alinéa de cet
article, sera faite à des mineurs, à des interdits, ou à des
Établissements publics, la transcription sera faite à la diligence des tuteurs, curateurs ou administrateurs (2). »

809. J'ai combattu *suprà*, n° 722, une opinion de MM. Rivière et Huguet, suivant laquelle le curateur du mineur
émancipé ne serait pas obligé de faire transcrire, dans l'intérêt de ce dernier, par la raison qu'il n'aurait pas l'administration de ses biens. J'ai opposé à cette opinion le texte même
de l'art. 940, qui met les *curateurs* au nombre des personnes
chargées de faire transcrire la donation, lorsqu'elle est faite
à des incapables.

---

(1) Conf. Bressolles, Exposé, etc., n° 33 ; Fons, Précis, etc., n° 38.
(2) Conf. Bressolles, *loc. cit.*

J'ajoute, en ce qui concerne les contrats à titre onéreux, qu'aux termes des art. 481 et 484, le mineur émancipé ne peut faire seul que les actes de pure administration, et qu'une acquisition d'immeubles ne saurait être considérée comme un acte de cette nature (arg. art. 217) ; que, d'après l'art. 482, le mineur émancipé ne peut recevoir un capital mobilier, ni en donner décharge, sans l'assistance de son curateur, et qu'on doit en conclure, *à fortiori*, qu'il ne peut, sans la même assistance, disposer de ce capital; avec d'autant plus de raison que le curateur est chargé, par le même article, de surveiller l'emploi du capital reçu. Le mineur émancipé, qui veut employer un capital mobilier à l'acquisition d'un immeuble, doit donc être assisté de son curateur; et ce dernier ne remplirait qu'à demi, par cette assistance toute matérielle, son devoir de surveillant, s'il ne faisait procéder, en même temps, à l'accomplissement d'une formalité qui peut seule garantir le bon emploi des fonds du mineur.

Je dois dire, pourtant, que la question de savoir si le mineur émancipé peut faire seul une acquisition d'immeubles, est une question controversée (1).

810. La transcription n'étant, comme je l'ai déjà dit bien des fois, qu'une mesure conservatoire, il en résulte que l'incapable peut y faire procéder lui-même, et que semblable faculté appartient à ses parents ou amis (V. *suprà*, nᵒˢ 720 et 723.

Elle appartient, à plus forte raison, à toute partie intéressée, comme est un successeur à titre particulier, un créancier, etc. (nᵒ 721).

811. Le premier alinéa de l'art. 940 s'exprime ainsi : «Cette transcription sera faite, à la diligence du mari, lorsque les biens auront été donnés à sa femme.... » Cette dispo-

---

(1) V. dans la Jur. gén., vᵒ *Minorité,* nᵒˢ 809 et 810, les autorités citées dans un sens et dans l'autre.

sition est-elle applicable, en matière de vente, comme en matière de donation, en ce sens que le mari sera responsable, envers sa femme, du défaut de transcription, si elle n'a pas été opérée et que la femme en ait éprouvé un dommage?

La question doit être examinée sous plusieurs aspects, suivant que la femme est mariée en communauté, sous le régime de la séparation de biens, ou sous le régime dotal, et suivant qu'il s'agit de ses biens dotaux ou de ses paraphernaux.

812. Pour ce qui est de la femme mariée en communauté, il ne me paraît pas qu'il puisse y avoir difficulté, puisque le mari, sous ce régime, a, aux termes de l'art. 1428, l'administration des biens personnels de sa femme, et qu'un administrateur est responsable de toute négligence apportée dans sa gestion.

813. Il faut décider de même, et par la même raison, pour la femme mariée sans communauté (1531), et pour la femme mariée sous le régime dotal, lorsqu'il s'agit de ses biens dotaux (1549). Le soin de faire opérer la transcription rentre non-seulement dans les pouvoirs, mais dans les devoirs de l'administrateur.

814. Mais en doit-il être ainsi, à l'égard de la femme séparée de biens, soit judiciairement, soit par contrat, ou de la femme mariée sous le régime dotal, relativement à ses paraphernaux?

J'ai traité ces deux questions *suprà*, n°ˢ 731 et suiv., par rapport à la transcription de la donation ; et les raisons que j'ai données pour l'affirmative me paraissent, de tous points, applicables au cas où il s'agit de la transcription d'un acte à titre onéreux.

MM. Rivière et Huguet émettent, sans la développer, une opinion contraire. Le mari, disent-ils, n'est pas obligé de faire transcrire pour sa femme, *lorsque, par suite du régime*

sous lequel les époux sont mariés, il n'est point l'administra-
teur des biens de celle-ci (1).

815. Le refus, par le mari, d'autoriser sa femme à passer
un acte, pour lequel elle a été obligée de recourir à l'autorisation de la Justice, fait-il cesser, pour le mari, la responsabilité résultant du défaut de transcription de cet acte?

J'ai également traité cette question *supra*, n° 729, avec
tous les développements qu'elle comporte ; et l'affirmative,
que j'ai adoptée, se justifie mieux encore, lorsqu'il s'agit
d'un acte à titre onéreux, qui peut être désavantageux à la
femme, que lorsqu'il s'agit d'une donation, à l'égard de laquelle le refus d'autorisation du mari peut facilement être
regardé comme dénué de motifs raisonnables, et inspiré
seulement par un sentiment de malveillance ou de puéril
entêtement.

816. On doit pareillement appliquer aux actes de transmission à titre onéreux, susceptibles de transcription, la disposition de l'art. 942, C. Nap., portant que « les mineurs, les
interdits, les femmes mariées, ne seront point restitués
contre le défaut de transcription des donations, sauf leur recours contre leurs tuteurs ou maris, s'il y échet, et sans que
la restitution puisse avoir lieu, dans les cas mêmes où lesdits tuteurs et maris se trouveraient insolvables. » J'ai dit,
supra, n° 728, en expliquant l'art. 942, que l'intérêt des
tiers avait paru préférable à celui des personnes privilégiées.
Ce motif est bien plus directement applicable à la loi du
23 mars 1855 ; et MM. Rivière et François ont fait remarquer, avant moi, « que le législateur ne pouvait admettre
d'exception en faveur des incapables, sans porter une grave
atteinte à son système (2). »

817. Le même article accorde aux incapables, qui ont à

---

(1) Quest., n° 158.
(2) Explic., etc., n° 58. — Conf. Rivière et Huguet, Quest., n° 156 ;
Troplong, de la Transcr., n° 196.

souffrir du défaut de transcription, leur recours contre les tuteurs ou maris. Mais l'article ajoute : *s'il y échet;* expressions qui indiquent qu'il y aura toujours une question de fait à examiner par les tribunaux. Et cette question de fait se composera, comme je l'ai dit *supra*, n° 727, de deux éléments : le premier, s'il y a une faute à imputer au tuteur ou au mari; le second, si l'incapable a éprouvé un préjudice du défaut de transcription.

818. On a vu *supra*, n° 718, que le tuteur est responsable du défaut de transcription, non-seulement lorsque la donation a été faite au mineur par un tiers; mais encore lorsqu'elle émane du tuteur lui-même, parce que, du moment que la donation a été acceptée au nom du pupille, les biens donnés sont entrés dans le patrimoine de ce dernier, et que le tuteur, qui a l'administration générale des biens du mineur, devient responsable de tout ce qu'il devait faire et qu'il n'a pas fait pour leur conservation.

Les mêmes principes sont applicables à la vente que ferait le tuteur d'un de ses immeubles au mineur, stipulant par son subrogé tuteur. — Ce serait en vain que le tuteur dirait que, comme vendeur, il n'est pas chargé de la transcription; que cette formalité regarde uniquement le subrogé tuteur, qui représente le mineur pour ce cas spécial (C. Nap., 420) : on lui répondrait qu'il a une double qualité, celle de vendeur, sans doute, dispensé, à ce titre, d'opérer la transcription, mais aussi celle de tuteur, obligé de veiller aux intérêts de son pupille; et que rien n'empêche, ainsi que le dit Ricard, sur une question analogue, qu'une même personne ne soit considérée en deux qualités, et qu'elle ne soit, en conséquence, tenue, en vertu de l'une, de ce à quoi l'autre ne l'avait pas assujettie (1).

_____

(1) Donat., part. 1re, n° 1242. — Conf. Rivière et Huguet, Quest., n° 164.

819. Mais le subrogé tuteur, dans l'exemple précédent, ne serait-il pas obligé lui-même de veiller à ce que la formalité fût accomplie, et responsable, envers le mineur, de son défaut d'accomplissement ?

J'ai adopté, sur cette question, l'affirmative, à propos de la donation faite par un tuteur à son pupille ; et les raisons que j'ai données à l'appui de cette opinion (*suprà*, n° 735), sont ici d'une application incontestable, puisque la même opposition d'intérêts qui existait entre le tuteur et le mineur, au moment de la vente, subsiste encore après.

820. Le simple mandataire, chargé par un majeur d'acheter un immeuble au nom de ce dernier, ne me paraît pas être, vis-à-vis de son mandant, dans la même situation que le subrogé tuteur vis-à-vis du mineur. Le subrogé tuteur a des devoirs plus étendus que le mandataire (1) ; et, dans les cas spéciaux où il est appelé à agir pour le mineur, aux lieu et place du tuteur, il est obligé de faire, dans l'intérêt de ce mineur, tout ce que le tuteur aurait été tenu de faire lui-même. Voilà pourquoi j'ai dit, au numéro précédent, que le subrogé tuteur, stipulant pour le mineur, dans un contrat de vente d'immeubles, passé entre ce dernier et son tuteur, est responsable, envers ce mineur, du défaut de transcription. — Mais, à l'égard du mandataire, je pense, avec MM. Rivière et Huguet, que, si la procuration ne renferme que le pouvoir d'acheter, et ne contient aucune clause relative à la transcription, le mandataire n'est pas tenu de la faire opérer (2). La transcription, en effet, est une formalité extrinsèque à la vente : elle en est bien une suite, un complément, et même un complément fort utile, puisqu'elle seule rend l'acquéreur propriétaire au regard des tiers ; mais elle n'en est pas, après tout, un complément nécessaire, puisque l'ac-

---

(1) Jur. gén., v° *Minorité*, n°s 299 et suiv.
(2) Quest., n° 159.

quéreur a la faculté de faire transcrire ou de ne pas faire
transcrire, à son choix. S'il entrait dans ses intentions que la
formalité fût remplie par le mandataire, c'était à lui de s'en
expliquer.

J'ai déjà émis une opinion semblable *suprà*, n° 756, à
propos de la donation acceptée par un fondé de pouvoirs
spécial.

821. Mais, si la procuration, outre le mandat d'acheter,
contenait celui de payer le prix, il faudrait, disent MM. Rivière et Huguet, donner une solution différente (1). Le mandataire, en effet, qui paierait avant que la transcription fût
opérée, commettrait une grave imprudence, puiqu'il exposerait son mandant à être évincé par un autre acquéreur,
postérieur à celui-ci, mais qui aurait transcrit le premier ;
et nul doute que, dans un cas pareil, on ne dût appliquer au
mandataire le principe de responsabilité écrit dans les
art. 1383 et 1992, C. Nap.

Ces principes sont certains ; ils sont mis en évidence par
les lois romaines : *Aliena negotia*, dit la loi 21, *C., Mandati
vel contrà, exacto officio* (2) *geruntur ; nec quicquam in eorum
administratione neglectum ac declinatum culpâ vacuum est.*
La loi 11, au même titre, dit encore : *Procuratorem, non
tantùm pro his quæ gessit, sed etiam pro his quæ gerenda
suscepit, et tàm propter exactam ex mandato pecuniam, quàm
non exactam, tàm dolum quàm culpam, sumptuum ratione
bonâ fide habitâ, præstare necesse est.*

Et Pothier, avec son sens si droit, définit de même les
obligations du mandataire : « Celui, dit-il, qui se charge de
la gestion d'une affaire, se charge de tout ce qui est nécessaire pour cette gestion, et, par conséquent, de tout le soin
et de toute l'habileté qu'elle demande : *spondet diligentiam*

---

(1) Quest., n° 160.
(2) *Id est, cum omni diligentiâ.* dit Godefroy.

et industriam negotio gerendo parem. Il manque donc à son obligation, lorsqu'il n'apporte pas, pour la gestion de l'affaire, tout le soin et toute l'habileté qu'il s'est chargé d'apporter par l'acceptation qu'il a faite du mandat ; et, par conséquent, il doit être tenu des dommages et intérêts qui en résultent (1). »

822. Le notaire, qui a reçu un acte de vente, ou tout autre acte de nature à être transcrit, n'est pas chargé d'en faire opérer la transcription. Ce n'est pas là un acte direct de son ministère, et dont l'omission puisse engager sa responsabilité, à moins qu'il n'en ait reçu et accepté le mandat exprès ou implicite de son client. C'est à la partie intéressée à veiller elle-même à l'accomplissement de la formalité. Les obligations qui dérivent, pour les notaires, de la loi de leur institution, sont résumées dans l'art. 1er de la loi du 25 vent. an XI, qui déclare que « les notaires sont les fonctionnaires publics établis pour recevoir tous les actes et contrats auxquels les parties doivent ou veulent faire donner le caractère d'authenticité attaché aux actes de l'autorité publique, et pour en assurer la date, en conserver le dépôt, en délivrer des grosses et expéditions. » La transcription, il faut le répéter, est une formalité extrinsèque de l'acte, qui n'est point essentielle à sa validité, qui, de plus, est de simple faculté pour les parties : à tous ces titres, elle ne peut rentrer dans le cercle des devoirs imposés au notaire.

« Ceci paraîtra encore plus évident, dit M. Troplong, si l'on réfléchit que la transcription existait comme condition de la translation de la propriété des immeubles, lorsque la loi sur le notariat a été promulguée. En effet, le titre du Code Napoléon, qui abroge la nécessité de la transcription, est du 8 germ. an XII. Or, la loi sur le notariat ne met pas cette formalité à la charge des notaires qui ont reçu les actes » (2).

---

(1) Du Mandat, n° 46.
(2) De la Transcr., n° 138.

Ce point, au reste, a été consacré par de nombreux arrêts (1).

On pourrait induire le contraire d'un arrêt de la Cour de Paris du 13 juin 1854, rendu sous la présidence de M. Delangle, et qui porte, dans un de ses considérants, que « le devoir du notaire ne consiste pas seulement à remplir les formalités prescrites par les lois pour la régularité des actes qu'il reçoit; qu'il doit encore veiller à l'accomplissement des conditions nécessaires pour conserver les droits des parties ; et que son obligation est d'autant plus étroite que l'ignorance des formes et l'inexpérience des affaires peuvent avoir, pour les clients qui se confient à ses lumières, de plus fâcheuses conséquences. »

Il s'agissait, dans l'espèce, d'une inscription tardivement prise par le notaire pour la conservation d'un privilége de colicitants. Mais cette doctrine, trop absolue dans sa généralité, n'a pas été acceptée par la chambre des requêtes, qui n'a rejeté le pourvoi formé contre l'arrêt que parce qu'en fait, le mandat du notaire pour prendre cette inscription se trouvait établi (2).

823. Il est des notaires qui, soit en vue de leur propre sécurité, soit pour exonérer les parties de frais d'ailleurs minimes, puisque le droit proportionnel de transcription est aujourd'hui confondu avec le droit d'enregistrement (L. 28 avril 1816, art. 52 et 54), ont coutume d'insérer, dans leurs actes, une clause par laquelle les parties déclarent que l'acte ne sera pas soumis à la transcription (3). Mais c'est là

---

(1) V. les arrêts cités dans la Jur. gén., v° *Responsabilité*, n° 368. —Conf. Rivière et Huguet, Quest., n° 162.

(2) Req. 14 fév. 1855, aff. Dufour ; D.P.55.1.170.

(3) J'ai lu récemment cette clause dans des actes faits en province ; mais je ne suppose pas que l'usage en soit général. Il n'est certainement pas, ainsi que je m'en suis assuré auprès de plusieurs notaires, pratiqué à Paris.

un usage à blâmer ; car il peut induire en erreur les personnes ignorantes du droit, qui seront portées à penser, en lisant cette clause, que la transcription n'est qu'une formalité bursale et inutile à remplir ; tandis qu'elle a aujourd'hui les plus graves conséquences pour la consolidation de la propriété.

824. Ce qui vient d'être dit du notaire n'est pas moins vrai de l'avoué. Le ministère de ce dernier est borné aux actes de postulation qui ont pour objet l'obtention du jugement, sa levée et sa signification pour lui faire acquérir l'autorité de la chose jugée. « Mais là, dit encore M. Troplong, s'arrête son mandat ordinaire. De même qu'il n'a pas qualité afin de poursuivre l'exécution du jugement, de même il n'est pas tenu, de plein droit, de le faire transcrire, lorsque ce jugement constate ou opère une mutation » (1).

L'art. 4 de la loi du 23 mars 1855, qui, dans le cas où un jugement prononce la résolution, nullité ou rescision d'un acte transcrit, charge l'avoué, qui a obtenu ce jugement, de le faire mentionner en marge de la transcription dudit acte, n'est qu'une exception qui vient en confirmation de la règle, d'après la maxime : *exceptio confirmat regulam in casibus non exceptis.*

SECTION III. — *Du mode d'opérer la mention des jugements qui prononcent la résolution, nullité ou rescision d'un acte transcrit.*

SOMMAIRE.

825. Le bordereau, que doit remettre l'avoué au Conservateur pour opérer la mention prescrite par l'art. 4 de la loi du 23 mars 1855, doit être rédigé et signé par lui. — Ce que doit contenir ce bordereau.

826. C'est d'après ce bordereau que la mention est opérée. — Le

---

(1) De la Transcr., n° 141.

Conservateur ne peut exiger qu'avec ce bordereau, l'avoué produise l'expédition du jugement.

827. La loi du 23 mars s'est contentée d'un seul bordereau, au lieu des deux bordereaux exigés en matière d'inscription hypothécaire.

828. Ce bordereau peut, néanmoins, être rédigé en double.—Dans ce cas, un des doubles reste au Conservateur, pour opérer la mention, et l'autre est remis à l'avoué, quittancé du paiement des droits, et annoté de la mention faite. — S'il n'a été remis qu'un seul bordereau, il reste au Conservateur, qui délivre à l'avoué un récépissé, dûment quittancé, pour en tenir lieu.

829. Il est dû à l'avoué un émolument pour la rédaction du bordereau.—Le tarif, annoncé par la loi du 23 mars 1855, n'ayant pas encore été fait, il faut déterminer cet émolument, par voie d'analogie, d'après le tarif des frais et dépens, en matière civile.

830. Suivant M. Fons, il est dû deux droits à l'avoué : un pour la rédaction et l'autre pour le dépôt du bordereau contenant l'extrait du jugement.

831. Selon moi, il n'est dû qu'un seul droit pour la rédaction et le dépôt.

832. Si l'avoué négligeait de requérir la mention, la partie intéressée pourrait-elle le faire à sa place, en présentant un bordereau rédigé et signé par elle ? — L'affirmative, que j'adopte, est enseignée par M. Mourlon.—Contrà, MM. Rivière et Huguet.

833. Les frais de la mention sont à la charge de celui contre lequel a été prononcé le jugement de résolution. — Ils sont une suite de ce jugement; mais il est prudent de les comprendre dans la demande de condamnation aux dépens.

825. Pour opérer la mention prescrite par l'art. 4 de la loi du 23 mars 1855, l'avoué doit remettre un bordereau, *rédigé et signé par lui,* au Conservateur, qui lui en donne récépissé.

Mais que doit contenir ce bordereau ? L'article ne le dit pas, et cela me semble une omission regrettable, quoique ce bordereau n'ait pas l'importance d'un bordereau d'inscription, puisque aucune déchéance n'est attachée à l'absence de mention (*supra*, n° 609). « La loi, fait observer M. Troplong..., s'adresse à l'officier ministériel, dont l'expérience et l'aptitude sont pour elle une garantie. Sans se croire obligée de le dire expressément, elle suppose que le bordereau résumera fidèlement le dispositif de l'arrêt ou du

I.   38

jugement ; qu'il contiendra le nom et les prénoms des parties, la désignation exacte et précise de l'immeuble; en un mot, que l'avoué y introduira tout ce qu'il jugera utile pour en faire le miroir abrégé de la décision (1). »

826. C'est d'après ce bordereau que le Conservateur doit opérer la mention.

La loi du 23 mars ne dit pas, comme l'art. 2148, C. Nap., qu'avec ce bordereau doive être représentée au Conservateur l'expédition du jugement, pour servir de contrôle au bordereau : le Conservateur ne pourrait donc pas l'exiger. Le législateur s'en est entièrement rapporté à l'avoué pour la rédaction de ce bordereau (2).

827. La loi s'est contentée d'un seul bordereau, au lieu des deux bordereaux qu'exige l'art. 2148 pour l'inscription hypothécaire. On avait déjà contesté, sous le Code, l'utilité des deux bordereaux. « L'expérience, disait M. Persil, au nom de la Commission instituée par M. le Garde des sceaux pour préparer le projet de loi sur la réforme hypothécaire, l'expérience avait fait remarquer l'inutilité du second bordereau, qui n'était pièce probante ni justificative pour personne, pas plus pour le Conservateur que pour les requérants, auxquels le bordereau, remis avec mention de l'inscription, suffisait pleinement (3). »

Ce n'est pas ici le lieu d'examiner l'exactitude de cette assertion. Mais c'est évidemment sous l'influence de cette idée, exprimée par un jurisconsulte qui fait autorité dans la matière, que le législateur de 1855 s'est décidé à n'exiger qu'un seul bordereau. Ici, d'ailleurs, la disposition se justifie par le peu de portée qu'a la mention prescrite par l'art. 4 de la loi précitée, ainsi que je l'ai fait observer *suprà* (n° 824).

(1) De la Transcr., n° 241.
(2) Conf. Troplong, de la Transcr., n° 242.
(3) Rapport, p. 436.

828. Ce bordereau doit-il rester aux mains du Conservateur pour sa décharge, dans le cas où la mention, opérée d'après le bordereau, contiendrait des omissions ou de graves irrégularités, pouvant donner lieu à responsabilité (1)? Ou doit-il le rendre à l'avoué, dûment annoté de la mention qui a été faite ?

La loi, sur ce point, garde le silence. Mais voici de quelle manière la question est résolue par M. le Directeur général de l'Enregistrement, dans l'Iustruction du 24 nov. 1855, que j'ai déjà citée :

« Pour l'exécution de cette disposition, dit-il (celle de l'art. 4 précité), les Conservateurs constateront d'abord, par un enregistrement au registre du dépôt, la remise *des* bordereaux de l'espèce, et ils opéreront ensuite, à la date du dépôt, la mention prescrite par la loi.

« Les bordereaux resteront déposés au bureau : ils seront classés, par ordre de date, et annotés du numéro de la transcription, en marge de laquelle la mention aura été faite. S'ils sont remis en double, le Conservateur constatera l'accomplissement de la formalité et donnera quittance, tant du droit de timbre du registre de dépôt que du salaire, sur l'un des doubles qu'il remettra à l'avoué. *En cas de production d'un seul bordereau*, il sera délivré un récépissé portant quittance du droit de timbre et du salaire. — Les bordereaux et récépissés devront être écrits sur papier timbré. »

M. le Directeur général suppose que, nonobstant que la loi n'exige que la remise d'un seul bordereau, on continuera, néanmoins, d'opérer comme en matière d'inscription hypothécaire, le second bordereau pouvant être utile à l'avoué,

---

(1) Quoique j'aie dit *suprà*, n° 611, que, dans mon opinion et dans celle de tous les auteurs qui ont écrit sur la transcription, le défaut de mention ne peut donner lieu à une action en responsabilité contre l'avoué, j'ai reconnu, cependant, que la question est délicate, et qu'elle peut fournir matière à controverse.

en cas de perte de celui laissé aux mains du Conservateur, pour vérifier si la mention a été faite conformément au bordereau produit.

Mais, en cas de production d'un seul bordereau, il est évident que ce bordereau doit rester au Conservateur, puisqu'il est remplacé par un récépissé portant quittance du droit de timbre et du salaire, et contenant ainsi la preuve que la mention a été faite.

829. Il est dû à l'avoué un émolument pour la rédaction de ce bordereau et son dépôt au bureau de la Conservation des hypothèques. — La loi du 23 mars 1855, art. 12, avait annoncé qu'il serait fait un tarif des droits à percevoir pour la transcription des actes et des jugements non soumis, jusqu'ici, à cette formalité. Ce tarif n'a pas encore été fait. En attendant, c'est au tarif des frais et dépens, en matière civile, qu'il faut recourir pour déterminer, par voie d'analogie, la quotité du droit ou des droits qui sont dus à l'avoué, dans le cas particulier.

830. Suivant M. Fons, « l'avoué a droit : 1° à un émolument pour la rédaction de l'extrait, basé, par analogie, sur le § 26 de l'art. 92 du décret du 16 février 1807 ; 2° à une vacation au dépôt de l'extrait, aussi par analogie de ce qui a lieu, lorsqu'il provoque, en conformité de l'art. 716, C. proc., la mention sommaire du jugement d'adjudication en marge de la transcription de la saisie (Ord. 10 oct. 1841, art. 7, § 5) (1). »

831. Selon moi, il ne serait pas dû deux droits, mais un seul droit à l'avoué, pour la rédaction et le dépôt du bordereau contenant l'extrait du jugement.

En effet, soit qu'on applique les §§ 25, 26, 29 ou 31 de l'art. 92 du 1ᵉʳ décret du 16 février 1807, relatifs à la publication du jugement de séparation de corps ou de biens

_____

(1) Précis sur la Transcr., n° 32.

(C. proc., 872 et 880), du jugement d'interdiction ou de nomination de conseil judiciaire (*ib.*, 501), ou du jugement
qui admet à la cession de biens (*ib.*, 905) ; — soit qu'on
applique le § 5 de l'art. 7 de l'Ordonnance du 10 oct. 1841,
relatif à la mention sommaire du jugement d'adjudication sur
saisie immobilière en marge de la transcription de cette
saisie (l'émolument, dans les deux cas, est le même), le
décret comme l'Ordonnance n'accordent qu'un seul et même
droit pour la rédaction de l'extrait et la vacation à le déposer.

852. Régulièrement, c'est l'avoué qui doit requérir la
mention, parce que c'est à lui qu'est imposée l'obligation,
et qu'elle n'est imposée qu'à lui. — Mais, s'il négligeait de
le faire, la partie intéressée ne pourrait-elle pas le faire à sa
place ? Et le Conservateur serait-il fondé à refuser d'opérer
cette mention, sur un bordereau rédigé et signé par cette
partie elle-même ?

J'ai peine à croire que la question puisse jamais se présenter ; car la partie aurait plus facilement raison de l'incurie de son avoué, en lui faisant donner une injonction par
le président du tribunal, que du refus du Conservateur, avec
lequel il lui faudrait entrer en procès. M. Mourlon, néanmoins, s'est posé la question, et la résout, en disant que la
partie pourra requérir elle-même la mention (1).

MM. Rivière et Huguet combattent cette opinion. « C'est
dans l'intérêt des tiers, disent-ils, et dans le but de leur faire
connaître le changement qui s'est opéré, par suite du jugement, dans les droits des parties, que la loi a chargé l'officier
ministériel du soin de rédiger lui-même le bordereau. Il
pourrait bien se faire que toutes les énonciations que doit
renfermer cet acte ne fussent pas aussi complètes, s'il était
rédigé par la partie elle-même (2). »

_____

(1) Examen crit., etc., Append., n° 367.
(2) Quest., n° 280

MM. Rivière et Huguet excipent de l'intérêt des tiers. Mais quoi ! vaudrait-il mieux, pour ceux-ci, qu'il ne fût pas fait de mention du tout ? Car c'est, qu'on le remarque, au défaut de l'avoué, que la partie se présente pour requérir elle-même la mention. Je suis donc, contre MM. Rivière et Huguet, de l'avis de M. Mourlon.

833. Aux frais de qui doit être faite la mention ?

La loi est muette à cet égard; mais MM. Rivière et François répondent très-justement que « c'est là une conséquence du jugement prononçant la résolution, nullité ou rescision d'un acte transcrit. Cette formalité devient nécessaire par la faute du propriétaire dépossédé, et c'est cette faute qui a motivé sa condamnation entraînant la peine des dépens. Il semble donc naturel de lui faire supporter les frais de mention.... (1). »

Les mêmes auteurs conseillent, pour éviter toute difficulté sur ce point, de comprendre ces frais dans les conclusions qui seront prises pour la condamnation aux dépens.

---

(1) Explic., n° 74. — Conf. Rivière et Huguet, Quest., n° 285; Troplong, de la Transcr., n° 243; Fons, Précis sur la Transcr., n° 32; Sellier, Comment., n° 286.

FIN DU TOME PREMIER.

TABLE

DES CHAPITRES, SECTIONS, PARAGRAPHES ET ARTICLES

CONTENUS DANS LE TOME PREMIER

FIN DE LA TABLE DU TOME PREMIER.

riæ, *Aubry* et *Rau*, les sollicitations qu'ont reçues ces derniers, les ont déterminés à compléter cette œuvre et à en faire un Cours complet de Droit civil. La 1ʳᵉ et la 2ᵉ édition n'avaient que 5 volumes; celle qui est sous presse en aura 6, plus contenants que les volumes des deux autres éditions.

Il suffit de jeter les yeux sur les volumes parus pour reconnaître l'importance des changements qui y ont été introduits.

..... Une première amélioration en facilitait une autre non moins importante, consistant dans la mise en rapport des diverses parties de l'ouvrage, dont les premières étaient moins développées, par conséquent hors de proportion avec les dernières. — Les auteurs ont pris à tâche de remédier à ce défaut en donnant aux parties les plus restreintes le même développement qu'aux autres.

Enfin, MM. *Aubry* et *Rau* ont dû, pour se tenir au niveau des exigences du jour, apprécier les théories qui se sont produites depuis l'origine de leur publication, relever les décisions judiciaires survenues, expliquer les lois qui ont modifié ou complété le Code Napoléon. — C'est ce qu'ils ont fait avec un tact parfait. De telle sorte que l'ouvrage, tel qu'ils le publient aujourd'hui, est entièrement au courant de la législation, de la doctrine et de la jurisprudence.

L'édition actuelle est donc, à tous égards, digne de *Zachariæ*, non moins que de ses savants annotateurs; elle continuera assurément le succès de ses aînées; et jamais succès, on peut le dire avec assurance, n'aura été plus légitime.   (*Journ. du Palais*, 3ᵉ livr. 1856.)

..... « Cet ouvrage fort remarquable avait produit en Allemagne une immense sensation, et il était, par sa nature, destiné à être vulgarisé en France. Deux professeurs de la Faculté de Strasbourg, MM. Aubry et Rau, en donnèrent, sous les yeux et avec l'assentiment de l'auteur, une excellente traduction. Ce premier travail a été apprécié, dès 1838-39, par M. Eschbach [1], aujourd'hui professeur de droit civil à Strasbourg, qui signalait cet ouvrage comme étant moins une simple traduction qu'une refonte de l'œuvre de Zachariæ. »

Dès leur début, en effet, MM. Aubry et Rau avaient fait des changements importants, et ils avaient complété l'enseignement du maître sur des parties peine indiquées ou seulement effleurées par lui. L'ouvrage eut un tel succès, qu'il fut aussitôt retraduit en allemand, et qu'une deuxième édition, revue et augmentée, dut en être publiée en France par les savants auteurs. Cette édition eut le sort de la première : elle fut promptement épuisée, et depuis cinq ans on attendait, on désirait une troisième édition.

Le mérite principal de l'œuvre de Zachariæ est dans le plan systématique qu'il a adopté. Ce plan, MM. Aubry et Rau l'ont scrupuleusement conservé, différant en cela de MM. Massé et Vergé, qui ont aussi publié une traduction du cours de Zachariæ, mais en changeant le plan de l'auteur pour se rapprocher de l'ordre établi dans le Code Napoléon. « On se demande, dit à ce sujet « M. Eschbach, à quoi bon traduire Zachariæ, si l'on supprime son principal « mérite, c'est-à-dire le moule général dans lequel, à force de synthèse, il est « parvenu à couler toutes les matières du droit civil français. ....

Quant au fond de l'ouvrage, MM. Aubry et Rau ont senti la nécessité de l'étendre et de lui donner des développements pratiques considérables, qui, de proche en proche, en ont fait une œuvre complètement nouvelle, qui leur est personnelle, et dont ils entendent, disent-ils, accepter toute la responsabilité. Parler de *responsabilité* à propos d'un ouvrage qui leur fait le plus grand honneur, c'est montrer autant de modestie qu'ils ont montré de talent. ......

Les quatre volumes publiés sont d'une exécution matérielle tout à fait en rapport avec le mérite intrinsèque de l'ouvrage. (*Gaz. des Trib.*, 20 juin 1856.)

On a eu soin de mettre en parallèle l'ancienne et nouvelle législation, qui pendant un temps plus ou moins long devront être simultanément appliquées, suivant qu'il s'agira d'actes ayant acquis ou n'ayant pas acquis date certaine avant le 1ᵉʳ janvier 1855. De plus, les dispositions de la loi du 23 mars 1855 seront rappelées dans les matières spéciales auxquelles elles se réfèrent. Ainsi il en a déjà été fait mention aux §§ 349, 356, 364, 437 du 3ᵉ volume, au § 619 du 5ᵉ volume, et au § 704 du sixième.

L'ouvrage sera terminé par deux tables, savoir : une *table des articles* du Code, et une *table alphabétique des matières*.   M. C.

(1) Voir *Revue de législation et de jurisprudence*, t. IX et X.

CODES ANNOTÉS DE SIREY, contenant toute la Jurisprudence

des arrêts et la doctrine des auteurs; par **P. GILBERT**, l'un des principaux rédacteurs du Recueil général des Lois et des Arrêts, Membre correspondant de l'Académie de Législation de Toulouse, avec le concours (pour la partie criminelle), de MM. **FAUSTIN HÉLIE**, Conseiller à la Cour de cassation, et **CUZON**, Avocat à la Cour impériale de Paris. — 3 vol. in-8° et in-4°.   **45 fr.**

Prix des Codes vendus séparément : Code civil, 20 fr. ; Code de Procédure, 15 fr. ; Code de commerce, 10 fr. ; Code d'instruction criminelle, 8 fr. ; Code pénal, 7 fr. ; Code forestier, 5 fr.

Codes civil et de procédure, *ensemble*, 32 fr.; Code civil, de procédure et de commerce, *ensemble*, 35 fr.; Codes de procédure et de commerce, *ensemble*, 20 fr.; Codes d'instruction criminelle, pénal et forestier, *ensemble*, 15 fr.

Le Supplément à tous les Codes est sous presse.
Il se vendra séparément.

Nous sommes un assez bon nombre au Palais qui pourrions nous dire les obligés de M. Gilbert. Pour ma part, je lui sais très-bon gré de ses *Codes annotés :* ils facilitent les recherches, ils les abrègent ; ils économisent le temps, et le temps est si précieux ! Je sais que ces recueils, si obligeants et si commodes, peuvent avoir un danger : il ne faudrait pas qu'ils prissent toute la peine et ne nous laissassent rien à faire. Mais cela dépend de nous ; le travail ne nous manquera pas, si nous le voulons bien . . . .

Les *Codes annotés* empruntent d'ordinaire leurs sommaires au recueil de Sirey, continué par M. Devilleneuve. En cela, M. Gilbert ne fait guère que reprendre son bien, car depuis longtemps il prête à ce recueil une collaboration fort assidue. Mais ce qui lui appartient plus en propre, c'est le classement méthodique des nombreux matériaux qu'il avait à mettre en œuvre. Ce classement nous a paru bien fait : des divisions exactes et commodes y servent de guides au milieu de la foule des solutions; chaque chose y est à sa place ; l'esprit descend et remonte sans effort des principes aux conséquences, des conséquences aux principes; et l'on voit, sous chaque article de loi, les idées secondaires se ranger par degré à la suite de la proposition principale, comme une longue descendance sort d'une souche unique dans un tableau généalogique.

L'utilité des tables de jurisprudence, quelle que soit leur forme, dépend en grande partie de l'exactitude des renvois; car, malgré ce que nous avons dit plus haut des notices d'arrêts, dont la perfection serait, s'il était possible, de tenir lieu des arrêts eux-mêmes, le plus sûr est bien toujours de recourir aux textes : *Cavendum est ab exemplorum fragmentis ac compendiis* (Bacon, *Leg. leges*, sect. 4, aph. 26) ! Les *Codes annotés* ont ce mérite de l'exactitude ils ont aussi le mérite de l'impartialité. Le concours habituel de M. Gilbert à l'un de nos grands journaux de jurisprudence expliquerait certaines préférences de sa part pour ce recueil ; mais d'ordinaire il ne se borne point à y renvoyer, il les cite tous : ce qui est une preuve d'honnêteté et de bon goût, et d'ailleurs une conduite habile autant qu'honnête, car l'ouvrage perdrait beaucoup à être exclusif . . . .

NICIAS GAILLARD, Président à la Cour de cassation.

DROITS D'ENREGISTREMENT (TRAITÉ DES),

contenant l'EXAMEN DES PRINCIPES DU CODE CIVIL sur la Distinction des biens, l'Usufruit, les Servitudes, les Successions, les Donations et Testaments, les Obligations, Ventes, Louages, les Contrats de mariage, les Hypothèques et autres parties du droit civil, ainsi que des règles de Timbre et de Contraventions à la loi du 25 ventôse an XI, etc.; par MM. **CHAMPIONNIERE** et **RIGAUD**, Avocats, Rédacteurs du *Contrôleur de l'Enregistrement*. 2° édition, complétée par un fort vol. de SUPPLÉMENT. 6 forts vol. in-8°. 50 fr.

CODE ANNOTÉ DE L'ENREGISTREMENT

(NOUVEAU); par M. GAGNERAUX, ancien Rédacteur du *Mémorial du Notariat et de l'Enregistrement.* 1856. 1 fort vol. in-8 à 2 col. 10 fr.

Le Code de l'enregistrement de M. Gagneraux présente un résumé fort considérable des ouvrages fiscaux que ce fonctionnaire a mis au jour, et ses collaborateurs ont eu encore beaucoup à faire pour leur donner le complément scientifique et jurisprudentiel qui leur était nécessaire. On trouve, en effet, dans l'édition que nous annonçons des lois et des solutions qui viennent jusqu'à 1855 : c'est être tout à fait au courant.

Le titre de Code *annoté* est certes bien celui qui convient à l'ouvrage. Il est composé de quatre parties : 1° pour l'enregistrement ; 2° pour le timbre ; 3° pour les droits de greffe ; 4° pour les droits d'hypothèque et de transcription.—Dans chaque partie, les lois sont recueillies à leur date, et, sous chaque article, se trouvent rapportés les décisions de la régie et les arrêts qui l'ont éclairé.

Un texte fort serré a permis à l'éditeur de renfermer cette vaste série de documents en un volume in-8° de plus de 600 pages et de plus de 40 feuilles.

Ajoutons que, pour chacun de ces Codes, une table alphabétique extrêmement concise indique toutes les matières dont chaque article des lois, ordonnances ou décrets, s'est occupé..... (*Journal de M. Dalloz*, 2e livr. 1856.)

LIQUIDATIONS ET PARTAGES DE COMMUNAUTÉ

(TRAITE PRATIQUE DES), de succession et de société, avec un choix de formules entièrement nouvelles ; par M. Alex. MICHAUX, Clerc de notaire. 1 vol. in-8. 1860. 8 fr.

TAXE DES FRAIS EN MATIÈRE CIVILE

(NOUVEAU MANUEL DE LA), comprenant : 1° les tarifs des droits et émoluments des juges de paix et de leurs greffiers, des huissiers ordinaires et audienciers, des avoués de première instance et d'appel ; 2° les *Tarifs des Notaires* ; 3° celui des frais de ventes judiciaires ; 4° ceux des greffiers des tribunaux civils de première instance, de commerce et des Cours d'appel, des agréés près des tribunaux de commerce ; 5° le tarif des commissaires-priseurs ; 6° le tarif et la règle de la liquidation des dépens ; par M. BONNESOEUR, Conseiller à la Cour impériale de Bordeaux. 1 vol. in-8°. 1857. 6 fr. 50

ACTES DE L'ÉTAT CIVIL (COMMENTAIRE DES).

formant le titre II du livre Ier du Code civil ; contenant : 1° un Exposé de l'ancienne législation ; 2° une Analyse raisonnée de chacune des dispositions du titre II du Code civil ; 3° des Formules d'actes adaptées aux diverses circonstances dans lesquelles ils peuvent être rédigés ; 4° les Lois, Décrets, Ordonnances, Avis du conseil d'Etat, Décisions et Circulaires ministérielles relatifs aux Actes de l'état civil ; par M. C. RIEFF, premier Président près la Cour impériale de Colmar. 2e édit. 1 fort vol. in-8. 7 fr. 50

JUGES DE PAIX (MANUEL ENCYCLOPÉDIQUE, THÉORIQUE ET PRATIQUE DES), de leurs

Suppléants et des Greffiers et Huissiers audienciers, ou Traité général et raisonné de leur Compétence judiciaire et extrajudiciaire, civile et criminelle, etc., contenant : 1° des explications développées de droit et de pratique, tirées des débats parlementaires, de la doctrine et de la jurisprudence ; 2° les formules variées de tous les actes de leur ministère ; 3° un extrait des Codes ; 4° et un recueil chronologique des lois, décrets, arrêtés, circulaires et instructions ministérielles, y relatifs ; par J.-E. ALLAIN, Juge de paix à Chartres. 2e édition. 3 vol. in-8. 22 fr. 50